Möllhausen, Balduin

Tagebuch einer Reise vom Mississippi nach den Küsten der Südsee

1. Hälfte

Möllhausen, Balduin

Tagebuch einer Reise vom Mississippi nach den Küsten der Südsee

1. Hälfte

Inktank publishing, 2018

www.inktank-publishing.com

ISBN/EAN: 9783747764855

(Interims-Titel.)

TAGEBUCH

EINER REISE

VOM

MISSISSIPPI NACH DEN KÜSTEN DER SÜDSEE.

VON

BALDUIN MÖLLHAUSEN.

EINGEFÜHRT VON ALEXANDER VON HUMBOLDT.

Mit Illustrationen in Oelfarben- und Tondruck, mit Holzschnitten und einer Specialkarte.

Erste Hälfte.

(Mit 6 Illustrationen.)

LEIPZIG:
HERMANN MENDELSSOHN.
1858.

VORWORT

VON

ALEXANDER VON HUMBOLDT.

Die Verhältnisse gegenseitigen Wohlwollens und eine gewisse Gleichheit der Bestrebungen in dem Laufe ernster und wichtiger Unternehmungen haben, wie ich schon mehrmals geäussert, allein mich bewegen können, die innere Scheu und die Abneigung zu überwinden, welche ich, vielleicht mit Unrecht, von je her vor den einleitenden Vorreden von fremder Hand hege. In der so langen Dauer eines bewegten Lebens habe ich diese Vorreden nur überaus selten, zweimal für deutsche und zweimal für französische, vielgelesene Werke, geschrieben. Es waren diese Werke der Zeitfolge nach: unseres grossen Geologen, Leopolds von Buch, Reise nach dem Nordcap in der französischen Übersetzung; der englische Reisebericht von Sir Robert Schomburgk's gefahrvollem fünfjährigen Unternehmen, um die Küste der Guyana bei Essequibo astronomisch mit dem östlichsten Punkte des Ober-Orinoco bei der Mission Esmeralda zu verbinden, an den ich von Westen her gelangt war; die Original-Ausgabe der sämmtlichen Werke meines unvergesslichen Freundes François Arago; endlich die ostindische und tibetanische Reise des so früh dahingeschiedenen, liebenswürdigen Prinzen Waldemar von Preussen.

Die Schrift, welche ich jetzt unaufgefordert, aus Achtung für die rastlose und ausdauernde Thätigkeit des Verfassers in einer grossen Expedition, für die bescheidene Einfachheit seines kräftigen, überaus ehrenwerthen Charakters und für ein ausgezeichnetes, durch den Anblick der freien Natur fast allein ausgebildetes Kunsttalent, mit einem empfehlenden Vorwort begleite, macht keine Ansprüche auf physikalische Wissenschaftlichkeit, ob sie gleich über die äussere Bodengestalt und die geographischen Verhältnisse so wenig durchforschter Gegenden viel Interessantes, Selbstbeobachtetes oder bisweilen den mitreisenden Fachgelehrten Entlehntes, darbietet. Herr Möllhausen, früher angestellt als Topograph und Zeichner bei der Sendung, welche unter dem Befehle des muthigen und einsichtsvollen Lieutenant Whipple zur Bestimmung der südlichen Eisenbahn-Richtung nach den Küsten des Stillen Oceans von der Regierung der Vereinigten Staaten veranstaltet wurde, veröffentlicht ein Tagebuch, in dem er, gleichsam als Commentar zu seinen landschaftlichen Aufnahmen und historischen Skizzen, empfangene lebensfrische Natureindrücke wiedergiebt. Überall, wo die Darstellung des Reisenden das Resultat einer sicheren und gewissenhaften Anschauung der Gegenwart ist, gewährt sie eben dadurch schon und besonders in dem, was die Zustände der Eingeborenen auf den verschiedenen Stufen ihrer Uncultur betrifft, ein wichtiges, rein menschliches Interesse.

Die Nähe nordamerikanischer und europäischer Ansiedler gereicht den unabhängigen Stämmen, wie eine traurige Erfahrung fast in allen Zonen lehrt, zum Verderben. Allmälig auf engere Räume zusammengedrängt und, wo der nahe Contact Beute verheisst, an Verwilderung zunehmend, reiben sie sich meistentheils in ungleichen Kämpfen auf. Wenn im frühesten Anfange des Inca-Reiches von Peru, in den Cordilleren von Quito, auf der Hochebene von Neu-Granada (dem alten Cundinamarca) und in dem mexicanischen Anahuac, südlich von dem 28sten Parallelkreise, die alte indianische Bevölkerung sich erhalten, ja sogar an einigen Punkten ansehnlich vermehrt hat, so ist die Ursache davon grösstentheils darin zu suchen, dass viele Jahrhunderte lang vor der spanischen *Conquista* die Bevölkerung dort aus friedlichen ackerbauenden Stämmen bestand. Alles, was sich in Herrn Möllhausen's Reisebericht auf Ethnographie und auf die physischen und sittlichen Verhältnisse der, selten kupferfarbigen, häufiger mehr braunrothen, Ureinwohner zwischen dem Missouri und den *Rocky Mountains*, zwischen dem Rio Colorado und dem Littoral der Südsee bezieht, ist auf zwiefache Weise anziehend. Es berührt entweder allgemeine Betrachtungen über die bald fortschreitende, bald in ihrem Fortschritt gehemmte Cultur; oder besondere, locale, mit historischen Erinnerungen zusammenhängende Verhältnisse. Bei Verallgemeinerung der Ansicht reizen die mannichfaltigen Stufen unentwickelter Intelligenz in dem Urzustande der Horden, welche man so unbestimmt und oft so unpassend Wilde *(Indios bravos)* nennt, die Einbildungskraft dazu an, aus der eng begrenzten Räumlichkeit der Gegenwart zu einer geheimnissvollen Vergangenheit, zu der Zeit aufzusteigen, wo ein grosser Theil des Menschengeschlechts, der jetzt sich einer hohen Blüthe der Cultur, in Wissenschaft und bildender Kunst, erfreut, in eben solcher Rohheit der Sitte lebte. Wie oft habe ich selbst die lebendigste Anregung zu diesen Betrachtungen erfahren auf einer Flussschifffahrt von mehr als 380 deutschen Meilen in den Wildnissen des Orinoco, südlich von den Cataracten von Atures, auf dem Atabapo, Cassiquiare und Rio Negro! Aber auch in den Zuständen der Ungesittung erkennt man hier und da mit Erstaunen einzelne Spuren des Erwachens selbstthätiger Geisteskraft; man erkennt sie in dem gleichzeitigen, den Verkehr zwischen nahen Stämmen erleichternden Besitze mehrerer Sprachen; „in Ahnungen von einer überirdischen, furcht- oder freudebringenden Zukunft; in traditionellen Sagen, die kühn bis zur Entstehung des Menschen und seines Wohnsitzes aufsteigen.“

Die Horden, welche zwischen Neu-Mexico und dem Rio Gila leben, ziehen aus örtlichen Ursachen noch darum die Aufmerksamkeit auf sich, weil sie auf der Strasse der grossen Völkerzüge zerstreut sind, die, von Norden gegen Süden gerichtet, vom sechsten bis zum zwölften Jahrhundert unter den Namen der Tolteken, der Chichimeken, der Nahuatlaken und der Azteken das südliche tropische Mexico durchwandert und theilweise bevölkert haben. Bauwerke und Reste des Kunstfleisses dieser, zu einer Art höherer Cultur gelangten, Nationen sind übrig geblieben. Man bezeichnet noch, durch alte Traditionen und historische Malereien geleitet, die verschiedenen Stationen, d. h. das Verweilen der Azteken am Rio Gila und an mehreren süd-süd-östlichen Punkten. Es sind dieselben in meinem mexicanischen Atlas angegeben; und die 1846 vom Ingenieur-Lieutenant W. Abert und später von Möllhausen gesehene, vielstöckige Bauart grosser Familienhäuser *(Casas grandes)*, zu denen man durch, nächtlich eingezogene, Leitern aufstieg, bietet noch jetzt Analogien der Construction bei einzelnen Stämmen.

Da die übrig gebliebenen, zum Theil gigantesken Sculpturen, wie die Unzahl religiöser und historischer Malereien der pyramidenbauenden, der Jahrescyclen kundigen Tolteken und Azteken sehr übereinstimmend menschliche Gestalten darstellen, deren physiognomischer Charakter besonders in Hinsicht der Stirn und der ausserordentlich grossen, weit hervortretenden Habichtsnasen von der Bildung der jetzt Mexico, Guatemala und Nicaragua in der Zahl vieler Millionen bewohnenden, ackerbautreibenden Eingeborenen abweicht: so ist von grosser ethnographischer Wichtigkeit die Lösung des, schon von dem geistreichen Catlin behandelten, Problems, ob und wo unter den nördlichen Stämmen sich Gestalten und Gesichtsbildungen finden lassen, die nicht bloss als Individuen, sondern raçenweise mit den älteren monumentalen übereinstimmen. Sollten nicht bei der amerikanischen nord-südlichen Völkerwanderung, wie bei der asiatischen ost-westlichen, zu welcher der Anfall der Hiungnu auf die blonden Yueti und Usün den frühesten Anstoss gab, nördlich vom Gila, wie dort im Caucasus (auf dem pontischen Isthmus), einzelne Stämme zurückgeblieben sein? Alles, was in dem Neuen Continent mit den gewagten Vermuthungen über die Quelle eines gewissen Grades erlangter Civilisation, was mit den Ursitzen der wandernden Völker Huehuetlapallan, Aztlan und Quivira zusammenhängt, fällt bisher wie in den Abgrund der historischen Mythen. Unglaube an eine befriedigende Lösung des Problems bei dem bisherigen noch so bedauernswürdigen Mangel von Materialien, darf aber nicht dem fortgesetzten Bestreben nach muthiger Forschung Schranken setzen. Die Frage nach solchen Überbleibseln der wandernden Völker im Norden findet in Catlin's auf dem Berliner Museum aufbewahrten Ölbildern wie in Möllhausen's Zeichnungen mannichfaltige Befriedigung. Auch hat sie eine werthvolle Arbeit auf dem Felde der Sprachen veranlasst, welche die Spuren des Azteken-Idioms *nahuatl* auf der Westseite des nördlichen Amerika's verfolgt. Professor Buschmann, mein talentvoller, vieljähriger

Freund, hat in einem von ihm unternommenen Werke einige vor einem halben Jahrhundert von mir geäusserte Überzeugungen bekräftigt und in Arbeiten, die er gemeinschaftlich einst mit meinem Bruder, Wilhelm von Humboldt, unternommen, seine tiefen Kenntnisse der alten Azteken-Sprache historisch nutzbar gemacht.

Neben dem ethnologischen und historischen Interesse, das sich an den so wenig bekannten Erdraum knüpft, dessen genauere Beschreibung der Gegenstand der nachfolgenden Blätter ist, tritt in gleichem Maasse anregend hervor das politische Interesse des allgemeinen Weltverkehrs wie der Culturverhältnisse des Bodens, welche durch jenen Verkehr mittelbar begünstigt werden. Die reichen atlantischen Staaten, die am Ohio und Mississippi, fühlen sich durch den Lauf der Begebenheiten gedrängt, die geeignetsten Wege nach den neu errungenen und in den mächtigen nordamerikanischen Staatenbund aufgenommenen Küstenländern des Stillen Meeres zu finden. Diese Küstenländer sind reicher als das Europa gegenüberliegende östliche Littoral, mit sicheren und schönen Häfen, mit Schiffsbauholz und dem gesuchtesten aller Mineralproducte versehen. Die neue Heimath, lange von Mönchen, streng aber friedlich, regiert, und dem einträglichen Fischotter-Fange geöffnet, ist durch ihre natürlichen Verhältnisse und in den Händen einer rastlos thätigen, unternehmenden, intelligenten Bevölkerung berufen, eine wichtige Rolle in dem chinesischen, japanischen und langsam aufkeimenden ost-sibirischen Handel zu spielen.

Wenn zu der Zeit der zweiten Entdeckung von Amerika durch Christoph Columbus Ackerbau, bürgerliche und staatliche Einrichtungen, weite Verbreitung derselben Form des religiösen Cultus; wenn Verkehr, durch Kunststrassen über hohe Gebirge befördert; monumentale Sculpturen, wie grosse Bauwerke (Tempel, Treppen-Pyramiden, Wohnungen der Fürsten und Befestigungsmittel) sich vom mexicanischen Anahuac bis Chili allein Asien gegenüber, im westlichen Theile des Neuen Continents, fanden: so war der vielfach grössere, verhältnissmässig flächere, von Flussnetzen durchzogene, östliche Theil ein Sitz der Wildheit, von Volksstämmen bewohnt, welche, vereinzelt, selten in Conföderationen zu kriegerischen gemeinsamen Unternehmungen verbunden, sich fast allein vom Jagdleben und Fischfange ernährten. Dieser sonderbare alte, nach den Weltgegenden zu bezeichnende Contrast der Cultur und Uncultur begann aufgehoben zu werden, seitdem in zwei, durch ein halbes Jahrtausend getrennten Epochen, von dem nördlichsten und südlichsten Theile Europa's aus, das grosse oceanische Thal überschritten wurde, welches zwei Continente scheidet. Die erste, scandinavisch-isländische Ansiedelung, veranlasst von Leif, dem Sohne Erik's des Rothen, war schwach, von vorübergehender Art und sittlich fruchtlos gewesen, ohne alle Einwirkung auf den Zustand der Eingeborenen, obgleich die amerikanischen Küsten in der kalten und gemässigten Zone vom drei-und-siebzigsten Grade (von der kleinen Gruppe der west-grönländischen Weiber-Inseln) bis zu 41½° der Breite von kühnen christlichen Seefahrern besucht wurden.

Erst zu der Zeit der zweiten Entdeckung von Amerika, durch Christoph Columbus, der Entdeckung innerhalb der **tropischen** Zone, hat sich recht eigentlich eine Erdhälfte der anderen zu offenbaren angefangen. Des Astronomen und Arztes Toscanelli alte Verheissung: *buscar el levante por el poniente,* den goldreichen Orient durch eine **Schifffahrt nach Westen** aufzufinden, wurde erfüllt. Steigt man in der Erinnerung zu den Weltaltern hinauf, in welchen den Culturvölkern, die das Becken des Mittelmeeres umwohnten, durch die Gründung von Tartessus und die wichtige Irrfahrt des Coläus von Samos die gadeirische Pforte, die mittelländische Meerenge, geöffnet wurde: so erkennt man in derselben ost-westlichen Richtung ein unausgesetztes Streben atlantischer Seefahrer nach der jenseitigen Ferne. Die weltgeschichtlichen Begebenheiten, in denen sich ein grosser Theil der Menschheit von einer gewissen Gleichmässigkeit der Tendenz belebt zeigt, bereiten Grosses langsam und allmälich, aber um so sicherer, vor; sie entwickeln sich aus einander nach ewigen Gesetzen; ganz wie die, welche walten in der organischen Natur.

Obgleich die **Südsee** erst sieben Jahre nach dem Tode des Christoph Columbus von dem Gipfel der Sierra de Quarequa auf dem Isthmus von Panama durch Vasco Nuñez de Balboa gesehen, und wenige Tage darauf in einem Canot von Alonzo Martin de Don Benito beschifft wurde, so hatte doch schon Columbus im Jahre 1502, also eilf Jahre vor Balboa, auf der vierten Reise, in welcher er am meisten die Thatkraft seines Geistes erwiesen, im Puerto de Retrete an der Ostküste Veragua's eine genaue Kenntniss von der Existenz der Südsee erhalten. Er bezeichnet in der *Carta rarissima* vom 7. Julius 1503, in dem Briefe, in welchem er so poetisch seinen grossartigen Wundertraum beschreibt, auf das Deutlichste die zwei einander gegenüberliegenden Meere oder, wie der Sohn in der Lebensbeschreibung des Vaters sagt, die „**gesuchte Verengung** *(estrecho)* **des Festlandes**“. Dieser ihm durch die Eingeborenen offenbarte Ocean sollte nach seiner Meinung ihn führen nach dem **Gold-Chersones** des Ptolemäus, nach dem ost-asiatischen Gewürzlande; dahin, wo einst in grosser Zahl, durch Chronometer geleitet, nordamerikanische, in San Francisco gebaute Schiffe segeln werden. In einer Zeit, wo Entwürfe zu riesenhaftem Bau sowohl von Eisenbahnen (die geradlinige Entfernung der atlantischen Küste zu der Küste von San Francisco in Californien ist ohngefähr 550 deutsche Meilen), als von oceanischen Canälen: durch den Naipi und Cupica, durch den Atrato und Rio Truando, durch den Huasacualco und den Chimalapa, durch den Rio de San Juan und den See Nicaragua, auf das Lebhafteste den Menschengeist beschäftigen, gedenkt man gern an den ersten kleinen Anfang der Kenntniss vom Stillen Meere; an das, was Columbus auf seinem Todtenbette davon wissen konnte. Der grosse, schon von seinen Zeitgenossen, wie ich an einem anderen Orte erwiesen, halb vergessene Mann, starb in Valladolid den 20. Mai 1506 in dem festen Glauben, welchen auch noch Amerigo Vespucci bis zu seinem Tode in Sevilla (am 22. Februar 1522) theilte, nur Küsten des Continents von Asien und **keines neuen Welttheiles** entdeckt zu haben. Columbus hielt das Meer, welches den westlichen Theil von Veragua bespült, für dem Gold-Chersones so nahe, dass er das Lagenverhältniss der Provinz Ciguare in West-Veragua zum Puerto Retrete (*Puerto Escrivanos*) verglich mit dem von „Venedig zu Pisa, oder von Tortosa an der Mündung des Ebro zu Fuenterabia an der Bidassoa in Biscaya"; auch rechnete er von Ciguare bis zum Ganges (*Ganques*) nur 9 Tagereisen. Sehr beachtungswerth scheint mir dazu noch der Umstand, dass heutiges Tages der Goldreichthum (*las minas de la Aurea*), welchen die *Carta rarissima* des Columbus in den östlichen Theil Asiens setzt, in Californien, an der Westküste des Neuen Continents, zu finden ist.

Eine übersichtliche Schilderung dieser Contraste zwischen der Jetzt- und Vorzeit, wie des grossen Gewinnes, welchen verständige Durchforschungen der *Terra incognita* des fernen Westens in dem Gebiete der Vereinigten Staaten der allgemeinen Länderkenntniss noch für viele Jahrzehente werden darbieten können, ist der Hauptzweck dieses Vorwortes gewesen. Es bleibt mir am Schlusse desselben noch die angenehme Pflicht zu erfüllen übrig, den Leser daran zu erinnern, dass der Verfasser des nachfolgenden Reiseberichtes vom Mississippi und Arkansas zu den Ufern des Stillen Meeres den Vortheil gehabt hat, durch eine frühere Reise nach dem Nebraska-Flusse an das Leben unter Indianer-Stämmen lange gewöhnt zu sein. Nachdem er, der Sohn eines preussischen Artillerie-Officiers, den Militairdienst im Vaterlande mit belobenden Zeugnissen seiner Oberen verlassen, ging er, kaum 24 Jahre alt, nach dem westlichen Theile der Vereinigten Staaten: unabhängig, allein; unwiderstehlich getrieben (wie es bei strebsamen und kräftigen Gemüthern vorzugsweise der Fall ist) von einem unbestimmten Hang nach der Ferne, nach dem Anblick einer wilden, freien Natur. Nahe bei den Ufern des Mississippi erhielt er Kunde von dem schönen, vielversprechenden naturhistorischen Unternehmen, das Sr. K. H. der Herzog Paul Wilhelm von Württemberg nach dem Felsengebirge (den *Rocky Mountains*) eben vorbereitete. Der junge Mann bat um die Erlaubniss, sich diesem Unternehmen anschliessen zu dürfen, und erhielt sie auf eine edle, wohlwollende Weise. Die Expedition gelangte ohne Unfall bis in die Gegend des Forts Laramie am Platte-Fluss, als grosse Unwegsamkeit des Bodens, ein furchtbarer, allgemeines Augenübel erregender Schneefall, wiederholte Raubanfälle der Eingeborenen und das Absterben der so nothwendigen Pferde den Herzog für jetzt zum Aufgeben des Unternehmens nöthigten. Von diesem getrennt, aber sich anschliessend vorbeiziehenden Ottoe-Indianern, die ihn mit einem Pferde versahen, wandte sich Herr Möllhausen nun nördlicher nach Bellevue, dermalen dem Sitze einer Agentur und Niederlage des Pelzhandels. Nach einem dreimonatlichen Aufenthalte und thätigen Jagdleben bei den Omahas schiffte er den Mississippi herab und hatte die Freude, wieder mit dem Herzog Paul Wilhelm von Württemberg zusammenzutreffen und in mehrfachen Excursionen an der Vermehrung der wichtigen zoologischen Sammlungen dieses Fürsten mit zu arbeiten. Im J. 1852 schiffte er sich in

New-Orleans nach Europa ein, von dem verdienstvollen preussischen Consul Herrn Angelrodt, in St. Louis an der Mündung des Missouri, beauftragt, während der Reise für die glückliche Überkunft einer Zahl interessanter, dem Berliner zoologischen Garten bestimmter Thiere einige Sorge zu tragen.

Der muthigste Entschluss, mit vermehrten Kenntnissen und vermehrter künstlerischer Ausbildung, wenn gleich mit sehr beschränkten Mitteln, eine zweite Excursion nach dem Westen der nordamerikanischen Freistaaten zu wagen, stand bei Herrn Möllhausen fest. Meinem innigen und vieljährigen Freunde, dem Geh. Medicinalrath und Professor Lichtenstein, verdanke ich die Bekanntschaft des jungen Reisenden. Wie sollte ich, vielleicht der älteste unter den Reisenden dieses Jahrhunderts, der ich mich in frühester Jugend von ähnlicher, unbestimmter Wanderungslust gedrängt fühlte, nicht Interesse für den mir so warm Empfohlenen gewonnen haben? Die Huld des hochherzigen, jedem aufkeimenden Talente gern hülfreichen Monarchen gestattete es, dass Balduin Möllhausen seine sehr ausgezeichneten, physiognomisch wahren Reiseskizzen aus dem Leben der Indianer Ihm persönlich vorlegen durfte. Bei dem wachsenden Wohlwollen, dessen meine Arbeiten und Bestrebungen sich in den Vereinigten Staaten von Nordamerika zu erfreuen haben, bei den edlen Aufopferungen, welche so viele der einzelnen Regierungen dort zur Beförderung des freien geistigen Fortschrittes, besonders in allen Theilen des astronomischen, geographischen und naturhistorischen Wissens machen, durfte ich hoffen, dass Empfehlungen von mir, vereint mit denen eines anderen mir theuren Freundes, des preussischen Gesandten, Herrn von Gerolt, dem Zurückkehrenden bei den obersten Behörden und bei der edeln *Smithsonian Institution* von erspriesslichem Nutzen sein würden. Unsere Hoffnungen sind bald erfüllt worden. Herr Möllhausen hat selbst im Eingange zu dem Reiseberichte seine Anstellung als Topograph und Zeichner bei der, auch wissenschaftlich wohl ausgerüsteten, Expedition des Lieutenant Whipple erzählt.

Trotz der Mühseligkeiten, die von einem, bloss auf dem Landwege eilf Monate dauernden, ernsten Unternehmen unzertrennlich sind, hat der Reisende doch während desselben mehrmals Abhandlungen an die geographische Gesellschaft zu Berlin gesandt, unter denen zwei von allgemeinem Interesse waren. Die eine Abhandlung betraf die Sitten und die Verschiedenheit des Körperbaues der am Grossen Colorado und im nahen Gebirge lebenden, wenig bekannten Indianerstämme: der Mohawes, Cutchanas und Cosninos; die andere den sogenannten versteinerten Urwald zwischen der „alten Stadt" *Pueblo de Zuñi*, und dem Kleinen Colorado. Dieses merkwürdige Phänomen, in welchem Coniferen mit einigen baumartigen Farren vereinigt sind, ist auch von dem Geologen der Expedition, Herrn Jules Marcou, jetzt Professor an der föderalen polytechnischen Schule zu Zürich, in seiner so überaus lehrreichen „allgemeinen Orographie von Canada und den Vereinigten nordamerikanischen Staaten" beschrieben worden. Der nachfolgende Reisebericht hat durch wissenschaftliche Auszüge aus den gelehrten, bereits gedruckten Arbeiten des Herrn Marcou bereichert werden können. Der Zweck der grossen Expedition unter den Befehlen des Lieut. Whipple ward glücklich erreicht am 23. März 1854 durch die Ankunft an der Küste der Südsee bei dem Hafen San Pedro, nördlich von dem californischen Missionsdorfe San Diego. Die schnelle Rückreise ging von San Francisco über den Isthmus von Panama nach New-York, so dass Herr Möllhausen nach einer Abwesenheit von einem Jahre und fünf Monaten mit seinen Sammlungen aus dem *Far West* und einer grossen Zahl interessanter, im Angesicht der Naturscenen sinnig aufgefasster, malerischer Entwürfe, in Berlin ankam. Diese Studien hatten sich wieder des aufmunterndsten Beifalles und der huldreichen Anerkennung des Königs zu erfreuen. Sr. Majestät hatten die Gnade, zu beschliessen, den jungen Reisenden in Ihre Dienste zu nehmen und als Custos der Bibliotheken in den Schlössern von Potsdam und der Umgebung anzustellen. Seine lebensfrischen Schilderungen der wilden Natur in der Mannichfaltigkeit ihrer Gestaltungen, des Zustandes der Uncultur eingeborener Stämme und der Sitten der Thierarten, erinnern daran, wie in empfänglichen Gemüthern tiefe Gefühle die Sprache veredeln. Was Balduin Möllhausen in einem so vielbewegten Leben, unter mannigfaltigen Entbehrungen, doch Ersatz gewährenden Naturfreuden erfahren, ist für seine geistige Ausbildung nicht verloren gegangen; denn, wie Schiller in so schöner Einfachheit sagt: „der Mensch wächst mit seinen Zwecken".

Berlin, im Monat März 1857.

I.

Auf dem Mississippi. — Fort Napoleon. — Arkansas River. — Ufer des Arkansas. — Little Rock. — Van Buren.

Wer jemals auf einem der riesenhaften, dabei aber in gleichem Masse prächtig und bequem eingerichteten Mississippidampfer diesen Strom hinuntergefahren ist und Tage lang kein anderes Geräusch vernommen hat als das gleichmässige Arbeiten der Maschinen, das zeitweise Rasseln der Tafelzurüstungen, und das betäubende Geläute der Tischglocke, mit welcher ein Neger in grinsender Freude über seine Virtuosität auf diesem klangvollen Instrumente zu den verschiedenen Mahlzeiten ruft; wer sich sodann nach schneller Befriedigung des Appetits durch noch schnellere Wahl unter den dicht gedrängten Schüsseln auf die geräumige Gallerie begeben und dort inmitten seiner schweigsamen Gefährten die Erfahrung gemacht hat, dass man sich nirgend und unter keinerlei Verhältnissen mehr vereinsamt fühlen kann, als in der Reisegesellschaft auf Flüssen: wer also in dieser Weise auf sich selbst und seine Beobachtungen angewiesen den Mississippi hinuntergefahren ist, in dem regte sich auch sicherlich oftmals ein lebhaftes Verlangen, in das Geheimniss der dunklen Wälder eindringen zu können, die wie das lebendigste und bilderreichste Panorama zu beiden Ufern seinen Weg begleiten; bald einer Schonung nicht unähnlich als niederes Holz, bald als der eigentliche mächtige Urwald, über welchen wieder einzelne Hickory (*Iuglans tomentosa* Mich.) und Sykomoren (*Platanus occidentalis* Willd.) von der erstaunlichen Höhe wie sie nur die Neue Welt kennt, emporragen. Doch unaufhaltsam wird man weiter getragen, und — während der Blick noch entzückt an einer malerischen Gruppe im dichten Walde, mit seinen weitverzweigt über den Strom schattenden Weiden (*Cotton-wood — Populus angulata*) oder den zahlreichen Inseln und Inselchen haftet, die dem Mississippi, trotz der Niedrigkeit seines Thales unterhalb St. Louis eine so überaus anziehende Abwechselung verleihen, gleitet man schnell an der Mündung eines Nebenflüsschens vorbei, an der ein einsames Blockhaus aus dem bergenden Gebüsch herausschimmert, neue Aufmerksamkeit erheischt und nach einem flüchtig gebotenen Anblick bereits wieder weit hinter dem schnaubenden Dampfer zurückgeblieben ist. Man ist überhaupt oft in Versuchung, dem hölzernen Bau eine Art neidischer Eigenwilligkeit beizumessen, mit solcher Absichtlichkeit scheint er förmlich einzelnen schönen Punkten aus dem Wege zu gehen, indem er theilnahmlos den Windungen des Hauptcanals folgt, bald das eine oder das andere Ufer sucht, bald zwischen beiden die Mitte hält, ohne sich im entferntesten um schöne Aussichten und malerische Gruppen zu kümmern. Ebenso wenig stören ihn in seinem Gange die Flösse des Treibholzes, die langsam vor ihm hintreiben und die er jeden Augenblick einholt. Prasselnd zieht der Dampf durch den Schlot, schnaubend und stöhnend jagt er die trägen Schwimmer aus einander oder verfolgt über dieselben hinweg ruhig seine Strasse, gleich als ob ihm schon von seinen Baumeistern genug Verstand mitgetheilt worden sei, um zu wissen, dass der vortheilhafteste Weg der ist, welcher über die Schultern der Anderen führt und am wenigsten Zeit erfordert, die ja nach amerikanischer Geschäftsweisheit nicht allein Geld, sondern sogar besser ist als solches.

Dieses sind die beiden Hauptlehren für einen grossen Theil des amerikanischen Verkehrlebens, sie drehen sich um die gemeinsame Axe des »Geldmachens«, dieses beständigen Leiters und Begleiters für jeden ächten Geschäftsmann, der, mag er thun und treiben was er wolle, doch nie die kleine Frage ausser Augen lässt, was er dabei wohl verdienen könne. Man braucht sich nur auf dem Deck des Dampfbootes umzuschauen, um die Richtigkeit solcher Behauptung einzusehen. Was geht in der Seele jenes jungen Mannes vor, der, den Kopf und Rücken auf zwei neben einander gestellten Stühlen wiegend, die Füsse hoch über die Gallerie hinausgestreckt, seine Blicke anscheinend so träumerisch und tiefversunken bald auf den herrlichen Wäldern, bald auf dem prächtigen Strom haften lässt? Die eben beschriebene Stellung, obgleich zu solchem Zweck etwas eigenthümlich gewählt, würde ihrem Inhaber dennoch erlauben, sich nach Herzenslust an den Schönheiten der Natur zu erfreuen; aber, welch ein Irrthum! — der junge Mann berechnet eben, wie viel Pferdekraft wohl die Wassermassen vor ihm bieten würden, um in einem so und so hohen Sturz bei Anlage einer ungeheuren Wassermühle die Dampfmaschine zu ersetzen; und wie viel wohl dieser ganze herrliche Wald, zu Brennholz geschlagen, auf dem Markte zu New-York werth sein würde! Dieser junge Mann repräsentirt die ganze eben zur Selbstständigkeit gelangte amerikanische Jugend, die überall Wege finden will, mit möglichst wenigem Zeitaufwande möglichst grosse Reichthümer zu erlangen. Der ernste speculirende Mann dagegen wendet sein Auge ab von Gegenständen, die ihm keinen Vortheil bringen, sondern höchstens nur ihn zerstreuen können, wiegt sich nachlässig auf seinem Stuhle hin und her, kaut seinen Tabak, schnitzt anscheinend gedankenlos und müssig an einem Stückchen Holz, und fährt, sobald dasselbe verschnitzt ist, rücksichtslos an der Stuhllehne fort. Er denkt dabei aber weder an Tabak noch an Stuhllehne, sondern nur an die vielen Hunderte und Tausende, die ihm dieses oder jenes Geschäft einbringen könnte, und die Beschäftigung, der er sich auf eine anscheinend so emsige Weise hingegeben hat, dient einzig nur dazu, seinen Blick den Augen der mit ihm handelnden Gefährten zu entziehen, damit auch nicht durch die kleinste Bewegung seine Gefühle sich verrathen und nachtheilig auf einen vortheilhaften Handel einwirken können.

Dieser bei einem grossen Theile der Nation fast gänzliche Mangel an Sinn für die Schönheiten der Natur ist dem Europäer ebenso unbegreiflich, wie dem Amerikaner die laute Begeisterung der Europäer bei einem derartigen erhabenen Anblicke spasshaft dünkt. Wer übrigens durchaus wünscht, diesen oder jenen reizenden Punkt genauer in Augenschein zu nehmen, oder im Schatten der dunklen Ufer zu lustwandeln, dem steht es frei sich an einer beliebigen Stelle an's Land setzen zu lassen, da die Mississippidampfer einen so geringen Tiefgang haben, dass sie überall an's Ufer zu stossen vermögen; aber gewartet wird auf Niemand, das Boot setzt seinen Weg ruhig fort und überlässt den Naturbewunderer seinem Entzücken und dem demnächstigen Erwachen zu einer Wirklichkeit, der das Rascheln einer flüchtigen Schlange und der leise Gesang der Mosquito-Schwärme alle Poesie zu benehmen im Stande ist. Selbst da wo Holz eingenommen wird, hat der das letzte Stück heruntragende Arbeiter oft einen kühnen Sprung zu wagen, um noch den Dampfer zu erreichen, der sich in seiner Ungeduld bereits wieder in Bewegung setzte. Es ist daher sehr rathsam, etwaige Forschungen auf einer solchen Reise nicht zu weit ausdehnen und zu genau anstellen zu wollen, sondern mit demjenigen zufrieden zu sein, was man vom Schiffe aus mit den Blicken erreichen kann, wenn es gleich zuweilen schwer fallen mag, sich von einem schönen Punkte so schnell wieder trennen zu müssen.

Hat der hölzerne Renner in dieser Weise die Stelle erreicht, wo der Arkansas sein röthlich gefärbtes Wasser dem Mississippi als treuen Begleiter bis an den Golf von Mexico übergiebt, so scheidet der Reisende, der den fernen Westen aufsuchen will, unbeschwerten Herzens, aber auch ohne schwere Herzen zu hinterlassen, von seiner bisherigen Reisegesellschaft, um auf dem Arkansas sein viele hundert Meilen entferntes Ziel weiter zu verfolgen. Einige abgedankte alte Dampfer bilden nicht nur die Landungsplätze bei dem an der Mündung dieses Flusses gelegenen Städtchen Fort Napoleon, sondern dienen zugleich auch als Waarenhäuser und Gasthöfe. Die Güter werden in aller Eile hinübergeschafft, die Reisenden springen nach, der Steuermann zieht von seinem Thurme herab an den verschiedenen Klingelzügen, die zwischen ihm und den Maschinisten vermitteln, die Signalglocke ertönt, die Räder beginnen, das eine rechts das andere links herum zu arbeiten, das Boot neigt sich auf die Seite, beschreibt einen durch weissen Schaum bezeichneten Bogen, und eilt stolz und majestätisch seiner Endstation New-Orleans zu, ohne eine andere Spur hinter sich zu lassen, als das zu hohen Wellen aufgewühlte Wasser, das geraume Zeit gebraucht um sich wieder zu beruhigen.

Das flach gelegene Fort Napoleon hat einer so wunderreichen Natur gegenüber für den Reisenden nichts Einladendes, und wehe ihm, wenn er in den heissen Sommermonaten gezwungen ist, in Fort Napoleon oder dessen Werftbooten einen längeren Auf-

1*

enthalt zu nehmen. Dann ist die Hitze in dieser sumpfigen Gegend in hohem Grade unerträglich und die kühleren Abend- und Morgenstunden, die sich am ehesten für Spaziergänge und Geschäfte eigneten, muss man zur Ruhe verwenden, denn schwer ist es, während der Nacht die Augen zu einem wirklich erquickenden Schlummer zu schliessen. Man sucht sein Lager, dessen Flornetz vor der leidigen Plage dieser Gegenden, den Mosquitos, Schutz gewähren soll; man hat der nächtlichen Kühle Thüren und Fenster geöffnet, ein leichter erquickender Hauch weht durch die Gemächer. Aber ach! auch ein Mosquito-Netz hat seine zwei Seiten, es schützt vor jenen grimmigen Blutsaugern, wehrt aber zu gleicher Zeit dem kühlenden Lüftchen und lässt es nicht bis an den schlafsuchenden Müden gelangen; ungeduldig wälzt sich derselbe in der erstickenden Hitze des kleinen Raumes, in welchem er eingeschlossen ist, hin und her, bis er endlich von Müdigkeit übermannt auch wirklich die Augen zu einem leisen Halbschlummer schliesst. Inzwischen ist aber der Mosquito auch nicht müssig gewesen: er hat sich das Netz rings durchforscht und die Möglichkeit entdeckt, durch eine etwas weitere Masche zu dem Menschen durchzuschlüpfen, der ihm in dem freien Amerika die freie Passage versperren will. Er giebt dann durch eintönigen, bald leis und leiser verschwindenden, bald wieder in unmittelbarster Nähe des Ohres vernehmbaren Gesang seine quälende Gegenwart kund. Das Unheil vermehrt sich bald. Ein zweiter Mosquito hat denselben Durchgang entdeckt, die Sache wird bekannter, und in kurzer Zeit sammelt sich im Inneren des Netzes ein ganzer wohlbesetzter Chor von blutgierigen Dilettanten an. Der Gemarterte sieht zähneknirschend die Unmöglichkeit ein, sich mit seinen Angreifern auf gütlichem oder gewaltsamen Wege auseinanderzusetzen, er schleudert das keinen Schutz gewährende Netz von sich und giebt sich ihnen ganz hin, um wenigstens die Kühle der Nacht geniessen zu können. Am Morgen endlich erbarmt sich ein unruhiger Schlaf seiner Erschöpfung, er erwacht bei hoher Sonne, und hat für sein verschwollenes Gesicht wenigstens die Genugthuung, dass er an seinen Quälern, die in Folge des übermässigen Genusses den rechtzeitigen Rückzug versäumten, seine üble Laune auslassen kann.

Es ist daher eine wonnige Nachricht für den harrenden Reisenden, wenn ihm die Abfahrtsstunde des kleinen Propellers angekündigt wird, der ihn in die fernen westlichen Gegenden bringen soll. Freilich hat er die eigentlichen Mosquito-Regionen noch zu durchreisen, doch halten die Schnelligkeit des kleinen Dampfers, der Tag und Nacht unausgesetzt seinem Ziele zueilt und, der dadurch auf demselben entstehende fortwährende bedeutende Luftzug das Boot von dergleichen Plagen frei.

Als ich am 12. Juni 1853 in Fort Napoleon landete, traf ich daselbst mit mehreren Mitgliedern von Lieut. Whipple's Expedition zusammen, die ebenfalls auf Reisegelegenheit nach Fort Smith harrten. Natürlich schloss ich mich ihrer Gesellschaft an, doch mussten wir noch zwei Tage warten ehe der Capitain des Arkansas-Dampfbootes die Anzahl der gemeldeten Passagiere gross genug fand, um ihretwegen die Fahrt anzutreten. Am 15. Juni gelangten wir endlich gegen Abend in die Einmündung des Arkansas und folgten nun diesem Flusse aufwärts gegen Westen. Der Arkansas ist in mehr als einer Hinsicht interessant. Am überraschendsten ist dem Reisenden die merkwürdige Schnelligkeit, mit welcher der Fluss seinen Wasserstand wechselt. Man kann gestern noch die lehmigen Ufer weit über den Spiegel emporragen gesehen haben und findet heute schon Alles in vollkommen veränderter Gestalt wieder; das Wasser, welches eine dunklere röthliche Farbe angenommen, netzt die Wurzeln und theilweise den Stamm der den Strom einfassenden Bäume und schiesst mit entfesselter Gewalt dahin, indem es hier mächtige Haufen von Treibholz *(snags)* zusammenträgt, dort derartige hölzerne Barricaden, an deren Aufbau er Jahre lang zu arbeiten hatte, wieder zerreisst und weiter führt; hier einen abgestorbenen Stamm, von dem man gestern wähnte, die Fluthen würden ihn nie erreichen, gierig unterwühlt, dort einen bereits halb entwurzelten Baum in gewaltigem Andrang umknickt, um ihn als eine Art Tribut dem Mississippi zu übergeben. Doch nach kurzer Zeit schon deutet die Abnahme des Treibholzes auf das Zurücktreten und Sinken der Gewässer. Die Ufer tauchen wieder empor und nach Verlauf weniger Stunden bedarf das Boot einer vorsichtigen Hand, um zahlreiche Untiefen und jene so gefährlichen Holzklippen vermeiden zu können, die, unter der Oberfläche verborgen, nur durch die Wirbel und Strudel in ihrer Nähe die drohende Gefahr verrathen.

Von seiner Mündung bis nach Little Rock, der Hauptstadt des Staates Arkansas, haben die Ufer des Stromes, der diesem Staate den Namen gegeben hat, durchgängig denselben imposanten Charakter. Auf dieser Strecke von ungefähr 80 deutschen Meilen ist der Urwald in seiner ganzen Ueppigkeit und Pracht, mit allen seinen Wundern und allen den Schauern, die der Reisende aus den Beschreibungen eines Cooper und Irving ahnt, der beständige Begleiter des Arkansas-Flusses.

Es giebt keine Feder, die dieses wunderbare, seit Jahrtausenden noch unberührte Werk einer üppig verschwenderischen Schöpfung in seiner erhabenen Ruhe und grossartigen Majestät würdig genug zu beschreiben im Stande wäre. Wer vermöchte allein die Legionen von Gräsern und Kräutern, von Sträuchern und Schlinggewächsen aufzuzählen, deren farbige Blüthenpracht ohne Wahl und im buntesten Durcheinander vor dem entzückten Auge flimmert? Wer könnte alle die verschiedenen Baumarten namhaft machen, die sich hier familienweise zusammendrängen, und deren mannigfaltiges, vom hellsten bis zum tiefdunklen Grün absteigendes Laub, dem Walde die prachtvollste und vollständigste aller Schattirungen malerisch verleiht? Alte graubemooste, vielleicht tausendjährige Stämme heben ihre weitüberdachenden Kronen hoch über das undurchdringliche Unterholz, so stolz, so frisch und jugendgrün wie ihre schlanken Nachkommen, die erst unlängst aus ihrem Saamen emporsprossten und unter dem Schutz ihrer ehrwürdigen Erzeuger auch bereits zu ansehnlicher Höhe aufstiegen.

Die ersten Ansiedler scheuten sich vor dieser fast undurchdringlichen Wildniss, vermieden thierreiche Waldung und Moorboden, und selten nur verräth eine kleine

Klärung die Anwesenheit oder Nachbarschaft von Menschen; der Schall der Axt ist hier eben so selten wie das Stöhnen des Dampfers, und Neugierde nimmt hier noch die Stelle der Furcht ein. Der Hirsch sieht verwunderungsvoll und ohne zu entfliehen, den grossen Ruhestörer an sich vorüberschwimmen, der Papagei klettert plaudernd von Zweig zu Zweig, der Truthahn reckt seinen blauen Kopf durch das Laub um eine bessere Aussicht auf ein so neues Schauspiel geniessen zu können, und der sich im Wasser abkühlende schwarze Bär richtet sich auf die Hinterfüsse auf, misstrauisch bald nach dem schwimmenden Ungethüm, bald nach dem zurückbleibenden langen Rauchstreifen hinüberschauend. Die hohen Wellen, die ihn endlich erreichen, stören ihn in seinem Sinnen, er schüttelt seinen zottigen Pelz und trabt verdrossen brummend in's Dickicht. Der Ansiedler des Westens fühlte sich bewogen, diese furchtbar prächtige Natur einstweilen noch hinter sich liegen zu lassen, um sich erst dort, wo ihm die Felsen (1), denen er jenseits des Waldes begegnete, ein Ansteigen des Landes bekundeten, eine neue Heimath zu begründen. Dort fällte er den Baum zu seinem Blockhause; dort riss er den Schooss der Erde auf, um die Triebkraft eines üppigen Bodens, der bisher nur gleichsam seiner eigenen Laune gehorcht hatte, von nun an auf bestimmte Producte anzuweisen, wie sie der Nutzen und das Bedürfniss des neuen Herrn erheischte; dort sprengte und meisselte er später die Steine zum Gouvernementshause, nachdem das Territorium von Arkansas, durch alle Vortheile der Natur und der Verhältnisse begünstigt, zu einer hinreichenden Bevölkerung und Blüthe gelangt war, um sich als neuer Staat in die Union aufnehmen zu lassen.

Einen nicht geringen Theil seines schnellen Aufschwunges verdankt Little Rock den heissen schwefelhaltigen Quellen, die südlich von diesem Ort entdeckt wurden, und über deren fast fabelhafte Heilkraft bald in allen Zeitungen die abenteuerlichsten und übertriebensten Berichte zu lesen waren. In grosser Zahl langten auch bald aus allen Theilen der Union Lahme, Blinde und Sieche an, welche die hier so liberal versprochene Genesung suchten und, weniger durch Verdienst irgend eines improvisirten Heilkünstlers als durch die Gunst des gesunden Klimas und durch die Wohlthätigkeit der Wasser, auch theilweise wirklich fanden. Selbst Kranke sind willkommen, um den Ruf einer neu angelegten Stadt begründen, neue Colonisten anziehen und den Werth des Grundbesitzes vervielfachen zu helfen.

Auf diese Weise breitet sich die Civilisation mehr und mehr nach Westen hin aus und bemüht sich die Reichthümer des Landes kennen zu lernen, die sie einstweilen noch unbenutzt liegen lassen muss, bis die Zeit einer lohnenden Ausbeute anhebt. Und wie lange wird es dauern, bis die unerschöpflichen, oberhalb Little Rock bei dem Berge Petit Jean (2) beginnenden Steinkohlenlager angebrochen, und die Locomotive heizen werden, welche in nicht so sehr ferner Zeit beide Weltmeere mit einander verbinden soll?

Dem Reisenden wird dann nur noch ein kurzer Blick auf die in geologischer

Beziehung so interessanten Dardanel- und Bee-Rocks gestattet sein, an denen ihn jetzt das Dampfschiff mit so grosser Eilfertigkeit vorüberträgt. Ersterer besteht aus einer mächtigen Sandstein-Niederlage von fünf Schichten, deren jede sechs Fuss in der Dicke misst, und die in ihrer ursprünglichen Höhe nur bis zum Spiegel des Arkansas reichte. Durch eine Erderschütterung ist das Sandstein-Flötz an dieser Stelle gesprengt und in die Höhe getrieben worden. Während nun das westliche Ende desselben *tief im Boden* wurzelt, neigt sich das andere, einer gewaltigen Säule nicht unähnlich, in einem Winkel von 45 Grad gegen Osten. Auf seiner Kuppe, in einer Höhe von 75 Fuss, zeigt der Felsen die Ueberreste eines einstmals hohen Baumes, der von den Indianern auf ihren Kriegszügen als Wartthurm benutzt wurde.

Weiter aufwärts vom Dardanel-Rock folgen die Bee-Rocks (Bienen-Felsen), eine Reihe steilabschüssiger Wände, deren Ritzen und Gangklüfte vielleicht seit Jahrtausenden schon als Aufenthaltsort und Sammelplatz ungeheurer Schwärme wilder Bienen dienten, die auch der ganzen Felskette den Namen gaben. Wenige Meilen hinter den Bee-Rocks öffnet sich das Thal des Arkansas etwas, um die aufblühende Stadt Van Buren dem Reisenden vor Augen zu führen, einen Ort, der ebenso sehr durch seine Freundlichkeit, wie durch seine Einsamkeit in diesen wilden Regionen überrascht.

Vier Meilen aufwärts von Van Buren, bei dem auf dem rechten Ufer gelegenen Städtchen Fort Smith, tritt der Strom endlich aus dem Gebiete der Vereinigten Staaten hinaus und in das Indianer-Territorium ein. Das eigentliche Fort, unter dessen Schutze die gleichnamige Stadt gedieh, liegt bereits auf dem Gebiete der Choctaw-Indianer. Gleich oberhalb des Forts mündet der Poteau in den Arkansas, und verleiht der Ansiedelung nicht nur einen überaus reizenden Anblick, sondern auch, da dieselbe auf dem östlichen Winkel, den der kleinere Fluss mit dem Arkansas bildet, angelegt ist, eine sehr vortheilhafte Lage.

II.

Fort Smith. — Ausrüstung der Expedition. — Lagerleben bei Fort Smith. — Bill Spaniard. — Bändigen der Maulthiere.

In Fort Smith, das wie jede Stadt in Amerika kaum entstanden zu sein brauchte, um sofort auf Eisenbahnverbindungen zu sinnen, ward dieses Eisenbahnfieber im Sommer des Jahres 1853 auf seinen Höhepunkt gebracht, als in der Expedition unter dem Commando des Lieut. WHIPPLE eine kleine Schaar von Leuten hier eintraf, die auf ein nicht geringeres Unternehmen auszog, als zwischen diesem Punkte und Pueblo de los Angeles am stillen Ocean eine Strasse aufzufinden, auf welcher in Zukunft die schnaubende Locomotive furchtlos durch die Territorien der feindlichsten Indianer dringen, zwischen den beiden Weltmeeren vermitteln und die Goldminen Californiens näher bringen sollte.

Lange schon hatte man in allen westlichen Ansiedelungen die Anlage einer Eisenbahn nach dem stillen Ocean zum Gegenstand der Unterhaltung und sogar ernster Berathungen gemacht. Auch hatte keine der vielen kleinen Städte versäumt, in den Zeitungen die erschöpfendsten Beweise dafür beizubringen, dass der Weg schlechterdings durch ihre Marken zu legen sei, wenn man durch die Vortheile einer guten Steinkohle, eines sehr empfehlenswerthen Holzmaterials und eines sich durchaus gut eignenden Wassers unterstützt werden wolle. Seit geraumer Zeit waren Rathsversammlungen deshalb gehalten, Beschlüsse gefasst, Deputationen von Colonie zu Colonie geschickt, die Ansichten mit Hartnäckigkeit verfochten und die Beweise nicht selten durch einiges Boxen bekräftigt worden, als endlich die Regierung der Vereinigten Staaten drei Expeditionen ausrüstete, die unter Leitung von Ingenieur-Officieren und mit angemessener militairischer Bedeckung auf verschiedenen Wegen das Land durchziehen und die günstigste Möglichkeit für die Anlage dieses Riesenwerkes aufsuchen sollten.

Die südlichste Expedition, zu der ich gehörte, hatte den 35. Grad nördlicher Breite zu verfolgen und ihre Arbeiten von Fort Smith aus zu beginnen. Endlich war man zu den geeignetsten Mitteln geschritten und hatte den Vorstellungen der kleinen Stadt Fort Smith, die berührt sein wollte, nachgegeben. Die Ausführer des ersehnten Unternehmens waren bereits in Gestalt von Geologen, Feldmessern, Botanikern, Astronomen und Zeichnern, zwölf Personen im Ganzen erschienen; sie waren da mit Sack und Pack, Wagen und Geschirren, Instrumenten und Provisionen, nur fehlte es noch zur grossen Befriedigung der Einwohner an Maulthieren und Arbeitern, zwei Artikeln, die sogleich mit der grössten Bereitwilligkeit angeboten wurden, erstere gegen gute Bezahlung, letztere umsonst, und wo möglich noch mit den besten Empfehlungen begleitet. Die Ansiedelung liegt nämlich zu weit westlich, als dass sich ihr oft Gelegenheit darbieten sollte, überflüssige Maulthiere und unbeschäftigte Arbeiter los zu werden.

Die Maulthiere in dortiger Gegend sind theurer als anderswo und grösstentheils noch ungebändigt, doch unentbehrlich zu einer Reise durch die endlosen Steppen des Westens, da sie mit einem gedrungenen markigen Bau die unverwüstlichste Ausdauer verbinden. Was die Arbeiter betrifft, so findet man dort unter dieser Menschenklasse nur handfeste, trotzige Bursche, die, wenn sie gleich meist wild und von geringem moralischen Werthe sind, rege Hand anzulegen verstehen wenn es ihr eigenes Interesse erfordert, Leute, welche die Gefahren einer solchen Reise erkennen und für ihre und ihrer Gefährten Haut zu fechten wissen.

Der längere Aufenthalt, den die mannigfaltigen Vorbereitungen für eine so langwierige Reise in Fort Smith nöthig machten, wurde von unserer jungen lebenslustigen Schaar dazu angewendet, an der Grenze der Civilisation zu guter letzt noch einmal in vollem Masse alle die Freuden und Annehmlichkeiten zu geniessen, denen wir nun so bald und auf so lange Zeit entsagen sollten. Die Einwohner des Städtchens fanden dadurch Gelegenheit, einerseits von ihren Gästen noch manchen pecuniären Vortheil zu ziehen, andererseits sich auch als freundliche Wirthe zu zeigen, die allein schon wegen ihrer Liebenswürdigkeit einen Bahnhof in ihrer Nähe zu haben verdienten. Da sie überdiess die Leute, die ihnen zu einer Eisenbahn verhelfen sollten, bei guter Laune und frischem Muth erhalten zu müssen glaubten, so wurden wir mit Lobeserhebungen und Schmeicheleien überschüttet; es wurden Bälle gegeben und Feste gefeiert, welchen Vergnügungen wir uns mit aller Ausgelassenheit und Sorglosigkeit hingaben.

Bei einem Mr. Rogers, der früher Major in der Miliz gewesen und jetzt als Gasthofbesitzer und Hauptautorität in Fort Smith auf seinen Lorbeeren ruht, hatten wir uns einquartirt, und fühlten uns unter dem schattigen Dache des alten gemüthlichen Herrn für den Kostpreis von 2 Dollar täglich für den Kopf überaus zufrieden und glücklich. Sobald der Abend gekommen, und die tropische Hitze des Tages einer erquickenden Kühle gewichen war, konnte man die Gesellschaft in der einfach und bequem eingerichteten kühlen Trinkstube lachend und scherzend um den alten Herrn versammelt sehen, der gern auf ihre Spässe einging, von manchen harten Scharmützeln erzählte, die er in früheren Tagen mit feindlichen Indianern zu bestehen gehabt hatte, und der die jungen Leute wiederholt zur Energie und Ausdauer in den ihnen bevorstehenden Arbeiten ermahnte. »Meine Jungen *(my boys)*«, sagte er, »Ihr habt eine lange und gefahrvolle Reise vor Euch, aber seid unverdrossen! Ihr müsst durchaus eine geeignete Strasse für den Schienenweg nach Californien finden. Und wenn Ihr eine solche gefunden habt, so vergesst nicht, dass Ihr nicht ohne Freunde in Fort Smith seid, die sich für Eure Mühe erkenntlich zeigen werden! Kommt dann nur hierher zurück, ich habe noch sehr viel Land übrig, das durch die Eisenbahn einen tausendfachen Werth erhält, und werde jedem von Euch in der Stadt einen Bauplatz schenken, den Ihr Euch selber aussuchen könnt, wenn Ihr Bürger unserer dann erst recht aufblühenden Stadt werden wollt.«

Alle nahmen das wohlgemeinte Anerbieten des alten Herrn mit lautem Jubel entgegen, verpflichteten sich, einen Eisenbahnweg zu finden und wenn sie über Legionen von Chimborasso's und Niagara's zu klettern und zu schwimmen hätten, tranken in ausgelassener Fröhlichkeit auf eine glückliche Reise, auf die Eisenbahn, auf Fort Smith, auf den alten Major, auf ihr neu erworbenes Bürgerthum, und wählten sich in ihrem Uebermuthe je nach ihren Neigungen und Eigenthümlichkeiten im Voraus ihre Baustellen aus. Ein junger Mann aus New-York speculirte gut, er ersah sich den Platz neben dem dereinstigen Bahnhofe, um in einer gut eingerichteten Restauration die zurückkehrenden Californier für kostbares Erz und Goldstaub recht freundlich zu bewirthen; ein Franzose erkor sich einen nahe bei der Stadt gelegenen Hügel, der sich vorzüglich zum Weinbau eignete, und kelterte bereits in Gedanken Burgunder und Champagner; zur Linken neben der Trinkstube des Majors legte ein Irländer eine grosse Brennerei an, und zur Rechten derselben prunkte das Luftschloss eines Deutschen, der sich in Gedanken eben eine Brauerei darin eingerichtet hatte und seine Freunde mit köstlichem bairischen Biere bewirthete.

Der Major erklärte sich mit den getroffenen Wahlen durchaus einverstanden, und bis in die späte Nacht hinein dauerte die laute Fröhlichkeit, die Gläser klirrten, Hurrahs erschallten und die rasselnden Klänge eines schnell zusammengesetzten Orchesters wurden noch durch unsere Stimmen übertönt. Die Pausen füllten Rundgesänge und Volkslieder der verschiedensten Nationen aus, doch es war dem Deutschen eine hohe Genugthuung zu bemerken, welchen tiefen Eindruck die einfachen und gemüthlichen Weisen: »In einem kühlen Grunde« und »Ich weiss nicht, was soll es bedeuten«, selbst an den Grenzen der Civilisation, im fernen, fremden Lande hervorzurufen vermochten.

Aber die lustigen, kühlen Nächte von Fort Smith sollten ein baldiges Ende erreichen. Einestheils um uns im Voraus mit dem Lagerleben vertraut zu machen, anderentheils, um auf praktischem Wege die etwaigen Mängel der Ausrüstung entdecken und, so lange es Zeit und Ort noch gestatteten, beseitigen zu können, entschlossen wir uns, ein kleines Lager zu beziehen, welches zu diesem Zwecke in der Nähe des Fort in einer Lichtung des Waldes aufgeschlagen war, und durch die überhängenden laubigen Bäume den grössten Theil des Tages hindurch vor der sengenden Sonnengluth geschützt war. Mit Einschluss einer unter dem Commando des Lieutenant Jones stehenden Escorte von Infanterie waren es siebenzig und einige Personen, die sich im Lager zusammengefunden hatten. Die ganze Expedition ward von dem Ingenieur-Lieutenant Whipple geleitet, einem Manne, der sich schon früher bei ähnlichen Unternehmungen ausgezeichnet hatte, und mit seinen besonderen Fähigkeiten ein überaus liebenswürdiges und vertrauenerweckendes Wesen verband.

Nur kurze Zeit dauerte es, und jeder war in dieser neuen Lebensweise zu Hause; ehe noch der Reiz der Neuheit geschwunden, war bereits die Gewohnheit eingetreten und verdeckte schonend die kleinen und grossen Unbequemlichkeiten mancherlei Art, die von einem Leben unter freiem Himmel unzertrennbar sind. Es ruht sich sanft auf der harten Erde, und Skorpione wie Taranteln verlieren ihre Schrecken, wenn man kein anderes Lager finden kann. Die Hitze erscheint nicht mehr so unerträglich, wenn man unfähig ist sich ihr zu entziehen; der Regen kann nicht weiter als bis auf die Haut dringen, wenn die Kleidungsstücke zum Wechseln mangeln, und geröstetes Fleisch und schwarzer Kaffee mit Ahornzucker schmecken vortrefflich, wenn nichts anderes zu erwarten ist. Zwischen den Mitgliedern unserer Gesellschaft war in kurzer Zeit ein freundliches, ja brüderliches Verhältniss eingetreten, obgleich dieselbe aus Leuten mancher Herren Länder zusammengewürfelt war und aus den verschiedenartigsten Elementen bestand. Es waren nicht die vergnügten Nächte von Fort Smith, die ein solches Verhältniss herzustellen vermocht hätten, auch nicht der Wein, der die Herzen erfreut und öffnet, es war der Gedanke, Monate, vielleicht Jahre lang einer auf den andern angewiesen zu sein, und das stillschweigende Einverständniss, sich die gemeinsamen Gefahren und Mühseligkeiten einer Reise in den endlosen Einöden des fernen Westens durch ein herzliches Einvernehmen und gegenseitiges Rathen und Helfen erleichtern zu wollen.

So konnte man die Gesellschaft alle Morgen fröhlich und wohlgemuth das friedliche Lager verlassen sehen, um sich durch allerhand kleine Uebungsarbeiten vorzubereiten. Doch nach kurzer Zeit waren die einzelnen Mitglieder nach allen Richtungen hin zerstreut. Der Geologe hat den Fluss zu erreichen gesucht und arbeitet emsig mit seinem Hammer zwischen dem Gestein, dass es im Walde wiederhallt. Der Botaniker hat auf einem Baume einen merkwürdig gebildeten Parasiten entdeckt und bahnt sich ohne Schonung für seine Kleidung mühsam einen Weg durch die Hecken dichtverwachsener Dornen und Schlingpflanzen, um die noch schwierigere Reise den dicken Stamm hinauf zu unternehmen. Der Naturaliensammler hat eine Eidechse bemerkt, die ihn in's Dickicht lockt, und sich vor ihm bald in das raschelnde Laub des letzten Herbstes, bald unter einen modernden Stamm flüchtet, bis sie endlich unter einem unbeweglichen Blocke Schutz gewinnt, und vielleicht höchstens die Spitze ihres leicht zerbrechlichen Schwanzes im Stiche lässt, die ihr Verfolger noch vor ihrem Eintritt in das bergende Asyl erhaschte. Die Feldmesser und Kettenträger verfolgen die ihnen vom Compass

2*

angedeutete Richtung, bis sie durch die scheitelrecht fallenden Strahlen der Mittagssonne an die Heimkehr in's Lager gemahnt werden, wo die ganze Gesellschaft ermüdet von der noch ungewohnten Arbeit zusammentrifft.

Kaum sind die erbeuteten Frösche, Kröten, Eidechsen und Schlangen in die Spiritusbehälter, die Schmetterlinge und Käfer an ihre Stecknadeln, die Pflanzen und Blumen zwischen das Papier gewandert, kaum ist das jetzt wohl noch mit einigem Luxus ausgestattete Mahl beendigt: so sucht sich jeder im Schatten seines luftigen Zeltes ein bequemes Plätzchen, auf dem er möglichst unbelästigt die Mittagsstunden verschlafen kann. Leise hört man noch hin und wieder eine beliebte Negerromanze brummen, zu der sich das Geschwätz spielender Papageien auf den nächsten Bäumen, das Zirpen der Heuschrecken, das Schwirren der Goldkäfer und das Summen honigsuchender Bienen gesellt, — und bald verräth das schwere Athmen rings umher den tiefen Schlaf nach des Morgens anstrengender Arbeit. Nachlässig und sorglos lehnt sich der bei den Schläfern wachende Posten an einen Baumstamm, während die beiden ablösenden Nummern (ein Irländer und ein Franzose) im Schatten eines grössern Gezelts, das als Wachtstube dient, ein Spiel altersgrauer, kaum noch erkennbarer Karten handhaben.

In einiger Entfernung von den Zelten lagen unter einem Sassafrasstrauche ausgestreckt zwei Männer, die nach dem lebendigen Gespräche zu urtheilen, durchaus nicht von der erschlaffenden Gluth der hohen Sonne belästigt zu werden schienen. Das schlicht auf die Schultern herabfallende Haar, der eigenthümlich markirte Schnitt ihrer Gesichter, die dunkle Farbe der Haut, die bilderreiche Ausdrucksweise, alles würde sie zu Indianern gestempelt haben, wenn ihnen nicht ein dichter struppiger Bart einiges Anrecht an europäische Abstammung verliehen hätte. Sie waren mit grösster Nachlässigkeit gekleidet, ein breiter lederner Gürtel umschloss eine Art Rock oder Ueberwurf von rothem Flanell, und hatte zu gleicher Zeit die Bestimmung, dem einzigen absichtlich augenfälligen Schmuck als Halter zu dienen: einem Paar Pistolen und Messern, an denen man die Sorgfalt wohl erkannte, mit welcher ihre Besitzer sie gegen die zerstörenden Einflüsse des Rostes zu schützen suchten. Beide hatten erst vor wenigen Stunden, als sie zur Expedition geworben wurden, mit einander Bekanntschaft gemacht und nachdem sie sich durch einen Blick überzeugt, dass sie fast unter denselben Verhältnissen und in derselben Lage geboren wären, gelebt hätten und auch noch fortleben würden, waren sie eben im Begriff, vertrauensvoll einzelne ihrer Erlebnisse auszutauschen. »Mein Name ist Bill« begann der Eine, ein finsterer Mann von mittler untersetzter Statur, der durch die Breite seiner Schultern eine riesige Stärke verrieth, und dessen hohe Stirn eine tiefe Narbe zierte — »mein Name ist Bill, doch nennt man mich auch Bill Spaniard, weil mein Vater über das grosse Wasser von Spanien her gekommen war. Meine Mutter war eine Cherokesen-Frau und ich bin, so viel ich weiss, der einzige Sohn. Mein Vater kam um's Leben, ich weiss nicht wo;

meine Mutter starb, ich weiss nicht wie. Ich ward gross in den Hütten der Cherokesen und verdiente und sparte mir in meiner Jugend so viel bei den Weissen in den Ansiedelungen, dass ich mir zwei Pistolen, Pulver und Blei kaufen konnte. Zuerst freute ich mich nur über den lustigen Knall, bald aber noch weit mehr über die Sicherheit mit der ich dem Vieh der Blassgesichter den Tod in's Herz schickte, um mit der Zunge und so vielem Fleisch als ich tragen konnte, nach Hause zurückzukehren. Die Ansiedler nannten mich darum einen Dieb; ich hielt mich nicht für einen solchen, ich bin ja Halbindianer und unter den Indianern aufgewachsen, ich habe viele Pferde gestohlen und ich rühme mich dessen. Ich habe aber nie von meinem Bruder und Freunde genommen.«

Nach einer kleinen Pause nahm er seine Erzählung wieder auf:

»Da, wo ich überall zu Hause war, trieb sich bei den Ansiedlern ein grosser Bösewicht umher; er bestahl seinen Freund, er bestahl seinen Bruder, und sagte: das hat Bill Spaniard, der helle Cherokese, gethan, und er machte mich zum grossen Diebe. Er war ein Lügner und ich sammelte mir Beweise dafür; er wollte mir den Mund schliessen und schwor mir den Tod; er folgte mir mit einer doppelläufigen Flinte, zwölf Rehposten und zwei Kugeln waren darin, ich habe sie gezählt. Er traf mich auf der andern Seite des Arkansas, er nannte mich einen rothhäutigen Schurken, und legte seine Flinte auf mich an; doch meine Hand ist schnell, mein Auge noch schneller und ehe sein Finger den Drücker berührte, war ihm die Kugel dieser kleinen Pistole zwischen die Augen gefahren. Ich hatte nicht vergebens diese Pistolen gekauft und sie führen gelernt: mein Feind lag zu meinen Füssen.« Wieder schwieg er, liess wohlgefällig die Hähne seiner kleinen Pistolen knacken, steckte sie wieder in seinen Gürtel, zog dann eine Tafel schwarzen Tabaks aus der Tasche, schnitt ein Stück davon ab, schob es zwischen seine weissen Zähne und fuhr dann fort. »Ein Verwandter meines Feindes klagte mich als Mörder an, ich wurde in's Gefängniss geschickt, sechs Jahre hindurch zog sich mein Prozess hin, da starb mein Kläger, und ich wurde frei. Ich will jetzt fort aus diesem Lande, ich hasse alle Menschen hier, ich gehe mit dieser Expedition nach Californien, ich werde ein guter Arbeiter sein, ich will Gold graben, ich will reich werden.«

»Bill«, hob sein Gefährte an, ebenfalls ein baumstarker Halbindianer, »Bill, Du musst nur dem Unglück aus dem Wege zu gehen wissen; siehe, ich gehe auch mit dieser Compagnie nach Californien, es ist mir unheimlich zu Muthe hier, die Leute sagen, ich habe einen Choctaw-Indianer und einen weissen Mann erstochen, daher gehe ich aus dem Bereiche solcher üblen Nachreden«. Du bist ein grosser Bösewicht, erwiederte Bill, »man wird Dich noch aufhängen; doch siehe, da kommen die Maulthiere, lass uns an unsere Arbeit gehen.« Bei diesen Worten erhoben sich beide und entfernten sich nach der Richtung hin, wo lautes Getrappel die Annäherung der Heerde anzeigte. Sie sollten nun bei der Bändigung der noch rohen Thiere ihr Geschick und ihre Kraft beweisen.

Zu den schwierigsten Aufgaben nämlich bei den Vorbereitungen zu einer Reise durch die Steppen gehört unstreitig das Bändigen und Beschlagen der Maulthiere. Die ausdauernde Kraft derselben bei fortwährender Arbeit, trotz Futter- und Wassermangels, lässt das Pferd bei solchen Gelegenheiten weit hinter den Maulthieren zurückstehen; denn da, wo das längst ermattete und aller Last entledigte Pferd sich nur noch langsam mitschleppt und endlich doch den Wölfen überlassen werden muss, trägt das Maulthier geduldig sein Gepäck und lässt sich nicht hindern, während des Marsches vertrocknete Pflanzen, vor allem stachliche Dornen, abzurupfen, um den grässlichen Feind, den Hunger, dadurch zu besänftigen. Doch wie nun die Kraft des Pferdes und die Ausdauer des Esels in dem Maulthiere vereinigt sind, so fehlt wiederum keiner der Fehler, die nur ein Pferd oder einen Esel unleidlich machen können. Furchtsamkeit, Störrigkeit, Widerspenstigkeit und Tücke sind die Uebel mit welchen man besonders bei der Bändigung zu kämpfen hat, sie werden noch vergrössert, wenn die Heerde aus Thieren besteht, die erst durch einen harten Kampf unter sich mit einander bekannt werden müssen, und da viele nur ihrer Unbändigkeit wegen von ihren frühern Besitzern verkauft wurden, so ist man oft genöthigt, zu durchgreifenden, wenn auch grausamen Mitteln seine Zuflucht zu nehmen. Zu dieser nicht geringen Arbeit sind Mexicaner und Indianer beinahe unentbehrlich. Nach einer flüchtigen Musterung der Heerde haben solche Leute fast instinctartig die wildesten Thiere herauserkannt, und lassen es ihre erste Sorge sein, diese zu fangen. Zu diesem Zwecke dient eine lange Leine, die mit dem einen Ende am Sattelknopf des wohlberittenen sogenannten Arriero befestigt ist, am andern in eine offene Schlinge endigt, und zu grossen Ringen zusammengelegt in der Rechten desselben ruht. Dieser beginnt, sobald er sein erstes Opfer in's Auge gefasst hat, die ängstlich zusammengedrängte Heerde galoppirend zu umkreisen, und den günstigen Zeitpunkt abzupassen, wann das Thier seinen Kopf bloss giebt. Kaum hat er diesen Augenblick gewonnen, so lässt er die Leine (Lasso) einige Male über dem eigenen Kopf kreisen und schnell und sicher schleudert er sie auf das scheue Thier, das seiner Freiheit beraubt jetzt machtlos stampft und sich bäumt. Die Schlinge hat sich ihm um den Hals gestreift, und schnürt denselben um so mehr ein, je grösseren Gegenanstrengungen sie begegnet. Nach einem kurzen, aber mit Aufwand aller Kräfte geführten Kampfe fängt das erschöpfte Thier an zu fühlen, dass es sich, wenn es nicht erdrosselt werden will, dem etwas handgreiflichen Verfahren seines Siegers fügen muss. Willenlos lässt es sich unter ein Gerüst von vier aufrecht stehenden Balken bringen, zwischen denen es der Länge und Breite nach gerade Platz hat. Es wird dann vermöge eines klug ausgedachten Gurtenwerks um mehr als eine Elle von dem Boden aufgehoben, seine Beine werden mit Riemen an die entsprechenden Balken gefesselt, und ehe es ahnen kann, was eigentlich mit ihm geschehen soll, haben schon vier mit Zangen und Eisen bereit stehende Hufschmiede eine Arbeit vollendet, die auf gewöhnlichem Wege, selbst bei einem ruhigen

Pferde zehnmal so viel Zeit erfordert haben würde. Sobald die Eisen an ihren Stellen sind, geht das geängstigte Thier in die Hände der Wagentreiber über; die Schlinge mahnt immer noch nachdrücklich zum Gehorsam, eine tüchtige Peitsche zum Ziehen. Schon gebändigte Thiere, mit denen man den Neuling zusammenspannt, gehen mit gutem Beispiele voran, die Wuthanfälle werden seltener, bis nach Verlauf verhältnissmässig kurzer Zeit das Maulthier für diensttauglich erklärt und seinen bereits gezähmten Genossen beigesellt wird.

III.

Die Ländereien am Poteau. — Die Indianer daselbst. — Ihre Ansiedelungen. — Uebergang über den Poteau. — Das Gewitter. — Fort Koffee.

Die mit üppiger Waldung bewachsenen Ufer des Arkansas bieten von der Mündung des Canadian in denselben an die überraschendste und angenehmste Abwechselung durch kleine Prairien, die das dichte Gehölz von Zeit zu Zeit unterbrechen. Der Sugar-loaf Berg, die Kavaneau- und Sansbois-Gebirge begrenzen wahrhaft paradiesische Thäler, über welche die Natur neben einer unerschöpflichen Fruchtbarkeit alles ausgegossen zu haben scheint, was sie an Lieblichkeit und Schönheit zu verleihen vermochte. Die im prächtigsten Blumenflor prangenden Auen lachen dem Reisenden entgegen, und laden ihn ein zu verweilen und sich niederzulassen. Sie sind bereit, die Saat zu empfangen und dem Sämann tausendfältige Frucht zu bringen. Die zahlreichen Flüsschen, die dem Boden eine dauernde Frische zuführen, entheben der Furcht vor der Gluth des hohen Sommers und versprechen eine fröhliche Ernte; der nahe Wald bietet dem Ansiedler seine harten Hickory-Stämme zur Anlage des Blockhauses und schlanke Bäumchen genug zu dessen Einfriedigungen. Auch der Winter ist unter diesem Himmelsstriche milder; die undurchdringlichen Wälder und die nahen Berge bieten dem rauhen Nordwinde Trotz, und schützen die zarten Keime hinlänglich vor diesem in weniger begünstigten Gegenden so gefürchteten Feinde. Solchen Reichthümern vermochte selbst die Rothhaut nicht zu widerstehen, als sie von den habsüchtigen Blassgesichtern aus ihren alten Jagdrevieren am grossen salzigen Wasser (dem Litorale nahe) verdrängt, über die Alleghany-Gebirge und den grossen Fluss getrieben, endlich diese westlichen Gegenden erreichte. Die jetzt schon halbcivilisirten Stämme der Choctaws, Chickasaws, Creeks und Cherokesen hatten die Gräber ihrer Väter im fernen Sonnenaufgang verlassen und dem unstäten Jagd- und Nomadenleben entsagt, als sich ihnen hier eine neue Heimath bot. Hier säeten sie, hier ernteten sie, hier lernten sie von der Dankbarkeit des Bodens das, was ihnen die Missionäre lange schon vergeblich gepredigt hatten, und was zu lernen sie der Eigennutz ihrer weissen Nachbarn beständig zu verhindern strebte, die frevelnd ihnen jegliche Bildungsfähigkeit absprachen.

Aber der Indianer ist jeder Civilisation fähig, sobald er nur im Anfang eine Anleitung erfährt, eine Anleitung, die geeignet ist, mit Vertrauen entgegengenommen zu werden und das seit Jahrhunderten genährte Misstrauen zu heben. Seit seiner ersten Bekanntschaft mit den europäischen Eindringlingen wie ein schädliches Thier durch's Land gejagt, beständig auf der Flucht vor dem Uebermuth der Weissen, durch die verwerfliche Politik derselben unausgesetzt in blutigem Hader mit seinen Bruderstämmen erhalten und in seinen Rachegedanken, wegen des tausendfachen Unrechts, das er zu erleiden hatte, mit grausamer Vorsätzlichkeit von den Anhängern einer Religion der Liebe bestärkt, um als Rechtfertigung für deren eigenes unchristliches und verrätherisches Benehmen zu dienen; — wie vermochte er unter solchen Verhältnissen die Wohlthaten einer friedlichen Ansässigkeit, den tausendfachen Segen eines dankbaren Bodens, und die Vortheile eines geordneten, bürgerlichen Zusammenlebens kennen zu lernen?

Wenn es nun trotzdem Stämme giebt, die, ohne sich von den Sitten und Gesinnungen ihrer Väter gänzlich losgesagt zu haben, friedliche Bürger, fleissige Ackerbauer und gastfreundliche Menschen geworden sind, so gebührt den Europäern der geringste Theil des Verdienstes. Es gebührt beinahe ausschliesslich den Keimen der Bildung und alles Guten, die sich nach langem Schlummer endlich dennoch den Durchbruch durch die widrigsten Verhältnisse verschafften. Ja, es ist eine Wonne für den Reisenden, im Gebiete der Choctaws und Cherokesen von Ansiedelung zu Ansiedelung zu wandern und überall wie ein alter Bekannter mit offenen Armen aufgenommen zu werden. Hier braucht der Wanderer nicht mehr scheu zurückzuprallen vor dem Rascheln im Gebüsch, aus Furcht vor einem zischenden Pfeil oder sausenden Tomahawk. Das Krähen des Haushahns mischt sich mit dem Rufe des kleinen Rebhuhns, das Winseln des Panthers verstummte längst vor dem Bellen der Hunde, und wo sonst das wilde Kriegsgeheul um erschlagene Feinde und blutige Skalpe erscholl, da hört man jetzt das Glockengeläute friedlich weidender Heerden. Der gellende Ruf des Indianers dient nur noch dazu, das Echo der nahen Berge und Wälder zu wecken, und der Knall der Büchse vermag hier nur noch das flüchtige Wild zu scheuchen. Einzeln durchstreift die Rothhaut den tiefen Forst, spürt dem Bären bis in seine Höhle nach und verfolgt den Panther bis in die dichtesten Brüche; den Hirsch aber schiesst er von seiner Hausthüre aus, er schiesst ihn auf der Saat, die er selbst in den aufgerissenen Boden streute, und deren Frucht er ernten will.

Der Reisende käme in der That in Versuchung, den Indianer um sein stillzufriedenes Glück in diesen Thälern zu beneiden, wenn er ihm nicht den Sieg, den er über die ererbte und durch die Ungunst der Verhältnisse genährte Wildheit errang, aus vollem Herzen gönnte. Er sieht blühende Farmen, die dem Europäer alle Ehre machen würden, üppige Saaten und einen Wohlstand, der dem nach Veredelung strebenden Sohne der Natur die Mittel giebt, sich im fernen Osten Erziehung und Bildung zu holen; er sieht das Weib des Indianers nicht mehr zur Sklavin des Mannes herabgewürdigt, er sieht es zu der ihm bestimmten Würde einer Gattin und Mutter erhoben, seit die neu gewonnenen Jünger der Kultur von den Weissen lernten, sich für die Arbeiten in Haus und Feld schwarze Sklaven zu halten. Vergebens aber würde der Reisende einen andern Unterschied zwischen dem Herrn und seinem Knechte zu entdecken suchen, als den, welchen die Hautfarbe und Individualität der verschiedenen Menschenraçen begründet. Der Indianer geht christlicher mit seinem Sklaven um als der Christ, er betrachtet ihn als seinen Genossen, dem er für die treue Ausdauer in der Arbeit und den damit verbundenen glücklichen Fortgang seines Hauswesens Dank und Freundschaft schuldig ist.

Doch suche man solche Bilder von Zufriedenheit und häuslichem Glücke nicht zu nahe den Ansiedelungen der Weissen, und namentlich nicht um die Zeit, wo das Gouvernement seine jährlichen Zahlungen für erkaufte und abgetretene Ländereien an die verschiedenen Stämme leistet und wo dann, durch eine grausame Speculation, die eben erhaltenen Schätze wieder in die Hände der weissen Nachbarn zurückfliessen. Das kräftige Mittel zum elenden Zweck bietet das Feuerwasser (Whisky). Eine geringe, theuer erkaufte Quantität dieses Giftes genügt, um den Indianer der Vernunft zu berauben; im Taumel der Trunkenheit giebt er Alles hin, was er vor einer Stunde erworben und womit er sich eine bequeme und sichere Zukunft hätte begründen können, und erwacht erst dann aus seinem Zustande, wenn der Speculant kein Geld mehr bei ihm wittert und ihn grausam und unbarmherzig vor die Thür geworfen hat. Arm und unglücklich irrt er dann umher; als Mittel gegen den Hunger bliebe ihm wohl die Arbeit, aber die einmal erweckte Gier nach Feuerwasser lässt ihn nicht mehr zu ruhiger Besinnung kommen. Ein Bild der tiefsten Gesunkenheit wandert das unselige Opfer einer himmelschreienden Politik von Ansiedelung zu Ansiedelung, von Thür zu Thür, und wird von seinen eigenen Verderbern verabscheut, ja mit Füssen getreten!

Zu leicht schliesst dann der Reisende von solchen Individuen auf den ganzen Stamm oder auf die ganze Nation, und verbindet mit dem Namen eines Indianers alle nur denkbaren Laster der weissen und der kupferfarbenen Raçe. —

Am 15. Juli 1853 war es, als die Expedition des Lieutenant Whipple ihr Lager bei Fort Smith verliess und in der nach Vorschrift zu haltenden Ordnung über den Poteau setzte, was nur wenig Schwierigkeit hatte, da das der Besatzung gehörige Boot benutzt werden konnte. Einmal auf der andern Seite, blieb dem ziemlich langen Wagenzuge weiter nichts zu thun übrig, als der Strasse zu folgen, die sich durch die sumpfigen Bottomländereien auf dem spitzen Winkel, der von dem Arkansas und Poteau gebildet wird, hinzog. Die Feldmesser waren genöthigt, ihrer Arbeit auf dieser krummen Strasse obzuliegen, auf der es nicht möglich war eine lange, gerade Linie zu ziehen, da das dicht gedrängte Rohr, welches dort die Stelle des Unterholzes unter den hohen Cottonwood-Bäumen und Sykomoren einnimmt, grosse Abweichungen von der jetzt befolgten Bahn nicht erlaubte. Doch in der Entfernung weniger Meilen fing das Land zu steigen an, und indianische Farmen schimmerten mitunter aus den fast undurchdringlichen Massen des Urwaldes hervor. Die alte Strasse, bei deren Anlegung man den grössten Hindernissen so viel wie möglich auszuweichen und den Vortheil jeder kleinen Oeffnung im Holze zu benutzen getrachtet hatte, war keineswegs in einem Zustande, der ein rasches Fortschreiten der schwer beladenen Wagen gestattet hätte. Wurzeln und modernde Stämme hielten jeden Augenblick den Zug auf, und da die hohen Bäume durch ihre Schatten das gänzliche Trocknen des sumpfigen Weges verhinderten, so mussten die letzten der zwölf sechsspännigen Wagen oft buchstäblich durch den Koth und wie aus dem Moraste gezogen werden. Kaum war nun der höhere Boden erreicht, wo die Wagen leichter rollten und die Zugthiere festen Fuss fassen konnten, als die drückende Hitze des Tages sich in einem furchtbaren Gewitter zu entladen begann und den Zug in Unordnung brachte. Eine Lichtung neben einer grösseren Plantage war indessen nahe, und nachdem die Wagen, wenn auch nicht in der grössten Ordnung, zusammengefahren waren, beeilte sich Jeder, die Thiere ihrer Last zu entledigen und abzusatteln, um sie in einer Heerde frei laufen zu lassen, und suchte dann nach besten Kräften sich selbst gegen den herabströmenden Regen zu schützen. Eine Gesellschaft, die, eben erst organisirt, gleich am ersten Marschtage von einem solchen Unwetter befallen wird, bietet einen traurigen, aber zugleich äusserst komischen Anblick dar. Bei der Mehrzahl der Leute ist die frohe Ausgelassenheit verschwunden und hat bei einigen sogar der tiefsten Niedergeschlagenheit Platz gemacht; wenn man dann jedes einzelne Mitglied beobachtet, so kann man nach der Art und Weise, wie es Schutz sucht, beinahe auf sein früheres Leben schliessen. Der durch Erziehung Verzärtelte wird sich gewiss bei den ersten fallenden Tropfen unter einen Wagen flüchten, denn er ist gewohnt unter dem Regenschirm trocken zu gehen, und denkt nicht daran, dass in kurzer Zeit das Wasser doch unter dem Wagen hinfluthen wird. Er zittert vor Nässe und Kälte, so dass er kaum der fernen Heimath zu gedenken vermag, und in sein Geschick sich ergebend, schliesst er seine Augen vor den leuchtenden Blitzen. Der rohe, abgehärtete Arbeiter und der eine ungeheure Bravour zur Schau tragende Jüngling wickeln sich in ihre Decken und werfen sich in's Gras, nur mit dem Unterschiede, dass der erstere einschläft, der andere aber sich die Decke in den Mund stopft, um nicht vor Nässe und Kälte mit den Zähnen zu klappern. Die, welche weise und vorsichtig scheinen wollen, fangen an ein Zelt aufzuschlagen, und kommen endlich nach manchem vergeblichen Versuche mit der noch ungewohnten Arbeit erst dann zu Stande, wenn der Himmel sich aufklärt und die untergehende Sonne noch einen lachenden Scheideblick auf ihre nassen Zelte und Jammergestalten wirft. Wieder andere hängen die dem Wanderer unentbehrliche Decke über den gebogenen Zweig eines Strauches, graben mit dem Waidmesser einen Kanal rund um sich her, und nach wenigen Minuten ist ihr umgekehrter Sattel, der als Stuhl dient, ihre Waffen und ihre eigene Person geschützt und trocken unter dem triefenden Baldachin. Das von der Decke herabtropfende Wasser findet seinen Weg in die kleine Wasserleitung, und stört die zusammengekauerten Bewohner nicht weiter in ihren Betrachtungen, die sie vielleicht über

3*

die so grauenhaft schön aufgeregte Natur anstellen. Die schwarzen Wolken haben indessen den ganzen Horizont überzogen und die Gegend verdunkelt; Blitz folgt auf Blitz, in allen Richtungen prächtig blendende Zickzacklinien zeichnend und die dunklen Baummassen mit magischem Lichte beleuchtend. Der Sturm, der keinen Weg in das Innere des dichten Waldes finden kann, rüttelt mit Wuth an den Gipfeln der höchsten Bäume; der Donner kracht mit rasch auf einander folgenden Schlägen, nur sekundenweise innehaltend, wie um das ferne Rollen oder Brausen des Sturmes und das Rauschen des niederströmenden Regens, oder den Sturz von morschen Baumstämmen vernehmen zu lassen. Das Unwetter hat jetzt den höchsten Grad seiner Wuth erreicht, ein blendender Blitz, begleitet von einem betäubenden Schlage, berührt die äusserste Spitze eines mächtigen Hickory-Baumes, dem Krachen des Donners folgt das Krachen des Baumes, der bis in die Wurzeln gespalten in zwei Theilen aus einander klafft. Welche Erhabenheit, welche unendliche Macht! Aber die Macht, welche die Wolken zusammengezogen, die drohend einherschreitet, die durch leise Berührung den Baum zu spalten und den Felsen zu erschüttern vermag, dieselbe Macht heisst die Wolken sich zerstreuen, lässt den blauen Himmel hier und dort durchbrechen, heisst den Sturm schweigen, die Regenströme innehalten. Das Rauschen der von den Blättern fallenden schweren Tropfen übertönt fast das ferne dumpfe Rollen des Donners, und während das Wetterleuchten im fernen Osten schwächer wird, tritt die untergehende Sonne noch einmal hinter den bergenden Wolken hervor, lässt ihre Strahlen sich in den Millionen von herabhängenden Tropfen in den Bäumen brechen, und indem sie scheidend einen Blick auf das noch öde Lager wirft, muntert sie Jeden in demselben zu frischem Leben und neuer Thätigkeit auf. Die ängstlich zusammengedrängte Heerde theilt sich grasend nach allen Richtungen, bald flackern lustige Feuer auf, und Jeder sucht sich für die Nacht so trocken und bequem als möglich einzurichten, um neue Kräfte zum nächsten Marsche zu sammeln.

In der Entfernung einer (englischen) Meile von dem Flusse zieht sich die Strasse durch das Thal des Arkansas hin, und bis zur Agentur der Choctaw-Nation, die 14 Meilen von Fort Smith entfernt ist, sind es nur Indianerpfade, welche die Fahrstrasse mitunter durchschneiden. Eine Nebenstrasse, die sich 5 Meilen vor der Agentur von dem Hauptwege trennt, führt nach dem nahen Fort Koffee am Arkansas, und von dort in gerader Richtung nach der Agentur selbst, indem sie sich wieder mit der Hauptstrasse, welche eine breite Prairie durchschneidet, vereinigt. Diese Nebenstrasse führt fortwährend durch Wald, der mit dem Steigen des Landes einen andern Charakter angenommen hat. Er besteht nur aus niedrigen Eichen; das Unterholz fehlt dort fast ganz, an dessen Stelle überall üppiges Gras mit dem schönsten Blumenflor wuchert. Ein einsamer Berg, der aus Sandsteingerölle (Conglomerat) bestehend, sich wie eine Pyramide 150 Fuss über seine Basis erhebt, bleibt nördlich von der Strasse liegen. Er ist nur spärlich mit Holz bewachsen und gestattet eine weite herrliche Aussicht über das Thal des Arkansas bis dahin, wo die Berge bei Van Buren den Horizont begrenzen.

Die giftigsten Thiere scheinen aus der ganzen Gegend sich auf dem kleinen Berge zusammengezogen zu haben, denn gerade auf der Spitze streckt die zusammengerollte Kopperhead-Schlange dem Wanderer den Kopf entgegen, misst züngelnd den Zwischenraum ab, der sie von dem fremden Ruhestörer trennt, und hält sich zum Sprunge bereit; entfernt man einen Stein von seiner alten Stelle, oder stösst zufällig einen solchen um, so hat man ein ganzes Nest Skorpione blossgelegt, die grössten bis zu drei Zoll Länge und die kleinsten kaum erkennbar, welche ihre mit dem giftigen Stachel bewaffneten Schwänze in die Höhe richten. Ungern verweilt man in so unheimlicher Gesellschaft; man wendet sich von dem kleinen Berge ab, und hat nach einer kurzen Strecke, bei einer plötzlichen Biegung der Strasse, das alte Fort Koffee vor sich. Diese kleine Befestigung wurde vor dreissig Jahren zum Schutze gegen die Indianer errichtet, und nach ihrem Gründer, dem amerikanischen General Koffee, genannt. Sie hat eine reizende Lage auf einem Hügel in der Höhe von 80 Fuss über dem Spiegel des Arkansas; als steiler Felsen erhebt sich der Berg aus dem wirbelnden Wasser und senkt sich allmälig nach der Landseite zu. Auf dem Plateau zeigen sich alte Gebäude, die, weiss angestrichen, freundlich zwischen dunklen Cedern hindurchschimmern. Nach der Gründung von Fort Smith verlor Fort Koffee seine Besatzung und wurde vor zwölf Jahren in eine Missionsschule umgewandelt. Die zu kriegerischen Zwecken errichteten Gebäude haben seit dieser Zeit eine friedlichere Bestimmung erhalten. Wohl bestellte Mais- und Weizenfelder stossen an die Gärten, Negersklaven treiben sich bald müssig, bald arbeitend in denselben umher, und Gruppen spielender dunkelfarbiger Kinder lassen neugierig ihre schwarzen Augen auf dem vorbei ziehenden Wanderer ruhen. Die Schule wird von einem verheiratheten Methodistenprediger geleitet und vom Gouvernement unterstützt. Durchschnittlich sind immer fünfzig junge Choctaws zur Erziehung dort, während nahe der Agentur ein ähnliches Institut vor einigen Jahren ausschliesslich für Mädchen angelegt wurde, welches jetzt blüht und gute Früchte zu tragen scheint. Der Weg von der Mission nach der Agentur führt am Rande einer weiten Prairie hin, indem er bald Theile der Grasebene, bald kleine Flächen der lichten Waldung abschneidet und endlich nahe der Agentur in den tiefen Forst einbiegt, wo nach kurzer Wanderung Mais- und Weizenfelder, Blockhäuser, umgeben von kräftigen jungen Obstbäumen, die Nähe der entstehenden indianischen Stadt verrathen.

Die Stadt selbst besteht aus einer breiten Strasse, von Blockhäusern und Gärten gebildet, und hat viel Aehnlichkeit mit einem wohlhabenden Dorfe. Europäer, Indianer und Neger bewegen sich daselbst umher, Hausthiere von allen Gattungen beleben Gärten, Höfe und Strassen, man hört das Rasseln der Dreschmaschine und den Schall des Schmiedehammers, der in raschem Takte kräftig auf den Ambos fällt. Es herscht ein reges Treiben überall in dem kleinen Orte, der von den Indianern Hei-to-to-wa, von der amerikanischen Bevölkerung Scullеville oder schlechtweg Agency genannt wird.

IV.

Sculleville, die Choctaw-Agentur. — Geschichte der Choctaws. — Sagen der Choctaws. — Rathsversammlung der Choctaws. — Sans Bois Creek. — Pine Grove. — Ballspiel der Choctaws.

Um die benachbarten Indianerstämme gegen den Andrang der Weissen zu schützen und die Unterhandlungen der Indianer mit dem Gouvernement der Vereinigten Staaten zu leiten, um aber andererseits auch die Weissen gegen die Rothhäute zu vertreten, sendet das Gouvernement unter die Stämme Agenten, welche dann gewöhnlich die Gründer einer Niederlassung werden. Nicht nur Indianer, sondern auch Weisse siedeln sich dann in ihrer Nähe an; letztere natürlich von Gewinnsucht getrieben, indem sie mit ihren Tauschartikeln schnell zur Hand sein wollen. Sie verheirathen sich mit Indianerinnen, um festen Fuss bei ihren rothhäutigen Verwandten fassen zu dürfen. Auf diese Art entstand Sculleville. Gleich weit vom Poteau und Arkansas entfernt, liegt die Agentur mit den zur Viehzucht und zum Ackerbau nöthigen Gebäuden an einer Quelle oder vielmehr einem kleinen Bache, der auf einer Anhöhe aus dem Gestein sprudelt und mit jedem Schritte wachsend dem Arkansas zueilt. Eine Schmiede und Waarenhäuser liessen nicht lange auf sich warten, wohl bestellte Farmen, umgeben von schönen Kornfeldern und Obstgärten, blühten bald in der Nähe auf, und die Agentur wurde zum Sammelplatz aller industriellen, sowie vagabondirenden Indianer. Der Mangel eines Gasthofes wurde fühlbar, denn gar viele der Indianer und Indianerinnen sind nicht mehr gewohnt auf der Erde oder im Freien zu schlafen. Ein kleines Kosthaus (*Boardinghouse*) half darauf das Städtchen vervollständigen, und der reisende Choctaw, der seine die Schule besuchende Tochter sehen will, steigt jetzt mit seiner Familie in der bequem eingerichteten Herberge ab. Obgleich die dortige Bevölkerung an den Umgang mit den Weissen gewöhnt ist, so gab das Erscheinen der Expedition des Lieutenant Whipple doch Grund genug zur Neugierde, um so mehr, da die Compagnie mit Militairbegleitung zog und bei Sculleville ihr Lager aufschlug, um, wie es schien, mehrere Tage daselbst zu verweilen. Dazu traf es sich, dass zur selben Zeit eine Rathsversammlung der Choctaw-Häuptlinge abgehalten werden sollte. Kein Wunder also, dass von nah und fern Alles zusammneströmte, wodurch die kleine

Stadt ein Bild von buntem Gemisch und Lebhaftigkeit darbot. Männer und Weiber wogten durch einander. Jeder hatte sich in sein bestes Kleid geworfen, welches, zwar nach europäischem Schnitt gearbeitet, doch grösstentheils grelle Farben mit wundersamen, nicht immer unschönen phantastischen Zierathen verband. Das Lager nahm die Aufmerksamkeit Aller sehr in Anspruch, und da wo ich in einem Zelte meine Werkstatt aufgeschlagen hatte, drängte sich Alles heran, um die Möglichkeit zu erhaschen, in vollem Staate abgezeichnet zu werden. Scheibenschiessen, Wettlaufen und Pferderennen, Tänze und Verabredungen zum nächsten Ballspiel, welches seiner Eigenthümlichkeit wegen wohl einzig dasteht, alles wurde in diesen Tagen vorgenommen und verhandelt, und glücklich kann sich derjenige nennen, der sich zur Zeit einer Volksversammlung der Choctaws in Sculleville aufhält. Es wird ihm der Genuss geboten, durch eigene Anschauung in kurzer Zeit mehr von diesem so interessanten Stamm zu lernen und zu erfahren, als ihm sonst durch umständliches Fragen und Forschen möglich sein würde.

Die Nation der Choctaw-Indianer, nach Katlin's Angabe in einer Stärke von 22,000 Seelen, hat jetzt die Territorien südlich vom Arkansas und Canadian River inne, welche im Osten an den Staat Arkansas grenzen, südlich an das Gebiet der Chickasaws und westlich an das der Creeks. Die nördlichen Nachbarn der Choctaws sind die Cherokesen; es haben diese Stämme, die auf gleicher Stufe der Civilisation stehen, jetzt nur wenig Unterschied aufzuweisen. Ein solcher ist höchstens noch in ihrem Herkommen, in ihren alten Sagen, Sitten und Gebräuchen zu finden. Vor ihrem Ansiedeln am Arkansas bewohnten die Choctaws die reichen Jagdgründe der Staaten Alabama und Mississippi, welche sie an die Vereinigten Staaten verkauften; die Zahlungen wurden 20 Jahre hindurch in jährlichen Raten geleistet. Der Termin ist jetzt beinahe abgelaufen, und das meiste Geld, ohne viel Vortheil gebracht zu haben, wieder zurück in die Hände der Weissen gewandert. Wenn man indessen die alten Traditionen, welche in diesen Gegenden fortleben, mit einander vergleicht, so kommt man leicht zu dem Resultat, dass dieser Stamm nordwestlich von seinem jetzigen Gebiet in den Felsengebirgen gelebt haben muss, und zwar als Nachbar der Flathead- und Chinook-Indianer. Diese sind nämlich die einzigen Stämme, welche die natürliche Form des Schädels verunstalten, indem sie den Kindern von Geburt an durch das Aufpressen eines Brettes die Stirnknochen niederdrücken. Alte Choctaw-Indianer können sich entsinnen, von ihren Vorfahren gehört zu haben, dass dieser Gebrauch in frühern Zeiten in ihrem Stamme geherrscht habe. Hieran schliesst sich die Sage von der grossen Wanderung, die, von einem Indianer erzählt, folgendermassen lautet:

»Vor vielen Wintern lebten die Choctaws weit hin nach Sonnenuntergang, weit hinter dem grossen fliessenden Wasser (weit westlich vom Missouri), sie lebten hinter den Bergen mit Schnee (westlich von den Rocky Mountains). Sie fingen an zu wandern und brachten auf ihren Reisen manchen Winter und manchen Sommer zu.

Ein grosser Medizinmann (Zauberer) war ihr Häuptling: er führte sie den ganzen Weg, er ging immer vorauf und trug einen langen rothen Pfahl in seiner Hand. Da wo er den Pfahl in die Erde steckte, schlugen sie ihr Lager auf. Jeden Morgen nun sahen sie, dass der Pfahl sich gegen Sonnenaufgang geneigt hatte. Der Medizinmann deutete ihnen dies dahin, dass sie so lange wandern müssten, bis der Pfahl aufrecht an seiner Stelle stehen bliebe, und ihnen dadurch anzeige, dass dies der Ort sei, den der grosse Geist zu ihrer Heimath bestimmt habe. Lange wanderten sie weiter. An einer Stelle nun, die sie Nah-ne-wa-ge (abschüssigen Hügel) nannten, blieb der Pfahl aufrecht stehen. Dort gründeten sie ihre Heimath und schlugen ein grosses Lager auf, es war eine Meile lang und eine Meile breit; die Männer lagerten aussen herum, die Weiber und Kinder in der Mitte, und Nah-ne-wa-ge wird noch heute als der Mittelpunkt der alten Choctaw-Nation bezeichnet.«

Obschon nun die Traditionen von Indianern durchaus keinen sichern Haltpunkt für die Zeitrechnung gewähren, so beschäftigt man sich doch gern mit ihnen, da sie die Möglichkeit darbieten, sie mit den Traditionen anderer fernerer Stämme zu vergleichen und Betrachtungen anzustellen, die vielleicht sich der Wahrheit nähern. Auch die Sage von einer grossen Fluth hat sich bei den Choctaws wie bei den Azteken (Mexikanern) und so vielen Horden östlich von den Cordilleren Südamerika's erhalten. »Es herrschte eine undurchdringliche Finsterniss über die ganze Welt, die weisen Medizinmänner versuchten alles, die Dunkelheit zu besiegen, und sahen lange nach wiederkehrendem Tageslicht aus. Ihre Bemühung war vergeblich, und die ganze Nation versank in tiefes Unglück. Endlich nach langem Harren sahen sie ein Licht gegen Mitternacht aufgehen; schon glaubten sie am Ende ihrer Leiden zu sein, doch das Licht waren Berge von Wasser, die heranrollten und die Nation vertilgten bis auf einige Familien, die, das Unglück ahnend, sich ein Floss gebaut hatten, auf welchem sie sich retteten, und so die Stammeltern der jetzigen Nation wurden.«

Das Christenthum hat schon seinen Weg in diese Nation gefunden, doch hängen auch noch manche an dem alten Glauben ihrer Väter, der sie ebenfalls ein Fortbestehen der Seele nach dem Tode lehrt, und in den Hauptsachen ganz derselbe bei fast allen nördlichen Indianerstämmen ist. Der Gestorbene hat demgemäss eine lange Reise gegen Sonnenuntergang zurückzulegen, bis er einen tiefen reissenden Strom erreicht, der ihn von den seligen Jagdgefilden trennt. Beide Ufer dieses Stromes sind durch einen langen Fichtenstamm verbunden, der abgeschält und geglättet, als Brücke benutzt werden muss. Der Gute geht fest und sicheren Schrittes über den schmalen Steg, erreicht glückliche Jagdgefilde, und tritt in bleibenden Besitz jugendlicher Kraft. Sein Himmel ist unausgesetzt klar, eine kühlende Brise weht fortwährend, und die Zeit vergeht unter endlosem Jubel, unter Essen, Jagen und Tanzen. Der Böse, der über den Steg schreitet, sieht die weit überhängenden Ufer wanken, er versucht auszuweichen und fällt in die Tiefe hinab, wo das Wasser mit Donnergetöse sich über die

Felsen stürzt, wo die Luft verpestet ist von todten Fischen und anderen Thieren, und das Wasser, im Kreise treibend, ihn immer an denselben Ort zurückbringt, wo alle Bäume abgestorben sind, wo es wimmelt von Kröten, Schlangen und Eidechsen, wo die Todten hungrig sind und nichts zu essen haben, wo noch Lebende ein sieches Leben führen und nicht sterben können. Die Ufer sind mit Tausenden der Unglücklichen bedeckt, die hinaufklettern um einen Blick in die glücklichen Jagdgefilde zu werfen, welche sie nie erreichen können.

Gern lauscht man den Erzählungen dieser Leute; mit wehmüthigem Ernste weilt die Rothhaut bei Ausschmückungen, wenn es den Vorfahren gilt. Ein ungläubiges Lächeln macht den Erzähler stocken, ja veranlasst ihn abzubrechen, zu schweigen; aber da, wo der scharfe Blick des Indianers Theilnahme in den Zügen des Zuhörers entdeckt, reiht sich an den Schluss einer Sage der Anfang einer andern, und willig und aufmerksam folgt man in Gedanken seinen wilden Phantasien, um keines der langsam nach einander gesprochenen Worte zu verlieren. »Die Krebs-Choctaws *(Crawfish Band)*,« fährt der Erzähler fort, »sind jetzt dem Stamme einverleibt, und lebten früher unter der Erde in einer grossen Höhle, wo viele Meilen weit im Umkreise kein Licht war. Durch Moder und Sumpf kamen sie an's Tageslicht und mussten auf dieselbe Weise zurückkehren. Sie sahen aus wie die Krebse, gingen auf Händen und Füssen, verstanden einander nicht und waren sehr scheu und furchtsam. Die Choctaws lauerten ihnen lange auf, um mit ihnen zu sprechen, doch sie standen Niemand Rede und verschwanden immer im Sumpfe. Endlich wurde doch einigen der Rückweg nach dem Moore abgeschnitten, worauf sie dem nahen Felsen zu flohen und durch die Spalten desselben verschwanden. Die Choctaws brachten jetzt Feuer vor die Eingänge, legten grüne Zweige und Kraut darauf, trieben den dicken Dampf in die Höhle und räucherten auf diese Weise einige der Krebsmenschen an's Tageslicht heraus. Sie behandelten dieselben freundlich, lehrten sie sprechen und auf zwei Füssen gehen, schnitten ihnen die langen Nägel ab und rupften ihnen die Haare vom Körper, worauf sie dieselben ihrem Stamme einverleibten; doch viele sind noch in der Erde zurückgeblieben und leben noch heutigen Tages in der grossen, dunklen Höhle.«

So lauten die Sagen der Choctaw-Indianer. Von einem Indianer in seiner eigenthümlichen Weise vorgetragen dienen solche Erzählungen gewiss dazu, immer stärker den Wunsch rege werden zu lassen, lichte Punkte in ihren alten Traditionen zu entdecken; doch immer deutlicher sieht man die Unmöglichkeit ein, mehr leisten zu können, als unwahrscheinliche Schlüsse zu ziehen. — Folgen wir jetzt dem civilisirten Indianer in seine Rathsversammlung, um sein Rednertalent zu bewundern.

Auf dem westlichen Ende von Scullleville liegt ein kleines Waarenhaus mit einem etwas erhöhten Corridor. Der Corridor ist die Rednerbühne des Choctaw, der freie Himmel das Dach, welches sich über seinem grossen, herrlichen Saale wölbt. Der indianische Redner lässt seine Rede glatt fliessen, wenn sein Auge auf die frei durch die Luft schiessende Schwalbe fällt, und wenn er vor sich den Baum mit seinen schönen grünen Blättern sieht: denn (wie der Indianer gern figürlich von grossen Rednern seines Stammes rühmt), »es reihen sich ihre Worte zusammen wie die frischen grünen Blätter und werden zu einem Ganzen, denn viele Blätter sind an einem Zweige und viele Zweige an einem Baume; der Baum wirft Schatten, dass viele Menschen in den Schatten treten können; und wie ein Schatten fällt ihre Rede auf die Zuhörer und Jeder sagt: die Rede ist gut! Die wilde Biene trägt den Honig summend an dem Redner vorbei, er raubt ihr den Honig und vermischt ihn mit seinen Worten; der Honig ist süss, die Rothhaut isst ihn gern, und wie Honig saugt der Zuhörer in der Versammlung die Worte ein, und jeder kann die Worte verstehen und lauscht regungslos und scharf wie die Antilope in den Prairien und der Hirsch im Dickicht.«

An einem prächtigen Sommerabend war die ganze männliche Bevölkerung von Scullleville, wobei nur wenige aus dem Lager des Lieutenant Whipple fehlten, in einem Haufen vor der Rednerbühne zu sehen. Obschon die meisten Indianer ihre Weiber mitgebracht hatten, so blieben dieselben doch bescheidener Weise in den entsprechenden kleinen Lagern und näherten sich nicht der Rathsversammlung. Denn wenn auch die Frauen der Choctaws gewissermassen ihre Würde wiedergewonnen haben und nicht mehr wie bei uncivilisirten Stämmen Sklavinnen sind, so sind sie auch wieder vernünftig genug einzusehen, dass die Einmischung eines einzigen Weibes in ihren politischen Angelegenheiten mehr verderben würde, als alle Männer des ganzen Stammes wieder gut machen könnten, so dass es kaum anzunehmen ist, dass unter diesen Stämmen jemals eine Emancipation der Frauen stattfinden wird. — Der erste Redner bestieg die Bühne. Es war kein bemalter und befederter Krieger, sondern ein grosser Häuptling im kattunenen, phantastisch geschnittenen Jagdhemde. Ein brauner, niedriger Hut beschattete seine kupferfarbigen Züge, er sah von einem langen Ritte bestäubt aus, sein Pferd stand nicht weit von ihm noch gesattelt und gezäumt, er hatte keine Zeit sich zur Rede vorzubereiten, aber er wusste was er sagen wollte. Bei seinen ersten Worten herrschte lautlose Stille, jeder war gespannt; selbst diejenigen, die keine Idee von dieser fremdartigen Sprache hatten, beobachteten aufmerksam den Redner. Da war kein Pathos, der aus Ueberspannung entspringt, da waren keine theatralischen Bewegungen und Gesticulationen; eine leichte Handbewegung begleitete nur selten den etwas gehobenen Ton der Worte, die, meist aus tiefen Gutturaltönen bestehend, dennoch deutlich von den entferntesten Zuhörern vernommen werden konnten. Frei und ungebunden wurde die Rede gehalten, es unterbrach weder Applaus, noch Widerspruch; ein allgemeines »Hau« folgte auf die vom Redner gestellten Fragen, und als er geendet, hörte man ein kurzes Murmeln unter den Zuhörern, und ein anderer Redner bestieg die Bühne.

Die Berathungen betrafen eines Theils die durch das Land der Choctaws zu bauende

Eisenbahn, wozu wohl die in der Nähe lagernde Compagnie Anlass gegeben hatte; anderen Theils auch die Regierungsform, indem man die jetzt auf mehrere Häuptlinge vertheilte Macht auf einen einzigen übergehen lassen wollte.

Ihre Gerichtssitzungen werden auf dieselbe Weise abgehalten. Man kann mit Recht sagen, dass diese Leute eine schonungslose Gerechtigkeit üben; auch die Todesstrafe kommt bei ihnen vor, wobei der Delinquent seinem Richter auf derselben ausgebreiteten Decke mit unterschlagenen Beinen gegenüber sitzt und seinen Tod aus nächster Nähe durch einen Büchsenschuss empfängt. Ein Redner nach dem andern bestieg die Bühne bis spät in die Nacht. Dem letzten wurde dieselbe Aufmerksamkeit geschenkt wie dem ersten, und selbst diejenigen, die kein Wort verstanden, schienen gar nicht ermüden zu können. Welchen Eindruck die Reden auf den Nichtverstehenden durch Ton und Geberden machten, geht wohl daraus hervor, dass ein Amerikaner aus vollster Ueberzeugung sagte: »Bis jetzt habe ich geglaubt, die englische Sprache sei die schönste auf dem ganzen Erdball; jetzt bin ich aber zweifelhaft, ob die Choctaw-Sprache der englischen nicht beinahe gleichkommt.«

Am nächsten Morgen sah man viele kleine Gesellschaften sich zum Aufbruch rüsten und in den dunklen Waldwegen verschwinden. Auch unsere Expedition, jetzt erst ganz vollständig geworden, setzte sich an diesem Tage wieder in Bewegung, um sich den grossen Prairien vorläufig noch in kleinen Märschen zu nähern, eines Theils um Menschen und Thiere zu gewöhnen, dann aber auch, um mit ungeschwächten Kräften den Entbehrungen in den oft wasserlosen, unabsehbaren Steppen besser trotzen zu können. Je weiter man sich nun vom Poteau entfernt, je mehr man sich dem Sansbois Creek nähert, desto lichter werden die Waldungen und desto häufiger die lieblichen grünen Prairien; hin und wieder sieht man Hügelketten, in deren Nähe das Land aber an Fruchtbarkeit verliert; Sandstein liegt dort nahe der Oberfläche, und der Kamm dieser Berge besteht gewöhnlich aus Sandsteinschichten, die von Südost nach Nordwest streichen. Mitunter zeigt sich eine Ceder in den Waldungen, die hauptsächlich eine grosse Mannigfaltigkeit an Eichen darbieten, so dass es wohl im Far West nicht schwer sein würde, fünf und zwanzig bis dreissig verschiedene Eichenspecies aufzufinden.

Das Land ist reich an Quellen und Bächen, welche dem Sans Bois zueilen, der, von Südwest kommend, einige Meilen unterhalb der Mündung des Canadian sich in den Arkansas ergiesst. Das Wasser ist gut und trinkbar und wimmelt von Fischen, von denen die Mehrzahl zu den verschiedenen Species der Pomotis gehören; der Ochsen-Frosch (*Rana mugiens*) lässt von jedem Ufer seine brüllende Stimme erschallen, als wenn er Herrscher über alle diese Gewässer wäre, und beim leisesten Geräusch stürzt er sich furchtsam kopfüber in's Wasser, dass die Wellen hoch aufspritzen. Die schwarze Schlange (*Coluber constrictor* L.), schleicht beutesuchend träge durch's Gebüsch, während die riesenhafte Diamant-Klapperschlange (*Crotalus rhombifer* oder *C. adamanteus*) zusammen-

4*

gerollt lauernd zwischen Gestein liegt und das kleine prächtige Chamäleon ungestraft über sich hinwegspringen lässt.

In der Nähe der Sans Bois-Gebirge windet sich die Strasse zwischen felsigen Hügelketten hin, so dass ein schwerer Train nur langsam fortschreiten kann. Wer dann im Besitze eines sicheren Maulthieres ist, der findet es bald langweilig, fortwährend das Knarren von Wagen und das Rufen der Maulthiertreiber zu hören; gern sucht man sich seinen eigenen Weg, auf die Gefahr hin sich zu verirren, um so mehr, da diese Gefahr verringert wird durch grosse Lichtungen und Wiesen, welche die Waldung häufig unterbrechen, wo dann dem Reisenden eine weitere Aussicht und mit dieser ein bequemes Auffinden der Wagenspuren gestattet ist.

Abgesehen davon, dass man auf solchen einsamen Wanderungen zuweilen auf eine indianische Farm stösst, wo die immer seltener werdenden und um so angenehmeren Erträge und Erzeugnisse einer ländlichen Wirthschaft für geringen Preis zu erlangen sind; abgesehen von allem, was zu den gewöhnlichen Lebensereignissen einer solchen Expedition gehört, so führt der Zufall doch hier bisweilen einen wissenschaftlichen Forscher auf unerwartete Schätze, z. B. auf die schönsten Exemplare von versteinerten Abdrücken von Farrenkräutern in den Betten kleiner Gewässer; auf Anzeichen von Steinkohlenschichten (²), die an den Ufern sichtbar sind; auf neue gegliederte Cactus-Arten, welche die Nähe der Flora von Texas zu verkünden scheinen.

Leicht ist es von der Nordseite aus, fast alle die Hügelketten hinaufzureiten; an der Südseite dagegen, schroff und steil, bedarf es aller Vorsicht, um die Felsenwände hinunter zu gelangen, ohne in ernstliche Berührung mit dem nachrollenden Gestein zu kommen. Doch gerade dicht an dem Abhange, bietet sich dem Auge eine so wundervolle Aussicht dar, dass man gern den gefährlichen Weg vergisst und immer von Neuem hinunter und an einer andern Stelle hinauf klettert. So gelangt man denn auch auf den etwas höher gelegenen Abhang, der wegen seiner wenigen verkrüppelten, auf dem Plateau wachsenden Fichten, den Namen Pine Grove erhalten hat. Bei dem ersten Blick von dort aus auf die sich gegen Süden erstreckende Landschaft wird man nicht nur überrascht, sondern tief bewegt: nur der Gefühllose kann bei so viel Schönheit ungerührt bleiben. Das ganze Land der Choctaws liegt dort vor dem Wanderer ausgebreitet. Zurückblickend gegen Osten, dahin, von wo er gekommen, sieht er zum letzten Male den Sugar-loaf-Berg, an dem die Grenze des Staates Arkansas vorbeigeht; eine niedrige, kaum vom Horizonte zu unterscheidende Bergkette zieht sich hinter die dunkleren Massen des Cavaneau-Gebirges, an welches sich die Sans Bois-Berge schliessen, deren höchste Punkte, genau südlich von Pine Grove, sich gegen Westen senken und endlich ganz mit dem Flachlande verbinden.

Das grosse Thal nun, wie ein eingerahmtes Bild von blauen Bergen umgeben, ist keineswegs eine Ebene, die nur in der Vertheilung von Wald und Prairie Abwechselung zeigt; freilich wäre diese Abwechselung hinreichend, das Land feenhaft erscheinen zu lassen, doch Berge und Hügel heben sich in allen Richtungen, die grünen Prairien und dunklen Wälder sind durchkreuzt von Bächen und Flüsschen, deren Lauf man weithin verfolgen kann; in den Prairien sind die Windungen durch das Gebüsch auf den Ufern erkennbar, im Walde durch das tiefere Grün der Bäume. Wie mächtige gegen den Süden rollende Wogen, die sich am Fusse der Sans Bois-Gebirge brachen, und plötzlich in ihrem Laufe gehemmt wurden, nimmt sich das waldige Land aus, welches sich zwischen Pine Grove und den Sans Bois-Bergen ausdehnt. Mit dichtem Holze bewachsen, tritt jede einzelne Schwellung durch ihre Schattirung deutlich hervor, bis die letzte in das dunkle Blau der Berge übergeht. Ganz gegen Westen öffnet sich das Land in eine grosse Prairie, die von Waldungen eingefasst ist und die jetzt gerade belebt wurde durch den langen Train, der mit seinen mit Leinwand gedeckten Wagen sich wie eine Riesenschlange durch das hohe Gras wand, um am anderen Ende der Ebene, an einem kleinen Teiche das Nachtlager aufzuschlagen. Kleine, bläuliche Rauchsäulen, die aus dem Walde emporsteigen, verrathen indianische Gehöfte, und das dazu gehörige Vieh sieht man wie wandernde Punkte sich in den Lichtungen und Wiesen bewegen. Der schwere Nachtthau liegt noch auf den Blättern und Blumen, die schon hochstehende Sonne lockt aus den Tropfen blitzende Strahlen hervor, und der dann aufspringende leichte Südostwind, Alles trocknend, raubt dem Sassafras und den Millionen von Blüthen und Blumen den Duft und führt ihn mit sich fort über die Berge. Der Texanische Adler (*Polybonis vulgaris* AND.) und die weisse Gabelweihe (*Nauclerus furcatus* L.) beschreiben grosse Kreise durch die Lüfte, während unten im Schatten die Drossel (*Turdus migratorius* L.) es versucht ihren Gesang mit den Melodien des Spottvogels (*Mimus polyglottus*) zu vereinigen, und der von Zweig zu Zweig kletternde Papagei ausgelassen dazwischen schreit.

Lange steht hier der Reisende bewundernd, denn er ist gelangt an die Grenze des schönen üppigen Landes; er wird bald da reisen, wo sein Auge vergebens am Horizont nach einem Punkte suchen wird, auf dem es bleibend haften möchte; er nimmt Abschied von diesem Paradiese, schneidet seinen Namen in die am Abhange stehende verkrüppelte Eiche, wirft einen letzten Scheideblick auf den in Nebel gehüllten Sugarloaf und sucht dann behutsam nach einem Wildpfade, um seinem Maulthiere vorangehend den Abhang hinunter zu klettern. Unten wendet er sich gleich westlich, das Holz wird lichter, und bald befindet er sich am Rande der Prairie, an deren westlichem Ende, in einem schmalen Waldstreifen, er mit seinen Gefährten im aufgeschlagenen Lager wieder zusammentreffen wird.

Einzelne dieser grösseren, weichen Prairien sind oftmals der Sammelplatz von Tausenden von Indianern, die dort zusammenkommen, um ihre alten herkömmlichen Spiele zu treiben, Spiele, die schon so alt wie die Nation sind, und die nur mit dem Untergange des ganzen Stammes vergessen werden können. Gleichviel wie weit die dort lebenden Stämme in der Civilisation vorgeschritten sind, der im Osten erzogene indianische Gentleman so wie der von der Jagd oder vom Ackerbau lebende Wilde desselben Stammes, jeder wirft die beim Spiele hinderliche, lästige Kleidung bei Seite, und nach alter Weise von Kopf bis zu Fuss bemalt, tritt er in die Schranken, um sich mit aller Leidenschaft, mit allem Eifer und mit aller Ausgelassenheit dem grossen Nationalspiele, dem Ballschlagen, hinzugeben.

Das Ball- oder Ringspiel ist bei allen nordamerikanischen Indianern mehr oder weniger einheimisch; selbst bei den erst in neuerer Zeit bekannt gewordenen Stämmen der Mohawe- und Pah-Utah-Indianer am Grossen Colorado ist das Ringspiel zu Hause. Das Ballschlagen der Choctaws, Chickasaws, Creeks und Cherokesen, welches mit so grossen Förmlichkeiten eröffnet und dem noch immer eine grosse »Medizin« (ein gewisser Zauber) zugeschrieben wird, verdient indessen einer besondern Erwähnung.

Die erste Veranlassung zu solchem Spiele wird gewöhnlich durch die Herausforderung zweier Männer gegeben, die sich schon einen Ruf als Ballschläger erworben haben; der Tag des Kampfes wird bestimmt, und beide schicken ihre Werber aus. Die letzteren sind bemalte Reiter, die mit einem buntgezierten Ballstock bewaffnet und phantastisch geschmückt sind. Von Ansiedelung zu Ansiedelung, von Haus zu Haus reiten diese nun in der Nation umher, jedem Manne die Namen der Herausforderer nebst den schon bestimmten Tag des an einem bezeichneten Orte abzuhaltenden Spieles angebend, und fordern jeden zur Betheiligung auf, um auf die Seite desjenigen Kämpfers zu treten, für den sie als Werber ausgeritten. Die Zusage geschieht durch einfache Berührung des geschmückten Ballstabes, und darf das Wort dann nicht mehr zurückgenommen werden. Da nun jeder Theilnehmer von allen den Seinigen begleitet wird, so findet man an dem vorhergehenden Tage oft die halbe Nation versammelt; die einen, um am Spiele Theil zu nehmen, die andern, und besonders die Frauen, um wettend aufzutreten. Die beiden Parteien haben ihre Lager einander gegenüber am Rande einer zum Spiele sich eignenden Prairie aufgeschlagen. Die Vorbereitungen nehmen dann ihren Anfang in folgender Art. Der Mittelpunkt zwischen beiden Lagern wird ausgemessen und bezeichnet. 250 Schritte von diesem schlägt dann jede Partei zwei Stangen 6 Fuss von einander in die Erde und verbindet dieselben in einer Höhe von 16 Fuss durch eine dritte so, dass die auf diese Weise gebildeten Thore einander genau gegenüber stehen. Vier unparteiische alte Männer haben die richtige Abmessung zu überwachen; ihnen liegt ebenfalls die spätere Entscheidung ob. Kaum ist die den Mittelpunkt durchschneidende Linie bezeichnet, so stürzen aus den Lagern die Massen der Wettenden nach derselben hin, wählen sich ihre Gegner, und die Wetten werden dann über der Linie festgestellt. Natürlich ist Jeder des Sieges seiner Partei gewiss und setzt den höchsten ihm nur möglichen Preis aus. Die Preise bestehen aus Pferden, Gewehren, Decken, Kleidungsstücken, Hausgeräthen, kurz aus allen bei ihnen nur denkbaren Gegenständen, die auf der Linie bei den vier Unparteiischen niedergelegt werden, welche die Nacht hindurch diese Sachen bewachen und zeitweise ihren heulenden Gesang unter Begleitung der indianischen Trommel hören lassen, oder aus langen Pfeifen dem grossen Geiste zu Ehren rauchen, damit er den Kampf zu einem gerechten Ende kommen lassen möge. Die Zeit bis zu Sonnenuntergang benutzen die Spieler, um sich zu rüsten und vorzubereiten. Jede Kleidung bis auf einen kleinen Schurz wird abgelegt, ein gestickter Gürtel mit einem langen Schweife von gefärbten Pferdehaaren um die Hüften geschlungen, so dass der Schweif hinten flattert. Kein Spieler darf mit Mokkasins (indianische Halbstiefeln von weich gegerbtem Hirschleder) oder Schuhen seine Füsse sichern oder bedecken, sondern diese werden, wie der ganze übrige Körper, auf das wunderlichste mit allen nur denkbaren Farben bemalt. Ausser den Spielstöcken, die zum Auffangen oder Schleudern des Balles dienen, darf keine Waffe offen oder versteckt geführt werden. Diese Stäbe sind von leichtem Holze gearbeitet und am äussern Ende mit einem Ringe versehen, der gross genug ist um den Ball zu halten, und wiederum nicht so gross, dass derselbe hindurchfallen könnte, denn keine Hand darf den Ball berühren. Von der frühesten Jugend an die Handhabung dieser Stöcke gewöhnt, besitzen diese Leute eine merkwürdige Gewandtheit, nicht nur den Ball erstaunlich weit zu schleudern, sondern auch denselben zwischen den Ringen in der Luft aufzufangen. Es wird nur mit einem Balle gespielt, wobei Jeder trachtet, Herr desselben zu werden, um ihn durch das Thor seiner Partei zu werfen. Die Partei nun, die zuerst hundert Mal den Ball nach ihren Stangen geschleudert hat, trägt den Sieg und damit alle Preise davon. Wenn nun die Sonne sich hinter den Bäumen gesenkt, und die immer länger werdenden Schatten sich vereinigt haben, um in Dämmerung überzugehen, so sieht man die Spieler bei Fackelschein sich in zwei Zügen nach ihren entsprechenden Stangen begeben; singend und heulend, trommelnd und mit den Spielstöcken klappernd, tanzen und drängen sie sich um dieselben herum. Auch die Weiber ziehen in Processionen nach der Mitte, stellen sich zwischen den Stangen und dem Mittelpunkte in zwei Reihen auf, tanzen und wiegen sich auf ein und derselben Stelle von einem Fusse auf den andern, ihre Stimmen ebenfalls zum wilden Chor vereinigend. Die Unparteiischen sitzen indessen rauchend auf der Grenzlinie und lassen die Tabakswolken zum grossen Geiste aufsteigen. Auf diese Weise geht die Nacht ruhelos hin, von halber Stunde zu halber Stunde wird der Gesang und Tanz wiederholt, und Pausen treten nur auf kurze Zeit ein, um den Lärm mit erneuter Kraft wieder aufnehmen zu können. Die aufgehende Sonne findet Jeden gerüstet, oft harren mehr als Tausend ungeduldig auf das gegebene Zeichen. Jetzt fällt ein Schuss, und der Ball wird von einem Unparteiischen am Mittelpunkt in die Höhe geschleudert; wie rasend stürzen alle Kämpfer beider Theile nach der Stelle hin, und augenblicklich sind sie unter einander gemischt. Eine einzelne Gruppe ist nicht mehr zu unterscheiden, es ist nur noch ein Haufen unter einander wirbelnder Menschenglieder. Der Rasen wird zu Staub gestampft. Alles stürzt sich drunter und drüber, jetzt hält einer den Ball, und schon ist er ihm wieder entrissen, jetzt fliegt der Ball dem Ziele zu, er erreicht es nicht, denn ein wachsames Auge, eine sichere Hand haben seinen Flug gehemmt: der Kampf um ihn entspinnt sich von Neuem, endlich fliegt er durch ein Thor, eine augenblickliche Pause tritt ein, und wiederum wird der Ball in der Mitte aufgeworfen, um hundert Mal eine der beiden Pforten zu durchfliegen, ehe mit der Entscheidung zugleich das Ende dieses rauhen, aufregenden Spieles angekündigt wird, was gewöhnlich erst kurz vor Sonnenuntergang geschieht.

V.

Fraeser, der indianische Schmied. — Sans Bois Creek. — Die vier Trapper. — Dr. Bigelow und sein Abenteuer. — Der Ausflug an den Canadian.

Sobald man Pine Grove und die Haupthöhen der Sans Bois-Gebirge hinter sich hat, bietet das Land für eine kurze Zeit einen ganz anderen Charakter dar. An den Niederungen oder an den Ufern kleiner Gewässer ziehen sich nur noch Waldstreifen entlang, und einzelne Baumgruppen beleben hin und wieder die »rollende« grüne Ebene *(rolling Prairie*, amerikanische Bezeichnung für eine wellenförmige Ebene). War man bis jetzt durch Waldung mit Prairien gezogen, so ist es die Prairie mit Waldung, welche nun vor dem Wanderer liegt. So wie man sich aber dem **Sans Bois Creek** auf einige Meilen genähert hat, findet man die Vegetation kräftiger, häufiger stösst man auf Einfriedigungen, Kornfelder und Viehheerden, und sieht oftmals ein Blockhaus durch die Bäume schimmern. Wenn man der Strasse folgt und auf derselben in den Forst einbiegt, der den breiten Saum des Sans Bois bildet, hört man fast zu jeder Tageszeit kräftig auf sprühendes Eisen und auf den Ambos fallende Hammerschläge, die im raschen Takte auf einander folgen, so oft nur ein fleissiger, lebensfroher Schmied den Hammer zu schwingen vermag. Dem Geräusch der Schmiede nachgehend, muss man sich bald zwischen wohlgenährten Kühen und Ochsen den Weg suchen, die mit grösstem Behagen sich mitten auf der Strasse gelagert haben und gar nicht geneigt scheinen, sich von irgend wem in der Welt in der süssen Arbeit des Wiederkäuens stören zu lassen. Man befindet sich jetzt an der Lichtung vor der Einfriedigung eines Hofes, in dessen Mitte sich ein roh, aber fest gezimmertes Blockhäuschen erhebt; vor der Thür balgen sich einige Indianerkinder umher, ein stolzer Haushahn beobachtet vorsichtig ihr Treiben, während seine eigene grosse Familie auf dem Hofe zerstreut, sich Futter sucht; eine reinlich gekleidete Indianerin geht ihren häuslichen Geschäften nach, während ihre ernsten, schwarzen Augen ihren kleinsten sich im Grase wälzenden Liebling überwachen; einige grosse Hunde haben sich im Schatten eines Baumes ausgestreckt, sie pflegen gemächlicher Ruhe, und nur durch Schnappen nach den sie belästigenden Fliegen verrathen sie Leben. Der gewichtige Hammer fährt indessen ungestört fort, den Ambos und die ganze kleine Schmiede zu durchzittern, und in langen tiefen Zügen athmet der Blasebalg. Das süsse Bild des Friedens liegt in diesem fernen Lande vor dem Wanderer, der fast zaudert, es durch seinen Eintritt zu unterbrechen. Sein Thier an den nächsten Baum bindend, nähert er sich der Einfriedigung: er wird zuerst angemeldet durch einen Haufen grunzender Hausthiere, die auf der andern Seite des Zaunes sich mit der grössten Behaglichkeit sonnten und jetzt bei seiner Annäherung schnaubend davonstürmen. Das Lärmsignal ist gegeben, die Hunde stürzen auf den Reisenden los, die Kinder suchen die Hausthüre zu erreichen, das kleinste windet sich neugierig in den Armen seiner Mutter, der Haushahn lässt ein drohendes Gackern hören und die Hühner verkriechen sich in's Gebüsch. Der Lärm dringt in die Schmiede und macht Blasebalg und Hammer ruhen. Ein russiger Indianer tritt vor die Thür, ruft die Hunde zurück, ladet den Fremden ein in seine Wohnung zu treten, und bietet ihm freundlich die Hand mit den Worten: »Wie geht's *(how do you do)*?« Sein Gehülfe, ein blauschwarzer Neger, lässt ebenfalls Blasebalg und Schmiedefeuer im Stich, um den so seltenen Besuch von weissen Menschen zu bewillkommnen. Der Wagenzug hat sich indessen genähert und einer nach dem andern spricht in der kleinen Farm ein, um sich nach Eiern, Milch, Butter, jungen Hühnern und ähnlichen Leckerbissen umzusehen. Freiwillig werden hohe Preise für jede Kleinigkeit bezahlt und die Augen der Indianerin leuchten beim Empfang des blanken Geldes, denn im Geiste sieht sie bereits die schönen bunten Stoffe und Bänder, die für den unerwarteten Erlös angeschafft werden können. Der indianische Schmied verkauft unterdessen einige Stück Rindvieh und eine Wagenladung Mais, und lässt sich sogar geneigt finden, der Expedition als Führer bis zum Gaines Creek, der Grenze zwischen der Choctaw- und Chickasaw-Nation, zu dienen. Die Bedingungen sind bald festgestellt, der Schmied wäscht sich Russ und Asche vom Gesicht, ordnet seine langen schwarzen Haare; seine handfesten Jungen satteln ihm ein Pferd, seine Frau reicht ihm das bunte Jagdhemd, Pulverhorn und Kugeltasche; die Büchse nimmt er sich selber, ein kurzes Lebewohl den Seinen, einige Anweisungen noch für den Neger auf die acht Tage seiner Abwesenheit, und er besteigt sein Pferd, begiebt sich an die Spitze des Zuges und verfolgt dann, ohne sich weiter umzusehen, seine Strasse, am ersten Tage seiner Führung das Ufer des Sans Bois zum Nachtlager wählend.

Obgleich der Sans Bois den grössten Theil seines Wassers von den Sans Bois-Bergen erhält, in deren Nähe er eine ziemliche Strecke lang hinfliesst, so entspringt er doch weiter westlich in dem Winkel, der vom Gaines Creek und dem Südarm des Canadian gebildet wird. In gerader Richtung östlich fliessend gleicht er einem Bache bis an die grosse Biegung, wo ihm der am Canadian entspringende und sich südöstlich wendende Cooper's Creek seine Wasser übergiebt, um sie in nordöstlicher Richtung dem Arkansas zuzuführen. Wie alle Gewässer der dortigen Gegend, so ist auch der Sans Bois von Ländereien eingefasst, wie sie zur Cultivirung nicht besser gewünscht werden können. Sein Wasser, das klar und gut ist, fliesst meistens über Geröllc; Unmassen von Fischen beleben seine Fluthen und wohl lohnt es sich der Mühe, in der Abenddämmerung die Angel auszuwerfen und dabei dem nächtlichen Leben im Walde zu lauschen. Da hört man den lauten Flügelschlag des wilden Truthahns *(Meleagris gallopavo)*, wenn er von Zweig zu Zweig flattert und in den höchsten Bäumen sein Nachtlager aufschlägt; der weisse Reiher *(Ardea egretta)* giebt sich durch sein heiseres Kreischen kund und der Uhu *(Bubo virginianus)* lässt seinen dumpfen Ruf wiederhallen. Schnell zieht man einen Fisch nach dem andern auf's Ufer, greift auch wohl mitunter, durch ein nahes Geräusch erschreckt, nach der bereit liegenden Büchse, um sie, durch den Ruf eines Erpels getäuscht, beschämt wieder bei Seite zu legen. Ja, es ist ein Genuss, solche Einsamkeit! nur darf man noch nicht durch den Gedanken an Gefahr zur Vorsicht gemahnt worden sein; der wilde Comanche ist ja noch so fern und deutlich schallt das Rufen der Schildwachen vom nahen Lager herüber. Ist man dann mit dem Erfolge des Fischfanges zufrieden, so packt man die zum Frühmahl bestimmte Beute zusammen und windet sich leichten Herzens durch die Gebüsche dem Lager zu, wo die verschiedenen Gruppen noch lange aufbleiben, die Zeit durch lebhaftes Erzählen und die Mosquitos durch gute Tabakswolken vertreiben. Unsere Abendunterhaltungen betrafen gewöhnlich Gegenstände, die den augenblicklichen Verhältnissen am nächsten lagen; Indianer und Trapper*) waren das Hauptthema. Jeder kramte gern seine ganzen Erfahrungen aus, wohl wissend, dass aufmerksame Ohren lauschten und gewiss mancher von seinen Zuhörern wünschte, auch einmal die Hauptrolle in einer abenteuerlichen Geschichte zu spielen, freilich unter der Bedingung eines glücklichen Ausganges.

»Die Civilisation schreitet mit Riesenschritten westwärts,« so hob einer aus unserer kleinen Gesellschaft an, der durch seinen Accent seine deutsche Abkunft verrieth, »denn da, wo vor dreissig Jahren noch der schwarze Bär und der Biber gejagt wurden, stehen heute Städte, und zwar zum grössten Leidwesen der Trapper, deren Reviere zugleich mit denen der Indianer beschränkt werden. Vor zwei Jahren traf ich oben am Missouri nahe den Council Bluffs mit einem solchen verindianerten Trapper zusammen; seine Haare waren ihm unter Entbehrungen und Gefahren ergraut, aber Gewohnheit war ihm zur andern Natur geworden. Der Schlag der Axt im Urwalde war ihm ein Gräuel und das Herz blutete ihm, wenn er die Abnahme der Büffel in den grasigen Prairien und die Entvölkerung der Biberdörfer vor der andringenden Civilisation wahrnahm. Mit einem Gemisch von Wollust und wehmüthiger Rührung gedachte er der Zeiten, wo St. Louis nur erst eine kleine Ansiedelung war, noch keine Dampfboote sich zwischen den gefährlichen Holzklippen aufgehäufter schwimmender Baumstämme des Mississippi und Missouri hindurchwanden, und mit dem leichten Canoe Monate lang auf Strecken gereist werden musste, die man jetzt in wenigen Tagen zurücklegt. Zu dieser Zeit also war es in den ersten Tagen des Juni, als der alte Pierre sich mit drei Kameraden

*) *Trapper*, amerikanischer Name für Biberfänger und Pelzjäger, abgeleitet von der englischen Bezeichnung *Trap*, für die Falle, also eigentlich Fallensteller.

in der Ansiedelung St. Louis reisefertig machte. Sie waren alle vier Freitrapper, das heisst Trapper, die nicht von den grossen Pelzhandlungen engagirt sind, sondern unabhängig in den Wildnissen umherstreifen, Biber fangen, Bären schiessen und alljährlich einmal in einem Boote, welches aus zwei an einander gebundenen, ausgehöhlten Baumstämmen besteht, ihre Beute den Mississippi oder Missouri hinunterflössen, ihre Waaren selbst nach den nächsten Posten der Handlungshäuser bringen, und einen höhern Preis erlangen, je nachdem sie nun gute Jäger sind und das Glück ihnen günstig war. Solche Freitrapper brauchen nur wenig Mittel und wenig Zeit, um sich zu einer Jagdexpedition vorzubereiten. Ein Reitpferd für Jeden, zwei Packpferde zum Transport von Munition, Biberfallen, ein Fässchen Branntwein und ein guter Vorrath von Tabak war die ganze Ausrüstung der vier Abenteurer. Das Bett in Gestalt einer wollenen Decke packte Jeder unter seinen Sattel, und leichten Herzens wanderte die Gesellschaft am Mississippi hinauf, um zum Herbste in der Nähe der Fälle des St. Antony in den kleinern Gewässern dem Biber und der Otter nachzustellen. Damals gab es noch keine Fährboote, viel weniger noch Fährleute auf der von ihnen eingeschlagenen Route, und oftmals musste ein breiter Strom mit Hülfe einiger trockner Baumstämme durchschwommen werden; doch näherten sie sich rasch dem obern Mississippi. Rock Island wurde passirt, Prairie du Chien blieb hinter ihnen zurück und der Pepin-See war erreicht, ehe der Sommer zu Ende ging. Von da ab musste indessen eine andere Art zu reisen gewählt werden, denn die dort beginnenden hohen, felsigen Ufer machten das Reisen mit Pferden fast unmöglich, und dann musste das Terrain auch untersucht werden, um eine Stelle ausfindig zu machen, wo bei der Rückkehr im Spätherbste noch mit Erfolg Fallen aufgestellt werden konnten. In dem nächsten Dorfe der Chippeway-Indianer gaben sie ihre Pferde auf und tauschten dafür ein leichtes Canoe und Pelzwerk ein. Das letztere, bestehend aus kostbaren Otter- und Biberfellen, nahm nur wenig Raum in dem von Birkenrinde gebauten Boote ein; das versteckt gehaltene Fässchen Branntwein wurde unter den Fellen, verpackt und als die vier Trapper ihr Boot bestiegen, schien dasselbe noch gar nichts von seiner Leichtigkeit verloren zu haben und gab willig jedem Ruderschlage nach. Viel bessere Ruderer mag der Mississippi noch nicht gesehen und kräftigere Arme mögen das Ruder noch nicht in die Fluthen getaucht haben, als da die Vier stromaufwärts zogen. Die Strömungen vermeidend suchten sie die stillen Wasser am Ufer und leicht flog ihr Canoe vor ihren vereinten Ruderschlägen dahin, immer den Fällen des St. Antony entgegen. Die Mündungen kleiner Flüsse wurden untersucht, doch noch ohne Erfolg, bis oberhalb des Einflusses des St. Peter in den Mississippi, da wo das Getöse der grossen Fälle ihr Ohr erreichte. Dort bemerkten sie, dass der Lauf eines aus dem Westen kommenden Flüsschens gestaut war; sie folgten dem seichten Bette eine kurze Strecke lang und entdeckten bald Biberdämme, wodurch ein kleines Thal ganz unter Wasser gesetzt war; frisch abgenagte Bäume, mehr aber noch die aus dem Wasser ragenden Biberwohnungen sagten ihnen, dass sie nun das Revier zu ihrer Herbstjagd gefunden hatten. Das ganze umliegende Terrain wurde mit grösster Vorsicht abgesucht, und zu ihrer Beruhigung und Freude fand sich nicht die geringste Spur einer Rothhaut.

Um den Bälgen der Biber noch einen Monat Wachsthum zu gönnen, wurde beschlossen, so lange oberhalb der Fälle zu jagen und auf der Rückreise dann die Biberrepublik auszubeuten. An einer trocken gelegenen Stelle wurde ein rundes Loch gegraben und dahinein wanderten die erbeuteten, sowie die von den Chippeways erstandenen Felle und Bälge, ebenso das Fässchen Branntwein, welches für die kalten Herbstnächte bestimmt war. Die überflüssige Erde wurde sorgfältig an's Ufer getragen und in's Wasser geworfen und die kleine Vorrathskammer so genau und vorsichtig mit Rasen und Steinen überdeckt, dass selbst die feine Nase eines Indianers von dem Versuche hätte abstehen müssen, diese Schätze aufzuspüren und auszugraben *).

Da die ganze Ladung zurückgeblieben war und die vier Trapper nur das Allernothwendigste mitgenommen hatten, so war das Canoe auch viel leichter zu handhaben, und es gelang ihnen, bis dicht an die Fälle vorzudringen. Die Fälle selbst wurden umgangen, das heisst, das Canoe wurde auf's Land gezogen, umgekehrt auf die Schultern genommen, an den Fällen vorbeigetragen und da, wo das Wasser ruhiger floss, wieder hineingeschoben. Bei einem Fahrzeuge, welches aus Birkenrinde verfertigt ist, haben dergleichen Umgehungen nur wenig Schwierigkeiten, und bald ruderten sich die Abenteurer oberhalb der Fälle weiter. Sie hielten sich dicht am westlichen Ufer und vermieden auf diese Weise die starken Strömungen der den Felsen zueilenden Wasser. Das schöne Biberdorf im Rücken wissend, schienen sie nicht mehr so grosse Eile zu haben, vorwärts zu kommen, und die Jagd im Walde war jetzt mehr ein Zeitvertreib als vortheilbringend, obschon eine Hirschhaut damals so gut wie baares Geld war. Nach einigen Tagereisen, wiewohl nur wenig Meilen oberhalb der Fälle, wurden sie vom Appetit getrieben und von Bequemlichkeit dazu aufgefordert, früher als sonst an's Ufer zu gehen, um dem Hunger durch ein geröstetes Stück Hirschfleisch und der Bequemlichkeit durch gemüthliches Hinstrecken in's Gras zu fröhnen. Der alte Pierre und einer seiner Gefährten übernahmen für die Küche die Sorge, während die andern beiden mit ihren Büchsen ausgingen, um sich von der Sicherheit der nächsten Umgebung zu überzeugen. Ein kleines Feuer von trocknem Holze brannte bald, ohne den geringsten Rauch in die Höhe zu schicken, der ihre Anwesenheit hätte verrathen können; der alte Pierre beobachtete aufmerksam die bratenden Leckerbissen, die, auf kleine Stäbchen gespiesst, im Kreise um das Feuer standen, einen nach dem andern umwendend, während sein Gefährte mit geübter Hand die Federn einem fetten Truthahn ausrupfte.

Plötzlich fiel ein Schuss in der Ferne, ein zweiter folgte bald darauf. Der alte Pierre und sein Kamerad spitzten die Ohren. Pierre, mit seiner Küche, beschäftigt

*) Eine solche Grube wird von den Pelzjägern *Cache* genannt.

rieth seinem Gefährten einen Baum zu ersteigen, um einen Blick in die Ferne zu werfen; dieser leistete auch Folge, doch nicht ohne seine Büchse mitzunehmen, und bald verbargen ihn die Blätter eines dicht belaubten Zuckerahorns. Nur kurze Zeit hatte er sich dort oben umgesehen, als die mit Angst ausgesprochenen Worte: »rette Dich!« von oben herab die Ohren Pierre's berührten. Büchse, Horn und Kugeltasche ergreifen und in's Canoe werfen, war das Werk eines Augenblickes, als bereits ein Rudel Indianer durch das Dickicht brach und mit geschwungenem Tomahawk auf Pierre losstürzte. Dem Canoe einen mächtigen Stoss gebend, sich selbst zu gleicher Zeit hineinschwingend, erreichte dieser glücklich die Strömung, doch mit Zurücklassung aller Ruder. Dieser Umstand war den Indianern nicht unbemerkt geblieben, und vier der Vordersten, stürzten sich mit wüthendem Geheul in den Fluss. Schnell hatte die Strömung das leichte Boot fortgerissen, doch schneller noch folgten die Rothhäute nach; jeder Stoss brachte sie dem ruderlosen Fahrzeuge näher und die am Ufer weit zurückbleibende Rotte stiess ein triumphirendes Geheul aus. Jetzt hob Pierre seine lange Büchse, es galt dem Nächsten, der durch Untertauchen der Kugel zu entgehen versuchte; doch vergebens, sie zerschmetterte ihm den Schädel; noch einmal hob sich der Wilde hoch im Wasser und sank dann unter, nur einen blutigen Streifen auf der Oberfläche zurücklassend. Wüthendes Geheul tönte vom fernen Ufer herüber, mit wüthendem Geheul antworteten die drei noch übrigen Verfolger; zwei derselben waren nahe dem Boot und in dem Augenblick, als Pierre eine neue Kugel in den Lauf stossen wollte, legten Beide die Hand an's Boot. Zeit war nicht mehr zu verlieren, der Jäger liess die Büchse fallen, griff nach dem Messer und stiess es rasch dem Nächsten seiner Feinde unterhalb des Halses in die Brust; der langgedehnte Todesschrei des Wilden erstarb in den über ihn zusammenschlagenden Wellen. Der Moment jedoch, in welchem Pierre sich von dem einen Feinde befreite, war von dem andern benutzt worden, um sich mit starkem Griff an dem Halse des Trappers festzuklammern und sich so mit der ganzen Schwere seines Körpers anzuhängen. Pierre, dessen Luftröhre durch die Gewalt des Druckes zusammengepresst wurde, fing an die Besinnung zu verlieren, seine Arme, auf die er sich stützte, um das Umschlagen des Bootes zu verhindern, erschlafften, die geschlossene Faust öffnete sich, das Messer lag frei da. Das Canoe neigte sich auf die Seite; dem Umstürzen vorzubeugen, versuchte der sein Opfer festhaltende Wilde das Boot zu ersteigen, sein nacktes Knie legte sich auf den Rand, jetzt ruhte der Körper schon ganz auf demselben: doch schlüpfrig geworden durch das Wasser verlor das Knie im entscheidenden Augenblicke seinen Haltpunkt, der Körper fiel zurück in's Wasser, die eine Hand liess in ihrem tödtlichen Griffe nach, und ehe der Wilde von Neuem fassen konnte, hatte Pierre sich mit der äussersten Anstrengung seiner schwindenden Kräfte aufgerichtet und als der letzte seiner Feinde die Hand nach dem Boote ausstreckte, stiess er rasch dem ersten das Messer in die Brust und stellte sich dann dem andern gegenüber. Dieser nun, um den jetzt ungleichen Kampf zu vermeiden, änderte rasch seine Absicht und schwamm dem Ufer zu, um den

Seinigen das Loos seiner eignen Gefährten zu verkünden und durch die schmerzhaftesten Martern sich an den Kameraden Pierre's, welche sie in ihre Gewalt bekommen hatten, zu rächen; denn der jetzt Entkommene war ohne Ruder und trieb mit seinem Canoe rasch den Fällen und also seinem gewissen Untergange entgegen. Pierre's Aufmerksamkeit wendete sich nunmehr auf das pfeilschnell dahin fliegende Fahrzeug; das erste, was er bemerkte, war das schrecklich verzerrte Gesicht des Indianers, welches ihn mit stieren Augen anglotzte; derselbe hatte sich im letzten Todeskampfe mit krampfhaftem Griff an's Boot angeklammert; er war todt aber seine starre Faust konnte nur mit dem Messer gelöst werden, worauf die Wellen über ihm zusammenschlugen. Den Indianern vorläufig entgangen, zeigte sich dem alten Pierre die Gefahr von einer andern Seite. Die Fälle waren nicht mehr weit entfernt und das leichte Canoe trieb mit rasender Schnelligkeit seinem Verderben entgegen; er musste das Boot verlassen oder mit hinunterstürzen, denn an Schwimmen in dem Strudel war nicht mehr zu denken. Das Boot war der Strömung nach der andern Seite hin gefolgt und flog dicht an den hervorstehenden Felsen des Ufers vorbei, doch ohne dieselben zu berühren. Eine einzige Rettung war nur möglich, der Versuch wurde mit Pulverhorn und Kugeltasche gemacht; abermals an einem Felsen vorbeifliegend brachte ein rascher sicherer Wurf beides auf's Trockene; der nächste Felsen nahm die Büchse auf, und es blieb ihm noch die schwierigste Aufgabe, selbst das Ufer zu erreichen. Felsen folgte auf Felsen, doch keiner bot den Füssen einen Haltpunkt oder den Händen einen rettenden Strauch. Das Donnern des Wasserfalles konnte er schon deutlich vernehmen, der Sprung musste gewagt werden; als das Canoe nun einen weiter vorstehenden, aber schroffen Felsen fast streifte, setzte er einen Fuss auf den schmalen Rand des Fahrzeuges und seine ganze Kraft aufbietend, sprang er hinter dem Felsen in's Wasser. Der Stoss hatte das Canoe umgeworfen, aber Pierre war gerettet. Er stand bis an die Hüften im ruhigen Wasser und mit geringer Mühe erkletterte er das Ufer. Er war gerettet, doch wo waren seine Freunde? Waren alle in die Hände der Indianer gefallen? Konnte nicht einer derselben sich so gut, wie er selbst gerettet haben? Der Fluss trennte ihn von seinen Freunden sowie von seinen Feinden, er konnte also ohne Gefahr bis dahin zurückwandern, wo ihm der hohe Zuckerahorn auf dem jenseitigen Ufer die unglückliche Lagerstelle bezeichnete, und diesen ersten Plan führte er aus. Er war bald wieder im Besitz seiner Büchse sowie der Munition und vorsichtig wanderte er stromaufwärts. Er ging die Nacht hindurch und als der Tag graute, konnte er den hohen Zuckerahorn erkennen. Es war die Lagerstelle; die Kohlen des verlöschenden Feuers hatten das Gras angezündet, welches am Ufer langsam weiter glimmte, und in den trockenen Treibreisern hinlänglich Nahrung fand. Vorsichtiger noch schlich er weiter, bis er sich der Unglücksstelle gegenüber befand; lange lag er und lauschte; Alles war todt und stille. Jetzt schickte er den bekannten Signalpfiff über den Fluss, und gleich wurde er beantwortet, doch nichts zeigte sich. Nun stellte er sich aufrecht an's Wasser, so dass er vom jenseitigen Ufer gesehen werden konnte und zu seinem nicht geringen Erstaunen entdeckte er seinen Gefährten, der mit der Büchse auf dem Rücken eilig von dem Ahornbaume stieg. Es war gut, dass der gerettete Freund seine Waffe mit auf den Baum genommen, denn sonst würde er den Spürnasen der Indianer nicht entgangen sein. Die Nacht in den Zweigen mag nicht die angenehmste gewesen sein.« — »Elf Uhr! Alles in Ordnung!« rief unser Wachtposten. »Elf Uhr!« wiederholte der Erzähler, »meine Pfeife ist ausgebrannt, die Mosquitos beissen mich, müde bin ich zwar noch nicht, aber träge, meine Geschichte muss ich ein andermal beendigen, für heute Abend wäre sie doch zu lang.« Sich reckend und dehnend, auch wohl einige Bemerkungen über den schönen Mondschein oder das in Aussicht stehende gute Wetter machend, erhob sich Jeder und schlenderte langsam seinem Zelte zu, um sich zum Schutz gegen den starken Thau und die immer dreister werdenden Insekten in seine Decken zu verkriechen.

Geführt von dem Indianer Frazer hatten wir den Sans Bois überschritten und zogen an der Nordseite desselben weiter. Bewaldete, felsige Hügel, blumige, duftende Ebenen, durchschnitten von klaren, dem Sans Bois zueilenden Bächen geben diesen Ländereien einen lieblichen Reiz. Die tiefausgewaschenen Wagengeleise dagegen, die zur Zeit der dort so schweren Regen in ebenso viele schäumende Giessbäche verwandelt werden, erlauben nur langsames Vorschreiten in den wellenförmigen Niederungen. Dieselben stürzenden Wasser haben zu gleicher Zeit auf den Höhen hinderndes Gerölle blossgelegt und mühsam muss das Zugthier nach einem sichern Haltpunkte für den gleitenden Huf suchen. In kleinen Märschen näherte sich unser Zug den Quellen des Sans Bois. Die fast senkrechten Strahlen der brennenden Augustsonne machten das Reisen in den Mittagsstunden schwierig und erschöpfend, und Jeder sehnte sich dann nach kühlem Schatten und erfrischendem Wasser. Bald nach Sonnenaufgang war daher auch der knarrende Wagenzug gewöhnlich schon wieder in Bewegung, und verfolgte mit rüstigem Schritte die unebene Strasse, um so viel wie möglich den Tagemarsch in den Frühstunden zurückzulegen. Der zehn Miles nördlich von der Strasse fliesende sandige Canadian war bis jetzt noch nicht berührt worden, und es wurde von einigen Mitgliedern unserer Gesellschaft beschlossen, einen Ausflug nach der Stelle zu machen, wo die Northfork und die Southfork fast einander gegenüber in den Canadian münden. Ein Ruhetag wurde dazu bestimmt.

In einem reizenden Thale, noch zwei Tagereisen von Gaines Creek entfernt, wurde deshalb das kleine Lager mit mehr Sorgfalt als gewöhnlich aufgeschlagen. Unter hohen, schattigen Bäumen, an dem Ufer eines murmelnden Baches, erhoben sich die weissen Zelte; sie stachen lieblich ab gegen die saftige, von Blumen schillernde Wiese, welche sich vor dem Lager bis an den Fuss der nahen, waldigen Berge ausdehnte. Die von der drückenden Last befreiten Thiere grasten heerdenweise, oder wälzten sich behaglich im frischen Grün, um den getrockneten Staub und Schweiss von ihrem Körper zu entfernen. Die Gesellschaft hatte sich in verschiedenen Gruppen hingestreckt, um auf die gemüthlichste Weise sich über Tagesneuigkeiten zu unterhalten, als die Abwesenheit des beliebten, alten Doctor BIGELOW, des Botanikers unserer Expedition, bemerkt wurde. Bei weitem der älteste der ganzen Gesellschaft, war der betagte Doctor ein Muster von Sanftmuth und Geduld; ausgelassen mit den Frohen, fehlte er nirgends, wo heiteres Lachen und glücklicher Scherz gehört wurde; seiner Sonderbarkeiten war er sich bewusst und gutmüthig genug gab er sich gern kleinen Spöttereien preis. Er war eifriger Botaniker und leidenschaftlicher Jäger; im ersteren Fache leistete er sehr viel, während die ganzen Erfolge seines Jagglückes, mehr bescheidener Art, sich nur auf eine Klapperschlange und einen Hut beschränkten. Die zusammengerollte Schlange erlegte er auf fünf Schritte mit dem siebenten Büchsenschuss und den Hut durchlöcherte er, als ihm derselbe auf die Mündung der Pistole geworfen wurde. Seine Patienten behandelte er aufmerksam und liebreich, sein Maulthier Billy wie ein ungezogenes Kind. Der gute, alte Doctor wurde also vermisst, und da noch kein Grund zu ernsten Besorgnissen vorhanden war, so versuchte Jeder auf die beste Art sein Ausbleiben zu erklären. Als noch hin und her Vermuthungen ausgesprochen wurden, vernahmen wir die laute Stimme des Doctors, der, Billy vor sich hertreibend, aus dem Dickicht in die Lichtung trat und eine mächtige Schlange hinter sich her schleppte. Halloh DUTCHMAN! (mit diesem Namen hatte er den deutschen Naturaliensammler der Gesellschaft beehrt) Halloh DUTCHMAN! Hier ist etwas für Sie! das schönste Exemplar einer Schlange! Mit diesen Worten warf er eine riesige, rautenförmig gezeichnete »Klapperschlange *(Diamond Rattlesnake)*« in den Kreis; bei einer Länge von 7 Fuss hatte sie 4 Zoll im Durchmesser, ihr weit geöffneter Rachen war furchtbar mit giftigen Zähnen bewaffnet. Sie war todt, zeigte aber keine Spuren einer Verwundung und Jeder war neugierig, den Verlauf des Kampfes unseres Doctors mit dem Drachen zu vernehmen.

Ohne vorher abgelegt zu haben, gab er willig dem allgemeinen Verlangen nach und erzählte auf seine humoristische Weise: »Nachdem ich am Fusse der Berge eine reiche Ernte von Farrenkräutern gehalten, kam ich auf den Gedanken, eine der Höhen zu ersteigen, um von den grauen Felsblöcken etwas Moos für mein Herbarium zu sammeln. Billy schien dazu keine besondere Lust zu haben; ich nahm daher das gute Thier am Zügel, um ihm das Steigen zu erleichtern, doch ohne meine Güte anzuerkennen, liess es sich von mir den Berg hinaufziehen. Ausser Athem oben angekommen, wollte ich mich auf einem Sandsteinblock ausruhen. Wie ich mich niederlasse, fängt es unter dem Steine an zu rasseln. Der Ton war mir nicht unbekannt, und wurde der Grund, dass ich mich durch einen plötzlichen Sprung eiligst aus dem Gefahr drohenden Bereiche entfernte. Nachdem ich Billy in Sicherheit gebracht, überzeugte ich mich genau, wo das klappernde Unthier lag, nahm meine Büchse, zielte vorsichtig, um die Schlange nicht zu treffen und die prächtige Haut mit der Kugel nicht zu verderben und gab Feuer. Ich wollte sie nur erschrecken und so in's Freie locken, was mir auch vortrefflich gelang. Ausserhalb ihres Verstecks rollte sie sich in einen Knäuel zusammen und reckte ihren dicken Kopf drohend in die Höhe, mit der gespaltenen Zunge spielend. Ich schnitt mir darauf eine lange Gerte und ging mit derselben auf sie los, um sie durch einen wohl angebrachten Hieb unterhalb des Kopfes zu lähmen. Der erste Streich missglückte, denn nachdem sie denselben erhalten, wollte sie zum Angriff schreiten; ich habe indessen so lange auf das Thier geschlagen, bis die sechzehn Klappern sich kaum noch regten. Ich band ihr dann einen Strick um den Hals und da ich in ihrer Gesellschaft nicht reiten konnte, es aber auch ebenso schwierig war, die Schlange und Billy zugleich zu ziehen, so bin ich den ganzen Weg gegangen, Billy vor mir und die Klapperschlange hinter mir.« So lautete des braven Doctors Erzählung und von allen Seiten wurde er ob seines tapferen Benehmens beglückwünscht. Als nun schliesslich des Ausfluges an den Canadian erwähnt wurde, liess er sich sehr gern bereit finden, daran Theil zu nehmen.

Nach einem Ritte von 15 Meilen durch sumpfige Niederungen, über sanfte Anhöhen, die in dem Schmucke einer üppigen Vegetation prangten, über Bergrücken, wo die bewaffneten Hufe der trabenden Thiere wie klingende Hammerschläge auf das feste Gestein fielen und den kleinen Hasen im niedrigen Eichengestrüpp aufschreckten, erreichte die kleine Recognoscirungs-Abtheilung, der auch ich mich angeschlossen hatte, den **Canadian** da, wo die Northfork und Southfork sich mit ihm vereinigen. Das breite, sandige Bett des Canadian zeigte einige schmale und seichte Canäle, in welchen nur wenig trübes Wasser, dieses aber mit bedeutender Schnelligkeit, dahinfloss und wohl vermuthen liess, dass bei hohem Wasserstande der so unschuldig scheinende Fluss einen wilden Charakter anzunehmen vermöge. Wir hatten das Bild einer traurig öden Wildniss, die sich vor uns ausbreitete; selbst die reich mit Cottonwood und einzelnen Cedern bewachsenen Ufer vermochten keinen angenehmen Eindruck in dieser Landschaft hervorzurufen. Halbversandete Bäume lagen auf den Bänken umher; vom Einflusse des Wassers und der Zeit schwarz geworden, ragten ihre dürren Zweige und Wurzeln gespenstisch empor. Unbeweglich und wie versteinert sass hier der weisse Reiher, dort die graue Rohrdommel, und der Geier kreiste träge über den fast trockenen Flussbetten. Ein Schuss ward abgefeuert, das Echo schwieg, nur der Reiher, in seinem dumpfen Brüten gestört, reckte den dürren Hals, breitete die langen Schwingen aus, flog eine kurze Strecke weiter, liess sich nieder und nahm seine steife, regungslose Stellung wieder ein. Der in den Lüften schwimmende Geier schlug einige Male mit den Flügeln und beschrieb ruhig seine Kreise, als ob nichts vorgefallen wäre.

Gern und leicht trennte sich Jeder von den Scenen, die so wenig Einladendes boten, und der Untergang der Sonne wurde von unserer kleinen heimkehrenden Truppe bereits beobachtet, als dieselbe noch 5 Meilen vom Lager entfernt war. Gern hätte mancher noch Jagd auf wilde Truthühner gemacht, die jetzt massenhaft jedes Holz belebten und lockend und flügelschlagend in hohen Bäumen ihr Nachtlager aufsuchten, doch Fraeser trieb zur Eile; es war noch eine felsige Hügelkette zu überschreiten; die Dämmerung ging rasch in

Finsterniss über, und wenn auch der sternenbesäete Himmel manchmal durch die Oeffnungen im dichten Laub sein freundliches Licht sendete, so diente es doch nur, um uns zu blenden und die dunklen Schatten noch schwärzer erscheinen zu lassen. Ohne den Schritt seines Pferdes zu mässigen, ritt der Indianer immer schweigend voran, dicht folgte einer hinter dem andern, schnell ging es an den Abhängen hin, schneller noch hinab in die Schluchten. Niemand wollte zurückbleiben, und im Eifer und in der Dunkelheit wurde ein Weg zurückgelegt, welchen man bei Tageshelle gewiss am liebsten vorsichtig umgangen hätte. Bald bewiesen die in der Ferne flackernden Lagerfeuer, mit welcher unerklärlichen Genauigkeit Fraeser in der pfadlosen Wildniss seine Richtung genommen hatte.

VI.

Gaines Creek. — Die Creek-Indianer. — Die Cherokee-Indianer. — Coal Creek. — Shawnee Village. — Die Shawnee-Indianer. — Ten-squa-ta-way, der Shawnee-Prophet. — Shawnee Town. — Fort Edwards. — Die Quappa-Indianer. — Topofkee Creek und Mustang Creek. — Johnson der Kundschafter. — Die Abendjagd. — Die vier Trapper. (Fortsetzung.)

Gaines Creek war endlich erreicht, der Indianer Fraser kehrte zu seiner Schmiede zurück und es blieb uns überlassen, uns jetzt nach einem andern Führer umzusehen. So lange wir noch in den Ländern der Chickasaws reisten, auf deren Gebiete wir uns nach Ueberschreitung von Gaines Creek befanden, hatte es keine Schwierigkeiten, der Fahrstrasse zu folgen. Die Wahl von Lagerstellen war nicht schwer, da in kleinen Zwischenräumen sprudelnde Quellen und eilende Bäche die herrlichen Ländereien bewässerten und fettes, nährendes Gras überall wucherte, wo nicht Schlingpflanzen und Weinreben alles Uebrige erstickt hatten. Chickasaws und Choctaws wohnen hier friedlich unter einander; erstere, ursprünglich mehr südlich lebend, haben auf freundschaftliche Weise sich mit den Choctaws über den Besitz der Ländereien geeinigt, so dass es jetzt schwer hält, die beiden Stämme von einander zu unterscheiden. Bis an den Canadian geht ihr Gebiet, während die Creeks oder Mus-ko-gees den paradiesischen Landstrich zwischen dem Canadian und Arkansas inne haben. Er ist zwar erst spärlich angesiedelt, doch blühen wohleingerichtete Farmen unter den indianischen Händen auf, und der unerschöpflich reiche Boden vergilt dankbar die geringste Arbeit durch vielfältigen Ertrag; Wohlstand, sogar Reichthum ist häufig bei diesen ackerbautreibenden Stämmen zu finden, und wo der bemalte Krieger vor Kurzem noch seine wilden Phantasien und Gedanken in hieroglyphischen Bildern auf einer gegerbten Haut wiederzugeben suchte, da liest jetzt der civilisirte Indianer eine in seiner Muttersprache gedruckte Zeitung, und unter den Augen ihrer indianischen Gebieterin arbeiten schwarze Sklaven. Diese erfreuen sich einer milderen Behandlung, als ihre Herrin zu der Zeit, da sie selbst noch Sklavin ihres Gatten war, von ihrem strengen Herrn zu erwarten hatte. Die Creeks, in einer Stärke von 20,000 Seelen, bewohnten früher grosse Strecken der Staaten Alabama und Mississippi. Nachdem sie ihre alten Jagdgefilde an das Gouvernement der Vereinigten Staaten abgetreten hatten, zogen sie westwärts und wurden die südlichen Nachbarn der Cherokesen, so dass der Arkansas die Grenze bildet. Die Cherokesen oder Cherokees, 22,000 Köpfe zählend, waren schwer zu bewegen, ihre Wohnsitze im Staate Georgia, dessen grössten Theil sie inne hatten, aufzugeben und die Gräber ihrer Väter zu verlassen. Bei Gelegenheit früherer Uebereinkommen waren sie von der Regierung der Vereinigten Staaten als freie, unabhängige Nation anerkannt worden, mit dem vollen Rechte, sich Gesetze nach ihrem eigenen Gutachten zu geben und zu handhaben. Ein ganz unabhängiger Staat innerhalb der Grenzen des Staates Georgia gab indessen zu mancherlei Schwierigkeiten Anlass, und die Regierung suchte mehrfach die Cherokesen zu bewegen, auf einen Vertrag einzugehen und weiter westlich neue Niederlassungen zu gründen. Alle Versuche scheiterten aber an dem eisernen Willen des Cherokee-Häuptlings John Ross, der, ein Mann von der besten Erziehung, bei seiner Würde als Häuptling auch seinen Einfluss auf die ganze Nation zu bewahren wusste. Ein kleiner Theil des Stammes ging indessen auf die anscheinend vortheilhaften Bedingungen ein und wanderte nach dem obern Arkansas, unter der Führung eines Häuptlings Jol-lee. Die von dort zurückgesendeten Nachrichten und die damit verbundenen Beschreibungen der fruchtbaren und schönen Länder, vereinigt mit dem Zureden und Drängen der Regierung, stimmten John Ross endlich nachgiebig, und vor einigen Jahren folgte er mit der ganzen Nation dem vorangegangenen Jol-lee nach.

Der Uebergang über **Coal Creek** war bewerkstelligt und Kohlen waren für die Feldschmiede gebrochen worden. Das sich westwärts ausdehnende Land erschien mit wenigen Unterbrechungen flach; die Ketten der Feldmesser wurden daher verpackt und dafür ein Viameter am Rade eines leicht rollenden, kleinen Wagens befestigt. Die ebene Strasse, die grössten Theils durch Prairien führte, brachte uns dem Canadian immer näher, und in einigen guten Märschen war die erste Shawnee-Ansiedelung erreicht, welche den Namen **Shawnee Village** führt. Weit entfernt davon, eine Stadt oder auch nur ein Dorf zu sein, liegen die blühenden Farmen ackerbautreibender Indianer dort etwas gedrängter zusammen, was wohl Anlass zu dieser Benennung gegeben hat, so wie eine Tagereise weiter westlich, eine zweite Niederlassung aus denselben Gründen als Shawnee Town bezeichnet ist.

Kaum war die Nähe der Weissen bekannt geworden, als auch die freundlichen Indianer zu Pferde und zu Fuss bei uns im Lager eintrafen und Ladungen von Mais, süssen Melonen, erfrischenden Wassermelonen und saftigen Pfirsichen zum Kauf anboten. Natürlich waren solche Leute willkommen, und doppelt, weil eine sittige Bescheidenheit Männer sowohl wie Frauen auszeichnete. In ihrer reinlichen, europäischen Kleidung bewegten sie sich mit einem so natürlichen Anstande, als wären sie in derselben geboren. Die regelmässigen Gesichter der Männer zierte ein wohlgepflegter Schnurrbart, worauf sie als seltene Auszeichnung eines Indianers einen besondern Werth legten. Die Frauen waren durchgängig schön zu nennen; die Röthe ihrer Wangen, die von der dunklen Färbung ihrer Haut nicht verdrängt werden konnte, verrieth Gesundheit und Frohsinn. Bei der Gastfreundlichkeit dieser Indianer muss der müde Wanderer sich heimisch fühlen, wenn er vor der Hütte, im Schatten des roh gezimmerten, schirmenden Corridors sich ausruht, frisch gebackenes Brod in kühle Milch taucht oder im einfach angelegten Garten die saftigsten, rothbäckigen Pfirsiche aussucht und die im schattigen Laube versteckte Wassermelone anschneidet. Glücklich und zufrieden scheinen diese wenigen Familien zu leben, glücklicher als ihr Hauptstamm, der nördlich am Kansas und Missouri seine neue Heimath gegründet hat, und wo so mancher grimmigen Feinden, den Blattern und dem Branntwein, erliegen muss.

Von dem grossen und mächtigen Stamme der Shawnees oder Sha-wa-nos zählt der Rest kaum noch 1400 Seelen und die Zeit wird kommen, wo auch diese wenigen zerstreut sein werden und der Name dieser einstmals so grossen Nation nur noch in der Erinnerung lebt.

Als Nachbarn der Delawaren am atlantischen Ocean in den Staaten New-Jersey und Pensylvanien waren die Shawnees mit die ersten, die dem siegreichen Vordringen der vom Sonnenaufgang über das Meer kommenden Civilisation weichen mussten. Manche wollen den Ursprung dieses Stammes auf der Halbinsel Florida gefunden haben, dabei auf den Namen des Flusses Su-wa-nee fussend; doch ist es erwiesen, dass die Shawnees in der Geschichte der Civilisation von Pensylvanien schon eine Rolle spielten, und dass ihre Wigwams an den Ufern des Delaware- und des Chesapeak-Busens standen. Die Delawaren, stets Nachbarn derselben, kämpften verbündet mit ihnen gegen gemeinsame Feinde, vereint zogen sie eine blutige Strasse nach den Alleghany-Gebirgen: wie ein Schatten folgte ihnen die Civilisation nach; die Gebirge trennten sie von ihren unersättlichen Verfolgern. Sechzig Jahre hielten sie sich im Staate Ohio, und wiederum mussten sie weichen. Muthig fochten sie ihren Weg durch, fort über den Mississippi immer dem weiten Westen zu, wo sie sich endlich eine dauernde Heimath erkämpft haben. Doch nur Ueberbleibsel kann man die wenigen Familien nennen und wohl mag der forschende Reisende fragen: »Wo finde ich die grosse, muthige Nation der Sha-wa-nos?« Jeder wird ihm die Antwort ertheilen: »Die Gräber ihrer Väter suche am salzigen Wasser gegen Sonnenaufgang; verfolge die Strasse nach Sonnenuntergang zu, die durch bleichende Gebeine bezeichnet ist, und Du gehst auf den irdischen Ueberresten der muthigen Shawnees und ihrer gefallenen Feinde.« — Grosse Häuptlinge standen fortdauernd an ihrer Spitze und in den Kämpfen der Weissen gegen die Indianer war Tecumseh gewiss der am meisten gefürchtete Krieger, so wie der aufgeklärteste und einflussreichste Politiker des Stammes. Sein frühzeitiger Tod allein konnte ihn an der Ausführung seiner tiefdurchdachten Pläne hindern, die nichts geringeres bezweckten, als das Kriegsbeil bei den verchiedenen Stämmen zu vergraben und alle Urbewohner des amerikanischen Continents zu einer Macht zu vereinigen, um der sich gegen Westen wälzenden Civilisation eine Grenze zu setzen. Die Geschichte Tecumseh's ist in den Annalen

Nordamerikas eingetragen und man weiss nicht, ob man über sein frühzeitiges Ende Zufriedenheit oder Trauer empfinden soll. Ihm zur Seite stand sein Bruder Ten-squa-ta-way (die offene Thür), unter dem Namen Shawnee-Prophet bekannter. Er hatte es sich zur Aufgabe gemacht, durch seine scheinbaren Zaubereien unter den westlichen Stämmen Krieger zu werben, welche von Tecumseh in den Kämpfen gegen die Weissen verwendet werden sollten. Sich mit einem geheimnissvollen Wesen umgebend, verstand Ten-squa-ta-way es wohl, auf die für dergleichen empfänglichen Gemüther der Indianer zu wirken. Auf dem linken Auge des Gesichtes beraubt, trug er in der rechten Hand das Zauberfeuer und die heiligen Bohnen, die auf eine Schnur gereiht waren; auch führte er das aus leichten Stoffen verfertigte Bild einer Leiche in Lebensgrösse mit sich. So zog er von Stamm zu Stamm, von Wigwam zu Wigwam, sein ernstes, geheimnissvolles Wesen verschaffte ihm leicht Zutritt und Vertrauen bei den wildesten und feindlichsten Nationen am obern Missouri. Viele Tausende hatten die heiligen Bohnen berührt und sich dadurch eidlich verpflichtet, bei seiner Rückkehr ihm zu folgen; in Tausenden von Wigwams hatte er Zauberfeuer angezündet, welches von den Bewohnern dann mit der grössten Aengstlichkeit fortwährend genährt wurde. Alles war so vorbereitet, dass er bei seiner Rückkehr seinem Bruder eine Armee zugeführt hätte. Das Geschick wollte es aber anders. Tecumseh war gefallen, Messer und Tomahawk in der Hand, und Leute seines eigenen Stammes, ob aus Politik oder für das Geld der Bleichgesichter ist unbekannt, waren dem Propheten auf allen Wegen gefolgt und zerstörten sein Werk, indem sie ihn für wahnsinnig ausgaben. Um sein Leben zu retten, floh Ten-squa-ta-way und lebte später in düsterer Zurückgezogenheit inmitten seines Stammes.

Die Zeit, während welcher die Shawnees nicht an ihre Wirthschaft gebunden sind, verbringen sie gewöhnlich auf Jagdzügen. Zu zweien oder dreien ziehen sie weit in das Gebiet der Kiowas und der ihnen feindlichen Comanches, um den zottigen Bison und die schön gezeichnete Antilope zu jagen, und ihre Packpferde kehren mit gedörrtem Fleisch beladen, nach Monate langer Abwesenheit wieder zu den Ihrigen heim. Bei dem Hange dieser Leute zur Jagd und zu Abenteuern war es leicht, eines Führers habhaft zu werden, der den Zug unserer Expedition bis zum alten Fort Arbuckle, der jetzigen Behausung des grossen Delawaren, Schwarzer Biber, begleiten wollte. John Johnson, ein kleiner, untersetzter Indianer auf einem unansehnlichen, aber äusserst schnellen und kräftigen Pferde beritten, wurde also der Kundschafter. Er war ein schlauer Jäger, und schien er auch theilnahmlos und in sich gekehrt seinen Weg zu verfolgen, so entging seinen kleinen, blitzenden Augen doch nichts; er war dabei sehr schweigsam, weniger aus Unkenntniss der englischen Sprache, als um Worte zu sparen

Von Shawnee Village bis Shawnee Town, eine Strecke von 20 Meilen, zieht sich die Strasse in der Nähe des Canadian hin und ist immerwährend von dichtem Gehölz beschattet. Wilde Kirschen und Pflaumen drängen sich überall zwischen den Blättern hindurch und essbare Beeren mancher Art wuchern nahe dem Boden; der wilde Wein rankt sich die höchsten Bäume hinauf, um dort im Gipfel seine schwellenden Trauben von der tropischen Sonne röthen zu lassen. Zwischen den beiden Niederlassungen auf der Nordseite des Canadian, dort, wo der aus Nordwest kommende Little River mündet, steht eine alte Befestigung, Fort Edwards genannt. Besatzung ist schon lange nicht mehr in ihr und Creek-Indianer haben jetzt die Baracken in Kauf- und Tauschhäuser umgewandelt. Zu gleicher Zeit wird dort in grösserem Maasstabe Ackerbau und Viehzucht getrieben. Nur wenig westlich, auf dem dort hohen Ufer des Canadian, stehen noch einige Wigwams oder vielmehr Blockhäuser der Quappaw-Indianer, die sich rühmen können, den Boden ihrer Voreltern noch nicht verlassen zu haben. Zusammengeschmolzen auf eine kleine Truppe, die nur 25 Krieger zu stellen vermag, vermuthet man nicht, dass diese die Letzten des einstmals mächtigen Stammes der Arkansas sind, deren Jagdgefilde vom Canadian bis an den Mississippi reichten und die mit Erfolg die blutigsten Kriege gegen die mächtigen Chickasaws führten. Es wird erzählt, dass eine Kriegspartei der Quappaws auf einen Trupp Chickasaws stiess; letztere, da ihnen Pulver mangelte, zogen sich zurück. Als der Quappaw-Häuptling die Ursache des Rückzuges vernahm, sammelte er alle seine Krieger um sich und liess sie, ihre Pulverhörner auf eine ausgebreitete Decke ausleeren; den ganzen Vorrath theilte er darauf in zwei gleiche Theile; die eine Hälfte für sich und seine Leute zurückbehaltend, liess er die andere den Chickasaws zukommen und der Kampf begann mit Erbitterung. Die Quappaws verloren einen der Ihrigen, hingen aber acht Skalpe ihrer Feinde zum Trocknen im Rauche ihrer Wigwams auf.

Kaum hatte unser Wagenzug bei Shawnee Town den Canadian verlassen, um in südwestlicher Richtung dem Delaware Mount zuzueilen, so mussten kleine, nach Südost fliessende Bäche überschritten werden. Es waren die Quellen des Boggy, der sich in Texas mit dem Red River vereinigt, um sich in den Golf von Mexiko zu ergiessen. Die Ufer des Canadian bilden auf diese Weise hier die theilende Höhe zwischen den dem Mississippi einerseits und andererseits den dem Golf von Mexiko direct zufliessenden Wasser. Westlich vom Delaware-Berge holt der Topofkee-Creek sein Wasser wiederum von den Ufern des Washita, eines andern Nebenflusses des Red River, und trägt es dem Canadian zu. In der Nähe des Delaware-Berges nehmen die geschlossenen Waldungen ein Ende, die rollenden Prairien sind umfangreicher, die Flussbetten trockener, und lichter die an den Ufern derselben zerstreut stehenden Baumgruppen. Nur in Niederungen, wo das Wasser in Windungen sein Bett gewühlt hat, vermag man noch kleine Wälder zu unterscheiden, in deren Schatten das lechzende Wild seine Zuflucht sucht. Dem Reisenden ist manchmal die Gelegenheit geboten, den sonnigen Horizont und die bläulich grüne Ebene in einander verschwinden zu sehen, ihm gleichsam eine Ahnung von dem gebend, was seiner in den unendlichen Steppen harret. Die Entfernungen von Holz zu Holz, von Wasser zu Wasser werden grösser, und starke Märsche müssen zurückgelegt werden, um sich im neuen Lager der in der Wildniss möglichen Bequemlichkeiten erfreuen zu können.

Die Expedition des Lieutenant WHIPPLE konnte auf diesen Ebenen reisen, ohne genöthigt zu sein, auf die Feldmesser zu warten; bei der freien Aussicht war es leicht, weite Entfernungen nach dem Kompass zu bestimmen und der Viameter gab genau durch Aufzählung der Drehungen des Wagenrades die zurückgelegte Meilenzahl an.

Topofkee Creek und Mustang Creek, Nebenflüsschen des Canadian, waren überschritten und schon am 17. August wurde nur noch 15 Meilen von der Behausung des Schwarzen Bibers unser Lager am Rande eines Gehölzes aufgeschlagen, wo eine aus Sandsteinfelsen entspringende Quelle gutes, kühles Wasser bot. Rastend lag die mit Staub dicht bedeckte, müde Gesellschaft vor ihren luftigen Zelten umher und ergötzte sich am Untergange der Sonne, welche sie hier zum erstenmal sich mit den Grassteppen vermählen sah, während im Osten der Mond aus den dunklen Wäldern auftauchte und sein silbernes Licht mit den rothen Strahlen der Sonne vereinigte, die bis zum Zenith hinaufreichten und nur ungern, so schien es fast, ihrer vorangegangenen Herrin folgten.

Der Indianer JOHNSON, seine 6 Fuss lange Büchse auf der Schulter, einen langen Stab, die Stütze für seine schwere Waffe während des Feuerns, in der Hand, näherte sich jetzt den Gruppen und richtete in abgebrochener englischer Rede ohngefähr folgende Worte an eines der Mitglieder der Expedition. »Ich wissen viel Truthahn in Baum, ein Hirsch am Wasser, Truthahn schlafen. Du schiessen.« Rüstig sprang ein ganz in Leder gekleideter Jäger auf, schnürte die Mokkasins an seinen Füssen fester, ergriff seine Büchse und folgte JOHNSON dem Walde zu, wo sie bald in dem Dickicht verschwanden. Leise glitt der Indianer in das ausgetrocknete Bett eines Baches, sein Gefährte folgte ihm auf dem Fusse nach. Geräuschlos trat der weiche Mokkasin auf die Kiesel, wie die Jäger im dunklen Schatten des Ufers dahin schlichen und auf jedes Geräusch im Walde horchten. Endlich stand der Indianer still, wendete sich zu seinem Kameraden, und auf eine hohe Eiche am Ufer deutend, flüsterte er ihm zu: »Viel Truthahn diesen Baum, um den Baum gehen, wenn Baum vor Mond steht. Du Truthahn sehen; Johnson Hirsch wissen, wenn Johnson Hirsch schiessen, Weissgesicht Truthahn schiessen, Truthahn schlafen.«

Bei den letzten Worten schlich der Indianer weiter und das dichte Gebüsch schloss sich leise hinter ihm. Der weisse Jäger kroch langsam auf's Ufer und brachte vorsichtig die hohe Krone der bezeichneten Eiche zwischen sich und den Mond; er sah bald einen, dann mehrere der Vögel, die zusammengekauert auf den knorrigen Zweigen umher sassen und nur vor der silbernen Scheibe des Mondes von den schwarzen Laubmassen zu unterscheiden waren. Auf diese Weise vorbereitet, wartete er auf den Signalschuss des Indianers. Regungslos lauschte er dem heimlichen Treiben und Leben im Walde. Dumpf trafen die fröhlichen Stimmen aus dem Lager sein Ohr, das schwarze Eichhorn sprang furchtlos und ausgelassen in seiner Nähe umher, und wo der

Mond auf dem blanken Büchsenlauf in Blitzen leuchtete, da hatte sich eine fröhliche Grille festgeklammert und stimmte aus voller Brust einen endlosen Triller an, als wollte sie gleichsam das kurze, abgebrochene Geheul eines hungrigen Wolfes, welches zeitweise von der öden Prairie herüberschallte, überschreien. Jetzt fiel ein Schuss in der Ferne, die Büchse des Jägers hob sich in der Richtung nach der Krone des Baumes, der Schuss krachte und ein Truthahn, von Zweig zu Zweig schlagend, fiel schwer auf den Boden nieder. Alles war wieder ruhig, nur ein schlaftrunkener Hahn, der erschreckt sich von seiner Ruhestätte entfernt hatte, irrte, mit den Flügeln die Zweige peitschend, umher. Wiederum weckte die Büchse das Echo des Waldes und zwei Truthähne stürzten in's Gras, der eine getroffen, der andere gesund und wohlbehalten; er hatte nur vor Schreck das Gleichgewicht verloren und entschlüpfte, auf festem Boden angekommen, mit möglichster Geschwindigkeit. Ein dritter wurde das Opfer der zunehmenden Jagdlust des weissen Schützen; mancher sass noch auf seinem luftigen Sitze, verwirrt und verschlafen den Kopf hin und her reckend, und mancher wäre gewiss noch ein Ziel für die Kugel geworden; doch als der Jäger zum dritten Male sein Gewehr laden wollte, drängte sich Jonsson tief Athem holend durch das Dickicht. Seine Büchse hatte nicht vergebens geknallt, er trug einen kleinen, virginischen Hirsch auf seinen Schultern, den er keuchend zu dem Vogelwild warf. »Ich schiessen eins, Du schiessen drei, genug sein, in's Lager gehen,« waren seine einzigen Worte, und er begann einen kleinen Baum mit dem Waidmesser umzuhauen und die Zweige von demselben zu entfernen. Damit fertig, befestigte er die ganze Beute an demselben, worauf die beiden Jäger die Stange auf die Schulter legten und rüstig der Lichtung zuschritten.

Im Lager herrschte noch munteres Treiben; die glücklichen Jäger wurden laut bewillkommnet, als sie ihre schwere Bürde am Wachtfeuer hinwarfen. Die Aussicht auf einen frischen Braten ist immer eine angenehme Aufregung für die Prairiewanderer, und bald war Jeder emsig beschäftigt, einen guten Bissen an einem Stäbchen oder auf Kohlen zu rösten, ohne dass dadurch die lebhafte Unterhaltung in's Stocken gerathen wäre. — »Was ist aus Pierre und seinen drei Gefährten geworden?« rief einer, während er muthig ein Rippenstück des eben erlegten Hirsches in Angriff nahm. »Pierre stand auf der einen und sein Kamerad auf der andern Seite des Missisippi,« fügte ein zweiter hinzu, der seinen Braten mit der linken Hand und den Zähnen fest hielt, und geschickt mit der rechten einen Bissen vor den Lippen abschnitt. Der Erzähler zündete sich unterdessen seine kleine Pfeife an, blies behaglich einige Dampfwolken von sich, athmete wohlgefällig den süssen Duft des glimmenden Schumach und Kinc-ke-nick (ein aus Weidenrinde präparirter Tabak der Indianer), und nahm den Faden seiner unterbrochenen Erzählung von den vier Trappern wieder auf:

»Pierre erkannte also seinen Gefährten, der wohlbehalten am jenseitigen Ufer stand und ihm die unzweideutigsten Zeichen machte, ohne Verzug zu ihm herüber zu kommen. Als Mittel gegen den quälenden Hunger schob Pierre ein Stückchen schwarzen Tabak zwischen die Zähne, ging einige hundert Schritte stromaufwärts, packte brummend und auch wohl fluchend seine Kleidung nebst Pulverhorn in ein Bündel, befestigte dieses nebst der Büchse auf einigen mittelst zäher Weiden zusammengebundenen Stücken Treibholzes und das kleine Floss vor sich herschiebend, schwamm er dem andern Ufer zu, wo ihn sein Freund mit der grössten Ungeduld erwartete. Wieder vereinigt wechselten sie nur wenige Worte über die verflossene Nacht, das Schicksal ihrer beiden unglücklichen Gefährten beschäftigte sie zu sehr. Waren diese noch am Leben, so musste der Versuch gewagt werden, sie den Händen ihrer unbarmherzigen Feinde und einem gewissen Martertode zu entreissen. Dadurch, dass der Trapper seine Büchse mit auf den Baum genommen hatte, war er wirklich von den Indianern nicht bemerkt worden; das dichte Laub des Ahorns hatte ihn den scharfen Augen entzogen, und nur mit Mühe konnte er selbst einen Blick auf die wilde Scene unter sich werfen. Als das Canoe nebst den Verfolgern von der Strömung um die nächste Biegung geführt wurde, schlenderte die ganze Bande langsam am Ufer nach; das weithin gellende Wuth- und Klagegeheul, welches sie ausstiess, als sie mit dem einzigen Entkommenen zusammentraf, liess den auf dem Baume lauernden Jäger errathen, dass Pierre sich gerettet haben müsse. Die Indianer kehrten zurück und liessen ihre Rache an den Rudern und andern umherliegenden Gegenständen aus, indem jeder Einzelne die Spitze seines Tomahawks in das ihm zunächst liegende Eigenthum der Trapper trieb. Das Feuer wurde mit den Füssen auseinander gerissen und heulend zog die Rotte an dem Baume vorbei ihrem Lager zu, dessen Rauch der Jäger von seinem luftigen Sitze in nicht allzu grosser Entfernung wahrnehmen konnte. Die ganze Nacht brachte er dort oben zu, und kurz vor dem Signalpfiff Pierre's hatte er bemerkt, dass die wilde Rotte aufgebrochen war und sich entfernt hatte. Das Signal beantwortete er gleich, doch vorsichtig stieg er nicht eher von seinem belaubten Versteck, als bis er Pierre am Ufer erkannt hatte. Behutsam schlichen nun Beide nach dem verlassenen Lager der Wilden; lange forschten sie umher, jeder Baum, jeder Strauch wurde untersucht, in jeder Fussspur wurde gelesen. Ihre Feinde waren ein Trupp der Sioux, 12 bis 14 Mann stark, der sich auf einem Jagdzuge befand. Weiber, Kinder und Zelte führten sie nicht mit, woraus die beiden Jäger schlossen, dass das wirkliche Lager der Indianer in nicht grosser Entfernung, vielleicht ein oder zwei Tagereisen weit, stehen müsse. Ihre Gefährten lebten noch, der eine war am rechten Arm verwundet, doch nur leicht, denn trotz des Blutverlustes hatte er gehen können, der andere war unverletzt, hatte aber die ganze Nacht mit Händen und Füssen zusammengeknebelt gelegen, während der erstere die Zeit über mit der linken Hand an einen Baumast geschnürt war, so dass er herabhängend mit den Füssen den Boden berührte. Sie hatten beide noch vier Tage zu leben, denn vier Tage waren es noch bis zum Vollmonde. Der geheimnissvolle Wechsel des Mondes verräth nämlich die Nähe des indianischen Manitu, und Manitu muss Zeuge der indianischen Rache sein. Die Wilden konnten erst wenige Meilen Vorsprung haben.

7*

Nachdem nun die beiden Jäger sich überzeugt, dass alle zugleich das Lager verlassen und alle Spuren nach einer Richtung führten, nahmen sie die Fährte auf, und vorsichtig vermeidend, ihre Fusstapfen auf dem frischgebrochenen Pfade zurückzulassen, näherten sie sich demselben nur zeitweise, um die Richtung nicht zu verlieren. Eine Meile nach der andern arbeiteten sie sich mühsam weiter. Die Sonne neigte sich bereits ihrem Untergange zu, als sie an dem aufwirbelnden Rauche vor sich die Nähe der Wilden erkannten und sie daher ihre Behutsamkeit verdoppeln mussten. Ruhig warteten sie bis die Sonne hinter den Bergen verschwunden war: dann einen weiten Bogen um das feindliche Lager beschreibend, erreichten sie eine felsige Hügelkette, welche das schmale Thal eines kleinen, fliessenden Wassers einfasste. Auf dem felsigen Bergrücken konnten sie fortschreiten, ohne die geringsten Spuren zurückzulassen. Sie gelangten bald an eine Stelle, von wo aus sie das Lager ihrer Feinde in einer kleinen Prairie übersehen konnten. Die Zelte erhoben sich nahe dem Ufer des kleinen Flusses, der sich durch eine Lichtung schlängelte, der Mond und die vor den Zelten lodernden Feuer beleuchteten eine wilde, grausige Scene. Die beiden Trapper vermochten ihre gefesselten Freunde zu erkennen; sie waren mit dem Rücken an einen Baum gebunden, bisweilen stürzte ein wüthendes Weib auf sie zu, um sie heulend mit Verwünschungen zu überschütten und in drohender Weise mit dem Messer vor ihrem Gesicht zu spielen; andere sassen in ihre Decken verhüllt am Wasser und liessen den langgedehnten Klageruf erschallen. Die Krieger ruheten im Kreise um ein flackerndes Feuer, die Pfeife kreiste schnell, und wenn sich einer erhob um zu sprechen, so geschah es nur, um die Wuth seiner Genossen noch mehr anzufachen. Die Unmöglichkeit, auf gewaltsame Weise oder durch List ihre unglücklichen Kameraden in derselben Nacht noch zu befreien, sahen die beiden Lauschenden auf den ersten Blick ein. Es waren zwölf Zelte, und an zwanzig Krieger mit Weibern und Kindern hielten scharf Wache bei ihren Opfern; gelang es selbst, die Banden der Gefesselten zu lösen und zu entkommen, so weideten Pferde genug auf der Lichtung, um ihre Verfolger beritten zu machen, und ein gewisses Ende stand Allen bevor, wenn auch erst nach hartem Kampfe. War das Wasser vor ihnen derselbe Fluss, an dessen Mündung sie das Biberdorf entdeckt und ihre Schätze vergraben hatten, so konnte es nicht weiter als 7 oder 8 Meilen bis dahin sein und ein einziges Mittel zur Rettung war dann noch denkbar: es war das Fässchen Branntwein; es musste zur Stelle und in die Hände der Rothhäute geschafft werden.

Entschlossen gingen Pierre und sein Gefährte weiter zurück; an einer passenden Stelle stiegen sie hinab in den seichten Fluss; das, wenn auch sparsam, rieselnde Wasser verwischte augenblicklich ihre Spuren und war zu gleicher Zeit ihr Wegweiser, und ehe noch der Morgen graute, hatten sie zu ihrer unaussprechlichen Freude die Biberdämme erreicht und stärkten sich bald durch einen tüchtigen Zug aus dem ausgescharrten Fässchen. Nach kurzer Rast traten sie den beschwerlichen Rückweg an. Abwechselnd trugen sie die Waffen oder das Feuerwasser, und kurz vor Abend verliessen sie den Fluss an derselben Stelle, wo sie am Abende vorher hinabgestiegen waren. Da Pierre von den Wilden wieder erkannt worden wäre, was seinen augenblicklichen Tod zur Folge gehabt hätte, so überliess er es seinem Kameraden, mit dem Branntwein in's Lager zu gehen. Er selbst schlich dem Lager näher, mit aller ihm zu Gebote stehenden Vorsicht jeden umgestossenen Stein hinter sich an die alte Stelle legend, jeden geknickten Grashalm aufrichtend. Erwartungsvoll lag er endlich zwischen Felsen und Gestrüpp in einem sicheren Versteck.

Sein Gefährte war unterdessen auf einem grossen Umwege dem alten Pfade zugeeilt, in denselben eingebogen und dann sicheren Schrittes dem Lager zugegangen. Es fing an zu dämmern, als sein Erscheinen im Lager eine plötzliche Bewegung hervorrief und er augenblicklich umringt war. Durch Zeichen bot er den schlauen Wilden Feuerwasser zum Tausch für Pelzwerk an, was eine kurze Berathung unter denselben veranlasste. Anstatt auf Tauschhandel mit ihm einzugehen, wurde ihm das Fässchen abgenommen, er selbst aber entwaffnet und vor seine gefangenen Kameraden geführt. Doch die Jäger waren auf ihrer Hut und nicht das leiseste Zucken der Augen verrieth ein Erkennen. Um sich aber dem Genusse des ersehnten Feuerwassers ungestört hingeben zu können, fesselten die argwöhnischen Indianer den angeblichen Pelztauscher an denselben Baum zu seinen leidenden Kameraden, worauf die Hälfte der Krieger das Lager verliess, um die nächste Umgebung zu durchsuchen. Einige beschrieben Kreise um das Lager, wobei die Dunkelheit allein den harrenden Pierre vor den Augen der nach Feuerwasser lechzenden Wilden, als sie dicht an ihm vorbeikletterten, verbarg. Andere hatten die Spur im Pfade untersucht, und ihre an Wahnsinn grenzende Gier nach dem giftigen Trank hatte sie zurückgeführt, ohne dass sie die Stelle in Augenschein genommen hatten, wo der angebliche Pelzhändler in den Pfad eingebogen war.

Alle Krieger waren jetzt wieder um's Feuer versammelt und das Fässchen wurde geöffnet. In langen Zügen schlürfte der erste, während die lüsternen Augen der übrigen an seinem Munde hingen; diese Geduldprobe war indessen zu peinigend, das Fässchen wurde in einen Wasserbehälter ausgeleert und nun konnten Alle zugleich ihr Verderben aus demselben schöpfen. Die Weiber und Kinder, die im Anfang nur aus der Ferne zusahen, rückten immer näher und kauerten bald dicht hinter den unersättlichen Trinkern. Furchtbar entstellte die Gier ihre Züge und ungeduldig harrten sie des Augenblickes, in welchem der letzte besinnungslos hinstürzen würde, um dann selbst über den Rest des Branntweins herfallen zu können.

Die Wirkung des Spiritus ist bei der indianischen Raçe fast augenblicklich: ein grässlicher Anblick bot sich deshalb dem immer näher schleichenden Pierre dar. Dumpfes Geheul, wahnsinniges Lachen und wüthendes Jammern zitterte durch die stille Abendluft, heimlich unterdrückte Feindschaft oder Eifersucht brach sich Bahn bei dem sonst verschlossenen Indianer, Messer zückten sie auf einander und das Kriegsbeil ward geschleudert, doch der Arm war erschlafft, das Auge geblendet, und die ohnmächtigen

Waffen erreichten ihr Ziel gar nicht oder doch ohne Erfolg. Jetzt erhob sich einer, um nach den Gefangenen hin zu stürzen, er taumelte, fiel, noch ein Versuch sich aufzurichten, und betäubt stürzte er zusammen, durch keine Bewegung mehr Leben verrathend. Einer folgte dem andern; wer zusammenbrach, blieb mit krampfhaft verzerrtem Gesicht und Gliedern in derselben Stellung liegen. Kaum war der letzte dieser todähnlichen Betäubung erlegen, als Weiber und Kinder über die Reste herfielen: jedes fand noch genug, um sich dem verderblichen Genuss des Getränkes ganz hingeben zu können; sogar dem Säugling wurde von dem Feuerwasser in den geöffneten Mund gegossen. Als die wuthähnliche Trunkenheit sich Aller bemächtigt hatte, da begann ein furchtbarer Kampf um die letzten Tropfen über den Leibern der besinnungslosen Krieger. Es war ein scheussliches Gewühl menschlicher Glieder, die in abschreckender Weise sich durcheinander wanden.

Das Kreischen und Heulen wurde bald schwächer, die mit Blut unterlaufenen Augen starrten ausdruckslos umher, den Kämpfenden mangelte die Kraft, sich aus dem Gewühl zu entfernen, und ein grausenerregendes Bild lag der Haufen lebendiger Leichen da: die Mutter auf ihrem Kinde, dasselbe erdrückend, der Vater mit dem Messer in der krampfhaft geschlossenen Faust, an welchem das Blut seines Sohnes oder Bruders klebte. Noch war der Lärm nicht ganz verstummt, als Pierre mit raschen Schnitten die Fesseln seiner Gefährten trennte und diese aufsprangen, um durch freie Bewegungen den gehemmten Kreislauf des Blutes in den von Krämpfen steif gewordenen Gliedern wieder herzustellen. Der eine der Trapper war, wie Pierre und sein Gefährte geschlossen hatten, wirklich am Arme leicht verwundet worden, als sie von hinten heimtückischer Weise überfallen und gefangen wurden. Kaum wieder im Besitz seiner Waffe, beseelte ihn der einzige Gedanke nach Rache, und nur mit Mühe konnte er von den andern zurückgehalten werden, auf die übereinander liegenden, besinnungslosen Wilden zu stürzen und mit dem Messer mordend unter denselben zu wühlen. Ein ebenso sicheres und mehr menschliches Verfahren wurde indessen eingeschlagen, ihre Feinde beim Erwachen unschädlich und unfähig zur Verfolgung zu machen. Sechs Stunden Zeit hatten die Trapper wenigstens, um Vorsprung zu gewinnen, doch mussten ihre Vorbereitungen schnell und mit Ueberlegung getroffen werden.

Acht Pferde standen alsbald gesattelt, vier mit indianischen Reitsätteln, die andern mit Packböcken. Eilig wurden die Zelte durchsucht, alles werthvolle Pelzwerk wurde auf zwei der Lastthiere befestigt und die übrigen beiden dazu bestimmt, die an der Mündung des Flusses aufbewahrten Schätze aufzunehmen.

In kurzer Zeit waren sie zur Flucht bereit, es musste nur noch die Möglichkeit einer Verfolgung abgeschnitten werden. Das verlöschende Feuer wurde geschürt, dass es hell aufloderte und dahinein wanderten die Sättel, Riemenzeug und Fangleinen, dann alle Waffen, die nur zu finden waren, sogar die Messer und Beile wurden unter den willenlosen, menschlichen Leibern hervorgezogen und den Flammen übergeben; den einzelnen Büchsen, die geladen waren, wurden die Schäfte und Hähne abgebrochen, das Pulver, welches sie selbst nicht mehr mitnehmen konnten, wurde auf die Erde gestreut, die Küchengeräthschaften mussten das Feuer nähren helfen, und scheidend warfen die unbarmherzigen Trapper Brände in die leeren Zelte. Wohlgemuth ritten sie dem bekannten Biberdorf zu, packten ihren verborgenen Vorrath auf die beiden unbeladenen Pferde und zogen ungestört am Mississippi hinunter bis zum Dorfe Shippeways, wo sich wieder Gelegenheit bot, die geraubten Pferde vortheilhaft zu vertauschen.

Die Shippeways, diese geschworenen Feinde der Sioux, entzückt über das Abenteuer der Trapper leisteten denselben bei ihrem Aufbruch in Canoes, wo sie nur konnten, hülfreiche Hand, immer dabei bedauernd, dass die Gelegenheit, eine so reiche Skalp-Ernte zu halten, unbenutzt vorübergegangen sei.

Unter wilden Glückwünschen schifften sich die vier Pelzjäger in ihren gebrechlichen Fahrzeugen ein und erreichten St. Louis früher als sie geglaubt und mit einem reicheren Gewinne als jemals.

Der alte Pierre, dessen lange Erzählung ich nach treuer Erinnerung seines Vortrages hier wiedergegeben, ist für seine Person nie wieder an die Fälle des St. Anthony zurückgekehrt; er hatte eine geheime Scheu vor der Stelle, wo das Skalpirmesser seinem Schädel so nahe gewesen war.

Meine Erzählung ist zu Ende und ich will mich in mein Zelt verfügen, es muss sich gut schlafen bei dem Concert, welches uns die Prairiewölfe geben; nur noch wenige Tagereisen weiter und der tiefe Bass des grossen weissen Wolfes wird sich zu dem gellenden Diskant des Jakals gesellen. Gute Nacht!« — »Gute Nacht!« rief die sich zerstreuende Gesellschaft, und tiefe Ruhe herrschte bald im Lager.

VII.

Das alte Fort Arbuckle. — Die Delawaren. — Si-ki-to-ma-ker, der Delaware. — Des Schwarzen Bibers Behausung. — Vincenti. — Des Schwarzen Bibers Erzählungen. — Walnut Creek. — Prairiebrände.

Als weisser Schein im Osten das Herannahen des Tages verkündete, war Jeder wieder auf den Füssen, um den Aufbruch beschleunigen zu helfen. Die kühle Morgenluft mahnte zu frischer Arbeit beim Abbrechen der Zelte und Packen der Wagen, wobei mancher zufriedene Blick sich nach den lodernden Kochfeuern stahl, um mit Sehnsucht auf dem brodelnden Kaffee, den sich bräunenden Mehlkuchen und dem zischenden Wildbraten zu ruhen. Die Maulthiere, die sich in der fetten Wiese die ganze Nacht gütlich gethan, zeigten sich schon ganz gefügig, liessen sich gern das kalte Gebiss auf die heisse Zunge legen und willig in langer Reihe vor die schweren Wagen spannen. Jonsson bestieg sein kleines Pferd, setzte sich an die Spitze der den Zug eröffnenden Reitertruppe, warf noch einen Blick rückwärts und bog dann in die alte, kaum erkennbare Strasse ein, die in südwestlicher Richtung weiter führte. Mit rüstigem Schritte wird an solch einem thauigen und doch sonnigen Morgen die Reise angetreten, die schweren, polternden Wagen rollen so leicht auf der ebenen Bahn, die übermüthigen Zugthiere fühlen die nachfolgende Last nicht und spähen nach fetten Bissen im hohen Grase, um dieselben im Vorbeigehen gewandt abzurupfen.

Bis zur Mittagsstunde war fortwährend ein allmäliges Steigen der Ebene bemerkbar gewesen; eine Hügelkette hatte die Aussicht gegen Westen versperrt und über diese Anhöhen führte der Weg. Von dort aus konnte das Auge über eine grosse Fläche schweifen, die in weiter Ferne von bläulichen Baummassen begrenzt war. Am westlichen Ende dieses Grasmeeres erhob sich, kaum erkennbar, das alte Fort Arbuckle, um welches sich mehrere Delawaren angesiedelt haben, die ausser ihrer Hauptbeschäftigung, der Jagd, etwas Ackerbau und Viehzucht treiben. Einzelne Rindviehheerden lagen zerstreut im hohen Grase umher oder folgten in gemessenem Schritte einem alten Büffelpfade, der sie in den gewünschten Schatten führte. Neues Leben und frischer Muth erwachte wieder bei diesem Anblick in dem langsam schleichenden Zuge; Jeder sehnte sich, den Schwarzen Biber zu begrüssen und gelegentlich nach erquickenden Melonen und Pfirsichen herum zu stöbern. Das nahe Ziel vor Augen, wurde den ersten Büffelpfaden, welche die Strasse auf der letzten Strecke häufig durchkreuzten, nur wenig Aufmerksamkeit geschenkt und nur derjenige, welcher den zottigen Bison schon näher kannte, ihm jemals mit der Büchse in der Hand nachgeschlichen war, oder im wilden Wettlauf vom Pferde herab dem geängstigten Riesen die Pistole auf die Rippen gehalten, nur der konnte es sich nicht versagen, die tief ausgetretenen Bahnen näher zu untersuchen, und nach frischen Spuren in morastigen Wälzpfuhlen *(Buffalo wallows)* zu forschen.

Das alte Fort, auch wohl Camp Arbuckle genannt, hatte nur kurze Zeit einer Besatzung zum Aufenthalte gedient, die nach dem 30 Meilen weiter südlich neu errichteten Fort Arbuckle verlegt wurde.

Dem Delawaren Si-ki-to-ma-ker (Schwarzer Biber), der den Vereinigten Staaten im mexikanischen Kriege als Jäger und Führer Dienste geleistet hatte, wurde der verlassene Posten übergeben, der ganz seinen Wünschen zu entsprechen scheint. Andere seines Stammes haben sich in seiner Nähe niedergelassen und leben glücklich unter dem Schutze des schlauen, erfahrenen Bibers. Die Befestigung selbst hat ein Ansehen, so wie man es in solch wilden Gegenden nicht anders erwarten kann. Sechs in einem Rechteck gebaute Blockhäuser am Rande des Waldes, eine Meile vom Canadian entfernt, waren früher die Wohnungen der Soldaten, so wie ein abgesonderter Hof mit hohen Palisaden umgeben, als Zufluchtsort der Heerden und zur Vertheidigung bei etwaigen Ueberfällen gedient hatte. Mehrere Familien der Delawaren sind in die verlassenen Baracken gezogen und die Kultur der früher angelegten Maisfelder wird von den jetzigen Bewohnern fortgesetzt. Hausthiere jeglicher Art vermehren sich schnell ohne weitere Pflege, und der räuberische Pawnee oder Comanche, der sich auf das Gebiet dieser wenigen Delawaren wagt, um zu stehlen, mag sicher sein, dass seine Kopfhaut vor der Thür des Schwarzen Bibers in einem Pfirsichbaume trocknen wird. Denn, wenn auch nur noch wenige Abkömmlinge von dem grossen, mächtigen Stamme geblieben sind, so lebt doch in jedem einzelnen Mitgliede das Blut und der Geist seiner muthigen Voraltern, wodurch er noch jetzt zum Schrecken seiner Feinde, und zum treuen, aufopfernden Begleiter seiner Freunde wird.

Die Delawaren, jetzt nur noch 800 Köpfe zählend, bewohnten ursprünglich, in einer Stärke von über 15,000 Seelen, den östlichen Theil der Staaten Pensylvania, New-Jersey und Delaware. Wie das der Shawnees, so war es auch ihr Loos, neue Jagdgründe zu erkämpfen, um dieselben wieder an die Gouvernements abzutreten. Immer weiter westlich wurden sie getrieben, und auf der Scholle Landes, auf der sie rasteten, mussten sie die Waffen zur Selbstvertheidigung gegen mächtige Feinde gebrauchen, ehe sie dieselben gegen das Wild kehren durften, um sich mit Nahrung und Kleidung zu versehen. Viel Mühe wurde verschwendet, um das Christenthum in diesem Stamme einzuführen, doch stets vergebens. Von den Christen wurden sie betrogen und verrathen, wie wilde Thiere von den Gräbern ihrer Väter gejagt und niedergemacht, weshalb sie auch mit Missmuth und Verachtung die Missionaire von sich wiesen, die als erste Vorboten der Civilisation das Verderben für die rechtmässigen Besitzer des grossen Continents im Gefolge hatten. An der äussersten Grenze der Civilisation und am Rande der unendlichen Urwildnisse können die wenigen Delawaren nun nach Herzenslust ihren abenteuerlichen Neigungen nachhängen. Ihre Jagdzüge dehnen sie bis zum stillen Ocean aus, und lassen sich dann Jahre lang nicht in ihren Niederlassungen blicken. Die lange Kette der Rocky Mountains hat keinen heimlichen Pass, durch welchen nicht schon ein kleiner Trupp dieser kühnen Abenteurer gezogen, und keine Quelle, deren Wasser sie nicht gekostet. Der Delaware kämpft mit dem grauen Bären in Californien und jagt den Büffel in den Steppen am Nebrasca, er verfolgt das Elennthier an den Quellen des Yellowstone River und wirft in Texas den Lasso über das mähnige Haupt des Mustangs; doch Skalpe erbeutet er, wo es ihm gelegen, sei es aus der Mitte eines sorglosen Dorfes oder von dem einzeln jagenden Feinde in der Wüste.

Bei der Lebensweise dieser Leute ist es leicht erklärlich, dass man gewöhnlich nur wenige Männer auf ihrer Ansiedelung findet, und Reisende können sich besonders glücklich schätzen, denen es gelingt einige dieses Stammes als Kundschafter und Jäger anzuwerben. Eine hervorragende Stelle des Landes, welche der Delaware nur einmal in seinem Leben gesehen, wird er nach Jahren wiedererkennen, er mag sich derselben nähern von welcher Seite er wolle. Und Landstriche, die er zum ersten Male betritt, braucht er nur einmal zu überblicken, um dann angeben zu können, auf welcher Stelle mit Erfolg Wasser zu suchen sei.

Wenn die so unentbehrlichen Lastthiere sich während der Nacht entfernt haben und von allen verloren und aufgegeben sind, weil die Spur nicht aufzufinden ist, oder feindliche Indianer das Nachsetzen Einzelner gefährlich machen, so wird der Delaware die Spur nicht verfehlen und derselben Tage, ja Wochen lang folgen, bis er mit den Flüchtlingen zurückkehren kann. Solche Eigenschaften machen diese Leute zu den gesuchtesten Führern, und ihre Dienste, von denen so oft die Existenz einer ganzen Gesellschaft abhängt, können nie zu hoch bezahlt werden.

Si-ki-to-ma-ker, der Schwarze Biber, und John Bushman, sein Nachbar, haben sich als Führer weit und breit Ruf erworben, und es hatte sich daher unsere in Fort Arbuckle einkehrende Expedition vorgenommen, alles Mögliche aufzubieten, um wenigstens einen derselben zur Mitreise zu bewegen.

Als die unserem Zuge Vorausgeeilten über den geräumigen Hof schritten und bei den in der Sonne lagernden Weibern und Kindern nach dem Biber fragten, wurden sie nach dem kleinsten Blockhause gewiesen, wo unter einem einfachen Corridor ein Indianer mit untergeschlagenen Beinen auf einem rohgezimmerten Ruhebette sass und, ruhig seine Pfeife rauchend, den Besuch erwartete. Er war ein hagerer Mann von mittlerer Grösse, seine langen schwarzen Haare fassten ein kluges Gesicht ein, welches einen trüben Ausdruck von Krankheit und Leiden trug, obgleich noch nicht mehr als vierzig Winter darüber hingezogen waren.

Die Ankunft von Fremden unterbrach seine äussere Ruhe nicht im mindesten; doch die Leichtigkeit und Unbefangenheit, mit der er sich benahm, bewiesen genugsam, dass er vielfach im Verkehr mit den Weissen gewesen sein musste. Er sprach geläufig englisch, spanisch, französisch und vielleicht noch an acht verschiedene indianische Sprachen. Nach den ersten Bewillkommnungen und Begrüssungen wurde also dem Biber der verlockende Vorschlag gemacht, mit an den stillen Ocean zu reisen. Die Augen des Indianers leuchteten einen Augenblick in ihrem gewohnten Feuer, nahmen aber gleich wieder den trüben Ausdruck an, als er antwortete:

»Siebenmal bin ich an sieben verschiedenen Stellen am stillen Meer gewesen; ich habe die Amerikaner in drei Kriegen begleitet, und habe von meinen Jagdzügen mehr Skalpe mit heimgebracht, als einer von Euch mit einem Male zu heben vermag; ich möchte das grosse Salzwasser zum achten Male wiedersehen, aber ich bin krank. Ihr bietet mir mehr Geld, als man mir jemals angeboten, doch kann ich nicht fort, ich bin krank; ich leide keine Noth, denn mein Neger muss die Tauschgeschäfte besorgen und meine Verwandten helfen ihm; ziehe ich mit Euch, so sterbe ich, und wenn ich sterben soll, will ich von den Meinigen bestattet werden.«

Da half kein Zureden, es halfen keine Anerbietungen; der Indianer blieb bei seinem Vorsatz, der aus der Idee entsprang, dass diese Reise die Ursache zu seinem Tode sein würde. Dieser Gedanke schien von seiner Frau herzurühren, die abwechselnd mit ihrem einzigen Sohne und einem jungen schwarzen Bären spielte, nebenbei auch ihre für uns unverständlichen Worte an ihren kranken Gatten richtete. Es lag am Tage, dass sie ihn nicht wollte ziehen lassen, wohl voraussehend, dass, wenn derselbe erst unterweges, er auch in langer Zeit nicht zurückkehren würde. Seine Kränklichkeit schlau benutzend, hatte sie ihm so viel von bösen Ahnungen und Träumen erzählt, dass zuletzt aller Frohsinn und Lebensmuth den erprobten Krieger verlassen hatte, der jetzt seine Waffen nur noch gebrauchte, um seinen Bedarf an Hausthieren damit zu schlachten. Drei Tage gingen vergebens mit den Bemühungen hin, den Schwarzen Biber dem Einfluss der Seinigen zu entziehen. War er am Abend überzeugt, dass, einmal zurückgekehrt in sein Element, er wieder genesen und in den vollen Besitz seiner Kräfte gelangen würde, und war er dann halb entschlossen uns durch die Steppen zu begleiten, so fand man ihn am nächsten Morgen wieder in seinen Starrsinn zurückgesunken, und es blieb zuletzt nichts weiter übrig, als die wenige Zeit zu benutzen, den Rathschlägen des klugen Indianers zu lauschen, um dieselben späterhin in Anwendung bringen zu können. Auch John Bushman machte mit seiner schönen Squaw*) und einem kleinen Sohne seine Aufwartung im Lager, doch nur um zu beweisen, wie unmöglich es sei, zu der jetzigen Zeit

*) *Squaw*, indianische Benennung für Weib.

sein kleines Eigenthum zu verlassen. JOHNSON, der Shawnee, kehrte zu seinem Stamme zurück, und es blieb uns also überlassen, nach besten Kräften einen Weg von Holz zu Holz, von Wasser zu Wasser, durch die trostlosen, an vielen Orten schon brennenden Grasebenen zu suchen. Nur dem Zufall konnten wir es verdanken, dass es uns gelang, einen Dollmetscher in der Person eines kleinen, mexikanischen Burschen aufzutreiben, wodurch wenigstens eine Verständigung mit den zu begegnenden Indianerstämmen bewerkstelligt werden konnte. VINCENTI (echt spanisch: *Vincente)*, ein schöner, wohlaussehender, junger Mexikaner, mit einem verschmitzten Ausdruck in seinen Zügen, befand sich seit einigen Jahren im Dienste bei einem Creek-Indianer Namens Shiasem. Von diesem war er mit einem Pferde belohnt worden und es war ihm zu gleicher Zeit anheimgestellt worden, sich in sein Vaterland zurückzubegeben.

Er war der Sprache der Comanches und Kaddos vollkommen mächtig, und war diese Reisegelegenheit erwünscht für den kleinen, verwilderten Burschen, so war er durch seine Sprachkenntniss doppelt bei der Expedition willkommen. Erst vierzehn Jahre alt, hatte Vincenti von seiner frühesten Kindheit an fortwährend den merkwürdigsten Wechsel des Schicksals kennen gelernt. Seiner Eltern und seiner Heimath konnte er sich nur dunkel erinnern. Er hatte in einem Hause gelebt, wo gekleidete, freundliche Menschen ihn umgaben, die ihn Vincenti nannten; bei dem Hause waren Bäume mit Obst, viel Kühe und Pferde, auch konnte er sich mit den Leuten unterhalten, und noch waren die spanischen Worte nicht ganz seinem Gedächtnisse entschwunden; des Nachts schlief er in Decken gehüllt an der Seite seiner Mutter. In der letzten Nacht, welche er dort zubrachte, wurde er durch furchtbares Geheul geweckt; er hörte den Schrei seiner Mutter, doch war diese von seiner Seite verschwunden, die Stube war voll wilder, bemalter Männer, welche das Hausgeräthe in's Kaminfeuer warfen, um die Räumlichkeit zu erhellen. Einer der Wilden wurde darauf des kleinen, vierjährigen Vincenti ansichtig und hob ihn schnell auf seinen Arm. Ein Ruf von aussen wurde aus der Stube durch lautes Heulen beantwortet, und alle stürzten in's Freie zu ihren Pferden. Ein Gewirr folgte darauf in der Dunkelheit. Vincenti fühlte sich auf ein Pferd vor einen Reiter gehoben, die Flammen schlugen aus der brennenden Wohnung, und bei der Beleuchtung waren die Indianer zu erkennen, wie sie eine Heerde Vieh tobend und schreiend vor sich hertrieben.

Die ganze Nacht ritten sie; am nächsten Morgen wurde eine kurze Zeit gerastet, und Vincenti erhielt zum Frühmahl etwas getrocknetes Fleisch und Wasser. So schnell als die Heerde nur fortzubringen war, wurde die Reise fortgesetzt; den Tag verbrachte der kleine Mexikaner auf dem Sattel vor seinem Räuber und die Nacht schlief er mit ihm unter einer Decke. Viele Tage zogen sie so fort, bis endlich das Dorf der Wilden, die sich als Comanches auswiesen, erreicht war. Vincenti wurde darauf jeder Spur von Kleidung beraubt, und der Fürsorge eines schrecklich aussehenden Weibes übergeben. Diese wieder brachte ihn in die Mitte eines Rudels junger, indianischer Sprösslinge, und hier war es, wo Vincenti seine erste Schule durchgemacht hatte, aus welcher er für ein ruhiges, civilisirtes Leben verdorben hervorging. Acht oder neun Jahre mochten ihm auf diese Weise verflossen sein, als er im Tauschhandel von seinem Comanche-Gebieter an Shiasem abgetreten wurde, der ihn mit sich in die Ansiedelungen nahm und zu leichten Dienstleistungen gebrauchte. Der klare, offene Verstand des Burschen brachte ihn bald auf die Stufe der Civilisation der Creeks, und sein wohlwollender Herr gab ihm jetzt Gelegenheit, sich als Dollmetscher nützlich zu machen und zu gleicher Zeit sich nach seinen Verwandten in Mexiko zu erkundigen. Vincenti freute sich aber mehr, seine alten Peiniger wieder zu sehen, als den heimathlichen Boden zu betreten. Wie weit sein Charakter durch die indianische Erziehung gediehen war, mag aus folgendem Gespräch entnommen werden.

»Vincenti, wenn die Comanches Dich wieder fangen, was wirst Du thun?« Ohne Zögern gab er zur Antwort: »Ich werde sie als alte, liebe Bekannte begrüssen und »mir in kurzer Zeit durch meine Freundlichkeit ihr Vertrauen gewinnen und sie dann »auf ihren Raubzügen begleiten. Ich werde mit offenen Augen und Ohren schlafen, und »die günstige Gelegenheit nicht entschlüpfen lassen, einige von ihnen zu vergiften oder »im Schlafe zu erstechen und mit ihren besten Pferden davon zu gehen.«

Bei solchen Grundsätzen war es natürlich, dass der unverbesserliche, kleine Bösewicht überwacht wurde, denn es war anzunehmen, dass er nach derselben Theorie und mit derselben Gemüthsruhe bei passender Gelegenheit eine ganze Gesellschaft weisser Reisender an die Indianer verrathen würde, um sich in den wilden Melodien derselben als einen Krieger besingen zu lassen.

Die Zeit der Rast bei Camp Arbuckle ging uns Allen wie im Fluge dahin; einige machten Ausflüge zu den benachbarten Delawaren und an den Canadian, den sie bald auf lange Zeit verlassen sollten, um ihn hinter den Antelope Hills erst wieder zu begrüssen; andere botanisirten auf seinen öden, nur noch mit Weiden bewachsenen Ufern, oder spähten in seinem breiten, sandigen Bette nach tieferen Canälen, um sich darin im Bade abzukühlen, oder mit kleinen Netzen zu fischen. Wieder andere sassen in den Zelten und schrieben Briefe, um die letzte Gelegenheit zu benutzen, Nachrichten nach der fernen Heimath zu senden: denn einige Patienten oder muthlos Gewordene zogen es vor, von hier aus mit dem zurückreisenden Kornlieferanten der lieben Heimath und den vollen Töpfen wieder zuzueilen. An Jagd war, so nahe den Indianern, gar nicht zu denken, es sei denn auf Hornfrösche und kleine Eidechsen mit stahlblauen Schwänzen, die in dieser Gegend sich zu zeigen anfingen. Die Leute wurden im Gebrauch der Büchse und des Revolvers geübt, eine Beschäftigung, welcher der kleine Vincenti vom frühen Morgen bis zum späten Abend mit Eifer oblag, denn auch er war jetzt vollständig bewaffnet worden, und zeigte sich bald als einer der besten Schützen der Gesellschaft, obgleich es ihm noch schwer wurde, die Büchse ohne Stütze zu handhaben. Wenn nun unter solchen Beschäftigungen die Abenddämmerung fast unbemerkt sich eingestellt hatte, und die Astronomen zu ihren Beobachtungen des neuentdeckten Kometen (¹) Ruhe im Lager verlangten, dann versammelten sich die übrigen Mitglieder der Gesellschaft beim Schwarzen Biber, um denselben durch künstlich gestellte Fragen zu veranlassen, einzelne Erlebnisse aus frühern Zeiten mitzutheilen; und seinen einfachen Erzählungen, mit einem gewissen Stempel von Wahrheit vorgetragen, schenkte gewiss Jeder gern die gespannteste Aufmerksamkeit.

»Biber,« redete ihn also einer an, »waret Ihr nicht in der Nähe, als der amerikanische Capitain von den Indianern dort oben in den Felsengebirgen ermordet wurde?«

»Allerdings,« antwortete Si-ki-to-ma-ker, »und der Capitain würde heute noch leben, wenn er damals meinem Rathe Folge geleistet hätte; er war aber zu leidenschaftlicher Jäger, wodurch er zum Narren wurde und endlich sein eigenes Verderben herbeiführte. Er war zuletzt auf einem Fort weit im Norden in den Felsengebirgen, auf der Grenze von Canada, da wo die Blackfoot-Indianer vorbeistreifen. Ich hielt mich zur selben Zeit dort auf, jagte den grauen Bären, stellte meine Biberfallen, und wenn ich einen Blackfoot erwischen konnte, so nahm ich seine Kopfhaut herzlich gern mit. Gewöhnlich leistete mir der Capitain Gesellschaft auf meinen Ausflügen; konnte er indessen keines Begleiters habhaft werden, so streifte er auch wohl allein umher, um den Elkhirsch zu schiessen, deren es dort noch sehr viele giebt. Mehrfach hatte ich ihn gewarnt sich nicht unvorsichtiger Weise allein zu weit zu entfernen, um so mehr, da ich frische Blackfoot-Spuren entdeckt hatte; doch er antwortete stets, dass er alle Indianer der Welt nicht fürchte, und nach wie vor lief er wie toll umher. Eines Morgens, noch ehe sich die übrigen Bewohner des Forts von ihren Lagern erhoben hatten, war er wieder hinaus gegangen, einem schwarzen Bären am Wasser aufzulauern, der sich regelmässig dort einstellte, um seinen Frühtrunk zu nehmen. Der Capitain hatte die Absicht ausgesprochen, er wolle zum Mittagessen wieder zurück sein. Es wurde Mittag, doch kam er nicht. Sein Nichterscheinen beunruhigte indessen noch nicht, weil Jeder an die Unzuverlässigkeit solcher Versprechen gewöhnt war. Doch als der Abend näher rückte und er immer noch ausblieb, wurden Alle besorgt, und Patrouillen wurden nach ihm ausgesendet, die erst spät in der finstern Nacht heimkehrten, ohne irgend eine Spur aufgefunden zu haben. Als beim nächsten Tagesanbruch die Nachforschungen erneuert werden sollten und die Patrouillen sich dazu rüsteten, war ich schon weit vom Fort entfernt. Die Lieblingswege des Capitains kennend, hatte ich dennoch viel Mühe seinen Spuren, die an einem Bache entlang führten, zu folgen. Plötzlich bemerkte ich, dass seine Fusstapfen von Blackfoot-Mokkasins ausgetreten waren. Ich wusste jetzt, dass der Capitain nicht mehr am Leben war, und es blieb mir nur noch übrig nachzuforschen, auf welche Weise er sein Ende gefunden. Auf einer langen Strecke waren die Mörder dem ohne Argwohn dahin Schreitenden geräuschlos gefolgt, und als er dann auf eine kleine Lichtung getreten, so dass die Blackfoot-Hunde seine ganze Figur vor sich hatten, war er das Ziel für ihre scharfen Pfeile geworden, die ihn wie ein Hagel trafen und zu

Boden warfen. Ehe er nach seinen Waffen hatte greifen können, waren ihm dieselben entrissen und obgleich er schon tödtlich verwundet war, waren seine Hände mit Ranken gefesselt worden; der Stiefeln hatten ihn die Mörder gleich beraubt, und ihn dann noch über zwei Meilen weit barfuss mit fortgeschleppt. Dort nun musste er kraftlos zusammengesunken sein, denn ich fand den Capitain entkleidet auf dem Rücken liegen; seine Brust war von einer Kugel durchbohrt, die abgebrochenen Pfeile steckten noch hin und wieder in seinem Körper und die Kopfhaut war vom Schädel getrennt, doch merkwürdiger Weise nicht mitgenommen worden, sondern lag dicht bei dem blutigen Leichnam. Die Blackfoot-Hunde hatten ihre Sache gut gemacht; sie mussten einen Vorsprung von 24 Stunden haben, eine Verfolgung wäre also fruchtlos, ja gefährlich gewesen, und die kleine Garnison konnte jetzt also weiter nichts mehr unternehmen, als den Capitain begraben. Ich verliess bald den Militairposten, habe aber noch manchem Blackfoot den Skalp abgezogen; sie hängen bemalt und geordnet im Wigwam des Delawaren-Häuptlings am Kansas. Die Kopfhäute dort am Baume sind von den Pawnees, die hierher gekommen waren um Pferde zu stehlen; sie hängen ganz gut da, die Vögel können mit denselben spielen.« Bei diesen Worten liess der Schwarze Biber den Tabaksdampf durch die Nase ziehen, mit einer Miene, als wenn er von ganz alltäglichen Sachen gesprochen hätte, während einzelne der Zuhörer verwunderungsvoll bald den kranken Indianer, bald die Siegestrophäen anschauten. »Welche Art von Jagd wird sich in den grossen Ebenen uns bieten?« fragte ein anderer den Schwarzen Biber nach einer Pause. »Manches Thier durchstreift die Prairie,« erwiederte der Indianer, »manches Thier auf welches Ihr Jagd machen könnt, und besonders ist es der Büffel, der in zahllosen Heerden dort umher wandert; doch nur wenige derselben werden Euch zu dieser Jahreszeit zu einer guten Hetzjagd Gelegenheit geben; sie sind jetzt alle nach dem Norden gezogen, die Sonne scheint ihnen hier zu warm auf den zottigen Pelz, und wenn sie im Herbst zurückkehren, um den nordischen Schneestürmen auszuweichen, dann werdet Ihr die Felsengebirge schon überschritten haben und mithin in Landstrichen reisen, wo noch nie ein Büffel gegraset hat. Sie haben Scheu vor dieser Gebirgskette, und nur an zwei Stellen, in der Nähe von Pässen, fand ich untrügliche Spuren, dass in früheren Jahren die Büffel sich auf die andere Seite der Rocky Mountains gewagt hatten. Einzelnen, vor Alter grau gewordenen, werdet Ihr vielleicht begegnen, doch ist es dann nicht der Mühe werth, ein Pferd hinter denselben anzuspornen, ihr Fleisch ist zähe und ohne Kraft und höchstens ihre Zunge noch zu gebrauchen.

Truthühner und weissschwänzige Hirsche *(Cervus virginianus)* sind zahlreich an jedem guten Wasser und am Rande jedes Gehölzes, mit welchem an niedrigen Stellen die Ufer der Nebenflüsse des Canadian eingefasst sind. Ihr solltet es nur verstehen, den Hirsch zu locken, so wie ein Delaware. Wenn wir nämlich an einer Waldung hinreiten, dann ahmen wir mittelst einer kleinen Pfeife den Klageruf des Hirschkalbes nach: das alte Thier, welches sich schon von seinen Jungen getrennt hat, stürzt dann blindlings in vollem Lauf nach der Stelle hin, wo es den falschen Ruf vernommen, und wird eine leichte Beute für den lauernden Jäger. Wenn nun der eine oder andere von Euch den Versuch machen sollte, auf diese Weise den Hirsch zu jagen, so mag er seine Augen gut offen halten, denn der beutesuchende Panther (*Couguar* oder *Felis concolor* L.) und der grimmige Jaguar (*Felis onca*) lassen sich ebenfalls durch die Lockpfeife täuschen und eilen in langen Sprüngen nach der Stelle hin. Bei ihren raschen Bewegungen ist es schwierig, ihnen die Kugel mit todbringender Sicherheit in den Schädel oder durch's Herz zu senden, und verwundet werden diese Thiere dem Jäger manchmal gefährlich. Antilopen (*Antilope* [*Dicranoceros*] *furcifer* HAM. SMITH) nun endlich findet Ihr überall, zwischen hier und dem stillen Ocean, manchmal einzeln, manchmal in grossen Heerden. Sie sind sehr scheu und geschwind, aber auch eben so neugierig, und weiss man letztere Eigenschaft zu benutzen, so ist die Antilopenjagd die allerbequemste. Tage lang umkreisen diese unermüdlichen Thiere den Reisenden in den buntesten Schlangenlinien, doch nähern sie sich äusserst selten nur auf Schussweite. Findet sich nun ein Strauch, ein Grasbusch oder einige Steine, wodurch es dem Jäger möglich wird, sich in der kahlen Ebene zu verbergen, und er steckt auf sichere Schussweite einen Stab in den Boden, von dessen Ende ein Stückchen Zeug oder Leder flattert, so ist seine Geduld in dem Versteck keiner gar so langen Probe unterworfen. Die Antilopen, deren Neugierde durch solch ungewohnten Anblick auf's Aeusserste gesteigert ist, werden sich nähern, indem sie bald springen, bald langsam schreiten und mit den Vorderfüssen herausfordernd den Boden stampfen, bis es dem Schützen gelingt, durch einen wohlgezielten Schuss eine zu Boden zu strecken. Gedankenschnell fliehen die übrigen erschrocken davon; doch der Schuss hat ihre Neugierde doppelt rege gemacht, und kaum ist der Jäger wieder zu ihrem Empfange bereit, so sind alle wieder da, um von Neuem eine aus ihrer Mitte zu verlieren; dreimal, sogar viermal kehren sie zurück, ehe sie sich gänzlich von der Unglücksstelle trennen können.

Gelingt es Euch, den schwarzen Bären (*Ursus americanus*) in seinem Versteck am Canadian ausfindig zu machen und Ihr könnt ihn verwunden, so, dass er sich kampfbereit vor Euch hinstellt, dann werdet Ihr eine genussreiche Jagd haben, Euch über seine Tapferkeit freuen und über seine komischen Stellungen lachen; doch nehmt Euch in Acht, dass er Euch nicht zu nahe kommt: er verkauft Euch sonst seinen Pelz und sein schönes Fleisch zu theuer. Zieht der verfolgte Bär sich aber in seine Höhle zurück, dann macht von dürrem Grase oder Holz oder sonstigen brennbaren Stoffen eine Fackel, und folgt ihm nur dreist bis in sein Lager nach. Trifft der leuchtende Schein das Auge des unwirschen Patrons, so setzt er sich aufrecht hin und bedeckt seine Augen mit seinen ungeschickten Tatzen. Nährt dann nur den Feuerbrand, dass er hell aufflackert, und Ihr werdet einen Wirbel in den Haaren auf der Brust des Bären entdecken, und wenn Ihr dahinein die Kugel mit Sicherheit schickt, so wird er zusammenbrechen wie ein Pawnee-Zelt, an dem die Stützen gebrochen. Ihn durch Rauch aus seiner Höhle an's Tageslicht zu bringen, gelingt nicht immer, auch kommt es vor, dass das so belästigte Thier nach der Oeffnung seines Hauses eilt, das Feuer mit den Tatzen auseinander scharrt, und ebenso geheimnissvoll wie es gekommen, sich wieder zurückzieht.

Die Goldmountains in Neu-Mexiko, an denen Eure Strasse vorbeiführt, sind noch voller grauer Bären (*Ursus ferox* Lewis-Clark); vermeidet aber denselben anzugreifen, wenn Ihr nicht zu zweien oder mehreren seid. Wem der Anblick eines solchen riesenhaften Burschen neu ist, der kann leicht etwas von der nöthigen Ruhe verlieren: er wird sein Ziel verfehlen und eine leichte Berührung von den Krallen seines wüthenden Feindes reicht hin, um ihm jede Jagdlust auf ewig zu vertreiben. Der Bär, wenn wüthend, verliert ganz und gar sein ehrliches Aeussere, die Ohren verschwinden, die kleinen Augen sprühen Feuer, und man glaubt nichts zu sehen, als lauter Blitze und Zähne, und seine Geschwindigkeit übertrifft die eines Pferdes.

Als ich vor einigen Jahren mit mehreren Weissen durch die Felsengebirge zog, hatte ich einen solchen unerfahrenen Jäger bei mir, der sich hoch und theuer verschwor, den ersten grauen Bären, den er sehen würde, anzugreifen. Er hat Wort gehalten, aber kann nicht genug von Glück sagen, dass er mit dem Leben davon gekommen ist, und ich bin überzeugt, dass er bei der nächsten Gelegenheit Bedenken tragen wird, so rasch und unbesonnen einer solchen Bestie entgegenzutreten. Wir hatten nämlich unserer Pferde wegen unser Nachtquartier auf einer grünen Wiese nahe dem Fusse eines Berges aufgeschlagen, so dass wir wohl tausend Schritte gehen mussten, um an eine Quelle zu gelangen, von welcher wir in Schläuchen den Bedarf an Wasser zu unserer einfachen Küche heranholen mussten. Zu diesem Zwecke nun war ich mit dem jungen, oder vielmehr grünen Jäger an den Bach gewandert. Im Begriff von dem klar rieselnden Bache zu schöpfen, bemerkten wir plötzlich einen dieser silbergrauen Bären, der, wahrscheinlich durch unsere Pferde angelockt, dem Lager zutrabte. Ich trug nur eine lange Dragoner-Pistole im Gürtel, während mein junger Kamerad seine Büchse mitgenommen hatte. Trotz meiner Gegenrede stellte er sich so hin, dass der riesige Geselle, der sich mit dem Winde näherte, auf sichere Schussweite an ihm vorüber musste. Ich beobachtete beide aus der Nähe. Der Schuss fiel, der Bär krümmte sich zusammen, stürzte aber augenblicklich dem unglücklichen, fliehenden Schützen nach; wenige Schritte von mir erreichte er sein Opfer, warf es zu Boden und riss ihm mit den Zähnen die halbe Schulter fort. Als er zum zweiten Male zufassen wollte, sprang ich hinter ihn, setzte ihm die Mündung der Pistole auf das Genick, und auf die Gefahr hin, den am Boden Liegenden mit zu verwunden, gab ich Feuer; der Bär stürzte todt zusammen, mein Kamerad war gerettet, befand sich aber in einem so elenden Zustande, dass wir mehrere Wochen warten mussten, ehe er wieder sein Pferd besteigen konnte.« — »Capitain Biber,« unterbrach jetzt einer der Zuhörer den Erzähler, »ich habe es aber erlebt, dass selbst der erfahrenste Trapper im Kampfe mit solchen ungehobelten Feinden den Kürzern gezogen hat; Ihr werdet gewiss den Canadier Villandrie kennen. Er ist der beste, weisse Jäger am Yellowstone, er ist Freitrapper und bleibt Freitrapper, obschon die Pelzcompagnie in St. Louis ihm die glänzendsten Anerbietungen gemacht hat, um sich seine Dienste zu sichern. Villandrie lebt gewöhnlich bei den Sioux-Indianern, in deren Stamm er sich verheirathet hat. Als er eines Morgens ausritt, um nach seinen Biberfallen zu sehen, hatte er auf dem hohen Ufer eines Flüsschens sich seinen Weg durch dichtes Gestrüpp zu bahnen. Mit dem Laufe seiner Büchse die Ranken abwehrend und das nahe abschüssige Ufer stets im Auge behaltend, war er unverhofft in die Nähe einer alten, grauen Bärenmutter gekommen, die sich aus ihrem verdeckten Lager plötzlich erhob und blitzschnell mit rasender Wuth sich auf das mit Ranken und Gestrüpp kämpfende Pferd warf. Ein Schlag der kolossalen Tatze genügte, dem bäumenden Pferde das Kreuz zu brechen, und Villandrie bis an's Ufer, seine Büchse aber hinab in's Wasser zu schleudern. Drei halberwachsene Junge beschäftigten sich sogleich auf die gelehrigste Weise mit dem ohnmächtig ringenden Pferde, während ihre wüthende Mutter dem sich erhebenden Villandrie zueilte. Kaum hatte dieser nun sein langes Messer gezogen, als die Bärin ihre Krallen in seine Schultern und Oberarme schlug; seinen rechten Arm konnte er noch frei bewegen, und Stich auf Stich versetzte er der grimmigen Feindin in den Hals, die mit den Zähnen das Messer aufzufangen versuchte, und deshalb noch mit dem tödtlichen Griffe nach des Trappers Kehle zögerte. Bei jeder Bewegung fasste sie aber von Neuem mit den langen Krallen und riss ihm jedesmal tiefe Furchen in die Schultern und Lenden.

Keine Minute mochte dieser Kampf gedauert haben, als der sandige Uferrand nachgab und beide die Höhe hinab in's Wasser stürzten. Das kalte Bad trennte die Kämpfenden, die Bärin kehrte zu ihren Jungen zurück und gestattete dem zerfleischten Villandrie, sich ebenfalls seinen Weg an's Ufer und heimwärts zu suchen. Vom Blutverluste geschwächt erreichte er am andern Tage erst das Dorf der Sioux, wo ihm seine Wunden leidlich verbunden und geheilt wurden, und noch heutigen Tages ist der Canadier Villandrie der beste, weisse Trapper am Yellowstone.« — »Ich kenne diesen Mann sehr genau,« erwiederte der Schwarze Biber, »sein Körper sieht aus, als wenn er Bekanntschaft mit den Blattern gemacht hätte, und doch ist er noch nie in seinem Leben ernstlich krank gewesen.«

Unter solchen Gesprächen wurden die schönen Sommerabende während des Aufenthaltes in Camp Arbuckle beim Schwarzen Biber verbracht, und immer mehr bedauerten wir, den erfahrenen Indianer zurücklassen zu müssen.

Am 22. August verliess unsere Gesellschaft Camp Arbuckle. Der Kornlieferant nebst einigen Kleinmüthigen zogen gegen Sonnenaufgang, während die übrigen rüstig und mit frohem Muthe dem Wege folgten, den ihnen die Sonne selbst angab.

Der Schwarze Biber gab am ersten Tage das Geleite und brachte den Zug bald an die Stelle, wo noch Spuren von alten Wagengeleisen bei genauer Untersuchung zu entdecken waren. Es war die Strasse, auf welcher vor Jahren derselbe Delaware den Capitain Marcy geführt hatte.

»Geht nur immer dieser Strasse nach«, sprach scheidend der Schwarze Biber, »und Ihr werdet den Rio Grande erreichen.« Doch nur ein Indianer konnte hier von einer Strasse sprechen, wo das Auge nichts entdeckte, und man nur mit Mokkasins vom weichsten Leder im Stande war, während des Gehens eine Unebenheit des Bodens unter dem dichten Grase zu entdecken.

Als wir die von dem Schwarzen Biber angegebene Richtung einschlugen, und in der Nähe des Walnut Creek hinzogen, mussten wir bald über lang gedehnte grasige Höhen, bald durch tiefe, waldige Schluchten setzen. Es war noch immer die wellenförmige Prairie (³), aber die Wellen waren zu mächtigen Wogen geschwollen, und die Betten der rieselnden Bäche hatten sich zu tiefen Abgründen umgestaltet, an deren Rande oftmals überlegt werden musste, auf welche Weise das jenseitige Ufer zu gewinnen sei. Weiden und Eichen beschatteten die spärlich fliessenden Quellen, und besonders letztgenannte Baumart hatte sich häufig weit über die benachbarten Hügelketten ausgebreitet. Es war dann aber nicht mehr der hohe, kräftige Baum, der aus kühlem, fruchtbarem Boden seine Lebenskraft trinkt, sondern der niedrige, knorrige Stamm, der mit seinen zerstreuten Kameraden vergebens versucht, die brennenden Sonnenstrahlen von seinem vertrocknenden Innern abzuhalten.

Der Wind, aus dem Westen kommend, hatte uns schon während des ganzen Tages Rauchwolken entgegengetrieben, die sich vor dem leichten Luftzuge langsam über uns hinwälzten oder vor stärkeren Windstössen zerstoben. Es war augenscheinlich, dass die Prairie, soweit das Auge von Süden nach Norden reichte, in Flammen stand, und der Brand von dem wachsenden Winde mit Schnelligkeit in dem hohen Grase gegen Osten gelenkt wurde. Auf diese Weise vor der drohenden Gefahr gewarnt, wurde bei der Wahl einer Stelle zum Nachtlager mit der grössten Umsicht zu Werke geschritten. Zwischen zwei in nicht grosser Entfernung an einander hinlaufenden Schluchten glaubten wir auf eine leidliche Sicherheit rechnen zu können. Die Schluchten waren breit und tief, ihre steilen Uferwände durch zeitweise herabströmende Wassermassen von aller Vegetation, die dem Feuer bieten Nahrung bieten können, gänzlich entblösst, und so bildete die westliche dieser Tiefen eine natürliche Schranke gegen das immer näher rückende Flammenmeer. In die östliche wurden unsere Thiere hinabgetrieben, um ihnen den Anblick des Feuers zu entziehen, und als auf diese Weise einer durch panischen Schrecken veranlassten, wilden Flucht *(Stampede)* der ängstlichen Maulthiere vorgebeugt war, begab sich der grösste Theil unserer Gesellschaft nach der andern Schlucht, um von dem Ufer derselben aus den Brand zu beobachten und die herüberfliegenden Funken rechtzeitig zu ersticken.

Wenn auch häufig die Brände in den Prairien ihr Entstehen dem Zufall oder der Nachlässigkeit reisender oder jagender Indianer verdanken, so geschieht es doch

9*

gewöhnlich mit Vorbedacht, dass die Steppenbewohner grosse Strecken ihrer grasigen Ebenen niederbrennen, um dadurch jungen, kräftigen Graswuchs zu erzielen. Zwischen versengten Grasstoppeln keimen in der That auch schon nach wenigen Tagen wieder feine Grasspitzen hervor, die schnell wachsen und die schwarzen Flächen bald in ein lichtes Grün kleiden, wodurch dieselben dann das Aussehen sorgfältig kultivirter, mit junger Saat bedeckter Felder erhalten. Dorthin ziehen dann die Indianer mit ihren Heerden, nachdem sie vorher Feuer an andere Landstriche gelegt haben.

Nur zu oft gereicht aber auch ein vorsätzlich hervorgerufener Prairiebrand den Indianern zum Nachtheil, so wie ihren Heerden und dem Wilde zum Verderben; denn vermag auch der Mensch nach Willkühr an jeder beliebigen Stelle das wogende Gras anzuzünden, so liegt es doch ausser dem Bereiche der Macht eines Sterblichen, den Brand zu lenken, wenn er von dem plötzlich sich erhebenden Sturme über unermessliche Flächen getrieben wird.

Als wir so am Rande der Schlucht sassen, den aufwirbelnden Rauch und die in der Ferne schon sichtbaren Flammen beobachteten, oder mit den Augen dem Wilde folgten, welches erschreckt und verstört durch's hohe Gras eilte, und Rettung suchend der Schlucht zustürzte, wurden wir in unsern Betrachtungen durch plötzlichen Feuerlärm vom Lager her gestört.

Die Wirkung des Rufes auf die durch die grosse Naturscene aufgeregten Gemüther war ein jäher Schrecken; denn Jeder wusste nur zu wohl, dass die Existenz der ganzen Expedition, ja das Leben der an derselben Betheiligten auf dem Spiele stand. Alles stürzte daher dem Lager zu, wo durch die Unachtsamkeit der Köche das nächste Gras von den Flammen ergriffen worden war, die durch den heftigen Wind auf schreckenerregende Weise an Ausdehnung gewannen. Glücklicher Weise war das Uebel auf der Ostseite unserer Zelte und der Wagen entstanden; der Wind trieb also die Hauptgefahr abwärts, während auf der andern Seite die Gluth dem Luftzuge entgegenarbeitete und sich langsamer dem Lager näherte. Hier nun bildete unser ganzes Personal eine dicht geschlossene Reihe, die dem immer weiter um sich greifenden Brande von der einen Schlucht bis hinüber zur andern nachging, und durch rasch auf einander folgende Schläge mit Decken, Säcken und Kleidungsstücken die Flamme erstickte. Nach übermässigen Anstrengungen war endlich die Gefahr abgewendet. Nur einzelne Funken glimmten noch dem Lager zu, während auf der andern Seite der Brand wüthend weitertobte.

Die Flammen hatten unterdessen in einer schrägen Linie die westliche Schlucht erreicht und zogen an derselben hinauf. Der Zwischenraum war zu gross, als dass die fliegenden Funken auf unserer Seite hätten zünden können; sie erloschen auf halbem Wege, und ungestört schenkten wir unsere ganze Aufmerksamkeit dem lodernden Brande, der majestätisch über die Ebene zog, weit vor sich die saftigen Grasmassen dörrte und sie dann durch leichte Berührung in Asche verwandelte.

Die hereinbrechende Nacht zeigte uns ein erhabenes Bild, ein Bild wie es weder mit Worten beschrieben, noch mit einem Pinsel dargestellt werden kann. Die hellen Flammen liessen den nächtlichen Himmel in noch dunklerem Schwarz erscheinen, und verliehen zugleich den Rauchwolken, die sich in grauen Massen dahinwälzten, eine rothglühende Beleuchtung, die fortwährend wechselte, je nachdem das Feuer von stärkeren Windstössen gejagt und von üppiger oder spärlicher Vegetation genährt wurde.

Ein unheimliches Getöse begleitete den wilden Brand; es war kein Donnern, kein Rauschen oder Sausen, es glich dem fernen, dumpfen Beben der Erde, wenn Tausende von fliehenden Büffeln mit schweren Hufen den Boden stampfen. Drohend klang es zu uns in's Lager herüber. Mit Bewunderung und Grauen blickten Alle auf die furchtbar schöne Naturscene. Wenn der Orkan das Meer bis in seine verborgensten Tiefen aufwühlt und die schäumenden Wassermassen gegen die wetterleuchtenden Wolken treibt, um sie mit unwiderstehlicher Gewalt, Alles unter sich zerschmetternd, zurücksinken zu lassen; wenn der Sturm, den eisigen Norden verlassend, wild über die kahlen Steppen fegt, dichten Schnee vor sich hinwälzt und Alles, was ihm begegnet, erstarrt: dann ist es die Stimme Gottes, die durch die Elemente zu dem schwachen Sterblichen spricht. Doch seine Worte sind ebenso laut und vernehmlich, wenn der Orkan die Flammen wüthend durch die üppigen Grasebenen treibt, die Fluren vor sich zerstört und ein schwarzes, dampfendes Aschenfeld, das Bild eines grausigen Todes, hinter sich lässt. Der Mensch, wenn er als ein würdiges Ebenbild seines Schöpfers auftritt, sieht muthig und ergeben dem Kampfe entgegen: denn Er, der die Elemente gegen ihn aufgeregt, hat ihm dafür die Mittel gegeben, sich ihrer Wuth zu entziehen, und geht der Mensch siegreich hervor, dann ist es nicht Stolz, nein, es ist ein unendliches Gefühl der Dankbarkeit, der bewundernden Anbetung, was ihn beseelt.

Der gegen jede Gefahr gerüstete und erfahrene Jäger beobachtet die schwarzen Rauchwolken, wie sie sich aufthürmen und als Vorboten eines Flammenmeeres über seinem Haupte hinziehen. Sinnend legt er einen neuen Brand vor sich in's hohe Gras und entfernt schnell durch Feuer alles Brennbare von einer Stelle, die gross genug ist, ihn rettend aufzunehmen, und von dieser Stelle aus sieht er dann ruhig die drohende Gefahr harmlos an sich vorüberziehen. Doch wehe dem, der unvorbereitet vom Prairiebrande überfallen wird! vergebens wird er versuchen, sich durch die Schnelligkeit seines Pferdes zu retten. Im Grase, dessen Aehren ihm die Schultern peitschen, wickeln sich Halme und Ranken um den flüchtigen Huf und halten das fliehende Ross auf, um es sammt seinem Reiter eher dem unerbittlichen Feinde als Opfer übergeben zu können. Der rothe Steppenbewohner, der trotzig selbst dem überlegenen Feinde Hohn spricht, bebt bei dem Gedanken an das eilende Feuer, und fragst Du ihn, ob er es fürchtet, so wird der stolzeste Krieger sein herausfordernd geschmücktes Haupt beschämt neigen und leise flüstern: »Wecke nicht die Rache des grossen Geistes, er ist im Besitze einer furchtbaren Medizin.«

Als der Zug am nächsten Morgen in gewohnter Ordnung seine Weiterreise antrat, hatte er mehrere Stunden über eine verbrannte Fläche zu ziehen, wo die zermalmenden Räder und die stampfenden Hufe in Kohlen und Asche wühlten und feinen, schwarzen Staub aufregten, der Menschen und Thieren das Athmen erschwerte. Die gänzliche Windstille in Verbindung mit dem schweren Thau, der während der Nacht gefallen, hatte das Feuer der Steppe allmälig eingeschläfert, doch keineswegs getödtet: denn weisse Wölkchen, die sich hin und wieder steil in die Höhe kräuselten und endlich in der klaren Atmosphäre zergingen, verriethen das Fortglimmen von Funken, die nur eines Hauches bedurften, um die Scenen des vorhergehenden Tages zu erneuern und das Verderben über einen andern noch unversehrten Landstrich zu treiben. Das Auge, gewohnt seit langer Zeit auf frischem, wohlthuenden Grün zu ruhen, wird unsanft berührt durch die schwarzgraue Farbe der ausgestorbenen Vegetation; vergebens sucht es auf den kahlen Flächen nach Punkten, die ihm Abwechselung bieten könnten; die Blumen sind verschwunden und die fröhlichen Eidechsen und Hornfrösche wagen sich nicht aus ihren Verstecken. Nur gebleichte, vom Brande theilweise geschwärzte Schädel des Wildes starren mit ihren hohlen Augen zwischen versengten Stoppeln hervor, und erwecken bei dem Reisenden Muthmassungen und Nachdenken über die erfolgreichen Jagden, die seit uralten Zeiten der wilde Steppenbewohner in diesen Gründen gehalten haben muss. Ein durch den Einfluss der Zeit schon verkalktes Geweih liegt dort zwischen kolossalen Büffelknochen; wo ist aber der schlaue Jäger, der mit scharfem Pfeile den stolzen, virginischen Hirsch zu erlegen wusste? Auch seine Gebeine sind wieder in Staub zerfallen! Hier wiederum zeigt der riesige Büffelschädel wie drohend seine kräftigen Hörner; vor nicht allzu langer Zeit wanderte er noch grasend umher, und sein zottiges Kleid hängt zur Zeit wohl noch auf der kupferig glänzenden Schulter eines Comanche. — Asche und Gebeine blieben zurück und von Neuem führte der Weg durch blüthenreiche Wiesen. Das kaum fühlbare Athmen des Westwindes verstärkte sich plötzlich, blies über die Ebenen, wirbelte Asche und Staub hoch in die Lüfte, weckte das schlafende Element, fachte es zur Weiterreise an, und knisternd und sausend, qualmend und rauchend, zog der verheerende Brand gegen Osten. Jetzt erhoben sich nicht weit vor dem Zuge neue Rauchsäulen, was den allgemeinen Argwohn rege machte, dass feindliche oder muthwillige Indianer absichtlich unserer Expedition Hindernisse in den Weg legen wollten. Wie oben erwähnt brennen die Prairie-Indianer alljährlich grosse Strecken ihres Reviers nieder, um junges Gras und dadurch frische Weiden für Heerden und Wild zu erzielen; doch da der Sommer noch nicht weit genug vorgerückt war, um die Brände solchen Zwecken zuschreiben zu können, ebenso die Brandstifter immer unsichtbar blieben, so konnte ihrem Benehmen natürlich nur eine unfreundliche Absicht untergeschoben werden. Nur kurzen Aufenthalt verursachte das noch langsam schreitende Feuer, vor dem sich die kleinen Nagethiere bequem flüchten konnten; jedoch hatten diese eine Schaar von weissen Gabelweihen und braunen Falken herbeigezogen, die spielend in dem schwarzen Rauche kreisten und gelegentlich pfeilschnell niederschossen, um dicht vor den Flammen ihre geängstigte Beute mit Sicherheit zu erfassen und in den scharfen Fängen davon zu tragen. Eine Strasse, breit genug unsere ganze Expedition zu fassen, wurde von unsern Leuten schnell freigebrannt und auf dieselbe begaben wir uns dann, um den heranrückenden Brand zu erwarten, der, an dem kahlen Streifen angekommen, sich öffnete und uns ein weites, sicheres Thor zeigte. Wiederum Asche und Staub, doch nur auf eine kurze Strecke, und ununterbrochen wand sich dann der lange Wagenzug durch die hügeligen Wiesen in der Nähe des Walnut Creek hin, wo sich alles vor dem Prairiebrande geflüchtete Leben versammelt zu haben schien. Gemächlich schritt dort in einer Schlucht das Leitthier, begleitet von einem Rudel feister Hirsche, und gestattete dem auf dem hohen Ufer folgenden Schützen den besten Zwölfender zum Ziel für seine Kugel zu machen. Der weisse Wolf hatte sich ermattet im Schatten eines einzeln stehenden Baumes hingestreckt, die trockene Zunge hing lang aus seinem Rachen und die Gefahr nicht ahnend, sah er nach der Mündung der Büchse, aus der er den Tod empfangen sollte. Die kleinen, Gärten ähnlichen Waldungen waren belebt von Familien von Truthühnern; grosse Prairiehaasen durchkreuzten in allen Richtungen die kleinen Thäler, und versuchten vergeblich durch Zurücklegen der langen Ohren sich unbemerkbar zu machen.

VIII.

Die Waekow-Indianer. — Die Witchita-Indianer. — Die Kechie-Indianer. — Erzählung der Abenteuer am Nebrasca. — Die Büffeljagd. — Der Büffel. — Die Büffeljagd der Indianer. — Die Cross Timbers. — Das Wild am Deer Creek. — Lager am Deer Creek.

Am Rande einer kühlen, wasserhaltigen Schlucht erhoben sich unsere luftigen Zelte. Abgespannt und ermattet vom langen Ritte und von der schwülen Hitze des Tages, lag die Gesellschaft gruppenweise im Schatten umher, als ihre Aufmerksamkeit auf zwei Reiter gelenkt wurde, die, über die westliche Ebene kommend, die nächste Richtung nach dem Lager zu einschlugen. In diesen wilden Regionen kann man nur erwarten auf Indianer zu stossen, weshalb Jeder im Lager neugierig der Ankunft der beiden Fremdlinge entgegensah. Es waren zwei junge Burschen, die sorglos in den Kreis ritten, gewandt von ihren starken Pferden sprangen und freundschaftlich die ihnen dargereichten Hände schüttelten. Schlank und hoch gewachsen, hatten ihre Glieder etwas mädchenhaft zartes, und verglich man den starken Bogen mit den feinen Handgelenken, so musste man fast bezweifeln, dass diese jungen Krieger die straffe Sehne mit dem befiederten Pfeil bis an's Ohr würden ziehen können. Eine leichte, baumwollene Decke war um ihre Hüfte geschlungen, Leggins lange Gamaschen und Mokkasins von weichgegerbtem Leder bekleideten ihre Füsse; der Oberkörper war aber entblösst und nur ein Köcher, aus schönem Pelzwerk angefertigt und mit vergifteten Pfeilen angefüllt, schlang sich an breitem Riemen nachlässig um die kupferfarbigen Schultern. Lange, schwarze Haare fassten ihre jugendlichen, indianischen Gesichter ein, denen der Ausdruck einer gediegenen Verschmitztheit nicht fehlte. Rothe und blaue Linien hatten sie kunstfertig um ihre Augen und über die vorstehenden Backenknochen gezogen und bunte Federn schmückten auf phantastische Weise ihre geflochtenen Skalp-Locken.

Nachdem sie ihren regen Appetit durch die ihnen dargereichten unbekannten Leckerbissen etwas gestillt hatten, und dann auf würdige Weise den Tabaksdampf durch die Nase wirbeln liessen, wurde Vincenti beauftragt sie auszuforschen, eine Arbeit, welcher sich der kleine Spitzbube mit Seufzen und Stöhnen unterzog. Mit den Indianern sich zu unterhalten, wäre ihm ganz angenehm gewesen, aber auf Befehl jedes ihrer Worte zu übersetzen, war ihm lästig, und diesen Widerwillen zur Schau zu stellen genirte er sich auch nicht weiter. Die beiden Fremden waren junge Leute vom Stamme der Wakos oder Wackos, die als Nachbarn der Witchita-Indianer, östlich vom Witchita-Gebirge an einem dort entspringenden Flüsschen ihr Dorf haben. Sie waren auf einer Reise nach dem Canadian zu einem Tauschhändler begriffen. Sobald sie die Nähe unserer Expedition entdeckt hatten, waren sie von ihrer Strasse abgebogen, um uns ihren Besuch abzustatten.

Waekos und Witchitas unterscheiden sich nur durch den Namen und einige Abweichungen in der Sprache; ihre Dörfer, in demselben Stile gebaut, sind nur tausend Schritte von einander entfernt.

Die einzelnen Hütten, deren die Witchita zwei und vierzig, die Wacko nur zwanzig zählen, gleichen beinahe ebenso vielen Heuschobern. Lange biegsame Stangen, 18 bis 20 Fuss*) lang, sind in einem Kreise von 25 Fuss im Durchmesser in den Boden gesteckt, mit den Spitzen zusammengebogen und an einander befestigt; die Zwischenräume sind mit Weiden und Rasen dicht ausgeflochten, eine niedrige Oeffnung ist als Thüre, und eine andere in der Spitze als Rauchfang gelassen. In der Mitte der Hütte befindet sich eine Höhlung im Boden, die zur gemeinschaftlichen Feuerstelle dient; um diese herum ziehen sich die Lager der einzelnen Hausbewohner, die etwas erhöht und mit Büffelhäuten bedeckt, leidlich bequeme Ruhestellen bilden. Zwei Familien bewohnen gewöhnlich eine solche Behausung. Der Stamm der Wackos zählt an zweihundert, der der Witchitas hingegen über achthundert Mitglieder. Etwas Ackerbau treiben diese Indianer; Mais, Bohnen, Erbsen, Kürbisse und Melonen sieht man um ihre Dörfer gedeihen, doch bestehen ihre Ackergeräthschaften einzig aus kleinen Hacken. Mittels dieser bringen sie die Saat nothdürftig in die Erde und der fruchtbare Boden vergilt diese geringe Mühe mit dem reichsten Ertrage. Kaum ist aber die Melone geniessbar, kaum hat der Mais Kolben gesetzt, so fangen diese sorglosen Leute an zu essen und Gastmahle zu feiern, und hören dann nicht eher wieder damit auf, als bis der ganze Vorrath erschöpft ist, so dass sie hernach angewiesen sind, durch Jagd den übrigen Theil des Jahres hindurch ihr Leben zu fristen. Sie sind geschickte Büffeljäger und erlegen ihre Beute, wie alle Prairiestämme, vom Pferde herab mit Pfeilen. In den benachbarten Wiesen haben sie grosse Heerden von Pferden und Maulthieren, von denen manches durch ein Brandzeichen verräth, dass sein rechtmässiger Besitzer viele Tagereisen weit im südlichen Texas lebt. — Obgleich die indianischen Besucher vertrauensvoll in unsere Zelte getreten waren, so konnten sie doch nicht bewegt werden, die Nacht bei uns zu weilen. Wir hatten nämlich die Strasse verloren, und hätten am folgenden Tage die

*) Es ist hier nur nach englischem Massstabe gerechnet: 50 englische Fuss = 46 Fuss 15 Zoll 11$\frac{7}{16}$ Linien Pariser Mass.

beiden jungen Leute gern als Kundschafter benutzt; sie liessen sich aber nicht halten. Vielleicht lag ein unüberwindlicher Argwohn zu Grunde oder auch diebische Absichten, indem sie nur über die nächsten Hügel zu gehen brauchten, um während der Nacht zurückzukehren und einige der zerstreut weidenden Maulthiere wegzufangen. Genug, mit der scheidenden Sonne empfahlen sich die beiden Wackos; scharfe Wache wurde gehalten und die Nacht verging ruhig und ohne Störung. Kurz vor Aufbruch am folgenden Morgen fand sich ein Indianer vom Stamme der Kechies ein, Indianer die ebenfalls in der Nähe der Witchita-Gebirge leben, und die gleich den Witchitas ungefähr hundert Krieger zu stellen im Stande sind. Geführt von diesem Indianer gelangte unser Zug bald wieder auf die alte, mit Rasen dicht bewachsne Strasse und derselben folgend, konnten wir die tiefen und wasserreichen Bäche an solchen Stellen überschreiten, wo bei früherer Gelegenheit die Ufer niedergestochen und Bäume gefällt waren, so dass es jetzt nur geringer Arbeit bedurfte, den jedesmaligen Uebergang zu bewerkstelligen. Indess konnten doch nur kleine Märsche zurückgelegt werden, weil die Strasse in diesem Landstriche zu häufig von solchen kleinen Flüssen durchschnitten war, die in den buntesten Windungen die Niederungen durchzogen und einen paradiesischen Landstrich bewässerten, der an Fruchtbarkeit gewiss nicht leicht übertroffen werden kann. Schildkröten und Fische aller Gattungen spielten in den eilenden Fluthen und liessen die glühenden Sonnenstrahlen auf ihrem gepanzerten Rücken glitzern. Auf den Höhen, im Schatten der zerstreut stehenden Eichen, lagerte sich gemächlich das Wild und liess seinen Blick über das wogende Grasmeer in den Thälern und über die dichten Waldsäume an den schlängelnden Flüssen schweifen; die Schwärme der Mosquitos hatten es von dort vertrieben, vermochten ihm aber nicht nach der luftigen Höhe zu folgen und fielen dafür Jeden mit wüthenden Bissen an, der sich in ihr dunkelgrünes, schattiges Reich wagte.

In einiger Entfernung von dem lärmenden Wagenzuge sah man während des Marsches gewöhnlich zwei Reiter sich ihren eigenen Weg suchen; bald folgten sie dem Laufe des Wassers, bald kletterten sie durch tiefe Schluchten, bald ritten sie über kahle Hügel oder wanden sich durch Gestrüpp und Ranken. Es war der alte, ehrliche Doctor und Botaniker, der in der Gesellschaft des deutschen Naturaliensammlers diese einsamen Wanderungen unternahm. Ein inniges Freundschaftsverhältniss hatte sich zwischen den Beiden gebildet, gemeinsam fischten sie in den verschiedenen Gewässern, vereint krochen sie durch Sümpfe und feuchte Erdspalten, der eine nach Gewürm, der andere nach Pflanzen suchend. Streitigkeiten würzten manchmal ihre Unterhaltung: der Doctor schalt, wenn der Deutsche von einem Hirsch, der gewiss seine Beute geworden wäre, abliess, um einer unbekannten Schlange nachzusetzen, wogegen der Deutsche sich in Strafpredigten erschöpfte, wenn der eifrige Doctor auf eine Viertelmeile weit nach Wild schoss und dasselbe verjagte. Geduldig horchte der unglückliche Jäger dann, zupfte sich gutmüthig an seinem beschneiten Barte, entschuldigte sich auch wohl, indem er angab, eine Viertelmeile könne für eine Büchse nicht zu weit sein, wenn man dieselbe nur in einem Winkel von 45 Grad halte. Dergleichen Vorfälle beeinträchtigten indessen in keiner Weise das gute Vernehmen zwischen ihnen, die Unterhaltung wurde immer wieder da aufgenommen, wo sie unterbrochen worden war, und gewöhnlich gesellten sich noch einige unserer Expedition zu ihnen, um ihrem Zwiegespräch und ihren Erzählungen zu lauschen.

»Sie haben also früher die Prairien schon bereiset, Freund DUTCHMAN?« sagte der Doctor zu seinem Gefährten. »Viele Hunderte von Meilen habe ich in den Steppen schon zurückgelegt,« erwiederte jener, »ich habe die Ebenen am Nebrasca gesehen, wenn die warme Frühlingssonne aus den eben gekeimten Kräutern und Gräsern Millionen von Knospen trieb, der heisse Sommer sie entfaltete und verschwenderisch alle nur denkbaren Farben darüber hingegossen hatte; ich habe sie gesehen, wenn von dem Herbstwinde bewegt, die gefüllten, reifen Samenkapseln leise rasselten und die gebleichten Halme sich neigten; ich habe sie gesehen, wenn der Winter sein weisses Leichentuch über die unabsehbare, verbrannte Wüste gedeckt hatte, und der Schneesturm mit all seinem Schrecken darüber hinras'te.« — »Ich meines Theils,« erwiederte der Doctor, »habe die grüne, die blumige und die verbrannte Prairie gesehen. Es sind jetzt kaum zwei Jahre verflossen, als ich mit einer Vermessungs-Commission an die mexikanische Grenze gezogen war, doch kenne ich die Steppen noch nicht im winterlichen Kleide; erzählen Sie uns doch, wie es ihnen gelang den Schneestürmen Trotz zu bieten, und wie sie unter die Indianer gerathen sind, so lange mit ihnen gelebt und sich endlich wieder zu den Weissen gerettet haben.« — »Gern, Doctor, erfülle ich Ihren Wunsch, obgleich ich nur mit Grausen an manche Scenen zurückdenken kann; es ist aber eine lange Geschichte und Sie werden Geduld haben müssen, wenn Sie dieselbe bis zu Ende hören wollen.« »Was Sie heute nicht mittheilen können,« unterbrach hier der Doctor, »das tragen Sie morgen vor; manchen Tag werden wir noch so zusammen reiten, ehe wir den Stillen Ocean erreichen, und unsere Gefährten hier sind gewiss nicht weniger neugierig wie ich selbst.« »Wohlan denn, unser Weg scheint für lange Zeit keine Unterbrechung zu leiden, und während unsere Thiere ihren trägen, gemessenen Schritt beibehalten, will ich Alles, was mir wundersames begegnet ist, Ihnen umständlich mittheilen.

Es war im Spätherbst 1851, als ich in Gesellschaft eines andern Herrn auf der Rückreise von den Felsengebirgen nach dem Missouri begriffen war. Wir waren nur unserer zwei. Als wir so am öden Nebrasca oder Flachen Flusse hinzogen und uns zeitweise zwischen Büffelheerden hindurchwanden, hatten wir manches böse Abenteuer mit den Indianern zu bestehen, die uns auf alle mögliche Weise belästigten, ausplünderten, und was das schlimmste war, eines unserer Pferde durch einen wüthenden Tomahawkhieb in den Kopf tödteten. Die Last, die sonst von vier kräftigen Pferden getragen worden, fiel nunmehr auf drei, oder vielmehr auf zwei Pferde und einen Maulesel, die, durch langen Futtermangel schon sehr geschwächt, nun vollends ihre letzten Kräfte zusetzten. Wir

10*

konnten mit Bestimmtheit annehmen, dass der erste Schneesturm uns auf einmal unserer letzten Thiere berauben, und uns selbst dadurch dem grössten Elende Preis geben würde. Es traf so ein, wie wir vorausgesehen. Bis an den Sandy Hill Creek, der in den Big Blue mündet, hatten wir uns mühsam geschleppt, als der plötzlich aufspringende, eisige Nordsturm uns fast im Schnee begrub und unser letztes Pferd tödtete. In einem kleinen, indianischen Zelte, welches wir bei Fort Laramie von einem Pelzjäger erstanden, bei schlechtem Büffelfleisch, etwas Reis und türkischem Weizen mussten wir nun unser Geschick ruhig erwarten. Mehrere Tage hatten wir auf die kläglichste Weise hingebracht, als die vom Fort Kearney am Flachen Fluss kommende Post uns fand, und es so einzurichten wusste, dass einer von uns beiden noch in dem kleinen mit sechs Maulthieren bespannten Wagen Platz fand, während es dem andern überlassen blieb, sich so bequem wie möglich in dem kleinen Zelt einzurichten und nach besten Kräften sein Dasein zu fristen. In der katholischen Mission, an welcher der Wagen vorbei musste, und die nur noch 80 bis 100 Meilen vom Sandy Hill Creek entfernt sein konnte, sollte der Gerettete Leute mit Pferden annehmen, um den Zurückgebliebenen nebst den Sachen zu retten, der sonst ein gewisses, qualvolles Ende vor sich hatte. Mich traf denn das unglückliche Loos, in der winterlichen Wildniss in der schrecklichsten Lage allein zurückzubleiben. Ich hatte keine andere Gesellschaft als die der Wölfe, die sich mit jedem Tage in grösserer Menge um mich herum einstellten, und wüthend von Heisshunger nur den Zeitpunkt abzuwarten schienen, in welchem ich, kraftlos, ihnen keinen Widerstand mehr würde leisten können, um dann über mich herzufallen und mich, und vielleicht auch das lederne Zelt in ihrer Gier zu verzehren.

Als ich den Wagen mit den einzigen menschlichen Wesen, die ich auf Hunderte von Meilen im Umkreise wusste, auf der weissen Fläche hatte verschwinden sehen, war meine erste Arbeit, meine Schusswaffen in die beste Ordnung zu bringen und mir in dem engen Zelte, so gut es gehen wollte, zur Hand zu legen. Es waren eine doppelte und eine einfache Büchse, eine Doppelflinte, vier Pistolen und ein sechsläufiger Revolver, wozu noch eine schwere Axt und ein langes Messer kam. Mit diesen Mordinstrumenten glaubte ich mich schon gegen eine ganze Anzahl von Wilden bei einer etwaigen, ungewünschten Zusammenkunft vertheidigen zu können, und von dieser Seite gewissermassen beruhigt, ging ich daran, mich noch besser gegen die immer mehr zunehmende Kälte und den treibenden Schnee zu sichern, der mit äusserster Genauigkeit die kleinsten Oeffnungen im Zeltleder als Thüren zu benutzen wusste. Ein Wall von festgestampftem Schnee umgab bald meine improvisirte Wohnung, und einen Vorrath Holz, welchen ich vom nahen Fluss heraufgeschleppt hatte, häufte ich vor meiner niedrigen Thüre auf; eine kleine Höhlung im Boden vor meinem Lager, welches aus Büffelhäuten und Decken bestand, bildete Kochherd und Ofen zugleich. Meine Lebensmittel nun, die aus einigen Stücken Büffelfleisch, etwas Reis, Kaffee und Pferdefutter bestanden, theilte ich mir in vierzehn Tagesrationen ein: ich lebte nämlich der Meinung, dass spätestens nach Ablauf von vierzehn Tagen die von der Mission zu erwartende Hülfe eintreffen würde. Nachdem ich also auf diese Weise meine ersten Vorkehrungen getroffen, verkroch ich mich in meine Decken und Pelze, um liegend das kleine Feuer vor mir zu schüren, das kärgliche Mahl zu bereiten, und dann die erste Nacht in der grossen Wildniss einsam zu verbringen. Wenn man einen Menschen nahe weiss und wenn es nur ein Kind ist, kann man sich nie so ganz verlassen fühlen; die menschliche Stimme, selbst klagend, klingt tröstend, und nie ist es mir mehr aufgefallen, als an diesem ersten Abende; ich versuchte laut mit mir selbst zu sprechen, doch grauenhaft verhallt der Ton der eigenen Stimme, wenn er nur das eigene Ohr trifft. Als die Sonne im Begriff war, hinter neu aufsteigenden Schneewolken zu verschwinden, und ihre letzten Strahlen über das weite Schneefeld sandte, begann ein Concert, welches mir zwar nicht mehr neu, jetzt aber doppelt unangenehm in der Einsamkeit klang. Eine Heerde von Prairiewölfen brach in helles Geheul aus, und zu ihrem langgezogenen Diskant gesellte sich der tiefe Bass des grauen und des grossen, weissen Wolfes; auf Minuten verstummte die wilde Musik, und erhob dann ein Vorsänger seine helle, durchdringende Stimme, so fiel der ganze Chor mit voller Kraft ein, und der Wind trug die unharmonischen Klänge weit fort über die Einöde. — In der Schlucht, wo von den gefallenen Pferden nichts geblieben war, als die polirten Gebeine, von den Halftern und Leinen nichts, als die eisernen Ringe, da entspann sich ein wüthender Kampf, und an dem hellen Gejammer konnte ich deutlich erkennen, dass die kleinen Prairiewölfe immer das Feld räumen mussten. Ich versuchte Stunden lang, die Zahl der in der Schlucht versammelten Thiere aus den Stimmen herauszufinden, doch musste ich es zuletzt aufgeben; es war eine traurige Beschäftigung, die mir indessen in der schwarzen, stürmischen Nacht einige Zerstreuung gewährte. Ich schlief endlich vor Ermattung ein, und wurde durch den Hunger geweckt, als die Sonne schon hoch am Himmel stand. Eine Nacht ist überstanden, dachte ich, indem ich einen Kerb in eine der Zeltstangen schnitt, wenn doch erst vierzehn Tage vorbei und die zu erwartenden Menschen hier wären! Es musste zwischen dem 16. und 18. November sein, und ich rechnete aus, dass ich zu Weihnachten auf der Mission würde sein können, glaubte damals aber noch nicht, wie sehr ich mich verrechnete. Der Tag verging langsam und trübe, ich schleppte Holz und Wasser zu meinem Bedarf heran, und bemerkte zu meinem grössten Schrecken, dass eine lähmende Schwäche in meine Füsse gezogen war, die mich wie einen Betrunkenen taumeln machte.

In trauriger Stimmung sass ich vor meinem Zelte, und beobachtete gierig, vom Hunger getrieben, das in einem Kessel kochende und brodelnde Wasser, wie es die einzelnen Maiskörner in die Höhe und Tiefe warf. Meine kleine Thonpfeife hatte ich mit gedörrten Weidenblättern gestopft, und mechanisch blies ich den beissenden Dampf von mir, als ich einige Reiter sich von Norden her nähern sah, die bepackte

Pferde vor sich hertrieben. Auf alle Fälle vorbereitet, erwartete ich dieselben unbeweglich mit Ruhe. Ich erkannte sie bald als Indianer, die, von der Biberjagd kommend, ihren Ansiedelungen am Kansas zueilten und wusste daher, dass ich von ihnen nichts zu fürchten haben würde. Auf Schussweite angekommen, redete der eine von ihnen mich auf englisch an, und benahm mir jedes Misstrauen, indem er sich als einen Delawaren zu erkennen gab. Bald sass er an meiner Seite vor dem Feuer in meiner kleinen Wohnung, während seine beiden Begleiter, ein paar wild aussehende, junge Burschen, draussen am Feuer es sich ebenfalls auf ihre Art bequem machten. Lange und eindringlich redete der Indianer mir zu, um mich zu bewegen, alle meine und meines Gefährten Sachen den Indianern und den Wölfen zu überlassen, und mit ihm an den Missouri in sein Wigwam zu ziehen. Die Wölfe, sagte er, werden sich mehr und mehr um Dich zusammenziehen, und Dir nicht Tag oder Nacht Ruhe lassen, und wenn Dich die bis hierher streifenden Pawnees entdecken, dann werden sie Dich ausplündern und obendrein skalpiren. Ich schlug sein Anerbieten aus, und suchte ihm zu beweisen, dass in spätestens zwei Wochen Leute mit Pferden eintreffen müssten, wodurch es mir möglich sein würde, nicht nur alle Sachen, von denen die wenigsten mir gehörten, zu retten, sondern auch die Reise in einem kleinen Wagen zu machen, eine Reise, die mir jetzt zu Pferde oder gar zu Fusse wegen meiner Schwäche unmöglich sei.

Die Hülfe der Weissen wird Dir nicht werden, sprach der ehrliche Delaware, schlechte Pferde können nicht bis zu Dir durchdringen, und gute Pferde und ihr eigenes Leben wagen die Weissen auf der Mission nicht, um einen Menschen zu retten, den sie nach der Schilderung, die ihnen Dein Gefährte gemacht, längst werden aufgegeben haben. Aber ich sehe, das Wort eines Weissen gilt Dir mehr, als der Wille und die That einer Rothhaut; Du hast die Wahl, mögest Du Dich nicht täuschen. Ich verharrete in meinem Vorsatz, und habe es oftmals bitter, sehr bitter bereut. Zum Abschied gab mir der Indianer zur Vermehrung meines so kleinen Proviants noch die frische Keule einer Antilope, drückte mir die Hand, und ohne sich weiter nach meinem Zelte umzusehen, verfolgte er seinen Weg in südlicher Richtung, und ich war wieder allein. Es ist mir nicht möglich, die Leiden der nächsten acht Tage zu beschreiben; ich war dergestalt gelähmt, dass ich auf den Knieen zum Wasser und zurück in mein Zelt kriechen musste, im Kopfe wirbelte es mir wie einem Betrunkenen und mein Gedächtniss fing an zu schwinden, wie ich glaube in Folge der furchtbaren Kälte. Die Schneestürme heulten über die öde Steppe und drohten mich zu begraben; während der Nächte durfte ich kein Auge schliessen, denn die Wölfe durch den Heisshunger noch wüthender und dreister gemacht, schwärmten immer dichter um mich umher. Dumpf heulend beschrieben besonders die grossen, weissen, immer engere Kreise um meine Wohnung, ich hörte den Schnee unter ihren Füssen knistern; gespannt lauschte ich auf jedes Geräusch, und wartete bis der erste seine Zähne in das Zeltleder geschlagen hatte; schnell feuerte ich dann auf gut Glück mit dem Revolver durch die dünne Wand in die dunkle

Nacht hinaus. — Erschreckt flohen die Bestien, um nach einigen Stunden den Angriff mit demselben Erfolge zu wiederholen.

Den Tag über, wenn die lichtscheuen Thiere sich nicht zu nähern wagten, konnte ich etwas ruhen, doch welcher Art war die Ruhe dann? Ich hatte unter den Sachen, die mich wie ein Chaos in dem engen Raume umgaben, eine Flasche Laudanum entdeckt, die in Verbindung mit einer Büchse Chinin unsere Feldapotheke ausgemacht hatte. Durch eine gute Dosis Laudanum also, die ich des Morgens nach Beendigung meines kärglichen Mahles zu mir nahm, bewerkstelligte ich einen künstlichen Schlaf, der mehrere Stunden dauerte. Fröhliche, bunte Bilder umgaukelten mich dann im Traume, ich fühlte weder Kälte noch Schmerzen, ich war empfindungslos, ich war glücklich. Beim Erwachen trat aber die nackte Wirklichkeit mit all' ihren Schrecknissen und Qualen wieder vor meine Sinne. Da lag ich mit steifen, fast gelähmten Gliedern; die einzigen Kleidungsstücke die mir von den räuberischen Pawnees gelassen waren, reichten nicht mehr aus, mich während des Aufenthaltes im Freien gegen die Kälte zu schützen, und eine um die Schultern geworfene Büffelhaut musste Alles ersetzen. Neun Tage hatte ich auf diese Weise verlebt, neun Kerbe hatte ich in die Zeltstange geschnitten, als ich früh beim Erwachen unfähig war, mich so weit zu bewegen um Holzvorrath zum wärmenden Feuer herauszuschleppen. Düster sann ich über meine Lage nach, Rettung auf gewöhnlichem Wege schien mir nicht mehr möglich, ohne einen wirklichen Entschluss gefasst zu haben, setzte ich die Opiumflasche an die Lippen, ich trank mehrere lange Züge, ich trank die Flasche fast leer. Bald darauf fiel ich in eine tiefe Betäubung, so dass ich selbst unzugänglich für Träume war. Wie lange ich gelegen habe, weiss ich nicht; als ich erwachte war es dunkle Nacht, der Sturm tobte und rüttelte wüthend an den Zeltstangen und übertönte fast das Geheul der Wölfe; ein brennender Durst quälte mich und meine Füsse waren erstarrt von Kälte. Mit Mühe blies ich die unter der Asche glimmenden Kohlen zur Flamme und netzte meinen trockenen Gaumen mit schmelzendem Schnee. Als nun der erste Durst gestillt war, da stellte sich der peinigendste Hunger ein, der mich trieb, wie wahnsinnig an dem rohen, gefrorenen Büffelfleisch zu nagen; es schmeckte mir köstlich; ohne an die Zukunft zu denken, röstete ich mir ein Stückchen nach dem andern auf den Kohlen, und verzehrte wenigstens drei Tagesrationen. Gegen Morgen fühlte ich mich freier, die quälende Krankheit war wie durch einen Zauber gebrochen, und doppelt süss schien mir wieder das Leben, selbst ein Leben unter den entmuthigendsten Umständen. Auf meine Büchse mich stützend, wanderte ich wieder etwas umher, die Bewegung wirkte wohlthuend auf mich, und in wenigen Tagen war ich so weit, dass ich mich nach einer nahen Anhöhe begeben konnte, um von dort aus meine Blicke in der trostlosen Ferne umherirren zu lassen. So wie meine Kräfte trotz der grässlichsten Noth zunahmen, so nahm mein kleiner Vorrath von Lebensmitteln ab; ich musste darauf sinnen auf irgend eine Weise neue anzuschaffen, denn noch auf Nachricht oder Hülfe von der Mission zu hoffen, wäre thöricht gewesen;

ich war darauf gefasst, den ganzen langen Winter an dieser Stelle liegen zu bleiben. Der Gedanke war mir unangenehm, doch weniger beunruhigend, denn so lange die Wölfe noch nicht verhungerten, mussten sie mich nähren. Ich hatte zwar bis jetzt meine Zuflucht noch nicht zu ihrem Fleisch genommen, doch Hunger vertreibt sehr leicht den Ekel, und es kostete mich gar keine Ueberwindung, zum ersten Male auf dem zähen, sehnigen Fleisch, welches jeden Antheils von Fett entbehrte und einem Stück Sohlenleder nicht ganz unähnlich war, mich müde zu kauen. Als ich diese erste merkwürdige Mahlzeit gehalten, und fand, dass sie mir trefflich gemundet hatte, da war ich fröhlich und guter Dinge, denn meine Speisekammer war mit einem Male reichlich gefüllt, und Pulver wie Kugeln im Ueberfluss vorhanden. Beim Aufgang der Sonne brauchte ich nur den kleinen Vorhang meines Zeltes zu lüften, in der Oeffnung, die mir die Aussicht nach dem Ufer des Flüsschens bot, im Anschlage liegen zu bleiben, und ich konnte gewiss sein, dass die eine oder die andere der dort im Gebüsche umherschleichenden Bestien mir gestatten würde, ihr eine Kugel durch den Schädel zu schicken. Den kleinsten und besten Theil des erlegten Wolfes erklärte ich nur als gute Beute. Ich habe mich übrigens bei dieser Gelegenheit davon überzeugt, was ich sonst nie habe glauben wollen, dass diese Thiere ihre eigenen Kameraden verzehren, denn es genügte eine Nacht, um den von mir unbenutzten Theil bis auf die blanken, zerstreut liegenden Knochen verschwinden zu sehen. — Träge gingen die Tage dahin, langsamer noch die Nächte, meine Spaziergänge hatte ich allmälig etwas weiter ausgedehnt, ich war wieder im Stande zu singen und zu pfeifen, was ich übrigens nur übte, um mich aufzuheitern und meine Sinne zusammenzuhalten; ich hatte nämlich meine Gedanken schon mehrere Male auf Abwegen ertappt, was mir nicht wenig Besorgniss einflösste. Die sechszehnte Kerbe hatte ich auf meiner Kalenderstange eingeschnitten, als ich wie gewöhnlich nach Beendigung meines überkargen Mahles, eine Büffelhaut fest um meine Glieder schnürte, die Büchse unter den Arm nahm und meinen alten Weg nach dem nahen Hügel einschlug. Der nächtliche Schneesturm hatte die Spuren, die ich am vorhergehenden Tage zurückgelassen, zugeweht, und langsam watete ich im tiefen Schnee die Anhöhe hinauf. Die Sonne war schon im Sinken und liess ihre Strahlen in schräger Richtung auf die endlose, weisse Ebene fallen; kein Lüftchen regte sich; es wurde mir warm in dem zottigen Büffelpelz, obgleich der Athem wie Perlen in der schwarzen Wolle, die mein Gesicht umgab, festfror.

Oben auf dem Hügel angekommen, schaute ich nach allen Seiten in die weite Ferne, und bemerkte zu meinem grössten Schrecken zwei menschliche Gestalten, die sich von Norden her in der Richtung nach meinem Lager zu, bewegten. Ich sage zu meinem Schrecken, denn der Anblick eines Menschen war mir so fremd geworden, dass ich weit entfernt war, Freude darüber zu empfinden, um so mehr, da die beiden, die sich erst wie Punkte in der schimmernden Ebene ausnahmen, aus einer Gegend kamen, von wo ich nur die räuberischen Pawnees vermuthen konnte. Waren es Pawnees, so durften sie mich nicht unvorbereitet in meinem Zelte finden, ich musste sie im Freien erwarten, ihre Gesinnungen und Absichten ausfindig zu machen suchen, und ihnen meinen Skalp so theuer wie nur möglich zu verkaufen. Ich hatte noch beinahe eine Stunde Zeit, um meine Vorkehrungen zu treffen; hatten sie nämlich erst den Punkt erreicht, wo ich gestanden, und von wo aus sie mein kleines Reich zu übersehen vermochten, so war es zu spät, mich selbst ihren scharfen Augen zu entziehen. Unverzüglich eilte ich in mein Zelt zurück und bewaffnete mich mit allem, was ich nur schleppen konnte. Die zurückgelassenen Waffen, nachdem ich die Zündhütchen von denselben entfernt hatte, versteckte ich unter den Decken, legte hinreichend Holz auf die glimmenden Kohlen, so dass fortwährend eine Rauchsäule der Kamin-Oeffnung entstieg, und indem ich dann rückwärts das Zelt verliess, schloss ich vorsichtig den Vorhang, der als Thüre diente, jedoch so, dass es den Anschein gewann, als habe der am Feuer ruhende Bewohner denselben von innen befestigt.

Der Sandy Hill Creek war nur 100 bis 150 Schritte von dem Zelte entfernt und floss in einem ziemlich genauen Halbkreise um dasselbe herum; er hatte hohe, mit Gestrüpp bewachsene Ufer, und deshalb lenkte ich dorthin meine Schritte, um mir ein Versteck zu suchen. Vorsichtig und genau setzte ich meine Füsse in die Spuren, welche ich im tiefen Schnee zurückgelassen, als ich am Morgen, um Wasser zu schöpfen, an den Fluss gegangen war, und die mich an einer bequemen Stelle auf das spiegelglatte Eis führten, von welchem der nächtliche Sturm jede Probe von Schnee hinweggeweht und am steilen Ufer in hohe Bänke zusammengetrieben hatte. Auf dem Eise zog ich die Ueberreste der Schuhe von meinen Füssen, um mit den daran befindlichen Nägeln keine verrätherischen Schrammen auf der glatten Fläche zu reissen, und schlich, leise auftretend, der Krümmung des Flusses auf eine kurze Strecke nach, so dass die Entfernung zwischen mir und dem Zelte etwas verringert wurde, und ich dasselbe von einer andern Seite dennoch deutlich beobachten konnte. Zwischen zwei Schneebänken kroch ich die steile Uferwand hinauf und setzte mich am Rande derselben in eine solche Lage, dass ich zwischen den aus dem Schnee hervorragenden Halmen und Sträuchern hindurch unbemerkt einen Blick auf die Scene vor mir werfen konnte, jedoch ohne dabei in dem freien Gebrauch meiner Waffen gehindert zu sein. Lange lag ich und lauschte, die unruhige Erwartung liess mich die Kälte nicht fühlen, obgleich meine Hand an dem kalten Büchsenlauf beinahe festfror. Jetzt tauchten die Köpfe der beiden Wanderer hinter dem nahen Hügel hervor, und in einigen Minuten standen sie auf dem Gipfel, von wo aus sie mit Ueberlegung mein Lager betrachteten und augenscheinlich mit einander berathschlagten. Ich verfolgte mit den Augen ihre leisesten Bewegungen und konnte mich eines Bebens nicht erwehren, als ich wahrnahm, dass sie ihre Büffelhäute zurückwarfen, ihre gefüllten Köcher nach vorne zogen und die Sehnen ihrer Bogen aufspannten. Ihre feindlichen Gesinnungen waren unverkennbar; ich sah voraus was mir bevorstand, wenn ich unterlag; ich war aber gerüstet und wusste, dass, einmal im

Bereich meiner Büchse, ihr Leben mir gehörte. Entkommen durfte ich sie nicht lassen, wenn ich sie nicht in einigen Tagen mit einer ganzen Rotte ihrer Gefährten zurückkehren sehen wollte. Nachdem die beiden Indianer einige Zeichen mit einander gewechselt, trennten sie sich, der eine, um der von mir auf dem Hügel zurückgelassenen Spur, die geradezu in's Zelt führte, zu folgen, während der andere, die Blicke auf den Boden gerichtet, in einem Bogen das kleine Lager umschlich. Die nach dem Wasser führende Fährte untersuchte er aufmerksam, doch schien er befriedigt, nachdem er sich überzeugt hatte, dass die eine nach dem Flusse hin und die andere von da zurückführte. Geräuschlos näherte er sich seinem Kameraden, der, in der linken Hand mit dem Bogen, in der rechten mit einem Pfeile, die verdeckte Oeffnung des Zeltes bewachte. Kein Wort wurde gewechselt; der zuletzt angekommene hob einen Finger, machte das Zeichen des Schlafens, indem er die rechte Hand auf seine Wange legte und den Kopf auf die Seite neigte, wies dann auf den wirbelnden Rauch, stellte den Bogen vor sich auf den Boden, nahm den bereit gehaltenen Pfeil zwischen die Lippen, machte mit den Händen das Zeichen des Schiessens, worauf er wieder nach seinem Bogen griff und den Pfeil, wie sein Gefährte, auf die Sehne legte. Ein Schauder überlief mich: hätte ich mich wirklich noch im Zelte befunden, so wäre ich rettungslos verloren gewesen, nur zu gut hatte ich ihre Zeichen verstanden: »Es lebt hier nur ein Mann, er liegt dort am Feuer und schläft, einige Pfeilschüsse reichen hin, uns die reiche Beute zu sichern.« Dies waren ihre Gedanken; beide stellten sich so auf, dass die rasch nach einander abgeschickten Pfeile, nachdem sie sich leicht ihren Weg durch die dünnen, straff gespannten Zeltwände gebohrt, im rechten Winkel auf der leeren Lagerstelle begegnen mussten.«

»Doctor!« rief hier plötzlich der Erzähler, indem er seinen Gefährten an der Schulter fasste und mit der andern Hand in die Ferne deutete, »Doctor, lenken Sie Ihre Blicke links an dem ersten Hügel vorbei und Sie werden eine Waldung wahrnehmen, lassen Sie Ihr Auge an dem dunklen Streifen entlang gleiten, am Ende desselben bemerken Sie schwarze Punkte, die vereinzelt stehenden Büschen nicht unähnlich sind — das sind Büffel*)! Des alten, leidenschaftlichen Doctors Jagdlust wurde rege, um so mehr als er Reiter sah, die aus dem vorangeeilten Wagenzuge hervorsprengten und spornstreichs der Gegend zueilten, wo eine kleine Heerde alter Bisons im hohen Grase gemächlich der Ruhe pflegte. Hurrah, die Büffel! rief der eifrige, alte Herr, indem er den Hahn seiner Büchse spannte, und gleich seinen Gefährten kräftig die Sporen gebrauchte. In voller Jagd aufgeschreckte Büffel mit Maulthieren einzuholen, wäre natürlich keine Möglichkeit gewesen, es wurde daher versucht, durch die Hügel verdeckt und unbemerkt auf Schussweite in ihre Nähe zu gelangen. Doch jeder der zwölf oder sechszehn heranstürmenden Jäger, getrieben von dem natürlichen Verlangen, den ersten tödtenden

*) *Bos Americanus* wird auf dem amerikanischen Continent fälschlicher Weise: *Buffalo*, Büffel genannt.

Schuss auf Wild dieser Art zu thun, versuchte seine Kameraden auszudrängen und ihnen zuvorzukommen; der Wind wurde nicht beachtet, der scharfen Organe der scheuen Bisons nicht gedacht und als die Gesellschaft um die letzte Waldecke bog, ward ihr der Genuss, die kleine Heerde in der Entfernung von einer Viertelmeile in voller Flucht zu erblicken. Unmuthig sah Jeder den schwer galoppirenden Riesen nach, wie sie die kurzen Schwänze mit den langen Büscheln in die Höhe streckten und den trockenen Boden unter sich zu Staub stampften. Der Doctor brach zuerst das Schweigen, indem er seine Büchse abfeuerte und mit komischem Ernste hinzufügte: »Erlegte ich auch den ersten Büffel nicht, so habe ich doch eher, als Sie Alle, auf einen solchen gezielt und geschossen!« Ein schallendes Gelächter, in welches der gutmüthige, alte Herr aus vollem Herzen mit einstimmte, war der Lohn für seinen Einfall und die dampfenden Thiere wendend, ritten die getäuschten Jäger jetzt vereinigt, langsam dem Wagenzuge nach, der am fernen Horizont kaum noch sichtbar war, und lange war der Gegenstand ihrer lebhaften Unterhaltung der Büffel und seine Jagd.

In zahllosen Heerden beleben die Büffel die endlosen Prairien westlich vom Missouri, ihre Wanderungen dehnen sie von Canada bis hinunter zu den Küstenländern am mexikanischen Golf und vom Missouri bis zu den Felsengebirgen aus. Es ist anzunehmen, dass die Hauptmasse dieser Thiere regelmässig im Frühjahr nördlich und im Spätherbst wieder zurück in wärmere Gegenden wandert; zwar findet man einzelne, die im Winter an den Quellen des Yellowstone und noch weiter nördlich ihre Nahrung aus tiefem Schnee scharren, ebenso andere, die im Sommer in Texas das von der tropischen Sonne gedörrte Gras abnagen, doch sind das gewöhnlich nur wenige und meistens alte Stiere, die schon zu steif oder zu träge sind, den schwarzen Heersäulen, die von ihren jüngeren Kameraden gebildet werden, zu folgen.

In den Monaten August und September ziehen sich die vom frischen Frühlingsgrase wohlgenährten Büffel in Heerden zusammen und zwar in solchen Massen, dass die Ebene, oftmals soweit das Auge reicht, schwarz von ihnen ist und ein Ueberschlag ihrer Zahl nach möglicher Weise nur gemacht werden kann, indem man den Flächenraum, welchen diese Thiere bedecken, nach Quadratmeilen berechnet. Tausende und aber Tausende drängen sich in einem wilden, verworrenen Haufen zusammen, der Staub wirbelt in Wolken unter den scharrenden und stampfenden Hufen hervor, wenn die Stiere grimmig einander anfallen und bekämpfen; ein tiefes, hohles Gebrüll zittert fortwährend weit durch die Lüfte wie dumpfes Rollen des fernen Donners. Wochen, ja Monate lang kann der Jäger zu dieser Zeit über die öde Steppe wandern, ohne auch nur die frische Spur eines Bison zu finden, und führt ihn der Zufall nicht an eine Heerde, die ihm mitunter Tage lang förmlich den Weg versperrt, so muss er die Steppe ausgestorben wähnen; er beschleunigt seine Schritte, um bald wieder auf lebende Wesen zu stossen und die öde Prairie hinter sich zu wissen. Wenige Wochen bringen indessen eine Veränderung hervor: die grossen Heerden lösen sich auf, zerstreuen sich nach

11*

allen Seiten und bringen weit und breit Leben in die vor Kurzem noch so unheimliche Einsamkeit. Bald begegnet man einzelnen Büffeln, die ruhig grasen und mit dem langen Barte bedächtig den Boden fegen, bald kleinen Heerden, die gemüthlich wiederkäuend im Grase ruhen oder ausgelassen mit einander spielen und dabei die possirlichsten Wendungen mit grösster Beweglichkeit ausführen; oder man sieht diese bequemen Thiere in langen Reihen ihren alten, tiefausgetretenen Pfaden folgen, auf denen sie an Flüssen oder Gebirgen zu den Stellen gelangen, die am wenigsten mühsam zu überschreiten sind, oder die an sumpfige Wiesen führen, wo sie ihre alten Wälzpfuhle auffrischen, oder neue gründen. Mit komischem Ernste sucht bei solcher Gelegenheit der leitende Stier der Heerde in der Niederung nach einer Stelle, die seinen Wünschen entspricht, und hat er eine solche gefunden, so legt er sich auf die Knie und beginnt den Boden mit seinen kurzen, dicken Hörnern aufzuwühlen. Mit den Füssen scharrend, mit den Hörnern schleudernd entfernt er lose Erde und Rasen, wodurch eine trichterförmige Höhlung entsteht, in welcher sich schnell Wasser sammelt; in diesen Pfuhl nun legt sich das von der Hitze und den Mosquitos geplagte Thier, und senkt sich allmälig tiefer und tiefer in den Morast, indem es mit den Füssen stampft und sich im Kreise herumschiebt. Hat es sich zur Genüge diesem Genuss hingegeben und entsteigt dann dem Moderbade, so sieht es keinem lebenden Wesen mehr ähnlich; der lange Bart und die dichten, zottigen Mähnen sind in eine triefende, klebrige Masse verwandelt, und nur die rollenden Augen sind im vollen Sinne des Wortes das einzige, was an dem wandernden Erdhaufen von dem stattlichen Büffel geblieben ist. Kaum ist der Pfuhl vom ersten verlassen, so nimmt ein anderer darin Platz, um ihn später einem dritten zu überlassen. So treibt die Heerde es fort, bis jeder der anwesenden die Merkmale dieses eigenthümlichen Bades auf seinen Schultern trägt, wo dieselben in eine feste Kruste zusammentrocknen, die dann durch Wälzen im Grase oder den nächsten Regen allmälig entfernt wird.

In früheren Zeiten, als die Büffel gewissermassen nur die Hausthiere der Indianer waren, war keine Verminderung der unabsehbaren Heerden bemerkbar; im Gegentheil, sie gediehen und vermehrten sich auf den üppigen Weiden. Nun kamen aber die Weissen in diese Regionen; die weichhaarigen, grossen Pelze gefielen ihnen, das fette Büffelfleisch fanden sie nach ihrem Geschmack, und von beidem versprachen sie sich reichen Gewinn in civilisirten Ländern. Es wurden zuerst bei den Steppenbewohnern Begierden nach glänzenden oder betäubenden Erzeugnissen der Weissen geweckt, dann im kleinsten Masse für ihre Jagdbeute geboten, worauf die Verheerung begann. Tausende von Büffeln wurden der Zungen wegen, häufiger noch der zottigen Pelze halber erlegt, und in wenigen Jahren war eine bedeutende Verminderung derselben auffallend bemerkbar. Der sorglose Indianer gedenkt nicht der Zukunft, er lebt nur der Gegenwart und ihren Genüssen; es bedarf bei ihm nicht mehr der Aufmunterung: er wird den Büffel jagen, bis der letzte ihm sein Kleid gelassen. Sicher ist die Zeit nicht mehr fern. wann die imposanten Heerden nur noch in der Erinnerung leben, und 300,000 Indianer ihres Unterhaltes beraubt und vom wüthenden Hunger getrieben, nebst Millionen von Wölfen eine Landplage der benachbarten Civilisation und als solche mit der Wurzel ausgerottet werden. Viele sind der Feinde, die der Büffel zählt, unter ihnen der gefährlichste der Indianer; ebenso vielfach ist die Art und Weise, auf welche er seinen Verfolgern unterliegen muss.

Die Büffeljagd der Prairie-Indianer ist eine Beschäftigung, durch welche sie sich nicht nur ihren Unterhalt verschaffen, sondern die ihnen zugleich als höchstes Vergnügen gilt. Beritten auf flinken und ausdauernden Pferden, die sie grösstentheils wild von der Steppe eingefangen haben, sind sie im Stande, jedes Wild in der Ebene einzuholen und suchen einen besondern Ruhm darin, mit der grössten Schnelligkeit und möglichst gutem Erfolg vom Pferde herab ihre tödtlichen Geschosse unter eine fliehende Heerde zu versenden. Beabsichtigt der Indianer eine Büffelheerde zu überholen, so entledigt er sich und sein Pferd aller nur entbehrlichen und beschwerenden Gegenstände; Kleidung und Sattelzeug bleibt zurück, nur eine 40 Fuss lange Leine, von rohem Leder geflochten, ist um die Kinnlade des Pferdes geschnürt und schleppt, über den Hals geworfen, in ihrer ganzen Länge auf der Erde nach; sie dient zum Lenken, zugleich aber auch, um bei einem etwaigen Sturz oder sonstigem Unfall das lose Pferd wieder leichter in die Gewalt des Reiters zu bringen.

Der Jäger führt in der linken Hand den Bogen und so viele Pfeile, als er bequem halten kann, in der rechten eine schwere Peitsche, mittels welcher er sein flüchtiges Ross durch unbarmherzige Schläge unter die fliehende Heerde und an die Seite einer fetten Kuh oder eines jungen Stieres treibt. Das gelehrige Pferd versteht leicht die Absicht seines Reiters und keiner weitern Führung bedürfend, eilt es dicht an die auserwählte Beute heran, um dem Jäger Gelegenheit zu geben, im günstigen Momente den Pfeil bis an die Federn in die Weichen des Büffels zu senden. Kaum schwirrt die straffe Sehne des Bogens, kaum gräbt sich das scharfe Eisen durch die krause Wolle in's fette Fleisch, so entfernt sich das Pferd von dem verwundeten Thiere durch einen mächtigen Sprung, um den Hörnern des wüthend gewordenen Feindes zu entgehen, und ein anderer wird zum Opfer ausgesucht. So geht die Hetzjagd mit Sturmes Eile über die Ebene hin, bis die Ermüdung des Pferdes den wilden Jäger mahnt, seiner unersättlichen Jagdlust Einhalt zu thun. Die verwundeten Büffel haben sich indessen von der Heerde getrennt und liegen erschöpft oder verendend auf der Strasse, auf welcher vor wenigen Minuten die wilde Jagd donnernd dahin brauste. Die Weiber des Jägers sind seinen Spuren gefolgt und beschäftigen sich emsig damit, die Beute zu zerlegen und die besten Stücken nebst den Häuten nach den Wigwams zu schaffen, wo das Fleisch in dünne Streifen zerschnitten und getrocknet, die Felle auf einfache Art gegerbt werden. Natürlich wird der bei weitem grösste Theil den Wölfen überlassen, die immer in ansehnlicher Menge im Gefolge der Büffel angetroffen werden.

Da die lange Kopfmähne des Büffels demselben die Augen wie mit einem Schleier verdeckt und ihn am klaren Sehen und Unterscheiden hindert, so wird es dem Indianer um so leichter, selbst auch ohne Pferd auf Beute auszugehen. Er befestigt dann eine Wolfshaut an seinen Kopf und Körper und indem er seine Waffen vor sich herschiebt, geht er auf Händen und Füssen im Zickzack auf sein Ziel los; wenn dann der Wind nicht plötzlich den Indianer in der Verkleidung verräth, so gelingt es ihm sicher aus nächster Nähe einen Büffel zu erlegen, ohne dass dadurch die übrige Heerde aus der Ruhe gestört würde. Selbst den Knall der Büchse scheuen diese Thiere nicht, so lange sie mit ihren feinen Geruchsorganen die Anwesenheit eines Menschen nicht wahrnehmen, und ein wohlverborgener Schütze vermag manchen Büffel einer ruhig grasenden Heerde ohne grosse Störung mit der Kugel zu fällen; selbst das Todesröcheln des Verwundeten veranlasst höchstens den einen oder den andern, den mähnigen Kopf auf einige Momente forschend zu heben, um dann wieder an seine Lieblingsbeschäftigung, das Grasen, zu gehen. Zu allen Jahreszeiten wird dem armen Büffel nachgestellt, selbst dann, wenn der Schneesturm die Niederungen mit einer tiefen Decke überzogen hat und die beliebte Jagd mit den Pferden unmöglich geworden ist. Langsam nur kann sich dann die Heerde durch den mehrere Fuss hohen Schnee wühlen, doch der sinnreiche Indianer hat sich breite, geflochtene Schneeschuhe an die leichten Füsse befestigt und ohne auf dem unsichern Boden einzubrechen, eilt er schnell an dem mühsam watenden Riesen hin und stösst das wehrlose Thier mit der Lanze nieder. Auf solche Weise werden mehr Büffel der unbezwinglichen Jagdlust, als dem wirklichen Nutzen geopfert und der Ausrottungskrieg gegen die Zierde der Grassteppen auf unbarmherzige Weise fortgeführt; kein Gedanke an Schonung wird rege werden, bis der letzte Büffel, bald nachher die letzte Rothhaut und mit ihr die einzige Naturpoesie des grossen, nordamerikanischen Continents verschwunden sein wird. Wohin die Vorsehung lebende Wesen setzte, da reichte sie ihnen freundlich die Mittel, bestehen zu können: lange bebte die Civilisation vor den grossen Steppen zurück, furchtsam wagte sie sich nicht in die anscheinend öden Ebenen. Doch die Ebenen waren nicht verödet, viele Tausende menschlicher Wesen, die noch keine andern Wünsche hatten als solche, die sie zu befriedigen im Stande waren, lebten dort; sie lebten im Ueberfluss, denn zahllose Büffel waren ihnen gegeben worden und fette Weiden wiederum den Heerden, die gediehen und zur unerschöpflichen Quelle des Unterhaltes jener wurden.

Der Durst nach Geld und Gewinn zeigte der Civilisation den Weg in diese Regionen, kalt und berechnend tritt sie die schönen und herrlichen Meisterwerke des Schöpfers in den Staub und blickt dereinst vielleicht stolz auf die brausende Locomotive, welche die beiden Oceane mit einander verbinden und durch die jagdlosen Prairien eilen wird. —

Spät erreichten die Büffeljäger, den Doctor an ihrer Spitze, das Lager, welches an diesem Tage zwischen den Quellen des Walnut Creek und dem nur noch einige

Sandstein-Gebilde in der Prairie nordwestl. von Texas

Meilen entfernten Deer Creek aufgeschlagen war, also ungefähr in der Mitte der Cross Timbers(*), oder vielmehr des Waldstreifens, der eine so auffallende Erscheinung in diesen Regionen ist. Dieser Streifen beginnt schon am Arkansas und zieht sich in südwestlicher Richtung hinunter bis an den Brazos, also über eine Strecke von mehr als 400 Meilen, wobei die Breite immer zwischen 5 und 30 Meilen schwankt. In der ganzen Ausdehnung zeigen die Cross Timbers denselben Charakter. Die Bäume, hauptsächlich niedrige Eichen, stehen in solchen Zwischenräumen, dass Wagen sich ziemlich bequem hindurchwinden können; der Boden ist sandig und unfruchtbar und nur in der Nähe grösserer Flüsse durchschneiden einzelne Bäche die waldigen Ebenen, wo dann die Eichen sogleich einen höhern, kräftigern Wuchs zeigen und Weiden in ihrer Nähe dulden. Wo Regengüsse den Boden aufgewühlt haben, da sieht man feste, röthliche Lehmerde mit weissen Gypsstreifen durchzogen, die in dem Grade zunehmen als man westlich zieht, bis endlich die ungeheure Gypsregion erreicht ist, die bei dem Rock Mary und den Natural Mounds ihren Anfang nimmt. Diese Cross Timbers bilden gewissermassen die Grenze zwischen den Ländern, die sich zur Kultur eignen und den unfruchtbaren Steppen, zwischen den civilisirten und den wilden Menschen. Denn östlich von dieser natürlichen Grenze sind zahlreiche Quellen und Bäche, die sich zu kleinen Flüssen vereinigen, ihre Wasser theils dem Canadian, theils dem Witchita zuführen, und auf ihren Reisen überall Segen und Fülle zurücklassen. Stolze Waldungen in der üppigsten Pracht spiegeln sich in ihren Fluthen und blüthenreiche Wiesen in unbeschreiblicher Lieblichkeit bekränzen die Ufer. Westlich von den Cross Timbers dagegen dehnen sich die grossen Ebenen in ihrer Einförmigkeit, aber auch in ihrer ganzen Erhabenheit aus. Kein Berg zeigt sich dort dem schmachtenden Wanderer, an dessen Fusse er eine sprudelnde Quelle vermuthen könnte, es seien denn dürre Ueberreste einer Hochebene, die dem Reisenden als Landmarke dienen und wie Pfeiler hin und wieder emporragen, als Zeugnisse, wie mächtig zerstörend in Tausenden von Jahren die Natur wirken kann. Keine Baumgruppe erfreut dort das ruhelos irrende Auge, um den Müden in ihren Schatten einzuladen, es sei denn an den Ufern der Flüsse. Die Wasser, welche über Gypslager fliessen, sind mit Bittersalz versetzt, die wenigen guten Quellen spenden nur kärglich von ihren Schätzen und schon nach kurzem Lauf sind ihre letzten Tropfen von dem Sande wieder eingesogen.

Der Marsch des nächsten Tages brachte uns in die Nähe des Deer Creek (Hirschbach), eines Flüsschens, welches seine krystallhellen Fluthen dem Canadian zuträgt und seinen Namen gewiss nicht mit Unrecht erhalten hat. Feiste Hirsche wurden durch den lärmenden Zug aus ihrem weichen Lager im hohen Grase aufgeschreckt, weshalb sie aus ihrem Versteck aufbrachen, leicht über die Ranken der vielen Schlingpflanzen hinwegsetzten und dem Flusse zueilten, um sich in der dichten Waldung am Ufer zu verbergen. Schaaren von Truthühnern schritten bedächtig auf den Lichtungen umher oder brüsteten sich stolz mit dem radförmig gespreizten Schweife, der unter den glänzenden Strahlen der Sonne in allen Farben des Regenbogens schillerte; doch erschreckt von dem Poltern der Wagen, flüchteten sie sich eilig mit lang gereckten Hälsen unter Dornen und verworrenes Gestrüpp, wo ihre Anwesenheit dem lauschenden Jäger nur durch leises Geräusch im Laube verrathen wurde. Wild war jetzt im Ueberflusse vorhanden, fröhlich knallten die Büchsen nah und fern, der wohlgeordnete Zug hatte sich lang gedehnt und fast aufgelöst. Niemand vermochte auf solchem Revier der Jagdlust zu widerstehen und hin und wieder konnte man in der Ferne die einzelnen Schützen wahrnehmen, wie sie keuchend sich ihren Weg durch ganze Felder von Brombeerranken bahnten. Behaglich lagen am Abend die verschiedenen Gruppen auf den ausgebreiteten Zeltdecken umher, priesen die Vortrefflichkeit des vor dem gesunden Appetit verschwundenen, frischen Wildbratens, vertrieben die lästigen Insekten durch Tabakswolken und erzählten sich von der zurückgelegten Meilenzahl, sehr verschiedentlich berechnend die Entfernung, welche Jeden von der lieben Heimath trennte. Sie sprachen von den guten Alten zu Hause, von traulichen Abendspaziergängen und dem zufriedenen Lachen der jüngern Geschwister; vom treuen Hofhunde, von der ausgelassenen Fröhlichkeit der Neger und ihren eintönigen, aber sentimentalen Melodien. Bisweilen stimmte einer die Weise an, die er als Kind von seiner schwarzen Wärterin gelernt, und der ganze Chor fiel kräftig ein, dass ihre Stimmen weit über die Wiesen und durch den Forst schallten und das wilde Concert der finstern Uhus und der räuberischen Cayotas davor verstummte. Die Laubfrösche aber und die Grillen stimmten mit ein, und der kleine Fluss *(Deer Creek)* begleitete mit leisem Murmeln die heimathlichen Lieder.

IX.

Erzählung der Abenteuer am Nebrasca. (Fortsetzung.) — **Die Mirage.** — **Natural Mounds und Rock Mary.** — **Die Gypsregion.** — **Die Gypshöhle.** — **Des Doctors Bärenjagd am Gila.** — **Die grosse Prairie.**

Der Uebergang über den Deer Creek wurde leicht bewerkstelligt; mehr Schwierigkeiten boten die Bäche, die, von den vielen Quellen dieser Gegend gebildet, aus allen Richtungen dem Deer Creek zuflossen und deren tief ausgewaschene Betten häufig auf hindernde Weise unsere Strasse unterbrachen. Ein allmäliges Steigen des Bodens war bemerklich und da die Strecke durch die Cross Timbers beinahe zurückgelegt war, mithin die Waldungen wieder spärlicher wurden, so war dem Auge eine weitere Aussicht über die Ländereien vergönnt, die von Neuem langen, rollenden Wogen ähnlich schienen. Ein guter Tagemarsch ward vom Uebergangspunkt am Deer Creek bis zu der Stelle zurückgelegt, von wo aus zuerst der Rock Mary und die Natural Mounds, eine Gruppe kahler, steiler Hügel, in der von dort ab baumlosen Ebene wahrgenommen werden konnten. Eine besondere Abwechselung in der äussern Umgebung war bis dahin nicht bemerkbar: immer dasselbe saftige Grün in den Prairien und dieselben knorrigen, niederen Eichen in den Waldungen, dieselbe ebene Strasse und derselbe gemessene Schritt der Zug- und Reitthiere.

»Doctor!« rief der Naturaliensammler dem voraneilenden Botaniker zu, »wenn Sie langsamer reiten und mit meinem Thiere Schritt halten wollen, und mir sagen, wo ich mit der Erzählung meiner Abenteuer stehen geblieben, als ich durch die Büffel unterbrochen wurde, so will ich den Faden wieder aufnehmen, vorausgesetzt, dass Sie mir willig Ihr Ohr leihen.« — »Allerdings weiss ich, wo Sie stehen geblieben sind,« antwortete lebhaft der Doctor, indem er sich auf das Zeugniss mehrerer hinzukommender Gefährten berief, sein Maulthier an die Seite des Erzählers brachte, die Zügel auf den Hals legte und einen grossen Strauss Blumen behutsam in seine lange Ledertasche steckte. »Sie schlossen die interessante Erzählung Ihrer wunderbaren Lebensgeschichte mit den Worten: Die beiden Indianer schossen in's Zelt, Sie sassen auf der Lauer und beobachteten die hinterlistigen Räuber.« — »Nun ja, ich sass in der Schneebank und blinzelte zwischen den bereiften Grashalmen hindurch, die auf dem Ufer aus dem Schnee hervorragten, und war Zeuge ihres heimtückischen Benehmens. Das Blut stockte mir in den Adern und ich hörte mein Herz pochen, als ich jeden der beiden Wilden rasch hintereinander je vier oder fünf Pfeile in das Zelt schicken sah; in diesem Augenblicke merkte ich so recht, mit welcher Liebe der Mensch, selbst in der trostlosesten Lage, doch an seinem Leben hängt. Nichts rührte sich hinter den dünnen Lederwänden; die Indianer lauschten und näherten sich vorsichtig der verhangenen Thüröffnung. Der eine legte den Bogen zur Seite, ergriff seinen Tomahawk und liess sich vor der Oeffnung auf die Kniee nieder, während der andere mit dem Pfeil auf der Sehne einige Schritte entfernt Wache stand. Ich hatte unterdess den geschornen Schädel des Knieenden auf's Korn genommen und in dem Augenblicke, wo er die Hand nach dem Vorhang ausstreckte, stach ich den Drücker des Büchsenlaufes. So leise das Geräusch auch war, so schien es doch, als hätten sie beide es vernommen. Sie stutzten, indem sie ihre Blicke sorgfältig umherwarfen. Der Knieende war mir jetzt weniger gefährlich, ich änderte daher die Richtung meines Gewehres so, dass die nackte Brust des andern, der schussfertig dastand, meine Zielscheibe wurde, und ohne zu zögern gab ich Feuer. In dem Augenblicke als ich abdrückte, musste des Indianers scharfes Auge mich entdeckt haben, denn er sprang blitzschnell zur Seite; die Kugel hatte ihn aber noch gefasst und er fiel mit einem lauten, durch Mark und Bein dringenden Schrei zu Boden. Der zweite war aufgesprungen, doch nur um eine ganze Ladung Rehposten in Gesicht und Hals in Empfang zu nehmen und lautlos neben seinem stöhnenden Kameraden hinzustürzen. Meine Feinde waren jetzt todt oder unschädlich, aber ein unbeschreibliches Gefühl der Verzweiflung überfiel mich, als ich an das dachte, was ich eben vollbracht, und was meiner vielleicht noch harrte. Nachdem ich mein Gewehr wieder geladen, näherte ich mich mechanisch der blutigen Scene; ich vermochte kaum den Blick auf dieselbe hinzurichten und nur das Stöhnen des Verwundeten weckte mich aus meinem sinnlosen Brüten. Schrecklicher Anblick! da lagen beide vor mir in ihrem Blute, sie, die noch vor wenigen Minuten in voller Lebenskraft dastanden. Freilich, was veranlasste sie einen Mann hinterlistig zu überfallen, einen Mann, den sie noch nie gesehen und der ihnen noch viel weniger ein Leid zugefügt hatte? Sie waren ein Opfer ihrer eigenen Raubsucht geworden. Der leblose Körper des jungen Burschen lag ausgestreckt vor mir, der Tomahawk war der erschlafften Faust entfallen, das mörderische Blei war ihm in den Hals und in das Auge gedrungen und hatte sein broncefarbenes Gesicht grässlich entstellt. Ich legte ihn auf die andere Seite, um dem entsetzlichen Anblick zu entgehen, und wendete mich zu dem Verwundeten. Es war ein älterer Mann, seine langen, schwarzen Haare bedeckten fast ganz sein Gesicht, aus welchem zwei Augen mit dem Feuer des grimmigsten Hasses mir entgegen funkelten. Die Kugel war unterhalb der linken Schulter durch die Brust gegangen, ob nun tödtlich oder nicht, ich kann es nicht sagen; die blutende Wunde aber und die vor Schmerz krampfhaft verbissenen Zähne erweckten das unendlichste Mitleid in mir. Ich beugte mich über ihn und suchte mich ihm durch Zeichen und einzelne Worte verständlich zu machen, theilte ihm mit, dass ich ihn in mein Zelt schleppen und seine Wunden waschen und heilen, ihn mit meinen Decken erwärmen und pflegen wolle, wenn ich dadurch seine Freundschaft und Treue erwerben könne. Er verstand meine Absicht, eine wilde Freude leuchtete plötzlich in seinem Gesicht auf, als er mir durch das indianische: Hau, hau! seine Zustimmung zu erkennen gab. Ich war froh, ich war glücklich; ich hoffte den Leidenden zu retten und einen treuen Freund und Gefährten in der schrecklichen Einsamkeit an ihm zu gewinnen. Als ich in mein Zelt eilen wollte, um darin einige Vorbereitungen zur Aufnahme des Verwundeten zu treffen, rief mich sein lautes Stöhnen zurück; er winkte mir, mich ihm zu nähern und mit dem Finger der linken Hand auf den rechten Arm deutend, welcher auf unbequeme Art unter seinem Rücken lag, bat er mich durch Zeichen denselben hervorzuziehen. Ohne Argwohn kniete ich bei ihm nieder, doch kaum berührte ich seinen Arm, als die mit dem Messer bewaffnete Hand blitzschnell unter seinem Körper herausfuhr, und während seine Linke mich in der Seite ergriff, führte er rasch hinter einander mit der Rechten zwei Stösse nach meiner Brust. Die Stösse waren mit grosser Sicherheit, aber mit geringer Kraft geführt: ich wehrte beide mit dem rechten Arme ab und mit dem linken mein Messer ziehend, welches ich wie die Indianer auf dem Rücken im Gurt trug, stiess ich dem rachsüchtigen Indianer dasselbe mehrere Male in die Brust. Er röchelte leise, ein Blutstrom entstürzte seinem Munde, er reckte sich lang aus und ich war wieder allein, allein in der unendlichen, winterlichen Wüste, allein unter Leichen und Todten! Als ich mich erhob, fühlte ich warmes Blut an meinem Arme herunterrieseln und jetzt sah ich erst, dass ich selbst verwundet war. Beim Zurückschlagen des Messers war mir das erste Mal die scharfe Schneide über die ganze Länge des Unterarmes gefahren und beim zweiten Stoss hatte die Spitze den Arm fast an derselben Stelle, doch nur leicht getroffen.« Bei diesen Worten streifte der Erzähler den Aermel der rothen Flanelljacke zurück und zeigte dem Doctor und den andern Mitreitenden die beiden Narben, welche nur noch als weisse Male auf dem gebräunten Arme sich auszeichneten.

»Die Wunden waren nur leicht,« versetzte der Doctor, nachdem er einen Kennerblick auf die bezeichneten Stellen geworfen, »sie sind aber doch gut geheilt, besser, als sich unter solchen Verhältnissen erwarten liess.«

»Die Nacht, die auf diesen verhängnissvollen Tag folgte,« fuhr der Erzähler fort, »war die schrecklichste meines Lebens, denn ich war nahe daran, wahnsinnig zu werden. Die beiden Leichen waren nur wenige Schritte von mir entfernt und ich selbst lag auf meinen Decken und kühlte mit Schnee meine Wunden. An Ruhe oder Schlaf war nicht zu denken: denn die Wölfe, durch den Geruch des frischen Blutes zur grössten Wuth gereizt, heulten auf grauenvolle Weise um mich herum und hätten mir nicht erlaubt die Augen zu schliessen, selbst wenn die innere Aufregung nicht schon hinreichend gewesen wäre, dem Schlafe Widerstand zu leisten. Mehrere Male feuerte ich mit den Pistolen in die finstere Nacht hinaus, um die hungrigen Bestien zu vertreiben, doch blieb mir

12*

zuletzt weiter nichts übrig, als geduldig und in mein Schicksal ergeben den Anbruch des Tages zu erwarten. Bei erstem Tagesanbruch beeilte ich mich, die beiden Erschlagenen fortzuschaffen, um dadurch zugleich die gefährliche Gesellschaft der Wölfe aus meiner Nachbarschaft zu entfernen; hierbei musste es aber auch meine Aufgabe sein, die beiden Indianer spurlos verschwinden zu lassen, da ich nicht wissen konnte, ob nicht neue Feinde dieses Weges kämen, in welchem Falle die blutigen Spuren augenblicklich über mein Geschick entschieden haben würden. Ich näherte mich also den leblosen Körpern und fand den einen zu meinem namenlosen Schrecken in veränderter Lage und auf die ekelhafteste Weise von den Wölfen angefressen.

Der Hunger trieb mich an, die Leichen zu durchsuchen und ich eignete mir die unter ihrem Gürtel verborgenen Stücke getrockneten Büffelfleisches zu. Alles Uebrige, was dazu hätte dienen können mich zu verrathen, wickelte ich zu den Leichnamen in die entsprechenden Büffeldecken, schnürte dieselben fest zu und brachte dann einen nach dem andern unter den grössten Anstrengungen nach dem nahen Fluss, wo ich die Oeffnung im Eise, die mir als Brunnen diente, erweiterte und beide unter die starke Eisdecke schob, um sie von der Strömung unter derselben fortrollen zu lassen. Nachdem ich diese traurige Arbeit vollbracht hatte, zündete ich Feuer auf der Stelle an, wo die beiden Räuber ihr Blut gelassen, so dass selbst der Wolf vor den Aschenhaufen die Witterung verlieren musste. Zur Nacht stellte sich der gewöhnliche Schneesturm wieder ein, und vertilgte vollends die letzten Spuren, die zu einer Entdeckung hätten führen können; der heisere Ruf der Raben mischte sich nach gewohnter Weise mit dem Geheul der Wölfe und jetzt erst gab ich mich wieder dem Gefühle der Sicherheit und der Hoffnung auf Rettung hin, um so mehr, da mein Vorrath an Lebensmitteln durch etwas gedörrtes Fleisch vermehrt war.

Die Weihnachtszeit rückte heran, die Einsamkeit war mir fast zur Gewohnheit geworden, und mechanisch fristete ich auf die dürftigste Weise mein Leben; die Wildniss hatte ihre Schrecknisse für mich verloren und ziemlich gleichgültig gedachte ich der Zukunft, deren dichten Schleier zu lüften ich nicht das leiseste Verlangen trug. Es machte sogar einen unangenehmen Eindruck auf mich, wenn ich mir zuweilen die Frage aufwarf, was wohl das Ende einer solchen Lage sein würde. Wehmüthig gedachte ich dann der Vergangenheit und wanderte in Gedanken weit, weit zurück bis dahin, wo mich zum ersten Male der helle Glanz des Weihnachtsbaumes entzückte und freundliche, liebende Menschen mich umgaben; meine Weihnachtsfreuden waren jetzt einfacherer Art: etwas Thee mischte ich unter die dürren Weidenblätter und erfreute mich an dem Duft, den dieselben in meiner Pfeife glimmend erzeugten, während ich auf dem Rücken lag und meine Augen auf den Rauchfang meines Zeltes gerichtet hatte. Durch diesen sah ich den durch Tausende von Sternen erleuchteten Himmel und die Sterne flimmerten und funkelten wie ebenso viele Lichtchen, manchmal schienen sie sogar wie ich selbst vor Frost zu beben und sahen dennoch ebenso freundlich auf mich nieder als ehemals in der sorgenlosen Heimath. — Als ich am nächsten Morgen in's Freie trat, fiel mir eine Heerde Prairiehühner, die in den Bäumen am Ufer des Flusses sassen, sofort in's Auge. Das Herz klopfte mir vor Freude, als ich an den Weihnachtsbraten dachte, der mir in Aussicht stand. Nach langer Entbehrung, nach dem widrigen Genuss des zähen Wolfsfleisches steigt (ich sage es fast mit Scham) die sinnliche Begierde. Um diese zu befriedigen, untersuchte ich meine Büchse, wohl wissend, dass die scheuen Vögel mir nicht gestatten würden, mich soweit zu nähern, um eine Schrotflinte gebrauchen zu können. Ein stolzer Hahn war in dem Bereich meiner Kugel, eine unwiderstehliche Beutelust trieb mich indessen, meine Stellung so zu verändern, dass zwei Mitglieder der Heerde mit einem Male fallen sollten; da knackte ein unter dem Schnee verborgener, trockener Zweig unter meinem Fuss und erschreckte die Hühner, die mit schnellem Flügelschlage davonflogen.

Bis zu den ersten Tagen des Januar war mir die Zeit unter Hoffnung und Täuschung, unter Qualen und Entbehrungen hingegangen. Ich lag unter meinen Decken in einem Mittelzustand zwischen Wachen und Schlafen. Da plötzlich in der Mitte eines Tages ward ich durch das Geräusch menschlicher Tritte und zugleich durch den indianischen Anruf: *An-tarro-hau!* (Halloh, mein Freund!) aus meinen Träumereien geweckt. Blitzschnell waren die Waffen in meiner Hand und fest antwortete ich in derselben Weise; doch ehe ich den Ausgang meines Zeltes erreicht hatte, trafen wie die lieblichste Musik folgende auf englisch gesprochenen Worte mein Ohr: »Du bist in einer schlechten Lage, Freund!« — »Komm herein!« rief ich vor Freude ausser mir dem Fremden zu; der Vorhang hob sich und herein kroch, nicht, wie ich vermuthete, ein weisser Biberjäger oder reisender Mormone, sondern ein ebenso schmutzig, als wild aussehender Indianer, der eine fünf Fuss lange Büchse vor sich her schob. Als ich misstrauisch eine abwehrende Bewegung machte, rief er mir zu: »Du kannst englisch mit mir sprechen, ich verstehe Dich wohl.« — »Du bist doch ein Indianer,« erwiederte ich. — »Mein Vater war weiss,« antwortete Jener, »meine Mutter war roth, und ich selbst ziehe es vor, Indianer zu sein. Ich bin vom Stamm der Ottoes und befinde mich mit meinen fünf Gefährten und unsern Weibern auf der Heimkehr von der Jagd am Nebrasca nach unsern Wigwams an den Council Bluffs. Der Rauch Deines Feuers hat uns hierher gelockt. Unser Lager ist in einer tiefen Schlucht zwei Meilen von hier, bald werden meine Gefährten zu mir stossen. Wenn Du willst, so ziehe in mein Zelt und wandere mit uns nach unserem Dorfe am Missouri; der Weg ist weit und es liegt viel Schnee, wir müssen gehen, denn unsere Thiere sind mit Beute beladen und wenig Raum wird nur noch für Deine Sachen sein; unsere Weiber werden Mokkasins an Deine Füsse schnüren, damit Du keine blutige Spur im scharfen Schnee zurückzulassen brauchst. Entschliesse Dich und sage was Du willst; zuerst gieb mir aber zu essen, ich bin hungrig!« — »Ich kenne die Ottoes als Brüder der Weissen,« antwortete ich ihm, »ich werde mit Dir ziehen und sei es bis an's Ende der Welt. Was Deinen Hunger anbetrifft, so will ich Dir meinen ganzen Vorrath zu Gebote stellen. Hier sind zuerst die beiden frischen Keulen eines Prairiewolfes, sie sind zwar nicht übertrieben fett, aber wenn Dich so hungert wie mich, so wirst Du zulangen. Hier ist noch ein Bissen getrocknetes Büffelfleisch, hier noch etwas Pferdefutter (Mais) und wenn Du Salz liebst, so brauchst Du nur die Hand nach jenem kleinen Sack auszustrecken, er ist damit angefüllt.« — »Wolfsfleisch ist schlechte Speise,« erwiederte Louis Farfar, der Halbindianer, »wir Rothhäute essen es nur im höchsten Nothfalle, oder gebrauchen es als Heilmittel, wenn wir von Zahnschmerz oder Rheumatismus heimgesucht werden, doch ich bin hungrig, gieb nur her.« Bei diesen Worten schnitt er sich dünne Streifen von den erwähnten Keulen herunter, legte sie auf die Kohlen und füllte die Zeit des Röstens mit Kauen des harten, aber wohlschmeckenden Büffelfleisches aus. Louis Farfar hatte sein Mahl noch nicht beendet, als zwei neue Ankömmlinge sich meldeten, zu uns hineinkrochen und die kleine Wohnung vollständig ausfüllten. Es waren ebenfalls zwei Wilde, die mir ihre Hände freundschaftlich über dem Feuer entgegenstreckten. Der erstere, ein alter, runzliger Krieger mit dem Namen Wo-nes-hee, rieb sich die Hände, warf seine Decke von den Schultern, zog seinen Tomahawk, so wie einen ledernen, mit blauen Perlen gestickten Beutel aus dem Gürtel, um das wichtige Geschäft des Rauchens, als Zeichen der wohlwollendsten Gesinnungen, vorzunehmen. Der eiserne Hammer des Kriegsbeiles war als Pfeifenkopf ausgehöhlt, eine feine Röhre in dem langen Stiele mündete in denselben, und so konnte die gefährliche Waffe zugleich als harmloses Friedenszeichen benutzt werden.

Während Wo-nes-hee nun Tabak und Kine-ke-nick, eine Mischung von Schumach-Blättern und Weidenrinde aus dem Beutel nahm, wendete ich meine Aufmerksamkeit seinem jüngern Gefährten zu. Dieser war ein Mann von riesenhafter Grösse und wie ich, trotzdem er zusammengekauert dasass, wahrnehmen konnte, von untadelhaftem, kräftigem Wuchse. Seine Haare waren ziemlich kurz geschnitten und durch sorgfältige Pflege zum Aufrechtstehen gebracht, während die geflochtene Skalp-Locke (auf dem Wirbel des Kopfes) tief auf den blossen Rücken herabhing. Sein Gesicht war mit schwarzen Streifen geschmückt und trotz des wilden Ausdruckes in seinen Zügen glaubte ich nie einen schöneren Indianer gesehen zu haben. Sein Name war Wa-ki-ta-mo-nee oder der dicke Soldat; er war einer der angesehensten Krieger der Ottoes und mancher Skalp, der seinen Schild zierte, gab Zeugniss seiner tapferen Thaten. Mit der Eigenschaft eines gefürchteten Kriegers verband er auch den Namen eines grossen Medizinmannes, das heisst eines Arztes und Zauberers. Meine unglückliche Lage, besonders aber das Wolfsfleisch, schien das Gefühl des Mitleids in ihm rege zu machen, denn als der alte Wo-nes-hee mir die brennende Pfeife reichte, streckte Wa-ki-ta-mo-nee seine Hand unter dem Vorhang hindurch in's Freie, und zog das frische, blutige Viertel eines Hirsches herein, welches er bei seiner Ankunft daselbst niedergelegt hatte und jetzt mit gutmüthigem Nicken an meine Seite warf. Ein Mahl wurde nun gehalten, wie ich es in langer Zeit nicht genossen. Farfar's scharfe Nase hatte unter den unordentlich über einander geworfenen Sachen ein Gefäss mit Talg gewittert, welches zum Schmieren des Wagens mitgenommen war; von diesem wurde ein Theil in der Pfanne geschmolzen, um von dem frischen Hirschfleisch einen duftenden Braten zu schaffen; und wohl gelang es, denn er duftete nicht nur, sondern hatte auch einen so feinen Wohlgeschmack, dass es mir vorkam, als habe ich nie etwas Besseres gekostet. Wir assen, wir rauchten und assen wieder, wenig Worte oder Zeichen wurden unterdessen gewechselt; bei jedem saftigen Streifen, den ich abschnitt, segnete ich in Gedanken meine rothhäutigen Retter, die ohne weitere Aussicht auf Gewinn bei ihrem Eintritt in verständlichem Englisch sagten: »Du bist hungrig, hier ist zu essen; Du musst hier untergehen, ziehe mit uns; Du bist krank, wir wollen Dich pflegen und kleiden,« und dennoch waren es vor den Augen der frommen Missionäre nur verworfene Heiden, nicht gut genug, als geringste Diener an ihrer Seite zu leben!

Nach Beendigung der Mahlzeit folgte ein Kaffee von gebranntem Pferdefutter, der wiederum von der kreisenden Pfeife des alten Wo-nes-hee gewürzt wurde. Dann trafen wir für den nächsten Tag unsere Verabredung, die dahin ging, dass mit Tagesanbruch meine indianischen Freunde in ihrer ganzen Stärke bei mir eintreffen sollten, um mich nebst allen meinen Sachen in ihr Lager zu führen. Ich hatte von da ab ihre Zelte als meine Heimath und die gastfreundlichen Bewohner derselben als meine Brüder und als treue Gefährten auf Leben und Tod anzusehen. Mit einem herzlichen Lebewohl verliessen mich die braven Rothhäute gegen Abend, um zu ihren mehr wohnlichen Wigwams in der tiefen Schlucht zurückzukehren und ich hatte also nur noch eine einzige Nacht einsam in der Steppe zuzubringen.

Mit wie ganz anderen Gefühlen wickelte ich mich an diesem Abend in meine Decken, nachdem mir ein so tief rührender Beweis geworden, wie liebevoll die Vorsehung in jeder Lage des Lebens über den Menschen wacht; wie glücklich und zufrieden fühlte ich mich jetzt darüber, dass ich während dieser grässlichen sechs Wochen mich nicht einer gänzlichen Verzweiflung und deren etwaigen Folgen hingegeben hatte. Lange lag ich und sann über den Wechsel des Schicksals nach. Vor wenigen Stunden noch heimathlos, hülflos und einem gewissen Verderben preisgegeben — und jetzt? — Ich hätte jauchzen mögen bei dem Gedanken, gerettet und wieder unter Menschen zu sein. Freilich wusste ich nicht, auf wie lange ich mit den Wilden zu leben gezwungen sein würde, doch ich frohlockte, dass ich zu Menschen gelangen würde, die keines Verrathes fähig schienen und die in mir den Bruder erblickten. Ich bin ihnen Bruder geblieben, so lange ich in ihrer gastfreundlichen Mitte lebte bis zu dem Augenblicke, wo ich ihnen beim Abschiede auf Nimmerwiedersehen die braunen Hände herzlich drückte, und einen traurigen, melancholischen Ausdruck über die Trennung in ihren schwarzen, blitzenden Augen sah, ich bin es ihnen geblieben bis auf den heutigen Tag, an welchem ich mich Gottes schöner, grosser Natur erfreue und in voller, üppiger Lebenskraft dastehe. Ihnen, meinen alten, treuen, indianischen Gefährten habe ich dieses zu danken und nie werde ich sie vergessen, sondern brüderliche Gefühle noch für sie hegen, wenn wir einst Rechenschaft über unser irdisches Leben vor dem abzulegen haben, den diese armen Wilden ihren grossen, guten Geist nennen.

Als am nächsten Morgen die kleine Schaar der Ottoes zu mir stiess, hatte ich alle nur werthvollen Sachen, die theils mir gehörten, theils noch von meinem frühern Gefährten herrührten, in Bündel zusammengepackt; mit dem lebhaftesten Interesse betrachtete ich die übrigen mir noch unbekannten Mitglieder der Karavane, als sie einzeln zu mir traten, um Freundschaft mit mir zu schliessen. Ausser den schon genannten waren es noch Schin-ges-in-ki-nee, ein junger Krieger, Scha-ho-ka-ta-ko, ein Bursche von achtzehn Jahren, Sohn des alten Wo-nes-hee, und der junge Wa-ki-ta-mo-nee, Sohn des Medizinmannes, ebenfalls ein kräftiger Jüngling. Ein Schwarm von Weibern folgte in bescheidener Entfernung den Männern und machte sich, sobald sie angelangt waren, an die Arbeit, alle umherliegenden Sachen in den halbverschneiten Wagen, der noch von meinem frühern Gefährten herrührte, einzupacken, wobei sie nichts vergassen; selbst das festgefrorene Zeltleder wurde über dem Schnee abgeschnitten und zu den übrigen Sachen geworfen. Zu welchem Zwecke der kleine Wagen beladen wurde, konnte ich mir erst dann erklären, als die jungen Leute nebst den Frauen sich vor denselben spannten und theils schiebend, theils ziehend, unter fröhlichem Geschrei und Gejauchze mit ihrer Last die Richtung nach ihrem Lager zu einschlugen. Ich selbst, nur meine Waffen tragend, folgte langsam mit den alten Kriegern nach. Auf der Höhe angekommen, wendete ich mich noch einmal zurück, um einen letzten Blick auf die alte, verlassene Lagerstelle, den Ort meiner unbeschreiblichen Leiden und Qualen zu werfen. Wie öde und stille nahm sich Alles unter der weissen Decke aus; dort hatte mein Zelt gestanden, dort ich so manche schreckliche Nacht schlaflos zugebracht; feine Rauchwölkchen, die dem Aschenhaufen entstiegen, unter welchem die Kohlen noch glimmten, bezeichneten die Stelle genau. Weiter unten am Ufer hatte ich an jenem verhängnissvollen Tage mit meiner Büchse im Anschlage gelegen, hier waren die Indianer tödtlich getroffen zusammengesunken, ich blickte auf meinen nackten Arm, wo sich die Wunden kaum geschlossen, und dann nach der Oeffnung im Eise des Flusses, in welche ich die Körper der beiden Erschlagenen versenkt hatte, — ich schauderte — vielleicht auch mit vor Kälte, denn bleifarben und schwer hingen die Wolken hernieder und feine Flocken fingen an zu wirbeln. Dichter zog ich die Büffelhaut um mich und rüstig folgte ich dem vorangeeilten Trupp über den knisternden Schnee.« — Soweit war der Erzähler gekommen, als beim Heraubiegen aus einer mit niedrigem Eichengestrüpp bewachsenen Schlucht die Aufmerksamkeit auf die breite Ebene vor uns gelenkt wurde. Seit langer Zeit sahen wir hier zum ersten Male wieder die ferne Prairie sich mit dem Horizonte vereinigen. Die sich weit hinziehende Grenzlinie wurde nur durch die Natural Mounds unterbrochen, eine Gruppe von Hügeln in Gestalt von

Zuckerhüten oder Heuschobern, welche durch die zu der Zeit herrschende Kimmung *(mirage)* zu den wunderlichsten Figuren umgestaltet, bald aus einem weiten See emporzusteigen, bald von dem sonnigen, klaren Horizont herabzuhängen schienen *).

Die ausserordentliche Strahlenbrechung am Horizonte in den westlichen Regionen wird dem dort Reisenden bald eine bekannte Erscheinung und gewährt ihm Stunden lang Unterhaltung auf dem einsamen Pfade. Doch Tantalusqualen bereitet sie demjenigen, welcher, frische Quellen und Bäche weit hinter sich wissend, mit den letzten Tropfen warmen Wassers aus der Ledertasche die brennende Zunge netzt und sich mühsam weiter durch die nackte, wasserlose Wüste schleppt: es dehnt sich plötzlich ein grosser See vor den Augen des durstigen Wanderers aus und hebt den gesunkenen Muth; Baumgruppen und Gebüsch bekränzen in nebliger Ferne das jenseitige Ufer. Gesträuch und Schilf ragt hin und wieder aus dem klaren Wasserspiegel hervor, als solle es ihm Labung und Schatten bieten, und spornt ihn an, seinen Schritt zu beschleunigen, um endlich das ersehnte Ziel zu erreichen. Eine aufgescheuchte Antilope jagt, durch gleiche Täuschung getrieben, in langen Sprüngen dem Wasser zu, der flüchtige Huf findet aber keinen Widerstand in den vermeintlichen Wellen; bald sich scheu umsehend, bald kleine Windungen beschreibend, fliegt das erschreckte Thier über dürren, staubigen Boden dahin. Getäuscht und zagend mag dann der arme Wanderer auf die Luftspiegelung vor sich schauen, der See ist noch da, ein zitternder Wellenschlag ist sogar bemerklich, die wunderlichsten Gestalten aber, in welche sich fortwährend die flüchtige Antilope verwandelt, rufen ihm höhnisch zu: »Es ist optische Täuschung.« Kaum hat das Thier die ersten Sprünge in dem trügerischen See gethan, so fängt es an zu wachsen, immer grösser und grösser, bis es zuletzt als riesiger Büffel erscheint, der grimmig drohend rückwärts schaut; weiter bewegt sich jetzt der Riese und wiederum fängt er an zu wachsen, bis er zur langen, formlosen Gestalt geworden. Die Mitte des Scheinkörpers wird allmälig dünner, die gespenstische Gestalt zerreist und im fernen Dunste glaubt man wahrzunehmen, wie zwei Gebilde sich übereinander bewegen. Das untere verschwindet meist zuerst, während das obere wiederum mehr und mehr die Gestalt der Antilope annimmt, die, nachdem sie das jenseitige Ufer erreicht, mit weitausgestrecktem Halse sich zu den Kronen der Bäume herabneigt. Dies ist das wundersam wechselnde Spiel der Luftspiegelung in der Steppe! Bald ist verschwunden See, Wald und Schilf, nur die Antilope ist geblieben, die auf dem erwärmten, trockenen Sande umherirrt und von Zeit zu Zeit sich bückt, um ein frisches Blättchen von den zerstreut stehenden Ranken abzupflücken, und der Wanderer, welcher vergeblich nach einer Quelle späht.

Der Blick konnte nun wieder ungehindert über die weite Fläche schweifen, die

*) Ueber die *mirage*, das Trugbild des wellenschlagenden Wasserspiegels, vergl. Alexander von Humboldt, Ansichten der Natur I. pag. 223.

wie das Meer in ruhiger Erhabenheit dalag. Einzelne ausgetrocknete Vertiefungen wilder Giessbäche mussten noch mitunter überschritten werden, doch bildeten dieselben keine sonderlichen Hindernisse; denn statt der früheren, sandigen Lehmerde lag jetzt ein fester, rother Sandstein (?) nahe der Oberfläche des Bodens, der dem nagenden Zahn der Zeit und dem wild stürzenden Wasser zu viel Festigkeit entgegengesetzt hatte, als dass, wie auf der Ostseite der Cross Timbers, tiefe Schluchten hätten entstehen können. Doch auch der Felsen hatte dem Einflusse von Jahrtausenden nachgegeben und war an einzelnen Stellen heruntergewaschen; da, wo härtere, ungefügigere Adern den weichen Sandstein durchzogen, erblickte man die merkwürdigsten Formen und Figuren, manche sogar so regelmässig, dass man Werke, von Menschenhänden in Augenblicken muthwilliger Laune sorgsam mit dem Meissel ausgearbeitet, vor sich zu haben vermeinte. Besonders in's Auge fallend war die Mündung einer solchen Vertiefung in eine grössere, wo auf ebenem Sandsteinfelsen sich eine Anzahl von Kuppeln erhob, die selbst in der Nähe sich wie riesenhafte Urnen oder Vasen ausnahmen. Es waren ziegelrothe Sandsteinfelsgebilde, die bei einer Höhe von 8 bis 10 Fuss an den umfangreichsten Stellen vielleicht 4 bis 6 Fuss im Durchmesser haben mochten. Auf breitem, rundem Fusse standen schwächere Säulen, die gegen oben bedeutend an Umfang zunahmen und von der grössten Breite dann plötzlich spitz zuliefen, dass gleichsam dadurch Deckel auf den Vasen gebildet wurden. An dieser Stelle vorbei führte der Weg und lang hin zog er sich zu den Natural Mounds. Die grosse Ebenheit der Steppe, die durch nichts unterbrochen wurde, liess die Hügelgruppe näher erscheinen, als sie wirklich war. Meile auf Meile wurde zurückgelegt und schon senkte die Sonne sich tief gegen Westen, als der Wagenzug nördlich am Rock Mary vorbei, zwischen den Hügeln sich hindurchwindend, am westlichen Abhange derselben das Nachtlager aufschlug, wo ein Bach sich schon lange durch die einzeln aus seinem Bette hervorragenden Cottonwood-Bäume verrathen hatte. Die Natural Mounds, von denen der vornehmste den Namen Rock Mary führt, bilden eine Reihe zuckerhutförmiger Hügel, die in der Richtung von Nordwest nach Südost einzeln und getrennt von einander liegen. Alle sind gleich hoch, und zwar an 80 Fuss, und mit einer horizontalen Lage von rothem Sandstein bedeckt. Anscheinend sind es Ueberreste einer frühern Hochebene, die durch einzelne in derselben aufrechtstehende Felsblöcke vor gänzlichem Verschwinden bewahrt wurden, was vielleicht daraus zu schliessen ist, dass westlich von derselben sich eine Säulenreihe auf der ebenen Fläche erhebt, welche aus regelmässig übereinander liegenden Sandsteinblöcken besteht, bei deren Anblick man kaum die Ueberzeugung gewinnen kann, dass die Natur wirklich diese, wenn auch nicht imposanten, doch höchst überraschenden Bauten aufgeführt oder vielmehr bei einer jüngeren Zerstörungskatastrophe stehen gelassen habe. Es mögen noch 12 oder 14 kleinere und grössere dieser Säulen stehen, mehr noch von der Zeit allmälig verwittert sein. Die grössten erreichen eine Höhe von ungefähr 25 Fuss; einige bestehen aus gleichförmigen, mächtigen Quadern, während andere, von derselben Höhe, nur noch einen Durchmesser von 2 bis 3 Fuss haben und über kurz oder lang in sich zusammenstürzen werden.

Krystallklar rieselte eine Quelle in der Nähe dieser Colonnade über Bänke festen Sandsteins. Sie schwoll bald an zu einem Bächlein, gespeist durch andere Adern, die sich überall in dem Gestein öffneten. Das Bächlein wird ein kleiner, kräftig rieselnder Fluss an seiner Mündung in den Canadian River. Es war hier die Grenze zwischen den süssen und den salzigen Wassern und am andern Tage schon wurde die grosse Gypsregion (*) betreten, die mit Recht als die grösste des Continents von Nordamerika bezeichnet und von den grossen Gypslagern in Chili, an der Westküste Süd-Amerika's, wohl nur in der Ausdehnung der Länge übertroffen wird (nach Darwin). In einer Breite von 50 Meilen beginnt dieses Lager bereits am Arkansas und zieht sich in südwestlicher Richtung über den Canadian, an den Quellen des Red River vorbei, dehnt sich dann aus über einen Theil der Hochebene *(Llano Estacado)*, berührt zu gleicher Zeit den Colorado und zieht sich über den Brazos und Pecos hinaus; also in einer Länge von wenigstens 400 Meilen. Allerorts wo der Gyps auf dieser Strecke zu Tage tritt, zeigt er sich in jeder nur denkbaren Formation: bald bildet er weisse Adern, die den rothen Lehm in den Ufern der tiefausgewaschenen Flussbetten durchziehen, bald alabasterähnliche Felsmassen, die an der Oberfläche der Ebene liegen und grosse Oeffnungen und Spalten zeigen, so dass man mit Leichtigkeit in ihren Schooss hinabzusteigen vermag; dann aber auch klare, feinblättrige, spathartige Selenit-Tafeln, die nicht selten bei einer Stärke von 2 Zoll mehrere Quadratfuss Flächeninhalt haben, so dass es leicht sein würde, grosse Fensterscheiben aus solchen Stücken herzustellen. Durch solche dünne Tafeln findet man in den Städten der Pueblo-Indianer, der Abkömmlinge der alten Azteken, am Rio Grande, alle Lichtöffnungen der Häuser geschlossen, und es haben derartige Scheiben noch den Vortheil, dass sie dem Bewohner die Aussicht in's Freie gönnen, dabei aber selbst dem schärfsten Auge einen Blick von Aussen durch die Scheibe in das Innere der schwach erleuchteten Stube unmöglich machen. Das Wasser der oben genannten Flüsse, die ihren Anfang in diesen Gypsregionen nehmen, hat durchweg einen Beigeschmack von Magnesia und Soda, der an Ort und Stelle so stark ist, dass es untrinkbar dadurch wird und der Genuss desselben nicht ohne Wirkung auf den Körper bleibt. Darum beeilt sich auch Jeder, der am Rande dieser Wüste steht, so schnell wie möglich die Strecke über ein Land zurückzulegen, wo der Anblick des kühlen, klaren und doch untrinkbaren Wassers quälender ist, als der Gedanke, noch manchen mühevollen Tagemarsch durch eine ganz wasserlose Prairie zurücklegen zu müssen.

Nicht ohne die nöthigsten Vorsichtsmassregeln verliess also unsere Reisegesellschaft die letzte süsse Quelle bei den Natural Mounds. Um so wenig wie möglich auf das bittere Wasser angewiesen zu sein, wurden die Schläuche und die zu diesem Zweck mitgenommenen Fässer, sogar die Küchengeräthschaften mit gutem Wasser gefüllt und als Alles zum Aufbruch bereit war und die Thiere getränkt und gesattelt umherstanden, da sah man die einzelnen Mitglieder noch den Abhang hinuntereilen, sich an der Quelle niederlegen und in langen Zügen von dem für sie so kostbaren Trank schlürfen, gleichsam als wollten sie im Bewusstsein kommender Noth auf Tage und Wochen ihren Durst im Voraus stillen.

So kam unser Zug denn endlich in Bewegung. Die Strasse auf der unabsehbaren Ebene war vortrefflich, die Natural Mounds und Rock Mary blieben in bläulicher Ferne zurück und ungehindert, wie auf dem weiten Ocean, konnte das Auge ringsum der Linie folgen, die von dem Horizont und der Prairie gebildet wurde. Es war eine ungewohnte, eine neue Scene, noch zu neu, um etwas anderes als das allgemeinste Interesse zu erregen. Eine erhabene Ruhe, eine Todtenstille herrschte überall. Selbst das Getöse der Wagen schien erstorben in dieser Unendlichkeit.

Die Reiter hatten sich von dem Zuge getrennt und ritten sorglos über das kurze, harte Gras; Gefahr sich zu verirren, war nicht mehr vorhanden, denn es bedurfte fast einer Tagereise, um die Gefährten aus dem Auge zu verlieren; und wenn auch einige Rauchsäulen im Westen aufstiegen und Kunde von der Anwesenheit menschlicher Wesen gaben, so waren sie doch so fern, dass jede Vorsicht unnöthig wurde, da ein grösserer Trupp der Kiowas oder Comanches nicht im Stande gewesen wäre, sich unbemerkt auf 3 Meilen zu nähern. Die kleinen Schwellungen und Erhöhungen, die sich hin und wieder zeigten, entbehrten jeglicher Vegetation, aber Tausende blitzender Funken entlockten dem Boden die brennenden Strahlen der Sonne. Mancher wurde deshalb veranlasst sein Thier nach solchen Stellen zu lenken, um nach Schätzen zu suchen, die aber bei näherer Untersuchung aus weiter nichts bestanden, als aus halbdurchsichtigen, spathartigen Bruchstücken von Gyps. Ein kleiner Trupp dieser Reiter, welche in eifriger Unterhaltung ihre Strasse in schnellem Schritte verfolgten und einen bedeutenden Vorsprung vor dem langsam folgenden Train und den bedeckenden Infanteristen gewonnen hatten, machte jetzt an einem solchen schillernden Hügel Halt. Die Fangleinen wurden auf die Erde geworfen, so dass sie von den Zäumen herabhängend lang nachschleiften, während die Thiere grasend umherschritten, und es wurde beschlossen, bis zur Ankunft der letzten Nachzügler zu rasten. Der nie fehlende Doctor suchte nach Pflanzen unter dem schimmernden Gestein, während der Geologe tapfer mit seinem Hammer darauf losschlug. Der Topograph gab sich die grösste Mühe, einige Senkungen der Ebene auf der Karte zu notiren, und der Naturaliensammler quälte sich grössere Gypsblöcke umzustossen, um Eidechsen oder Schlangen aus ihren sichern Verstecken in die Spiritusflasche wandern zu lassen. Kaum hatte der alte Doctor die Spitze des Hügels erreicht, als er mit freudigem Ausdruck seine Kameraden zu sich rief. »Kommt Alle herauf,« jubelte er ihnen zu, »die Erde ist hier gespalten, so dass wir tief hinabsteigen können.« Diese liessen ihrerseits nicht lange auf sich warten und fanden wirklich eine weite, trichterförmige Oeffnung im Boden, die in einer Tiefe von 12 Fuss sich erweiterte und Eingänge in niedrige Nebenspalten zeigte. Nachdem die erste Ueberraschung vorüber war, wurde Anstalt gemacht die dunkle Höhle näher zu untersuchen. Die rauhe, alabasterähnliche Gypsformation der Wände bot hinlänglich Haltepunkte für Hände und Füsse; in kurzer Zeit war die kleine Gesellschaft hinabgestiegen und versuchte durch die niedrigen Eingänge in die nächsten Grotten zu dringen; doch pechschwarze Finsterniss herrschte überall und Spuren wilder Thiere, die dicht neben einander auf dem weichen Sande des Fussbodens abgedrückt waren, liessen es nicht gerathen erscheinen, sich blindlings in diese Höhlen weiter zu wagen. Ein Licht, welches sich glücklicher Weise in einer der Jagdtaschen vorgefunden hatte, wurde angezündet und nach einigem Hin- und Herreden entschloss sich Einer, den Weg zu eröffnen. Seine Kameraden hinter sich, kroch dieser auf den Knien in den nächsten Gang, indem er mit der einen Hand das Licht, mit der andern vorsichtig den Revolver voranschob. Der enge Pfad führte nach kurzer Strecke in ein hohes, geräumiges Gemach, dessen gewölbte Decke auf zwei unregelmässigen Säulen ruhte. Diese eisig kühle Grotte, obgleich nur klein, zeigte dennoch schöne und malerische Theile und Formen. Hier hingen tropfsteinartige Gypsmassen von der Decke herab, dort hoben sich durchlöcherte, krause Felsen aus dem Boden, hier war die Wand von oben bis unten gespalten, dort wiederum zeigte sich die Mündung einer Röhre, zu eng als dass sie den Durchgang einem menschlichen Wesen erlaubt hätte, und bei jeder Bewegung, welche die Beschauer in der Grotte machten, zeigten sich ihnen neue und interessante Erscheinungen. Trotz der schwachen Beleuchtung schimmerten die weissen Felsmassen dabei, wie ein Gebäude aus flimmerndem Schnee und Eis. Alle in dieses Gewölbe mündenden Gänge führten wieder an's Tageslicht, doch waren die Oeffnungen nur gross genug, um Wölfe und wilde Katzen durchzulassen, die gewiss auch vor unserer Annäherung das Weite gesucht haben werden. Mehrere solcher Gemächer der Gypsschlotte wurden noch durchsucht, doch ohne irgend besondere Merkwürdigkeiten zu zeigen; nur in einem, welches oben eine weite Oeffnung hatte, befanden sich die Ueberreste eines Büffels, der wahrscheinlich unter einer dichten Heerde grasend, dem gefährlichen Punkte zu nahe gekommen war und von seinen Kameraden hineingedrängt, eine leichte Beute der Wölfe geworden war. Obgleich diese unterirdische Wanderung für die vier Abenteurer etwas ganz unerwartetes auf solch ebenem Landstrich war, so fehlte doch, um der Unterhaltung die Krone aufzusetzen, eine unterirdische Bärenjagd in den dunklen Räumen. Solcher absonderlichen Ansicht war nämlich der alte Doctor, als sich Alle in dem kühlen Raume gelagert hatten, um im Schatten die Ankunft des Haupttrains zu erwarten. »Aber, lieber Doctor, was würden Sie gethan haben, wenn ein tüchtiger Petz Ihnen auf den Leib gerückt wäre?« fragte Einer aus der Gesellschaft. — »Ich würde als vernünftiger Mann den Bären getödtet haben,« gab der Doctor zur Antwort. »Ihr wisst noch gar nicht, welch grosses Glück ich auf dergleichen Jagden habe! darum lasst Euch erzählen. Als ich vor zwei Jahren zur Vermessung der mexikanischen Grenze mitgezogen war, traf es sich, dass wir in der Nähe der alten Kupferminen unser Lager für längere Zeit aufgeschlagen hatten. Wie sich von selbst versteht, streifte ich alle Tage in der nächsten Umgebung umher, um mein Herbarium zu bereichern, natürlich nie unbewaffnet, denn Bären und Indianer sind in dortiger Gegend nichts Neues, und weil mir mein Revolver zu schwer war, begnügte ich mich, ein kleines, einfaches Terzerol mitzunehmen. Ein junger Mann der Vermessungs-Commission, welcher beiläufig gesagt, beinahe ein ebenso guter Jäger war wie ich, fasste eines Tages den Entschluss, sich mit einer Büchse zu bewaffnen und mich zu begleiten. Erzählend und botanisirend, krochen wir in den wildesten Schluchten umher und woran wir am wenigsten dachten, das war eine Bärenjagd. Als wir uns so durch eine Strecke Buschwerk gewunden hatten und auf eine kleine Lichtung traten, könnt Ihr Euch unsern Schrecken vorstellen, als wir uns keine zwanzig Schritte gegenüber einer alten, schwarzen Bärin sahen. Sie stand an einem grossen Baume auf den Hinterfüssen, mit zurückgelegten Ohren und fletschenden Zähnen. Ihre kleinen, blitzenden Augen ruhten bald auf uns, bald auf der dichtesten Stelle im Baume, woselbst ein junger Bär auf die possirlichste Art zwischen dicken Aesten zusammengekauert sass, die Ursache, dass die Alte sich nicht von der Stelle bewegte und es nur bei einem herausfordernden Brummen bewenden liess. Umzukehren schämten wir uns und dann zähmte ich mir auch schon in Gedanken den kleinen, zottigen Burschen, während mein Gefährte, wie er später äusserte, sich den Schinken der Alten bereits wohl schmecken liess. Unsere Verabredung war schnell getroffen. Mein Kamerad nahm sich den Kopf der grimmigen Feindin zum Ziel seiner Büchse, ich hielt mein Terzerol so, dass die Kugel ihr durch's Herz fahren musste und zugleich gaben wir Feuer. Kaum hatte es geknallt, so machte die Bärin zwei Sätze auf uns zu, bei jedem Sprunge fürchterlich schnaubend, kehrte aber schleunigst wieder zu ihrem Jungen zurück, welches kopfüber von dem Baume gefallen war, und verschwand mit demselben im Gebüsch. Mein Kamerad und ich sahen uns verwundert an, versuchten es, unsern Schrecken fortzulachen, und ohne uns lange mit Verfolgung oder Spüren aufzuhalten, trabten wir eiligst dem Lager zu. Es war eine Tollkühnheit den Bären anzugreifen, um so mehr da er in Begleitung seines Jungen war; ich will aber den sehen, der einen glücklicheren Schuss gethan hätte als wir beide: denn hätte eine unserer Kugeln das Ungethüm berührt und verwundet, so würden wir wohl nicht mit dem blossen Schrecken davongekommen sein.« — Alle pflichteten natürlich dem fröhlichen, alten Doctor bei und erhoben seinen Muth bis in den Himmel, was bei der ganzen Gesellschaft die heiterste, die ausgelassenste Laune hervorrief. Es wurde gelacht, gejubelt und gesungen, zur nicht geringen Verwunderung einiger neuen Ankömmlinge, welche die grasenden Thiere und keine Reiter wahrgenommen hatten und nun lauschend um den kleinen Hügel ritten, aus dessen Innerm ihnen lachende und singende Stimmen dumpf entgegenschallten. Das Versteck- und Suchenspiel dauerte indessen nicht lange; es hatte sich bald eine neue Gesellschaft oben an dem Eingange in die Unterwelt gebildet, die den an's Tageslicht Kletternden hülfreiche Hand leistete und zum Dank dafür mit Erzählungen schrecklicher Abenteuer in den Zaubergärten der Unterwelt überschüttet wurde.

Die Reise über die Gypsregion dauerte fünf Tage. Der Mangel des guten Wassers wurde besonders in der letzten Zeit fühlbar, als der mitgenommene Vorrath erschöpft war und sich Jeder in die unabänderliche Nothwendigkeit fügen musste, seinen Durst nach besten Kräften mit dem bittern Wasser zu stillen. Doch leider wurde durch den Genuss desselben der Durst nicht nur peinigender, sondern ein allgemeines Unwohlsein stellte sich bei unserer Gesellschaft ein, wodurch die Speisen, die an sich schon den unangenehmen Beigeschmack hatten, nur noch widerlicher wurden. Unter solchen Umständen war es erklärlich, dass der gewohnte gute Humor fast gänzlich verschwand und Jeder, wenn auch geduldig und ergeben, doch ziemlich verdrossen seines Weges zog. Noch zwei Tagereisen vor den Antelope Hills, der Grenze der Gypslager und zugleich der östlichen Grenze zwischen dem nördlichen Texas und den Indianer-Ländereien, hatte es den Anschein, als habe die Formation eine Aenderung erlitten: denn die kleinen Anhöhen waren nicht mehr wie gewöhnlich mit Bruchstücken von Gyps, sondern mit fossilen Austerschalen bedeckt. Nur auf eine kurze Strecke war diese Aenderung sichtbar und die Ebene trug dann wieder denselben Charakter, wie die in den letzten Tagen durchreisten Gegenden. Die Maulthiere und die kleine Heerde des mitgeführten Schlachtviehes befand sich indessen ganz wohl; der salzige Beigeschmack war ihnen eine angenehme Würze und üppiges Gras, wenn auch nicht hoch, wucherte überall. Waren diese Gegenden nur spärlich bewässert, so wurde doch an jedem Abend ein Bach erreicht, der hinlänglich Wasser bot und dessen Ufer Nahrung für die Heerden bargen. Alle diese Gewässer nun, darunter das bedeutendste der Gypsum Creek, eilten in vielen Windungen theils dem Witchita, theils dem Canadian zu; sie wimmelten von Fischen jeder Art, unter denen sich besonders der mit furchtbarem Gebiss bewaffnete Schnabelfisch auszeichnete, der gemeinschaftlich mit der weichschaligen Lederschildkröte in dem nassen Elemente zu herrschen schien. Die Kioway-Indianer durchstreifen hauptsächlich diese Gegenden, doch ist eine besondere Grenze zwischen ihrem Gebiet und dem ihrer westlichen Nachbarn, der Comanches, nicht bestimmt.

Die grossen Stämme der Comanches und der Kioways leben auf freundschaftlichem Fusse mit einander und dehnen ihre Raub- und Jagdzüge von den Ansiedelungen der Shawnees bis zum Rio Grande, und von den Colonien am mexikanischen Golf bis hinauf an den Nebraska oder Flachen Fluss aus.

X.

Die Antelope Hills. — Der Prairie-Hund. — Erzählung der Abenteuer am Nebrasca. (Fortsetzung.) — Weintrauben. — Die Comanche-Indianer. — Die wilden Pferde oder Mustangs. — Des Naturaliensammlers Unfall.

So wurde denn der Canadian erreicht. Zu gleicher Zeit, als sein breiter Spiegel wahrgenommen wurde, konnte man in bläulicher Ferne einen Fernblick auf die nebligen Antelope Hills gewinnen. Diese verschwanden indessen wieder vor unseren Augen, als wir, um an den Fluss zu gelangen, unsern Weg zwischen wilden Hügeln hinab in's Thal suchten.

Wie änderte beim Näherrücken sich das Aussehen des Flusses! Träge sickerte die trübe, ziegelfarbige Fluth in dem breiten Bette dahin, kaum im Stande, den rollenden Treibsand zu bedecken; die Löcher, die gescharrt wurden, um Wasser zum Trinken aufzufangen, versandeten gleich wieder, und gelang es endlich eines kärglichen Trunkes habhaft zu werden, so genügten einige Tropfen zur Belehrung, dass das Wasser des Canadian, welches weiter unterhalb zu jedem Gebrauch hinlänglich gut war, an dieser Stelle an Widerlichkeit dem der salzigen Nebenflüsse durchaus nichts nachgab. Doppelt beeilte sich daher Jeder die Antelope Hills endlich zurückzulassen, um an dem westlichen Abhange derselben, in dem so lang entbehrten, unverdorbenen Elemente schwelgen zu können.

Die **Antelope** oder **Boundary Hills**, die Antilopen- oder Grenzhügel, sind sechs tafelförmige Berge, die sich an 150 Fuss über der Ebene erheben. Ihre Form ist regelmässig, einige sind ovalen, andere wieder runden, riesenhaften Wällen ähnlich. Alle sind mit einer horizontalen Lage oder Tafel weissen Sandsteines bedeckt, die eine Stärke von 18 Fuss hat, ohne Zweifel Ueberreste von Hochebenen, die hier so merkwürdig aus der unabsehbaren Ebene aufsteigen. Jeder dieser Wälle hat Stellen, an welchen leicht auf die Plattform zu gelangen ist; die Aussicht von da herab wird rings herum von dem Horizont begrenzt, der sich mit der dem Auge fast entschwindenden Grasebene verbindet.

Wie gross und wie still, wie erhaben und doch wie beängstigend ist diese Aussicht; nichts als die ewige, wellenförmige, grüne Prairie; kleine Streifen von verkümmertem

Buschwerk ragen hin und wieder aus Schluchten oder Flussbetten hervor, aber grün, Alles ist grün bis auf die rothen Stellen am nördlichen Ufer des Canadian, Stellen, die, durch schweren Regen aller Vegetation beraubt, die weissen Adern zur Schau tragen, von welchen sie durchzogen sind. Der ziegelfarbige Fluss selbst kommt von Südwest herauf und einen grossen Bogen gegen Norden um die Hügel beschreibend, verliert er sich in östlicher Richtung.

Der Weg führte uns zwischen den Hügeln hindurch und im Westen derselben auf eine ebene Fläche, welche den Charakter des Landes plötzlich änderte. Wir fanden kurzes, fettes Buffalo-Gras, Prairiehunde und pfützenartige Teiche, die theilweise reichlich gutes Wasser enthielten. Die meisten der Teiche und alten Flussbetten waren ganz trocken, einige derselben auf lange Strecken mit Holz eingefasst, andere wiederum nur an einzelnen Stellen des Ufers mit Buschwerk bewachsen, entbehrten fast gänzlich des Schmuckes schattiger Bäume.

So nun, wie eben beschrieben, blieb manche Tagereise ohne Abwechselung landschaftlicher Formen und selten nur wurde die Einförmigkeit durch einen vereinzelt stehenden, konischen Hügel oder einen Tafelfelsen unterbrochen, welche ihrer Seltenheit wegen mit um so grösserem Interresse von den Vorbeireisenden betrachtet und untersucht wurden.

Eins der merkwürdigsten lebenden Wesen, welches auf den Prairien und den hohen Tafelländern gefunden wird, ist unstreitig der Prairiehund (*Arctomys ludovicianus* AND.), der in der That nichts anderes ist als ein Murmelthier. Die alten canadischen Trapper nannten ihn zuerst *petit chien*, wozu der Lärm, welchen er zu machen pflegt und der dem Bellen eines kleinen Hundes nicht unähnlich ist, wohl den ersten Grund gegeben hat; hieraus entstand der Name Prairiehund, der auch bis auf den heutigen Tag geblieben ist. Zu welcher unglaublichen Ausdehnung die Ansiedelungen dieser friedlichen Erdbewohner herangewachsen sind, davon kann man sich am besten überzeugen, wenn man ununterbrochen Tage lang zwischen kleinen Hügeln hinzieht, deren jeder eine Wohnung zweier oder mehrerer solcher Thiere bezeichnet.

Die einzelnen Wohnungen sind gewöhnlich 15 bis 20 Fuss von einander entfernt und jeder kleine Hügel, der sich vor dem Eingange in dieselbe erhebt, mag aus einer guten Wagenladung Erde bestehen, die allmälig von den Bewohnern aus den unterirdischen Gängen an's Tageslicht befördert worden ist. Manche haben einen, andere dagegen zwei Eingänge; ein festgetretener Pfad führt von einer Wohnung zur andern, bei deren Anblick die Vermuthung rege wird, dass eine innige Freundschaft unter diesen lebhaften, kleinen Thieren herrschen muss. Bei der Wahl einer Stelle zur Anlage ihrer Städte scheint ein kurzes, krauses Gras sie zu bestimmen, welches besonders auf höheren Ebenen gedeiht und nebst seiner Wurzel die einzige Nahrung dieser Thierchen ausmacht. Sogar auf den Hochebenen von Neu-Mexiko, wo viele Meilen im Umkreise kein Tropfen Wasser zu finden ist, giebt es sehr bevölkerte Republiken dieser Art, und da in dortiger Gegend mehrere Monate hindurch kein Regen fällt und man, um Grundwasser zu erreichen, über 100 Fuss in die Tiefe graben müsste, so ist fast anzunehmen, dass die Prairiehunde keines Wassers bedürfen, sondern sich mit der Feuchtigkeit begnügen, welche zeitweise ein starker Thau auf den feinen Grashalmen zurücklässt. Dass diese Thierchen ihren Winterschlaf halten, ist wohl nicht zu bezweifeln, denn sie legen keinen Futtervorrath für den Winter an; das Gras um ihre Höhlen vertrocknet im Herbste gänzlich und der Frost macht den Boden so hart, dass es unmöglich für sie sein würde, auf gewöhnlichem Wege sich Nahrung zu verschaffen. Wenn der Prairiehund die Annäherung seiner Schlafzeit fühlt, welches gewöhnlich in den letzten Tagen des Octobers geschieht, so schliesst er alle Ausgänge seiner Wohnung, um sich gegen die kalte Winterluft zu schützen, und übergiebt sich dann dem Schlafe, um nicht eher wieder auf der Oberwelt zu erscheinen, als bis die warmen Frühlingstage ihn zu neuem, fröhlichem Leben erwecken. Den Aussagen der Indianer gemäss öffnet der Prairiehund manchmal bei noch kalter Witterung die Thüren seiner Behausung; dies ist alsdann aber als sicheres Zeichen anzusehen, dass bald warme Tage zu erwarten sind.

Eine kleine Erdeule (*Athene hypogaea* Bonaparte) ist die Mitbewohnerin dieser unterirdischen Ansiedelungen; sie lebt auf dem vertraulichsten Fusse mit den kleinen Vierfüsslern, doch gewöhnlich findet man die Eule nur in solchen Höhlen, die von ihren ursprünglichen Eigenthümern verlassen sind. Die Prairie-Klapperschlange wird ebenfalls vielfach in solchen Dörfern angetroffen, eine Erscheinung, die zu dem irrigen Glauben Anlass gegeben hat, dass ein freundschaftliches Verhältniss zwischen Thieren bestehe, die doch nach dem Gesetze der Natur einander feindlich gegenüber stehen müssen. Allerdings schallt aus mancher Höhle das unheimliche Rasseln des giftigen Reptils dem forschenden Reisenden entgegen, doch sind das Wohnungen, die schon lange verlassen oder deren Bewohner durch den ungebetenen Gast verdrängt, oder wohl gar verzehrt wurden.

Einen merkwürdigen Anblick gewährt eine solche Colonie, wenn es glückt, von dem Wachtposten unbeachtet in ihre Nähe zu gelangen. So weit das Auge nur reicht, herrscht ein reges Leben und Treiben: fast auf jedem Hügel sitzt aufrecht, wie ein Eichhörnchen, das kleine, gelbbraune Murmelthier; das aufwärts stehende Schwänzchen ist in immerwährender Bewegung und zu einem förmlichen Summen vereinigen sich die feinen, bellenden Stimmchen vieler Tausende. Nähert sich der Beschauer um einige Schritte, so vernimmt und unterscheidet er die tieferen Stimmen älterer und erfahrener Häupter, aber bald wie durch Zauberschlag ist alles Leben von der Oberfläche verschwunden. Nur hin und wieder ragt aus der Oeffnung einer Höhle der Kopf eines Kundschafters hervor, der durch anhaltend herausforderndes Bellen seine Angehörigen vor der gefährlichen Nähe eines Menschen warnt. Legt man sich alsdann nieder und beobachtet bewegungslos und geduldig die nächste Umgebung, so wird in kurzer Zeit der Wachtposten den Platz auf dem Hügel vor seiner Thür einnehmen und durch unausgesetztes Bellen seine Gefährten von dem Verschwinden der Gefahr in Kenntniss setzen. Er lockt dadurch einen nach dem andern aus den dunklen Gängen auf die Oberfläche, wo alsbald das harmlose Treiben dieser geselligen Thiere von Neuem beginnt. Ein älteres Mitglied von sehr gesetztem Aeussern stattet dann wohl einen Besuch bei dem Nachbar ab, der ihn auf seinem Hügel in aufrechter Stellung mit wedelndem Schwänzchen erwartet und dem Besucher an seiner Seite Platz macht. Beide scheinen nun durch abwechselndes Bellen sich gegenseitig gleichsam Gedanken und Gefühle mittheilen zu wollen; sich fortwährend eifrig unterhaltend, verschwinden sie in der Wohnung, erscheinen nach kurzem Verweilen wieder, um gemeinschaftlich eine Wanderung zu einem entfernter lebenden Verwandten anzutreten, welcher nach gastfreundlicher Aufnahme an dem Spaziergange Theil nimmt; sie begegnen anderen, kurze, aber laute Begrüssungen finden statt, die Gesellschaft trennt sich und Jeder schlägt die Richtung nach der eigenen Wohnung ein. Stunden lang könnte man, ohne zu ermüden, das immerwährend wechselnde Schauspiel betrachten und es kann nicht wundern, wenn der Wunsch rege wird, die Sprache der Thiere verstehen, um sich unter sie mischen und ihre geheime Unterhaltungen belauschen zu können.

Furchtlos sucht sich der Prairiehund seinen Weg zwischen den Hufen der wandernden Büffel hindurch, doch der Jäger im Hinterhalte braucht sich nur unvorsichtig zu bewegen und scheu und furchtsam flieht Alles hinab in dunkle Gänge. Ein leises Bellen, welches aus dem Schoosse der Erde dumpf herauf klingt, so wie die Anzahl kleiner, verlassener Hügel verrathen dann allein noch den so reich bevölkerten Staat.

Das Fleisch dieser Thiere ist schmackhaft, doch die Jagd auf dieselben so schwierig und so selten von Erfolg gekrönt, dass man selten aus anderer Absicht den Versuch macht eins zu erlegen, als um die Neugierde zu befriedigen. Da der Prairiehund kaum die Grösse eines guten Eichhörnchens erreicht, so würden auch zu viele Exemplare dazu gehören, um für eine kleine Gesellschaft ein ausreichendes Mahl zu beschaffen, und manches getödtete Thierchen rollt ausserdem noch in die fast senkrechte Höhle tief hinab, ehe es gelingt dasselbe zu erhaschen. —

Ringsum grüne Ebene; blaues Tafelland bezeichnet hin und wieder den nebligen Horizont; ein glühender Wind bewegt Halme und Blumen und wirbelt gelegentlich eine schmale Säule von Staub und Gräsern zu den Wolken empor; in gemessenem Schritt stampfen die keuchenden Maulthiere mechanisch eine neue Strasse; nachdenkend oder träumend hängen die Reiter im Sattel; das Athmen in der drückenden Atmosphäre wird ihnen schwer, sie haben Langeweile und wünschen den Abend herbei. Einförmigkeit, Eintönigkeit überall, nur nicht in der Erzählung des deutschen Naturaliensammlers, der in dem Doctor Bigelow und mehreren andern Mitgliedern unserer Expedition aufmerksame und geduldige Zuhörer gefunden hat und daher in der Mittheilung seiner frühern Erlebnisse in lebhaftem Tone fortfährt.

»Der Weg zum Lager der Indianer mochte nur zwei Meilen betragen,« begann er, »doch schien er mir sehr lang. Der kleine Trupp, welcher mir vorangezogen war, hatte eine Bahn oder vielmehr einen Pfad im tiefen Schnee gebrochen; diesem folgend fühlte ich so recht, wie weit meine Kräfte mich verlassen hatten. Eine grenzenlose Mattigkeit bemächtigte sich meiner und zagend gedachte ich der weiten Märsche, die ich in den nächsten Tagen zurückzulegen hatte. Meinen neuen Gefährten war meine Kraftlosigkeit nicht unbemerkt geblieben und sorglich änderten sie den ganzen Reiseplan, aus steter Rücksicht für mein Wohl. Ihr kleines Lager, welches zwei grosse Zelte bildeten, stand in einer tiefen, mit verkrüppelten Eichen bewachsenen Schlucht, am Rande eines ausgetretenen Baches, dessen Wasser mit dicker Eiskruste überzogen war. Schnee lag überall, doch konnte der Sturm seinen Weg nicht hinab finden, um an den Zeltstangen zu rütteln oder die neun kleinen, zottigen Pferde in ihrer Arbeit zu stören, wenn sie ihr bescheidenes Futter mit den scharrenden Hufen bloslegten. Ein Gefühl angenehmer Behaglichkeit überkam mich, als ich die steile Uferwand hinabkletterte und meines künftigen Asyls ansichtig wurde. Meine Gefährten waren schon angelangt, der kleine Wagen ebenfalls und die braune, wild aussehende Schaar war emsig damit beschäftigt, den verschiedenen Packeten und Bündeln in den geräumigen Zelten Plätze anzuweisen. *An-tarro-kau!* tönte es mir entgegen und dieser Ausruf des Willkommen wurde von den Männern durch einen wohlgemeinten Händedruck bekräftigt, während die Weiber und Kinder mich neugierig bewunderten und eine gewisse Genugthuung darüber zu empfinden schienen, dass ein Weisser sich unter ihnen befand, der schlechter und weniger bekleidet war, als sie selbst. Die Kinder wichen scheu vor mir zurück, doch konnte mich dieses nicht befremden, denn mein Aussehen musste wirklich abschreckend sein: Bart und Kopfhaar bildeten eine wild verworrene Masse und die Haut war durch den Einfluss des Wetters, mehr aber noch durch den Rauch, dem ich fortwährend ausgesetzt gewesen, dunkelbraun gefärbt. Nur noch Fragmente von Kleidungsstücken umgaben meinen Körper und Reste von Schuhen hatte ich mit Riemen an meinen Füssen befestigt. In diesem gewiss nicht unmalerischen Aufzuge stand ich vor den Zelten der gastfreundlichen Ottoes. »Wigwam-Pet-sche-Pi-ke!« redete der Medizinmann mich jetzt an und zeigte auf die Oeffnung in seinem Zelte, »im Wigwam ist gutes Feuer,« übersetzte Farfar, »geh' hinein und wärme Deine Glieder, iss und trink mit Wa-ki-ta-mo-nee und komm' dann in mein Zelt, dort kannst Du wohnen, dort kannst Du schlafen, mein Haus ist gross genug und warm.« Willig leistete ich der Aufforderung Folge, kroch in die Behausung des Medizinmannes und nahm an seiner Seite vor dem flackernden Feuer Platz. Um uns her lagerten oder hockten auf den Knieen die übrigen Mitbewohner. Die alte Mutter, mit der Zubereitung des Mahles beschäftigt, zunächst der Thüröffnung, ihr zu beiden Seiten ihre Töchter, von denen die älteste ungefähr achtzehn und die jüngste nur zwei Jahre zählen mochte. Der Hausvater, sein Sohn und Schin-ges-in-ki-nee hatten auf indianische Weise die besten Plätze für sich behalten, was mir, der ich mich in ihre Mitte setzte, ganz gut zu Statten kam. Die Medizinpfeife, mit einem Kopf aus rothem Stein geschnitten, machte fleissig die Runde und die Zeit, welche mit dem Vertheilen des zum Mahle bestimmten Fleisches hinging, machte ich mir zu Nutze, um das Innere einer indianischen Wohnung genauer in Augenschein zu nehmen. Sechszehn lange Pfähle, von schlanken Fichten leicht ausgearbeitet, waren so hingestellt, dass sie auf dem Boden einen Kreis von sechszehn bis achtzehn Fuss im Durchmesser bildeten, während ihre Spitzen sich an einander lehnten und zusammengebunden waren. Um dieses Gerüst schlang sich mantelartig das Zeltleder, welches aus vielen weissgegerbten Büffelhäuten bestand, die zu diesem Zwecke sauber mit Sehnen zusammengenäht waren. Das Leder reichte indessen nicht ganz bis zur Spitze hinauf, wodurch eine Oeffnung entstand, die dazu diente, dem fortwährend aufsteigenden Rauch einen Weg in's Freie zu lassen; zwei dort angebrachte flaggenähnliche Verlängerungen der Zeltwände, die von aussen durch besondere Stangen nach Belieben gestellt werden konnten, bildeten bei stürmischem Wetter oder widrigem Winde einen hinlänglich guten Rauchfang. Mittels kleiner Pflöcke war das Zelt dicht auf dem Boden befestigt, so, dass die straff gespannten Seiten weder Regen, noch den durch die Nähe des Feuers schmelzenden Schnee hindurchliessen, und die Bewohner sich nicht nur eines sichern Obdaches, sondern sogar einer leidlich behaglichen Wohnung erfreuen konnten. Ringsum an den Pfählen und Pflöcken reihten sich die Habseligkeiten der Indianer; sie nahmen dort den entbehrlichsten Platz ein und hielten zugleich noch Kälte ab, die sich dort am leichtesten hätte hineinstehlen können. Auf dem übrigen Raume, der sich um die in der Mitte ausgegrabene Feuergrube hinzog, waren Büffelhäute ausgebreitet, die während der Nacht wärmende Lager und am Tage, zusammengerollt, bequeme Sitze gewährten. Die Feuergrube war einen halben Fuss tief und in einem Zirkel von zwei und einem halben Fuss im Durchmesser angelegt: ein Haufen glühender Kohlen in derselben und darüber eine Anzahl flackernder Scheite verbreiteten eine angenehme Wärme in dem engen Raume. In der Nähe des Feuers war ein gabelförmiger Baumast in die Erde gesteckt, auf welchem eine Querstange ruhte, die über die ganze Breite des Zeltes reichte; an dieser hing über den Flammen das einzige und ununentbehrlichste Haus- und Küchengeräth in Gestalt eines grossen Kessels; der übrige Theil der Stange war mit nassen Leggins oder Gamaschen und zerrissenen Mokkasins geschmückt, die sich in bunter Ordnung und gewiss nicht auf die lieblichste Weise aneinander reihten.

Dieses, mein lieber Doctor, ist die Beschreibung eines Zeltes, so wie es die Ottoes oder besser gesagt alle Prairie-Indianer auf ihren Reisen mit sich führen. Freilich finden sich bei den verschiedenen Stämmen einzelne kleine Unterschiede in der Einrichtung: so graben z. B. die Kioways ihre Feuergruben zwei Fuss breit, die Comanches dagegen, die nächsten Nachbarn der Kioways, legen dieselben nur ein und einen halben Fuss im Durchmesser an, doch sind das Abweichungen, die man nur durch längern Aufenthalt unter den Wilden ausfindig machen kann, und namentlich wenn man darauf angewiesen ist, auf einer verlassenen Lagerstelle der eigenen Sicherheit wegen einen Schluss zu ziehen, ob es freundliche oder feindliche Indianer sind, deren Spuren man kreuzt.

Ausser den wilden, halbnackten Gestalten belebten noch einige alte und junge Hunde Wa-ki-ta-mo-nee's Zelt. Die Aufmerksamkeit der Hausmutter, einer schmutzigen, alten Squaw, war ausschliesslich dem Kessel und seinem brodelnden Inhalt zugewendet. Roh geschnitzte, hölzerne Schüsseln standen in einer Reihe vor ihr und mittels eines zugespitzten Stabes fischte sie ganze Viertel von Waschbären und halbe Truthühner aus dem grossen Behälter und versah jede der Schüsseln mit einer bedeutenden Portion der angenehm duftenden Speise. Sie gerieth bei dieser Beschäftigung mehrfach in Streit mit den diebischen Hunden, wobei sie genöthigt war, auf unsanfte Weise ihren hölzernen Bratspiess auf die gefühllosen Köpfe der hungrigen Hausthiere fallen zu lassen, um ihren scharfen Zähnen einen schon erfassten Braten zu entreissen. Knurrend und jammernd krochen die unglücklichen Hunde umher; das Austheilen des Fleisches nahm ruhig seinen Fortgang, wobei ich auf eine so freigebige Weise mit fetten Bissen bedacht wurde, dass trotz meines grossen Hungers gewiss zwei Tage für mich nöthig gewesen wären, einen solchen Vorrath von Lebensmitteln zu vertilgen. Es schmeckte mir vortrefflich, wobei der Medizinmann es nicht an freundlichem Zureden fehlen liess, doch trotz besten Willens konnte ich mich der mir zugetheilten Portion nicht bemeistern; ich schob das Uebrige zurück, wodurch ich unschuldiger Weise bedeutend im Ansehen bei meinen Gastfreunden verlor, die eine Art Beleidigung in meinem Benehmen fanden, welches so sehr gegen indianische Sitte verstiess. Man liess mich indessen ungestört, fast unberücksichtigt meinen Einzug in das Zelt des Halbindianers Farfar bewerkstelligen. Farfars Wohnung unterschied sich von der des Medizinmannes nur durch grössern Umfang, der ausserdem von wenigeren Mitgliedern eingenommen wurde. Denn ausser Farfar und seiner jungen, hübschen Squaw Sche-ne-lo-töm waren noch der alte Wo-nes-hee, seine Gemahlin und Scha-ho-ka-ta-ko Mitbewohner oder vielmehr meine Hausgenossen. Ich wurde Schlafkamerad des jungen Scha-ho-ka-ta-ko und begab mich also mit meinen Waffen zu ihm auf sein Lager, um mich häuslich einzurichten. Der alte Wo-nes-hee liess die Pfeife die Runde machen und ich hatte seit langer Zeit zum ersten Male wieder den Genuss, mich mit einem Nebenmenschen in eine förmliche Unterhaltung einlassen zu können. Obgleich ich aus Farfars Worten und Ideen entnehmen konnte, dass ich in die Gesellschaft eines Schurken gerathen war, vor dem ich beständig auf meiner Hut zu sein habe, so fand ich doch nicht wenig Ergötzen daran, mich mittheilen und verständliche Worte vernehmen zu können. Mit Schrecken nahm ich wahr, dass auch hier Anstalten zu einem bevorstehenden Mahle getroffen wurden. Ich wendete mich daher an Farfar mit den Worten: »Sage Deinen Weibern, ich sei so zur Genüge gesättigt, das es mir eine Unmöglichkeit wäre, an der kleinen Erfrischung, wie Du diese Masse von Fleischproviant zu nennen beliebst, Theil zu nehmen.« — »Du erfreust Dich jetzt der Gastfreundschaft der Ottoes,« antwortete Farfar,

»und Du thust wohl, Dich in ihre Sitten und Gebräuche zu fügen, wenigstens so lange Du bei ihnen weilst. Sieh' ich habe lange unter den Weissen gelebt und verlache alle Thorheiten der Indianer; es ist mir aber plötzlich eingefallen, Indianer zu sein, ich habe mir eine Squaw genommen, und mische mich in die Kriegs- und Medizintänze wie eine vollblütige Rothhaut, man traut mir und ich bin angesehen. Wenn Du in die Wohnung einer Rothhaut trittst, so ist die Pfeife das Erste, was sie Dir als Zeichen der Freundschaft bietet und das Zweite Nahrung, und je freundschaftlicher die Gefühle, um so grösser sind die angebotenen Portionen. Der Medizinmann liebte in Dir den zähen Jäger und Krieger, demgemäss wurde Dir auch ein Achtung gebietendes Mahl verabreicht, so wie Dir gleich ein zweites durch Wo-nes-hee zukommen wird. Deine Pflicht war es, die Freundschaftserklärung durch Verzehren der ganzen Gaben anzuerkennen, Du hast Wa-ki-ta-mo-nee beleidigt, Du hast mehr als die Hälfte übrig gelassen. Du wirst es in Zukunft besser machen und es gleich in unserem Zelte beweisen, da Du jetzt unsere Gebräuche kennst.« — »Soll ich Eure hölzernen Schüsseln nicht auch gleich mit verzehren?« fragte ich unmuthig. »Nein,« erwiederte er ruhig, »damit wäre uns ein schlechter Dienst geleistet, denn es kostet viel Mühe, einen solchen Behälter zu schnitzen.« — »Dann soll ich mich zur Strafe, dass ich dem Hungertode entgangen bin, wohl jetzt zu Tode essen?« — »Auch das nicht,« antwortete Farfar, »ich will Dir einen Ausweg sagen. Wenn Du wieder zum Essen in anderen Zelten geladen bist, dann nimm so viel zu Dir, wie Du willst und magst, das Uebrige packe stillschweigend und ungenirt in Deine Büffelhaut oder Kopfbedeckung und bringe es nur hierher, wir werden Dir dann helfen, den Medizinmann zufrieden zu stellen.« — »Eure Gebräuche sind doch etwas verschieden von denen in den Vereinigten Staaten,« bemerkte ich mit halberleichtertem Herzen, »aber sage mir, wie wird es, wenn mir hier in Deinem Zelte eine solch unerhörte Masse von Fleisch verabreicht wird? soll ich das, was ich übrig lasse, vielleicht in Wa-ki-ta-mo-nee's Zelt tragen?« — »Nein,« antwortete der Halfbreed*, »iss etwas und lege das Uebrige hinter Dein Lager, und zwar so, dass, wenn Du während der Nacht aufwachst, Du nur zuzulangen brauchst; die Nächte sind jetzt lang.« Auf diese Weise pflogen wir unsere Unterhaltung weiter, ich versuchend alle Indianer zu civilisiren, Farfar mich belehrend und unterweisend, mir immer mehr und mehr die indianischen Gewohnheiten anzueignen. Wie ich auf solche Weise in dieser Schule Schritt für Schritt weiter ging und dem Aeussern nach zuletzt mich nur noch wenig von meinen Gefährten unterschied, da musste ich mir doch manchmal sagen, dass ein Weisser leichter zum Indianer, als ein Indianer den Sitten und Gebräuchen nach zu einem weissen Manne wird.

Hell flackerte am ersten Abende meines Aufenthaltes in der neuen Heimath das Feuer in Farfars Zelt, getrocknetes Büffelfleisch und Biberschwänze siedeten in dem

*) *Halfbreed*, englische Bezeichnung für Halbindianer.

mächtigen Kessel und mit Ausnahme einer alten Squaw, welche die Angelegenheiten der Küche zu besorgen hatte, war jedes weibliche Wesen aus unserer Nähe verschwunden. Mit ernster, gewichtiger Miene sassen junge und alte Krieger im Kreise um die leuchtende Flamme, die Pfeife ging von Hand zu Hand, es sollte Rath gehalten werden. Der Medizinmann war Vorsitzender und der Halbindianer vertrat die Stelle des Dollmetschers.

Wa-ki-ta-mo-nee nahm einen langen Zug aus der mit grünen Entenköpfen und weissen Schnäbeln von schwarzen Spechten geschmückten Medizinpfeife, liess den Dampf langsam durch die Nase wirbeln, beobachtete die bläulichen Tabakswölkchen, wie sie in die Höhe zogen und sich mit dem Qualm der Holzscheite vereinigten, und hielt dann eine lange Rede, die natürlich mich betraf, von der ich indessen kein Wort verstand. Nichts desto weniger lauschte ich aufmerksam der klangreichen Stimme und den Worten, die wie Musik in einander zu verschwimmen schienen und die nach der Uebersetzung des Halbindianers ungefähr folgenden Inhaltes waren:

»Der Weg zu unsern Wigwams ist lang und wenn die Füsse ruhen, versteckt sie tiefer Schnee, der Weg ist lang von Holz zu Holz, er dauert von Sonnenaufgang bis Sonnenuntergang. Die Pferde sind beladen mit Fleisch und Fellen, die Rücken unserer Weiber mit ihren Kindern; wir Alle müssen gehen; der Amerikaner soll mit uns ziehen. Das Fleisch der Wölfe war lange seine Nahrung, er ist hungrig und ohne Kraft, er kann am Abend das Holz nicht erreichen, er ist müde; er hat lange die Augen schliessen müssen, denn der Schnee fiel hinein, er hat sie offen halten müssen, denn der weisse Wolf bedrohte ihn. Der Amerikaner muss schlafen und essen drei Tage und drei Nächte, er muss frisches und getrocknetes Fleisch essen und dann kann er gehen, dass die Squaws und Kinder seiner nicht lachen.

Unsere Weiber sollen Mokkasins an seine Füsse schnüren und rohe Büffelhaut unter dieselben befestigen, die verbrannten Grasstoppeln stechen sonst in sein weisses Fleisch. Der Amerikaner hat eine kurze Flinte, er hat aber lange Kugeln, der Ponka, dem wir begegnen, wird zuerst auf den weissen Bruder schiessen, der weisse Bruder muss ein Ottoe sein. Lasst uns seine gelben Haare von seinem Schädel scheeren, die Skalp-Locke schwarz färben und Vermillion in sein Gesicht reiben, er ist dann ein Ottoe und kann eine Ottoe-Squaw zu seiner Frau machen!«

Dieses, lieber Doctor, war ungefähr der Inhalt von Wa-ki-ta-mo-nee's Rede. Handgreiflich war es, dass es die Leute redlich mit mir meinten, und ich war auch ganz einverstanden mit dem ersten Theil der Rede; allein die letzten beiden Vorschläge verdienten von meiner Seite noch einer besondern Erwägung. Von meinen blonden Locken wollte ich mich auf keinen Fall trennen, obgleich dieselben einem Haufen Filz nicht unähnlich waren; aber mit rasirtem Schädel umherzulaufen, dazu im Januar, schien mir noch gefährlicher als den Pfeilen und Kugeln der feindlichen Ponkas und Sioux ausgesetzt zu sein. Dann dachte ich auch, dass im Falle eines Zusammentreffens mit diesen Stämmen ein kahler Kopf mich schwerlich vor dem Skalpirtwerden schützen würde, da ich ja mit ihren Feinden, den Ottoes, reiste. Bedenklicher aber noch als Kopfrasiren und Alles andere erschien mir das Heirathen; denn Haare wachsen wieder nach, aber eine mit Gewalt aufgedrungene indianische Frau wieder los zu werden, ist nicht ganz so leicht. In dieser unangenehmen Lage musste ich mich mit der grössten Vorsicht benehmen. Um die Leute nicht zu beleidigen und mir ihre wohlwollenden Gesinnungen zu erhalten, sann ich hin und her; konnte aber zu keinem Entschluss gelangen, bis Farfar mir aus der Verlegenheit half und in meinem Namen folgende Worte an seine Gefährten richtete: »Der Amerikaner ist ein Bruder der Ottoes, er liebt sie, denn sie haben ihn gerettet, er wird mit ihnen rauchen, essen, jagen und ihre Feinde bekriegen. Er hat lange im Schnee geschlafen und hat manchen guten Traum gehabt, und im Traume Ottoe-Krieger gesehen, die seine Haare schoren, aber aus jedem Haare kamen Schneeflocken, und der Sturm kam hinter die Flocken und trieb sie nach dem Wigwam der Ottoes und begrub Alles im Schnee. Der Amerikaner ist jetzt arm, er muss im Wigwam der Ottoes schlafen, er muss aus ihren Händen essen, er will zwei Töchter des Wa-ki-ta-mo-nee in sein Zelt nehmen, er will aber mit offenen Händen für seine Squaws zahlen und im eigenen Wigwam schlafen. Er will dreissig Büffel schiessen, dreissig Büffelfelle von den Squaws der Ottoes gerben und in ein Zeltleder nähen lassen, er will sechs Pferde stehlen, zwei für sich, zwei für seine Weiber, und zwei um damit dem grossen Medizinmann die Töchter abzukaufen.«

Mit Aufmerksamkeit und augenscheinlicher Zufriedenheit lauschte der Ottoe-Krieger den Worten, die Farfar aus dem Stegreif erzählte, und war so erfreut über meinen eben beschriebenen, ritterlichen Sinn, dass er, wie der schlaue Halbindianer vorhergesehen hatte, mir seine Töchter augenblicklich zu Frauen anbot, vorausgesetzt, dass ich später die Pferde richtig bezahlen wolle. Bart und Haare durfte ich mir nach seiner Meinung aber nicht abschneiden, weil der gute Traum für diesen Fall Unglück geweissagt habe. Farfar rettete mich abermals vor einer Convenienzheirath, indem er rundweg erklärte, es sei gegen meine Medizin, eine Verbindung einzugehen, ohne den geforderten Preis bezahlt zu haben. So blieb ich unverheirathet und hatte wo möglich noch im Ansehen meiner Gastfreunde gewonnen, denn ich erhielt fast täglich von Wa-ki-ta-mo-nee als Beweise seiner Zuneigung solche Fleischrationen, wie ein Indianer sie seinem zukünftigen Schwiegersohne nur immer zu geben vermag. Der Berathung folgte ein Schmaus, worauf sich Jeder zur Ruhe begab. Mit einem besondern Gefühl der Behaglichkeit dehnte ich mich unter meinen Decken, die Gluth der Feuergrube wärmte mich von der einen, und Scha-ho-ka-ta-ko, der mit mir sein Bett getheilt hatte, von der andern Seite. Mein Schlaf würde nichts zu wünschen übrig gelassen haben, wenn nicht zu häufig die Hunde auf meinen abgemagerten Gliedern, dieser spärlich wärmenden Unterlage, Platz genommen hätten. Was sie dazu bewog, weiss ich nicht: glaubten sie mich als einen Fremdling so missbrauchen zu dürfen, oder hatte ich in der That ihren alten, gewohnten

Platz eingenommen? genug ich lebte in ewigem Krieg mit diesen Thieren, habe mir dafür aber ihr Fleisch, wenn bei besonderen Gelegenheiten der eine oder der andere geschlachtet und zubereitet wurde, vortrefflich schmecken lassen. Unter Essen, Trinken, Schlafen und zeitweisem Bändigen zweier Pferde in meinem kleinen Wagen gingen die drei Tage hin.

Ich war dem Aeussern nach fast gar nicht mehr von meinen rothhäutigen Gefährten zu unterscheiden: meine Kleidung war nach ihrer Mode gearbeitet und mein Gesicht zum Ueberfluss mit gelber und rother Oelfarbe auf's Kunstfertigste bemalt. Die Indianer hielten mich, auf diese Weise geschmückt, für einen jungen Mann von einnehmendem Aeussern und schienen sich ganz der Hoffnung hinzugeben, mit der Zeit noch einmal aus mir einen recht ansehnlichen Ottoe-Krieger zu machen. Die Kinder fürchteten sich nicht mehr vor mir und die Weiber liessen ihre blitzenden Augen mit besonderem Wohlgefallen auf meinen Zügen ruhen, die in fast allen Regenbogenfarben prangten. Ich fügte mich gern in die harmlosen Gebräuche dieser freundlichen Menschen, um so mehr als ich bemerkt hatte, dass eine gute Lage dieser fettigen Farbe ein sicheres Mittel gegen die schneidende Kälte war und das Einspringen der Haut bei dem eisigen, scharfen Winde verhütete. In dem Masse, wie ich meinen Körper pflegte, nahmen meine Kräfte wieder zu; doch war ich nach Verlauf der drei Tage dem Ausspruche des weisen Zauberers zufolge noch nicht im Stande zu wandern und zwei Tage wurden zugegeben, nach deren Ablauf die Reise unbedingt angetreten werden sollte.»

»Ich muss Sie jetzt unterbrechen,« fiel der Doctor ein, »aber lange genug habe ich Botanik studirt, um jenen dunkelfarbigen Streifen in der Niederung für Weinranken zu erkennen; die Trauben müssen jetzt reif sein und ich lade Sie daher zu einem Frühstück ein.« — »Angenommen,« riefen wir Alle, »vorausgesetzt, dass Ihre Trauben nicht sauer sind!« Ein kurzer Ritt brachte uns an die besagte Stelle und wir überzeugten uns bald, dass des Doctors scharfes Auge sich nicht getäuscht hatte. Ueber eine weite Fläche dehnten sich die niedern Ranken aus und zwar mit einem solchen Segen von Früchten beschwert, dass die schon herbstlich gefärbten Blätter fast ganz unter denselben verschwanden.

Ein Weideplätzchen für die Thiere wurde gesucht, worauf wir uns auf das Gemüthlichste zwischen den Ranken lagerten, um nach Herzenslust unter blauen, schwellenden Trauben uns gütlich zu thun.

Der Ruf: »die Comanches!« brachte unsere unter Ranken verborgene Gesellschaft schleunigst in den Sattel und in die Nähe des vorangeeilten Zuges, zu welchem zwei Spione oder Kundschafter dieses Stammes gestossen waren, während in der Ferne einzelne ihrer Gefährten ihre Rosse tummelten, ohne sonderlich Lust zu bezeigen sich unter die Weissen zu mischen, und auf geheimnissvolle Weise in der Richtung nach dem Canadian zu verschwanden. Die Besucher, zwei ältere, finster aussehende Krieger, ritten ausgezeichnete Pferde, welche auf die anmuthigste Weise dem leisesten Druck der um den Unterkiefer befestigten Leine Folge leisteten, und ungesattelt wie sie waren mit ihren Reitern ein Körper zu sein schienen. Eine blaue, baumwollene Decke verhüllte die Glieder der beiden Wilden und Pfeil und Bogen hielten sie vor sich zum augenblicklichen Gebrauch bereit. Der wilde Ausdruck ihres Gesichts wurde noch vermehrt durch die auffallend langen Haare, welche ihre broncefarbigen Züge einfassten und theilweise verdeckten. Ihrer Aussage gemäss sollte unsere Expedition nicht sehr von ihrem Stamme belästigt werden, indem nur ein kleiner Theil desselben in der Entfernung einer Tagereise auf der Nordseite des Canadian ein stehendes Lager hatte, eine grössere Abtheilung auf einem Raubzuge nach den südlichen Ansiedelungen der Weissen begriffen war, die Hauptmasse des Stammes aber den Büffeln in die nördlichen Regionen gefolgt war, um erst im Spätherbste mit denselben von dort wieder zurückzukehren.

Die kriegerische und weitverzweigte Nation der **Comanches** theilt sich in die drei besonderen Stämme der nördlichen, der mittleren und der südlichen Comanches, deren jeder einzelne wiederum in verschiedene Banden zerfällt, die von angesehenen Kriegern, Medizinmännern oder kleinen Häuptlingen geführt, die grossen Prairien in allen Richtungen durchstreifen. Die nördlichen so wie die mittleren Comanches folgen beständig den wandernden Büffeln, von deren saftigem Fleische sie fast ausschliesslich leben; sie werden daher von ihren Nachbarn gewiss nicht mit Unrecht die Büffelesser genannt. Die weite Steppe ist ihre liebe Heimath und einem unwiderstehlichen Hange zum Wandern nachgebend, ziehen sie in diesen öden und ungastlichen Ebenen von Ort zu Ort, wo nur das Einathmen einer reinen, den Körper kräftigenden Atmosphäre sie für den Mangel an Holz und Wasser zu entschädigen vermag. Ihr Gebiet ist frei von Sümpfen, stehenden Wassern und dichten Waldungen, in denen sich schädliche Miasmen erzeugen, tödliche Fieber verbreitend; die Luftströmungen finden kein Hinderniss auf der endlosen Fläche, sie streichen von allen Seiten darüber hin und reinigen die Luft, welche mit Wonne der freie Steppenbewohner einathmet, welche seinen Körper stählt und seinen Geist kräftigt. Die Mutter Natur, die wohlthätig überall den Menschen Ersatz für widrige Verhängnisse des Lebens und die damit verbundenen Entbehrungen finden lässt, reichte ihm das beste ihrer Güter: sie gab ihm die Gesundheit, den frischen Muth und die ausdauernde, physische Kraft. Abhängig von den Einflüssen des Klimas und der Bodenfläche, glückt es der flexiblen Natur des Menschen sich den härtesten Lebensbedingungen fügsam und froh zu unterwerfen und es gelangen die wandernden Stämme zu der Ueberzeugung, dass ihre eigene Lage bei weitem allen übrigen der Welt vorzuziehen sei. Giebt es doch selbst weisse Ansiedler genug im fernen Westen, die scheu vor der andringenden Civilisation und der dichter werdenden Bevölkerung zurückweichen und ein Dasein unter den oft gefahrdrohenden Abenteuern in der Einsamkeit weit über persönliche Sicherheit, Bequemlichkeit und Vergnügungen des geselligen Lebens stellen. Um wie viel mehr muss der wilde Steppenbewohner mit

15*

Liebe an seinen grasigen Ebenen hängen, in denen er geboren? Ist er fern seiner grossen Heimath, wie nagt da gleich einem giftigen Wurm an seinem Leben die Sehnsucht nach seinen Prairien, seinen Pferden, seinen Waffen und nach seiner Jagd. Frei und glücklich fühlt sich der Comanche-Indianer nur in der Heimath, frei wie die unabsehbare, grüne Ebene, die er durchstreift; ausser seinen Pferden kennt er keinen Reichthum als den, welchen er dem Büffel und der Antilope abgewinnt: diese geben ihm Nahrung, Kleidung und Obdach, mithin Alles was im Bereiche seiner Wünsche liegt; seine Gedanken sind nicht beschäftigt mit Sorgen für den folgenden Tag; er sucht seine Ehre im Kampfe mit dem Feinde und in der unübertrefflichen Handhabung seines Pferdes.

Von frühester Kindheit bis zum spätesten Greisenalter ist der Comanche im Sattel; dort ist er zu Hause, dort zeigt er sich auf die vortheilhafteste Weise. Sein Körper, der beim Gehen jeder Grazie entbehrt, ist auf dem Rosse wie umgewandelt, wenn seine schlanken Glieder sich fest an die dampfenden Seiten des wilden Renners schliessen. Die Bewegungen des Pferdes theilen sich auf gefällige Weise dem Reiter mit, der vermittelst des einfachen Zaumzeuges und einer schweren Peitsche sein Thier zu den unglaublichsten Kunststücken zwingt und sich selbst dann für den grössten und unabhängigsten Herrn auf dem ganzen Erdboden hält. So tummeln sich oft Haufen dieser Wilden in den buntesten Schlangenlinien durcheinander; ausgelassen hängen sie bald an der einen, bald an der andern Seite der Pferde, während sie mit erstaunlicher Genauigkeit Pfeile und Lanzen unter dem Halse ihrer Thiere hindurch einem ausgesteckten Ziele zusenden.

Einen prächtigen Anblick gewährt eine solche Schaar dem Beobachter, dem der Gedanke nicht fern bleiben kann, dass die fortwährende Uebung, welche diese Leute zu den geschicktesten Reitern der Welt heranbildet, sie auch zu gefährlichen Feinden auf ihren Raub- und Kriegszügen machen muss.

Jeder Comanche-Krieger hält sich ein besonderes Streitross, bei dessen Wahl mehr auf Schnelligkeit als auf andere gute Eigenschaften Rücksicht genommen wird. Dieses ist, wie bei den arabischen Stämmen, sein bester Freund, sein heiligstes Gut und durch keine Schätze der Welt von ihm zu erlangen; er besteigt es nur zum Kampfe, bei besonderen festlichen Gelegenheiten oder zur Büffeljagd; kehrt er dann heim von dergleichen Ausflügen, so erwarten ihn seine Weiber an der Thüre des Wigwams, nehmen das Lieblingsross in Empfang, um es zu liebkosen und mit der grössten Sorgfalt zu pflegen.

Der einzige Reichthum dieser Stämme besteht, mit Ausnahme einiger wenigen Hausgeräthe, in Pferden und Maulthieren, welche grösstentheils in den Ansiedelungen der Weissen geraubt werden, wie aus den verschiedenen Brandzeichen, welche die Thiere tragen, zu erkennen ist. Da das Aneignen fremden Eigenthumes bei ihnen als Ehrensache gilt und ein junger Mann noch nicht zu den Kriegern gezählt wird, wenn er nicht schon von einigen Raubzügen in die mexikanischen Provinzen mit Erfolg zurückgekehrt ist, so versteht es sich von selbst, dass die glücklichsten Diebe nicht allein den grössten Reichthum, sondern auch mit diesem das bedeutendste Ansehen erlangen. Als Beleg hierfür mag die naïve Aeusserung eines greisen Kriegers über seine beiden Söhne dienen, die er mit Stolz die Freude und die Stütze seines hohen Alters nannte, indem sie nicht nur hübsche, junge Leute seien, sondern auch besser als irgend einer der ganzen Nation Pferde zu stehlen verständen. Es kann also nicht in Verwundrung setzen, wenn man Comanche-Krieger findet, die durch Glück und Verwegenheit ihren Reichthum bis auf zweihundert Thiere gebracht haben.

Zu solchen Raubzügen, die wegen der damit verbundenen Gefahren und Entbehrungen in den Rang der Kriegszüge gestellt werden, vereinigen sich sechs bis dreissig junge Leute. Jeder rüstet sich mit einem Pferde und den nöthigen Waffen aus, um eine Hunderte von Meilen lange Strasse durch die Steppe zu ziehen, wo das gelegentlich erlegte Wild ihnen oftmals nur die kärglichste Nahrung gewährt. So reisen sie Monate lang weiter, bis sie sich endlich den Ansiedelungen nähern; dort lauern sie so lange in einem Hinterhalte, bis sie den günstigen Zeitpunkt wahrnehmen, in welchem sie mit Geschrei und Heulen auf die Wächter einer einsam weidenden Heerde stürzen, dieselben verjagen oder, im Falle des Widerstandes, niedermachen, um Weiber und Kinder gefangen fortzuschleppen und ungestört mit der reichen Beute den Rückweg zu ihren Wigwams anzutreten. Hier treffen sie häufig erst nach einer Abwesenheit von zwei Jahren wieder ein, da es mitunter lange währt, ehe ihr räuberisches Vorhaben mit Erfolg gekrönt wird und Jeder sich vor der Schande fürchtet, mit leeren Händen zu den Seinigen heimzukehren. Diese Streifzüge glücken aber nicht immer ohne Verlust. Wir wissen aus dem Reisewerke Alexander's von Humboldt, dass in den Gefängnissen der Stadt Mexiko im Anfange dieses Jahrhunderts noch bisweilen Banden von gefangenen Comanches gesehen wurden, die man zwecklos von Taos und Santa Fe de Nuevo Mexiko weit südlich geschickt hatte.

Die andere Art, auf welche die Prairie-Indianer ihren Reichthum an Pferden vergrössern, besteht in dem Einfangen der Mustangs oder wilden Pferde. Die wilden Pferde der amerikanischen Steppe sind klein, aber kräftig gebaut; sie zeichnen sich aus durch ein feuriges Auge, scharfe Nase, weite Nüstern, zierliche Beine und Füsse und sind unzweifelhaft die Abkömmlinge einer Raçe, die zur Zeit der Eroberung Mexiko's durch die Spanier, als die arabische Raçe in der Halbinsel schon sehr gemischt war, dort eingeführt wurde, seitdem verwilderte, sich vermehrte und zuletzt in Heerden von Tausenden die Prairien von den Küstenländern von Texas und Mexiko bis hinauf an den Yellowstone River, einem Zufluss des nördlichen Missouri, belebte.

Die Indianer lernten bald den Nutzen der neuen Thierart kennen und schätzen: mit denselben waren sie leichter im Stande, das flüchtige Wild zu überholen, auf ihren Wanderungen konnten sie dieselben als Lastträger benutzen und waren Büffel und sonstiges Wild ferne, so sicherte das Fleisch der Mustangs sie vor Noth. Obgleich die Comanches, so wie die meisten Prairie-Indianerstämme, sich Pferde zu ihrem Gebrauch auf unrechtmässige Weise aus den Ansiedelungen der Weissen verschaffen, so ist das Einfangen der Mustangs doch immer eine ihrer Lieblingsbeschäftigungen, der sie sich mit aller Leidenschaft, mit aller Wildheit, deren die unbändigen Kinder der Natur fähig sind, so wie nur die günstige Gelegenheit sich darbietet, hingeben.

Mit dem Lasso, einer 40 Fuss langen, aus rohem Leder geflochtenen Leine und einer schweren Peitsche versehen, folgt der Comanche auf seinem Renner der flüchtigen Heerde. Unbarmherzige Schläge bringen sein Ross in die erforderliche Nähe, um den Lasso mit Erfolg gebrauchen zu können, und ohne die Schnelligkeit der Bewegung seines Pferdes zu mässigen, lässt er die wirbelnde Schlinge seiner Hand mit Sicherheit entfliegen, so, dass sich dieselbe genau unterhalb des Kopfes um den Hals eines auserkornen Opfers legt. Es erfolgt dann ein kurzer Kampf und der Mustang, unfähig zu athmen, stürzt zusammen. Ein fesselnder Riemen wird schnell um die Vorderfüsse geschlungen und dann erst die Schlinge am Halse so weit gelöst, um das Leben nicht gänzlich entfliehen zu lassen. Der wilde Reiter befestigt eine zweite Schlinge um den Unterkiefer seines Gefangenen, wodurch derselbe ganz in seine Gewalt gegeben wird, haucht ihm mehrmals in die geöffneten Nüstern, entfernt die Fesseln vom Halse und von den Füssen, schwingt sich auf seinen Rücken; es folgt ein kurzer Ritt auf Leben und Tod und er fügt das nunmehr gebändigte und zu seinem Gebrauche hinlänglich gezähmte Pferd zu seiner Heerde. So wild und grausam der Indianer auch immer bei dergleichen Unternehmungen zu Werke gehen mag, so ist er doch äusserst vorsichtig, um nicht zugleich mit der Wildheit auch den feurigen Geist des Mustangs zu brechen, in welchem Falle das Fleisch des vollständig geschwächten Thieres der einzige Lohn für eine anstrengende und gefahrvolle Jagd sein würde. —

Die beiden Comanches zogen nur auf eine kurze Strecke mit unserer Expedition weiter und entfernten sich dann in nördlicher Richtung, nachdem sie sich vielleicht überzeugt hatten, dass die durch ihr Gebiet reisende Schaar eine zu wohlgeordnete und bewaffnete Macht bildete, als dass sie auf gewaltsame Weise von ihr einen Tribut hätten erheben können. Mit den Indianern war auch zugleich Alles verschwunden, was die einzelnen Mitglieder der Expedition hätte interessiren oder anregen können.

Die vielen ausgetrockneten Betten von Flüssen oder Bächen mit ihrem röthlichen Sande trugen dazu bei, die Umgebung nur noch öder und trauriger erscheinen zu lassen, in der hin und wieder horizontale Gesteinschichten als Tafelfelsen, die Ueberreste der Llano Estacado, wie Theile eines mächtigen Gerippes hervorragten. Die Antelope Hills, zwischen denen hindurch uns am 7. September der Weg geführt hatte, verschwanden am 8. in bläulicher Ferne. Wir hatten an diesem Tage eine Strecke von 424 Meilen seit dem Aufbruch von Fort Smith zurückgelegt. Damals, ja damals sehnte sich Jeder nach dem ersten Anblick der grossen, erhabenen Prairie mit all' ihren

Wundern und jetzt waren wohl wenige, die es nicht vorgezogen hätten im schattigen Forst, welchen schon herbstlich gefärbtes Laub schmückte, zu jagen, als Schritt für Schritt über harten Boden und kurzes Gras, in der drückenden Septembersonne, eine Meile nach der andern zurückzulegen.

Während des ganzen Tages hatten wir eine kleine Waldung in einer Schlucht am Canadian River nicht aus den Augen verloren, was die Veranlassung war, dass sich Alle beeilten diesen Punkt, wenn möglich noch vor dem Untergange der Sonne zu erreichen, um das Nachtlager an einer Stelle aufschlagen zu können, wo Jeder erwarten durfte, einige Vortheile oder Bequemlichkeiten zu finden, die seinen individuellen Neigungen entsprachen. Wo Cottonwood-Bäume wachsen, muss Wasser sein, rechneten diejenigen, denen das Wohl der Thiere am meisten am Herzen lag, denn die Fluthen des Canadian waren hier kaum im Stande, den rollenden Treibsand zu bedecken, und ein Pfuhl des seichtesten Wassers an der Mündung eines Nebenflüsschens wäre eine Wohlthat für die ganze Expedition gewesen. Wo in den Steppen sich Bäume zeigen, ist Wild nahe, sagten sich die Jagdliebhaber und drückten die Sporen in die Weichen ihrer Thiere. Wo Holz ist, brauchen wir keine Grasstoppeln und Büffelholz*) zu brennen, dachten die Köche und eilten dem Zuge weit voraus, wohlweislich berechnend, dass die ganze Expedition ihnen lieber nachziehen, als eine Strecke vor der Waldung auf der kahlen Ebene ihre Rückkehr erwarten würde. Sie hatten sich nicht verrechnet: noch lange vor Sonnenuntergang standen die staubigen Wagen im Kreise, die luftigen Zelte reihten sich an einander, die Lagerfeuer flackerten, und um dieselben herum war reges Leben und Thätigkeit, während einige der Gesellschaft dem Gehölz zueilten, um Wasser zu suchen und bei dieser Gelegenheit vielleicht einen Truthahn zu erlegen. Die meisten kehrten indessen bald mit unwillkommenen Nachrichten zurück. Es schlängelte sich allerdings das Bett eines Flüsschens unter den hohen Bäumen hin, doch bis zu dem feuchten Sande des Canadian war kein Tropfen Wasser, viel weniger eine passende Stelle zum Tränken der Heerde zu finden. Diese wurde darauf hinab an den seichten Fluss getrieben, zum Kochen musste mit Sand gemischtes Wasser benutzt werden und die Gesellschaft zerstreute sich im Lager, um ihren verschiedenen Beschäftigungen nachzuhängen, und des Wassermangels wurde nicht weiter gedacht.

»Das Abendbrod fertig, Gentlemen!« riefen die russigen Köche, ein Ruf, der alle Mitglieder schleunig an die Tische und auf die Feldstühle brachte. Nur ein Sitz blieb leer. »Wo steckt aber der Deutsche?« rief einer der jungen Leute. — »Ich traf ihn auf der andern Seite des Gehölzes,« antwortete ein zweiter, »er war emsig damit beschäftigt, der Spur eines Panthers zu folgen; da die Fährte sich aber immer weiter vom Lager entfernte, so zog ich es vor umzukehren und ihn seinem Eigensinne und dem Panther zu überlassen.« Ein Schuss krachte jetzt im Walde. »Das wird er wohl sein,« hiess es

*) Büffeldung.

und Jeder beruhigte sich über das Geschick des Abwesenden und das willkommene Abendbrod wurde eifrig von allen Seiten in Angriff genommen. Das Mahl war noch nicht beendigt, als aus dem dunkeln Schatten des Waldes eine Gestalt trat, die eiligst dem Lager zuschritt und in der sogleich der Vermisste erkannt wurde. Doch in welchem Aufzuge erschien er? Bei jedem Schritte rasselte das Wasser in seinen Stiefeln und schwer klebten die nassen Kleidungsstücke an seinen Körper; auf der einen Schulter trug er seine Büchse, auf der andern einen mächtigen Truthahn.

»Was ist vorgefallen?« schallte es ihm von allen Seiten entgegen, »Sie haben ja mehr Wasser in Ihren Kleidern, als der ganze Canadian River auf der Strecke einer Tagereise.« — »Was sollte vorgefallen sein?« erwiederte der Jäger, »wir haben am Tage vergeblich nach Wasser gesucht und jetzt in der Nacht, da wir uns mit trübem ausgeholfen haben und keines anderen mehr bedürfen, stürze ich in einen tiefen, trichterförmigen Pfuhl, und zwar so, dass ich die grösste Mühe hatte, mein Leben aus dem unfreiwilligen Bade zu retten. Doch lasst mich nur erst die schweren Kleidungsstücke beseitigen, einige Bissen geniessen, und während ich mein Gewehr trockne, will ich Euch die Beschreibung meines Abenteuers geben, das mir beinahe meine schöne Büchse und, was noch schlimmer gewesen wäre, mein Leben gekostet hätte. Als ich Wasser suchend das Holz durchstreifte, entdeckte ich auf dem trockenen Sande des Flussbettes die frischen Spuren eines ausgewachsenen Panthers; ich vermuthete ihn noch in der kleinen Waldung und mit der grössten Aufmerksamkeit schlich ich der Fährte nach. Der Bursche musste bei unserer Ankunft im Dickicht gelagert haben, denn seine Spuren kreuzten sich in allen Richtungen, als sei er vor seinem Aufbruch gleichsam noch nicht mit sich einig gewesen, was bei der Ankunft der fremden Eindringlinge zu beginnen sei. Geduldig folgte ich seinen breit ausgetretenen Fusstapfen, die mich an die andere Seite des Hölzchens, wo ich mit Mr. Cambell zusammentraf, und von dort in gerader Linie an dem Canadian führten, von wo aus das schlaue Thier in östlicher Richtung unter dem Schutze des hohen Ufers der vereinzelt stehenden Büsche und Bäume fortgeschlichen war. Ich hoffte, es in einem solchen Versteck zu überraschen und trabte so lange weiter, bis die untergehende Sonne mich zur Rückkehr mahnte. Verdriesslich gab ich meine Jagd auf, warf die Büchse auf die Schulter und wendete mich um; da, keine zehn Schritte vor mir, hörte ich ein Rascheln im Gebüsch, aber nicht der Panther war es, wie Sie wohl Alle vermuthen, sondern dieser feiste Truthahn hier flatterte mit schwerem Flügelschlage in den nächsten Baum, wo ihn meine Kugel erreichte. Der Knall meiner Büchse hatte nicht allein das Echo an den hohen Ufern geweckt, sondern zugleich eine ganze Heerde dieser Vögel aus ihrem Versteck unter den Ranken hervorgejagt, die nach allen Seiten auseinander stoben; einen zweiten traf ich mit dem linken Rohre, hing, nachdem ich mein Gewehr geladen, die beiden Vögel über die Schulter und ging, ziemlich befriedigt mit dem Erfolge meiner Jagd, denselben Weg, den ich gekommen war, wieder zurück. Als ich die Mündung der Schlucht dort unten erreichte, war es vollständig dunkel und nur mit Mühe bahnte ich mir einen Weg durch das verworrene Gestrüpp. Plötzlich schrak ich abermals vor einem Geräusch dicht vor mir zurück; es war ein verschlafener Truthahn, wahrscheinlich einer der Heerde, die ich auseinander gesprengt hatte, der jetzt mühsam einem verdorrten Baume zuflog und sich mir so recht zu Schuss setzte. Ich hatte den einen Vogel an meinem Gürtel befestigt, den andern trug ich in der Hand; letztern legte ich also vor mir nieder, um noch den dritten zu erlegen; lange zielte ich in der Dunkelheit und gab Feuer; auf meinen Schuss fiel der Vogel, mit seinen Schwingen schlagend, am Fusse des Baumes nieder. Seine Bewegung sagte mir, dass er nicht gänzlich todt sei, und um ihn zu erhaschen, ehe er wieder zur Besinnung gekommen, sprang ich schnell nach und bis über den Kopf in tiefes Wasser. Wie tief ich sank, kann ich nicht sagen, weiss aber, dass ich den Boden nicht mit meinen Füssen berührte. Ich war in einer verzweifelten Lage; mein Gewehr wollte ich nicht fahren lassen und der schwere Vogel sass an meinem Gürtel und an meiner Schulter fest, doch glaube ich kaum, dass dieser mich niederzog, im Gegentheil half er mir wohl noch schwimmen. Glücklicher Weise hatte ich mit der linken Hand einen überhängenden Zweig erfasst, wodurch es mir nach ziemlich anstrengender Arbeit gelang, mich sammt Truthahn und Waffen wieder auf's Trockene zu bringen. Hätte ich meine Büchse eingebüsst, so würde ich mich nie über deren Verlust haben trösten können; so waren es nur die beiden Truthähne, die ich zu betrauern hatte; ich konnte nämlich in der Dunkelheit die Stelle nicht wieder finden, wo ich den einen niedergelegt hatte, und nach dem zuletzt geschossenen zu suchen, wäre ebenso thöricht wie lächerlich gewesen, zumal ich vermuthen konnte, bei jedem Schritte in einen neuen Pfuhl zu stürzen. Ich arbeitete mich also ohne weiteren Zeitverlust nach der Lichtung zu durch, wo die Lagerfeuer meine Wegweiser wurden, und da bin ich, anstatt mit dreien nur mit einem Truthahn, mit nassen Kleidern und mit der Genugthuung, im Dunkeln mehr Wasser gefunden zu haben, als es unsern vereinten Kräften am hellen Tage gelungen ist.« — »Es ist nur gut, dass Sie wenigstens den einen Braten gerettet, der uns morgen vortrefflich munden soll,« rief Einer der Anwesenden. — »Freilich ist der eine gerettet,« antwortete der Jäger, »aber auch den möchte ich gern dafür hingeben, wenn ich hätte ausfindig machen können, auf welche Weise an einer Stelle, wo der nasse Triebsand jede ausgescharrte oder ausgegrabene Höhlung augenblicklich wieder schliesst, ein so tiefer Trichter von so kleinem Umfang entstanden ist und ohne zu versanden fortbestehen kann.

XI.

Der Dry River und seine Eigenschaften. — Der grosse Cottonwood Tree. — Art des Reisens der Steppenbewohner. — Des Naturaliensammlers Erzählung seiner Reise mit den Ottoe-Indianern. — Ankunft der Expedition bei den Kioway-Indianern. — Unterredung mit den Kioway-Indianern. — Die Kioway-Indianer. — Uebergang über den Canadian. — Doctor Bigelow's Entkommen aus dem Triebsand.

Der Marsch des folgenden Tages brachte uns schon in den Frühstunden an den Dry River, einen Fluss, der seiner merkwürdigen Eigenschaften wegen gewiss besonderer Erwähnung verdient.

Der Dry River entspringt an den Llano Estacado, in der Nähe der Quellen des Sweet Water Creek, oder vielmehr der Northfork des Red River von Texas, und führt seine Wasser in nordwestlicher Richtung dem Canadian zu. Das Bett des Dry River ist verhältnissmässig breit, denn nahe seiner Mündung misst es über 600 Fuss, was um so auffallender ist, als dieser Fluss nur eine kurze Strecke zu durchlaufen hat. Sein Thal mit den zerrissenen, hohen Ufern dehnt sich in demselben Verhältniss wie das Flussbett zu beiden Seiten aus und hat schon zehn Meilen vor der Mündung eine Breite mehrerer Meilen. Der geologische Charakter dieses Thales macht recht anschaulich, auf welche Weise die in der Prairie zerstreut liegenden konischen Hügel mit den breiten Tafeln entstanden sind, und warum dieselben als die Ueberreste der Llano Estacado angesehen werden müssen. Der Dry River mit seinem breiten Thale verdankt sein Entstehen vielleicht nur einem Büffelpfade; wild stürzende Wasser verwandelten diesen in einen Bach. Furchen und Spalten, auf gleiche Weise gebildet, mündeten in denselben, führten dem Bache neue Wassermassen zu, die mit vereinigten Kräften bald im Stande waren, den sandigen Boden fortzuführen und die in demselben horizontal liegende Schicht von weissem Sandstein zu durchbrechen; der Bach wurde zur tiefen Schlucht, in welcher der entstehende Fluss sich allmälig ein bequemes, breites Bett wühlte, sein Thal bis zur jetzigen Ausdehnung brachte und noch erweitern wird, da dieselben einwirkenden Ursachen noch immer in Thätigkeit sind. Die Höhen nun, welche das Thal einfassen, wurden auf diese Weise unterminirt, von der Ebene losgewaschen und getrennt, und da die deckende Sandsteinlage sich gegen den zerstörenden

Einfluss der Zeit und der Elemente weniger nachgiebig zeigte, so entstanden allmälig Hügel, die mit der Ebene ringsum abschneiden, und bedeckt mit der nach allen Seiten vorragenden Felstafel, den Antelope Hills und Natural Mounds ähnlich sind. Natürlich ist ihr Umfang kleiner; ihre Bildung gehört einer neuern Epoche an, während die andern Felsen zugleich von älterer Formation zu sein scheinen. Eine Eigenschaft, die bei den meisten fliessenden Gewässern dieser Gegend bemerkbar ist, fällt beim Dry River besonders in's Auge. Bei niedrigem Wasserstande nämlich ist dieser Fluss nach seiner Mündung zu trocken, dagegen weiter aufwärts Wasser haltend und an Stellen, die während des Tages vollkommen trocken sind, sammelt sich während der Nacht Wasser, welches, sobald die Sonne höher steigt und mit voller Kraft wirkt, sogleich wieder eintrocknet. Für ersteres mag der Grund sein, dass die Sandanhäufung nahe der Mündung zu gross ist und der Fluss unter derselben durchrieselt, wie es bei den Nebenflüssen des grossen Colorado des Westens auf der Strecke zwischen dem 34. und 37. Grad nördlicher Breite so häufig und in so auffallender Weise vorkommt. Reissend fliessende Wasser verlieren sich nämlich dort plötzlich im Sande, rieseln viele Meilen weit unter der Oberfläche fort und, ebenso unerwartet wie sie verschwunden, sprudeln sie aus dem dem Ansehen nach trocknen Erdreich wieder hervor. Für die zweite Eigenschaft kann als Ursache angenommen werden, dass die Verdünstung während des Tages durch den von der Sonne erhitzten Sand zu sehr verstärkt wird, als dass das Wasser die Oberhand zu gewinnen vermöchte, und erst nachdem die Atmosphäre kühler geworden, die fliessende Wasserschicht Siegerin bleibt.

Nur eine Meile von seiner Mündung in den Canadian zog unsere Expedition durch das sandige Bett des Dry River; es war noch am frühen Tage. Hin und wieder waren kleine Wasserspiegel sichtbar, von deren Vorhandensein und Dauer das Wild genaue Kenntniss haben musste, denn die nahe denselben eingedrückten Spuren, so wie die in der Nachbarschaft lauschenden Hirsche und Antilopen, liessen keinen Zweifel darüber, dass nur in den Morgenstunden, wenn das Wasser seinen höchsten Standpunkt erreicht hatte, an diesen Stellen Labung geboten wurde, die für den ganzen Tag ausreichen musste. Freilich fand sich in einigen Niederungen westlich von diesem Flusse Wasser genug, doch dieses war bitter und untrinkbar. Auch hatte sich in ausgetrockneten Niederungen Magnesia wie weisser Reif an spitze Gräser und feine Halme gesetzt.

Um die Mittagszeit führte uns der Weg an einem Baume vorbei, der sich einsam in der Ebene erhob und durch seinen riesenhaften Umfang und seine merkwürdig verschlungenen Zweige und Aeste nicht nur reges Interesse, sondern das grösste Erstaunen hervorrief. Es war eine alte, hundertjährige Pappelweide (*Cottonwood tree*). In einem Durchmesser von 12 Fuss ragte der knorrige Stamm aus der Erde, theilte sich in der Höhe von 6 Fuss in zwei mächtige Arme, die sich mit ihren zahllosen Aesten weit ausbreiteten und den dürren Boden unter sich beschatteten. Junge, niederhängende

16*

Schösslinge waren zu Bäumen geworden, stützten sich mit ihrer ganzen Schwere auf den Boden, um mit erneuter Kraft dicht belaubte Kronen emporzuheben, die sich mit der ganzen Laubmasse ihres ehrwürdigen Erzeugers vereinigten und das Grossartige seiner Erscheinung vermehren halfen. Wie der Gruss eines alten, lieben Freundes wirkt der Anblick eines Baumes in der öden, sonnigen Steppe auf den müden Wanderer; er lenkt seine Schritte fast unwillkürlich nach demselben hin und scheut selbst grosse Umwege nicht, um endlich im willkommenen Schatten auszuruhen, sich dort Träumen und Phantasien ungestört hinzugeben bei dem Anblick der Umgebung oder der Zeichen, die andächtige Indianer oder muthwillige Weisse einst in die narbige Rinde schnitten. Eine ernste, zum Nachdenken auffordernde Erscheinung steht der alte, erhabene Baum da mit seinen geheimnissvoll verschlungenen Zweigen, mit seinen glänzenden Blättern, die vor jedem leisen Hauche des Windes beben und zittern. Jahrhunderte zogen an ihm vorüber und doch ist sein Leben nur eine kurze Spanne, im Vergleich mit den Jahrtausenden, die nöthig waren, um den von Salzwasser bespülten Meeresgrund in die grüne Prairie mit ihrem jetzigen Naturcharakter zu verwandeln, nachdem ein mächtiger Wille den Boden gehoben und die Wasser zurückgewiesen hatte, um der Vegetation ein neues, unabsehbares Feld zur Thätigkeit zu eröffnen. Winde und Vögel trugen Saamen nach der neugeschaffenen Ebene, die sich schnell in einen Mantel üppiger Gräser und vielfarbiger Blumen hüllte, und zwar so dicht, so undurchdringlich und erstickend, dass es nur selten dem zarten Keime eines jungen Baumes gelang, sein Haupt über das wogende Grasmeer zu erheben. Als ein Traumbild der Phantasie, welches die Einsamkeit der Steppe hervorruft, denkt man sich, wie vor vielen, vielen Jahren der alte, ehrwürdige, einzeln stehende Baum ein Pflänzchen war, das kräftig emporwuchs und weit um sich zu schauen vermochte, wie das Bäumchen zum Baume wurde, als sei es von der Sehnsucht belebt, den Blick auf den Theil der Hochebene zu werfen, die sich in südlicher Richtung von ihm hinzog. Es wuchs und breitete seine Schatten aus, dass die Thiere in seinem Laube sich erquickten, Schaaren geselliger Vögel ihr Nest bauten, dass die rothen Menschen ihn verehrten und Gebilde von Klapperschlangen und langhälsigen Pferden in seine Rinde zeichneten.

Einer unserer Gefährten hatte Spuren reisender Indianer erkannt. »Frische Spuren von Indianern sind frische Ursachen zur Vorsicht,« sagte er zu den übrigen unter dem Riesenbaume Lagernden, »unsere Wagen befinden sich weit voraus, wir sind unserer nur wenige, und es muss ein ganzer Trupp Kioways oder Comanches sein, wie aus den Spuren zu entnehmen ist, der in der Nachbarschaft hauset; unsere Thiere sind gesättigt und werden gewiss mit uns einverstanden sein.« Die Nachzügler, denen ich mich angeschlossen hatte, zäumten ihre geduldigen Maulthiere, kletterten gemächlich in die Sättel, warfen noch einen letzten Scheideblick auf den schönen Baum und bogen dann in einen frisch gebrochenen Indianerpfad ein, der sie in der Richtung, welche die

Expedition eingeschlagen hatte, weiter führte.« — »Wie merkwürdig!« sagte der Doctor, der zwischen einem Ingenieur und seinem deutschen Freunde ritt, »wir reiten hier zu dreien neben einander und haben Jeder einen besondern und guten Pfad; unsere Gesellschaft mit ihren schweren Wagen lässt nur zwei Geleise zurück, während die Indianer, die zu Fuss und zu Pferde reisen, deren drei schaffen, die, wie wir hier vor uns wahrnehmen können, ebenso parallel wie unsere Wagengeleise neben einander hinlaufen. Was kann die Ursache davon sein?« — »Sehr einfach,« antwortete der Amerikaner, »die Indianer haben keine Wagen, wie Sie bemerkten, lieber Doctor, damit ist aber noch nicht festgestellt, dass sie keine einspännigen Karren mit sich führen.« — »Es müsste eine breite Karre sein,« erwiederte lachend der Doctor, »an der die Räder über 8 Fuss weit auseinander stehen; nein! das sind keine Karrenspuren.« — »Ich will es Ihnen erklären,« fiel sein Begleiter zur andern Seite mit gewichtiger Miene ein, auf der es geschrieben stand, wie angenehm es ihm sei, mit seinen Erfahrungen aushelfen zu können: »Bei einer frühern Gelegenheit habe ich Ihnen die Beschreibung eines indianischen Zeltes gegeben, wie dasselbe aus Büffelleder und Zeltstangen besteht; wollen die Indianer nun wandern, so schnüren sie das Zeltleder, so wie alle übrigen Habseligkeiten, in kleinere oder grössere Bündel und packen dieselben nach unserer gewöhnlichen Art auf den Rücken ihrer Thiere. Die Zeltstangen werden so auf die Packpferde vertheilt, dass vier oder sechs derselben auf jedes bepackte Thiere kommen, und dann mit dem dicken Ende an die äussern Bündel so befestigt, dass der obere und schwächere Theil der Stangen auf der Erde nachschleift. Da die Thiere nun auf jeder Seite zwei oder drei derselben mit sich schleppen und immer eins in die Fusstapfen des andern tritt, so entstehen diese drei Pfade; in den beiden äussern schleifen die Stangen, in dem mittleru geht das Pferd und die dazu gehörige Squaw, die das Pferd führt, welchem die übrigen zu dem Wigwam gehörigen Thiere, immer eins an des andern Schwanz gebunden, folgen. Mitunter werden die beiden Stangen durch eine ausgespannte Büffelhaut verbunden, um auf derselben kranken und schwachen Mitgliedern des Stammes einen Sitz zu verschaffen und die Mühe des Reitens zu ersparen. Den Hunden, die ebenfalls zur Arbeit angehalten werden, befestigen die Indianer mittels eines breiten Riemens auf dieselbe Weise an den Seiten zwei kleine Pfähle, die dann mit leichteren Gegenständen, zuweilen auch mit Kindern, beladen werden. Findet man solche Fährte, so kann man ihr ohne Gefahr nachfolgen, als einem sicheren Zeichen, dass Weiber und Kinder im Gefolge des Zuges sind und man auf keine Kriegspartei stösst. Denn Indianer auf Kriegs- und Raubzügen beschweren sich nicht mit Zelten, einestheils um durch die Last nicht behindert zu sein, anderentheils um nicht in die Nothwendigkeit zu gerathen, ein Zelt aufschlagen zu müssen, eine Arbeit, die den Weibern gebührt, mithin als entehrend für den Mann angesehen wird.

Wenn ein Trupp dieser Wilden in rauhen Jahreszeiten nach einer Rast mehrerer Tage aufzubrechen und schnell zu wandern beabsichtigt und zu diesem Zweck gutes Wetter wünscht, so wenden sie sich direct an ihren Manitu. Sie rauchen und singen zu ihm und setzen dieses so lange fort, bis sie am klaren Wetter erkennen, dass ihr grosser Geist sie erhört hat und mit den ganzen Vorbereitungen zur Reise zufrieden ist. Ich wohnte zum ersten Male dergleichen Feierlichkeiten bei, als ich die Gastfreundschaft der Ottoes, die mich aus der schon früher von mir beschriebenen schrecklichen Lage am Sandy Hill Creek errettet hatten, genoss, und nach einer Pflege von fünf Tagen, welchen Zeitraum diese Leute meinem entkräfteten Körper zuerkannt hatten, für stark genug befunden wurde, von des Morgens bis gegen Abend im tiefen Schnee zu waten. Der Tag des Aufbruchs war also bestimmt und die Vorbereitungen dazu wurden am vorhergehenden Abend getroffen, das heisst, es wurde gutes Wetter für die Dauer der Reise herbeigesungen, und dabei auf folgende Weise zu Werke gegangen:

Hell flackerte das Feuer in Farfars Zelt, ernst sassen und hockten die Krieger um dasselbe herum; Weiber und Kinder, mit Ausnahme von Wo-nes-hee's Gemahlin, hatten das Zelt verlassen. Der Kessel hing über den Flammen, doch war sein Inhalt nur brodelndes und dampfendes Wasser. Da ich während des Tages die Festlichkeiten des Abends und mit diesen eine reichliche Mahlzeit vermuthete, so hatte ich meinen Appetit etwas geschont, um in der Reihe der Krieger endlich einmal mit Ehren bestehen zu können. Beinahe ungeduldig harrte ich des Augenblicks, in welchem getrocknetes Büffelfleisch und Biberschwänze zum Medizinmahl dem wild schäumenden Kessel übergeben werden sollten. Die Biberschwänze waren schon bereit, doch noch kein Büffelfleisch zu sehen; statt dessen lag nahe dem Feuer an einem Riemen befestigt ein grosser, zottiger Wolfshund, der verschlafen mit den Augen blinzelte.

Zufällig war es gerade der Hund, dessen besonderer Zuneigung oder vielmehr nächtlicher Zudringlichkeit ich mich zu erfreuen gehabt hatte, und ich schrieb daher seine Fesseln diesem Umstande und der indianischen Höflichkeit zu, die mich in so feierlichen Momenten vielleicht nicht von Hunden belästigt sehen wollte. Ich war ganz unbekannt mit dem tragischen Ende, welches dem armen Thiere bevorstand. Nachdem Wa-ki-ta-mo-nee mit kunstgeübter Hand einige gelbe Linien in meinem Gesicht verbessert und in symmetrische Ordnung gebracht hatte, nahmen die Feierlichkeiten ihren Anfang.

Die indianische Trommel, ein ausgehöhlter, mit Büffelhaut überzogener Block, wurde in langsamem Takte von den beiden jungen Burschen geschlagen und zu dieser eintönigen, dröhnenden Musik gesellte sich alsbald der wilde, Ohren und Nerven zerreissende Gesang aller Mitglieder: *Hau-Hau-Hau Ottoe-Wine-bag-Ottoe-Wine-bag-kero-kero-li-la!* Es war um davon zu laufen. »*Kero, Kero, Kero!*« brüllte der Medizinmann und liess seinen Tomahawk über seinem Kopfe wirbeln, »*Kero, Kero, Kero!*« heulte er, als das Beil niedersauste und dem armen, schnarchenden Hunde den Schädel zerschmetterte. Der Gesang verstummte, nur wenige Minuten und der Hund war seines

Pelzes entledigt und zerlegt. Er wurde alsdann stückweise, nebst einigen Biberschwänzen, in den siedenden Kessel geworfen. Um dich armes, unglückliches Thier verzehren zu helfen, habe ich also heute mehr als mässig gelebt! so dachte ich, als ich jede Probe von Appetit schwinden fühlte. Ich musste aber von dem Medizinmahle geniessen; ich wusste, ich fühlte, dass ich beobachtet wurde und war auf meiner Hut. Das Fleisch der Wölfe, welches weit hinter dem der Hunde zurücksteht, hatte ich ja schon essen gelernt und nur ein kleines Vorurtheil hatte ich also in diesem Falle zu besiegen. Hätte ich das Thier nicht so genau gekannt, so wäre es mir wahrscheinlich leichter geworden. Ich überwand indessen meinen Widerwillen und kann Ihnen versichern, dass kein Hammelfleisch besser schmecken kann, als die wohl zubereiteten Stücke eines Hundes. Nach Beendigung der reichlichen Medizinmahlzeit wurde noch etwas geraucht und dann gingen wir Alle sehr zufrieden hinaus in's Freie, um den Stand des Wetters zu beobachten. Es war furchtbar kalt, der Schnee knirschte unter den Mokkasins, die Sterne funkelten und heiser tönte das Geheul der hungrigen Wölfe durch die Nacht. Der Medizinmann liess seine Blicke nach allen Himmelsgegenden schweifen, wo keine Wolke das schimmernde Firmament trübte. »Der Gesang war gut!« rief er aus, »die aufgehende Sonne bringt günstiges Reisewetter.« — »Wenn aber trotz Hundefleisch und Singen ein Schneesturm eintritt?« fragte ich Farfar, den Halbindianer. — »Es kommt oft genug vor,« antwortete dieser, »dann singen und essen wir aber unverdrossen so lange, bis wir einen schönen Tag haben, und sind wir erst unterwegs, dann kehren wir uns nicht an Stürme, wenn nur bei unserm Aufbruch die Sonne freundlich geschienen hat.«

Am nächsten Morgen waren unsere Weiber schon in aller Frühe in Bewegung; ich hörte von meinem Lager aus das Getrappel unserer Pferde, die herangetrieben und gesattelt wurden, was mich nicht wenig verwunderte, da ich die Männer, in ihren Decken eingehüllt, noch ruhig liegen sah. Ich war aber mit den Sitten und Gebräuchen dieser Leute noch nicht hinlänglich bekannt, um dies natürlich zu finden. Ich kann Ihnen, lieber Doctor, übrigens versichern, dass sich nichts leichter lernt als das Zusehen, wenn andere Menschen arbeiten; so wurde es mir denn auch in der That nicht schwer, mit meinen Gefährten am Feuer sitzen zu bleiben, bis die Zelte über unsern Köpfen verschwunden und unsere Lagerpelze buchstäblich unter uns fortgezogen waren. Als nun zwei Pferde vor mein schwer beladenes Wägelchen gespannt und die übrigen mit dem Reste unserer Habseligkeiten bepackt waren, setzte sich der alte Wo-nes-hee an die Spitze des Zuges und schritt in nordwestlicher Richtung über die weisse Ebene dahin. Ich blieb mit den Kriegern am Feuer sitzen, die noch eine Pfeife rauchten und anscheinend sich verabredeten, um welche Zeit sie im neuen Lager eintreffen wollten. Endlich trennten wir uns; zu zweien oder dreien verschiedene Richtungen einschlagend, folgten wir dem Lauf kleiner Bäche, an deren Ufer sich spärliches Holz zeigte, wo wir aber Wild im Ueberfluss finden mussten. Ich folgte dem Halfbreed und

Sha-ho-ha-ta-ko, und wusste in kurzer Zeit nicht mehr, in welcher Richtung unsere übrige Gesellschaft gefunden werden könnte. Ich muss gestehen, es ist mir heute noch unerklärlich, wie die Indianer in einer endlosen mit Schnee bedeckten Steppe ohne sich je zu verirren reisen können, da sich nichts dort dem Auge bietet, was als Landmarke dienen könnte. So lange ich auch mit den Eingebornen lebte und wanderte, so weiss ich doch keinen einzigen Fall, in welchem sich Einer verirrt hätte oder nicht zur bestimmten Zeit in dem neu errichteten Lager erschienen wäre. Es wurde mir schwer, mit meinen beiden Gefährten, die halb gehend, halb trabend den Windungen der Bäche nachfolgten und dabei nur selten in den festgefrorenen, tiefen Schnee einbrachen, gleichen Schritt zu halten. Ich wählte meinen Weg auf den Höhen, von welchen der Wind den meisten Schnee fort und in Niederungen geweht hatte; das Gehen wurde mir dort leichter und da ich die beiden Indianer nicht aus den Augen verlor, zugleich auch die von ihnen zu haltende Richtung weit hin an dem schmalen Holzstreifen zu erkennen vermochte, so kam es mir zu Statten, dass ich mitunter eine Ecke oder einen Winkel ihrer Strasse abschneiden konnte. Die scharfe Eiskruste, über welcher die Indianer leicht hinwegglitten, die aber unter meinen Füssen fortwährend einbrach, hatte bald meine Füsse durch die weichen Mokkasins hindurch zerschnitten und nur unter den grössten Schmerzen schleppte ich mich weiter. Wie sehr ich litt, mögen Sie, meine Herren, daraus entnehmen, dass ich mich bei Gelegenheit einer Waschbärenjagd ruhig auf den Boden warf und dem Treiben meiner Kameraden zusah, ohne selbst an einem Vergnügen Theil zu nehmen, welches mir stets die angenehmste Aufregung und Unterhaltung gewährt hatte. Waschbären oder Racoons, wie die Thiere hier zu Lande genannt werden, waren dort im Ueberfluss und das zarte Fleisch, besonders aber das wohlschmeckende Fett dieser Thiere veranlasste uns, mit allem Eifer denselben nachzustellen und sie aus den hohlen Bäumen, ihrem Lieblingsaufenthalt, herauszuräuchern. War ein Waschbär erst ausgespürt, so genügte eine kurze Zeit, um denselben in unsere Gewalt zu bringen. Mit einer kleinen Axt wurde eine Oeffnung in den hohlen Stamm geschlagen, die gross genug war, einen brennenden Grasbüschel durch und in den Stamm hinein gleiten zu lassen, dürre Blätter und Ranken wurden nachgeschoben und mussten den Brand nähren, der einen dicken, erstickenden Qualm inwendig hinaufschickte. War dann ein Waschbär oder irgend ein anderes Thier in dem Baume verborgen, so steckte es schon nach wenigen Minuten seine Schnauze aus einer oberen Oeffnung, um frische Luft zu schöpfen; der zunehmende Qualm liess aber nicht nach und das unglückliche Thier rettete sich auf den nächsten Zweig, wo es dann von einer Kugel oder von Pfeilen begrüsst wurde.

Doch, wie ich schon bemerkte, konnte ich in den ersten Tagen an dergleichen Vergnügungen keinen Theil nehmen; ich musste jeden Schritt zu sparen suchen, um überhaupt nachzukommen. Blieb ich zurück oder verlor die leitenden Spuren, so musste ich rettungslos in der ersten Nacht der furchtbaren Kälte, gegen die ich mich durch

Feuer allein nicht hätte schützen können, unterliegen. Gewartet oder meinetwegen zurückgegangen wären die Indianer nicht, denn Farfar wäre gewiss recht gern mein Erbe geworden, wogegen die andern ein solches Vertrauen in ihren Medizingesang setzten, dass ihnen mein Untergang unmöglich schien, wenn ihr Manitu es nicht anders bestimmt hatte, in welchem Falle sie seinem Willen unter keiner Bedingung würden entgegen gehandelt haben und mich lieber hätten verderben lassen.

Wir hatten am ersten Tage 18 bis 20 Meilen zurückgelegt und ich war glücklich, als ich kurz vor Sonnenuntergang einem kleinen, dichten Gehölz vor mir Rauchsäulen entsteigen sah. Alle meine Leiden waren plötzlich vergessen und rüstig eilte ich Farfar nach, um mich so bald als möglich im schirmenden Zelte wieder erholen zu können. Die Zelte standen schon, als ich anlangte; tüchtige Scheiterhaufen wärmten die Luft in denselben und thauten zugleich die letzte Probe vom Schnee an den Stellen auf, wo grosse Bündel frischgerupften, dürren Grases gestreut werden sollten, um die Felle und Decken nicht in unmittelbare Berührung mit dem gefrorenen Boden kommen zu lassen. Matt und erschöpft lag ich endlich am Feuer; Wa-ki-ta-mo-nee's Töchter hatten die nassen Leggins und Mokkasins von meinen Füssen entfernt, um dieselben zu trocknen und mit stärkeren Sohlen zu versehen. Ich blieb aber gleichgültig bei aller Aufmerksamkeit und Freundlichkeit: ich war zu hungrig, um an etwas anderes als an Essen denken zu können, ich kaute mechanisch an einem Riemen gedörrten Fleisches und wendete meine Blicke nicht von Wo-nes-hee's Squaw, die einen Haufen Mais stampfte, der in einen wohlschmeckenden Brei verwandelt werden sollte. Wenn ich jetzt daran zurückdenke, wie ich an diesem Abende mit Heisshunger über den Berg der nicht übermässig reinlich zubereiteten Mehlspeise herfiel und dazu noch das Viertel eines Racoons verzehrte, so kommt es mir noch immer wie ein wilder Traum vor. Ich liess es mir aber schmecken, und damit noch nicht zufrieden, blieb ich den ganzen Abend damit beschäftigt, wie die übrige Gesellschaft zwischen zwei Steinen süsse Hickory-Nüsse aufzuschlagen, deren von den Weibern und Kindern eine Unmasse aus dem Schnee hervorgekratzt worden waren und die einen kleinen Winkel im Zelt einnahmen, so dass sie Jedem bequem zur Hand lagen.

Selbst in einem indianischen Zelte kann man sich so recht behaglich und zufrieden fühlen; so ging es mir an diesem Abend, nachdem ich meinen Hunger gestillt und meine Glieder aufgewärmt hatte. Ich lag auf meiner Büffeldecke am helllodernden Feuer und hatte keine andern Sorgen als höchstens die, welche mir von einer etwas härteren Nuss verursacht wurden: meine Füsse schmerzten nicht mehr und Wo-nes-hee trug dafür Sorge, dass die Pfeife nie kalt wurde. Der alte Wo-nes-hee war überhaupt für mich eine Person von grösserem Interesse geworden, seit ich erfahren hatte, dass er ein Geisterseher sei, dem alle Dahingeschiedenen seines eigenen, so wie anderer Stämme des Nachts erschienen und Mittheilungen machten.

Wenn der greise Krieger die Decke über sein Haupt zog und während mehrerer

Stunden mit klagender Stimme die Worte: »*Ottoe Winebag*« sang, dann waren die Geister derjenigen um uns herum, deren Skalpe von ihren Feinden genommen waren und die deshalb in den glückseligen Jagdgefilden keine Ruhe finden konnten; sie waren in unserem Zelte und zeigten dem alten Wo-nes-hee ihre klaffenden Wunden, ihre blutigen Schädel und mahnten zur Rache, wobei sie aber für jeden andern unsichtbar blieben. Alle Uebrigen waren an die nächtlichen Gesänge des beschneiten Kriegers schon gewöhnt, doch machten sie auf mich nicht den angenehmsten Eindruck, obgleich Farfar mich von der grossen Medizin Wo-nes-hee's in Kenntniss gesetzt hatte. Diese Medizin schrumpfte indessen in meinen Augen bedeutend zusammen, als ich mich davon überzeugt hatte, dass eine merkwürdige Einbildungskraft dem braven, halbschlafenden Wo-nes-hee die ihn umgebenden Gegenstände in ganz veränderter Gestalt erscheinen liess. So weiss ich, dass er in einer Nacht ein Paar zum Trocknen aufgehangener Leggins für zwei Pferde ansah, die er in seiner Jugend hätte stehlen können, jedoch zu nehmen versäumt hatte, und dass er sich jetzt singend die bittersten Vorwürfe über das Versehen machte. Ein anderes Mal wurde mir am frühen Morgen mitgetheilt, dass während der ganzen Nacht ein skalpirter Missouri-Häuptling auf mir gesessen und vergebens seinen blutigen Kopf am Feuer zu trocknen versucht habe. Ich erwiederte, dass ich den Druck wohl gefühlt und ebenso wohl wisse, welcher von unsern Hunden auf mir gelegen habe. Doch Wo-nes-hee liess sich nicht irre machen; nach seiner Meinung konnten nicht alle Menschen im Besitz derselben Medizin sein, und was ich für einen Hund gehalten, konnte nur der Missouri-Häuptling gewesen sein.

Als ich am nächsten Morgen erwachte, war ich fast unfähig, auf meinen Füssen zu stehen und wünschte sehnlichst einen Tag zu rasten. Um meinen Zweck zu erreichen, erklärte ich, dass ich, am ganzen Körper krank, durchaus unfähig zum Reisen sei, und verlangte, es solle Ruhetag gehalten werden. Wäre ich mehr an die indianischen Schuhe gewöhnt gewesen, so hätten meine Kräfte schon wieder so weit gereicht wie die einer Rothhaut, allein mit Wunden an den Füssen glaubte ich am zweiten Tage unserer Reise das neue Nachtlager nicht erreichen zu können. Mein Entschluss wurde also dem Doctor Wa-ki-ta-mo-nee mitgetheilt, der es denn auch sogleich übernahm, mich sofort von Grund aus zu kuriren. Nun merken Sie wohl auf, lieber Doctor,« wendete der Erzähler sich an seinen Freund, »damit Sie etwas lernen, was Sie später bei unsern eigenen Fusskranken vielleicht in Anwendung bringen können. Wa-ki-ta-mo-nee besuchte mich auf meinem Lager und zwar mit der gewichtigen Miene eines Studenten, der eben sein Doctorexamen bestanden hat. Er fasste nicht nach meinem Puls, sondern fing an, auf eine fürchterliche Weise meinen Magen zu kneten; seiner Meinung nach war ein böser Geist in meinen Körper gefahren, der nur einer kleinen Aufforderung bedürfe, um seinen jetzigen Aufenthaltsort sogleich wieder zu verlassen. Mein Lachen über diese komische Ansicht bestärkte ihn in seinem Glauben, und ohne länger zu säumen, ging er sogleich an die Arbeit. Mit einer indianischen Trommel und einem tüchtigen Schlägel bewaffnet, setzte er sich zu mir auf's Lager und zwar so, dass die Trommel recht nahe an meine Ohren zu stehen kam, und dann fing er an, die über den Klotz gespannte Haut so fürchterlich zu bearbeiten, dass mir beinahe Hören und Sehen verging. Er begann mit gellender Stimme zu singen, von dem tiefsten Bass bis hinauf zu den höchsten Cadenzen, der Schweiss rieselte seine bemalten Wangen hinunter und seine Augen funkelten in wilder Wuth. Ich hoffte den aufgeregten Indianer zu ermüden und in mein Unglück ergeben, fast betäubt von der grässlichen Musik, blieb ich regungslos und versuchte einige seiner Worte zu erhaschen; doch vermochte ich nur das immerwährende *Hau kau* und den Ruf *Ka-van-ga tan-ga* zu unterscheiden, was so viel heisst wie grosser Mosquito, eine Benennung, welche mir von meinen Ottoe-Freunden beigelegt worden war, weil ihnen die Aussprache meines Namens zu viel Schwierigkeit verursachte. An zwei Stunden hatte ich auf dieser Folter gelegen, als ich die Unmöglichkeit einsah, meines besorgten Arztes Geduld zu erschöpfen, zugleich aber auch wahrnahm, dass meine eigene schon längst ihr Ende genommen. Ich machte Anstalt mich vom Lager zu erheben und zu entfernen, doch kaum bemerkte Wa-ki-ta-mo-nee, dass ich mich rührte, als er seinen Gesang in lautes, grässliches Heulen verwandelte und auf seine Trommel einhieb, als wolle er dieselbe in Stücke schlagen. Seiner Meinung nach hatte der halsstarrige böse Geist endlich dem Einfluss der grossen Medizin nachgegeben und es bedurfte nur noch dieses letzten kräftigen Angriffs, um ihn auf immer zu verscheuchen. Freilich war er verscheucht, denn ich kroch in's Freie mit dem festen Willen, lieber meinen Pfad nach dem Missouri durch eine Blutspur zu bezeichnen, als noch länger solch rasendem Getöse und Lärmen in nächster Nähe ausgesetzt zu sein. Wa-ki-ta-mo-nee trocknete sich indessen den Schweiss von der Stirne und erklärte mit triumphirender Miene seiner Umgebung, dass seine Medizin so ausgezeichnet sei, dass nichts derselben zu widerstehen vermöchte. Er gab alsbald das Zeichen zum Aufbruch. Die Medizin war wirklich nicht so schlecht; meine Füsse gewöhnten sich an die Mokkasins, die Wunden heilten während des Laufens und bald war ich so weit hergestellt, dass ich wie eine vollblütige Rothhaut dem Elkhirsch und dem Bären auf dem scharfen Schnee nachspürte. Unsere Reise ging nun glücklich von Statten, bald brachten wir einen Hirsch, bald eine wilde Katze oder einen schwarzen Bären in's Lager und erfreuten uns auf diese Weise einer Art von Luxus; wir erreichten allabendlich ein kleines Gehölz und Wasser und es blieb uns also nichts, gar nichts zu wünschen übrig: wir besassen das unter solchen Verhältnissen Wünschenswertheste.

Die erste Unterbrechung erlitt unsere Reise durch einen Regentag, der nicht nur unsere Strasse furchtbar glatt machte und verdarb, sondern auch die Bäche in reissende Ströme umwandelte, so dass wir genöthigt waren, am waldigen Ufer eines solchen Wassers still zu liegen, um eine Aenderung des Wetters abzuwarten. Wir litten indessen keine Noth und die Langeweile vertrieben wir uns durch Aufknacken von Nüssen, die durch das eingetretene, milde Wetter in grossen Massen blossgewaschen waren. Dem Regenwetter folgte klarer Frost und wir zogen weiter. Das Eis auf den Gewässern, welche unsere Strasse durchschnitten, war nicht stark genug, um uns und unsere Pferde zu tragen; der jedesmalige Uebergang musste daher auf eine Weise bewerkstelligt werden, die für Menschen und Thiere gewissenlos genannt werden konnte: wir kamen indessen hinüber, und das genügte uns. Uebrigens habe ich mich in dieser widerwärtigen Zeit davon überzeugt, dass eine indianische Squaw mit Recht zu den besten Arbeitern der Welt gerechnet werden kann, so lange sie nur allein die Sklavin ihres Gatten ist und nur für sich und die Ihrigen zu arbeiten braucht.

Um bei solchen Gelegenheiten also das jenseitige Ufer zu gewinnen, wurde der Anfang damit gemacht, dass wir die Thiere ihres Gepäcks entledigten, dem stärksten Pferde eine lederne Leine oder Lasso um den Unterkiefer schnürten und an seinen Schwanz ein zweites Pferd befestigten, welchem die übrigen dann auf dieselbe Weise zu folgen gezwungen wurden. Waren diese Vorkehrungen getroffen, so watete die Hälfte der Männer, das Eis vor sich zerbrechend, durch den Strom und nahm das eine Ende der zusammengeknüpften Leine mit hinüber. Ich war schon etwas an Kälte gewöhnt, kann Ihnen aber die Versicherung geben, dass man sich gar keinen Begriff von der Empfindung machen kann, sobald man dem eisigen Bade entsteigt und augenblicklich die nasse Lederkleidung steif gefriert; wie ein Messer wühlt die Kälte in der Haut und trostlos sieht man die Unmöglichkeit ein, sich zu erwärmen. Aus Verzweiflung greift man dann gern nach dem Lasso, an dessen anderem Ende auf dem jenseitigen Ufer in langer Reihe die Pferde gefesselt harren, und zieht mit allen nur zu Gebote stehenden Kräften, während die zurückgebliebenen Männer, Weiber und Kinder durch Schläge und Stösse die Thiere in die Fluthen treiben, vor denen sie zitternd zurückbeben. Sind sie erst im Wasser, so werden sie leicht nach dem andern Ufer hinübergelenkt und gezogen. Das Gepäck wird auf Eisschollen nachgeflösst, schnell wieder auf die zitternden Thiere geladen und weiter geht es im Trabe über die blendende Schneefläche, um den stockenden Kreislauf des Blutes durch die rasche Bewegung wieder herzustellen.

Doch auch diese Leiden nahmen ihr Ende, scharfer Frost baute uns sichere Brücken, und starker Schneefall, der uns dicht vor einer rettenden Schlucht beinahe tödtete und begrub, verschaffte uns eine bessere Strasse, so dass wir uns rasch der Mündung des Nebrasca und dem daselbst gelegenen Dorfe der Ottoes näherten. Unsere Jagden fielen fast immer glücklich aus und ich glaube mit Recht sagen zu können, dass ich nie eine interessantere Zeit verlebt hatte, als gerade auf diesem Theile der Reise. Es ist wahr, ich hatte fast fortwährend mit Strapazen und Entbehrungen zu kämpfen, doch wie gern vergisst der Mensch dergleichen, wenn er mit jedem Augenblicke mehr fühlt, wie wohlthätig Gottes schöne, freie Natur auf den Körper und den Geist einwirkt; mit Stolz blickte ich auf meine zerrissenen Mokkasins und vernarbten Füsse und lachte des eisigen Nordwindes, der zwischen den Falten meiner Büffelhaut meine blosse Brust suchte.

Ich war glücklich, überschwenglich froh, weil die Träume meiner Jugendzeit, hervorgerufen durch Cooper und Washington Irving, verwirklicht worden waren, und wenn ich dem mächtigen Riesenhirsch den Gnadenstoss gab oder dem Bären mit meiner Kugel den Schädel zerschmetterte, dann war es mir in der Begeisterung des Augenblickes, als möchte ich mit keinem Menschen auf Gottes Erdboden tauschen; und wenn die rothhäutigen Krieger mir die Pfeife reichten und zuriefen: *Ra-ran-ga tan-ga, Ka-ki-ga tan-ga!* *) dann war ich über alle Massen für meine Entbehrungen bezahlt.

Vier Wochen waren wir unterwegs, als Farfar mir mittheilte, dass wir an diesem Tage den Missouri erreichen würden, auf dessen östlichem Ufer weisse Pelztauscher kleine Ansiedelungen gegründet hatten. Er machte zugleich den Vorschlag, dass er selbst vorauseilen wolle, um Leute über den Fluss zu holen, die mir behülflich sein sollten, gleich bei unserer Ankunft meine Uebersiedelung von den Ottoes zu den Weissen zu bewerkstelligen. Farfar handelte unserer Verabredung gemäss und war schon in aller Frühe verschwunden; ich folgte mit den Uebrigen etwas später nach und gegen Mittag näherten wir uns dem Waldstreifen, der den Lauf des Missouri bezeichnete. Ehe wir hinab in das Thal zogen, kamen wir an dem Begräbnissplatze der Ottoes und bald darauf an ihrem Dorfe vorbei. Ersterer zeigte eine Anzahl von Hügeln, die von rohen Palisaden eingeschlossen und mit Stäben geschmückt waren, von denen bunte Zeugstreifen und Federn herabflatterten. Das nur wenige hundert Schritte weiter entfernte Dorf bestand aus ungefähr sechszig Hütten verschiedener Bauart; einige, von Erde aufgeführt, glichen grossen Backöfen oder Heuschobern, während andere, in Form kleiner Häuser, von dicker Eichenrinde zusammengefügt waren. Die Wohnungen standen grösstentheils leer, indem die Bewohner ihre Zelte auf den beiden Winkeln, die vom Nebraska und Missouri gebildet werden, aufgeschlagen hatten; sie waren daselbst in der Niederung mit ihren Thieren mehr gegen die heftigen Stürme geschützt und fetteres Gras war in den Bottom-Ländereien unter dem bergenden Schnee in Fülle vorhanden.

Wa-ki-ta-mo-nee mit seinen Hausangehörigen blieb im obern Dorfe, während Wo-nes-hee mit den Seinigen hinab in die Niederung zog, und kurz vor Abend stand ich auf dem Eise des Missouri und machte die Bekanntschaft eines Mr. Marten, der mich freundlich zu sich in seine Behausung auf dem jenseitigen Ufer des Flusses einlud. Ich nahm einen vorläufigen Abschied von meinen Ottoe-Freunden und bezeichnete ihnen das kleine Blockhaus, in welchem ich vorläufig wohnen würde und wo ich sie Alle wiederzusehen wünschte. Meine Sachen wurden in den kleinen Wagen geworfen, in demselben über das dicke Eis des Flusses geschoben und bald befand ich mich unter freundlichen, weissen Menschen, die mit einander wetteiferten, mich wieder mit Kleidungsstücken zu versehen, die der weissen Hautfarbe angemessener waren. Förmlich umge-

*) »Der grosse Mosquito, ein grosser Häuptling.«

wandelt sass ich an diesem Abend am flackernden Kaminfeuer, ass gutes Brod zu einem Glase Whisky-Punsch und unterhielt meine Umgebung mit der Erzählung meiner Reisen und Abenteuer. Ich hatte die Genugthuung zu bemerken, dass selbst diese rauhen Ansiedler des fernen Westens Antheil an meinen Leiden und Freude über meine Rettung bezeugten. Ich blieb indessen nicht lange dort, sondern ging nach acht Tagen schon wieder zurück zu den Ottoes und von diesen weiter nördlich zum Stamme der Omaha's, mit denen ich noch vierzehn Wochen verlebte. Ich verschaffte mir während meines Aufenthaltes daselbst ziemlich genaue Kenntniss der dortigen Indianer, ihrer Sitten und Gebräuche, und ich glaube es wird Sie interessiren, wenn ich Ihnen zu gelegener Zeit weitere Mittheilungen über meine ferneren Erlebnisse an den Council Bluffs mache.«

Unter solchen Gesprächen waren wir fortgezogen; wir hatten die Wagen bald überholt, die Heerden waren hinter uns zurückgeblieben, einzelne der jungen Leute hatten sich noch zu uns gesellt, so dass unser kleiner Trupp den Zug in der Entfernung von einer halben Meile eröffnete. An kahlen Hügeln, deren einzigen Schmuck niedrige Cacteen bildeten, schlängelte sich der Indianerpfad hin; die Windungen waren kurz, so dass wir nicht weit um uns zu schauen vermochten, und ehe wir es vermutheten uns unter einer kleinen Heerde prächtiger Pferde befanden, die, über die Störung erschreckt, mit gehobenen Schweifen und geöffneten Nüstern schnaubend auseinander stoben. Es waren zahme Pferde, obwohl ohne Hüter; das Lager der Indianer musste ganz in der Nähe sein und vorsichtig wurde deshalb in mehr geschlossener Ordnung weiter geritten.

Bei einer neuen Biegung des Weges erblickten wir einen kleinen Fluss, der, von Cottonwood-Bäumen und niedrigem Strauchwerk beschattet, auf seinem westlichen Ufer ein indianisches Lager zeigte, welches aus achtzehn grossen Zelten bestand. Die Bewohner schienen noch keine Ahnung von der Annäherung einer so starken Abtheilung der Weissen zu haben, denn Weiber wie Kinder, auf ungezäumten Pferden beritten, umkreisten sorglos eine zahlreiche Heerde, die an dem Flüsschen ruhig weidete. Das Auftauchen von Bleichgesichtern in unmittelbarer Nähe des Dorfes brachte eine plötzliche Veränderung hervor. Die hütenden Weiber wurden durch junge Bursche ersetzt, welche die Heerde dem Canadian River zutrieben, um sie aus dem Bereich eines Besuches zu bringen, dessen Absichten ihnen noch fremd waren. Der Vortrab unserer Expedition hatte unterdessen den kleinen Fluss erreicht und machte Miene, durch denselben zu reiten, als auf dem jenseitigen Ufer einige Indianer erschienen, die uns die deutlichsten Zeichen gaben, dass unsere Gegenwart in dem Dorfe vorläufig noch nicht gewünscht würde, sondern dass sie selbst vorher hinüberkommen wollten, um mit den Bleichgesichtern Freundschaft zu schliessen. Dem Verlangen der Indianer gaben wir willig nach und erwarteten den Häuptling nebst einigen seiner Krieger, die ihre Decken, welche ihre Glieder verhüllten, über die Schulter warfen und durch das Wasser wateten. Als der Häuptling uns erreichte, stellte er sich als Ku-tat-su, den Häuptling der

Lager der Kioway Indianer

Kioways, vor und fragte in gebrochenem Spanisch und durch Zeichen nach dem Capitano des Zuges. Da der Lieutenant Whipple bei den Feldmessern und dem Wagenzuge zurückgeblieben war, so kam einer der jungen Amerikaner auf den Einfall, den Doctor Bigelow als Häuptling zu bezeichnen. Ku-tat-su betrachtete aufmerksam den Doctor und fragte die Umstehenden, ob dieser wirklich der Capitano wäre, als sei er gleichsam noch im Zweifel, dass die kleine, schmächtige Figur dieses Herrn mit dem sanften Ausdruck in seinen Zügen, der, nur auf einem bescheidenen Maulthiere sitzend, jeder kriegerischen Auszeichnung entbehrte, ein Häuptling sein könne. Es wurde ihm indessen versichert, dass der Doctor nicht nur ein Häuptling, sondern auch ein grosser Medizinmann sei, und sogleich schritt der Indianer zur Begrüssung; er nahm seine Decke zurück, reckte seine Arme weit aus, trat vor den Doctor hin und umarmte ihn auf die zärtlichste Weise, indem er sein bemaltes Gesicht an des Doctors bärtiger Wange rieb, ein Gebrauch, der sich von Mexiko bis zu den Wilden verpflanzt haben muss. »Guter, alter Bursche!« rief der Doctor förmlich gerührt aus, beugte sich ebenso zärtlich von Billy zu dem Wilden nieder und klopfte ihm schmeichelnd mit der Hand auf seine broncefarbenen Schultern. Die gefühlvolle Scene, in welcher der alte Herr sich zur grössten Belustigung seiner Freunde so ziemlich wie in der Umarmung eines Bären ausnahm, wurde durch die Ankunft des Lieutenant Whipple unterbrochen, der, nachdem er den Kioways als erster Häuptling bezeichnet worden war, sich ebenfalls ihren Liebkosungen unterwerfen musste. Freundschaft war nun mit den Indianern geschlossen, der Wagenzug angelangt und es wurde dem Ueberschreiten des Flusses weiter kein Hinderniss entgegengestellt. Junge und alte Krieger, die sich in der Eile geschminkt und geschmückt hatten, stellten sich in grösserer Anzahl ein, während andere, wie in den halbzurückgeschlagenen Zelten wahrgenommen werden konnte, noch emsig vor den kleinen Spiegeln mit ihrer Toilette und dem unvermeidlichen Anstreichen ihres Gesichts beschäftigt waren. Unter den zuerst Angekommenen erregte ein ganz greiser Krieger besondere Aufmerksamkeit; sein Anzug bestand nur aus einem blauen amerikanischen Blanketrock, der ihm viel zu gross war, auf den er aber bedeutenden Werth zu legen schien; ausserdem besass er eine besondere Zungenfertigkeit, mit der er es sich äusserst angelegen sein liess, einen guten Eindruck auf die Amerikaner zu machen. Da er vielleicht von dem früheren Kriege zwischen den Vereinigten Staaten und Mexiko gehört hatte, so suchte er nun auf alle mögliche Weise zu verdeutlichen, dass die Kioways geschworene Freunde der Amerikaner seien, dass nur ein kleiner Theil des Stammes sein Lager hier aufgeschlagen habe, während die Uebrigen nach Mexiko gezogen seien, um den Feinden der Amerikaner Pferde zu stehlen, wobei der alte Redner nicht verfehlte, recht oft zu wiederholen: »Stehlen, Haufen, Pferde, viele Pferde.«

In Folge einer Aufforderung kletterte der Häuptling in den kleinen Wagen, der zum Transport von Instrumenten diente und immer vorauf fuhr, und hielt seinen Einzug in das Dorf, wobei er sehr darauf bedacht war, von allen den Seinigen gesehen zu werden.

welche ihm die grösste Bewunderung über sein ehrenwerthes Auftreten zollten. Nur kurze Zeit hielt unser Zug auf dem freien Platze vor den Zelten und begab sich dann wieder auf den Weg, um gemäss einer Uebereinkunft mit den Wilden das Nachtlager einige hundert Schritte weiter westlich vom Indianerdorfe aufzuschlagen, wo sich die angesehensten Krieger dann einfinden wollten, um eine Unterredung mit den Weissen zu halten und, da auf gewaltsame Art nichts zu gewinnen war, auf gütlichem Wege durch Schmeicheln und Betteln einen kleinen Tribut zu erheben. Ku-tat-su (das fuchsrothe Pferd), begleitet von dreien seiner angesehensten Krieger, erschien demnächst vor dem Zelte des Lieutenant Whipple. Jasa-sorra, Pat-soot-koe-cat und Tu-ga-sone, die Gefährten des Häuptlings, waren grosse, kräftig gebaute Männer, die, wie Ku-tat-su, dem vorgerückten Alter angehörten und sich, wie dieser, auf alle bei den Indianern nur denkbare Weise geschmückt und bemalt hatten. Der Häuptling trug auf seinem Kopfe einen prächtigen Schmuck von Adlerfedern, während seine Krieger ihr langes, schwarzes Haar als einzige Kopfbedeckung benutzten, und nur die Skalp-Locke mit langen Schnüren aufgereihter runder Blechstücke verziert hatten. In der Malerei, die ihr Gesicht und den Oberkörper bedeckte, war eine besondere Vorliebe für die gelbe Farbe zu erkennen, so wie gelbe, messingene Ringe in grosser Zahl an Arm, Hals und in den Ohren befestigt waren. So traten sie in das Zelt, wo sie von dem Commandeur, von einigen Mitgliedern unserer Expedition und dem kleinen Dollmetscher Vincenti erwartet wurden. Vor dem Beginn der Unterhaltung kreiste die Pfeife, worauf Lieutenant Whipple durch Vincenti folgende Worte an seine Gäste richten liess: »Unser grosser Grossvater in Washington (der Präsident der Vereinigten Staaten) hat uns geschickt, wir sollen sehr weit nach Sonnenuntergang reisen, wir sollen bis an's grosse Wasser ziehen und alle seine rothen Kinder besuchen; wir sollen durch das Gebiet der Kioways wandern und die Pfeife des Friedens mit ihnen rauchen; wir sollen uns überzeugen, ob die Kioways sich wie Freunde und Brüder der Amerikaner betragen, ob sie keine Reisenden morden und keine Pferde stehlen und wir sollen ihnen dann Geschenke verabreichen. Sollte der Stamm der Kioways aber schlecht und böswillig sein, dann wird der grosse Grossvater in Washington so viele Soldaten schicken, wie die Kioways Pferde haben, überdies viele dicke Flinten (Kanonen), und die ganze Nation bis auf den letzten Mann vertilgen lassen.«

Diese Anrede, wiewohl nicht sehr ceremoniös, war doch ganz für die Kioways berechnet, die schon seit langen Jahren als die verrätherischsten Indianer in den Steppen bekannt waren und schon vielmals einsame Ansiedelungen überfallen und ausgeplündert, die Männer auf die grausamste Weise gemordet, Weiber und Kinder dagegen gefangen mit fortgeschleppt hatten. Hierzu kam noch, dass Lieutenant Whipple durch vier mexikanische Tauschhändler, die mit der Expedition bei den Kioways zusammengetroffen waren, in Erfahrung gebracht hatte, dass dieser kleine Trupp Indianer zwei gefangene Mexikaner mit sich führe. Er wünschte also die Wilden einzuschüchtern, um die

Befreiung der Gefangenen leichter erwirken zu können. Diese nun waren ein junger Mann und eine Frau, die schon als Kinder geraubt worden waren und seitdem unausgesetzt mit ihren Räubern zusammen gelebt hatten. Der junge Mann war indessen schon zu einem vollständigen Indianer geworden, dessen lockige schwarze Haare allein noch die spanische Abkunft verriethen; zudem verstand er noch kaum genug von seiner Muttersprache, um sich dahin zu erklären, dass er gar nicht geneigt sei, seinen jetzigen Aufenthaltsort mit einem andern zu vertauschen. Die Frau dagegen hatte offen ihren Wunsch ausgesprochen, wieder in ihre Heimath zurückzukehren, trotzdem sie Gattin des Ku-tat-su und Mutter eines jungen Häuptlings geworden war. Es liess sich unter diesen Verhältnissen mit Recht annehmen, dass jede Bemühung, wenn auch nur die junge Frau zu befreien, vergeblich sein würde, doch wurden die Versuche gemacht. Auf die Ansprache des Lieutenant Whipple antwortete der Indianerhäuptling in folgender Weise: »Die Rede ist gut und nicht gespalten, der grosse Grossvater liebt aber seine rothen Kinder nicht, sonst würde er denen, die durch unser Dorf reisen, gesagt haben: zuerst gebt den Kioways Geschenke, dann redet mit ihnen.« Nach dieser etwas anmassenden Meinungsäusserung, liess Lieutenant Whipple den Wilden auseinandersetzen, dass er zuerst mit ihnen reden und dann Geschenke machen wolle; damit indessen Alle sehen sollten, mit welchen friedfertigen Gesinnungen die Amerikaner zu ihnen gekommen seien, wolle er sogleich einige Sachen unter sie vertheilen lassen und sie dann weiter hören und mit ihnen reden. Es wurden nun Glasperlen, rothe Farbe, einige Decken, Messer und Tabak unter sie vertheilt und dann die Unterredung wieder aufgenommen. Wie gewöhnlich erklärten sich die Kioways als geschworene Freunde und Brüder der Amerikaner, wobei sie gewiss im Stillen herzlich bedauerten, dass ihr jetziger Besuch zu stark sei, um denselben ausplündern oder gar skalpiren zu können. Die Forderung, ihre Gefangenen frei zu lassen, wiesen sie ohne Bedenken zurück, und für die grössten Geschenke war der alte Häuptling nicht zu bewegen, seine Frau und sein Kind aufzugeben, die wiederum ohne ihr Kind sich nicht von den Indianern trennen wollte. Die Unterredung nahm hier ihr Ende, worauf Lieutenant Whipple zum Zweck eines allgemeinen Festessens im Namen des grossen Grossvaters in Washington eine Kuh an das Dorf schenkte, welche augenblicklich auf gierige Weise mit Pfeilen getödtet, zerlegt, vertheilt und fast ebenso schnell von der wilden Horde verzehrt wurde. Rothhäute und Bleichgesichter mischten sich alsdann in beiden Lagern unter einander, um kleine Tauschgeschäfte zu betreiben. Knöpfe, Münzen, Schnallen und dergleichen wurden für Büffelhäute und gestickte Mokkasins hingegeben und erst nach Sonnenuntergang wurden die verschiedenen Besucher aufgefordert, sich, der allgemeinen Sicherheit wegen, in ihr entsprechendes Gebiet zurückzuziehen.

Die Kioways unterscheiden sich in ihrem Aeussern, in Sitten und Gebräuchen nur wenig von den Comanches, die nicht nur ihre nächsten Nachbarn sind, sondern auch dieselben Reviere mit ihnen durchstreifen. Trotzdem ist nicht die geringste Verwandtschaft in den Sprachen dieser beiden Nationen zu entdecken; nur durch ihre Dollmetscher vermögen die Leute dieser verschiedenen Stämme sich mit einander zu verständigen, wenn sie nicht ihre Zuflucht zu der Sprache der Kaddo-Indianer, eines weiter südlich lebenden Stammes, oder zu der allgemeinen Prairiesprache nehmen wollen. Die erstere wird von beiden Nationen hinlänglich verstanden, um darin mit einander verkehren zu können. Die andere dagegen besteht fast ausschliesslich aus Zeichen, ist aber ausreichend, um eine Verständigung zwischen allen Indianern der Steppe zu ermöglichen; zu gleicher Zeit giebt sie den weissen Tauschhändlern die Mittel an die Hand, mit den verschiedenen Stämmen in Verbindung treten zu können. Wie die Comanches zeigen die Kioways in ihren politischen und häuslichen Einrichtungen grosse Aehnlichkeit mit den Nomaden-Völkern der alten Welt. Sie werden von einem Häuptlinge regiert, dessen Würde so lange erblich bleibt, als sein Regiment die Billigung seines Stammes findet. Er ist Anführer im Kriege und Vorsitzender bei den Rathsversammlungen, doch wird er ohne weitere Rücksicht seines Amtes entsetzt, sobald er sich durch eine feige That oder schlechte Verwaltung entwürdigt, und alsdann ein anderer fähigerer Krieger in seine Stelle gewählt. Ihre Gesetze entsprechen ganz ihrer eigenthümlichen Lebensweise und sind von dem Willen des ungetheilten Stammes abhängig; die Ausführung derselben geschieht mit Genauigkeit und Strenge und liegt den kleineren Häuptlingen ob.

Ihre Begriffe über Eigenthumsrecht sind höchst ungezwungen; sie halten den Diebstahl für durchaus ehrenhaft und ruhmwürdig, in Folge dessen grössere Räuber kaum denkbar sind, als gerade diese Wilden. Sie nun durch offenen Krieg für ihre Räubereien bestrafen zu wollen, würde gewiss eine schwere Aufgabe sein, denn wie die Prairie-Indianer von frühester Jugend im Gebrauch der Waffen und des Pferdes erzogen werden und keine bestimmten Dörfer oder Verstecke haben, so entspringen ihnen keine Unbequemlichkeiten daraus, wenn sie genöthigt werden, mit ihren Familien und ganzen Habseligkeiten plötzlich von einem Ende der Büffelregion nach dem andern zu ziehen. Im Besitz vieler und ausdauernder Pferde vermögen sie mit der grössten Schnelligkeit zu wandern, wobei ihnen die genaue Kenntniss der Oertlichkeiten und Quellen bedeutend zu Statten kommt; leicht entziehen sie sich in den Grassteppen jeder Verfolgung. Ein Krieg würde daher für sie bei weitem nicht das Elend im Gefolge haben, wie bei andern Stämmen, die ihre alten Dörfer und Wohnsitze niemals ändern. Auch wäre es nutzlos, ihnen die Quellen ihres Unterhaltes abschneiden zu wollen, denn ihre zahlreichen Pferde- und Maulthierheerden würden ihnen auf lange Zeit hinreichende Nahrung gewähren. Sie kennen indessen ihre Unzugänglichkeit, und dieses Bewusstsein macht sie um so verwegener und gefährlicher.

Aberglaube ist bei allen Indianern zu Hause, so auch bei den Kioways. Sie setzten ihr Vertrauen in Träume, tragen Medizinbeutel, Amulette und suchen die Gunst der unsichtbaren Geister durch Opfer, Tanz und Musik zu erwerben. Die Existenz und die Kraft eines grossen übernatürlichen Wesens, welches Alles lenkt und regiert, erkennen sie an und gleich den Comanches verehren sie dieses in der Sonne. Auch glauben sie an ein Fortbestehen der Seele, doch nehmen sie an, dass die zukünftige Existenz der irdischen ähnlich sein wird; darum geben sie stets den Kriegern ihre Jagd- und Kriegsrüstung mit in's Grab, damit sie ehrenvoll in den ewigen Jagdgefilden erscheinen mögen. Bis jetzt sind noch keine Versuche gemacht worden, die moralische oder physische Bildung dieser Wilden auf eine höhere Stufe zu bringen und dadurch den Grund zur Civilisation und zum Christenthum zu legen. Die frommen Männer Amerikas sehen gleichgültig auf die Heiden vor ihrer Thüre und senden ihre Missionäre nach andern Ländern und Welttheilen, um das Christenthum zu predigen. Erst dann, wenn durch die Habsucht der weissen, civilisirten Raçe die freien Steppenbewohner verdorben und ausgerottet sind, wird die christliche Liebe ihren Weg zu den leeren Wigwams dieser Stämme finden und Kirchen und Bethäuser auf den Gräbern der armen, geopferten, rechtmässigen Besitzer der grünen Prairien gründen. —

Die Nacht ging ruhig und ohne Störung vorüber, ruhiger als sich in der Nähe der diebischen Indianer erwarten liess, die sich am andern Morgen in aller Frühe schon wieder einstellten, um den Aufbruch der Weissen zu beobachten und vergessene oder verlorene Gegenstände auf der verlassenen Lagerstelle sogleich mit Beschlag belegen zu können, ähnlich den Wölfen, die bisher nach dem Abzug des letzten Menschen die rauchenden Lagerfeuer umschlichen und nach Abfällen gespürt hatten. Der Weg gegen Westen war durch hohe Sanddünen und sumpfige Niederungen versperrt, es wurde daher beschlossen umzukehren, zurück durch das Dorf der Kioways und durch den seichten Canadian zu ziehen, um auf der Nordseite desselben die vorgeschriebene Richtung zu verfolgen. Der Boden daselbst war indessen so uneben und erschwerte das Reisen mit Wagen so sehr, dass Alle das südliche Ufer wieder zu gewinnen suchten, sobald die Dünen nicht mehr hindernd im Wege waren. Bei dem Zurückgehen durch den Fluss ereignete sich ein Unfall, der glücklicher Weise nur ein derbes Lachen hervorrief, aber auch ebenso leicht für den Doctor Bigelow sammt seinem Billy hätte verderblich werden können. Um einen passenden Uebergangspunkt für den Wagenzug ausfindig zu machen, waren der Doctor und ich an einer Stelle in den Fluss geritten, wo eine breite Insel einige Erleichterung versprach, und zwischen welcher und dem Ufer kein Tropfen Wasser über den feuchten Sand rieselte, so, dass wie der Doctor sich äusserte, unter seiner Führung kein Maulthier der Expedition sich die Hufeisen zu befeuchten brauchte. Kaum waren wir hundert Schritte vom Ufer entfernt, als unter den Hufen unserer Thiere der Boden sich wellenförmig zu bewegen begann. Die drohende Gefahr erkennend, trieb ich mein Thier zur Eile und beschrieb einen weiten Bogen, um die Last der beiden Maulthiere mehr auf dem gefährlichen Boden zu vertheilen, und erreichte nach kurzer Anstrengung das Ufer. Der Doctor versuchte gleichfalls, auf den warnenden Zuruf, sein Thier auf derselben Stelle umzuwenden, doch bei jedem Schritt erhielt der

18*

trügerische Sand eine glänzendere Farbe, Wasser zeigte sich auf der Oberfläche, die sich immer mehr unter der Last des Reiters bog, schwankte und endlich den Hufen des Maulthieres keinen Widerstand mehr entgegenzusetzen vermochte, welches ringend und kämpfend einbrach. Glücklicher Weise war der Doctor durch Billy's Anstrengungen im entscheidenden Augenblick weit aus dem Sattel geschleudert worden und ehe noch der Triebsand unzerreissbare Fesseln um die Glieder des Thieres gelegt, arbeitete sich dieses, nun von der Last des Reiters befreit, mit Anwendung aller seiner Kräfte empor. Es eilte durch den Morast dem Ufer zu, wo es von seinem Herrn in Empfang genommen wurde, der ebenfalls noch zur rechten Zeit das Weite gesucht hatte und, wie Billy, die ziegelrothe Farbe des Canadian auf seinem ganzen Körper trug. Der eifrige Botaniker schenkte indessen seinem Aufzuge ebenso wenig Aufmerksamkeit, wie der überstandenen Gefahr, er öffnete seine Ledertasche und blickte mit dem Ausrufe hinein: »Ein wahres Glück, dass kein Wasser in meine Tasche gelaufen ist, wodurch mir ein äusserst werthvolles Exemplar einer Cactus hätte verderben können.«

Natürlich wurde ein anderer Uebergangspunkt gewählt und zwar an einer Stelle, wo klares Wasser über festen Boden rieselte und sich nicht im wilden Sande verlor.

XII.

Weiterreise der Expedition am Canadian hinauf. — Shady Creek. — Sommerwohnungen und Medizinzelt der Comanche-Indianer. — Fandango in der Steppe. — Pueblo-Indianer. — Opuntia arborescens. — Ueber das Verhältniss zwischen den Mexikanern und Indianern. — Iñez Gonzales. — Beautiful View Creek. — El Llano Estacado.

Für den Zeitraum von mehreren Tagen führte unser Weg am Canadian hinauf; einzelne sandige Stellen erschwerten zeitweise das Fortschreiten, wenn die Expedition durch die Windungen des Flusses genöthigt wurde, einen Weg zwischen Sanddünen hindurch zu brechen. Südlich von der Strasse wurden die Ueberreste der Hochebene häufiger und zusammenhängender und die an ihrem Fuss entspringenden Quellen vereinigten sich zu Bächen, welche ihr klares Wasser fröhlich dem Canadian zusendeten, ihre Schätze bald an durstiges, undankbares Erdreich verschwendeten, bald die Wurzeln der auf fruchtbarerem Boden wuchernden Bäume und Stauden netzten und erquickten. Wenn man lange Zeit über harten, kiesigen Boden gewandert ist, schattige Baumgruppen höchstens in bläulicher Ferne wahrgenommen hat, und sich plötzlich und unvermuthet am Rande eines tiefen Thales befindet, wo dunkle Wäldchen und grüne Wiesen, durch welche sich ein kräftiger Bach schlängelt, dem Wanderer so recht einladend entgegen lachen, dann wird gewiss nicht die Frage aufgeworfen: wie früh am Tage ist es noch? oder wie manche Meile könnte noch am heutigen Tage zurückgelegt werden? Nein! man eilt hinab, giebt dem Reitthiere die Freiheit, damit es nach Willkühr in den Wiesen grase, während man sich selbst im Schatten nahe dem murmelnden Wasser gütlich thut.

So war es, als unsere Expedition sich vom hohen Ufer hinab in das Thal des Shady Creek wand und des reichen und lieblichen Schmuckes der Landschaft erfreute. Die Sonne hatte noch nicht die höchste Höhe erreicht, eine heimliche Stille ruhte über Wald, Wiese und Bach, eine Ruhe, die noch gehoben wurde durch mehrere Hunderte von Lauben, die, von grünen Zweigen erbaut, den Comanches als Sommerwohnungen gedient hatten. Sie waren jetzt verlassen und leer, aber nicht ohne Leben, denn der Spottvogel sass zwischen den getrockneten Blättern und sang lustig in die Welt hinaus, das Prairiehuhn schlüpfte zwischen dürrem Reisig hindurch und Raben spielten vor den Hütten mit abgenagten Knochen und Lederstücken. Auch die Wilden hatten Gefallen an diesem Thale gefunden und die ersten Monate des Sommers in demselben zugebracht; nur die wandernden Büffel hatten sie fortgelockt und gegen Norden geführt. Das tolle, wilde Treiben war verstummt, aber das Thal so frisch und so grün lag vor uns: nur wenige Minuten nach Ankunft unserer Expedition kreuzten wieder Gruppen von Menschen und zerstreute Heerden durch Wald und Wiese nach allen Richtungen, trieben die Drosseln in's Dickicht, die Prairiehennen in's hohe Gras, die krächzenden Raben aber hinauf auf die dürre Ebene.

Die indianischen Sommerwohnungen erregten allgemeine Aufmerksamkeit und kaum hatte sich Jeder in dem neu aufgeschlagenen Lager häuslich eingerichtet, als er auch hinauseilte, um die Laubhütten näher in Augenschein zu nehmen und auf indianische Weise nach vergessenen oder verlorenen Merkwürdigkeiten zu spüren.

Die Wohnungen bestanden aus grünen Zweigen, die, einander gegenüber in den Boden gesteckt, mit den Kronen so verbunden waren, dass dadurch längliche Lauben gebildet wurden, die indessen nicht hoch genug waren, um Menschen anders als in gebückter oder liegender Stellung aufzunehmen. Die Küche vor jeder Laube, an dem Aschenhaufen in einer Höhlung kenntlich, half die einfache Häuslichkeit vervollständigen. Auch die Medizinhütte fehlte nicht; sie war auf dem Ufer des Baches in derselben Weise, nur in kleinerem Maasstabe, als die übrigen Wohnungen, angelegt; zwei Haufen Steine, von kleinen Gräben eingefasst, befanden sich in derselben und eine Feuerstelle zum Glühen der Steine vor der Thüröffnung. Bei fast allen Krankheiten benutzen die Indianer das Medizinzelt oder, mit andern Worten, die etwas rohe Art eines Dampfbades, wobei auf folgende Weise zu Werke gegangen wird. Nachdem die Hütte von aussen mit Fellen dicht verschlossen und glühende Steine in derselben angehäuft sind, begiebt sich der Patient hinein und nimmt zwischen den beiden Steinhaufen Platz, über welche sodann Wasser gegossen wird. Ein heisser Dampf füllt alsbald den engen Raum und bringt den Eingeschlossenen in Schweiss, der, wenn die Hitze den höchsten Grad erreicht hat, aus dem Zelte heraus und kopfüber in's Wasser stürzt. Dieses wird mehrmals wiederholt, je nachdem die Kräfte des Leidenden ausreichen, und gewöhnlich hat dieses Verfahren, welches vielleicht ganz der indianischen Constitution entspricht, den besten Erfolg. Es versteht sich von selbst, dass ein Medizinmann diese Bäder überwacht und es dabei nicht an heilenden Gesängen und Beschwörungen fehlen lässt. Ausser den Kranken unterziehen sich auch junge Leute, welche in die Reihe der Krieger treten wollen, dem Bade, so wie einzelne Krieger, die im Begriffe sind, sich auf einen Kriegs- oder Raubzug zu begeben.

Die vier Mexikaner, welche im Lager der Kioways zu uns gestossen waren und sich nicht der besten Behandlung von Seiten der Indianer zu erfreuen gehabt, sogar ihre Waffen theilweise daselbst eingebüsst hatten, waren unter dem Schutz unserer

Expedition mit fortgezogen. Einige Pueblo-Indianer von Santo Domingo am Rio Grande, die ebenfalls wegen Tauschhandels die Steppen bereisten, hatten sich noch zu uns gesellt, hielten mit uns gleichen Schritt, halfen in einer mondhellen Nacht das wilde Bild eines Fandango in der Steppe vervollständigen und trennten sich dann, mit den Mexikanern eine kleine Karawane bildend, am Shady Creek von der Expedition, um in grösseren Märschen ihrer Heimath am Rio Grande zuzueilen.

Hundert Schritte von unsern Wagen lag in einem Halbkreise das Gepäck und die Waaren der Mexikaner und Pueblo-Indianer. Der Mond schien hell über die weite Ebene, die Nacht war so still, so schön, nur selten tönte aus der Ferne das Geheul der Prairiewölfe zum Lager hinüber, wo die Menschen verschiedenster Raçen sich nachlässig unter einander bewegten. Es war eine schöne, eine herrliche Nacht, eine Nacht, die wohl im Stande war, die musikalischen Gefühle eines amerikanischen Wagentreibers zu wecken, der sich auf dem Gepäck das höchste und bequemste Plätzchen aussuchte und einer verstimmten Violine, die er mit vieler Mühe aus seiner fernen Heimath bis hierher gebracht hatte, die wildesten Töne zu entlocken begann. Die schrillen Klänge erreichten jedes Ohr und ein Haufen der verschiedenartigsten Gestalten versammelte sich schnell um den Virtuosen, der stolz auf die Wirkung seiner Kunst immer toller mit dem Bogen über die bestaubten und verschimmelten Saiten fuhr. Yankee Doodle und Hail Columbia warf er mit Negerliedern durcheinander. Ha! das waren Melodien, die Jedem an's Herz drangen, denen Niemand zu widerstehen vermochte. Holzscheite flogen in's Feuer, um die dunklen Schatten von dem röthlichen Schein der Flammen beleuchten zu lassen, bärtige Amerikaner, gelbe Abkömmlinge der Spanier und halbnackte Pueblos, Alle von Kopf bis zu Fuss bewaffnet und in Kostümen, welche die Merkmale langer, beschwerlicher Reisen trugen, reihten sich zum wilden, tobenden Tanz. Hier umfassten sich zwei Amerikaner, um sich in tollen Sprüngen im Kreise zu drehen, dort versuchte ein Mexikaner mit einem Pueblo zu walzen, hier wurde von zwei Söhnen Kentucky's auf energische Weise der Yankee Doodle getanzt, dort reichte sich eine Gesellschaft die Hände zur Quadrille. In einem Winkel aber standen in der Uniform der Vereinigten-Staaten-Infanterie zwei Irländer einander gegenüber, die Hände stützten sie in die Seiten, während ihre Füsse den Boden emsig stampften: sie führten einen Nationaltanz auf und gedachten dabei ihrer fernen Heimath jenseits des Oceans, wobei sie sich seufzend zuflüsterten: *O! if we had plenty of whisky!* und *Ould Ireland for ever!*

Auf einer andern Seite befand sich der Wachtposten; er stützte sich auf die Muskete und summte wehmüthig vor sich hin: *J'aime à revoir ma Normandie!* Der Musiker aber sass auf seinem erhabenen Sitze und sah ernst auf das Gewühl vor sich; er war unermüdlich, und triumphirend bemerkte er, dass nach dem Takte seiner Melodien alle Tänze der Welt zugleich aufgeführt und alle Lieder der Erde zugleich gesungen werden konnten. Er spielte die halbe Nacht, bis eine dicke Staublage sein Gesicht und seine Violine bedeckte und die erschöpften Tänzer bei dem Gepäck niedersanken oder sich auf ihr Lager verfügten, um durch einige Stunden Ruhe frischen Muth und neue Kräfte für den Marsch des folgenden Tages zu sammeln. Mancher träumte vielleicht von der fröhlichen Nacht und dem Fandango in der Steppe.

Ein friedlicherer Menschenstamm, als die Pueblo-Indianer, welche sich auf so gutmüthige Weise zur Theilnahme an dem tollen Fandango bewegen liessen, ist kaum denkbar. Freundlich und gefällig zeigen sie sich gegen Fremde, wo sie ihnen auch immer begegnen mögen, so wie die grösste Gastfreundschaft denen zu Theil wird, welche sie in ihren Städten und Wohnungen besuchen. Manche reich bevölkerte Indianer-Stadt blüht noch in Neu-Mexiko, doch sind es nur die Ueberreste des einstmals mächtigen und weitverzweigten Stammes, dessen Spuren und Trümmer in allen Richtungen vom Rio Grande bis an den grossen Colorado des Westens zu finden sind. Seit langer Zeit in stetem Verkehr mit den Mexikanern, haben sie vieles in Beziehung auf Sitten und Tracht von denselben angenommen, ist sogar der grösste Theil der Bevölkerung der spanischen Sprache mächtig. Fleiss und Betriebsamkeit ist eine ihrer Haupttugenden; sie treiben Acker- und Gartenbau und unternehmen gelegentlich Reisen zu den wildesten Indianern der Steppe, um nach Art der Weissen für Tauschartikel Pelzwerk und Häute mit heimzubringen. Daher kommt es auch, dass Reisende, die sich den Grenzen von Neu-Mexiko nähern, so häufig kleinen Karawanen der Pueblo-Indianer begegnen, die in eiligem Schritt ihre bepackten Esel und Maulthiere über die Ebene treiben.

Als unsere Expedition das Thal am Shady Creek verlassen und sich zwischen rauhen Hügeln und Sandsteinblöcken hindurch wieder nach der Ebene hinaufgearbeitet hatte, nahmen wir sogleich eine Veränderung der Vegetation wahr. Eine neue Cactusart, die Opuntia arborescens, zeigte sich hier zum ersten Male in aller Ueppigkeit und Pracht. Einem Zwergbäumchen ähnlich hob sich der kurze Stamm aus dem Boden und theilte sich dann in Aeste und Zweige, die sich in eine Krone ausbreiteten und ausser den unzähligen Stacheln eine Menge gelber Samenknollen zur Schau trugen. Wir reisten von nun ab nicht mehr im Thale des Canadian River (*); die Entfernung zwischen uns und dem Flusse vergrössernd, näherten wir uns allmälig dem östlichen Ende der Llano Estacado. Oede und todt dehnte sich die Ebene bis dahin aus, der unfruchtbare Boden war spärlich mit Grammagras bewachsen und vereinsamt zeigte sich die schöne Cactus, die sich gern mit der schlechtesten Nahrung und Pflege begnügt. Red Bank Creek wurde überschritten, die rothen Ufer desselben hatten nicht die geringste Vegetation aufzuweisen und Jeder sehnte sich, den Beautiful View Creek zu erreichen, um durch die an diesem Flüsschen zu erwartende weite Aussicht für Entbehrungen anderer Art entschädigt zu werden. Doch der Weg bis dahin war noch weit, und da die äussere Umgebung so wenig ansprechend war und ausser Prairiehunden und Erdeulen kein einziges lebendes Wesen sich zeigte, so versuchte Jeder die Langeweile, die er empfand, durch lebhafte Unterhaltung zu verscheuchen. »Mr. Whipple,« redete

Einer unserer Gesellschaft den Commandeur der Expedition an, »hätten wir die junge Mexikanerin nicht den Kioways mit Gewalt entreissen können, um sie wieder nach ihrer Heimath zurückzuführen?« — »Allerdings hätten wir das gekonnt,« antwortete Jener, »da die Macht auf unserer Seite war, doch wären wir dann gewiss daran verhindert worden, die uns vom Gouvernement ertheilten Instructionen in Ausführung zu bringen. Unsere Reise bis zum Rio Grande würde ein fortwährender Kampf gewesen sein; die Indianer hätten uns wie Bienen umschwärmt, unfähig zu unsern Arbeiten gemacht, und der Zweck unserer ganzen Reise wäre verloren gewesen. Wir sollen auf unserem Wege genaue Nachforschungen anstellen und nicht Indianer bekriegen, wir werden ohnehin noch gezwungen werden, unsere Waffen zur Nothwehr gegen dieselben zu kehren, ohne dass wir Krieg aus Gründen anfachen, welche es unentschieden lassen, ob ein anderes Recht als das des Stärkeren auf unserer Seite ist. Natürlich werden wir nach unserer Ankunft in Neu-Mexiko die Sache bekannt machen, doch glaube ich kaum, dass ein Versuch zur Befreiung gemacht werden wird. Die Verhältnisse zwischen den Mexikanern und Eingeborenen sind zu verwickelt und es ist kaum denkbar, dass weniger Mexikaner in der Gefangenschaft der Wilden schmachten, als Indianer Leibeigene der Mexikaner geworden sind, nur mit dem Unterschiede, dass die Indianer ihre Gefangenen selbst unter Gefahren aus den Ansiedelungen holen, während letztere durch Tauschhandel die von anderen Stämmen gemachten indianischen Sklaven in ihre Gewalt bringen, theils um dieselben zu ihren Arbeiten zu gebrauchen, dann aber auch, um sie an ihre Stämme zurückzutauschen, was besonders in dem Falle geschieht, dass solche Individuen böswillig oder untauglich zur Arbeit sind. Auf diese Weise kaufen die Mexikaner oft genug einzelne ihrer gefangenen Landsleute los, wodurch deren Geschick aber nur wenig verbessert wird. Sie bleiben alsdann Leibeigene oder Peons ihrer neuen Herren, bis diese es für gut oder vortheilhaft finden, sie an Nachbarn oder Landsleute in andere Provinzen zu verkaufen. Es ist himmelschreiend, wie namentlich mit dem weiblichen Geschlecht in dieser Beziehung umgegangen wird; ich habe selbst Gelegenheit gehabt, einen solchen Fall beobachten und genau verfolgen zu können, als ich vor einigen Jahren zur mexikanischen Grenzvermessung commandirt war. Ich will Ihnen die Geschichte mittheilen, soweit ich selbst Augenzeuge davon war und soweit mir das Uebrige von Mr. Bartlett, dem ebenfalls zu der Zeit dorthin commandirten Vereinigten-Staaten-Commissair erzählt wurde. Mein bester Zeuge für die Wahrheit wird Doctor Bigelow sein, der zu damaliger Zeit Mitglied der Expedition war. Wir hatten ein stehendes Lager bei den alten Kupferminen in Neu-Mexiko bezogen und leiteten von dort aus einen Theil unserer Arbeiten und Beobachtungen. Wir standen in ziemlich freundschaftlichem Vernehmen mit den Apache-Indianern, die uns haufenweise umlagerten, doch besuchten uns auch Karawanen von Mexikanern, die einen beschwerlichen Handel treibend das Land durchstreiften. Eines Abends erreichte also eine solche Gesellschaft unser Lager, sie führte eine Heerde Pferde und Maulthiere mit sich und war von einem jungen Mädchen begleitet. Einige aus dieser Gesellschaft wünschten Lebensmittel von uns zu beziehen und im Laufe der Unterhaltung erfuhren wir, dass sie das Mädchen sowohl wie die Thiere von Indianern erhalten und beide Theile nach einer nördlichen Stadt in Neu-Mexiko führen wollten, um einen so hohen Preis wie nur irgend möglich dafür zu erzielen. Da nun die commandirenden Offiziere der Expedition durch Verträge verpflichtet waren, jeden Gefangenen, mit dem sie in Berührung kommen sollten, zu befreien und in seine Heimath zu senden, so wurden unverzüglich Schritte gethan, das junge Mädchen, die sich als eine Mexikanerin auswies, den Händen ihrer grausamen Landsleute zu entreissen, und zu diesem Zwecke die drei ersten Tauschhändler verhört. Nach ihren Aussagen gehörten sie zu einer funfzig Mann starken Karawane, die nördlich vom Gila mit den Indianern verkehrte. Ungefähr dreissig Personen dieser Gesellschaft waren zurückgeblieben, während die übrigen sich mit ihrem Erwerb auf der Heimkehr nach Santa Fé befanden, wohin sie auch das junge Mädchen, welches sie von den Piñol-Indianern erstanden, zu bringen beabsichtigten, also nach der entgegengesetzten Richtung von der, welche sie hätten einschlagen müssen, um dieselbe den Ihrigen, die in Santa Cruz wohnten, wieder zuzuführen. Es lag also am Tage, die junge Gefangene war zur Leibeigenen bestimmt, die wie gewöhnliche Waare verkauft werden sollte. Auf die Verträge sich stützend, erklärten die Commandeure den Tauschhändlern ihren festen Willen, die Gefangene zurückbehalten und später den Ihrigen wiedergeben zu wollen, und ihr bis dahin alle mögliche Gastfreundschaft angedeihen zu lassen. Alle Widerrede der Tauschhändler, alle die falschen Versicherungen ihrer ehrenhaften Absichten waren vergebens; das Mädchen blieb bei uns im Lager, wo sie die allgemeine Theilnahme in so hohem Grade erregt hatte, dass sich selbst von den rohesten Arbeitern nie Jemand die geringste Unhöflichkeit gegen das arme Wesen zu Schulden kommen liess. Iñez Gonzales war die Tochter von Jesus Gonzales in Santa Cruz, einer kleinen Grenzstadt am San-Pedro-Fluss in Sonora. Sie hatte das funfzehnte Jahr noch nicht erreicht, war lieblich und interessant in ihrer Erscheinung, bescheiden und für sich gewinnend in ihrem Benehmen. Im September des vorhergehenden Jahres hatte sie in der Gesellschaft ihres Onkels, ihrer Tante, einer andern Frau und des jungen Sohnes derselben, Santa Cruz verlassen, um zur Feier des heiligen Franciscus zu der 15 Meilen entfernten Stadt Magdalena zu reisen. Zum Schutz gegen umherstreifende, räuberische Indianer wurden sie von einer Wache von zehn Soldaten begleitet. Am zweiten Tage ihrer Reise führte der Weg die Gesellschaft durch eine Schlucht, in welcher ein klarer Bach rieselte, dessen Ufer von dichtem Gebüsch eingefasst waren. In der Mitte der Schlucht erhob sich ein roh gezimmertes Kreuz, welches dem Andenken irgend eines erschlagenen Mexikaners errichtet war. Als die Reisenden das Kreuz erreichten und anhielten, um für die Ruhe des Ermordeten ein Gebet zu sprechen, erhob sich wildes Geheul hinter dem nahen Gebüsch und eine Bande der blutdürstigen Piñol-Indianer stürzte auf die Arglosen; ehe diese an Flucht zu denken vermochten, waren der Onkel der Iñez nebst sieben Soldaten erschossen oder von den langen Lanzen der Wilden durchbohrt; nur drei von der Wache entkamen, um in der Heimath das blutige Schicksal ihrer Gefährten verkünden zu können. Iñez, ihre beiden Begleiterinnen, so wie der Knabe wurden gefangen mit fortgeschleppt und getrennt. Die beiden Frauen und der Knabe wurden bald von mexikanischen Tauschhändlern losgekauft und als Leibeigene mit in die nördlichen Ansiedelungen genommen, während Iñez bis zur Ankunft der Mexikaner, von welchen sie erstanden worden, fortwährend bei den Indianern lebte. Obgleich sie während ihres Aufenthaltes unter denselben hart arbeiten musste und ihrer Kleidung fast gänzlich beraubt worden war, so hatte sie doch keine Ursache gehabt, über sonstige ungebührliche Behandlung zu klagen. Die Piñol- oder Piñoleno-Indianer zählen in ihrem Stamme kaum 500 Seelen und durchstreifen das ausgedehnte Gebiet zwischen der Sierra Piñol und Sierra Blanca, welche beiden Gebirge fast an den obern San-Francisco-Fluss stossen. Ihre Nahrung besteht fast ausschliesslich aus der Wurzel der *Agave Mexicana*, aus der sie eine Art Brod bereiten. Alles Uebrige verschaffen sie sich durch Raub; ihre Gier nach Fortschleppen von Gefangenen hat nur darin ihren Grund, dass sie dieselben auf vortheilhafte Weise wieder an die Mexikaner veräussern können, von welchen sie dadurch, wenn auch nur mittelbar, zu neuen Räubereien aufgemuntert werden. So wusste sich Iñez mehr als zwölf Fälle zu erinnern, dass gefangene Weiber und Männer während ihres Aufenthaltes daselbst eingebracht worden waren, die alle ihr Schicksal theilen mussten.

Die schöne Gefangene wurde also von unserer Commission aufgenommen und alles Mögliche aufgeboten, ihr den Aufenthalt bei derselben erträglich zu machen. Sie wurde so gut gekleidet wie es die Mittel im Lager erlaubten und von allen Seiten reich beschenkt; sie füllte ihre Zeit mit weiblichen Handarbeiten und dem Lesen einiger spanischer Bücher aus, die sich zufällig bei der Gesellschaft vorgefunden hatten. Der wehmüthige Ausdruck ihres lieblichen Gesichts verrieth indessen die innige Sehnsucht, mit der sie fortwährend der Lieben in der Heimath gedachte. Wir verliessen endlich die Kupferminen und unsere Arbeiten führten uns südlich in die Nähe von Santa Cruz. Mangel an Fleisch veranlasste uns, zwei unserer Arbeiter voraus zu senden, um in den Ansiedelungen Schafe zu erstehen. Sie folgten einen Tag lang dem Laufe des San-Pedro-Flusses und erreichten das Lager einiger dreissig Mexikaner, die sich dort aufhielten, um wildes Rindvieh zu jagen. Sie sprachen zu denselben von unserer Expedition, unserer Absicht nach Santa Cruz zu gehen, und erwähnten zu gleicher Zeit der schönen Iñez. Zufälliger Weise befand sich unter den Leuten, die alle in Santa Cruz wohnhaft waren, der Vater und ein Onkel des jungen Mädchens; es war überhaupt kein Einziger bei dem Trupp, dem die verloren geglaubte Iñez nicht bekannt gewesen wäre. Auf die fast unglaubliche Nachricht von Iñez Rettung entstand eine plötzliche Aufregung; die Bewachung der Heerde wurde einem einzelnen Mitgliede überlassen, worauf sich alle Uebrigen beeilten, unser Lager in kürzester Frist zu erreichen, um sich von der

Wahrheit zu überzeugen, denn bis jetzt war es noch etwas Unerhörtes, dass ein von den Indianern geraubtes Mädchen je wieder zurückgekehrt wäre.

Die Freude des Vaters und der Freunde, als sie die längst verloren geglaubte erblickten, war unbeschreiblich; einer nach dem andern lief zu dem jungen Mädchen hin, um sie auf mexikanische Weise zu umarmen. Thränen der Freude weinten die gebräunten und halbnackten Gestalten, denen die tiefste Rührung die Sprache geraubt hatte.

Laut schluchzend lag das Mädchen in den Armen der Ihrigen und lange währte es, ehe sie so viel Fassung gewann, dass sie sich nach ihrer Mutter und ihren Geschwistern erkundigen konnte. Die Nachricht über das Wohlbefinden derselben entlockte ihr abermals einen Strom von Thränen, doch waren es Thränen der innigsten Glückseligkeit und Freude, die ein tiefes Gefühl, ein gutes Herz verriethen und bei deren Anblick selbst die abgehärteten, sonnverbrannten Arbeiter der Commission vergebens ihre Bewegung zu verbergen suchten. Die Urheber so vielen Glückes fanden darin den schönsten Lohn für ihre edle That. Als wir uns Santa Cruz näherten, gingen zwei Mexikaner vorauf, um Iñez Mutter von der Rettung ihrer Tochter in Kenntniss zu setzen und auf das baldige Wiedersehen vorzubereiten. Die Ankunft des Mädchens in der Stadt zu erwarten, wäre für die Mutter zu viel gewesen; zu Fuss und auf Maulthieren zogen die Verwandten und Freunde hinaus und uns entgegen. Als sich der Zug soweit genähert hatte, dass Iñez ihre Mutter zu erkennen vermochte, sprang sie vom Pferde und eilte in ihre Arme. In den lauten Ausrufungen, die Beide im Uebermass ihres Glückes ausstiessen, lag zugleich eine ganze Welt voll Schmerzen und Qualen, welche sie während der langen Trennung gelitten; die Mutter umarmte ihre Tochter immer und immer wieder und liess sie nur los, um in ihren Zügen zu lesen und sich gleichsam von der Wirklichkeit dessen, was so lange unmöglich geschienen, zu überzeugen. Die Scene war beinahe schmerzlich für uns und langsam zogen wir weiter. Immer neue Bekannte trafen ein, um die schöne Iñez zu bewillkommnen, unter diesen auch zwei Knaben, die Brüder des jungen Mädchens, die zu ihr auf's Pferd kletterten und ihre Freude in knabenhafter Ausgelassenheit zu erkennen gaben. Neben dem Pferde schlich in stummer Verzweiflung ein anderer Knabe; bittere Thränen rollten über seine dunkelfarbigen Wangen, denn seine Mutter war ebenfalls geraubt und sein Hoffen auf Nachricht von derselben vergeblich gewesen; nichts wurde ihm an diesem Tage der Freude zu Theil, als Blicke der innigsten Theilnahme und des Mitleids.

Oft habe ich noch an diese Zeit gedacht, und mir nie zusammenreimen können, dass ein Volk, welches so tiefe Gefühle verräth, dennoch so viele Menschen unter sich haben kann, die um schnöden Gewinn das häusliche Glück so mancher Familie zu Grunde gehen lassen und sogar noch mit dazu beitragen. Wenn diejenigen, welche beabsichtigten, Iñez in Santa Fé als Leibeigene zu verkaufen, Zeugen bei diesem Wiedersehen hätten sein können, sie würden nicht kalt geblieben sein, sie würden Erbarmen gehabt und den gewissenlosen Menschenhandel aufgegeben haben. Von den wilden

Eingeborenen ist solches freilich nicht zu verlangen, doch wenn ihnen fest und muthig entgegengetreten würde, anstatt sie, wie es jetzt geschieht, gewissermassen als nur zu willige Mittel zu schändlichen Zwecken zu benutzen, dann würden der Räubereien allmälig weniger werden und die Wilden, denen solche Erwerbsquellen abgeschnitten, sich wahrscheinlich eher zur Civilisation hinneigen. Doch hören Sie das Weitere über Iñez. Auch ihr wurde ein trauriges, bitteres Loos zu Theil, welches sie nur der Schwachheit ihrer Verwandten zu verdanken hatte, so wie dem Umstande, dass die gesammte dortige Bevölkerung auf einer so niedrigen Stufe der Kultur steht, dass sie ohne Murren gestattet, dass ein Offizier ihres Landes mit dem Glücke ganzer Familien straflos spielen und seine Opfer in den Staub treten darf.

Als wir durch die Stadt zogen, um auf der anderen Seite derselben unsere Zelte aufzuschlagen, die uns besser als die mexikanischen Adobe-Häuser zusagten, sahen wir Iñez und die Ihrigen in der Kirche, um Gott und den Heiligen ihren Dank für die Wiedervereinigung darzubringen. Wir hatten Abschied von ihr genommen und glaubten nicht, dass wir jemals wieder von ihr hören würden, denn unsere Arbeiten riefen uns nach anderen Regionen.

Die schöne Iñez blieb indessen bei Allen in frischem Andenken und es verging kein Tag, an welchem ihrer nicht von dem Einen oder dem Anderen in der Unterhaltung gedacht worden wäre. Ueber ein halbes Jahr war seitdem verflossen, als unser Weg uns wieder in die Nähe von Santa Cruz nach Tubac, einem mexikanischen Militairposten, führte, dessen Gebäude halb zerfallene Hütten und Lehmhäuser waren und dessen schwache Garnison von einem gewissen Capitain Gomez befehligt wurde. Nun stellen Sie sich also unser Erstaunen vor, als wir dort erfuhren, dass Iñez Gonzales in der Gewalt des mexikanischen Offiziers sei und sich an eben diesem Orte befinde. Dieser wurde von unserer Seite darüber zur Rede gestellt und gab an, dass Iñez allerdings bei ihm sei, jedoch mit ihrer Mutter zurückzukehren gedenke. Nur mit Widerstreben gestattete er uns eine Zusammenkunft mit dem unglücklichen Mädchen. Die Freude, ihre alten Reisegefährten wieder zu sehen, war gross, doch sah sie traurig und niedergedrückt aus, wovon Capitain Gomez, der sie nicht aus den Augen liess, die Ursache zu sein schien. Als wir fragten, ob sie geneigt sei mit uns nach Santa Cruz zu reisen, antwortete sie zagend, um ihren neuen Herrn nicht zu beleidigen, dass sie sich in den Willen desselben füge. Der Offizier gab uns das feierliche Versprechen, dass Iñez uns am folgenden Tage mit ihrer Mutter, die zur Zeit dort anwesend war, nachfolgen solle. Wir zogen weiter; das einzige, was wir in Santa Cruz über Iñez erfahren konnten, war, dass die Mutter allein zurückgekehrt sei, dass Gomez Beide durch List nach Tubac gelockt, das Mädchen mit Gewalt zurückbehalten und die Mutter heimgeschickt habe. Ein letzter Weg, Iñez Gonzales zu nützen, wurde eingeschlagen. Mr. Bartlett wendete sich nämlich brieflich an Cubillas, den Gouverneur von Sonora, und versuchte, ihn für das unglückliche Mädchen zu interessiren.

Welchen Erfolg dieser Schritt gehabt hat, ist uns nie kund geworden. Wir kehrten zurück nach den Vereinigten Staaten; der Eine wurde hierhin, der Andere dorthin gesendet, und manches Jahr mag darüber hingehen, ehe einer von uns wieder jene Gegenden berührt. Ich bin aber überzeugt, dass alle Diejenigen, welche damals die liebenswürdige Iñez und ihr trauriges Schicksal kennen lernten, ihrer noch oft gedenken und ihr ein besseres Loos wünschen [1]!« — »Gewiss!« rief Dr. BIGELOW aus, »hätte das junge Mädchen ein besseres Loos verdient, und was den verrätherischen Capitain Gomez betrifft, so hätte ich ihm gern eine Kugel durch den Kopf geschossen. Er gehörte indessen dem Staate Sonora an, war also ausser dem Bereiche unserer Macht; übrigens glaube ich, dass es einen ganzen Theil der dortigen Bevölkerung kosten würde, wenn alle dergleichen Verbrechen mit dem Tode bestraft werden sollten.«

»Dieses wäre also der Beautiful View Creek,« bemerkte Lieutenant WHIPPLE, der am Rande eines Thales von grosser Ausdehnung anhielt, und wie seine Gefährten die Blicke über dasselbe hinstreifen liess. »In dem Staate New-York oder in dem kleinen District von Columbia würde einer Aussicht wie dieser wenig Aufmerksamkeit geschenkt werden und doch fühlt man sich von dem Bilde angenehm überrascht, welches sich vor den Augen ausbreitet, wenn man diesen Punkt erreicht hat, obschon das Thal ebenso unfruchtbar zu sein scheint, wie die dürre Steppe, über welche wir hingezogen sind. Wir befinden uns jetzt genau dem östlichen Ende der Hochebene gegenüber, und da es noch früh am Tage und die Entfernung bis zu dem Punkte, wo wir die Llano Estacado zu ersteigen haben, nicht mehr allzu gross ist, so werden wir wahrscheinlich am Fusse derselben in der Nähe irgend einer Quelle die Nacht zubringen.«

Es war so, wie Lieutenant WHIPPLE vorausgesagt hatte; weithin vermochte das Auge dem Laufe des Flüsschens zu folgen, welches in seinem breiten Thale in kurzen Windungen dem Canadian River zueilte.

Die Einfassung der Niederung bestand aus den zerrissenen und von der Natur phantastisch gebildeten Ueberresten der Ebene. Die keilförmigen Hügel, die weit in das Thal hineinragten, auf anderen Stellen mehr zurückblieben, bildeten eine überraschende Perspective. Die röthliche Farbe des Bodens, auf welchem verkrüppelte Cedern in fast regelmässiger Entfernung von einander zerstreut standen, hoben das Merkwürdige der ganzen Landschaft. Einzelne der Schluchten, nur für sich beobachtet, zeigten ein wildes Chaos von gelben und rothen Sandsteinblöcken, dunkelfarbigen Cedern und sandigem Boden, auf welchem kaum etwas anderes als die bescheidene Cactus Wurzel zu schlagen vermochte.

Mit leichter Mühe gelangte unsere Expedition hinab in's Thal, überschritt das Flüsschen, erreichte ohne grosse Schwierigkeit auf dem jenseitigen Ufer die Ebene und zog am Rande der Llano Estacado hinauf, deren cedernbewachsene Schluchten und

[1] Die näheren Umstände, Zeit und Ortsangaben aus BARTLETT's *Personal Narrative*.

Spalten auf groteske Weise tief in die Hochebene hineinreichten und Hügel von derselben ganz oder theilweise trennten, die dadurch das Ansehen von riesenhaften Wällen und Befestigungen gewannen. In dem Masse, als sich nun der Wagenzug diesem Tafellande näherte, nahm die Unebenheit des Bodens zu; trotzdem wurde der Schritt der Thiere beschleunigt, um das für diesen Tag gesteckte Ziel, die Schlucht mit der Quelle, zu erreichen, an welcher vorbei die Strasse nach der Ebene hinaufführte. Der Weg in der Prairie war freilich bequemer als der, auf welchem die Expedition sich jetzt fortbewegte, doch fröhlicher ging es nun Berg auf Berg ab, das Auge weidete sich an der Umgebung und fand immer neue Gegenstände, an denen es beobachtend haften bleiben konnte. Antilopen sprangen ausgelassen auf den dürren Hügeln umher, Hirsche lugten hinter blaugrünen Cedern hervor, Adler und Weihen beschrieben ihre Kreise in den Lüften und zierliche Prairiehündchen schauten scheltend und bellend aus den Oeffnungen ihrer dunklen Wohnungen.

Gewiss birgt die Majestät der Natur mit ihren wilden, schattigen Schluchten, ihren grauen Felsmassen, welche stolz ragenden Vesten nicht unähnlich sind, etwas in sich, was die schlummernden Kräfte aufregt und den Geist zum Nachdenken weckt. Wer daher gewohnt ist, in öden Wildnissen zu wandern, wird ermüdende und gefahrvolle Unternehmungen leichteren Arbeiten vorziehen, wenn ihm nur hin und wieder der Genuss geboten wird, im Anblick der ihn umgebenden, wilden Natur schwelgen und sich einer hochfliegenden Begeisterung hingeben zu können. Die Zeit verrinnt ihm dann unmerklich, ungern trennt er sich von solchen Scenen und nur zu rasch senkt sich für ihn die Sonne gegen Westen.

Die Quelle war gefunden, das Ziel erreicht; in der Nähe natürlicher Weinberge, die eine Fülle schwellender Trauben boten, wurde am 16. September das Lager aufgeschlagen. Die Expedition hatte bis zu dieser Stelle seit dem Aufbruch von Fort Smith eine Strecke von 564 Meilen in ziemlich gerader Richtung über ebene und rollende Prairie zurückgelegt. Obgleich unmerklich, waren wir während des Marsches allmälig doch zu einer bedeutenden Höhe gestiegen. Fort Smith liegt nämlich nur 460 Fuss über der Meeresfläche, der zweite hervorragende Punkt dagegen, die Antelope Hills oder Grenzhügel von Texas 2100, und in dem Lager am Fusse der Hochebene befanden wir uns in der Höhe von 4278 Fuss. Die Hochebene, oder el Llano Estacado (die abgesteckte Ebene)*, die sich über 4 Längen- und 4 Breitengrade erstreckt, erreicht an ihren hervorragendsten Punkten eine Höhe von 4707 Fuss und die durchschnittliche Erhebung wird auf 4500 Fuss, also 222 Fuss über ihrer Basis gerechnet. Der Boden

*) Auf dieser Hochebene befindet sich durchaus gar nichts, was dem Reisenden als Landmarke dienen könnte. Mexikanische Tauschhändler hatten deshalb vormals durch lange Stangen, die sie in gewisser Entfernung von einander aufrecht in den Boden steckten, den Reisenden die vortheilhafteste Richtung angegeben, woher der Name *el Llano Estacado*.

auf derselben ist sandig und horizontale Lagen von rothem und weissem Sandstein ziehen sich von einer Grenze bis zur anderen. Nur wenig von dieser ausgedehnten Fläche ist bis jezt bekannt, indem Reisende sich scheuen in Regionen vorzudringen, wo sie durch gänzlichen Mangel an Holz und Wasser dem Untergange preisgegeben sein würden, und abgesehen davon, dass das Ersteigen derselben nicht zu den leichtesten Arbeiten gehört, bequemt man sich doch ungern dazu, einzelne Ecken derselben abzuschneiden, um dadurch einen grossen und beschwerlichen Umweg zu sparen.

Die Strecke, welche Lieutenant WHIPPLE mit seinem Commando auf der wasserlosen Hochebene zurückzulegen hatte, betrug 27 Meilen, mithin einen starken Tagemarsch; es wurde freilich der Encampment Creek im Laufe des Tages berührt, doch war vorauszusehen, dass derselbe trocken sein würde, und daher beschlossen wir, am folgenden Morgen noch vor Aufgang der Sonne die Ebene zu ersteigen, am Encampment Creek eine Stunde zu rasten und dann mit erneuten Kräften dem Rocky Dell Creek, der westlichen Grenze von Texas, zuzueilen, um an demselben von der trostlosen Llano wieder hinabzusteigen. Die kalte Abendluft so wie der in Aussicht stehende lange Marsch veranlassten Jeden, sich früher als gewöhnlich in die wärmenden Decken zu hüllen und der Nachtruhe zu pflegen.

Der Mond war eben untergegangen und Dunkelheit an die Stelle der milden Beleuchtung getreten, als das Signal zum Rüsten gegeben wurde. Halbschlafende Gestalten erhoben sich ringsum im Lager und eilten den niedergebrannten Feuern zu, um dieselben zu schüren und nahe der wärmenden Flamme der unangenehmen Wirkung der schneidend kalten Nachtluft zu entgehen. Undurchdringlich schwarze Finsterniss lag in den Schluchten und Thälern, geheimnissvoll und nur undeutlich stachen die Thürme und Wälle der Hochebene gegen den tiefgrauen Himmel ab. Wir hatten noch zwei Stunden vor dem Aufgange der Sonne, als der erste Schein im Osten das Herannahen des jungen Tages verkündete, breite, milchweisse Strahlen nach allen Richtungen aussendete und in regelmässigen Zwischenräumen das Firmament bis zum Zenith hinauf bedeckte. Es war kein gewöhnliches Morgenroth, welches schon eine matte Beleuchtung auf die dunklen Schatten geworfen hätte; es war noch zu früh um ein solches erwarten zu können, denn die äussersten Streifen, die sich schräg gegen Norden und Süden hinneigten, liessen leicht berechnen, wie tief die Sonne noch stehen musste. Licht ging von den Strahlen Anfangs nicht aus, die bleiche Farbe derselben liess im Gegentheil den Himmel in noch dunklerem Grau erscheinen.

Als die Strahlen eine röthliche Färbung anzunehmen begannen und dann ein magisches Licht verbreiteten, welches allmälig zunahm und die Dämmerung erzeugte, glimmten nur noch Kohlen in dem verlassenen Lager, in deren Nähe hungrige Wölfe sich um die Abfälle des Frühmahles bissen. Wir waren schon weit fort, einzelne Reiter hielten auf der Hochebene (*), und rüstig folgte ein Wagen dem anderen die steile Höhe hinauf. Oben angekommen rollten die Räder leicht auf der glatten Fläche, auf der sie keinen Widerstand fanden; kaum merklich lehnten sich die Thiere in die Geschirre und die schweren Lasten folgten willig und leicht nach. Blitzender Glanz im fernen Osten lenkte alle Blicke nach der Richtung hin, wo dunkelglühend die Sonne der Llano Estacado entstieg. Gerade so erhebt sich die Sonne aus dem endlosen Ocean, wenn die wilden Wogen schlafen, kein Hauch die spiegelglatte Fläche trübt und ein feuriger Streifen sich von der Sonne bis zu dem Beobachter erstreckt. Auch auf der Llano fehlte der glanzvolle Schein nicht, doch nicht auf glatter Wasserfläche brachen sich die ersten Strahlen, sondern in Milliarden von Thautropfen, die verschwenderisch die dürren Halme und Gräser beschwerten. Auf dem Ocean späht Jeder, sobald der junge Tag erwacht ist, am fernen Horizont nach Segeln und freut sich bei dem Anblick eines solchen; er wähnt sich dann nicht verlassen und allein in der erhabenen Einsamkeit. Auf der Llano schweifen des Wanderers Blicke vergeblich in die Ferne, kein Baum, kein Strauch grüsst dort sein Auge. Das spiegelglatte Meer schläft nur, und wie das Athmen eines Leviathans verrathen die Schwellungen sein Leben; die Llano Estacado aber ist todt, und geheimnissvoll baut die Mirage ihre trügerischen Nebelbilder auf derselben und giebt dem Menschen eine leise Ahnung von dem, was einst gewesen.

XIII.

Fortsetzung der Erzählung des Naturaliensammlers. — Encampment Creek. — Reise auf der Llano Estacado. — Ankunft am Rocky Dell Creek. — Indianische Malereien.

»Es wird Ihnen nicht besser gehen wie mir,« rief der Doctor dem Naturaliensammler zu, indem er die Zügel seinem Maulthier auf den Hals legte, seinen zerdrückten, vielgebrauchten Hut zurecht klopfte und in die ursprüngliche Form zu bringen versuchte, »es wird Ihnen ganz gewiss nicht besser gehen; da reite ich schon seit einer Stunde umher, aber auch nicht das kleinste Pflänzchen habe ich gefunden, welches der Mühe des Mitnehmens werth gewesen wäre, und ausser einigen Heuschrecken und den Schatten von Antilopen am fernen Horizont habe ich noch kein einziges lebendes Wesen wahrgenommen, was mich denn auf den Gedanken gebracht hat, dass Ihre Schlangen- und Eidechsenjagd heute so erfolglos bleiben wird, wie mein Botanisiren.« — »Ich fürchte, Sie haben Recht,« antwortete jener; »die Natur scheint hier oben ausgestorben zu sein, und werfen wir die Blicke auf unseren langen Zug, so ist es in's Auge fallend, wie die trostlose Umgebung sogar auf die rohesten Arbeiter einwirkt: alle scheinen zu träumen und sich wie unbelebte Maschinen fortzubewegen. »Der Einfluss der Umgebung auf das Gemüth des Menschen, selbst desjenigen, dem kein tiefes Gefühl zugeschrieben werden kann, ist unwiderstehlich,« erwiederte der Doctor; »ich werde gewiss nicht leicht ein Opfer der Langeweile, so lange ich mich in Gottes schöner, freier Natur bewege, denn die Natur ist nicht stumm, sie gewährt uns eine schöne, eine edle Unterhaltung, die der Aufmerksame versteht. Sogar das dürre, spärliche Gras, welches unter den Hufen unserer Thiere zu Staub zerfällt, redet zu dem Menschen und belehrt ihn; dennoch muss ich ehrlich gestehen, dass hier oben, wo selbst die Cacteen nicht vermögen Wurzel zu schlagen, ich mich lieber mit meinem Nebenmenschen als mit der so wenig ansprechenden Naturumgebung unterhalte.« Der Doctor, voll Interesse für die Schilderungen des innern Indianerlebens, wandte sich nun an den, der ihm mehrfach bei frühern Gelegenheiten von seinen Erlebnissen während seines Aufenthaltes unter den Ottoe- und Omaha-Indianern erzählt hatte. »Beginnen Sie da,« sagte er, wo Sie von dem Mr. Marten Abschied nahmen und zu den Ottoes übersiedelten. Wir Alle sind darauf gespannt zu erfahren, wie es Ihnen weiter erging.«

»Mit Freuden,« antwortete der Erzähler, »willige ich in Ihren Vorschlag, um so mehr als ich gern und oft an jene Zeiten zurückdenke, um sie im Geiste gewissermassen noch einmal zu durchleben. Ich befand mich also wieder unter weissen Menschen und erfreute mich eines solchen Luxus, wie er im fernen Westen nur denkbar ist. Ich schlief in einem rohgezimmerten Bette und nahm meine Mahlzeiten an einem Tische ein, wobei ich auf einem Stuhle sass. Letzteres blieb indessen nicht ohne unangenehme Folgen für mich, denn ein fortwährendes Einschlafen der Füsse, sowie unleidliche Schmerzen in denselben erinnerten mich stets daran, dass die sitzende Stellung mir nicht nur ungewohnt, sondern beinahe fremd geworden war. Den Tag über befand ich mich grösstentheils in dem Raume, der zugleich als Waarenlager und Tauschladen diente, und blieb in fortwährendem Verkehr mit den Ottoes, die haufenweise über den gefrorenen Missouri kamen, um ihr Pelzwerk gegen Fabrikate der Weissen umzusetzen. Der alte Wo-nes-hee stellte sich regelmässig des Morgens ein und zwar jedes Mal in tiefer Trauer um seinen vor vielen Jahren erschlagenen Sohn. Die Haare hatte er sich mit einem Brei von Asche und Wasser zusammengeklebt und sein Gesicht ganz schwarz gefärbt. So trat er denn zu mir und weinte bitterlich; wenn ich ihn dann nicht gleich durch ein Gläschen Branntwein tröstete, brach er in ein lautes Klagegeheul aus, mit welchem er zur grössten Belustigung meiner weissen Freunde nicht eher wieder einhielt, als bis ich ihm meine Theilnahme auf die erwünschte Art bewiesen hatte. Freilich bequemte ich mich nur ungern dazu: einestheils war ich ganz ohne Geld und gezwungen, die geringsten Kleinigkeiten auf Credit zu nehmen, ohne zu wissen, wann und wie ich dieselben jemals würde bezahlen können, dann aber auch war es mir ein schrecklicher Gedanke, dass ich dem alten Wo-nes-hee die Hand zur Befriedigung seiner verabscheuungswürdigen Gelüste bieten musste. So wie meine alten Reisegefährten sich täglich bei mir zeigten, machte ich ihnen ebenfalls meine Besuche in ihren Wigwams; ich fand stets eine herzliche Aufnahme und eine Schüssel Fleisch für mich in Bereitschaft; ich jagte mit ihnen und fand in dem Umgange mit diesen armen Wilden reichen Stoff zur Unterhaltung, aber auch zum Nachdenken. So gingen acht Tage schnell vorüber und am Ende dieser Zeit war ich wieder im Stande, mich in meinen eigenen Kleidern zu präsentiren, welche ich der Geschicklichkeit einer Frau zu verdanken hatte, die mir aus einer grünen gestreiften Decke einen prächtigen Rock herstellte, mit welchem ich im Dorfe der Indianer nicht wenig Aufsehen erregte. Kaum hatte ich mich also etwas erholt und meine Waffen in gehörige Ordnung gebracht, als ich mich hinlänglich mit Munition versah, von meinen Gastfreunden Abschied nahm und zurück zu den Ottoes wanderte. Ich hatte nämlich in Erfahrung gebracht, dass 12 Meilen nördlich von Bethlehem, unter welchem Namen die Ansiedelung, wo ich mich aufgehalten, bekannt ist, das Dorf der Omaha-Indianer sei und nicht weit von diesem sollte sich ein Handelsposten der St. Louis-Pelzcompagnie, eine Indianer-Agentur und eine presbyterianische Mission befinden.

Dorthin nun beabsichtigte ich überzusiedeln, doch nicht ohne mich vorher bei den Ottoes gehörig umgesehen zu haben.

Die Ottoes, (ursprünglich O-ta-ta-toes) zählen kaum noch 600 Seelen; die Missouris, ihre früheren Nachbarn sind seit einer Reihe von Jahren dem Ottoe-Stamme einverleibt, wozu die Aehnlichkeit der Sprache, besonders aber die Abnahme ihrer Seelenzahl die Veranlassung gewesen sein mag, denn die Missouris waren schon bis auf 400 Köpfe herabgekommen. Beide Stämme bewohnen jetzt gemeinsam ein Dorf, stehen aber unter besonderen Häuptlingen. Ottoes und Missouris sind indessen gewöhnlich zusammen zu finden, vereint ziehen sie zum Kampf und auf die Jagd, und gemeinschaftlich führen sie ihre wilden, malerischen Tänze in dem Thale an der Mündung des Nebrasca auf. Die Männer sind gross und kräftig gebaut, während die Weiber und Mädchen manches schöne Gesicht aufzuweisen haben. Bei den freundlichen Gesinnungen, welche dieser Stamm gegen die Weissen hegt, können Sie sich denken, lieber Doctor, wie frei ich mich unter diesen Wilden bewegen durfte und mit welcher Herzlichkeit mir jedes Wigwam geöffnet wurde. Schade nur, dass ich vor den Betrunkenen sehr auf meiner Hut sein musste; denn da es ihnen leicht wurde, Branntwein von den Weissen jenseits des zugefrorenen Missouri zu erlangen, so waren fast fortwährend einige von ihnen in einer so vergnügten Laune, dass sie mit Messer und Tomahawk wie mit Federbällen spielten, und ich oftmals meine ganze Gewandtheit aufbieten musste, um einem sausenden Mordinstrumente auszuweichen. Ich war indessen vorsichtig genug, derartig aufgeregte Gemüther nicht durch unzeitige Empfindsamkeit zur Wuth zu reizen sondern lachte zu ihren Spässen, und niemals bin ich mit Einem in Streit gerathen. Am zweiten Abende meines Verweilens in dem Dorfe wurde mein Gleichmuth auf eine so harte Probe gestellt, dass, hätte ich nur die Möglichkeit eines heimlichen Entkommens gesehen, ich mich gewiss geflüchtet hätte, um nicht länger Scenen ausgesetzt zu bleiben, die für mich zu ernsthaft zu werden drohten, während sie mich von einer anderen Seite, ihrer Merkwürdigkeit wegen, doch wieder mächtig anzogen. Der Pferdetanz wurde nämlich aufgeführt und zwar mit einer Leidenschaft, Feierlichkeit und Pracht, wie sie nur immer bei Indianern gefunden werden kann. Wären alle Mitglieder nüchtern gewesen, so hätte der Anblick ein wahrer Genuss sein müssen. Denken Sie sich einen Haufen Männer, deren nackte Oberkörper und Gesichter auf's schrecklichste bemalt und deren Glieder mit den phantastischsten Schmucksachen bedeckt sind, die mit flatternden Skalplocken und Federn geputzt und von Kopf bis zu Fuss bewaffnet, laut heulend ein mächtiges Feuer umkreisen, dessen lodernde Flammen die Nacht weithin erhellt, dabei springen und hüpfen und ihre schön gewachsenen Glieder auf das wunderlichste verdrehen, ihre Waffen kräftig schwingend, als gälte es unsichtbare Feinde zu bekriegen. Denken Sie sich also einen solchen Anblick und Sie werden gewiss zugeben, dass dadurch die Aufmerksamkeit auf's höchste gefesselt werden muss. Ich sass beim Beginne des Tanzes im Schnee bei einem kleinen Feuer und sah auf das tolle Treiben vor mir. Nach dem Takte dreier Trommeln, einiger Pfeifen und nach dem allgemeinen Gesang und Heulen drehte sich die wilde Schaar im Kreise; die Melodien ihrer Schlachtgesänge und die Erinnerung an ihre Kriegsthaten regten die Gemüther heftig auf, stampfend fielen die Füsse auf den gefrorenen Boden, die Waffen blitzten im röthlichen Schein der Flamme und der Schweiss lief in Folge der Anstrengung reichlich über die bemalten Wangen. Ein riesenhafter Krieger, der an mir vorübertanzte, stiess plötzlich mit der Lanze nach meiner Brust, aber natürlich nicht in der Absicht, mir zu schaden; ich fuhr erschrocken vor der feindlichen Geberde zurück, erregte aber dadurch ein allgemeines Hohngelächter bei der ganzen Versammlung, und zu meinem grössten Aerger auch bei den Weibern und Kindern, die in bescheidener Ferne dem Tanze aufmerksam zuschauten. Ich hatte eine Blösse gegeben, die wieder gut gemacht werden musste, und ohne mit den Augen zu zucken sah ich einen geschwungenen Tomahawk an mir vorübersausen, Waffen aller Art wie grüssend und in höchst unangenehmer Nähe an mir vorbeifahren, so dass ich anfing ernstlich zu befürchten, dass die unsichere Hand eines Betrunkenen das scharfe Kriegsbeil in verderbliche Berührung mit meinem Schädel bringen würde. Ich sass und rauchte mein Pfeifchen Tabak, überlegte aber dabei, auf welche Weise ich mich am sichersten dieser Lage würde entziehen können; entfernen durfte ich mich nicht, wenn ich nicht als Feigling gebrandmarkt und mit Hohn und Spott verfolgt werden wollte, und länger sitzen zu bleiben schien mir ebenso wenig rathsam. Die Leute waren mir freilich zugethan, wie selbst aus dem Benehmen während des Tanzes hervorging, aber welche Sicherheit konnte dieses Wohlwollen mir gewähren, wenn die Waffe der Hand eines Betrunkenen entglitt und mein Leben dadurch gefährdet wurde?

Die braven Ottoes sowohl wie die benachbarten Weissen würden meinen Tod als einen Unglücksfall betrachtet und davon gesprochen haben, wie wir, wenn wir eines unglücklichen Zufalles auf einem Balle gedenken, wo vielleicht durch eine unvorhergesehene Bewegung eines Tanzenden dem Kellner einige Gläser Wein aus den Händen gestossen und deren Inhalt auf das neue Ballkleid einer Dame gegossen wird. Jedenfalls hätte ich ein ruhmloses Ende genommen; deshalb, wenn auch nur um der scheinbaren Gefahr zu entgehen, entschloss ich mich zu einem Schritte, der mir bei den Indianern die grösste Achtung verschaffte, mir aber, wenn ich davon den sogenannten Förderern der Civilisation erzähle, manches Lächeln über meine Schwachheit einbringen wird. Ich warf meinen Rock zur Seite, entblösste meine Arme und beschmierte diese, sowie mein Gesicht, mit Fett und rother Farbe, welche mir dienstfertig von allen Seiten dargeboten wurden, nahm in die linke Hand mein langes Jagdmesser, in die rechte Hand einen Revolver, und sprang in den Kreis, um meine Lungen und Füsse ächtindianisch arbeiten zu lassen. Mein Benehmen erregte eine allgemeine Heiterkeit, wie ich an dem verdoppelten Gellen und Heulen wahrnehmen konnte, und dadurch aufgemuntert, gab ich mir die grösste Mühe, es meinen würdigen Vortänzern gleich zu thun.

Das war eine harte Arbeit, doch führte ich dieselbe zur grössten Zufriedenheit Aller aus; abgesehen davon, dass ich mich durch die Anstrengung erwärmte, war ich auch der früheren unangenehmen Lage enthoben. Ja, was noch mehr war, die Krieger hielten mich für ein ganz hoffnungsvolles Bleichgesicht und manche hübsche, aber noch mehr die hässlichen Squaws bewiesen mir durch kleine Geschenke, Erzeugnisse ihrer eigenen Geschicklichkeit und Phantasie, in welchem vortheilhaften Lichte ich mich an diesem Abend in den Augen des schönen Geschlechtes gezeigt hatte. Dies war also ein indianischer Ball, Herr Doctor; eine gewisse Scheu vor einer Wiederholung veranlasste mich, früher, als ich sonst gethan haben würde, von den Ottoes Abschied zu nehmen um in der Begleitung Farfar's und mehrerer anderer jungen Bursche zu den Omahas und dem Handelsposten der grossen Pelzcompagnie zu wandern. Mein Verkehr mit den Ottoes hatte hiermit sein Ende noch lange nicht erreicht, denn oftmals kamen meine alten Gefährten zur Agentur oder in den Tauschladen und verabsäumten dann nie, mir ihre Aufwartung zu machen und bei dieser Gelegenheit nach Tabak und bunter Farbe zu fragen. Besonders feierlich war der Besuch, als zwei hervorragende Männer des Stammes, Wa-ruck-scha-mo-nee und Ki-ka-poo, die, mit Geschenken beladen, von einer Reise nach Washington zurückgekehrt waren, von den angesehensten Kriegern begleitet, zur Agentur kamen, um über die Unterredung, die sie mit dem grossen Grossvater gehabt, Bericht zu erstatten.

Auch Wa-ki-ta-mo-nee war zu der Zeit im Gefolge dieser Häuptlinge und redete mir freundschaftlich zu, mit dem Stehlen der Pferde und Jagen der Büffel zeitig im Frühjahre den Anfang zu machen. Er liess dabei einige Andeutungen fallen, dass die Pferde, wenn sie von den Sioux, den Erbfeinden der Ottoes, genommen wären, viel grösseren Werth haben würden und dass ein Raubzug zu dieser Nation um so mehr zu empfehlen sei, als ich dort Gelegenheit finden könne, einen oder mehrere Skalpe zu erbeuten. Dass dort Gefahr für meine eigenen Locken sei, sagte er gerade nicht, mag es auch wohl vergessen haben.

An einem klaren aber entsetzlich kalten Morgen kehrten wir dem Ottoe-Dorfe den Rücken und wanderten rüstig am Missouri hinauf; der Schnee war mit einer harten Kruste überzogen und leicht ging es über denselben hin. Je näher wir unserem Ziele rückten, je lichter wurde die Waldung, und als wir den Papillon oder Butterfly Creek, wie das Flüsschen zuweilen genannt wird, nicht weit von seiner Mündung in den Missouri überschritten hatten, befanden wir uns am Rande einer weiten Prairie, an deren anderem Ende die Mission und die Agentur mit ihren Einfriedigungen und Nebengebäuden uns freundlich entgegenschimmerten. Ohne zu rasten eilten wir vorwärts, die Mission blieb links von uns auf einem Hügel liegen, und als die Sonne ihre letzten Strahlen über die Anhöhen sandte, stand ich in der Thüre des Mr. Sarpy, des Chefs des Handelspostens, welcher mich mit der dem fernen Westen eigenthümlichen Höflichkeit und Gastfreundschaft empfing. »Wie geht's, Herr? Kaltes Wetter, Herr! Werfen

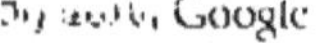

Häuptlinge vom Stamme der Ottoe Indianer.

Sie Ihr dünnes Schuhzeug in die Ecke! Ziehen Sie ein Paar von den meinigen an! Bill! Jo! wälzt frische Blöcke in's Kamin! Sehen Sie mein Haus als Ihre Heimath an, Herr!« Dies waren ungefähr die Worte, die Mr. Sarpy mir wie einen Hagel entgegenwarf, jedoch mit einer solchen Herzlichkeit, dass ich mich sogleich zu ihm hingezogen fühlte, um so mehr, als er bei meinem Eintritt in die Stube ein kurzes Negerpfeifchen aus seinem Munde nahm, mir dasselbe auf indianische Weise darreichte, um einige Züge daraus zu thun, und sie nach diesem Zeichen des Willkommens wieder zwischen seine Zähne schob. Die Stube, ein geräumiges Gemach, schien das Unterhaltungs- und Gesellschaftszimmer zu sein; ein Schreibtisch, ein Wiegenstuhl, einige Sessel und ein altes Sopha waren die einzigen Möbel, während mehrere alte Lithographien, Portraits von Indianern, die rohen Blockwände zierten. Trotz der wenigen Sitze war der Raum fast überfüllt von Menschen, die in Ermangelung besserer Gelegenheit sich auf die bequemste Weise auf den Fussboden gelagert hatten und sich der behaglichen Wärme erfreuten, die von dem kolossalen Kamine ausströmte. Ich folgte dem Mr. Sarpy zwischen Indianern, Halbindianern und Weissen hindurch nach und nahm ihm gegenüber neben dem Scheiterhaufen Platz, um in gemüthlicher Unterhaltung den Abend zu verplaudern. Dieser Mr. P. A. Sarpy ist das merkwürdigste Exemplar eines Hinterwäldlers *(backwoodman)*, welches ich je gesehen habe. Zu den Häuptern der Pelzcompagnie gehörend und seit mehr denn dreissig Jahren ein thätiger Mitarbeiter, hat derselbe ein Vermögen erworben, welches einer Million nahe kommen muss. Da er nun mit einer Indianerin verheirathet ist und keine Nachkommen hat, so fällt der ganze Reichthum dereinst den Kindern seines Bruders zu; trotzdem erträgt er lieber die grössten Unbequemlichkeiten und Entbehrungen, als dass er sich von einer Lebensweise lossagte, die ihm nicht nur zur Gewohnheit, sondern zur anderen Natur geworden ist. Ich fragte ihn einst, warum er sich seiner Schätze nicht besser erfreue und in irgend einer Hauptstadt Europas auf seinen Lorbeern oder vielmehr Geldsäcken ruhe. »Sie haben gut reden,« gab er mir zur Antwort; »ich gehe schon seit vierzehn Jahren mit diesem Gedanken um und bin seit dieser Zeit alljährlich nach St. Louis gereist, um nicht wieder hierher zurückzukehren, doch hielt ich es daselbst nie länger als vier Wochen aus. Die ersten acht Tage vergingen mir auf die angenehmste Weise in Saus und Braus, die zweiten acht Tage fing ich an mich zu langweilen, in der dritten Woche dachte ich an das gemüthliche Leben im fernen Westen, und in der vierten kaufte ich mir einen neuen Anzug, einige Paar Stiefeln, sah mich nach einem Dampfboot um und kehrte so rasch wie möglich zu meiner alten Necoma heim, die sich vor Freude nicht zu lassen wusste, wenn ich wieder da war. So ist es nun schon seit einer Reihe von Jahren gegangen, bis ich endlich alle Hoffnung aufgegeben habe, etwas anderes zu werden als was ich jetzt bin, und im Grunde genommen möchte ich auch mit keinem anderen Menschen der Welt tauschen.«

So steht es also mit dem Mr. Sarpy; seine Blockhäuser sind für ihn Paläste, der weite Westen ist seine Welt, die Indianer bieten ihm Unterhaltung, das Reisen zu den verschiedenen Prairien Beschäftigung; die dabei vorkommenden Gefahren und Entbehrungen würzen sein Leben und erhalten ihn jung und rüstig; so wie er vielleicht vor funfzehn Jahren ausgesehen hat, findet man ihn an dem heutigen Tage noch unverändert wieder, wenn auch einige Schneeflocken auf seinem Haupte zurückgeblieben sind. Als Mr. Sarpy sich am späten Abend von mir trennte, um in seine etwas bequemer eingerichtete Schlafstube hinauf zu steigen, war er mit dem grössten Theile meiner Lebensgeschichte bekannt, namentlich auch mit dem Umstande, dass ich ausser meinen Waffen nichts mein Eigenthum nennen konnte, im Gegentheile für die Kleidung, die ich trug, noch schuldete. Aeusserst leicht nahm er das letztere und von der Thür aus rief er mir noch zu: »Ihre erste Sorge unter meinem Dache muss sein, Ihre Gesundheit und Ihre Kräfte vollständig herzustellen und dann erst denken Sie an's Geldverdienen. Gelegenheit wird Ihnen reichlich dazu geboten werden, weniger jedoch dasselbe wieder zu verbrauchen. Gute Nacht für heute! dort in der Ecke liegen Büffelhäute, Otter- und Biberfelle, machen Sie es sich bequem und schlafen Sie wohl!« Die Wärme, die von dem Kamin ausströmte und das Gemach erfüllte, trug dazu bei, ein Lager angenehm zu machen, welches aus weichgegerbten Büffelhäuten und zottigen Bärenpelzen bestand, und ich kann wohl sagen, dass mir diese Art von Bett ausgezeichnet gefiel, besser als das Schlafgerüste bei Herrn Marten. Die Flammen flackerten lustig, erleuchteten das Gemach bis in die äussersten Winkel und liessen deutlich die wilden Gestalten erkennen, die halb oder ganz in ihre Decken gehüllt reihenweise nebeneinander auf dem Fussboden lagen; einzelne schliefen, andere sangen oder unterhielten sich mit einander, bis der Schlaf sich auf alle Augenlider senkte und kein anderes Geräusch vernehmbar war als das tiefe Athmen, das Knistern des Feuers und das Heulen des Sturmes im Schlot. Nur auf wenige Minuten trat zuweilen eine Unterbrechung ein, wenn ein träumender Krieger eine wilde Weise summte oder wenn eine nackte glänzende Gestalt sich erhob, leise an's Kamin trat und das erlöschende Feuer schürte. In solcher Umgebung brachte ich meine erste Nacht bei Mr. Sarpy zu und so lange ich mich dort aufgehalten habe, vergingen mir alle folgenden Nächte in derselben Weise, nur dass das Personal, welches hier versammelt war, mit Ausnahme der Weissen, sich an jedem Tage veränderte. In der ersten Zeit hatte ich fast nichts anderes zu thun als immer neue Bekanntschaften zu schliessen; Leute kamen, Leute gingen, immer neue Gesichter und Gestalten belebten Mr. Sarpy's Halle, die dadurch einer wohlbesetzten Bühne nicht unähnlich wurde, um so mehr, als der furchtbar strenge Winter Hausbewohner wie Besuchende hinter geschlossene Thüren bannte. Ich hatte auf diese Weise unausgesetzt die beste Gelegenheit mich im Zeichnen zu üben, welcher Beschäftigung ich mit um so grösserem Fleisse oblag, als es mir darum zu thun war, dereinst mehr als die blosse Erinnerung an diese Zeit mit in meine Heimath zu nehmen. Wenn ich Ihnen nun erzählen sollte, wie ich jeden Tag in Belle Vue, dem Etablissement des Mr. Sarpy verlebte, so würde das zu viel von mir verlangt sein und Ihnen langweilig werden; ich will daher nur von einzelnen Erlebnissen und Gegenständen Ihnen erzählen.

Wie ich schon früher bemerkte, verkehrten wir hauptsächlich mit Omaha-Indianern, einem Stamme, der sich sowohl durch gute Häuptlinge wie durch freundliches Benehmen gegen die Weissen stets ausgezeichnet hat. Auf dem hohen Ufer des Papillon Creek, ungefähr 6 Meilen vom Missouri, liegt das Dorf dieses Stammes. Es hat eine klug gewählte Lage, so dass die Bewohner, deren Zahl kaum noch 1500 übersteigt, vollkommen im Stande sind, sich gegen eine bedeutend überlegene Macht zu vertheidigen. Der Häuptling, Ongpa-tonga (der grosse Hirsch), steht in grossem Ansehen, wenn auch nicht in so hohem Grade wie sein Vater, der als achtzigjähriger blinder Greis starb und nicht nur von seinem ganzen Stamme, sondern auch von der weissen Bevölkerung, die auf der andern Seite des Missouri lebt, betrauert wurde. Das Grab dieses hervorragenden Kriegers befindet sich auf einem Hügel, von welchem man das Thal des Missouri weithin übersicht; dort liegt der grosse Elkhirsch mit seinem Streitross und seinen Waffen; ein Pfahl und Steine bezeichnen die Stelle, um jeden Vorübergehenden an den Dahingeschiedenen zu erinnern. Doch bedarf es nicht solcher Zeichen; der Name Ongpa-tonga's wird an den Council Bluffs fortleben, selbst noch wenn der Pflug den Rasen über seinen irdischen Ueberresten aufgerissen und betriebsame Menschen Saamen in die Furchen gestreut haben. Einen Zug aus dem Leben dieses Wilden kann ich Ihnen mittheilen, in welchem sein edler Charakter so recht klar zu Tage tritt. Die westlichen Handelsposten der St. Louis-Pelzcompagnie, obgleich weit von einander entfernt, halten dennoch fortwährend einen gewissen Verkehr unter sich aufrecht. Die Chefs der Forts bedienen sich zur Beförderung ihrer Nachrichten und Befehle gewöhnlich weisser, doch auch indianischer Läufer, die mit einigen Lebensmitteln und ihren Waffen versehen, Hunderte von Meilen durch die Urwildniss wandern, ihre Briefe und Bestellungen an Ort und Stelle schaffen und nach kurzer Rast sich wieder auf den Heimweg begeben. Um weniger Spuren zurückzulassen und sich in der Nähe feindlicher Indianer leichter verbergen zu können, reisen diese Läufer gewöhnlich zu Fusse, und dennoch schneller als es ihnen zu Pferde in der pfadlosen Wildniss möglich sein würde. Vor einer Reihe von Jahren also, als der grosse Ongpa-tonga noch lebte, und, zwar schon ein alter Mann, doch immer noch rüstig mit seinen jungen Kriegern auf die Jagd zog, wurde von Belle Vue aus ein Canadier mit Briefen und Depeschen an den Commandeur des Handelspostens der Ponka-Indianer am Eau qui court abgesendet. Der Läufer, ein junger rüstiger Jäger, zog es aus den oben angeführten Gründen vor, die Reise, die an 200 Meilen den Missouri hinaufführte, zu Fusse zurückzulegen und begab sich wohlgemuth auf den Weg. Eine Woche hatte er seine Strasse verfolgt, ohne irgendwie auf Hindernisse gestossen zu sein, als er sich des Morgens beim Erwachen in einem so krankhaften Zustande fühlte, dass es ihm unmöglich war, sich von der Stelle zu bewegen. Hülflos lag er mehrere Tage da, als er inne wurde, dass er von den

Blattern, der fürchterlichen Seuche, welche die westlichen Regionen auf so unbarmherzige Weise heimsucht, befallen sei. In sein Geschick ergeben sah der Unglückliche seinem Ende entgegen und dankte in seinem Herzen der Vorsehung, die ihn wenigstens einen sprudelnden Quell hatte erreichen lassen, in welchem er seine fieberhaft glühende Zunge zu kühlen vermochte.

Zu derselben Zeit befand sich der alte Ongpa-tonga mit sechs seiner Krieger auf der Jagd und wie der Zufall es oft so wunderbar fügt, so geschah es hier, dass der kranke Weisse von den Indianern gefunden wurde. Auf den ersten Blick erkannte der Häuptling die ansteckende Krankheit, hiess seine Leute sich aus der gefährlichen Nähe des Jägers entfernen und fasste nach kurzer Berathung einen Entschluss, der manchem frommen Missionair zur Ehre gereicht haben würde. Es ergab sich nämlich, dass drei von Ongpa-tonga's Leuten in früherer Zeit einen Anfall dieser schrecklichen Krankheit glücklich überstanden hatten, während er selbst so wie die drei Uebrigen von derselben verschont geblieben waren. Die Ersteren waren also nach seiner Ansicht gegen eine neue Ansteckung geschützt, und in Verbindung mit diesen unternahm es der Häuptling, den Weissen zu retten und zurück nach Belle Vue zu schaffen, während er die Anderen anwies, Wege einzuschlagen, auf welchen sie dem Kranken nicht würden begegnen können. Seinen Befehlen wurde Folge geleistet; auf eine von Zweigen geflochtene Bahre legten die edelmüthigen Indianer den leidenden Jäger und traten dann, die Last auf ihre Schultern vertheilend, den Heimweg an. Nach einer unbeschreiblich mühevollen Reise von vierzehn Tagen erreichten sie Belle Vue, wo sie von ihren Gefährten schon angemeldet waren; für die aufopfernde Mühe fanden sie reichen Lohn, denn der Zustand des jungen Jägers hatte sich auf der Reise so weit gebessert, dass derselbe zur grossen Genugthuung der Indianer nach kurzer Zeit schon wieder seinen Arbeiten obliegen konnte und nur noch die unauslöschlichen Zeichen der überstandenen Leiden in seinem Gesichte trug. Durch solche Handlungen hatte sich der greise Krieger die allgemeine Zuneigung und Achtung der Weissen erworben und mit in's Grab genommen, und wenn sich Jemand an den Council Bluffs nach dem grossen Häuptling erkundigt, dann schallt ihm von allen Seiten entgegen: bei den Leiden seiner Mitmenschen war er weichherzig wie ein Kind, doch schrecklich klang sein wilder Kriegsruf in den Ohren seiner Feinde, von denen er sich manchen geschmückten Skalp erbeutete, der jetzt mit ihm an seiner Seite in Verwesung übergegangen ist. Als dieser Häuptling einst nach Washington gezogen war, wurde er daselbst auf Befehl des Gouvernements portraitirt: sein wohlgetroffenes Bildniss, umgeben von den Portraits anderer berühmter indianischer Krieger, wurde in dem Saale der ethnologischen Sammlung in der Patent Office aufgehangen, wo man es noch heute sehen kann.

Der junge Ongpa-tonga ist ebenfalls ein tüchtiger Häuptling, doch vermisst man an demselben die edleren Gefühle, die seinen Vater auszeichneten. Er ist indessen gastfreundlich gegen Fremde, und da ich eine Art Freundschaft mit ihm geschlossen hatte, so wurde es mir nicht schwer, häufig Zeuge der Medizintänze der Omahas zu sein. Die Krieger dieses Stammes sind in zwei Compagnien getheilt, die ihre verschiedenen Trachten und Gebräuche haben; die jungen Leute schliessen sich der einen oder der andern an, je nachdem sie durch Träume oder Ansichten über Medizin und Zaubereien dazu veranlasst werden. Die eine Abtheilung trägt langes Haar, welches bei besonderen Gelegenheiten mit einem mächtigen Busch Eulen- und Geierfedern geschmückt wird, an deren jeder ein Büschel gefärbter Pferdehaare prangt. Die andere dagegen scheert den Schädel kahl und lässt nur den Wirbelbusch wachsen, an welchem der hochrothgefärbte Schweif des virginischen Hirsches befestigt wird, so dass er sich wie ein Kamm über das Haupt zieht und auf herausfordernde Weise dem Feinde einen bequemen Griff bei der Procedur des Skalpirens bietet. In der Malerei herrscht keine Gleichmässigkeit, sondern Jeder färbt Gesicht und Körper nach seinem Geschmack und sucht es dabei an Absonderlichkeit seinen Gefährten zuvor zu thun. Beim Rauchen werden ebenfalls verschiedene Formen beobachtet: die einen lassen nämlich bei ihren Versammlungen die Pfeife von Hand zu Hand gehen, während die anderen den Pfeifenkopf mit der glimmenden Füllung in beiden Händen halten und die Spitze des Rohres von Mund zu Mund reichen, wobei es den Rauchenden verwehrt ist, die dargereichte Pfeife mit den Händen zu berühren. Alle indianischen Tänze haben in so weit Aehnlichkeit mit einander, als sie in Stampfen mit den Füssen nach dem Takte von Trommeln bestehen. Die Tanzenden bleiben dann entweder auf derselben Stelle und hüpfen von einem Fuss auf den andern, oder bewegen sich im Kreise und ahmen dabei die Bewegungen von Thieren nach, wodurch die Tänze dann ihre verschiedene Bezeichnung erhalten, wie z. B. Büffel-, Biber-, Bären-, Pferde- und Hundetänze.

Das Interessanteste dieser Art sah ich einst in Belle Vue, als ein Trupp der langhaarigen Omahas uns besuchte und Tänze vor unserer Thüre aufführte. Der Aufzug allein hatte schon so viel Merkwürdiges und zeigte ein solches Durcheinander greller Farben, dass es wirklich Mühe kostete, die schlanken menschlichen Gestalten unter der Ueberladung der eigenthümlichsten Schmucksachen zu erkennen. Der Kopfschmuck war bei allen derselbe, nämlich der grosse Federbusch; ausserdem waren aber bei der ganzen Gesellschaft, die über dreissig Mann zählte, auch nicht zwei Linien in der Malerei einander ähnlich. Die Gesichter und Oberkörper schienen dem Chamäleon entnommen zu sein und die aus weichem Leder angefertigten Kleidungsstücke waren mit bunten Perlen und gefärbten Stacheln des nordamerikanischen Stachelschweines reich gestickt. Ganze Massen lederner Fransen, Skalp-Locken, Pferdehaare, Bälge von Vögeln, vierfüssigen Thieren und Reptilien waren an den Armen und an den Leggins befestigt. Ketten von Perlen, Muscheln, Tigerzähnen und Bärenkrallen vielfach um die bemalten und tätowirten Hälse geschlungen, und messingene Spangen reihten sich auf den Armen dicht aneinander. Diese wilde Schaar in ihrem festlichen Anzuge bot in der That einen prächtigen Anblick, als sie sich in weitem Bogen in einer Reihe aufstellte. Jeder

21*

hielt in der rechten Hand eine Rassel in Form eines zierlich geschnitzten Stäbchens, an welchem eine Anzahl Hirschklauen befestigt war, und begleitete das Dröhnen der Trommel, die von vier alten Kriegern geschlagen wurde, mit taktmässigem Gerassel; alle Tanzenden stimmten in den wilden Gesang ein und schrilles Pfeifen auf ausgehöhlten Schwanenknochen half das unharmonische Concert vervollständigen. Alte schwarzbemalte Krieger gingen hinter den Tanzenden auf und ab, munterten mit lauter Stimme zu neuen Anstrengungen auf, prahlten mit der Tapferkeit ihres Stammes und redeten den Zuschauern zu, mit offenen Händen Geschenke zu spenden. Jeder der anwesenden Weissen und Halbindianer leistete denn auch der Aufforderung Folge und steuerte nach Kräften dazu bei, die Tänzer durch Geschenke zu erfreuen.

Mehl, Decken, Farbe, Tabak, ja Pferde wurden ihnen zu Theil, so dass der gute Humor zur wilden Ausgelassenheit gesteigert wurde, bis endlich ein Medizinmann den Tanz für beendigt erklärte und die Mitglieder sich trennten, um für den übrigen Theil des Tages in ihren phantastischen Anzügen umherzustolziren und sich von Jedermann bewundern zu lassen. Die Indianer sind überhaupt ausserordentlich eitel; sie verwenden viel Zeit und Mühe auf ihren Putz, und ich glaube kaum, dass die feinsten Dandys der civilisirten Welt mit grösserer Gewissenhaftigkeit ihren Anzug vor einem Trumeau ordnen, als die Indianer vor einem kleinen Handspiegel die bunten Linien auf Gesicht und Körper ziehen. Daher mag es auch wohl kommen, dass ich beim Anblick eines geckenhaft gekleideten Stutzers immer an uncivilisirte Menschen denken muss; natürlich flösst aber das Aeussere einer Rothhaut mehr Achtung ein, weil man neben zarter Schminke die Krallen eines erlegten Bären und neben unschuldigem Flitterstaat die gegerbten Kopfhäute erschlagener Feinde sehen kann. Das Skalpiren nun, dessen von der civilisirten Welt mit gerechtem Abschen gedacht wird, ist ohne Zweifel ein barbarischer Brauch, der aber bei näherer Kenntniss der Operation von seinem schaudererregenden Eindrucke verliert. Die Vorstellung von den dabei zu erduldenden Schmerzen wird weniger entsetzlich, wenn man erwägt, dass der Indianer nur dann im Stande ist, die Haut von dem Schädel seines Feindes zu entfernen, wenn derselbe der letzten Lebenskraft beraubt ist, denn jeder Widerstand würde dem Skalpiren hinderlich sein; doch soll es, freilich selten, vorgekommen sein, dass der Besiegte durch einen heftigen Schlag nur betäubt war und skalpirt erwachte, denn die Entfernung der Schädelhaut allein verursacht nicht den Tod und macht die Wiederherstellung des Verwundeten nicht unmöglich.

Der Gebrauch des Skalpirens hat sich aus dem grauen Alterthume bis auf den heutigen Tag erhalten und wird so lange dauern, als noch Indianer im Urzustande die Wälder und Steppen Amerikas beleben. Selbst der Halbcivilisirte wird der ererbten Neigung nicht so leicht widerstehen können und noch oft heimlicher Weise die Locken eines Feindes an seinem Gürtel befestigen. Diese Operation, obgleich an und für sich mit geringer Mühe ausgeführt, ist doch fast immer mit den grössten Schwierigkeiten und Gefahren verbunden, und es gehört unstreitig mehr persönlicher Muth dazu, im Schlachtgetümmel um die blutige Trophäe zu kämpfen, als aus weiter sicherer Ferne das tödtliche Blei in eine nackte Brust zu senden. Das heisse Streben nach so sprechenden, untrüglichen Beweisen eines kalten Muthes stempelt den indianischen Jüngling zum Krieger und verschafft dem Krieger Achtung und Ansehen. Da Prahlen eine der Haupteigenschaften der amerikanischen Eingeborenen ist und sie vom Prahlen zu leicht zum Lügen hingerissen werden, so folgt daraus, dass ein Krieger nie von einem überwundenen Feinde spricht, wenn er dessen Skalp nicht in dem Rauche seines Wigwams aufgehängt hat. Er weiss, es würde ihm nicht geglaubt werden und Jeder ihn für einen Lügner halten.« — »Das Skalpiren eines Erschlagenen,« unterbrach hier der Doctor den Erzähler, »billige ich keineswegs, doch halte ich es gewiss nicht für so verabscheuungswürdig, wie das Benehmen so vieler civilisirter Menschen, die auf kalte, berechnende Weise ihren Nächsten um Eigenthum und, was noch schlimmer ist, um Ehre und Ruf bringen.«

»Doctor, sehen Sie dort den Vincenti,« rief Einer der uns zunächst Reitenden, »wie der sein armes Pferd grausam behandelt; ist Ihnen je so etwas vorgekommen?« »Ich beobachte ihn schon seit einer Weile,« antwortete der Doctor, »der wilde Junge macht seinen indianischen Lehrern alle Ehre, sonst würde er nie auf die Idee gekommen sein, mit seinem kleinen Schimmel die flüchtigen Antilopen einholen zu wollen.« Die Wendung in der Unterhaltung war durch den kleinen Mexikaner veranlasst worden, der eine Heerde Antilopen verfolgte und als ihn sein Pferd denselben nicht näher brachte, in blinder Wuth auf dasselbe einhieb, ohne von der so fruchtlosen Jagd abzustehen. Aller Augen folgten den Bewegungen des wilden Burschen, als plötzlich Antilopen und Reiter verschwanden und scheinbar in der kahlen Ebene versanken. Der ganze Zug war weit hinter dem wilden Jäger zurückgeblieben und Mancher konnte sich das Gesehene nicht erklären, zumal die weite Fläche keine Erhebung oder Senkung zeigte, welche die Jagd hätten verbergen können. Das Räthsel löste sich, als wir bei weiterem Fortschreiten durch eine breite Schlucht aufgehalten wurden, welche sich von Norden nach Süden erstreckte und durch die zerrissenen Ufer und Nebenspalten andeutete, wie die schweren Regen nicht nur an dem Rande der Hochebene emsig nagen, sondern auch mitten auf derselben die dicken Sandsteinlagen durchbrechen, um dann nach allen Richtungen zerstörend wirken und neue Thäler bilden zu können. Es war der Encampment Creek, an welchem unsere Expedition hielt und sich dann einen Weg hinunterbahnte, um unter vereinzelten, schattigen Pappelweiden die Wagen zusammenzufahren und den Thieren einige Stunden Ruhe zu gönnen. Wenn auch die Mannschaft für einen Tag hinlänglich mit Wasser versehen war, so machte sich der Mangel desselben bei den Thieren um so fühlbarer, und ein Trunk, wenn auch nur ein karger, wäre gewiss mehr als erwünscht gewesen. Einige Leute wurden daher beauftragt, das staubige Bett des Baches nach allen Richtungen zu untersuchen, ob vielleicht ein

Wasserpfuhl zu entdecken sei. Kaum waren sie indessen hinabgestiegen, als ihnen Vincenti begegnete, der eine weite Strecke unterhalb in das Thal hinabgeritten war, wodurch sich sein plötzliches Verschwinden erklärte, und der die unerfreuliche Nachricht überbrachte, dass, soweit er den Encampment Creek gesehen, kein Merkmal der Nähe von Wasser zu finden sei. Es wurde darauf der Versuch mit Schaufeln gemacht und tief in den Sand hineingegraben, aber vergebens. Die Thiere mussten sich mit etwas frischem Grase, das spärlich in dem wilden Thale emporschoss, und mit der Hoffnung auf reichlichere Labung am späten Abend begnügen. Kurz vor dem Aufbruch brachte ein Soldat der Escorte, der in der Nachbarschaft suchend umhergestreift war, die Nachricht, dass er in einer Schlucht eine kleine Quelle entdeckt habe. Die nähere Untersuchung ergab, dass er sich nicht getäuscht hatte und dass wirklich aus den Adern einer mächtigen Sandsteinlage klare Tropfen rieselten, welche bis auf 50 Schritte von der Quelle allmälig kleine Pfützen gebildet hatten, da das harte Gestein das Eindringen des Wassers verhinderte; über dieselben hinaus hatte es sich dagegen spurlos in dem Sande verloren. Bei der geringen Wassermenge wäre das Tränken der Thiere in der engen unbequemen Schlucht nur zeitraubend gewesen und bald zogen wir daher vom Encampment Creek wieder nach der Höhe hinauf, über die dürre Ebene weiter eilend. Zwei Reiter waren indessen zurückgeblieben, die auf dem Ufer einen Punkt suchten, von welchem sie die beste Aussicht über das Thal zu haben glaubten. Der Geologe der Expedition hatte mich als den Zeichner derselben aufgefordert, ihm eine Skizze des Encampment Creek zu entwerfen. Er machte deshalb auf die Punkte aufmerksam, die er besonders hervorgehoben wünschte, unter diesen auf die horizontalen, grauen Sandstein-Niederlagen, die nur einige Fuss unter der Oberfläche die Hochebene deckten und die an den zerrissenen und gespaltenen Ufern, soweit das Thal zu übersehen war, stets in derselben Höhe wieder hervortraten; dann auf das gewundene Bett des Flüsschens und auf die grosse Ebenheit der Llano. Da der Encampment Creek das einzige Flüsschen war, welches auf der Llano Estacado von der Expedition berührt wurde, so verstand es sich von selbst, dass dieses mit grösserer Aufmerksamkeit untersucht wurde, um so mehr, da die Ufer bis zu einer Tiefe von 150 Fuss die geologische Formation bloslegten.

Sobald wir unsere Arbeiten vollendet, wendeten wir unsere Thiere und beeilten uns, unsere Kameraden wieder einzuholen; in kurzer Entfernung vom Encampment Creek schauten wir noch einmal zurück, doch zeigte sich überall nur die Ebene in ihrer ganzen Oede und Einförmigkeit, die Spalten und Schluchten mit ihrer spärlichen Vegetation waren unseren Augen schon entzogen.

Die Sonne neigte sich ihrem Untergange entgegen, als noch ein weites unabsehbares Feld sich vor uns ausdehnte und uns darauf vorbereitete an diesem Tage ein spätes Nachtlager zu finden.

Kleine Heerden von Antilopen begleiteten den Zug und sprengten neugierig in geringer Entfernung an demselben auf und ab, neckten die jagdlustigen Schützen, munterten sie immer wieder zu neuen erfolglosen Anstrengungen auf, führten sie weit von dem Zuge fort und wie im Fluge eilten sie zurück, um sich wieder in den ungewohnten Anblick von Reitern und Wagen zu versenken. Schräger fielen die Strahlen der Sonne auf die Ebene, bis sie endlich den kleinen Hügeln der weit ausgedehnten Dörfer der Prairiehunde kurze Schatten entlockten, die sich verlängerten und endlich einander berührten; der trockene Wind, der während des Tages über die graue Fläche hingestrichen, schlief ein und liess das leiseste Geräusch aus grosser Ferne zu unsern Ohren dringen. Wie Gemurmel klang der Chor der feinen Stimmchen von Tausenden der fröhlichen Erdbewohner durch die stille Abendluft, matt schnaubten die ermüdeten Thiere, der Staub, der während des Tages von dem Luftzuge entführt worden war, wirbelte vor ihnen auf, vermischte sich mit ihrem Athem und wurde ihnen beschwerlich; wir Alle schauten gegen Westen, doch nichts verkündigte uns das Ende der Llano Estacado und das Ziel eines langen ermüdenden Marsches. Immer tiefer sank die Sonne und wie ein feuriger Ball lag sie wenige Momente lang auf der öden Fläche; doch nicht funkelnd und strahlend wie am frühen Morgen, sondern dunkelrothglühend warf sie ihre Scheideblicke auf die müden Wanderer; auch die Sonne sah ermattet von ihrer weiten Reise aus, träge und schläfrig begab sie sich zur Ruhe, führte neidisch die Dämmerung mit sich fort, und Nacht verhüllte die Reisenden und ihre Strasse.

Wenn am Tage schon die spiegelglatte, unabsehbar hingestreckte Prairie an den weiten Ocean erinnerte, so gehörte bei Nacht nur wenig Einbildungskraft dazu, sich am Meeresstrand oder auf einer kleinen Insel in der grossen Wasserwüste des Oceans zu wähnen. Das nächtliche Schauspiel ward durch den Aufgang der Gestirne am äussersten Saume der Ebene verschönert. Sie stiegen auf wie am Meereshorizont, funkelnd an der tiefblauen Himmelsdecke; der hochgekrümmte Bogen der Milchstrasse goss sein mildschimmerndes Licht über uns aus. Das erhabene Schauspiel der aufsteigenden und niedersinkenden Sternbilder erfüllte uns mit ernsten, frommen Betrachtungen. Schweigend wie ein schwarzer Schatten verfolgte unsere Expedition die dunkle Strasse. Ein mildes Licht im Osten verkündigte den baldigen Aufgang des Mondes; es verstärkte sich, bis es dem röthlich gelben Schein einer fernen Feuersbrunst glich; die Atmosphäre wurde heller und verbleichte allmälig den Glanz der Sterne, bis in glühender Röthe die Scheibe des Mondes sich von der Ebene trennte, die, von magischem Lichte übergossen, vor uns lag. So bewundert, auf das fern erleuchtete Meer hinblickend, der Schiffer das oft gesehene grosse Schauspiel des Aufganges, wenn er müssig auf dem Verdeck schreitet und darüber die Windstille vergisst.

»Halt!« tönte es plötzlich von der Spitze des Zuges zurück; dem Rufe wurde augenblicklich Folge geleistet und nach der Ursache des Stillstandes geforscht. Die Thiere wieherten und schüttelten sich in den bestaubten Geschirren, der Instinkt hatte ihnen gesagt, dass das Ende der Hochebene erreicht und Wasser in der Nähe sei. Die Reiter eilten nach vorn, um die günstigste Bahn in das Thal hinab aufzusuchen, in welches das Licht des Mondes noch nicht dringen konnte, und das sie noch wie ein schwarzer Abgrund angähnte. Vorausgeschickte Mexikaner hatten bei Tage schon das Thal untersucht und die passendste Stelle zu einem Nachtlager am Rocky Dell Creek ausgekundschaftet; diese nun erleichterten durch angezündete Feuer und durch Schiessen die Aufgabe, die ganze Expedition über Gerölle an Schluchten vorbei die steile Höhe hinabzubringen. Alle kamen wohlbehalten an dem bezeichneten Orte an und waren bald mit dem Aufschlagen des Lagers emsig beschäftigt, wobei sie zuweilen ihre Blicke hinüber nach der Hochebene sendeten, wo ihnen der Mond zum zweiten Male an diesem Tage, doch nun hinter schwarzen Felsenmassen aufging und zu ihren Beschäftigungen leuchtete.

Als wir am nächsten Morgen die Zelte verliessen, machten wir die Entdeckung, dass wir uns auf einem rauhen, steinigen Landstrich befanden, der sich am Fusse der Hochebene hinzog. Obgleich die Unfruchtbarkeit des Bodens nur kärgliche Nahrung für die Thiere bot, so wurde doch beschlossen an diesem Tage zu rasten, wodurch die einzelnen Mitglieder hinlänglich Zeit gewannen, die nächste Nachbarschaft forschend zu durchstreifen. Der Rocky Dell Creek, in dessen Nähe die Zelte mit vieler Mühe auf dem sandigen Boden zum Stehen gebracht waren, zeigte ein Bett, welches rothe und graue Sandsteinfelsen und Gerölle einfassten. Zur Zeit unserer Ankunft trieb kein Wasser in dem Flusse, doch waren die tiefen Bassins, welche im Laufe der Zeit von den stürzenden Wassermassen ausgewaschen waren und einen klaren und kühlen Trunk boten, bis zum Rande gefüllt und von Fischen aller Art belebt. Mächtige Felsblöcke hingen malerisch übereinander und bildeten Höhlen und Gemächer, manche so gross, dass sie bei schlechtem Wetter einen bequemen Zufluchtsort für eine Gesellschaft von zwanzig Mann hätten bieten können. Die Spalten in den Höhlen schienen ein Lieblingsaufenthalt der rautenförmig gezeichneten Klapperschlange zu sein, deren mehrere von ausserordentlicher Grösse von den umherstreifenden Leuten getödtet wurden. Die überhängenden Felsen waren dagegen mit kleinen Schwalbennestern reich verziert, die in bunten Guirlanden dicht aneinander geklebt waren. Es wurde mehrfach der Versuch gemacht, einzelne derselben von dem Felsen zu trennen, um sie der Naturaliensammlung einzuverleiben, allein, so sorgfältig auch dabei zu Werke gegangen wurde, so gelang es doch nicht, ein einziges unbeschädigt zu erhalten, denn die leiseste Berührung zerstörte den zarten Bau, der aus Lehmerde bestand und dabei so fest an die Mauer gekittet war, dass nur mit einem Messer die letzten Ueberreste derselben entfernt werden konnten. Eine der grössten Höhlen erregte besondere Aufmerksamkeit durch die Malereien, die an den glatten Stellen der Wände und Decken aufgetragen oder mittels Eisenstückchen und Pfeilspitzen in den weichen Stein gemeisselt waren. Natürlich hatten viele der absonderlichen Darstellungen ihren Ursprung in der Laune muthwilliger Indianer oder

Mexikaner gefunden, doch trugen die meisten einen Charakter, der nur in den Ideen abergläubischer Pueblo-Indianer *) entstanden sein konnte.

Vor Allem fiel das phantastische Bild eines grossen Thieres in's Auge, welches halb Drache, halb Klapperschlange, und mit zwei menschlichen Füssen versehen war. Dieses Ungethüm, welches die Hälfte der Länge der ganzen Höhle einnahm, konnte nur eine Art Gottheit der Abkömmlinge der Azteken sein und wurde von zwei hinzugekommenen Pueblo-Indianern auf folgende Weise erklärt. Die Gewalt über Meere, Seen, Flüsse, so wie über den Regen, sei einer grossen Klapperschlange ertheilt worden, die so dick wie viele Männer zusammengenommen, und viel länger als alle Schlangen der Welt sei; sie bewege sich in grossen, bogenförmigen Windungen und sei den bösen Menschen verderblich; sie herrsche über alle Wasser, von ihr erbäten sich die Bewohner der Pueblos Regen und verehrten ihre Macht. Die Abbildungen zweier unförmlicher, rothhaariger Männer wurden von denselben Indianern (kühn genug) als Abbildungen Montezuma's bezeichnet, auf dessen Wiedererscheinen die Bewohner der Pueblos, obgleich sie sich Christen nennen, noch immer im Stillen hoffen.

Die Sonne als das Bild der grössten Macht, fehlte nicht unter den Malereien, die im Uebrigen aus naiven Darstellungen aller dort lebenden Thiere, Indianer und deren Kämpfe bestanden.

Wenn man an einem Rasttage unser aufgeschlagenes Lager beobachtete, so wurde man fast überrascht, dass das sonst gewöhnlich geschäftige Treiben und die eiligen Bewegungen verschwunden waren. Nur phlegmatisch werden dann kleine, nothwendige Arbeiten vorgenommen, wobei Jeder seine individuelle Bequemlichkeit sucht und seine eigene Person, so viel wie nur immer möglich, pflegt. Die Meisten liegen dann auf ihren Decken, bessern ihre Kleidungsstücke und ihr Schuhzeug aus, Andere lesen in abgenutzten Büchern oder vergnügen sich mit Kartenspiel, manche der bärtigen Gestalten liegen am Rande des Wassers und sind mit der Wäsche beschäftigt, mit welcher ungewohnten Arbeit auf solcher Reise es nicht so sehr genau genommen werden kann und die deshalb sehr oberflächlich besorgt wird. Nur von der Feldschmiede dröhnen dann gewöhnlich Hammerschläge zu dem Lager herüber und verrathen einige fleissige Hände, die mit dem Ersetzen der auf dem harten Boden abgenutzten Hufeisen der Thiere beschäftigt sind. Dem Astronomen fallen unterdessen bei Berechnung der aufgenommenen Winkel und beim Aufschlagen der Logarithmentafeln manchmal die Augen zu und die Bleifeder liegt müssig auf dem Tagebuche neben einem Schläfer; das letzte halb ausgeschriebene Wort beweist deutlich, dass Bequemlichkeit ansteckend ist. Der Botaniker hat indessen am frühen Morgen schon einen ganzen Stoss

*) *Pueblo-Indianer* werden von den Amerikanern nur die Eingeborenen genannt, die in Städten oder zusammenhängend gebauten Dörfern leben, abgeleitet von der spanischen Bezeichnung: *Pueblo*, die Stadt, das Dorf, also Städte-Indianer, wie man auch sagt Prairie- oder Steppen-Indianer.

feuchten Papieres sorgfältig auf der Ebene zum Trocknen ausgebreitet und sitzt im Schatten eines Zeltes vor dem Naturaliensammler, dem er beim Ausbalgen eines Wolfes behülflich ist und dabei Vorlesungen über Anatomie hält. »Ich bin recht glücklich, dass wir heute Ruhetag und gutes Wetter haben,« bemerkte der gemüthliche Doctor, »mein Vorrath trockenen Papieres ist beinahe verbraucht und so werde ich in wenigen Stunden, wenn kein besonderer Unfall eintritt, wieder auf lange Zeit mit solchem versehen sein.« Kaum hatte der alte Herr diese Worte gesprochen, als ein unheimliches Rauschen sich über dem Lager vernehmen liess; Zelte wankten und stürzten zu Boden vor der unsichtbaren Gewalt eines Wirbelwindes, der Staub und Sand in die Lüfte trieb und zu des Botanikers namenlosem Schrecken sich in der Richtung nach dem ausgebreiteten Löschpapier fortbewegte. »Mein schönes Papier!« rief der Doctor klagend aus, liess den blutigen Körper des Wolfes auf den Schooss seines Freundes fallen und stürzte nach der Stelle hin, wo die Bogen zu Hunderten in die Luft wirbelten und wie eine Wolke von dannen zogen. Unaufhaltsam folgte der Doctor nach, fort über den Rocky Dell Creek die Felswand hinauf, das kreisende Papier behielt er stets im Auge und spornstreichs ging es über die Ebene. Gewiss war es verzeihlich, dass Jeder, der diese komische Jagd beobachtete, auf's höchste durch dieselbe belustigt wurde und auf Rechnung des eifrigen Herrn aus vollem Halse lachte. Endlich erstarb der neckende Wirbelwind und wie leichte Flocken hin- und herwiegend sanken die zerknitterten Bogen allmälig zur Erde nieder. Als nun der Doctor keuchend hin- und herlief, um sich wieder in den Besitz der leichtfertigen Flüchtlinge zu setzen, erregte sein Unglück wiederum Mitleid und mancher Bogen wurde ihm von gefälligen Händen zurückerstattet. Von der mühsamen Arbeit endlich nach seinem Zelte zurückkehrend, wurde er von seinem Freunde mit der Bitte angerufen, bei dem Präpariren der Wolfshaut seine Hand mit anzulegen, doch in dem Zustande höchster Aufregung gab ihm der Doctor zur Antwort: »In drei Tagen kann ich an weiter nichts, als an das Glätten meines zerknitterten Papieres denken,« und verschwand damit hinter den leinenen Vorhang. »Sie sind mir noch Entschädigung schuldig dafür, dass durch Ihre Schuld meine Kleidung über und über mit Blut besudelt ist,« rief der Andere dem ärgerlichen Herrn lachend nach, und beendigte seine Arbeit, um dann an der allgemeinen Schiessübung Theil zu nehmen, mit welcher Beschäftigung der Rest des Tages ausgefüllt wurde.

Ich schildere kleine Begebenheiten unseres Wanderlebens, weil sie den Charakter einer militairischen und zugleich wissenschaftlichen Expedition bezeichnen, die ausgeschickt ist nicht bloss, einen neuen sichern Weg zu eröffnen und sich dabei im Nothfalle gegen feindliche Angriffe zu vertheidigen, sondern auch die geologische Formation des Bodens, die Pflanzendecke und das Thierleben zu erforschen, und ein Bild des Landes nach astronomischen Ortsbestimmungen zu entwerfen.

XIV.

Westliche Grenze von Texas. — Cerro de Tucumcari. — Die Räuber in Neu-Mexiko. — Tucumcari Creek. — Pyramid Rock.

Mit dem Rocky Dell Creek wurde zugleich die westliche Grenze von Texas überschritten, nachdem die Reise über die ganze Breite dieses Staates, von den Antelope Hills bis zu letztgenanntem Flüsschen, eine Strecke von 185 Meilen, zurückgelegt worden war.

Immer am Fusse der Hochebene hinauf ging es von dort weiter; der Canadian entfernte sich mehr nach Norden, die Strasse dagegen nach Süden, so dass der Zwischenraum zunahm und wir gegen Norden fortwährend eine rollende Ebene und im Süden den zerrissenen Rand der Llano Estacado vor Augen hatten. Der gefurchte, unebene Boden gestattete nicht, uns so weit südlich zu halten, dass wir von dem Holze der bewaldeten Schluchten zu wärmenden Feuern hätten verwenden können; die Abende wurden empfindlich kalt und sehnsüchtig blickten Alle nach den verkrüppelten Cedern hinüber, während sie sich dichter in ihre Decken hüllten. Die kühle Abendluft war um so fühlbarer, als während des Tages die Wärme so zunahm, dass sie in den Mittagsstunden lästig wurde. Dafür waren aber die Mosquitos plötzlich verschwunden und Menschen wie Thiere damit einer grossen Qual enthoben. Ueberhaupt meldete sich überall der Herbst an: Schaaren von Vögeln kamen aus dem hohen Norden, richteten ihren Flug gegen Süden und belebten die kleinen Gewässer und deren Ufer; sie zeigten wenig Scheu vor den Jägern und wurden daher in grosser Anzahl von denselben erlegt. Die Jagd wurde in jeder Beziehung einträglicher und leicht gelang es auf dem unebenen Boden, an eine Antilopenheerde heranzuschleichen und einen stattlichen Bock aus der Mitte derselben zu erlegen. Mit dem Wilde nahm aber auch die allgemeine Jagdlust zu und in allen Richtungen konnte man vereinzelte Reiter wahrnehmen, die mit dem besten Willen, einen Braten für die Küche zu liefern, sich von dem Zuge getrennt hatten. Manche waren glücklich, andere wieder nicht; so viel war aber sichtbar, dass es an manchem Tage auch den Wagentreibern der Expedition nicht an Wildbraten gebrach.

Auf einer Strecke von 45 Meilen, oder vielmehr so lange die Hochebene die Strasse bestimmte, also vom Rocky Dell bis zum Fossil Creek, war keine Veränderung in der äusseren Umgebung bemerkbar: selten nur wurde ein Bach überschritten, der Wasser führte und auf Quellen in den dunklen Schluchten deutete, obgleich manches Bett von Regenwasser ausgewühlt die Richtung nach dem Canadian angab. Die Strasse selbst trug Spuren eines nicht unbedeutenden Verkehres, der zu gewissen Jahreszeiten zwischen den Bewohnern von Neu-Mexiko und den Indianern besteht und vielleicht schon seit Hunderten von Jahren stattgefunden hat. Die Civilisation hatte in den uralten Zeiten ihren Weg vom Golf von Mexiko am Rio Grande hinauf genommen und sich nur selten aus dessen Thale entfernt; der Unternehmungsgeist der alten Spanier war allmälig in ihren Nachkommen abgestumpft, die es nicht wagten, sich östlich oder westlich von ihren ererbten Ansiedelungen niederzulassen, einestheils um die Beeinträchtigungen der Eingeborenen zu vermeiden, denen sie am Rio Grande kaum im Stande waren, die Stirne zu bieten, anderentheils mochten die flachen, öden Regionen zu wenig Einladendes für sie haben. Sie blieben, wo sie geboren, und begnügten sich damit, in kleinen Karawanen über die Steppen zu ziehen, die Indianer in ihren Dörfern aufzusuchen und auf diese Weise einen beschwerlichen Handel mit denselben aufrecht zu erhalten. Auf der anderen Seite nun wieder, wo die anglo-sächsische Civilisation fast ein Jahrhundert später festen Fuss faste, wurde wacker vorwärts geschritten, und wie durch Zauber vermehrte sich die Bevölkerung und mit dieser der Unternehmungsgeist. Weit über den Mississippi und Missouri hinaus drang die Civilisation siegreich vor, sie scheute sich nicht vor undurchdringlich scheinenden Forsten, nicht vor wasserlosen Steppen oder deren wilden Bewohnern. Wie eine mächtige Woge wälzte sie sich vom Atlantischen Ocean über den amerikanischen Continent, um einer andern, die ihren Anfang in neuester Zeit am stillen Ocean genommen, an den Felsengebirgen zu begegnen und mit derselben vereint in kurzer Zeit über die Bevölkerung von Neu-Mexiko zusammenzuschlagen und dieselbe in sich aufgehen zu lassen. Diese ernsten Betrachtungen stiegen Manchem auf, der sinnend auf der Strasse einherzog und Merkmale eines uralten Verkehres wahrnahm, und gewiss konnte Niemand umhin, die grösste, wohlverdiente Bewunderung den alten, kühnen Spaniern zu zollen, die vor mehr denn zweihundert Jahren ihre Inschriften und Merkzeichen in Gegenden zurückgelassen, welche vor wenigen Jahren zum ersten Male von den Amerikanern bereist und beschrieben wurden, wie es besonders an mehreren Stellen westlich von den Rocky Mountains der Fall ist.

Ungefähr 20 Meilen von dem Ende der Hochebene und dem Fossil Creek tauchte in nebliger Ferne wie blaues Gewölk ein Gebirge aus der Ebene, welches um so eher bemerkt wurde, als wir gewohnt waren, in westlicher Richtung den Horizont sich mit dem Flachlande vereinigen zu sehen. So wie eine Meile nach der andern zurückgelegt wurde und unsere Expedition sich dem beobachteten Gegenstande näherte, traten die

Umrisse eines Tafelfelsens deutlich hervor, der sich abgesondert von der Llano wie ein Dom von riesenhaftem Umfange in der Ebene erhob. Doch zwei Tagereisen waren noch bis zu diesem Punkte zurückzulegen, an welchem die Strasse vorbeiführen musste, wenn er sich wirklich als der von einem früheren Reisenden beschriebene Cerro de Tucumcari erwies, und mancher Schritt musste bis dahin noch auf hartem, unfruchtbarem Boden gethan werden, der nur die kärglichste Nahrung für die Heerden bot. Der frohe Muth der jungen Leute blieb deswegen doch immer derselbe und mit Freuden gedachten sie der Zeit, die sie nun bald in den Ansiedelungen von Neu-Mexiko verleben sollten. Wenn sich mehrere zu einer Gesellschaft vereinigt hatten und plaudernd dem Wagenzuge vorausschlenderten, dann konnte man sicher darauf rechnen, dass ihre Unterhaltung den Aufenthalt in Albuquerque betraf, der ihnen sicher in Aussicht stand.

»So werden wir denn bald in dem gepriesenen Lande reisen,« hob Mr. Garner, ein Amerikaner an, der in der Mitte mehrerer Kameraden sein Maulthier nach eigenem Gutdünken ausschreiten liess, »in dem Lande der Fandangos und Bowiemesser, der Lassos und des rothen Pfeffers, der Quien Sabes und Señoritas. Manchen vergnügten Tag habe ich daselbst schon zugebracht, denn auch ich gehörte vor zwei Jahren, wie Dr. Bigelow, zu der Grenzvermessungs-Commission; möchten wir auf dieser Reise nur weniger genöthigt werden, Zeugen von Greuelscenen zu sein, als damals.« Bei diesen Worten wendete er sich an den Doctor. »Erinnern Sie sich noch,« rief er ihm zu, »wie Sie in Socorro mit einer ungeladenen Flinte einen Haufen Mörder aus Ihrer Stube trieben, wohin man ein sterbendes Opfer der zügellosen Barbaren gebracht hatte?« — »Gewiss erinnere ich mich noch jener Zeiten,« antwortete der Doctor, »sie waren schrecklich und man sollte kaum glauben, dass Begebenheiten, wie wir sie erlebten, dem neunzehnten Jahrhunderte angehören könnten.« — »Um Ihnen, meine Herrn, den Verlauf der eben erwähnten Begebenheiten mit allen Nebenumständen mittheilen zu können,« fuhr Mr. Garner fort, »muss ich weit ausholen. Als die Grenzvermessungs-Commission im August 1850 an den Ufern von Texas landete, war sie genöthigt, ungefähr funfzig Wagentreiber und Arbeiter in Dienst zu nehmen. Der Quartiermeister, dem die schwierige Aufgabe der Anwerbung oblag, konnte sich auf eine besondere Auswahl nicht einlassen, sondern war gezwungen, die Leute anzunehmen, wie sie sich gerade anboten. Es war also natürlich, dass ein Haufen der gesunkensten und verworfensten Charaktere auf diese Weise in den Dienst unseres Gouvernements gelangte, so dass es nach unserer Ankunft in El Paso und San Elezario für nothwendig befunden wurde, eine Anzahl der schlimmsten Subjecte zu entlassen. Züge von Emigranten, die sich auf der Reise nach Californien befanden, so wie Handelskarawanen hatten an eben denselben Orten ein gleiches Verfahren angewendet und es war dadurch der Auswurf der Menschheit in diesen Ansiedelungen zusammengekommen, dem die Mittel zu einem ehrlichen Lebenswandel fehlten, wenn es wirklich dem Einen oder dem Anderen eingefallen wäre, auf dem übel gewählten Lebenswege umzukehren. Geld kam bei diesen Leuten übrigens gar nicht in Betracht, denn Diejenigen, die im Besitz klingender Münze waren, hatten in kurzer Zeit den letzten Cent in unwürdigen Spielen verloren.

Die friedlichen Einwohner von Socorro, wo alle Karawanen gewöhnlich für kurze Zeit anhielten, wurden durch solche widrige Umstände hart gedrückt, denn nicht nur auf der Strasse, sondern sogar an ihrem Heerde waren sie ihres Lebens nicht mehr sicher, indem die frechen Räuber sich überall eindrängten, brandschatzten und nur zu oft mit dem Blute der harmlosen Familien befleckt solche Wohnungen wieder verliessen. Viele der Mexikaner, im Bewusstsein ihrer Ohnmacht einer solchen brutalen Macht gegenüber, packten ihre Habseligkeiten zusammen, verliessen ihre Heimath und wanderten nach entlegeneren Ansiedelungen. So standen die Sachen, als unsere Commission dort anlangte. Das Erscheinen eines wohlgeordneten, bewaffneten Commando's in Socorro machte die Bande der Spieler, Pferdediebe und Mörder stutzen und vorsichtiger in ihrem Treiben. Kaum wurden indessen die einzelnen Vermessungs-Compagnien hierhin und dorthin entsendet, als sich die früheren Scenen erneuerten. Häuser wurden schonungslos erbrochen, um die schändlichsten und verbrecherischsten Leidenschaften zu befriedigen, und jede neue Schandthat gab der schrecklichen Bande, die uns umgab, im Bewusstsein ihrer Straflosigkeit doppelte Dreistigkeit. Nachdem mehrere Morde verübt worden waren, traten die besser gesinnten Bürger Socorro's zusammen und erbaten sich von dem Militairposten in San Eleazario Unterstützung, um dem verderblichen Treiben endlich ein Ziel zu setzen. Die nachgesuchte Hülfe wurde von dem commandirenden Offizier abgeschlagen, indem er darauf fusste, dass zuerst von den Civilbehörden der Beistand verlangt werden müsse; daher blieben die Sachen beim Alten und das Städtchen drohte ganz entvölkert zu werden, weil die Einwohner sich nach allen Seiten flüchteten. Eines Abends wurde ein Ball an diesem Orte veranstaltet, ein gewöhnliches nächtliches Vergnügen in allen mexikanischen Städten. Da diese sogenannten Fandangos für Jedermann geöffnet sind, so lässt sich denken, dass die Räuberbande an diesem Abende auch nicht fehlte und sich bald durch ihr brutales Auftreten bemerklich machte. Pistolen wurden über den Köpfen der Weiber abgefeuert und als diese erschreckt zu entfliehen suchten, fanden sie die Thüre durch einige der Bösewichte besetzt, die sie zum Bleiben zwangen. Die Aufregung im geschlossenen Raume wurde grösser, Bowiemesser wurden hervorgeholt und auf Menschen gezückt und Mr. Clarke, der Assistent unseres Quartiermeisters, der gerade gegenwärtig war, fiel als erstes Opfer. Vier der Banditen griffen ihn mit Bowiemessern an und tödtlich getroffen stürzte der Unglückliche nahe der Thüre zusammen. Schleunigst wurde der Verwundete in das Quartier des Doctor Bigelow gebracht, der, nachdem er die neun oder zehn Wunden untersucht hatte, sogleich jede Hoffnung auf Rettung aufgab. Hier nun war es, wo die Mörder sich eindrängten, um den sterbenden Clarke vollends zu tödten. Doctor Bigelow, durch den

Blutdurst der Räuber zur blinden Wuth gereizt, ergriff eine zufällig ungeladene Doppelflinte, legte auf den vordersten Banditen an und drohte ihn zu erschiessen, wenn er und seine Kameraden nicht augenblicklich das Gemach räumten; die feigen Mörder leisteten der Aufforderung Folge, doch bleibt es zweifelhaft ob sie es gethan, wenn sie die wirkliche Hülflosigkeit des Doctors geahnet hätten. Als die Nachricht von dem Morde eines Mitgliedes der Commission unser Lager erreichte, geriethen Alle in die grösste Aufregung und es wurde die erste Frage aufgeworfen, auf welche Weise man der Mörder würde habhaft werden können. Auf Hülfe der Militairstation durften wir nicht rechnen und der Alcade der Stadt war ein schwacher, kränklicher Mann, der seine Autorität einem anderen, noch feigeren Wichte übertragen hatte, von welchem ebenfalls kein energisches Einschreiten erwartet werden konnte. Es blieb also nur übrig, dass sämmtliche Mitglieder der Commission sich vereinigten, um die öffentliche Sicherheit einigermassen wieder herzustellen. Boten wurden augenblicklich nach San Eleazario, wo unsere Hauptabtheilung lag, gesendet, um diese von dem Vorgefallenen in Kenntniss zu setzen und zum Beistande aufzufordern. Alle leisteten dem Rufe pünktlich Folge, ein Trupp Amerikaner und Mexikaner wurde gesammelt, welche sich schnell bewaffneten und in Begleitung der Mitglieder der Commission schleunigst nach Socorro eilten, wo wir nebst vielen der Bürger sie schon erwarteten. Unsere Macht wurde darauf in Trupps getheilt und diese angewiesen, genaue Nachforschungen nach den Mördern anzustellen.

Alle gingen mit Eifer an die Arbeit. Jedes Haus wurde durchsucht und acht oder zehn der Banditen festgenommen, wobei es sich ergab, dass der Führer der Bande, ein gewisser Young, schon am frühen Morgen seine Flucht aus dem Flecken bewerkstelligt hatte. Unsere Gefangenen wurden von einer bewaffneten Wache nach dem Hause eines dortigen Richters, Namens Berthold, gebracht, unter strengem Verwahrsam gehalten und unterdessen zur Bildung der Jury geschritten, wozu man sechs Mexikaner und sechs unserer eigenen Leute wählte. Ein Vertheidiger wurde den Verbrechern angeboten, jedoch von diesen ausgeschlagen, indem sie das ganze Verfahren für blosse Form hielten und sich leicht von der Anklage glaubten losschwören zu können. Das Verhör wurde indessen auf die ernsteste Weise eingeleitet und beschleunigt, weil es ruchbar geworden, dass sich in der Gegend ein Complot zur Befreiung der Verbrecher gebildet habe, welches nur auf eine günstige Gelegenheit warte, um mit seinen Absichten zu Tage zu treten. Eine eigenthümlichere Gerichtssitzung, als diese war, ist wohl kaum denkbar. Alle, Betheiligte sowohl wie Zuschauer, welche letztere zu gleicher Zeit Stelle der Sicherheitswache vertraten, waren von Kopf bis zu Fuss bewaffnet und bildeten in ihren verschiedenartigen Costümen eine Scene, die dem Mittelalter entnommen zu sein schien. Die hellere, aber sonnverbrannte Gesichtsfarbe der amerikanischen Geschworenen, die ruhig ihre Pfeife rauchten, zeigte einen auffallenden Contrast mit der dunklen Farbe der Mexikaner, die, in ihre gestreiften Serapes gewickelt, ihre breiten

Hüte in den Händen und kleine Cigaritos zwischen den Lippen hielten. Der Richter sass vor einem roh gezimmerten Tische, auf welchem statt der Aktenstösse seine Pistolen lagen. Die Gefangenen auf einer Bank inmitten der ernsten, entschlossenen Versammlung hatten Nichts von ihrem verhärteten und gleichgültigen Wesen verloren; wie ächte Banditen schauten sie wild und trotzig umher. Zwei Tage dauerte das Verhör; von den Freunden der Verbrecher wurde der Versuch gemacht, das Urtheil weiter hinaus zu schieben, augenscheinlich um Zeit zu gewinnen und die Gefangenen auf die eine oder die andere Weise zu befreien. Dergleichen Versuche blieben indessen ohne Erfolg und nach Feststellung der Beweise wurde das Schuldig über drei Mitglieder der Bande ausgesprochen, welche darauf zum Tode verurtheilt wurden. An demselben Abende wurde noch zur Vollstreckung des Urtheils geschritten. Ein Priester geleitete die Mörder auf den Richtplatz, doch trotzig und mit Verachtung wiesen die verstockten Bösewichte jeden angebotenen Trost von sich und starben wie sie gelebt hatten. Die untergehende Sonne sah drei menschliche Körper an einer Pappelweide hängen. Das Urtheil war vollzogen und Betheiligte so wie Zuschauer gingen auseinander, um nach ihren Wohnsitzen und Quartieren zurückzukehren.

Um des Anführers der Bande noch habhaft zu werden, bestimmte unsere Gesellschaft die Summe von 400 Dollars, die demjenigen als Lohn zu Theil werden sollte, der den Young zur Stelle schaffen würde. Die Belohnung war anlockend und nach allen Richtungen durchstreiften kleine Trupps die Gegend. Nach wenigen Tagen schickten uns die Bewohner von Guadalupe den Mörder gefesselt zu; pünktlich wurde die Belohnung ausgezahlt und es blieb uns nur noch die traurige Aufgabe, die längst verdiente Strafe an dem Hauptverbrecher zu vollziehen. Sein Prozess war kurz: er starb wie seine Spiessgesellen an demselben Baume.

In Socorro war nun wieder die alte, gewohnte Ordnung hergestellt. Alle Diejenigen, deren Charakter zweifelhaft war und die in keiner Beziehung zu der Vermessungs-Commission standen oder ohne Beschäftigung waren, wurden angewiesen, innerhalb 24 Stunden die Gegend zu verlassen. Doch war dieses Verfahren kaum nöthig, denn durch die Hinrichtung der vier gefährlichsten Räuber schien der übrigen Bande ein längerer Aufenthalt in unserer Nähe nicht mehr rathsam, und noch vor dem Ende des folgenden Tages waren alle verschwunden. Das Benehmen der Vermessungs-Commission wurde von den Militair- und Civilbehörden vollständig gebilligt; ein solches Beispiel hatte schon seit langer Zeit gefehlt und dankbar erkannten die Bewohner von Socorro es an, dass sie nunmehr des Abends ungestört vor ihren Häusern sitzen konnten und nicht mehr, wie sonst, bei eintretender Dämmerung sich hinter verschlossene Thüren zurückziehen mussten. So hat also Neu-Mexiko nicht nur von den Einfällen der wilden Indianerhorden zu leiden, sondern auch die grössten Bösewichte der weissen Raçe drängen sich daselbst ein, um eine drückende Landplage der friedlichen

Bürger zu werden, die ihre vielen, freilich auch unverzeihlichen Fehler haben, aber doch wieder zu einem guten friedlichen Lebenswandel hinneigen*.«

»Ich sollte kaum denken,« bemerkte Einer unserer Gesellschaft, »dass wir dergleichen in Albuquerque zu befürchten hätten, weil die Haupthandelsstadt des fernen Westens Santa Fé ist, wohin sich das Gesindel gewiss mehr hingezogen fühlt.« — »Ich bin aber überzeugt,« fiel Mr. GARNER ein, »dass wir selbst einige recht saubere Banditen unter unseren Arbeitern haben, die nach unserer Ankunft in Albuquerque gewiss ihr Treiben beginnen werden; sie sehen jetzt zwar harmlos und ehrlich aus, doch werden diejenigen, die dort entlassen werden, nicht wieder zu erkennen sein, sobald sie ihre eigenen Herren geworden sind. Wir werden gewiss alle Ursache haben, unsere Maulthiere mit scharfen Augen zu bewachen, wenn wir nicht wollen, dass allnächtlich eins oder mehrere derselben verschwinden, um nach einigen Tagen von unbekannten Menschen in Santa Fé zum Verkauf ausgeboten zu werden.«

Eine Tagereise vor dem Berge, der uns schon seit langer Zeit sichtbar gewesen, wurde nördlich von demselben ein zweiter Tafelfelsen wahrgenommen, der dem ersten ähnlich, nur von bedeutend kleinerem Umfange war. Alle Zweifel waren nun gehoben: der grosse und der kleine Tucumcari, zwischen welchen hindurch die Strasse führte, lagen vor uns. Am Fossil Creek, zwölf Meilen vor den genannten Bergen, schlug unsere Expedition ihr Nachtlager auf. Das Ende der Hochebene war nunmehr erreicht, das heisst die Stelle, wo sie in der seit längerer Zeit beibehaltenen westlichen Richtung abbricht und mehr südlich sich weiter zieht. Fossil Creek ist eines der vielen kleinen Gewässer, die ihre Quellen in den Schluchten der Hochebene haben und in vielen Windungen dem Canadian zueilen. Der Name verräth schon die Eigenthümlichkeit des Baches, in dessen Bette Kies und fossile Austerschalen durcheinander liegen; doch gehören keineswegs diese Muscheln dorthin, sondern sind von dem Hochlande losgerissen und bis an den Canadian River fortgerollt worden, was um so erklärlicher ist, als es sich auswies, dass die Tafelfelsen wenige Meilen westlich von Tucumcari unter der deckenden Schicht von Sandstein mit einer Lage fossiler Austerschalen durchzogen waren.

Um die Mittagszeit des folgenden Tages bewegte sich der Wagenzug langsam am Cerro de Tucumcari vorbei. Einen imposanten Anblick gewährt dieser Berg, der wie eine uneinnehmbare Festung sich in einer Höhe von 600 Fuss aus der Ebene erhebt. Der Umfang an der Basis mag vielleicht vier Meilen betragen, und da sich die Wände steil und theilweise senkrecht erheben, der Umfang der Plattform nur um ein Geringes kleiner sein. Die starke, weisse Sandsteinlage, die dicht unter der Oberfläche des Berges überall zu Tage tritt und hin und wieder hervorragt, ist auf lange

*) Die näheren Umstände dieser Begebenheit sind in BARTLETT's *Personal Narrative* (Vol. I. p. 163) erzählt.

Kirche in der Pueblo de Santo Domingo
New Mexico

Strecken regelmässig gekerbt oder mit senkrechten Einschnitten versehen, wie sie im Laufe der Zeit von dem heruntertriefenden Wasser gebildet wurden, so dass das Ganze ein Ansehen gewinnt, als ob mächtige Wälle und Mauern, mit langen Reihen von Schiessscharten versehen, den Platz uneinnehmbar machen sollten. Ueberall, wo nur ein wenig Erde der Wurzel einige Nahrung gewährt, sind Cedern aus dem unfruchtbaren Boden hervorgeschossen, die indessen unter so ungünstigen Verhältnissen ihre Kronen nicht hoch zu erheben vermochten sondern verkrüppelten und allmälig die Abhänge und Schluchten mit ihren dunklen Schatten phantastisch zierten. Dieses war also der Tucumcari; im Vergleich mit den malerischen Ufern des Hudson oder den stolzen Gipfeln des Alleghany-Gebirges würde er sehr zurückstehen müssen, aber hier in der weiten Ebene erfreut der regelmässige Bau des Berges das Auge; mit Wohlgefallen ruht es auf den wunderlichen Formen, an welchen die Natur seit Tausenden von Jahren meisselte und putzte, bis endlich die ursprünglich unförmliche Bergmasse ihre jetzige eigenthümliche Gestalt erhielt. Ueberall, in den wasserlosen Wüsten, im schattigen Urwald, in gigantischen Gebirgen, auf grünen Wiesen, baute die Natur ihre erhabenen Dome, die ein kindlich frommes Gemüth zur innigen Verehrung hinreissen und Gefühle in ihm erwecken, denen es keine Worte zu geben vermag, die aber verstanden werden. Wie könnte doch die reine Freude über die Werke eines allmächtigen Meisters anders genannt werden, als eine heilige Anbetung? Selbst Wilde, die auf ihren Kriegspfaden in der Nähe solcher hervorragender Punkte rasten; sind den Eindrücken derselben unterworfen: sie neigen sich nicht allein vor dem Werke selbst, sondern auch vor demjenigen, der dies Zeichen seiner Macht vor sie hinstellte und den sie ihren Manitu nennen. Da nun gewöhnlich in der Nähe solcher Stellen klares Wasser aus festem Gestein sprudelt und den müden Wanderer einladet, sich zu erquicken und im Schatten auszuruhen, so mag der nachdenkende und forschende Reisende leicht auf die Idee verfallen, dass nicht ohne Absicht die Adern des harten Felsens sich der Quelle öffneten, sondern den Zweck hatten, den Menschen länger vor den Altären der Natur zu fesseln. Auch der Indianer weilt dort gern und vergegenwärtigt sich die Sagen, die sich aus dem undurchdringlichen, grauen Alterthume bis auf die jetzige Zeit erhalten haben, Sagen, die bei verschiedenen Stämmen in weit von einander entfernten Regionen immer dieselben sind. So heisst es von den Manitu-Felsen am Erie-See, von dem kleinen und grossen Manitu an den Ufern des Missouri, vom Chimney Rock (Schornsteinfelsen) und Court-house (Rathhaus) an den Felsengebirgen und noch vielen andern hervorragenden Punkten auf dem amerikanischen Continente, dass der grosse, gute Geist zu einer Zeit, als seine rothen Kinder ihn vergessen hatten, diese Zeichen hingestellt habe, um die Abtrünnigen wieder zurückzuführen. Wenn nun die Indianer sich diesen Zeichen nähern, dann denken sie mit Verehrung an ihren grossen Geist und schmücken solche Stellen mit bunten Bildern, den Schöpfungen ihrer wilden Phantasie.

Hat sich ein Wanderer mit unsäglicher Mühe und selbst mit Gefahr seines Lebens an den steilen Wänden des Tucumcari hinaufgearbeitet, dann findet er reichen Lohn in der weiten und herrlichen Aussicht, die ihm von dem höchsten Punkte des Berges geboten wird. Nach allen Seiten vermag das Auge über eine Strecke von vielen Meilen hinzuschweifen. Im Süden und Westen dehnt sich eine unregelmässige Masse von Hügeln aus, hinter diesen tauchen in nebeliger Ferne die blauen Gipfel eines höheren Gebirges empor, gegen Norden und Nordosten liegt ausgebreitet die endlose, rollende Prairie; doch so weit auch das Auge reicht, ist keine Spur des seichten Canadian River zu entdecken, der heimlich und ungesehen durch die Steppe schleicht. Im Osten und Südosten endlich erhebt sich die Llano Estacado, deren sich weit dahinziehende Höhen sich im Süden mit dem Horizont verbinden.

Wer nun um die Mittagszeit am Tucumcari vorbeizieht, der wird gegen Abend den Bach gleiches Namens erreichen und auf dessen Ufer die Vorbereitungen zum Nachtlager treffen. So geschah es auch bei unserer Expedition, die am 23. September an eben dieser Stelle anlangte und nunmehr von Fort Smith aus eine Strecke von 650 Meilen zurückgelegt hatte. Dieses Flüsschen entspringt nicht, wie man aus dem Namen schliessen sollte, an dem oben beschriebenen Berge, sondern weiter westlich an den Höhen, die der Expedition die Weiterreise zu versperren schienen.

Der Tucumcari Creek musste den ersten Reisenden als Wegweiser gedient haben, denn in geringer Entfernung von demselben zog sich die Strasse hin; nachdem sie auf mehrere Meilen von der Lagerstelle die südliche Richtung beibehalten hatte, bog sie ebenso wie das Flüsschen gegen Westen in das Gebirge ein und nach kurzer Zeit reisten wir in einem weiten, ebenen Thale, welches von Tafelländern und Felsen eingeschlossen war und nur gegen Westen eine Oeffnung zeigte. Bei dem weiteren Fortschreiten erhob sich unter den einzelnen Mitgliedern vielfach die Frage über die muthmassliche Breite des Thales; manche Behauptung wurde darüber ausgesprochen und wieder bestritten, bis es sich zuletzt erwies, dass sich alle getäuscht hatten und mit ihren Berechnungen weit hinter der Wirklichkeit zurückgeblieben waren. Es konnte übrigens nicht Wunder nehmen, denn blickte man über die Ebene, die sich zu beiden Seiten ausdehnte, sich leise hob und plötzlich durch cedernbewaldete hoch aufstrebende Berge begrenzt wurde, so musste man glauben, nach einem scharfen Ritte von einer halben Stunde von dem einen Abhange aus über die ganze Breite des Thales hinweg die jenseitige Hügelkette erreichen zu können. Gerade diese Täuschung war Ursache, dass eine kleine Gesellschaft, den Geologen Mr. Marcou an der Spitze, sich leichter dazu entschloss in südlicher Richtung von der Strasse abzubiegen, um die Formationen der Tafelländer genauer an einer Stelle zu untersuchen, wo ein von der zusammenhängenden Kette getrennter, pyramidenförmiger Berg in einem senkrechten Durchschnitte die verschiedenfarbigsten, horizontalen Lagen und Schichten zeigte. Auch ich hatte mich der Gesellschaft angeschlossen. Eine Meile nach der andern legte unser aus fünf Reitern bestehender Trupp zurück, doch hartnäckig schien sich die Entfernung, die uns von dem Ziele trennte, nicht verringern zu wollen, wenngleich der Wagenzug und die ihn begleitenden Gestalten allmälig in der Ferne verschwanden. Die Hälfte des Weges mochten wir zurückgelegt haben, als wir vom Tucumcari Creek aufgehalten wurden, dessen Ufer weithin mit Schilfgras und Rohr bewachsen waren. Hatten auf der kahlen Ebene die Antilopen schon unsere Jagdlust rege gemacht, so wurde diese verdoppelt, als lange Ketten von Enten sich lärmend von dem Bache erhoben und davon flogen. Hin und wieder richteten sich im hohen Grase kleine Rudel von Hirschen auf und schauten verwundert zu den Ruhestörern hinüber; der vorderste unserer Gesellschaft konnte solcher Gelegenheit nicht widerstehen; anstatt den sicheren Weg des Schleichens einzuschlagen, legte er die Zügel auf den Hals seines geduldig stehenden Thieres, hob leise die Mündung seiner Büchse in der Richtung nach einem starken Zehn-Ender und gab trotz des Abrathens der Gefährten Feuer. Harmlos und ruhig hatte uns der Hirsch bis dahin angeschaut, bei dem Knall aber sprang er mit allen vier Füssen zugleich vom Boden, so dass er über dem hohen Schilf zu schweben schien; es war ein mächtiger Satz, doch war es sein letzter, denn er stürzte tödlich getroffen zusammen. Der laute Knall hatte alles Wild in der Nähe aufgescheucht, welches erschreckt in grösster Hast entfloh und den Schluchten zueilte.

»Hier möchte ich einige Wochen bleiben,« wendete sich der Naturaliensammler zu seinen Gefährten, als er den Hirsch zerlegte; »wie manche schöne Jagd liesse sich hier am Flusse und dort in den Schluchten machen; ich verlasse wirklich mit blutendem Herzen diese einladenden Gründe.«

»Auch ich bliebe mit Freuden noch eine Zeit lang hier,« fiel der Botaniker ein; »abgesehen davon, dass ich herzlich gern auch einmal ein Stück Wild erlegen möchte, würde es die grösste Wonne für mich sein, unter den Cedern an den Abhängen umherzukriechen, um nach Cacteen und schönen Moosen zu spüren, deren es gewiss hier neue Species giebt.« — »Keiner bliebe lieber hier als ich!« bemerkte der Geologe, »denn wenn auch die Pyramide hier vor uns ein ungewöhnlich schönes Bild der Formationen der nächsten Tafelländer zeigt und auf der steilen Felswand die deutlichsten Worte für den Kenner zu lesen sind, so möchte ich doch noch hierhin und dorthin wandern — mit anderen Worten, wir Menschen sind schwer zufrieden zu stellen.«

»Ich kann Sie vom Gegentheil überzeugen,« fiel ein junger Assistent ein, der in einem ledernen Futteral einen Barometer auf dem Rücken trug und deshalb vorsichtig die besten Pfade für sein Reitthier aufsuchte, »ich werde ganz gewiss zufrieden sein, wenn ich mit dem zerbrechlichen Instrumente auf der Spitze jenes Berges gewesen bin und, ohne dasselbe zertrümmert zu haben, nach Berechnung der Höhe glücklich zurückgeklettert, mich wieder im Sattel befinden werde.« — »Auch ich würde zufrieden sein,« sagte zuletzt der Ingenieur, »wenn unser glücklicher Jäger das Rückenstück, welches er allem Anscheine nach für sich selbst bestimmt hat, nicht auf Kosten unserer Antheile zu gross schneiden wollte!« — »Und doch werden Sie zufrieden sein mit dem, was Sie erhalten!« erwiederte Jener lachend und befestigte, wie die Anderen, den Braten am Sattelknopf, worauf wir Alle die Maulthiere wieder bestiegen und fröhlichen Muthes den Weg nach dem verabredeten Punkte fortsetzten. Dieser ragte aus der Ebene hervor wie eine Pyramide, die von der Spitze bis auf den Boden gespalten war und deren eine Hälfte, in Trümmer zerfallen, am Fusse des Berges kleine Hügel von buntem Gerölle bildete.

Als wir uns dem Berge näherten, wurde unsere Aufmerksamkeit besonders durch die verschiedenen Farben des Erdreichs und des Gesteins gefesselt, welches in schwächeren oder stärkeren horizontalen Schichten übereinander lag. Die rothen, gelben, blauen und weissen Schattirungen stachen eigenthümlich gegen das dunkle Grün der Cedern ab, die sich bis zur Spitze hinauf verbreitet hatten, wo sie von mächtigen, kieselartigen, weissen, sehr festen Kalksteinblöcken, welche die Spitze bildeten, überragt wurden. Diese nun ruhten auf einer weissen Lage, die sich bei näherer Untersuchung als fossile der Juraformation angehörende Austerschalen auswiesen. Schroff wie eine Mauer hob sich der Pyramid Rock gegen Norden aus den Trümmerhaufen und war daher nur auf den anderen drei Seiten ersteigbar, wohin wir uns begaben, unsere Thiere an den Leinen befestigten und dann an verschiedenen Stellen die schwierige Aufgabe des Ersteigens unternahmen. Im Anfange kamen wir schnell aufwärts und Zögerung trat nur dann ein, wenn gut erhaltene Exemplare von Muscheln den Einen oder den Anderen vom nächsten Wege abzogen. Die Hälfte der Höhe war indessen noch nicht erreicht, als loses Gerölle und Felsblöcke überall hemmend im Wege lagen; dafür boten aber die etwas dichter stehenden Cedern den Händen sowohl wie den Füssen immer wieder neue Haltpunkte, so dass wir, wie in einem Baume von Zweig zu Zweig steigend, uns nur langsam unserem Ziele näherten. Endlich nach langer angestrengter Arbeit tauchte Einer nach dem Anderen unter der Spitze auf, wo man sich bemühte, Vertiefungen und rauhe Stellen in dem Gesteine zu entdecken, um mit Hülfe derselben auf den höchsten Punkt des Berges zu gelangen. Nach einigem vergeblichen Suchen fanden wir endlich nahe der schroffen Wand Abstufungen, die für Hände und Füsse schwache Haltpunkte boten. Vorsichtig und ohne die Blicke zu wenden folgte Einer dem Anderen auf dem gefährlichen Wege; kein Wort wurde gesprochen, denn Jeder wusste zu genau, dass der geringste Fehltritt ihn auf seine folgenden Kameraden und mit diesen in die grauenvolle Tiefe hinabstürzen musste. Alle kamen glücklich auf dem kleinen Plateau an, sogar das Barometer-Instrument hatte sich gut gehalten und verkündigte, dass wir uns 500 Fuss über der Basis des Berges befanden. Die Höhe war allerdings nur gering, da aber der Felsen wie ein Zuckerhut spitz zulief, so brauchte man sich nur auf derselben Stelle zu wenden, um einer weiten herrlichen Aussicht nach allen Himmelsgegenden zu geniessen. Gegen Osten, wo das Thal sich öffnete, erblickte man die regelmässigen Formen und Linien des Tucumcari, gegen Norden zusammenhängendes Tafelland, welches sich in westlicher Richtung ausdehnte und in der Entfernung von ungefähr 8 Meilen scheinbar mit der Bergkette, die südlich vom Pyramid Rock hinlief, sich vereinigte. Das Thal, welches wie ein Panorama vor unseren Blicken lag, verrieth, von oben herab gesehen, nicht die leiseste Schwellung oder Unebenheit; der Herbst hatte freilich schon die grüne Farbe des Grases gebleicht, doch verlor die Ebene dadurch Nichts von ihrem sammetweichen Aussehen, und die dunklere Färbung der Vegetation, so wie das Blitzen kleiner Wasserspiegel, verriethen weithin den gewundenen Lauf des Tucumcari Creek. Wie die Wasserschlange der Pueblo-Indianer nahm sich der lange Zug der Wagen und Reiter auf der weiten Fläche aus, doch musste das Auge genau darauf hinschauen, um wahrzunehmen, dass der Tross nicht still stand, sondern in gemessenem Schritte seine Strasse zog, was bei der grossen Entfernung natürlich nur wie ein langsames Schleichen erschien. Fast unter uns weideten ruhig unsere Maulthiere; welch' herrliche Gelegenheit wäre es für einen Comanche gewesen, sich vor unseren Augen der fünf Thiere zu bemächtigen und mit denselben davon zu reiten! Wohl gedachten Alle dieser Möglichkeit und spähten schärfer nach jedem Punkte in der Ebene, der nur eine entfernte Aehnlichkeit mit einem verdächtigen Gegenstande hatte. Doch solcher Verdruss stand uns auf dem luftigen Sitze nicht bevor, ungestört konnten wir uns dort oben dem kühnen Schwunge der Phantasie überlassen, auf welche die klare, reine Luft und die sanfte, kühle Brise ihren Einfluss auszuüben nicht verfehlten.«

»Wir sind die mächtigen Herrscher in diesen Regionen,« rief Einer der jungen Leute aus, »unser Reich ist das grösste der Welt, denn wir selbst bestimmen seine Grenzen. Die zahllosen Büffelheerden auf jener Seite des Arkansas sind die unsrigen, so wie die Hirsche und Antilopen hier vor uns in der Ebene; der Bär in den Gebirgen muss unsere Macht anerkennen und scheu flieht vor uns der räuberische Wolf; wir gehen wohin wir wollen und schiessen, was uns beliebt!«

Nachdem die ersten Eindrücke vorüber waren, der Topograph einige Berichtigungen auf seiner Karte nachgeholt, der Meteorolog sein Instrument beobachtet und der Botaniker, von dem Naturaliensammler an einem Stricke gehalten, mit Gefahr seines Lebens etwas Moos von der senkrechten Felsenwand gepflückt hatte, wurden von Mehreren Vorschläge zu muthwilligen Beschäftigungen gemacht, die der gute Doctor sogleich mit allem Eifer auffasste und in deren Ausführung er seine jüngeren Gefährten kräftig unterstützte. Es lagen nämlich dort oben Felsstücke umher, die unseren vereinten Kräften nachgaben und sich an den Rand des Abgrundes wälzen liessen. Es verstand sich also von selbst, dass alle nur beweglichen Steine dorthin geschleppt und einer nach dem andern hinabgestossen wurden, und wohl lohnte es sich dann der Mühe, über die Felswand gelehnt, den Flug einer solchen fallenden Masse zu beobachten, wie sie leicht in weitem Bogen dahinsauste, an vorstehendes Gestein anschlug, einen Haufen von Trümmern mit unwiderstehlicher Gewalt in den Abgrund hinabriss und ein donnerndes

Getöse unten zwischen den kleinen Hügeln erzeugte, dass die Maulthiere ängstlich an ihren Leinen zogen und die neugierigen Antilopen erschreckt zusammenfuhren. Stein auf Stein folgte, bis sich nichts Bewegliches mehr auf der Felsenplatte vorfand und wir daran erinnert wurden, nunmehr selbst den Weg hinab anzutreten, wenn wir überhaupt noch gesonnen waren, in dieser Nacht unter Zelten zu schlafen. — »Ich möchte gern ein Zeichen von uns zurücklassen,« redete der Naturaliensammler den Doctor an, »und zwar ein solches, worüber der Indianer, der zunächst diesen Berg wieder ersteigt und hier dasselbe erblickt, sich den Kopf zerbrechen soll; ich werde diese Spitzkugel auf den äussersten Rand des Felsens stellen. Jahre mögen darüber hingehen, ehe sie ihre Stelle wieder verlässt, um neue Bekanntschaft mit Menschenhänden zu schliessen.« Er that darauf, wie er gesprochen, erquickte sich mit einem Trunke warmen Wassers aus der Lederflasche, die ihm der freundliche Doctor reichte, und folgte auf der gefährlichen Treppe dem Vorangeeilten nach; nur der Geolog war noch hämmernd oben zurückgeblieben, schloss sich indessen bald uns an, die wir, von einer Masse rollenden Gesteines begleitet, uns einen Weg abwärts bahnten. Bald waren wir bei unseren Thieren und schlugen, nachdem wir die Satteltaschen mit fossilen Muscheln angefüllt, die Richtung ein, in welcher wir zuerst auf die Spuren des Wagenzuges kommen mussten, der unseren Augen zu der Zeit schon entschwunden war.

Auf ein ziemlich spätes Nachtlager mussten wir uns schon gefasst machen, denn so weit das Auge reichte, war nichts mehr von der Expedition zu erblicken: die Wagen hatten das Thal bereits verlassen und waren in der Ferne hinter blauen Felsmassen verschwunden. Wie weit sie daher zu ziehen genöthigt sein würden, um das nächste Wasser zu erreichen, musste dem Glücke anheimgestellt werden, weil sie die Quellen des Tucumcari Creek schon hinter sich zurückgelassen hatten. »Wir dürfen unsern Schritt nicht beschleunigen,« hob Einer der jungen Leute an, »denn bei dem langen Marsche, den wir noch vor uns haben, würden unsere Thiere zu sehr leiden und wir doch nur wenig früher bei unseren Kameraden eintreffen. Wie spät es am Tage ist, merke ich übrigens an meinem Appetite, glaube aber nicht, dass wir vor Mitternacht auf Erfrischungen rechnen können, wir müssten denn unsere blutigen Braten gerade so roh, wie sie sind, in Angriff nehmen!« — »Es wäre gewiss nichts Ausserordentliches,« fuhr ein Anderer fort, »wenn wir nur Pfeffer und Salz zur Stelle hätten; doch denke ich nicht, dass wir in den nächsten zwei Stunden verhungern werden. Es könnte bis dahin aber Einer von uns die Mühe des Erzählens übernehmen, während den Anderen dann nichts zu thun bleibt, als über dem Zuhören den Mangel eines guten Abendbrodes zu vergessen.«

»Der Herr Franzose soll uns von seiner schönen Heimath erzählen!« bemerkte der Doctor.

»Um Gotteswillen nicht!« rief der junge Meteorolog; »seine englischen Worte kommen mit so holperigem Accente zu Tage, dass mein treues Maulthier darüber stolpern müsste, und was sollte dann aus meinem Barometer werden? Nein! ich schlage vielmehr vor, dass uns der Deutsche seine erste Liebe ohne Ausschmückung erzähle!»

»Es wird dieses keine schwere Aufgabe sein,« erwiederte Jener, »indem ich Ihnen nur eine Fortsetzung der Erzählung meiner Erlebnisse in den Council Bluffs zu geben brauche, deren Anfang ich Ihnen schon bei einer früheren Gelegenheit mitgetheilt habe.»

XV.

Fortsetzung der Erzählung des Naturaliensammlers. — Lager der Expedition an der Laguna Colorado. — Der Gallinas. — Schafheerden in Neu-Mexiko. — Ankunft der Expedition am Pecos und in Anton Chico.

»Eines Abends,« fuhr der Deutsche fort, »sass ich in Belle Vue am oberen Missouri mit meinen Freunden Sarpy und Decatur vor dem flackernden Kaminfeuer; wir plauderten auf gemüthliche Weise über Dieses und Jenes, besonders aber über meine Abenteuer mit den Ottoes, die mir noch in frischem Andenken waren, weil ich mich erst seit kurzer Zeit unter dem gastlichen Dache des Herrn Sarpy befand. Die Stube war ungewöhnlich leer, nur einige Indianer hockten in unserer Nähe, rauchten mit stoischer Ruhe ihre Pfeife und hatten dabei eine Miene angenommen, als ob sie jedes unserer Worte verständen. Ein bescheidenes Klopfen an der Thüre, etwas ganz Ungewöhnliches für die dortigen Verhältnisse, störte uns in unserer Unterhaltung; ich blickte neugierig hinüber, wo auf unser »Herein!« die Thüre sich leise öffnete und zwei Frauengestalten eintraten, die zu meiner grössten Verwunderung ihrer Kleidung nach keine Indianerinnen waren. »Guten Abend, Mrs. Alison! guten Abend, Amalie!« riefen meine Freunde den Eintretenden zu, indem sie ihnen höflich die nächsten Plätze am Kamin anboten. Der Gruss wurde freundlich erwiedert und nachdem ich ohne grosse Förmlichkeiten den beiden Fremden vorgestellt worden, setzte ich mich so ihnen gegenüber, dass ich ihre Physiognomien bei dem hellen Scheine des Feuers genau beobachten konnte, was mir, der ich so lange kein der Civilisation angehöriges Damenkostüm gesehen hatte, gewiss nicht verdacht werden kann. Ebenso wenig wird mich ein Vorwurf treffen, wenn ich zugebe, dass ich die jüngere der beiden Damen, die ich auf den ersten Blick für eine Halbindianerin erkannte, für mehr als hübsch hielt. War nun der Grund der, dass ich seit vielen Monaten das schöne Geschlecht nur durch unliebenswürdige Squaws vertreten gesehen hatte und eine so unvermuthete Erscheinung das Restchen Verstand, was mir die rasende Kälte noch gelassen hatte, vollends verwirrte, oder war das Wesen in der That ein indianisches Medizinmädchen, der widerstehen zu wollen, vergebliche Mühe gewesen wäre; genug, meine Herren, ich muss gestehen, die schöne Amalie hatte in der Geschwindigkeit einen so tiefen Eindruck auf mich gemacht, dass mir alle

Lust zur Unterhaltung verging und ich das junge Mädchen ununterbrochen anstarrte, deren schwarze Augen dagegen mit einem unbeschreiblichen Ausdruck von Unschuld und Neugierde auf mir ruhten.

Doch lassen Sie mich Ihnen vor allen Dingen die Beschreibung einer Schönheit des fernen Westens geben. Amalie Papin, die Tochter einer Pawnee-Indianerin und eines Franzosen, der, beiläufig gesagt, mit Hinterlassung eines nicht unbedeutenden Vermögens schon vor Jahren zu seinen Vätern heimgegangen war, hatte das fünfzehnte Jahr noch nicht erreicht. Als kleines Kind war sie von einem Mr. Alison, der viel mit dem Stamme der Pawnees verkehrte, zeitweise bei demselben lebte und wirklich menschenfreundlich daselbst zu lehren und zu wirken strebte, angenommen worden. Mrs. Alison, eine Frau, die den gebildeteren Ständen angehörte, war ihrem Manne mit aufopfernder Liebe überallhin nachgefolgt, hatte Beschwerden und Unbequemlichkeiten mit ihm getheilt und der kleinen Halbindianerin zugleich mit ihren eigenen Kindern eine Erziehung angedeihen lassen, wie es ihr unter so schwierigen Verhältnissen nur immer möglich gewesen. Die natürlichen Anlagen des Kindes waren ihr dabei sehr zu Hülfe gekommen, weil sich dieses mehr zu den Sitten seiner Pflegeeltern, als zu den Gewohnheiten seiner mütterlichen Verwandten hingezogen fühlte. So war denn die junge Waise zu einer Jungfrau herangewachsen, die nun in aller Lieblichkeit neben ihrer Pflegemutter gerade vor mir sass. Ihr einfaches Kleid, nach amerikanischem Schnitte gearbeitet und eng an den Oberkörper anschliessend, liess eine Figur erkennen, an der auch nicht das Geringste zu wünschen übrig blieb. Die Bewegungen und der natürliche Anstand des jungen Mädchens waren so ungekünstelt, so zart und dabei doch so geschmeidig, dass ich kaum meinen Augen zu trauen vermochte, wenn ich auf die dunkle Gesichtsfarbe schaute. Auf dem schlanken Halse ruhte der reizendste Kopf, den man sich nur denken kann; pechschwarze Haare, die in zwei langen Zöpfen über die Schultern hingen, fassten ein rundes, broncefarbenes Gesichtchen ein, auf welchem sich ein so eigenthümlicher Liebreiz spiegelte, dass man die weisse Hautfarbe durchaus nicht vermisste und gar nicht darüber in Zweifel blieb, dass keine Farbe zu dem ganzen Bilde besser hätte passen können, als der dunkele Anflug, der die Haut wie Atlas schimmern liess und dennoch die sanfte Röthe der Wangen nicht gänzlich zu verdrängen vermochte. Die etwas vorstehenden Backenknochen verriethen die indianische Abkunft, ebenso der Schnitt der Augen, die gross und schwarz von langen Wimpern beschattet wurden. Ihr Mund war so wohlgeformt, so zierlich und so frisch, dass unserem Doctor bei dessen Anblick, trotz der sechs und zwanzig Jahre seines glücklichen Ehestandslebens, ganz gewiss das Blut rascher in den Adern gekreist haben würde, besonders wenn er das Mädchen gesehen hätte, indem sie sprach. Zwei Reihen der herrlichsten Zähne schimmerten wie ächte Perlen unter den rothen Lippen hervor, ihre Hände waren klein wie bei allen Indianerinnen, und ein Füsschen hatte sie, dass ein Paar ihrer abgelegten Mokkasins verdient hätten, zur Weltausstellung nach London geschickt zu werden.

Dieses war also Amalie Papin, die schöne Halfbreed, in die ich mich in der ersten halben Stunde verliebt hatte. Mr. Sarpy, den seine heitere Laune niemals verliess, hatte bald die lebhafteste Unterhaltung hervorgerufen; es wurde gelacht und gescherzt, ich selbst immerwährend mit in's Gespräch gezogen, doch wusste ich nie den Gegenstand der Unterhaltung festzuhalten, was übrigens sehr natürlich war, denn ich dachte an ganz andere Dinge, sah mich schon im Gedanken als den Helden eines Romanes, und malte mir die Ueberraschung der Bekannten und Verwandten in der Heimath aus, welche die Nachricht meiner Verheirathung mit einer indianischen Prinzessin bereiten würde. Natürlich regte sich sogleich der Wunsch in mir, ebenfalls einen guten Eindruck auf die schöne Halfbreed zu machen, und es entlockt mir noch immer ein Lächeln, wenn ich daran denke, zu welchen komischen Mitteln ich meine Zuflucht nahm, um meine eigene geliebte Person in vortheilhaftem Lichte erscheinen zu lassen.

Ich freute mich innig, als ich bemerkte, dass Amalie mir einige Aufmerksamkeit schenkte; hätte ich aber damals ihre Gedanken errathen können, so würde meine Eitelkeit einen argen Stoss erlitten haben. Genirte sich doch später das unbefangene Mädchen nicht, mir mitzutheilen, dass ich furchtbar hässlich sei und mit den Haaren im Gesichte mehr einem Büffel, als einem Menschen gleiche. Glücklicherweise aber vermochte ich nicht in ihrem Herzen zu lesen, und in angenehmer Täuschung fuhr ich fort, Pläne für die Zukunft zu schmieden und mich den schönsten Hoffnungen hinzugeben. Der Abend verging auf diese Weise; spät erst kam Mr. Alison, um seine Damen abzuholen und nach ihrer Wohnung, die mit der Pawnee-Indianer-Agentur in Verbindung stand, zurückzuführen. Kaum waren wir wieder allein, als Mr. Sarpy mich folgendermassen anredete: »Wie finden Sie meine Nichte?« — »Also Ihre Nichte?« fragte ich zurück. »Ja, meine Nichte,« erwiederte er, »und eine hübsche Nichte obendrein; der Vater des Mädchens war ein Verwandter von mir und ihre Mutter die Tochter eines grossen Häuptlings. ich habe gemerkt, dass sie Ihnen gefällt. Sie können sie heirathen, doch müssen Sie mir wenigstens zwanzig Pferde für meine Erlaubniss geben, ehe Sie sich von dem Missionair auf dem Berge, dem Herrn M. Kenney dürfen zusammenknüpfen lassen; denn da Amalie eine Christin ist, so wird sie sich wohl schwerlich zu einer indianischen Heirath verstehen wollen.« Diese Worte waren freilich im Scherz gesprochen, doch merkte ich mir dieselben wohl, um später vielleicht noch einmal darauf zurückkommen zu können.

Am folgenden Tage besuchte ich, wie sich von selbst versteht, die Familie Alison, die nur einige hundert Schritte von unserem Etablissement in einem bequem eingerichteten Blockhause wohnte. Ich fand daselbst die freundlichste Aufnahme, so dass ich meinen Besuch öfter wiederholte und zuletzt fast täglich einsprach. Auch lernte ich dort eine Menge Pawnee-Indianer kennen, die einestheils ihren Freund Alison besuchten, anderentheils sich nach der jungen, blühenden Verwandten umsahen. Es war ein gemüthliches Leben in dieser Zeit; den Tag über malte ich auf indianische Weise Büffelhäute aus, in welcher Kunst ich es bald den geschicktesten Rothhäuten zuvor that und mir viel Geld von der Pelzcompagnie verdiente. Den Abend brachte ich dann gewöhnlich bei Mr. Alison zu, spielte mit den Kindern, erzählte von Europa und lehrte die schöne Amalie englisch schreiben, was ihr übrigens nicht ganz fremd war. Meine Absichten, das junge Mädchen zu heirathen, waren bald kein Geheimniss mehr und Jeder gratulirte mir zu der sehr vortheilhaften Partie, denn meine vermeintliche Braut galt für ein reiches Mädchen, weil von den Pawnee-Indianern allein sie schon eine gute Anzahl von Büffelhäuten bezog, die dort eben so gut wie baares Geld sind. Das einzige Ueble an der Sache blieb, dass die beiden Hauptpersonen noch nicht mit einander einig waren; ich selbst wäre gern einig gewesen, hätte mir sogar dem Mädchen zu Liebe mit Freuden den Schädel rasiren lassen und wäre indianischer Bürger geworden, aber sie wusste leider nicht, was sie wollte. Bald reichte sie mir ihre frischen Lippen zum Kusse entgegen, bald lief sie wie eine Antilope scheu davon, indem sie mir lachend zurief, ich sei ein hässlicher, weisser Mann, ein zweibeiniger Büffel. Solche Benennungen waren freilich nicht sehr schmeichelhaft, doch könnte ich nicht sagen, dass mir das Mädchen, die halb aus Verschämtheit, halb aus Muthwillen zusammengesetzt schien, weniger lieb geworden wäre; auch bin ich überzeugt, dass derjenige, welcher diese schöne Prairieblume später heimgeführt, eine brave Frau an ihr gewonnen hat, um so mehr als sie auch eine fromme, sittsame Christin war. Merkwürdiger Weise hegte ich damals gegen die Pawnee-Indianer, denen ich früher im offenen Kampfe gegenübergestanden hatte, die brüderlichsten Gesinnungen, weshalb ich bei der schönen Amalie der Lobeserhebungen über ihren Stamm kein Ende wusste, obschon ihr das ziemlich gleichgültig schien. Dass aber die Pawnees meine Gefühle nicht theilten, mich wegen meiner Liebe zu ihrer schönen Prairieblume noch im Geheimen hassten, wurde mir gelegentlich auf eine äusserst unzarte, wenn auch sehr deutliche Weise zu verstehen gegeben; möglich, dass auch etwas Eifersucht dabei mit im Spiele war. Doch hören Sie weiter. Als nämlich das Eis im Missouri aufzubrechen und zu treiben begann und die Niederungen an der Mündung des Papillon Creek überschwemmt wurden, war es eine meiner Hauptbeschäftigungen, Enten, Gänse, Schwäne, Pelikane und Kraniche zu schiessen, mit denen die seichten Gewässer förmlich bedeckt waren. Auf meinen Jagden begleiteten mich stets zwei junge Omaha-Burschen; sie waren Verwandte von Mr. Sarpy's Necoma und so treue, brave Jungen, als nur unter einer kupferfarbigen Haut gefunden werden können. Durch freundliche Begegnung hatte ich mir ihre ganze Zuneigung gewonnen, die sie mir auf alle nur denkbare Weise zu erkennen gaben. Ich brauchte nur meine Kugeltasche umzuhängen, so waren auch die beiden Brüder Hug-ha und Scha-gree-ga-gee mit ihren Karabinern auf der Schulter an meiner Seite. Ihre Gesellschaft behagte mir auf meinen Jagdzügen in doppelter Beziehung; einestheils war ich dadurch nie ohne eine treffliche Sicherheitswache, dann aber auch vertraten die gewandten Jungen die Stelle von

Hühnerhunden, indem sie das von mir geschossene Wild trotz der Eisschollen aus dem Wasser holten.

Eines Tages jedoch, als ich meiner beiden Indianerburschen nicht sogleich ansichtig wurde, machte ich mich allein auf den Weg, um wie gewöhnlich am Papillon zu jagen. Es waren vier Meilen bis dahin und vergnügt trabte ich über die Prairie, die mich von meinem schönen Revier trennte. Ich hatte einen glücklichen Tag gewählt, denn noch keine Stunde war ich am Wasser hinaufgegangen, als mein Gürtel keine Enten mehr zu fassen vermochte. Ich wollte einen Augenblick auf einem Steine ausruhen und war eben im Begriffe zu laden, als plötzlich ein Indianer vor mich hintrat und barsch Pulver und Blei von mir verlangte. Denselben Menschen hatte ich früher schon in Mr. Alison's Behausung gesehen und war damals gerade nicht sehr von seinem Benehmen gegen mich erbaut. Er verbarg nämlich den Verdruss nicht, den er empfand, als er meine Vorliebe für die schöne Halfbreed wahrnahm. Als nun der wilde Bursche, ein vollblütiger Pawnee, vor mir stand, erinnerte ich mich seiner ganz genau; ich drückte daher schnell Kupferhütchen auf die Cylinder und schlug dann seine unverschämte Forderung ab, indem ich ihm bedeutete, dass sein Bogen ganz gut ohne Pulver und Blei losgehe. Sein nochmaliges dringendes Verlangen hatte denselben Erfolg, worauf er sich von mir abwendete, einen englischen Fluch, eines der wenigen englischen Worte, die er verstand, mehrere Mal hinter einander ausstiess, langsam der dichteren Waldung zuschritt und bald meinen Augen entschwunden war. Ich legte meine Beute bei dem Steine, auf welchem ich gesessen, nieder und begann meine Jagd von Neuem, wobei ich mich aber hütete, obgleich ich den Indianer nicht weiter fürchtete, beide Läufe meines Gewehres zugleich abzuschiessen. Nach kurzer Zeit hatte ich abermals meinen Gürtel gefüllt; ich beschloss nunmehr mit der reichen Ladung heimzukehren und schlenderte langsam der Stelle zu, wo ich die zuerst geschossenen Enten niedergelegt hatte. Als ich den Stein erreichte, bemerkte ich, dass alle meine Braten spurlos verschwunden waren. Verwundert und argwöhnisch blickte ich umher, als plötzlich in dem Gesträuch, welches mich vom Papillon trennte, etwas an die Zweige schlug und in demselben Augenblicke ein Pfeil in meinem Schenkel haftete. Gedankenschnell legte ich mein Gewehr an und zwar nach der Gegend, aus welcher der Pfeil gekommen war. Der verrätherische Pawnee, ein anderer konnte es nicht gewesen sein, befand sich aber auf dem jenseitigen Ufer und ausser dem Bereiche meiner Macht, indem er sich so geschickt hinter umgefallenen Baumstämmen verborgen hatte, dass er mir unsichtbar blieb. Hinüberzugehen war mir nicht möglich; zudem musste ich mich beeilen, den Pfeil, der glücklicher Weise nicht weiter als bis auf den Knochen hatte dringen können, zu entfernen. Mit einem kräftigen Rucke riss ich die Waffe aus der Wunde, die alsbald reichlich zu bluten anfing. Diesen unbewachten Augenblick benutzte der schlaue Indianer, um aus seinem Verstecke zu gleiten und spornstreichs davon zu laufen; ich gab ihm aber einen Brief mit, an den er noch lange denken wird. Ich schoss zwei Ladungen groben Schrotes hinter ihm her und ob er schon leider weit von mir entfernt war, so bin ich doch überzeugt, dass ich seinen glatten Rücken besser geschröpft habe, als unser Doctor jemals seine Patienten, ich müsste denn die Wirkung meines Gewehres nicht kennen. Nachdem ich meine Wunde so lange mit eisigem Wasser gewaschen, bis das Blut zu fliessen aufhörte, nahm ich meine Beute, meine Waffen, so wie den auf mich abgeschossenen Pfeil und wanderte verdriesslich nach Hause, freute mich aber im Stillen darauf, von der schönen Amalie über mein Unglück bedauert zu werden. Noch an demselben Tage setzte ich Hug-ha und Scha-gree-ga-gee von meinem Abenteuer in Kenntniss, welche mir mit ihrem natürlichen Scharfsinn und auf ihre eigene Weise den Vorgang erklärten. Sie sprachen sich dahin aus, dass mir der Pawnee keineswegs nach dem Leben getrachtet habe, indem er sonst, um die Wunde tödtlich zu machen, jedenfalls einen Pfeil mit Widerhaken gebraucht hätte. Ferner würde er sich gehütet haben, ein mit den Abzeichen seines Stammes verziertes Geschoss bei einem Morde zu wählen, indem es dadurch leicht geworden wäre, den Thäter zu ermitteln. Gern war ich bereit, den Fall für einen etwas derben Scherz zu halten, es war mir so am bequemsten, dann aber auch wollte ich es verhüten, neue Feindschaft bei Diesem oder Jenem des Pawnee-Stammes zu erregen. Ich gedachte der ganzen Geschichte nicht weiter, um so weniger, als die Schramme mich nicht sehr belästigte und bald heilte. Von dem jungen Bösewichte habe ich nie wieder etwas gehört oder gesehen; indessen wurde ich durch dieses Ereigniss vorsichtiger und bin nie wieder ohne meine beiden jungen Freunde nach meinem Revier gezogen, wo ich vermuthen konnte auf die räuberischen Pawnees zu stossen.

Thränen des Mitleids glänzten in den dunklen Augen der reizenden Amalie, als ich ihr von meiner Verwundung erzählte; wildes Feuer sprühten ihre Blicke, als ich des verrätherischen Indianers gedachte. Ich glaube, das zarte Mädchen hätte ihm in diesem Augenblicke, wenn er vor ihr gestanden, ein Messer in die Brust gestossen. Der Sturm legte sich indessen wieder und bald führten wir wie früher unsere harmlose Unterhaltung, die fast durchgängig meine ferne Heimath betraf, wohin ich die junge Indianerin, nach Anhäufung eines beträchtlichen Vermögens, mitzunehmen beabsichtigte. Es waren phantastische Träume, denen man in solcher Lage nur zu gern nachhängt, ohne zu ahnen, dass man in späteren Jahren an die Schwachheiten des Jugendalters wie an krankhafte Spiele der Einbildungskraft zurückdenken wird. Wie im Fluge gingen mir unter so angenehmen Verhältnissen die Tage dahin; wieder im vollen Besitze meiner eisernen Gesundheit und eines ungeschwächten Körpers, dachte ich aber auch daran, meine äussere Erscheinung einnehmender werden zu lassen. Die geübtesten Squaws wurden in Thätigkeit gesetzt und mussten ihre Kunstfertigkeit zeigen; in kurzer Zeit war meine Lederbekleidung von dem runden Hut auf meinen geölten, buschigen Haaren bis zu den weichen Mokkasins an meinen Füssen mit den schönsten Stickereien und Fransen besetzt. Meine Waffen, Kriegsbeil und Messer, die ich stets in einem von Amalie zierlich gearbeiteten Gürtel trug, waren reich mit Messingnägeln beschlagen.

kurz Nichts, was dort zum Putze dient, hatte ich ausser Acht gelassen, und wenn ich nicht das war, wofür ich mich damals hielt, nämlich unwiderstehlich, so war es nicht meine Schuld. Immer mehr beruhigte ich mich darüber, dass mir die Rückkehr in meine Heimath abgeschnitten war, denn die zwei Jahre meines Urlaubes hatten schon längst ihr Ende erreicht. Es blieb mir also weiter nichts übrig, als in der Heimath für todt zu gelten und inzwischen in den Steppen den Büffel zu jagen, eine Beschäftigung, die mir aus verzeihlichen Gründen allerdings annehmlicher schien, als zu Hause für ein unverschuldetes Versehen mich einer harten Strafe unterwerfen zu müssen. Die Jagd blieb immer meine Hauptbeschäftigung; ich arbeitete wenig aber verdiente viel Geld, was mir jedenfalls lieber war, als wenn ich viel gearbeitet und wenig verdient hätte. Ernstlich begann ich daran zu denken, ein bestimmtes Geschäft anzufangen und mich am Missouri häuslich niederzulassen.«

Hier trat eine Pause ein. Wir hielten unsere Pferde an und schaueten um uns. Wir hatten die Stelle erreicht, an welcher das Thal sich verengte und dann plötzlich wieder an Ausdehnung gewann. Es war die Laguna Colorado, ein Thal, an dessen westlichem Ende sich ein seichter Teich befindet, der in den Regenzeiten austritt und die ganze Umgebung in einen grossen See verwandelt, dessen Wasser die rothe Farbe des lehmigen Bodens trägt, weshalb auch von den Mexikanern dem weiten Kessel der bezeichnende Name beigelegt worden ist.

Zur Zeit der Ankunft unserer Expedition war das ganze Thal trocken, und wir sahen ein, dass wir noch über die ganze Breite der Laguna, eine Strecke von 5 Meilen, ziehen mussten, ehe wir erwarten durften, in der Nähe von Wasser mit unseren Gefährten im aufgeschlagenen Lager zusammenzutreffen. Die Sonne war hinter der grauen Hügelreihe verschwunden, Dämmerung ruhte auf dem trockenen Seebette, welches fast jeder Vegetation entbehrte und sich öde und todt vor uns ausdehnte. Wir setzten uns bald wieder in Marsch und liessen unsere Thiere den frischgebrochenen Wagengeleisen folgen, auf welchen sie zu den besten Uebergangspunkten über die vielen kleinen Spalten, die in allen Richtungen das Thal durchschnitten, geführt wurden. Die Abendluft war kühl und feucht, schmale Nebelstreifen ruhten auf der Ebene und reichten weithin bis in die dunklen Schluchten, wo die Uhu's dumpf lachend mit leisem Flügelschlage ihre Wohnungen in den Felsspalten verliessen und die grauen Füchse sich von ihren Lagern unter dichtverzweigten Cedern erhoben, um beutelustig kläffend nach der Ebene zu eilen.

Nach einer Weile fuhr der Erzähler fort. »Ich dachte also ernstlich daran, mich an den Council Bluffs häuslich niederzulassen und trat deshalb mit dem Mr. Sarpy in Unterhandlung, dem es besonders lobenswerth erschien, dass ein Mann von 24 Jahren damit umgehe, sich eine Lebensgefährtin zu nehmen. Nach seiner Ansicht verdiente ein verheiratheter Mann mehr Credit als ein Junggeselle, worin er übrigens nicht Unrecht hatte, und wenn er mich auch nicht zu diesem Schritte aufmunterte, so bot er mir doch auf die freundlichste Weise seinen Beistand an, um mich in eine solche Lage zu bringen, dass ich mit Ruhe in die Zukunft sehen, zugleich mich aber auch der Pelzcompagnie nützlich machen könne. Nun muss ich aber vor allen Dingen einige Bemerkungen über die Beschaffenheit der Ländereien am Missouri einschalten, um auf leichtere Weise das Eigenthümliche der dortigen Verhältnisse in meine Geschichte verflechten zu können. Die Entfernung von der Mündung des Nebrasca oder flachen Flusses bis nach Belle Vue an der südlichen Spitze der Council Bluffs beträgt 10 bis 12 Meilen. Genau in der Mitte zwischen diesen beiden Punkten liegt eine Insel im Missouri, die 4 Meilen im Umfange hat und grösstentheils mit Weiden, doch auch mit Birken und einzelnen Eichen bewachsen ist, in deren Schatten ebenso wie auf den Lichtungen fettes Gras im Ueberfluss wuchert. Nach den Bäumen zu urtheilen, kann diese Insel kaum älter als siebenzig Jahre sein; erst um diese Zeit begann sie, den Wasserspiegel zu überragen. Der unruhige Strom, der bei hohem Wasserstande Unmassen von Treibholz, Schlamm und Sand mit sich führt, hat fortwährend einen Tribut an der entstehenden Insel zurückgelassen und dieselbe allmälig bis zu dem jetzigen Umfange vergrössert. Er setzt noch heute unermüdlich diese Arbeit fort, bis er endlich eine Biegung oberhalb Belle Vue gänzlich wird fortgerissen haben, dann aus leicht erklärlichen Ursachen mit ganzer Kraft seinen Hauptcanal an der Ostseite der Insel vorbeiwühlt und den westlichen Canal verstopft, so dass die Insel dem Festlande einverleibt wird. Viele Jahre mögen darüber hingehen, ehe es wirklich so weit kommt, doch kann ein Zweifel darüber, dass es geschehen wird, kaum obwalten, da Beweise genug vorliegen, dass der Missouri sein Bett in dem Thale der Council Bluffs, welches 6 Meilen breit ist, fortwährend gewechselt hat, vor Zeiten die felsigen Hügel, an denen sich noch lange See'n hinziehen und von deren Fuss er jetzt mehrere Meilen entfernt dahin fliesst, bespülte, das jenseitige Ufer unterwühlt und alljährlich grosse Strecken desselben mit fortreisst. Mr. Sarpy hatte also diese Insel zu seinen besonderen Zwecken ausersehen und mir zu meiner Residenz bestimmt.

Neben seinem Tauschgeschäft hatte er nämlich noch Viehzucht getrieben und es in einer Reihe von Jahren zu einer ansehnlichen Heerde gebracht. Den Winter hindurch wurde diese in der Nähe des Forts gefüttert und im Frühjahre, kurz vor dem Brechen des Eises, nach der fetten Insel hinüber getrieben, wo sie dann bis zum nächsten Zufrieren des Missouri bleiben musste. Mancher junge Stier wurde indessen von räuberischen Indianern auf der Insel geschlachtet, um demnächst in die rauchigen Wigwams zu wandern, wo dergleichen Leckerbissen von allen Bewohnern willkommen geheissen und schleunigst verschlungen wurden. Diesem Unwesen so viel als möglich zu steuern war nun Mr. Sarpy's Plan; er machte mir zu diesem Zwecke Vorschläge, die mir zu annehmbar schienen, als dass ich sie hätte zurückweisen mögen. Er setzte mich von seinen Absichten ungefähr auf folgende Weise in Kenntniss: »Ich werde Ihnen ein kleines Blockhaus mitten auf der Insel auf dem höchsten Punkte errichten, in welchem

Sie mit Ihrer Amalie oder so vielen Squaws wie sie zu heirathen belieben, bequem wohnen können. Ein leichtes Canoe sollen Sie ebenfalls erhalten, in welchem Sie sich nach Belle Vue rudern können, um sich dort mit Lebensmitteln und sonstigen Bedürfnissen zu versehen. Dafür nun, dass Sie auf der Insel wohnen, dieselbe beschützen und diebische Absichten der Indianer zu verhüten suchen, werde ich Ihnen ein gewisses jährliches Einkommen sichern, welches Sie ganz bequem durch Malen von Büffelhäuten verdoppeln können. Mit Waffen müssen Sie natürlich reichlich versehen sein, auch werde ich Ihnen noch einige meiner besten Hunde geben, von denen sie einen an Ihre Thüre ketten, die anderen aber frei umherlaufen lassen. Die etwaige Annäherung von Indianern werden die umherstreifenden Hunde wittern und durch Heulen verrathen, worauf Sie den zurückgebliebenen von der Kette lösen, um ihn als Wegweiser gebrauchen zu können; er wird Sie zu seinen Kameraden führen und es Ihnen bedeutend erleichtern, die Indianer am Landen zu verhindern. Diesen Zweck zu erreichen wird übrigens meist Ihr blosses Erscheinen genügen, und im schlimmsten Falle haben Sie ja Ihre Büchse; das Vieh wird dann unter Ihrer Aufsicht vor fremden Eingriffen gesichert sein und gedeihen, und die Tage werden Ihnen in Ruhe und Zufriedenheit dahin gehen. Ausserdem haben Sie auf der Insel Fischfang und eine herrliche Jagd, denn Tausende von Wasservögeln bedecken fortwährend das stehende Wasser auf jener Seite der Sandbänke.« — »Ich gehe unbedingt auf den Vorschlag ein,« antwortete ich dem Mr. Sarpy, »ein solches Robinson-Leben habe ich mir schon lange gewünscht, das einzige Bedenkliche an der ganzen Sache scheint mir, dass, wenn es erst ruchbar wird, dass ich einige Rothhäute erschossen habe, die Freunde der Erschlagenen sich gegen mich verbinden, mich eines guten Tages überfallen und um sich zu rächen, mich sammt meiner Frau oder meinen Frauen, todt schlagen und skalpiren werden.« — »Sollte Ihnen eine solche Gefahr drohen,« unterbrach mich Mr. Sarpy, »dann bitte ich Sie dringend, wehren Sie sich so lange, als Sie nur ein Glied rühren können, und ich verspreche Ihnen auf meine Ehre,« setzte er scherzhaft hinzu, »dass, wenn Sie skalpirt werden, die Insel, so lange die Welt steht, Ihren Namen tragen soll.« — »Bravo!« rief ich aus, indem ich in die dargebotene Rechte einschlug, »ich siedle mich auf der Insel an, mag auch kommen was da wolle, mögen Sie nur nie Veranlassung finden, meinen ehrlichen Namen auf die Insel zu übertragen.« Die schöne Halfbreed war aber nichts weniger als geneigt, so in der Abgeschiedenheit zu leben und erklärte rund heraus, dass sie mir nie dorthin folgen würde. Meine Drohung, mir eine Anzahl Squaws zu Frauen zu nehmen, schreckte sie nicht, im Gegentheil wir zankten uns und vertrugen uns wieder, wobei ich genöthigt war, viele gute Worte zu geben. Ich hoffte aber im Stillen noch immer, das junge Mädchen meinen Wünschen nachgiebig zu machen und berührte diesen Punkt absichtlich auf lange Zeit nicht wieder.

Das letzte Eis war inzwischen von den trüben Fluthen des Missouri fortgerissen und dem Missisippi zur Weiterbeförderung oder Auflösung übergeben worden, die Knospen an den Bäumen fingen an zu schwellen, schaarenweise zogen die gefiederten Wanderer gegen Norden, schaarenweise versammelten sich die Auswanderer, die nach dem Utah-See oder Californien zu ziehen beabsichtigten, in der Nähe von Belle Vue. Auch in mir regte sich eine unwiderstehliche Reiselust. Mit Wehmuth beobachtete ich die fröhlichen Abenteurer, wie sie umsichtig ihre Vorbereitungen zur Reise durch die Steppen trafen und blickte trübe zu den Vögeln hinauf, die jauchzend über mir hinzogen. Ihr schriller Ruf drang mir in's Herz. Ich wäre ihnen so gern gefolgt! Ich gedachte meiner einsamen Insel, ich gedachte meiner goldenen Freiheit, die ich auf derselben zu vergraben im Begriffe stand, ich gedachte der grossen und herrlichen Welt, die ich so gern nach allen Richtungen durchwandert hätte, und zum ersten Male wurde ich in meiner Liebe zur schönen Amalie wankend. Um meine Zweifel auf's Höchste zu steigern, gesellten sich hierzu noch vortheilhafte Anerbietungen, die mir von einigen begüterten Mormonen gemacht wurden. Es lag nämlich im Plane der Angesehensten der in Belle Vue gelagerten Karawane, mich als Büffeljäger anzuwerben. Sie boten mir hohen Lohn, doch blieb ich standhaft; sie eröffneten mir die schönsten Aussichten für die Zukunft, ich weigerte mich aber fortwährend; selbst ihre allerliebsten Mädchen, theils Schwedinnen, theils Irländerinnen, vermochten nichts über mich. Wenn die hübsche Amalie mit mir gezogen und Mormonin geworden wäre, hätte ich mich vielleicht bereden lassen. Doch schien diese eine besondere Scheu vor der neuen Sekte zu haben, so wie es auch mir gar nicht in den Sinn kam, der Religion, in welcher ich erzogen worden, zu entsagen. »Sie sollen sich ja nicht zu unserem Glauben bekehren,« sprach ein alter Mormone zu mir, »Sie sollen uns nur Dienste leisten, wofür wir Sie bezahlen. Sie kennen die Strasse bis zu den Rocky Mountains und werden uns also leicht die vortheilhaftesten Lagerstellen bezeichnen können, ausserdem wollen wir Ihnen jeden Büffel, den Sie schiessen, redlich abkaufen und Ihnen im Voraus unser bestes Jagdpferd geben.« Das war ein verlockender Vorschlag für einen leidenschaftlichen Jäger, ich betrachtete das schöne Pferd, dessen Glieder zum Wettlauf geschaffen schienen, schwang mich hinauf, legte die Mündung meiner Pistole zwischen seine Ohren und drückte los; nur durch Kopfschütteln gab das edle Thier seine Unzufriedenheit über mein Verfahren zu erkennen, und im Uebermass meiner Freude über das vortreffliche Büffelpferd rief ich den Verführern zu: »Ich werde mir die Sache überlegen!« Als ich heim ging, war ich so rathlos wie ein kleines Kind; ich konnte nicht umhin mich über die Schlauheit und Menschenkenntniss der Mormonen zu wundern, die durch ein gutes Pferd das bei mir erreichten, was Geld und gute Worte nie bewirkt haben würden. Ich verglich in Gedanken das einförmige Dasein auf der Insel mit dem wechselvollen Leben auf einer Reise durch die Steppen, ich verglich Mr. Sarpy's buntscheckige Kühe mit dem zottigen Bison, und nie verspürte ich weniger Lust mich anzusiedeln wie in diesem Augenblicke. Ich bin noch zu jung, flüsterte ich mir zu, um mich vor mir selber zu entschuldigen,

25 *

auch Amalie ist noch zu jung zum Heirathen, fuhr ich fort zu philosophiren, ich werde den gordischen Knoten mit einem Hiebe trennen und weiter ziehen. O, wie recht hatte Mr. Sarpy, als er sagte: Ein verheiratheter Mann verdient mehr Credit als ein Junggeselle!

Meine einzige Sorge war nur, auf welche Weise ich am besten mit der Aenderung meiner Pläne würde hervortreten können; doch half mir der Zufall auch dies Mal. Ich hatte nämlich gleich nach meiner Ankunft in Belle Vue mehrere Briefe durch Indianer den Missouri hinuntergeschickt, von denen einer denn auch glücklich Fort Independence und später seinen Bestimmungsort St. Louis erreicht hatte. In Folge dessen erhielt ich nun endlich nach drei Monaten, gerade in dem Augenblicke als ich am wenigsten daran dachte und dennoch am meisten dessen benöthigt war, Nachricht von meinem früheren Reise- und Leidensgefährten, der inzwischen glücklich New-Orleans erreicht und längst alle Hoffnung auf mein Wiedererscheinen unter den Lebenden aufgegeben hatte. Der Brief schloss mit folgenden Worten: »Nehmen Sie das erste Dampfboot, welches den Missouri hinuntergeht und kommen Sie nach New-Orleans, wo ich Sie erwarten werde!« Ausserdem waren noch Creditbriefe mit eingeschlossen, so dass meiner Abreise nichts mehr im Wege stand, zumal das Dampfboot, welches mir die Nachrichten überbracht hatte, am andern Morgen die Rückreise antreten sollte. Ohne mich weiter um die Mormonen zu kümmern und jetzt nur an die tropische Louisiana und an die Krokodiljagd in den Atacapas denkend, eilte ich, Mr. Sarpy sogleich von Allem in Kenntniss zu setzen und war erfreut darüber, dass er durchaus meine Meinung theilte und für eine schnelle Abreise war. Nachdem ich dann in aller Hast meine Angelegenheiten geordnet, ging ich hinüber zu Mr. Alison, um daselbst noch einige Stunden zuzubringen und dann vielleicht auf ewig von meiner indianischen Liebe Abschied zu nehmen.

Alles ging leichter, als ich geglaubt. Den Brief in der Hand trat ich ein, erzählte von der bevorstehenden Trennung und, wie ich glaube, mit einem recht verlegenen Gesichte. »O, wie froh bin ich!« rief mir Amalie mit dem unverkennbarsten Ausdruck liebenswürdiger Fröhlichkeit zu, »ich hatte schon grosse Furcht, mit nach der Insel ziehen zu müssen!« — »Wenn ich aber wiederkomme?« fragte ich, etwas betroffen. »Wenn Sie wiederkehren,« antwortete die Halfbreed, »und sind noch nicht verheirathet und ich bin noch frei, dann ist ja noch immer Zeit genug, Hochzeit zu machen.« — »Das soll ein Wort sein!« rief ich nun ebenfalls fröhlich aus, indem ich ihr die Versicherung gab, dass sie das beste Mädchen auf Gottes Erdboden sei. Ich kann aber nicht verhehlen, dass es mich innerlich dennoch ärgerte, statt einer sentimental rührenden Scene die grösste Heiterkeit in dem ganzen Familienkreise verbreitet zu sehen.

Das Dampfboot, auf welchem ich mich einschiffen wollte, war ein äusserst zerbrechliches und fast ausgedientes, weshalb der Capitain desselben in St. Louis ein Musikchor für die Reise angeworben hatte, das an jedem Landungsplatz aufspielen musste, um Passagiere anzulocken. Es ist dies eine der gewöhnlichen Speculationen, die sich darauf stützt, dass die Besucher des fernen Westens in den meisten Fällen lieber auf einem schlechten Dampfboote mit Musik für einen hohen Preis als auf einem neuen ohne Musik für geringere Bezahlung reisen. Zufällig waren die Spielleute Deutsche, die ich durch gute Getränke, an denen auf den Dampfern nie Mangel ist, in eine so fröhliche Stimmung versetzte, dass sie sich willig finden liessen, der liebenswürdigen Indianerin des Abends ein Abschiedsständchen zu bringen. Unter Jubel sagte ich darauf Allen ein herzliches Lebewohl, zerdrückte eine Thräne in meinen Augen, als ich Amalien den letzten Kuss gab und eilte nach dem Landungsplatze, wo ein Haufen Omaha-Indianer das grosse feuerspeiende Canoe betrachtete. Da war Ongpa-tonga, der grosse Hirsch, Oha-ginga, der kleine Koch, da war die weisse Kuh, der gelbe Rauch und noch viele andere der Omaha-Aristokratie; ich umarmte und küsste mich so lange mit den nackten Kriegern herum, bis ich von ihren Farben so bunt wie ein Specht wurde. Alles bereit! rief der Steuermann von seinem erhabenen Sitze; Alles bereit! antworteten Decatur und seine Leute am Ufer; mit zwei Sätzen war ich an Bord, die Glocke läutete, die Klingel schellte, die Räder schlugen die sandigen Wasser zu Schaum und bald war das Boot in der Strömung des Flusses und trieb lustig den Missouri hinunter. Ich stand noch lange auf dem Verdeck und blickte nach Belle Vue hinüber, wo sich glänzende Gestalten von Indianern um ein hell loderndes Feuer bewegten. Schnell glitt der schnaubende Dampfer an meiner einsamen Insel vorüber, und wie ein schwarzer Vorhang in der dunkeln Nacht trat diese vor die fernen Lichter, welche mir noch immer den Ort bezeichneten, wo ich so viele Freunde und meine indianische Liebe zurückgelassen hatte. Ich nahm nichts weiter von dort mit als eine Erinnerung für's ganze Leben, eine Erinnerung an fröhliche glückliche Tage.« — Hier schwieg der Erzähler. Die Nacht war inzwischen eingetreten, stumm ritten wir eine Weile fort, die Spuren der Wagenräder vermochten wir schon lange nicht mehr zu unterscheiden, wir überliessen es daher dem Instinkt unserer Thiere, den richtigen Weg aufzufinden. Das Plätschern im Wasser, so wie das Ausgleiten der Hufe machte uns darauf aufmerksam, dass wir uns nicht mehr auf trocknem Boden, sondern im Morast oder an dem kleinen See befanden. Büsche und niederes Gesträuch verdichteten sich immer mehr um uns herum, und schon begannen wir über die eingeschlagene Richtung bedenklich zu werden, als wir an dem Flimmern von Feuern die Nähe des Lagers erkannten. Wir trieben unsere Thiere von Neuem an, die eiligen Hufe trafen bald wieder auf trocknen Boden, ein lautes »Wer da!« schallte uns von dem Wachtposten entgegen.

Als wir am folgenden Morgen um uns zu schauen vermochten, sahen wir, dass wir uns am Fusse von Hügeln aus rothem Sandsteingerölle gelagert hatten. Das ganze weite Thal war mit Sandsteinfelsen eingefasst, die mehr oder weniger mit Cedern und verkrüppelten Fichten bewachsen waren; hin und wieder ragten urnenförmige Gebilde zwischen unregelmässigem Gerölle hervor, aus der Ferne Ruinen nicht unähnlich. Der kleine See, durch welchen sich ein klarer Bach schlängelte, war bis zu einem geringen Umfange ausgetrocknet, das seichte Wasser in demselben dick und ziegelfarbig, so dass der Kaffee, der vor dem Aufbruch unserer Expedition bereitet wurde, ganz das Aussehen einer kräftigen Chocolade hatte; in seinem Geschmacke konnte aber leider nicht die entfernteste Aehnlichkeit mit dem beliebten Getränke entdeckt werden. —

Rauhes, unebenes Land, kleine, freundliche Prairien, kahle Felsen, mit Cedern bewachsene Hügel und Sandsteingerölle blieben zu beiden Seiten liegen, als wir unsere alte Strasse gegen Westen verfolgten. Wir befanden uns nunmehr auf der Wasserscheide *(dividing ridge)* zwischen dem Pecos und dem Canadian, und 5550 Fuss über der Meeresfläche. Der Hoorah Creek, an welchem Ruhetag gehalten wurde, war für unsere Expedition das erste Flüsschen, welches seine Wasser dem Pecos zutrug, und mithin war auch die mittelbare Verbindung mit dem Canadian, der seit so langer Zeit den Ingenieuren als Leiter gedient hatte, aufgehoben. Ein schwierigeres Terrain musste nunmehr mit Sorgfalt und Umsicht überschritten, vermessen und topographisch aufgenommen werden. Der Höhenunterschied zwischen Fort Smith und der eben genannten Wasserscheide betrug allerdings 5000 Fuss, doch war das Steigen des Landes auf eine Strecke von 700 Meilen vertheilt und, die einzige Stelle an den Llano Estacado abgerechnet, so allmälig, dass dieses bei der Anlage einer Eisenbahn durchaus nicht hindernd in den Weg getreten wäre. Nun aber war unsere Expedition nur noch 150 Meilen von ihrem Bestimmungsort Albuquerque am Rio Grande entfernt und musste sich auf dieser kurzen Strecke bis zur Wasserscheide des Pecos und des Rio Grande, also zu einer Höhe von 7000 Fuss hinaufarbeiten, welches die durchschnittliche Erhebung des hohen Tafellandes oder Bassins östlich der Rocky Mountains über der Meeresfläche ist; dann aber zum Rio Grande niedersteigen, dessen Spiegel bei den Uebergangspunkten Isleta oder Albuquerque 2000 Fuss niedriger als die oben erwähnte Wasserscheide oder 4945 Fuss über der Meeresfläche liegt. Um nun möglicher Weise einen geeigneten Pass zu entdecken, hätte ein Theil der Expedition dem Thale des Pecos vielleicht bis zu seinen Quellen hinauf folgen können, um von dort aus die Quellen des Galisteo zu erreichen und dann dem Laufe dieses Flüsschen bis zu seiner Mündung in den Rio Grande zu folgen; doch wurde von diesem Versuche abgestanden, als sich herausstellte, dass der Pecos sich weiter oberhalb durch enge Felsenthäler stürzte; unsere Gesellschaft blieb daher bis zu dem Passe Cañon Blanco, zwei Tagereisen westlich vom Uebergangspunkte des Pecos, vereinigt.

Die Unebenheit des Bodens war besonders auffallend, als unsere Expedition am 25. September den Gallinas wenige Meilen vor seiner Vereinigung mit dem Pecos erreichte und aus bedeutender Höhe in das Thal desselben hinunter und an dem jenseitigen Ufer wieder ebenso hoch hinauf steigen musste.

Die Quellen dieses Flusses sind nicht allzu weit von denen des Pecos, also nur wenig östlich von dem Fusse der Santa-Fé-Berge entfernt. Da nun beide Flüsse dieselbe

Strecke in derselben Richtung durchlaufen, beinahe in gleichem Grade zunehmen und sich in einem ganz spitzen Winkel vereinigen, so könnte der Gallinas mit Recht als ein Arm des obern Pecos bezeichnet werden. Niedrig und kahl sind die Ufer des ersteren, und eben diese bescheidene Einfassung ist Ursache, dass dieser Fluss aus der Ferne auf den Reisenden nur den Eindruck eines Baches macht. Steht man aber auf seinem Ufer und sieht die Breite, die zwischen 20 und 50 Fuss schwankt, blickt man auf die klaren Fluthen, die hurtig über glatte Kiesel rollen, sich kräftig gegen vorspringende Ufer stürzen, an den harten Lehmwänden abprallen und ungeduldig Blasen auf die Oberfläche werfen, dann möchte man ausrufen: Warum entbehrt doch ein so lieblicher Strom des schönen Schmuckes einer üppigen Vegetation? Warum spiegeln sich keine dichtbelaubten Bäume in den klaren Fluthen und gewähren dem einsamen mexikanischen Hirten Schutz vor den fast senkrechten Strahlen der Sonne, während seine zahlreiche Heerde sich in der wohlthuenden Wärme auf dem kurzen Rasen reckt und dehnt und träge an den Fluss zieht, um von dem kühlen Trank zu schlürfen? Doch wunderbar ist die Natur in ihren Anordnungen, und was unergründliche Weisheit geschaffen, hält der schwache Sterbliche nur zu leicht für ein Spiel des Zufalls und der Laune. Himmelanstrebende Bäume gedeihen auf dem trockenen, goldhaltigen Sande Californiens; gigantische Cacteen saugen ihre Lebenskraft aus schwarzen Trappfelsen und aus kalter Lava, die, jeder treibenden Kraft beraubt, vor undenklichen Zeiten von den jetzt ruhenden Vulkanen, den Abzugscanälen des unterirdischen Feuers, auf die Oberwelt geschleudert wurde; selten nur grünt eine vereinzelte Pappelweide auf den fruchtbaren Ufern der Flüsse von Neu-Mexiko, in deren Wellen sich nur der blaue Himmel und Wandervögel spiegeln.

Deutlicher als die kurz abgenagten Grasstoppeln sagten uns die in der Ferne sichtbaren Schaf- und Ziegenheerden, dass wir uns den Ansiedelungen näherten, und kaum war das westliche hohe Ufer des Gallinasthales erreicht, als die Luft von einem verworrenen Geräusch zu leben schien, welches bei weiterem Fortschreiten immer deutlicher wurde. Tausende verschiedener Stimmen schallten wild durcheinander, wozu sich das Geläute einzelner Glocken gesellte; es war eine ungeheuere Heerde, die in einer Niederung graste, an welcher wir vorbeizogen. Eine Heerde in der Heimath würde gewiss keine grosse Aufmerksamkeit bei den einzelnen Mitgliedern der Expedition erregt haben, doch war uns auf der weiten Reise ein solcher Anblick ungewohnt, ja neu geworden, und kaum war Einer im Zuge, der seine Blicke nicht mit besonderem Interesse auf den 5 bis 6000 Ziegen und Schafen hätte ruhen lassen. Stattlich sahen die bärtigen Böcke aus, als sie nach dem Wagenzuge hinüberschauten und wie drohend mit ihren starken Hörnern winkten, während die Schafe und Ziegen in rauschendem Chore durcheinander blökten und meckerten. Vor der Heerde stand, auf einen Knotenstock gelehnt, ein junger Mexikanerbursche, schwarze Haare hingen wild und verworren um seine braunen Züge. Schwielen bedeckten seine nackten Glieder, und sein zerrissener aschfarbiger

Anzug war das Bild der tiefsten Dürftigkeit; ein magerer Wolfshund lag zu seinen Füssen und schielte misstrauisch nach den Fremden. »Buenos Dies, Señores!« rief der Mexikaner uns zu, indem er höflich seinen zerlumpten Strohhut zog und in der Hand behielt; freundlich erwiederte unsere Gesellschaft den Gruss, und als Einige derselben Miene machten, Fragen über die Beschaffenheit des Landes an ihn zu stellen, warf er seine zerrissene, gestreifte Decke mit der eines Hidalgo würdigen Grandezza um seine Schultern und trat etwas schüchtern vor die Fremden hin. Nach seiner Aussage konnten es nur noch einige Meilen bis zu einer Quelle sein, von wo aus der Expedition, wenn sie daselbst übernachtete, am folgenden Morgen nur noch sechs Meilen bis zur ersten Ansiedelung Anton Chico zurückzulegen blieben. Viele gleichgültige Fragen wurden noch an den armen Jungen gerichtet, die er fast durchgängig mit: »*Quien sabe*« beantwortete, und als wir ihn wieder der Einsamkeit überliessen, konnte Mancher gewiss nicht umhin, über das traurige Loos dieser armen Leute nachzudenken. Nur mit einem Beutel fein gemahlenen Maismehles ausgerüstet, verlassen diese Menschen ihr dürftiges Obdach, welches gewöhnlich in der roh gezimmerten Veranda des ersten besten Hauses besteht, und folgen Wochen, ja Monate lang den weidenden Heerden, ohne einem andern menschlichen Wesen zu begegnen, als höchstens in der Ferne dem Wächter einer andern Heerde, dem sich zu nähern ihnen untersagt ist, um die Vereinigung ihrer Pflegebefohlenen zu vermeiden. Ihre einzige Unterhaltung gewährt ihnen ein mürrischer Hund oder ein gezähmtes, verzärteltes Lieblingsthier der Heerde, und nur zu oft wird die trübe Einförmigkeit ihres Daseins von wilden Indianerhorden unterbrochen, die auf sie einstürzen, ungestraft rauben, was ihnen beliebt und noch für grossmüthig gehalten werden, wenn sie dem armen Hirten das Leben lassen. Gern wendet der Wanderer seine Aufmerksamkeit freundlicheren Bildern zu, welche ihm die blauen Gipfel der Santa-Fé-Gebirge gewähren, die vor ihm hinter grauen Tafelländern auftauchen. Wie geheimnissvoll wird der Mensch geleitet von der Wiege bis zur Bahre! Die Felsengebirge, nach welchen der Schulknabe auf der Karte vielleicht lange suchte, ehe er mit einem geheimen Grauen seine Hand auf die lange Kette der ihm unerreichbar scheinenden Cordilleren legte, dieses Ziel seiner Jugendwünsche zeigt sich ihm endlich, und mit Stolz und Selbstzufriedenheit ruhen seine Augen auf den fernen nebligen Höhen; der Meilenzahl, die ihn von der Heimath trennt, gedenkt er nicht, der forschende, freie Reisende kennt keine Entfernung mehr, er geht dahin, wohin es ihn zieht, die grosse Welt ist sein eigen, und jetzt erst vermag er sich die Worte zu erklären, über die er als Kind vergebens gegrübelt:

> Glücklicher Säugling! Dir ist ein unendlicher Raum noch die Wiege;
> Werde ein Mann und Dir wird eng die unendliche Welt.

Je mehr unsere Expedition sich der Quelle näherte, desto häufiger war die Strasse von tiefen ausgetretenen Pfaden durchschnitten, die indessen alle zum Wasser führten. Buntscheckige Kühe lagen hin und wieder da, umspielt von neugierigen

Antilopen, die hier keine Furcht zu kennen schienen, doch die reisenden Amerikaner waren nicht harmlose, mexikanische Hirten, und manches Büchsenrohr senkte sich, um lauschende Antilopen zwischen weidenden Rindern zu tödten und zugleich die unschuldige Freude der Hirten zu stören, die vielleicht gern den besten Bock ihrer Heerde für das Leben einer zutraulich gewordenen wilden Gefährtin hingegeben hätten.

Als die Zelte bei der Quelle errichtet wurden, nahm Lieutenant Whipple Abschied von uns und eilte in einem leichten Wagen voraus, um noch an demselben Tage in Anton Chico die bevorstehende Ankunft der Expedition zu melden. Obschon nun am Abend an allen Feuern im Lager saftige Wildbraten schmorten und das klarste Wasser nur wenig entfernt aus trockenem Erdreich rieselte, so erwartete dennoch Jeder ungeduldig den Aufgang der Sonne, um nach der Ansiedelung aufbrechen zu können.

Nach einem kurzen Marsche über steinige mit Nadelholz bewachsene Höhen öffnete sich das Land vor unseren Blicken und gewährte die Aussicht über ein von hohen Felsen eingeschlossenes Thal, durch welches sich der Pecos schlängelte. An dieser Stelle theilte sich die Strasse, indem ein Weg in nordwestlicher Richtung abbog, auf dem Tafellande am Pecos hinauf, bei San Miguel durch diesen Fluss und dann nach Santa Fé führte, während der andere in nächster Linie den Pecos berührte. Auf diesem letzteren gelangte die Expedition auf bequeme Weise hinab an den Fluss und befand sich nach Ueberschreitung desselben nur eine kurze Strecke von der Grenzstadt Anton Chico, die sich auf der Ebene wie eine Anzahl gewöhnlicher Ziegelöfen ausnahm. Eine passende Lagerstelle war bald gefunden und nachdem die Heerden weit fort nach grasigen Schluchten getrieben worden waren (denn die nächste Umgebung der Ansiedelung glich einer staubigen Tenne), und nachdem sich Jeder auf seine Art im luftigen Zelte oder unter schirmendem Wagenverdeck häuslich eingerichtet hatte, ging es in eiligen Schritten nach der Stadt, um auf gut Englisch oder in gebrochenem Spanisch mit den Don's und Señorita's Bekanntschaft zu schliessen, und gelegentlich nach den Preisen von Hühnern, Eiern, Milch, Butter und etwas stärkeren Getränken als Wasser zu fragen.

XVI.

Anton Chico. — Fandango daselbst. — Aufbruch von Anton Chico. — Cuesta. — Cañon Blanco. — Der Wolkenbruch. — Galisteo. — Fitzwater. — Vulkane in Neu-Mexiko. — Cañon Boca.

Anton Chico ist bereits eine sehr alte Ansiedelung, die es indessen nie über dreihundert Einwohner hat bringen können. Die Lage an sich ist keine glücklich gewählte, indem der Verkehr, der sich nach Santa Fé, der Haupthandelsstadt des Westens, hinzieht, nur auf Umwegen nach dieser kleinen Stadt gelangen kann; dann aber ist auch die Umgebung der Ansiedelung von der Natur nicht begünstigt genug, um den Ackerbau zur Haupterwerbsquelle der Einwohner werden zu lassen. Nur Viehzüchter und deren Hirten bewohnen die wenigen Häuser, die von ungebrannten Steinen (*Adobes*) in Form grösserer Quadern erbaut, durchaus jeder äusserlichen Schönheit und aller Bequemlichkeit im Inneren entbehren. Eine in demselben Stile aufgeführte Kirche und nebenan der Fandango-Saal (Fandango ist die dort gewöhnliche Benennung für jeden Tanz oder Ball) helfen die kleine Stadt vervollständigen. Der Raum zwischen den Häusern und dem Pecos ist eine kleine Strecke am Flusse hinunter zur Anlage von Gärten und Maisfeldern bestimmt worden, die auf künstliche Weise bewässert werden müssen. Kleine Gräben und Furchen laufen in den Feldern dicht an einander hin und haben den wesentlichen Zweck, in trockenen Monaten den Früchten Wasser aus dem alsdann gestauten Flusse zuzuführen, und ebenso bei schwerem Regen die überflüssige Feuchtigkeit nach dem Pecos abzuleiten. Diese Vorkehrungen sind nämlich unerlässlich, wenn auf dem schweren Lehmboden Ernten erzielt werden sollen, denn derselbe Boden, der in trockenen Monaten die Festigkeit eines Felsens erhält, wird durch Regen schmierig und kleberig. Der Pecos hat viel Aehnlichkeit mit dem Gallinas, der ihm an Breite und Tiefe etwas nachsteht. Die hohen Tafelländer, welche das Thal von Anton Chico einschliessen, halten die kalten Nordstürme ab; doch findet eine andere Plage ihren Weg zu den duldsamen Bewohnern: die wilden Eingeborenen, die von Zeit zu Zeit erscheinen und auf gewaltsame Weise einen Tribut erheben.

Die Ankunft von Fremden hatte die ganze Bevölkerung vor die Thüren oder auf die flachen Dächer ihrer Adobe-Häuser gelockt, von wo aus sie die Ankömmlinge mit neugierigen Blicken betrachteten. Die Fragen nach Kaufläden waren leicht beantwortet, und wie emsige Bienen schwärmten unsere Leute nach denselben hin, um die wenigen Schillinge, die sich hin und wieder vorgefunden hatten, so bald wie möglich umzusetzen. Bei einem Amerikaner, der sich inmitten der mexikanischen Bevölkerung angesiedelt und mit einer bildschönen Tochter des Landes verheirathet hatte, war Lieutenant Whipple am vorhergehenden Tage eingekehrt; er empfing uns daselbst, und stellte uns zugleich der ersten Magistratsperson des Ortes, dem Alcalde, vor. Dieser, ein breitschulteriger, ächter Mexikaner, stolzirte in Hemdärmeln umher und war lauter Höflichkeit gegen alle Besucher. Mit graziöser Bewegung lüftete er bei jedem Gruss seinen breitrandigen Sombrero, beobachtete dabei aber eine steife, etwas theatralische Haltung, die dem stolzesten spanischen Granden Ehre gemacht haben würde, und verglich man seine Zuvorkommenheit gegen Fremde mit seinem herablassenden Benehmen gegen die Bürger, so konnte gewiss kein Zweifel mehr über die hohe und wichtige Persönlichkeit eines mexikanischen Alcalde obwalten. Spät erst kehrte unsere Gesellschaft mit Schätzen beladen nach dem Lager zurück, wo nunmehr alle Delicatessen von Anton Chico mit Ausnahme des rothen Pfeffers in den Feldküchen zu finden waren.

Den rothen spanischen Pfeffer, mit welchem die äusseren Wände der Lehmhäuser, zum Zweck des Trocknens, behangen, ja auf's prächtigste decorirt und theilweise bedeckt waren, hatten die Amerikaner zur grössten Verwunderung der Mexikaner verschmäht und zu ihrem noch grösseren Erstaunen waren Diejenigen, welche sich hatten verleiten lassen, in den Wohnungen das sonderbare, ungewohnte Gemüse zu kosten, mit einer Anschwellung des Mundes und des Gesichtes gestraft worden, woher denn auch Alle mit Verachtung auf die schöne rothe Frucht schauten, die eine Lieblingsspeise der Mexikaner zu sein schien.

Am folgenden Tage in aller Frühe erschien der edle Alcalde in Begleitung der vornehmen Bürger im Lager, um auf feierliche Weise unsere ganze Gesellschaft zum Fandango, der am Abend veranstaltet werden sollte, einzuladen. Natürlich wurde die Einladung mit Freuden angenommen und Jeder ging sogleich an's Werk, eine Art von Ballstaat zusammenzusuchen, um sich am Abend auf würdige Weise unter die tanzenden Señorita's mischen zu können. Nadel und Zwirn wurden in Bewegung gesetzt und wie durch Zauberschlag verschwanden in den vielgebrauchten Kleidungsstücken Risse und Oeffnungen, die ihr Dasein theils dem schweren Dienste auf der langen Reise, theils auch unglücklichen Zufällen verdankten; künstliche Schwärze wurde seit langer Zeit zum ersten Male wieder auf das Schuhzeug gebracht und die prächtigsten Vatermörder und Chemisettes aus steifem Zeichenpapier angefertigt, kurz Alles wurde hervorgesucht, was nur immer zum Staat verwendet werden konnte. Wohl war es eine bunte Schaar, die sich am Abend auf den Weg machte, als die Kirchenglocke, die dort zum Gottesdienste wie zum Fandango ruft, in's Lager hinüberschallte. Da waren Gestalten, die unten in lederne Leggins und schwere Stiefeln, oben dagegen in einen zerknitterten, modischen Jagdrock gekleidet waren, Andere, die umgekehrt unten Civilisation und oben

26 *

Mangel an Kultur zeigten. Mit papierner Wäsche paradirten die Meisten; doch auch ein Paar weisser Glacéhandschuhe zeigte sich, obgleich freilich die geplatzten Nähte die sonnenverbrannte Haut durchschimmern liessen. Das Tragen von Waffen auf dem Balle war eigentlich verboten worden, doch stahl sich häufig aus den Falten der Gewänder der braune Kolben eines Revolvers oder das blanke Heft eines Bowiemessers hervor. In diesem malerischen Aufzuge erschienen also die Amerikaner vor dem Gebäude, welches neben der Kirche zu öffentlichen Zwecken errichtet worden war. Nachdem wir uns am Eingange mit schlechten Erfrischungen, gegen gute Bezahlung verabreicht, gütlich gethan hatten, traten wir in die kleine längliche Halle, wo wir vom Alcalde bewillkommnet und von einem Haufen Mexikaner in beschnürten Calzoneros und Mexikanerinnen in dicken Schleiern oder leichten Decken erwartet wurden. Die verschiedenen Nationen mischten sich bald unter einander und versuchten auf alle mögliche Weise sich einander verständlich zu machen; freilich ging es sehr mangelhaft, doch wurden die Zungen loser, als die schwarzäugigen Señorita's feine Cigaritos füllten, anrauchten und den Fremden darreichten, der Whisky-Punsch kreiste, das Orchester, bestehend aus zwei Guitarren und einer Violine, zum Walzer rief und Alles sich zum wilden Tanze die Hände reichte.

Der Tanz begann; ernst und gemessen bewegten sich anfänglich die Paare, doch der würdige Alcalde in seinen Hemdärmeln gab den Spielleuten ein Zeichen, auf welches die Finger derselben schneller über die klingenden Saiten eilten und in rascherem Takte die Füsse der Tanzenden auf der staubigen Lehmtenne dahinglitten. Unermüdliche Tanzlust leuchtete aus den dunklen Augen der Señorita's, wohlgefällig schauten die ausgearteten Abkömmlinge der Spanier auf ihre eigenen beweglichen Glieder, während wilde Ausgelassenheit auf den bärtigen Zügen der Amerikaner strahlte. Da war kein Tanz, an dem die Fremden sich nicht betheiligt hätten, und wenn auch nicht nach den Regeln der Kunst und der dortigen Mode, so suchten sie doch mit dem besten Willen und nach Kräften in den verwickeltsten Touren ihren Platz zu behaupten. Mitleidig beobachteten die Mexikaner die derberen Bewegungen unserer Leute und die von denselben gestörte Tanzordnung, doch kümmerte das nicht die lachenden Töchter des Landes, die jede kleine Pause benutzten um Cigaritos zu rollen, anzurauchen und glimmend auf die liebenswürdigste Weise ihren Tänzern anzubieten. Mit einem »*thank you*,« woran gewöhnlich sich der Ausruf schloss: »Ach, wenn ich doch nur etwas Spanisch verstände,« wurden die Gaben angenommen. Die Unmöglichkeit einer Unterhaltung zwischen den verschiedenen Nationen that der Fröhlichkeit indessen keinen Abbruch, es wurde getanzt, gesungen, gelacht, getrunken, und erst gegen Morgen trennte sich die Gesellschaft, und zwar ohne dass Balgereien und blutige Köpfe den Jubel auf's Höchste gesteigert hätten, was um so merkwürdiger war, als Wagentreiber und Soldaten, unter letzteren Exemplare aller Nationen Europas, mit wankenden Füssen und benebelten Köpfen sich in das tolle Treiben gemischt hatten.

Als am folgenden Morgen die Sonne ihre ersten Strahlen über unser kleines Lager sendete, herrschte in demselben die tiefste Ruhe; nur ein lautes Schnarchen liess sich mehrfach aus dem Innern der Zelte vernehmen und deutete auf den erquickenden Schlummer, dem unsere ganze Expedition nach der körperlichen Bewegung der vorigen Nacht und den geistigen Genüssen anheimgefallen war. Träge Ruhe schien über dem Thale von Anton Chico zu schweben; wohl krähten die Hähne in dem kleinen Städtchen, wohl wieherten die Maulthiere in den fernen Schluchten, doch trafen diese Töne kaum andere Ohren als die der Wachtposten, die, auf ihre Musketen gelehnt, über das traurige Geschick nachzudenken schienen, welches ihnen versagt hatte, an dem Jubel der verflossenen Nacht Theil zu nehmen. — In der Frühe des 29. September, des zweiten Tages nach Ankunft unserer Expedition in Anton Chico, trennte Lieutenant WHIPPLE das Commando, um zwei verschiedene Wege nach Albuquerque verfolgen und untersuchen zu lassen. Er selbst, in Begleitung eines Topographen, des Geologen, des Botanikers und meiner Person, beabsichtigte das Thal von Cuesta zu besuchen, demnächst am Ende der Cañon Blanco noch einmal mit der ganzen Expedition zusammenzutreffen, dann aber in nordwestlicher Richtung abzubiegen, die Gold Mountains (11) oder Placer südlich liegen zu lassen, die Stadt Galisteo zu berühren, dem Bette des Flüsschens gleiches Namens folgend, den Rio Grande bei der Pueblo-Stadt Santo Domingo zu erreichen und dann an diesem Flusse hinunter bis nach Albuquerque zu ziehen. Das Hauptcorps sollte unterdessen in gerader Richtung südlich von den Gold Mountains durch das Städtchen S. Antonio und den San-Pedro-Pass an den gemeinsamen Bestimmungsort eilen, wo es, einer oberflächlichen Berechnung gemäss, zwei Tage früher als wir eintreffen musste.

»Auf Wiedersehen am Rio Grande!« riefen Lieutenant WHIPPLE und sein kleiner Trupp, als wir mit zwei Wagen und fünf Soldaten unsere Reise antraten. »Auf Wiedersehen in Albuquerque!« antworteten die Zurückbleibenden, die sich ebenfalls schon rüsteten, das Thal von Anton Chico zu verlassen.

Auf den Regen, der am vorhergehenden Tage und während der Nacht gefallen war, folgte drückende Hitze und da in den ersten Stunden während des Marsches der Weg zu einer bedeutenden Höhe hinaufführte, so war der Anfang der Reise nichts weniger als angenehm; und auf der Höhe, wo wir, um nach Cuesta zu gelangen, von der Hauptstrasse nördlich abbogen, machten steiniger Boden und verwachsenes Cederngestrüpp das Fortschreiten beschwerlich. In den letzten Nachmittagsstunden gelangten wir endlich an den Rand des Thales von Cuesta, welches in schauerlicher Tiefe, von hohen Felsen eingeschlossen, einen herrlichen, imposanten Anblick gewährte.

Nur wenige Schritte von der Stelle entfernt, wo ein schmaler, gefährlicher Maulthierpfad hinabführte, wurde das kleine Lager errichtet. Mr. WHIPPLE stieg mit einem Wagentreiber in die Ansiedelungen hinunter, um einige Maiskolben für die Thiere, die in dieser Nacht das Wasser entbehren mussten, herbeizuschaffen, während wir anderen an den Abhängen umherkletterten, um von verschiedenen Punkten eine Aussicht auf die malerische Landschaft zu gewinnen. Hohe, gelbe Tafelländer, durchzogen mit weissen, horizontalen Kalkstreifen, begrenzten das längliche Thal von Cuesta, welches, in rechtwinklige Korn- und Gartenfelder getheilt, von oben gesehen einem Gewebe glich. In vielen Windungen schlängelte sich der Pecos durch die romantische Ebene und an der Stadt Cuesta vorbei, die einer kleinen Festung ähnlich auf einer niedrigeren Abstufung der Hochebene lag. Ausserdem zeigten sich kleinere und grössere Ansiedelungen, die wie zerstreute Würfel theils aus bergenden Schluchten hervorragten, theils weiter vom Fusse der Berge entfernt, frei in der Ebene aufgeführt waren. Wir befanden uns in einer Höhe von 500 Fuss über dem Spiegel des Pecos, so dass die angebaute Niederung wie eine plastische Karte vor uns lag.

Nur wenig Buschwerk auf den Ufern des Flusses und selten eine vereinzelte Pappelweide zierten das Thal, über welches der Herbst hingestrichen war, doch ohne dass er vermocht hätte, alle Reize desselben zu zerstören. Was aber besonders die malerische Aussicht hob, das waren die lichten Cedernwaldungen auf den nächsten Tafelländern und die hinter diesen hochaufstrebenden dunkelblauen Berge und Felsenmassen, ihrerseits weit überragt von einer hohen Gebirgskette, deren lichtes, duftiges Blau kaum von der klaren Atmosphäre zu unterscheiden war. Unten in den Ansiedelungen fing es an zu dämmern, doch lange noch beleuchtete die Sonne die Kuppen der Gebirge und liess dieselben in einem rosigen Lichte glühen.

Bei eintretender Dunkelheit versammelten wir uns vor den Zelten unter einer dichten Gruppe von Cedern; fettes, kieniges Holz nährte ein lustig flackerndes Feuer, um welches sich die einzelnen Mitglieder in gemüthlicher Unterhaltung hingestreckt hatten und ungeduldig der Ankunft des Lieutenant Whipple entgegensahen, um dann gemeinsam einer frugalen Abendmahlzeit gebührende Ehre zu erweisen.

»Es fehlt uns nur der Ingenieur,« hob der Geologe an, »und wir wären wieder dieselbe Gesellschaft, die jenseits der Laguna Colorado den Pyramidenfelsen bestieg. Sie erinnern sich vielleicht, dass, als wir oben auf der Kuppe sassen und unsere Kräfte durch Hinunterschleudern von Gestein erprobten, Einige von uns die Meinung äusserten, dass wir wohl die ersten Weissen wären, die jemals den Pyramid Rock bestiegen hätten. Sie erinnern sich vielleicht auch, dass ich der Letzte war, der den luftigen Sitz verliess? Nun wohl, was Anfangs unsern Augen entgangen war, entdeckte ich, als ich, zuletzt noch auf die vorspringende Felswand trat, nämlich den sichern Beweis, dass nicht nur Europäer vor uns dort oben gewesen, sondern sogar in neuester Zeit den Punkt besucht haben müssen. Sehen Sie, diese Spitzkugel, die ich seit der Zeit bei mir geführt und fast vergessen habe, sie war vorsichtig, wahrscheinlich als Denkmal, auf den äussersten Rand der Kuppe gestellt worden. Natürlich nahm ich sie mit und ich beabsichtige dieselbe als Andenken aufzubewahren.«

Der Doctor und sein Freund, die so lange geschwiegen hatten, brachen nunmehr in ein schallendes Gelächter aus und erzählten, dass sich die Kugel noch keine fünf Minuten an der Stelle befunden habe, als sie von dem Geologen entdeckt worden sei. Nur unseren vereinigten Versicherungen gelang es endlich, den glücklichen Finder von der Thatsache zu überzeugen, der alsbald die Kugel verächtlich von sich warf.

Noch lachten wir über diese komische Täuschung, als die Schildwache mit einer Meldung zum Feuer trat, die keine geringe Aufregung hervorrief. Es waren nämlich am Fusse des Berges mehrere Schüsse gefallen, und da Lieutenant WHIPPLE noch immer nicht von seinem Ausflug zurückgekehrt, zugleich Niemandem die so wenig freundliche Gesinnung der meisten Mexikaner gegen ihre Besieger, die Amerikaner, unbekannt war, so erregte diese Nachricht grosse Besorgniss. Jeder griff augenblicklich zu seinen Waffen und nur zwei Mann bei den Thieren und Wagen zurücklassend, eilten wir dem Abhange zu, um trotz der grossen Finsterniss den gefährlichen Weg in's Thal hinab anzutreten. Schauerlich gähnte uns der schwarze Abgrund an, den die flimmernden Lichter in den Wohnungen nur noch tiefer und schwärzer erscheinen liessen. Das Echo eines Schusses, welches schwach zu uns hinauf drang, entfernte indess die letzten Bedenklichkeiten. Jeder schnallte den Gurt fester um seine Hüften und stürzte vorwärts, ohne auf den gewundenen Pfad in der Dunkelheit zu achten, oder sich um nachrollendes Gestein zu kümmern. Halb fallend, halb gleitend ging es bergab. Das abermalige Blitzen von Schüssen spornte uns zur grössten Eile auf dem gefährlichen Wege, bis wir endlich keuchend von Anstrengung, mit blutenden Gliedern und zerrissenen Kleidern festen Fuss auf einer breiten Strasse fassten, die nach der Richtung hin führte, wo ein neuer Schuss und lautes Schreien auf den vermeintlichen Kampfplatz riefen. Geschlossen und im vollen Lauf eilten wir auf dem Wege weiter, doch hatten wir die ersten Häuser der Ansiedelungen noch nicht erreicht, als wir die Annäherung von Leuten vernahmen, die sich im Schatten von herabgerollten Felsblöcken uns entgegen bewegten. »Wer da!« rief Einer unserer kleinen kampflustigen Schaar den Unbekannten zu, und das Knacken der Hähne von einem halben Dutzend Revolver und Büchsen begleitete diesen Ruf. »Sie werden mich doch nicht erschiessen wollen?« fragte Lieutenant WHIPPLE zurück, der sich wohlbehalten mit einigen Mexikanern und einem beladenen Maulthiere auf dem Rückwege in's Lager befand. »Nein sicherlich nicht!« wurde ihm erwiedert, »wir kommen nur um zu retten!« Erklärungen folgten nun von beiden Seiten und es stellte sich heraus, dass Lieutenant WHIPPLE allerdings feindliche, selbst beleidigende Blicke und Worte genug erhalten hatte, doch war es zu einem Kampfe nicht gekommen und das Schiessen und Schreien rührte nur von einigen aufgeregten Gemüthern her, die ihre ganzen Kräfte aufboten, einen Fandango auf die gewöhnliche geräuschvolle Weise zu verherrlichen. Langsam und verdriesslich über den mühsamen Weg kletterten wir wieder hinauf in's Lager, wo wir erst um Mitternacht, und zwar hungrig und gänzlich erschöpft anlangten.

Die Aussicht über das Thal von Cuesta und die angrenzenden rauhen Gebirgszüge genügte, um uns zu überzeugen, dass es vergebliche Mühe sein würde, zum Zwecke der Auffindung eines zur Eisenbahn geeigneten Weges den Lauf des Pecos genauer untersuchen zu wollen; wir kehrten daher am folgenden Morgen zur Hauptstrasse zurück, um unsern nunmehr vorangeeilten Gefährten durch den Pass Cañon Blanco nachzufolgen.

Es war ein breiter, bequemer Weg, der zwischen Bergketten hinführte; hochstämmige Fichten bedeckten die Thäler und beschatteten den Fuss der Gebirge, verkrüppeltes Nadelholz mancher Art hatte in den Spalten und Schluchten der Sandsteinfelsen Wurzel geschlagen, selbst auf den höchsten Punkten erhoben blaugrüne Cedern ihre dichten Kronen. Kleine baumlose Ebenen, die mit den Kiefernwaldungen abwechselten, waren die Heimath Tausender von Prairiehunden geworden, die bei der Annäherung unserer kleinen Karawane die Köpfe aus ihren Wohnungen steckten und übermüthig ihre feinen Stimmchen in den Wald hineinschallen liessen; graue und rothe Eichhörnchen sprangen fröhlich auf dem Rasen umher, flüchteten sich vor dem ungewohnten Geräusch in die höchsten Bäume hinauf und lugten neugierig hinter deckenden Zweigen hervor, während ihr buschiger Schweif von dem Winde bewegt wurde und dem vorbeiziehenden Jäger ihr Versteck verrieth. Niedrig kreisten Adler und Weihen in der nebligen Luft und kleine Rebhühner schlüpften mit genässten Schwingen über feuchtes Moos. Der Nebel, der in den ersten Frühstunden die Luft getrübt hatte, verdichtete sich mehr und mehr, bis er als feiner Regen niedersank. Um diese Zeit erreichten wir die Lagerstelle des Haupttrains, die an rauchenden Aschenhaufen und verkohlenden Fichtenstämmen weithin zu erkennen war; natürlich wurde daselbst sogleich nach Wasser gesucht, doch erwies es sich, dass auch hier die Heerden die so nothwendige Erfrischung hatten entbehren müssen und durstig die Weiterreise angetreten hatten.

Von dort ab verengte sich der Pass immer mehr, steile Felswände hoben sich bis zu einer Höhe von 1000 Fuss senkrecht aus dem Boden und zeigten bunte, hauptsächlich hellfarbige Sandsteinlagen. Die Strasse blieb indessen nach wie vor bequem und leicht rollten die Räder auf dem festen Boden, auf welchem der fallende Regen den Staub angeklebt hatte. Um die Mittagszeit zerstreuten sich die schweren Wolken und freundlich warf die Sonne ihre Strahlen über Berg und Wald; als wir aber aus der Cañon Blanco traten, an welcher Stelle wir die Heerden und Nachzügler des Haupttrains überholten und wo wir weit um uns zu schauen vermochten, wurden wir gewahr, dass uns ein schreckliches Wetter bevorstand, welches uns die Aussicht auf die Gold Mountains benahm und mit Windeseile auf uns zutrieb.

Die Spitze des vorderen Zuges hatte unterdessen einen kleinen See erreicht, wo das Lager aufgeschlagen werden sollte. Alles beschleunigte seine Schritte, um so bald als möglich an Ort und Stelle zu gelangen und unter schirmendem Zelte das Unwetter zu erwarten. Doch war die Mühe vergeblich, denn noch war der Kreis der Wagen nicht geschlossen, als der Orkan losbrach, die halbstehenden Zelte zu Boden schleuderte und als Vorbote des Wolkenbruches mit unwiderstehlicher Gewalt über die Ebene sauste. Schwere Tropfen schlugen auf den Boden, ihnen folgten dichte Wassermassen, die bald zu Strömen wurden. Alle Versuche, Schutz vor dem Unwetter zu schaffen, wurden aufgegeben und Jeder begnügte sich damit, seinem Thiere die Freiheit zu geben, sich selbst auf dem umgekehrten Sattel zusammenzukauern, die Decke um die Schultern zu werfen und geduldig auf das Ende des Wetters zu harren. In wenigen Minuten glich die Umgebung, so weit die Blicke durchzudringen vermochten, einem rauschenden See und trotz des Gefälles des Bodens, durch welches das Ablaufen des Wassers befördert wurde, standen die Füsse bis an die Knöchel in dem strömenden Elemente. Allmälig legte sich die Wuth des Sturmes, der Regen hörte auf, doch folgte ein eisiger Wind, der scharf über die Ebene strich und den aufgeweichten Boden wieder trocknete, zugleich aber auch die durchnässten Gestalten bis auf's Mark erkältete. Das von dem Engpasse mitgenommene Holz war unter diesen Umständen nur mit vieler Mühe zu entzünden und, einmal im Brennen, wurde es rasch von den Flammen, die der Wind heftig peitschte, verzehrt, so dass der kleine Vorrath kaum zum Bereiten der Speisen ausreichte, und an Trocknen und Erwärmen der halberstarrten Leute nicht gedacht werden konnte. Kaum hatte daher der morastige Boden wieder so viel Festigkeit erlangt, dass die Zeltpflöcke einigen Halt in demselben fanden, als auch Jeder sich beeilte, ein nothdürftiges Obdach sich zu schaffen und sich dann in Decken und Büffelhäuten verkroch.

Der Wind hatte während der Nacht ununterbrochen geweht, so dass am Morgen die Räder der schwer beladenen Wagen nicht mehr allzu tief in den aufgeweichten Boden einschnitten und ein schleuniger Aufbruch bewerkstelligt werden konnte.

Wiederum trennte sich die Gesellschaft, indem Lieutenant Whipple nördlich abbog, um in die Strasse zu gelangen, die ebenfalls von der Cañon Blanco auslief, von dort aber in nordwestlicher Richtung an den Gold Mountains vorbei nach Galisteo und Santa Fé führte.

Der rauhe Herbst hatte sich plötzlich eingestellt, eisiger Westwind trieb dicke Hagelschauer vor sich her, und wenn auch zeitweise die Sonne zwischen zerrissenen Wolken durchbrach, so war die Wirkung ihrer Strahlen doch kaum zu fühlen. Wir befanden uns übrigens nahe an 7000 Fuss über dem Meeresspiegel, ein Umstand, der die Kälte in der so südlichen Breite nicht ungewöhnlich erscheinen liess.

Im raschen Schritte zogen wir also unsere Strasse; es waren 30 Meilen bis nach Galisteo und dieser Ort war das Ziel des Tagemarsches. So wie die Entfernung bis zu diesem Städtchen abnahm, färbten sich die blauen Massen der Gold Moutains dunkler, und deutlicher waren Schluchten und Bergrücken zu erkennen.

Felsig und unfruchtbar zeigte sich das Land auf dieser Strecke und da das Gras kurz abgenagt war, die Heerden sich aber in schützende Schluchten zurückgezogen hatten, so erhielt die Umgebung, die grünender Vegetation und lebender Wesen entkehrte, einen öden, traurigen Charakter. Kurz vor Sonnenuntergang setzte unser kleiner Trupp bei Galisteo über den Fluss gleiches Namens und bezog nahe den ersten Häusern sein Lager.

Das Städtchen, welches sich an einem sanften Abhange hinaufzog, hatte eine reizende Lage und machte in der Ferne den angenehmsten Eindruck, doch schwand derselbe, sobald wir in den schmutzigen Strassen umherwanderten, fast überall auf Dürftigkeit stiessen und von Jedem mit misstrauischen Blicken beobachtet wurden. Wie ächte Banditen schauten die Meisten der männlichen Bevölkerung mit ihren bärtigen Gesichtern aus schmutzigen Decken hervor, ein Ausdruck frecher Verworfenheit spiegelte sich in den Physiognomien der Weiber, die uns mit herausforderndem Spott begrüssten. In einer Art Gasthof, der von allen Gebäuden noch am einladendsten aussah, beschlossen wir den Abend hinzubringen. Wir traten in die Halle, die als Wohn-, Schlaf- und Gastzimmer zugleich diente, wo uns der Wirth nebst seiner Familie, so wie einige amerikanische Offiziere, die sich auf der Durchreise nach Santa Fé befanden, willkommen hiessen. Decken wurden sogleich vor dem hell flackernden Kaminfeuer ausgebreitet, und in lebhafter Unterhaltung lagerten Alle im Kreise. Die Offiziere kamen von Albuquerque, wo ihrer Aussage gemäss unsere Expedition noch nicht erwartet wurde; ebenso war die zu unserer Expedition gehörige Nebenabtheilung, die, von Texas heraufkommend, mit dem Hauptcorps in Albuquerque zusammentreffen sollte, noch nicht angelangt, wodurch einige Besorgniss über deren Verbleiben erregt wurde. Doch da das kleine Commando zu schwach war, um allein über die Steppen zu reisen, und sich einem grösseren Handels- oder Militairtrain anschliessen musste, so konnte der Grund der Verzögerung eben in diesem Umstande liegen.

Natürlich wurde von Lieutenant Whipple's Gesellschaft manche Frage gestellt über Albuquerque, die dortigen Verhältnisse und Persönlichkeiten, mit denen wir nun bald in nähere Berührung kommen sollten, Fragen, die bereitwillig von den Andern beantwortet und zugleich von erläuternden Erzählungen begleitet wurden.

»Der alte Fitzwater,« hob einer der Offiziere an, »den Sie gewiss Alle dem Namen nach kennen, ist nunmehr auf Lebenszeit von unserem Gouvernement auf der Militairstation in Albuquerque angestellt. Dieser alte Krieger ist wohl die grösste Merkwürdigkeit, die Sie dort vorfinden werden, denn ich glaube, dass er kaum noch einen Knochen an seinem Körper hat, der nicht schon zerschossen oder zerschlagen worden und wieder zusammengeflickt wäre. Sein linkes Bein wird z. B. mittelst einer Eisenstange steif gehalten, weshalb er nur von der rechten Seite sein Pferd zu besteigen vermag. Die meisten Narben hat er in Scharmützeln mit Indianern, die schwersten aber in unserem Kriege mit den Mexikanern davon getragen. Er war damals schon ein alter Sergeant, aber immer noch ein Soldat, der es ganz bequem im Ertragen von Entbehrungen und Strapazen mit dem jüngsten Burschen der Armee aufnehmen konnte. Ich weiss nicht in welcher Schlacht es war, als der alte Fitzwater mit seiner Section hinter

Felsblöcken postirt stand, so dass sein Rücken durch eine Granitwand gedeckt war. Er sowohl wie seine Leute liessen ihre Musketen tüchtig auf die feindlichen Tirailleurs spielen, die ihrerseits nach Kräften antworteten und gelegentlich durch einen Traubenschuss ihrer Artillerie unterstützt wurden. Fitzwater war eben im Begriff, sein Gewehr zu laden, als eine Kartätschenkugel seinem Nebenmanne durch den Hals fuhr und mit solcher Gewalt gegen die Felswand schlug, dass die Granitstücken pfeifend umherflogen und eines derselben dem Fitzwater ein Auge raubte. Kaum fühlte dieser die Verwundung, als er sich mit blutendem Gesichte zu seinen Kameraden wendete und ausrief: So etwas ist mir noch nicht vorgekommen und bis jetzt habe ich es für unmöglich gehalten, dass eine Kugel, die schon vorbeigeflogen ist, noch rückwärts verwunden kann, es ist nur gut dass es nicht das rechte Auge getroffen hat. So sprechend legte er ruhig sein Gewehr auf einen Mexikaner an. Nach dem Kriege übernahm er es die Post von Texas nach Santa Fé und wieder zurück regelmässig zu befördern und auf diesen Reisen war es, wo er so häufig mit feindlichen Indianern zusammengerieth. Die unendliche Kaltblütigkeit, die ihn in den Stunden der Gefahr stets auszeichnete, verliess ihn auch hier nicht und nur seiner Ruhe und Geistesgegenwart hat es der alte Fitzwater zu verdanken, dass er heute noch Fouragemeister in Albuquerque ist. Seine grimmigsten Feinde waren von je her die Apaches, die ihm auf allen Wegen nachspürten und seiner habhaft zu werden suchten. Eines Morgens nun, gar nicht mehr sehr weit von El Paso, sass der alte Fitzwater am Feuer und bereitete für sich und seinen einzigen Gefährten und Begleiter das Frühstück, das kein ganz gewöhnliches war, denn so vielfach der Alte auch in seinem Leben zerhauen und zerschossen worden war, so hatte das seinem gesunden Appetite doch nicht im mindesten geschadet. Er hatte sich mit ganzer Seele in die Zubereitung eines saftigen Bratens und eines trefflichen Kaffees vertieft, als er sich plötzlich von einem Haufen Apaches umringt sah, die allem Anscheine nach die besten Absichten auf sein Leben hatten. Fitzwater sah das Nutzlose eines Widerstandes ein, denn er wusste, dass in demselben Augenblicke, in welchem er nach seinen Waffen griffe, ein Tomahawk seinen Schädel zerschmettern würde. Er liess sich also durch die drohenden Gestalten nicht in seiner Beschäftigung stören, sondern rief mit gleichgültiger Miene den Wilden zu, sie möchten sich nur niederlassen und unter den schon fertigen Fleischschnitten zulangen, während er ihnen Kaffee einschenken und neue Fleischstücken zum Rösten an's Feuer legen wolle. Diese ungewöhnliche Kaltblütigkeit, vereint mit der freundlichen Einladung zum Frühmahle, war für die Wilden so überraschend und machte einen solchen Eindruck auf sie, dass sie sich fast unwillkürlich wie auf Befehl niederkauerten, Fitzwater's Leckerbissen in Angriff nahmen und nach Befriedigung ihres Appetites, ohne ihm ein Leid zuzufügen oder etwas von seinen Sachen anzurühren, davon gingen. Fitzwater war froh, nebst seinem Kameraden mit heiler Haut davon gekommen zu sein, erklärte indessen hinterher, dass er den Wilden lieber sein langes Messer als seinen Kaffee

27 *

und Zucker zu kosten gegeben hätte.« — Unter solchen Gesprächen ging uns die Zeit unbemerkt dahin, die Bewohner und Bewohnerinnen der Hacienda erinnerten zuerst an die vorgerückte Nacht, indem sie Matrazen auf dem Flur auseinander rollten, sich selbst entkleideten und mit dem Ausdruck der grössten Behaglichkeit auf ihre einfachen, aber gewiss nicht unbequemen Lager verfügten. Wir nahmen Abschied, wickelten uns in unsere Decken und begaben uns nach unseren Zelten. Der Wind hatte sich gelegt, klarer Frost überzog die stehenden Gewässer mit einer Eiskruste, die Atmosphäre war rein und klar, und wie Milliarden von Diamanten funkelten die Sterne am Firmament. Ein schönerer Herbstmorgen ist wohl kaum über Neu-Mexiko aufgegangen, als der, an welchem wir Galisteo verliessen. Kein Lüftchen regte sich, eine geheimnissvolle Ruhe lagerte auf dem zackigen Gebirge und der hügeligen Ebene; die Sonne schaute lachend auf die stille Landschaft, erreichte mit ihren Strahlen jeden kleinen Winkel und verdrängte die Schatten, doch störrisch behaupteten Steine und Felsblöcke, die zerstreut umherlagen, ihr Recht; nicht so die gefälligen Cedernbüsche, die zwischen dunklen Nadeln hindurch den wärmenden Strahlen einen Blick in ihr dunkles Reich erlaubten. Am Fusse der Gold Mountains hin rieselte durch tiefe Schluchten der Galisteo, so dass von dem Versuche, dem Thale desselben ganz zu folgen, abgestanden werden musste und wir einen grösseren Bogen um das Gebirge beschrieben, um erst in der Nähe des Rio Grande in das eben genannte Thal einzubiegen. Mehrere Stunden Weges hatten wir noch ein starkes Steigen des Bodens zu besiegen und befanden uns dann auf dem höchsten Punkte; von dort aber ging es schnell bergab einer Niederung zu, wo am Fusse ausgebrannter Vulkane Gärten und Wohnungen zur Rast einluden.

War in den letzten Tagen Mangel an Wasser fühlbar gewesen, so reisten wir nun plötzlich in einem Landstriche, wo in kurzen Zwischenräumen krystallklare Quellen aus schwarzem Gestein sprudelten und die Wahl von Lagerstellen nur von dem grösseren oder geringeren Reichthume der Weideplätze abhängig war. Das Vorhandensein so vieler Adern, welche gedrängt liegende Felder und Gärten bewässerten, hängt wahrscheinlich zusammen mit der Spalten erregenden Wirkung einer nahen Gruppe konischer Hügel, die als kleine ausgebrannte Vulkane nicht zu verkennen waren. Jahrhunderte hatten freilich schon auf die einstmals rauchenden Krater gewirkt, sie zugefüllt und die Narben mit einer zähen Grasdecke überzogen, doch ragten an den Seiten noch die scharfen Zacken der Lavabäche hervor, die während des Herunterrieselns erkalteten. Aehnliche vulkanische Ausbrüche an dem östlichen Abfall der Rocky Mountains finden sich weiter nördlich gegen Santa Fé und Pecos hinunter, in der Kette, welche Raton Mountains heisst. Ein solches isolirtes, trachytisches Gebiet ist auf einer schönen geognostischen Karte von Marcou (17) fast im Meridian des Tucumcari verzeichnet.

Auf schwankendem Boden in gefährlicher Nähe arbeitender Vulkane blühten in beiden Continenten vielfach Städte auf, die rasch an Bevölkerung zunahmen, jedoch nur zu häufig in Feuer und Asche untergingen; auf den Trümmern der Wohnungen ihrer Vorfahren entstanden neue Geschlechter, die von süssen Quellen und fruchtbaren Niederungen angezogen, im Anblick eines majestätischen Naturschauspiels jeder Gefahr zu vergessen schienen und ihre Umgebung in paradiesische Gärten verwandelten. Die Vulkane von Neu-Mexiko aber sind todt oder ruhen vielmehr in einem langen, festen Schlaf und die Ansiedler, die sich am Fusse derselben niedergelassen, geniessen die ihnen daselbst gebotenen Gaben, ohne zu ahnen, dass sie sich auf dem erkalteten Kampfplatze wüthender Elemente befinden, die ihren Hader im tiefen Schoosse der Erde fortsetzen und ihnen durch die in die Erdoberfläche gerissenen Klüfte und Spalten reichen Segen zusenden. Langhörnige Rinder, feinwollige Schafe und bärtige Ziegen trinken an solchen Stellen mit Lust von dem kühlen Wasser, der schwarzschwänzige Hirsch und die Gabelantilope kommen dorthin, um ihre Zunge zu netzen; bedächtig steigt aus den dunklen Höhlen der nahen Gebirge der graue Bär hernieder und von Durst getrieben schreitet er den entlegeneren Quellen zu.

Nahe diesen kleinen Ansiedelungen beschlossen wir zu übernachten, um so mehr, als saftige Melonen, schwellende Trauben und rothbäckige Pfirsiche, die uns von allen Seiten entgegenlachten, uns ein köstliches Mahl versprachen und zur Rast aufforderten.

Da am folgenden Tage der Rio Grande erreicht werden sollte, so setzten wir uns schon in aller Frühe in Bewegung und verfolgten unsere über rauhes Land in ein Thal hinabführende Strasse, wo an den Ufern eines Nebenflüsschens des Galisteo sich mexikanische Ansiedelungen dicht aneinander reiheten und förmlich eine Stadt bildeten. Nur kurze Zeit zogen wir in diesem Thale weiter und gelangten dann in das steinige Bett des Galisteo, welches, von hohen Trappfelsen und Gerölle eingeschlossen, den Namen einer langen Schlucht verdient. Starkes Senken des Bodens war bemerklich, denn das wenige Wasser, welches in dem Flusse zurückgeblieben war, rieselte eilig zwischen glatt gewaschenen Steinen hin dem Rio Grande zu. Die Wagen folgten den Windungen des Flusses, die so kurz waren, dass wir uns fortwährend in einem Felsenkessel befanden und unser Gesichtskreis ausserordentlich beschränkt war. Blickten wir aber dahin, woher wir gekommen waren oder wohin wir zu gehen beabsichtigten, so hatten wir eine herrliche Decoration vor uns, die von den vorspringenden oder zurücktretenden Abhängen gebildet wurde, während sich zu beiden Seiten die rauhen Felsmassen zu einer Höhe von mehreren hundert Fuss aufthürmten. Zahllose Erd-Eichhörnchen sprangen zwischen losem Gestein umher und hurtig schlüpften die Bruchhähne (*Chapparal cock, Grococcyx mexicanus*) hinter bergende Gegenstände, um sich den Augen der spähenden Jäger zu entziehen.

Nach einem Marsche von einigen Stunden in der Cañon Boca, wie diese Schlucht von den Mexikanern benannt worden ist, senkte sich das linke Ufer zu einer weiten Ebene, die sich bis an die auslaufenden Schluchten des Placers und das tiefere Thal des Rio Grande erstreckte und über welche die verschiedenen Wege nach den Ansiedelungen führten. Noch im Bette des Galisteo vermochten wir schon die blauen Bergmassen zu unterscheiden, die sich auf dem westlichen Ufer des Rio Grande erhoben und uns den Lauf dieses Flusses bezeichneten, während südlich von uns die Kette des Sandia-Gebirges sich an die blauen Massen des Gebirges anschloss, welches den Namen Placer führt. An der Stelle, wo wir die Cañon Boca verliessen, um die bessere Strasse über die Ebene einzuschlagen, erregten wunderbare, weisse Sandsteingebilde Aller Aufmerksamkeit in so hohem Grade, dass Jeder fast unwillkürlich vor denselben verweilte und sich im Anschauen des herrlichen Naturspieles versenkte.

Wie Pfeifen einer mächtigen Orgel ragten dicht aneinander geschlossene Säulen aus dem Bette des Galisteo hervor, die zusammenhängend sich nach dem Ufer hinaufzogen, gegen das Ende hin kürzer und schwächer wurden und aus geringer Entfernung solche Aehnlichkeit mit einem künstlichen Gebäude trugen, dass es kaum den Eindruck von etwas Ungewöhnlichem gemacht haben würde, wenn feierliche Klänge aus dem Innern der zierlich gekerbten und beringten Säulen hervorgedrungen wären. Doch in erhabener Stille lagen die Felsen da und nur dem sorgsamen Lauscher gelang es, Tausende der verschiedenartigsten Stimmen zu entdecken. In den klaren Lüften wiegte sich majestätisch der Bussard und sandte seinen durchdringenden Ruf zur Erde hinab; tief unter ihm beschrieben zwitschernde Schwalben ihre bunten Zickzacklinien; an dürren Grashalmen hingen farbige Heuschrecken und trillerten in die Welt hinaus; in dunklen Spalten des weichen Erdreichs zirpten die munteren Heimchen; der Bruchhahn scharrte im Sande, wo zarte Stimmchen an sein Ohr schlugen, und am Baume, der nahe der stummen Orgel sein alterndes, morsches Haupt neigte, hämmerte laut der Specht und schreckte die nagenden und schnarrenden Bewohner der durchlöcherten Rinde. Alle diese verschiedenartigen Töne und Stimmen vereinigten sich zu einem das Gemüth anregenden Chor und sangen in übereinstimmender Weise das Loblied der Mutter Natur, ihrer grossen Lehrerin. Wenn Reisende an den schönen Sandsteingebilden vorbeiziehen, dann erfreuen sie sich des herrlichen Anblickes und bewundern in stillem Ernste die Kraft der fallenden Wassertropfen, die im Laufe der Zeit so künstliche Bildhauerarbeit herzustellen vermochten; fromme Mexikaner entblössen auch wohl dort ihr Haupt, bekreuzigen sich und beten ein Ave Maria.

XVII.

Das Thal des Rio Grande del Norte. — Santo Domingo und die Pueblo-Indianer. — Sagen der Pueblo-Indianer. — Abschied von Santo Domingo. — Ankunft in Albuquerque. — Anzeige im El Amigo del Pais.

Als wir auf der Ebene Fuss gefasst hatten, ging es in raschem Trabe auf der festen Strasse weiter. Das Thal des Rio Grande winkte, und Jeder sehnte sich nach dem ersten Anblick des vielfach besprochenen Flusses und seiner Einfassung. An steilen Abhängen von harter Lehmerde wand sich der Weg endlich hinab; doch — wie ganz anders hatte sich Mancher den Rio Grande vorgestellt! Er träumte vielleicht von üppiger Vegetation, von hochstämmigen Palmen und buntzackigen Farrenkräutern, von schattigen Wäldern und schiffbarem Wasser, und nun dehnte sich eine baumlose Fläche vor ihm aus, welche mit der überall vorherrschenden Lehmfarbe und dem seichten, trüben Flusse eher einer weiten Wüste, als einer bevölkerten Niederung glich. Am Fusse der Hügel wendete sich die Strasse gleich gegen Süden, und der trübe Eindruck, den der erste Anblick der ganzen Landschaft auf uns gemacht hatte, schwand wieder etwas, als wir plötzlich eine eigenthümlich gebaute Stadt, umgeben von Gärten und Feldern, vor uns erblickten.

Es war Santo Domingo, eine alte Ansiedelung der Pueblo-Indianer, durch welche der Weg führte, und die bei dem ersten Anblicke an die Casas Grandes am Gila und weiter südlich in Mexiko erinnerte. So wie bei den meisten Bauten in Mexiko, waren auch hier getrocknete Lehmziegel als Material verwendet worden, wodurch das Ganze etwas alterthümlich Ruinenartiges erhielt, was noch dadurch gehoben wurde, dass die verschiedenen Stockwerke terrassenförmig über einander lagen. Auf dem flachen Dache der untern Etage war nämlich die obere bei weitem kleinere jedesmal so errichtet, dass vor derselben ein kleiner Hof blieb. Da nun die Häuser der verschiedenen Stadtviertel dicht gedrängt aneinander lagen, so entstanden dadurch erhöhte Strassen, die an den Thüren der Wohnungen im zweiten und dritten Stock vorbeiführten und eine unmittelbare Verbindung herstellten.

Nur in den obern Stockwerken befanden sich Eingänge, zu welchen von jeder Wohnung Leitern von der Strasse aus hinaufführten, die, wenn es die Sicherheit der

Bewohner erheischte, eingezogen werden konnten; durch eine Oeffnung im flachen Dache des ersten Stockes ging es hinab in die untersten Räume, während andere Leitern von der Plattform des ersten Stockwerkes aus auf das Dach der zweiten Etage und in die Wohnungen des dritten Stockwerkes führten.

Die Räume auf ebener Erde schienen ausschliesslich zum Aufbewahren der Vorräthe bestimmt zu sein, wogegen in den obern die Bewohner sich auf ihre Art bequem eingerichtet hatten und hinlängliches Licht durch kleine viereckige Oeffnungen erhielten, die sie zum Schutz gegen Stürme und Kälte mit durchsichtigen Tafeln von krystallisirtem, späthigem Gyps dicht verschlossen hatten. Nur wenig Leben gewahrte man auf den Strassen zur ebenen Erde, doch hatte sich ein grosser Theil der Bevölkerung oben vor den Thüren versammelt; da sah man Tabak schmauchende Männer, arbeitende Frauen und spielende Kinder, die bei unserer Annäherung in Bewegung geriethen, sich über die Brüstung ihrer Vorhöfe lehnten und auf die Vorbeiziehenden niederschauten. Das laute Geräusch, welches Städte und Ansiedelungen der Weissen so sehr charakterisirt, vermisste man hier ganz; da war kein Schreien, kein lautes Lachen oder Toben. In ruhiger Weise unterhielten sich die einzelnen Gruppen, mit leisem Schritt eilten halbverhüllte Gestalten, bunt bemalte, irdene Gefässe auf den Köpfen tragend, durch die Strassen oder stiegen gewandt die weitsprossigen Leitern hinauf, ohne die Hand an die auf dem Kopfe freistehende Last zu legen oder von dem Inhalte das Geringste zu verschütten.

Wir gelangten unterdessen auf einen rechtwinkligen, freien Platz, von dem zwei Seiten durch Wohnungen, die andern beiden durch die Kirche und die zu öffentlichen Versammlungen bestimmten Gebäude begrenzt wurden. Wir nahmen uns indessen nicht Zeit die Umgebung genauer zu betrachten, sondern folgten einem Indianer, der uns vor die Stadt auf eine grüne Wiese führte, wo wir eilig unsere Zelte aufschlugen, um sobald wie möglich wieder zur Stadt zurückkehren zu können. Die ganze Bevölkerung von Santo Domingo mochte sich wohl auf 800 Seelen belaufen, und da der männliche Theil derselben fast durchgängig der spanischen Sprache mächtig war, so hielt es denn auch nicht schwer, eine Unterredung mit den dem Lager Zuströmenden zu Stande zu bringen.

Natürlich war die erste Frage nach dem Alcalde der Stadt, doch wurde mit geringschätzender Miene erwiedert, dass sich wohl ein Gobernador, aber kein Alcalde in den Mauern von Santo Domingo befinde. Der Verstoss gegen die Eitelkeit der guten Leute wurde indessen wieder doppelt gut gemacht, als Lieutenant Whipple den Gobernador José Antonio Herrera zum Abendbrod in sein Zelt bitten liess. Ein dienstfertiger Indianer überbrachte schleunigst die Einladung und nach kurzer Zeit erschien der Gobernador, ein würdiger Indianer, mit einem ganzen Gefolge, auf das er, als wären es seine Unterthanen, mit Stolz herabsah. Er wurde sogleich herzlich willkommen geheissen, und ein buntes Treiben entstand nunmehr in dem Lager. Alles wurde mit neugierigen Blicken betrachtet und ganz gegen die Gewohnheit anderer Indianerstämme liess auch nicht ein einziger der Besucher sich eine Unbescheidenheit oder gar den Versuch eines Diebstahls an umherliegendem fremdem Eigenthume zu Schulden kommen. Es waren lauter schöne wohlgebaute Menschen, die trotz des indianischen Typus etwas Ansprechendes in ihren Zügen hatten. Männer wie Weiber trugen die Haare lang, nur auf der Stirne waren dieselben über den Augenbrauen stumpf abgeschnitten; ausserdem hatten die Männer ihre Wirbellocken in einen kurzen, dicken Zopf gedreht und diesen mit einem rothen Bande umwunden. Ihre Bekleidung war sehr verschieden: Einige trugen hellbraun gefärbte lederne Jagdhemden, welche, reichlich mit Fransen und Stickereien versehen, trefflich zu den farbigen Unterkleidern passten, die bis an die Knie reichend, nach mexikanischer Mode reich mit gelben und weissen Knöpfen geschmückt waren. Andere hatten nur eine gestreifte Decke um die Schultern geworfen oder waren einfach mit einem Hemde von Kattun bekleidet. Die Weiber hatten um die Hüften einen dunkelfarbigen Rock, der beinahe bis auf die Füsse reichte, befestigt; den Oberkörper verhüllten sie mit einer leichten Decke, die sie bald über den Kopf zogen, bald auf malerische Weise um die Schultern oder Hüften schlangen; an den Füssen trugen beide Theile Mokkasins, die in vielen Fällen zierlich gestickt und geschmückt waren.

Während die Zahl der Indianer im Lager mit jedem Augenblicke zunahm, liess es sich der Gobernador im Zelte vortrefflich schmecken, und als die Fröhlichkeit der Seinigen draussen zu laut wurde, trat er hinter dem Vorhange hervor und richtete einige Worte an die Versammlung, die sich, gehorsam seinen Befehlen, alsbald auflöste und bis auf zwei Männer auf den Heimweg begab. Mit vielen Freundschaftsversicherungen empfahl sich der alte Herrera beim Untergang der Sonne, und da unser Aufenthalt bei Santo Domingo nur auf die eine Nacht beschränkt war, so beschlossen wir noch an demselben Abende einige Indianer in ihren Wohnungen zu besuchen, um in der kurzen Zeit noch so viel als nur irgend möglich von den Sitten und Gebräuchen dieses so interessanten Volkes kennen zu lernen.

Wir stiegen also die erste Leiter*, die wir erreichten, hinauf und befanden uns

---

*) Diese Leitern sind nur einfach an die vielstöckigen Gebäude angelehnt, um sie mit leichter Mühe der Sicherheit wegen bei Nacht oder zu jeder andern Zeit wegziehen zu können. Diese Gewohnheit ist von Interesse, weil die berühmten *Casas grandes* wohl ihrer Vielstöckigkeit wegen *grandes* heissen und darum hätten *Casas altas* genannt werden können. Diese aztekische Bauart, Wohnungen vieler Familien (*Phalanstères* wie Mr. Owen sie empfiehlt) wird noch jetzt angewandt, und sie ist am schönsten gerade aus dem *Pueblo de Santa Domingo* abgebildet, im *Report of Lieutenant J. W. Abert of his examination of New Mexico in the years* 1846—47 und in *Lieutenant Col. W. H. Emory's notes of a military reconnoissance from Fort Leavenworth in Missouri to San Diego in California in the years* 1846—47. Bei meiner Beschreibung der Stadt *Zuñi* und deren alten Ruinen, so wie der von mir auf dieser Reise besuchten Ruinen am *Colorado Chiquito*, die im zweiten Theile dieses Werkes folgt, habe ich ausführlicher über diesen Gegenstand berichtet, und alle mir bekannte Beschreibungen von den Besuchern der Ruinen von *Pueblos* und von noch bewohnten

dann auf einem kleinen, reinlichen Hofe, der mit einer Brüstung umgeben war; wir traten ohne Weiteres in eine geöffnete Thüre, durch welche uns ein Kaminfeuer entgegenschimmerte. Als die anwesenden Bewohner, ein junger Mann und zwei Mädchen, den Besuch bemerkten, nahm ersterer mehrere Decken aus einem Winkel, breitete dieselben vor dem Feuer aus und lud uns freundlich ein, uns auf denselben niederzulassen. Die beiden Mädchen, die mit der Bereitung von Speisen beschäftigt waren, reichten sogleich Jedem von uns einen warmen Mehlkuchen (*Tortillas*), setzten eine Schüssel mit einem anderen Gebäcke, welches einem grossen Wespenneste glich, vor uns hin, und nöthigten durch unzweideutige Zeichen zum Essen. Das Gemach, in welchem wir uns befanden, war nur klein, doch rein bis in die dunkelsten Winkel, und die in den Ecken aufgestapelten Pelze und Decken gaben dem Ganzen einen Anstrich von Behaglichkeit. Die glatten Wände bedeckten Kleidungsstücke, Hausgeräth und Waffen, die mit einer gewissen Ordnungsliebe aneinander gereiht waren. Nachdem wir zur grössten Befriedigung der freundlichen Wirthe von den verabreichten Speisen genossen, das übrig gebliebene in die Taschen geschoben und unsere Neugierde an den umherliegenden und hängenden Gegenständen befriedigt hatten, wünschten wir den Indianern »Gute Nacht« und setzten unsere Entdeckungsreise auf den Dächern der Gebäude fort. In mancher Wohnung sprachen wir noch ein, doch fanden wir überall dieselbe Einrichtung, dieselbe Gastfreundschaft und Zuvorkommenheit und spät erst kehrten wir zu unseren Zelten auf der grünen Wiese zurück.

In der Frühe des folgenden Tages wanderten wir wieder nach der Stadt, um vor allen Dingen die innere Einrichtung der Kirche in Augenschein zu nehmen, da uns der gefällige Gobernador die Erlaubniss, und mit dieser den Schlüssel zu der unförmlichen Kirchenthüre gegeben und sich sogar selbst mit der grössten Bereitwilligkeit zur Begleitung angeboten hatte.

Die Kirche unterschied sich in ihrem Aeusseren gar nicht von den Gotteshäusern kleinerer mexikanischer Städte; rohe Mauern schlossen eine einfache Halle ein, deren Hauptgiebel an den freien Platz stiess und von zwei viereckigen ebenfalls von Lehmerde aufgeführten Pfeilern, welche das Hauptgebäude etwas überragten, gehalten wurde. Zwischen den beiden Pfeilern befand sich der Eingang und über diesem eine Gallerie, die durch eine Thür mit dem Chor der Kirche in Verbindung stand. Auf dem Dache erhob sich ein gemauertes Gerüst, welches die kleine Glocke hielt und auf seiner höchsten Spitze das Zeichen des Kreuzes trug. Nebengebäude, die in demselben Stile aufgeführt waren, so wie der eingefriedigte Vorhof halfen das Ganze der Pueblo-Kirche

---

Pueblos bei dieser Gelegenheit zu Hülfe genommen und mit einander verglichen. Der tiefe Friede, in welchem die *Pueblo-Indianer* mit ihren Nachbarn leben, macht solch vorsichtiges Verfahren jetzt überflüssig; wir schrieben es wenigstens diesem Umstande zu, dass es uns freistand zur nächtlichen Stunde ungehindert zu jeder Wohnung hinaufsteigen und eintreten zu können.

Sandstein - Bildung bei Pueblo de Santo Domingo
Neu-Mexico

vervollständigen, deren Bau und Einrichtungen unzweifelhaft von katholischen Missionaren geleitet waren.

Das Innere der Kirche entsprach ganz ihrem Aeusseren. Eine Art von Altar, glatte Lehmwände, an denen einige alte spanische Gemälde hingen, bildeten die ganze Decoration, doch befanden sich auch einige rohe indianische Malereien daselbst; unter diesen war besonders hervorragend die Abbildung eines Mannes zu Pferde über einen Haufen von Menschen hinreitend, also ein Conquistador (Anspielung auf die erste spanische Ueberwindung). Eine Vermischung der katholischen und Azteken-Religion trat überhaupt deutlich hervor und vielseitig fand man daselbst die heilige Jungfrau in Verbindung mit einer Indianerfigur, die das unwissende Volk in diesem Norden, wohin nie die mexikanische Macht vom See von Tezcuco aus gedrungen war, Montezuma nennt; unter dem Bilde des Kreuzes waren die erhaltenen Höhlen zu sehen, wo einst das heilige Feuer brannte. In den reichbevölkerten Indianerstädten am Rio Grande und westlich der Rocky Mountains ist das ewige Feuer schon längst erloschen, doch scheint es aus Ueberlieferungen, die natürlich nicht verbürgt werden können, hervorzugehen, dass an den Quellen des Pecos, da wo jetzt noch die alten Ruinen von Pecos die Aufmerksamkeit des Wanderers fesseln, zuletzt die heiligen Flammen geschürt worden sind. Nach denselben Nachrichten soll Montezuma einen jungen Baum an eben diesen Ort verpflanzt und zugleich geäussert haben, dass, so lange derselbe stehe, die Abkömmlinge der Azteken, die jetzigen Pueblo-Indianer, eine mächtige, unabhängige Nation bilden würden, nach dem Verschwinden des Baumes aber würden weisse Menschen von Sonnenaufgang kommen und das Land überschwemmen. Die Bewohner der Pueblos sollten dann in Frieden mit dieser Nation leben und geduldig der Zeit harren, wo Montezuma zurückkehren würde, um sie wieder in einen grossen, mächtigen Stamm zu vereinigen. So lauteten die dunklen, verwirrten Sagen, mit deren Erzählung die begleitenden Indianer uns unterhielten, als wir noch einen Spaziergang durch die Stadt machten. Doch die Zeit verrann schnell, nur flüchtig lugten wir noch hin und wieder durch die Lichtöffnungen der unteren Stockwerke, um die darin arbeitenden Weiber zu beobachten, die nach dem Takte von Gesang und Trommeln hartkörnigen Mais zwischen zwei Steinen zu feinem Mehl rieben oder Hülsenfrüchte reinigten; auch stiegen wir gelegentlich auf die höchsten Dächer der Häuser, um unter den dort aufgehäuften Geweihen ein hübsches Exemplar auszusuchen. Dann eilten wir zu unseren bereit gehaltenen Thieren, nahmen Abschied von den freundlichen Indianern und trabten fröhlich über die sandige Ebene, auf welcher die Wagen schon einen bedeutenden Vorsprung gewonnen hatten. Es war noch früh am Tage, doch begegneten uns schon betriebsame Leute, die hinter zweirädrigen Karren hergingen und mittels einer langen Peitsche die vorgespannten, bedächtig schreitenden Ochsen lenkten oder bepackte Esel vor sich hertrieben.

Auf einer kleinen Höhe hielten wir an und schauten noch einmal nach Santo

Domingo zurück welches wie graue Ruinen aus herbstlich gefärbten Wein- und Obstgärten hervorragte.

In einiger Entfernung vom Rio Grande führte die alte Landstrasse an diesem Flusse hinunter. Wir befanden uns dann nach einem Ritte von sechs Meilen dem auf dem rechten Ufer gelegenen Pueblo San Felipe gegenüber, das auf einer kleinen von kahlen Felsen eingeschlossenen Ebene einen nichts weniger als freundlichen Anblick bot. Gleich darauf überschritten wir den Rio Tuerto nahe seiner Mündung, zogen durch die mexikanische Stadt Algodones, und weiter ging es dann am Fusse des Sandia-Gebirges [13], hin, zwischen dessen fortlaufender Kette und dem Rio Grande wir ziemlich die Mitte zu halten hatten. Der Weg führte uns bald über grosse Strecken sandigen, unfruchtbaren Bodens, einzig belebt von Prairiehunden und Eidechsen mancher Art, bald an ausgedehnten Wiesen oder Mais- und Bohnenfeldern vorbei. Die Nähe der Ansiedelungen und kultivirten Ländereien war schon lange vorher an den Canälen und Gräben zu erkennen, die nach allen Richtungen die Niederungen durchschnitten und dazu bestimmt waren, das Wasser des Rio Grande den Pflanzen und Saaten zuzuführen, denn ohne diese Vorkehrungen würde es schwerlich gelingen, auch nur spärliche Ernten unter dem trockenen Himmel von Neu-Mexiko zu erzielen. Schaaren von Sumpf- und Wasservögeln belebten die so bewässerten Felder, und häufig gelang es uns unter dem Schutze dichter Maisstauden, den ungeheuren Zügen wilden Geflügels nahe zu schleichen und mit wenigen Schüssen eine grosse Verheerung unter denselben anzurichten. Die Reise glich auf diese Art einer Vergnügungstour, um so mehr als blühende Ranchos und Ansiedelungen, die auf Wohlstand und Behaglichkeit der Besitzer deuteten, uns in kurzen Zwischenräumen anlächelten. Eine kleine Tagereise konnte es nur noch bis Albuquerque sein, als wir beschlossen in der Nähe von Bernalillo, ebenfalls einer Indianerstadt, zu rasten und den kommenden Morgen zu erwarten.

Dämmerung ruhte noch im Thale des Rio Grande; nur die höchsten Spitzen des Sandia-Gebirges begannen im Wiederschein der Morgenröthe zu glühen, als unsere ungeduldige Gesellschaft schon im Sattel sass und kräftig die trägen Thiere zur Eile antrieb. Die Umgebung hatte plötzlich alles Interesse verloren und Aller Augen spähten in die Ferne nach den Kirchthürmen von Albuquerque.

Jeder Vorüberziehende, ob nun Indianer oder Mexikaner, wurde nach der Entfernung bis zu diesem Orte gefragt, doch war die gewöhnliche Antwort: *Quien sabe!* womit wir uns zufrieden geben mussten.

So waren wir denn so weit gekommen, dass wir uns der südlichen Spitze der Sandia-Berge gegenüber befanden, wo eine breite Landstrasse aus dem Osten kommend unseren Weg durchschnitt und nach einer anscheinend grossen Ansiedelung am Rio Grande führte. Wieder wurden einige dort arbeitende Mexikanerinnen nach der Stadt Albuquerque gefragt, die denn auch lachend nach dem Flusse zeigten, wo eine lange

Reihe niedriger Häuser und zwei kleine Thürmchen das Vorhandensein einer Stadt verriethen.

Schnell wurde in die Querstrasse eingebogen, die Reiter spornten ihre Thiere, im Trabe folgten die Wagen nach, und bald befanden wir uns zwischen Einfriedigungen und langen Gebäuden, aus deren Thüren und Fenstern Männer in der Dragoneruniform der Vereinigten Staaten schauten. An den Gebäuden vorbei nach einem grünen Platze vor der Stadt, wo uns weisse Zelte entgegenschimmerten, lenkten wir den Schritt unserer Thiere, und bald schallte uns von allen Seiten ein herzliches Willkommen entgegen. Da gab es ein Händedrücken, ein Fragen und Erzählen, als wenn die alten Kameraden nicht drei Tage, sondern drei Jahre von einander getrennt gewesen wären. Wie durch Zauber erschienen Flaschen und Krüge mit vortrefflichem Wein von El Paso, und die Freude des Wiedersehens wurde verherrlicht durch ein festliches Mahl unter freiem Himmel. Nachdem der erste Freudenrausch vorüber, eilten wir, die zuletzt Angekommenen, nach der Stadt, um die für uns auf der Post bereit liegenden Briefe in Empfang zu nehmen, die von dem Gouvernement in Washington durch die Santa-Fé-Post nach Albuquerque befördert worden waren, und gegen Abend noch sah man in den Zelten einzelne Gestalten, die, von Briefen umgeben, zum dritten und vierten Male Nachrichten aus der fernen Heimath durchlasen. —

Nach einigen Tagen lasen wir im Amigo del Pais, dem Wochenblatte von Albuquerque, folgende Anzeige, die von einigen angesehenen Bürgern der Stadt herrührte und die eine kurze aber ziemlich genaue Beschreibung der von uns untersuchten Strasse enthielt.

Die projectirte Eisenbahn von Albuquerque nach dem stillen Ocean betreffend:

»Wir hatten die Freude die Eisenbahn-Expedition unter dem Commando des Lieutenant Whipple, die am 3. October 1853 wohlbehalten hier eintraf, zu begrüssen. Die Gesellschaft besteht aus folgenden Mitgliedern: Lieutenant Ives vom Topographischen Departement, erster Assistent des Lieutenant Whipple, Dr. John, M. Bigelow, Arzt und Botaniker; Jules Marcou, Geolog und Mineralog; C. B. B. Kennerly, Doctor und Naturaliensammler; Albert Campbell, Ingenieur und Feldmesser; H. B. Möllhausen, Naturaliensammler und topographischer Zeichner; Hugh Campbell, Astronom; W. White, Meteorolog; Georg Garner, Astronom und Secretair; John Pitts Sherburn, Meteorolog; Thomas Park, Astronom; Lieutenant Jones vom 7. Infanterie-Regiment, Commandeur der Escorte; D. S. Stanley, Quartiermeister und Commissair.

Wir erhielten von Lieutenant Whipple die befriedigendsten Nachrichten über die von der Expedition untersuchte Strasse. Von Memphis am Mississippi bis nach Fort Napoleon an der Mündung des Arkansas und diesen Fluss hinauf bis nach Fort Smith reiste die Expedition mit möglichster Eile und wurden die wirklichen Arbeiten erst am letztgenannten Orte begonnen. Von Fort Smith zog dieselbe durch die Ländereien der

Choctaw-Indianer, folgte dem Thale des Canadian bis zu seiner grossen Biegung, schnitt diesen Umweg ab, berührte während der Zeit die Zuflüsse des Washita-Flusses und gelangte nach einigen Tagen wieder an den Canadian, dessen Thal sie dann wieder auf 150 Meilen folgte. Diesen Fluss gänzlich verlassend zog sie die Höhe hinauf, gelangte auf die Llanos Estacados, legte auf denselben eine kurze Strecke zurück und reiste auf der Wasserscheide zwischen dem Canadian und Pecos weiter. Nach Ueberschreitung des Pecos gelangte sie nach Anton Chico, wo sie sich theilte. Mr. ALBERT CAMPBELL zog mit dem Haupttrain via Laguna südlich am Sandia-Gebirge vorbei, während Lieutenant WHIPPLE die Gebirge nördlich umging, Galisteo berührte und bei Santo Domingo den Rio Grande erreichte. — Auf dem östlichen Theile der Strasse sind mächtige Waldungen, deren Holz sich vortrefflich zum Baue von Eisenbahnen eignet und in solchem Ueberfluss, dass die ganze Länge der Bahn von dort aus mit dem nöthigen Bedarf versehen werden könnte. Doch findet sich auch viel gutes Bauholz in den Gebirgen bei Anton Chico so wie unerschöpfliche Kohlenlager im Staate Arkansas und zu beiden Seiten des Rio Grande Brennmaterialien auf Ewigkeiten sichern. Hindernisse des Terrains sind auf der ganzen Route bis hierher nicht vorhanden, nur selten hat die Expedition zur Nachtzeit Wasser entbehren müssen. Eine Brücke über den Rio Grande del Norte zu bauen wird zwar überall ohne grosse Schwierigkeiten möglich sein, doch sind als die passendsten Stellen San Felipe, 30 Meilen oberhalb Albuquerque und Isleta, 16 Meilen südlich von diesem Punkte, bezeichnet worden.«

Bis dahin hatten wir uns also eines günstigen Resultates zu erfreuen zwischen dem 35. und 36. Grad nördlicher Breite, aber es blieben unserer Expedition noch die gänzlich unbekannten Regionen westlich von Zuñi bis zu den Küstenstrichen der Südsee zu durchforschen. Wie wir vernahmen, sollten wir in kurzer Zeit den schwierigsten Theil unserer Arbeit beginnen, auch sollte zum Schutz gegen feindliche Indianerstämme noch eine zweite Militairbedeckung von 25 Mann Vereinigte-Staaten-Infanterie unter dem Befehl des Lieutenant FITTBALL vom Fort Defiance aus zu uns stossen. Der Winter war vor der Thüre und musste voraussichtlich viel zu den Hindernissen und Mühseligkeiten beitragen, mit denen unsere Expedition zu kämpfen hatte. Wir genossen einige Tage einer wohlthätigen Ruhe und wünschten uns gegenseitig Glück zur fröhlichen und baldigen Ankunft in der Mission Pueblo de los Angelos am stillen Meere.

TAGEBUCH EINER REISE

VOM

MISSISSIPPI NACH DEN KÜSTEN DER SÜDSEE.

TAGEBUCH EINER REISE

VOM

MISSISSIPPI NACH DEN KÜSTEN DER SÜDSEE.

VON

BALDUIN MÖLLHAUSEN.

EINGEFÜHRT VON ALEXANDER VON HUMBOLDT.

Mit 13 Illustrationen in Oelfarben- und Tondruck, 10 Holzschnitten und 1 Karte.

LEIPZIG: HERMANN MENDELSSOHN

1858.

SEINER MAJESTÄT

FRIEDRICH WILHELM DEM VIERTEN

KÖNIGE VON PREUSSEN

DEM

GROSSMÜTHIGEN BESCHÜTZER DER WISSENSCHAFTEN UND KÜNSTE

IN TIEFSTER EHRFURCHT UND MIT DANKBAREM GEMÜTHE

DER VERFASSER

LISTE DER SUBSCRIBENTEN.

	Expl.
Se. Majestät der König von Preussen	12
Se. Königliche Hoheit der Grossherzog von Oldenburg	1
Se. Königliche Hoheit der Prinz von Preussen	1
Se. Königliche Hoheit Prinz Friedrich Wilhelm von Preussen	1
Se. Königliche Hoheit Prinz Carl von Preussen	1
Se. Königliche Hoheit Prinz Friedrich Carl von Preussen	1
Ihre Königliche Hoheit Frau Prinzessin Friedrich Carl von Preussen	1
Se. Königliche Hoheit Prinz Alexander von Preussen	1
Se. Königliche Hoheit der Kronprinz von Schweden	1
Se. Königliche Hoheit Prinz Friedrich der Niederlande	1
Se. Königliche Hoheit Prinz August von Württemberg	1
Se. Hoheit der Herzog von Nassau	1
Se. Hoheit der Herzog zu Sachsen-Meiningen-Hildburghausen	1
Se. Hoheit der Herzog Alexander Carl von Anhalt-Bernburg	1
Se. Hochfürstliche Durchlaucht Prinz Maximilian von Wied	1
Se. Hochfürstl. Durchlaucht Fürst und Altgraf Joseph von Salm-Reifferscheidt-Dyck	1
Se. Durchlaucht Fürst und Altgraf Hugo Karl zu Salm-Reifferscheidt	1
Se. Durchlaucht Herzog Victor zu Ratibor	1
Se. Durchlaucht der regierende Fürst Aloys von Liechtenstein	1
Se. Durchlaucht Prinz Friedrich zu Sayn-Wittgenstein-Berleburg	1
Se. Durchlaucht Fürst Boguslav Radziwill	1
Se. Durchlaucht Fürst Hugo zu Hohenlohe-Oehringen	1
Se. Durchlaucht Fürst Paul Esterhazy	1
Se. Durchlaucht Fürst Ferdinand Kinsky	1

Expl.

Altenburg.

Die Schnuphase'sche Buchhandlung
für Herrn Karl Jul. Mühlig genannt Hofmann, Rittergutsbesitzer auf Ehrenhain 1

Altona.

Herr A. Lehmkuhl & Co., Buchhändler 2
Herr H. Uflacker, Buchhändler 1

Amsterdam.

Herr Johannes Müller, Buchhändler 2
Die Seijffardt'sche Buchhandlung
für Herrn W. Heppner 1

Baireuth.

Die Grau'sche Buchhandlung 1

Basel.

Die Schweighauser'sche Sortiments-Buchhandlung 4

Berlin.

Herren A. Asher & Co., Buchhändler
für oben genannte fürstliche Personen 2
für Hrn. Banquier Max Anton Wagener 1
3

Die Hirschwald'sche Buchhandlung 1
Die Jonas'sche Sort.-Buchh. (L. Steinthal)
für Herrn Baron von Petrino in Czernowitz 1
für das Cours-Bureau des Königl. General-Post-Amtes in Berlin 1
2

Herr Geheime Commerzien-Rath Alex. Mendelssohn 1
Mittler's Sortim.-Buchhandlung (A. Bath)
für Herrn Landrath Baron von Arnim 1
Die Nicolai'sche Buchhandlung 1
Oehmigke's Buchhandlung (P. Bernhardi)
für Herrn Kaufmann B. Bernhardt 1
Die Plahn'sche Buchhandlung (H. Sauvage)
für Frau Gräfin von Barnim 1
D. Reimer, Buchhändler
für Sr. Exc. Herrn Geh. Staatsminister Graf von Arnim-Boytzenburg 1
Herrn E. H. Schroeder's Buchhandlung 1
Herren F. Schneider & Co., Buchhändler 2
Herrn Fr. Schulze's Buchhandlung
für Herrn Gutsbesitzer Schroeder 1

Expl.

Herr Jul. Springer, Buchhändler
für oben genannte fürstliche Personen 1

Bern.

Die Dalp'sche Buchhandlung 1
Herren Huber & Co., Buchhändler 1

Bernburg.

Herrn Ad. Schmelzer's Hofbuchhandlung
für oben genannte fürstliche Personen 1

Bonn.

Herren Henry & Cohen, Buchhändler 1
Herr Eduard Weber, Buchhändler
für oben genannte fürstliche Personen 2
für Herrn Freiherrn von Weichs-Roesberg auf Schloss Roesberg bei Bonn 1
für Herrn Rentier Julius Eversmann 1
4

Bremen.

Herrn J. G. Heyse's Buchhandlung
für die Museums-Gesellschaft 1

Breslau.

Herrn A. Gosohorsky's Buchhandlung (L. F. Maske) 1
Herr F. Hirt, Buchhändler
für oben genannte fürstliche Personen 2

Brünn.

Herr A. Hauptmann, Buchhändler
für Herrn Grafen von Sylva-Taroucs in Brünn 1

Brüssel.

Herr F. Claassen, Buchhändler 1

Budweis.

Herr L. Hansen, Buchhändler
für Herrn Wenzel Rosenauer in Budweis 1

Celle.

Die Capaun-Karlowa'sche Buchhandlung 1

Cöln a/Rh.

Die M. Du Mont-Schauberg'sche Buchhandlung
für Herrn wirkl. Geheimen Rath und Staatsminister a. D. Camphausen 1

	Expl.
für Herrn Geh. Commerzienrath Deichmann	1
für Herrn G. Mevissen, Präsident der Handelskammer	1
für Herrn Regierungs-Präsident v. Möller	1
für Herrn Stadt-Registrator Scheidt	1
für Herrn Regierungs-Präsident a. D. von Wittgenstein	1
	6
Herrn F. C. Eisen's Kgl. Hof-Buchhandlung	1

Danzig.

Herr W. Devrient Nachfolger (C. A. Schulz), Buchhändler
für die Bibliothek der Königl. Marine-Station der Ostsee in Danzig 1

Darmstadt.

Herr C. Koehler jun., Buchhändler
für Herrn Wilhelm Stein, Gruben-Eigenthümer in Mexiko 1

Dorpat.

Herr E. J. Karow, Buchhändler 1

Dresden.

Herren Adler & Dietze, Buchhändler
für Herrn Francis Forbes, ausserordentl. Gesandter und bevollmacht. Minister Ihrer Maj. der Königin von England 1

Düsseldorf.

Die Schaub'sche Buchhandlung (C. Schöpping) 2

Frankfurt a/M.

Die Jaeger'che Buchhandlung	1
für Herrn W. Kirchner, Königl. Preuss. Consul in Sidney (Australien)	1
für Herrn Sam. Ricker, Consul der Vereinigten Staaten von Nord-Amerika in Frankfurt a/M.	1
	3
Herr C. Jügel, Buchhändler	1
Herrn J. D. Sauerländer's Sortiments-Buchhandlung für Herrn Schöff Dr. jur. E. F. Souchay	1

Göttingen.

Die Dieterich'sche Buchhandlung
für die Königl. Universitäts-Bibliothek 1

Gratz.

Herren Damian & Sorge, Buchhändler 2
Herrn A. Hesse's Buchhandlung
für Herrn Dr. med. Fr. Záruba 1

Greifswald.

Herr L. Bamberg, Buchhändler 1

Gütersloh.

Herr C. Bertelsmann, Buchhändler
für Herrn Dr. med. Stohlmann 1

Hagen.

Herr G. Butz, Buchhändler
für Herrn Kaufmann Julius Funcke 1

Hamburg.

Herr C. Gassmann, Buchhändler	1
Die Herold'sche Buchhandlung	1
Herren Hoffmann & Campe, Buchhändler für Herrn Friedrich Traun	1
Herr O. Meissner, Buchhändler	1
Herren Nestler & Mello, Buchhändler	
für die Commerz-Bibliothek	1
für Herrn A. H. Sillem	1
	2

Hannover.

Die Hahn'sche Hof-Buchhandlung
für die Societäts-Bibliothek 1
Herr C. Rümpler, Buchhändler
für die Privatbibliothek Sr. Maj. des Königs von Hannover 1

Königsberg i. Pr.

Herren Graefe & Unzer, Buchhändler 1
Herr W. Koch, Buchhändler
für Herrn Obristlieutenant und Chef des Generalstabes von Lehwaldt 1

Leipzig.

Herrn F. A. Brockhaus' Sortiment und Antiquarium 1
Herr Carl Fr. Fleischer, Buchhändler
für Herrn Legationsrath Dr. Keil 1
Die Hinrichs'sche Buchhandlung 1
Herr Eduard Kretzschmar, Buchhändler 1

	Expl.
Herr Leopold Voss, Buchhändler	
für die Kaiserliche Akademie der Wissenschaften zu St. Petersburg	1
für die Kaiserlich Russische Geographische Gesellschaft zu St. Petersburg	1
	2

Lemberg.

Herr J. Milikowski, Buchhändler	
für Herrn Grafen Vladimir Dzieduszycki	1

London.

Herren Dulau & Co., Buchhändler	1
Herren Williams & Norgate, Buchhändler	3

Lübeck.

Die v. Rohden'sche Buchhandlung	
für Herrn Grafen Reventlow in Ratzeburg	1

Luxemburg.

Herr V. Bück, Buchhändler	1

Magdeburg.

Herr E. Baensch, Königl. Hof-Buchhandlung	
für Herrn Spiegel Freiherrn zum Desenberg, Domherrn zu Halberstadt	1
für Herrn F. Meyer in Buckau	1
	2

Meiningen.

Herren Brückner & Renner, Hofbuchhandlung	
für oben genannte fürstliche Personen	1

Mitau.

Die Reyher'sche Sortiments-Buchhandlung (F. Besthorn)	1

Moscau.

Herren Deubner & Hoff, Buchhändler	1
Herr Edm. Kunth & Co., Buchhändler	1

München.

Die Literarisch-artistische Anstalt	1
Herrn Joh. Palm's Hof-Buchhandlung	
für die Königliche Hof- und Staats-Bibliothek in München	1

Neapel.

Herr Alb. Detken, Buchhändler	1

	Expl.

Neubrandenburg.

Herr C. Brünslow, Buchhändler	
für Herrn von Dewitz auf Coelpin	1
Herr W. Krull, Buchhändler	
für Herrn Oberlehrer Dr. Kurtze	1

Neu-Strelitz.

Herr G. Barnewitz, Hofbuchhändler	1

New-York.

Herr F. W. Christen, Buchhändler	
für Herrn J. W. Schmidt, Königl. Preuss. General-Consul in New-York	1
für Herrn Consul Wilh. Vogel in New-Orleans	1
	2
Herr L. W. Schmidt, Buchhändler	2
Herr B. Westermann & Co., Buchhändler	1
für Herrn E. C. Angelbrodt in St. Louis M.	1
für Herrn Dr. med. A. Behr in St. Louis	1
für Herrn Edm. Bühler ,, ,,	1
	4

Oedenburg.

Herren Seyring & Hennicke, Buchhändler	
für Herrn von Sánez, Privatsekretair des Grafen P. Szechenyi in Oedenburg	1

Oldenburg.

Herr F. Schmidt, Buchhändler	
für oben genannte fürstliche Personen	1

Olmütz.

Herr Ed. Hoelzel, Buchhändler	
für Herrn Graf August von Tarouca, k. k. wirkl. Kämmerer etc. in Czech	1

Oxford.

Herren J. H. & J. Parker, Buchhändler	1

Paris.

Herr A. Franck, Buchhändler	2
Herr F. Klincksieck, Buchhändler	
für Le Dépôt général des cartes et plans du Ministère Impérial de la Marine à Paris	1

Pesth.

Herren Lauffer & Stolp, Buchhändler	
für Herrn Fr. Koerner, Professor an der Handels-Akademie	1
Herr C. Osterlamm, Buchhändler	1

	Expl.
St. Petersburg.	
Herren Eggers & Co., Buchhändler	1
Herr Ed. Minlos, Kaiserl. Hofbuchhändler	3
Herr V. J. Schmiedekampf, Buchhändler	1
Posen.	
Die Mittler'sche Buchhandlung (A. E. Döppner)	
für Herrn Präsident Graf von Schweinitz	1
für Herrn Justizrath Doenniges	1
	2
Potsdam.	
Die Gropius'sche Buchhandlung (A. Krausnick)	
für Herrn L. Jacobs	1
Die Horvath'sche Buchhandlung (Ed. Döring)	
für oben genannte fürstliche Personen	1
für die Bibliothek der Königl. Regierung zu Potsdam	1
	2
Die Riegel'sche Buchhandlung (A. Stein)	
für oben genannte fürstliche Personen	5
für die Bibliothek des Königl. Cadetten-Corps	1
für die Bibliothek der Königl. Combinirten Garde-Divisions-Schule	1
für die Bibliothek des Königl. 1. Garde-Uhlanen-Regiments	1
für die Bibliothek der Königl. Ober-Rechnungskammer	1
für Ungenannte	2
	11
Prag.	
Herr K. André, Buchhändler	
für oben genannte fürstliche Personen	1
für Herrn Johann Freiherrn von Aehrenthal in Prag	1
	2
Herr F. A. Credner, K. K. Hof-Buchhändler	1
Herrn Fr. Ehrlich's Buchhandlung	1
Herr F. Rziwnatz, Buchhändler	
für Herrn Adalbert Lanna jun. in Prag	1
Ratibor.	
Herr V. Wichura, Buchhändler	1
Reval.	
Herr F. Wassermann, Buchhändler	1
Riga.	
Herrn Edm. Goetschel's Buchhandlung	1

	Expl.
Rotterdam.	
Herr A. Baedeker (O. Petri), Buchhändler	2
Stettin.	
Herr A. Cartellieri, Buchhändler	
für Herrn Kaufmann S. Lichtheim	1
für Herrn Dr. med. G. W. Scharlau	1
	2
Herr F. Nagel, Buchhändler	
für Herrn Director C. F. Dohrn	1
Stockholm.	
Herr A. Bonnier, Buchhändler	1
Herr P. A. Huldberg, Buchhändler	4
Herren Samson & Wallin, Buchhändler	
für oben genannte fürstliche Personen	1
für Herrn Freiherrn Carl Bonde	1
für Herrn Grafen A. W. Ehrenswärd	1
für Herrn Grafen von Platen	1
für die Königliche Bibliothek	1
	5
Stralsund.	
Herr C. Hingst, Buchhändler	
für die Raths-Bibliothek	1
Utrecht.	
Herr W. F. Dannenfelser, Buchhändler	
für Herrn Baron van Tuijl van Zuijlen	1
für Herrn C. W. Visscher	1
für die Bibliothek der Universität	1
für Herrn A. E. C. van Someren, Buchhändler in Zutphen	1
	4
Herren Kemink & Sohn, Buchhändler	1
Vevey.	
Die Schweighauser'sche Buchhandlung	
für oben genannte fürstliche Personen	1
Verona.	
Herr H. F. Münster (M. Nussbaum), Buchhändler	1
Warschau.	
Herr R. Friedlein, Buchhändler	1
Weimar.	
Die Hoffmann'sche Hof-Buchhandlung	
für die Grossherzogliche Bibliothek	1

	Expl.
Wien.	
Herr W. Braumüller, K. K. Hof-Buchhändler	
für Herrn Carl Freiherrn v. Dalberg	1
für Herrn Alfred Graf Strachwitz auf Schebetau	1
	2
Herrn C. Gerold's Sohn, Buchhändler	2
Herr J. F. Gress, Buchhändler	1
Herr C. Helf, Buchhändler	1
Herr F. O. Sintenis, K. K. Hof-Buchhändler	
für oben genannte fürstliche Personen	3
für die Bibliothek Sr. K. K. Hoheit des Erzherzogs Albrecht von Oesterreich	1
für Herrn August Graf von Breuner	1
für Herrn Graf von Montenuovo, K. K. Feldmarschall-Lieutenant	1
für Herrn Graf Paul von Palffy	1
für Ungenannte	1
	6
Herren Tendler & Co., Buchhändler	1
Die Wallishausser'sche Buchandlung	2
Wiesbaden.	
Die Kreidel'sche Buchandlung	
für oben genannte fürstliche Personen	1
Herr W. Roth, Hof-Buchhändler	
für die Herzogliche Landes-Bibliothek	1
für Herrn Director Dr. Schirm	1
	2
Zürich.	
Herr Fr. Hanke, Buchhändler	
für Herrn Professor Jules Marcou	1

EINLEITUNG.

Von einer Excursion nach den Vereinigten Staaten von Nord-Amerika zurückkehrend, wo ich lange unter den Indianern am Nebrasca *(Platte River)* gelebt, brachte ich vier Monate in Berlin zu, um mich künstlerisch zu vervollkommnen. Der Vorsatz, in die Wildnisse zurückzukehren, die einen so tiefen Eindruck auf mein Gemüth gemacht hatten, stand fest, und nach einer Ueberfahrt vom Ausfluss der Elbe nach New-York in 18 Tagen landete ich in diesem letzteren Hafen am 3. Mai des Jahres 1853. Ich begab mich von dort sogleich nach Washington, um Depeschen, die mir von der amerikanischen Gesandtschaft in Berlin übergeben waren, an den Ort ihrer Bestimmung gelangen zu lassen. Ich war mit Empfehlungen versehen, die mit dem edelsten Wohlwollen und mit einem Vertrauen ausgestellt waren, das sich auf meine früheren Reisen durch die Prairien des fernen Westens gründete. Diese Empfehlungen verschafften mir überall, bis in die höchsten Kreise hinauf, eine warme Theilnahme und die uneigennützigste Freundschaft, Verbindungen, welche die Ausführung meines Reiseplanes den Besuch der Länder am westlichen Abhange der Rocky Mountains, zu erleichtern versprachen.

Zu keinem günstigeren Zeitpunkte hätte ich in Washington eintreffen können. Das Gouvernement der Vereinigten Staaten war eben im Begriff, drei Expeditionen auf verschiedenen Breitengraden zur Aufsuchung eines geeigneten Eisenbahnweges nach Californien zu senden.

Die erste dieser Expeditionen, unter dem Befehle des Gouverneurs Stevens, wurde angewiesen, sich zwischen dem 47. und 49. Grade nördlicher Breite westlich zu bewegen, die Rocky Mountains in der Nähe der Quellen des Missouri und des Columbia River zu überschreiten, und die Thäler dieser beiden Flüsse mit so geringen Abweichungen als möglich zu verfolgen, um die Vortheile genau kennen zu lernen, welche dieselben bei der Anlage einer Eisenbahn bieten würden.

Die zweite, commandirt von dem Capitain Gunnison, hatte auf dem 38. Grade nördlicher Breite zu reisen, mithin auf der Linie, welche den nächsten Weg zwischen St. Francisco und St. Louis und den schiffbaren Gewässern des Mississippi bezeichnet, und zugleich in ihrer Verlängerung das Gebiet der Vereinigten Staaten in zwei beinahe gleiche Hälften theilt.

Die dritte endlich, geführt von dem Lieutenant WHIPPLE, sollte sich auf dem 35. Grade nördlicher Breite ihren Weg suchen, um auf dieser Linie in den wasserarmen Grasebenen östlich von den Rocky Mountains, und den öden Wüsten westlich derselben, aus den Nebenflüssen des Mississippi, des Rio Grande und des grossen Colorado des Westens Vortheil ziehen zu können.

Die beiden erstgenannten Expeditionen waren schon aufgebrochen, letztere dagegen noch mit der Ausrüstung beschäftigt. Da die Gesellschaft der Männer, denen die wissenschaftlichen Arbeiten bei dieser Expedition übertragen werden sollten, noch nicht vollzählig war, so wendete ich mich auf den Rath meiner dortigen Gönner und Freunde an den Lieutenant WHIPPLE mit der Bitte um Aufnahme in sein Commando.

Die Antwort erhielt ich nach einigen Tagen in folgendem Schreiben:

Washington, den 10. Mai 1853.

Herr Möllhausen!

Sie werden hiermit zum Topographen und Zeichner der von mir zu führenden Expedition ernannt. Begeben Sie sich also nach Fort Smith am Arkansas im Staate Arkansas und erwarten Sie dort weitere Befehle. In Fort Napoleon an der Mündung des Arkansas beginnen Sie Ihre Arbeiten, indem Sie von dort ab ein officielles Tagebuch führen, solche Zeichnungen aufnehmen und solche Bemerkungen niederschreiben, welche Sie von Werth und Interesse für die Expedition halten, der Sie angehören.

A. W. WHIPPLE,
Commandeur der südlichen Expedition zur Bestimmung der Eisenbahnrichtung nach dem stillen Ocean.

Meine Vorbereitungen waren bald getroffen; ich erwartete nur noch einige Anweisungen von der Smithsonian Institution, betreffend das Sammeln von Naturalien, welches mir ebenfalls übertragen worden war, und bald flog ich auf dem Schienenwege über die Alleghany-Gebirge dem Staate Ohio zu. Bei Cincinnati, der Hauptstadt dieses Staates, schiffte ich mich am 4. Juni auf dem Dampfboote »Norma« ein, welches den Ohio-Fluss hinabfuhr und dessen Mündung in den Mississippi am 9. Juni erreichte. Nach kurzem Aufenthalte bei der daselbst gelegenen Stadt Cairo setzte das Dampfboot seine Reise in südlicher Richtung den Mississippi hinunter fort; schon am 12. Juni befand ich mich vor der Mündung des Arkansas und hatte somit meinen vorläufigen Bestimmungsort erreicht.

INHALT.

Seite

ILLUSTRATIONEN IN OELFARBEN- UND TONDRUCK

TAGEBUCH EINER REISE

VOM

MISSISSIPPI NACH DEN KÜSTEN DER SÜDSEE.

XVIII.

Aufenthalt in Albuquerque. — Instructionen des Kriegsdepartements in Washington. — Leben in Albuquerque. — Die Apache- und Navahoe-Indianer. — Der Rio Grande del Norte und dessen Thal. — Fandango in Albuquerque.

So befanden wir uns denn endlich mit unserer Expedition in Albuquerque am Rio Grande. Während der Reise hatten wir uns zu lange schon auf den uns bevorstehenden Aufenthalt in dieser westlichen Stadt gefreut, zu vielfach unsere Ankunft und das Leben in derselben besprochen, als dass wir sogleich nach unserem Eintreffen daselbst an etwas Anderes als an kleine Vergnügungen, Erholungen und die Befriedigung unserer Neugierde hätten denken mögen. Auch den Bewohnern von Albuquerque schien unser Besuch, mehr aber noch der Zweck, der uns dorthin geführt hatte, äusserst angenehm zu sein; sie kamen uns in Allem freundlich entgegen, und wenn auch die Zuvorkommenheit Vieler nicht rein philanthropischer Art war, so kümmerte uns dieses wenig, wenn wir nur die schöne, glückliche Gegenwart geniessen, und nach Verlauf von einigen Wochen etwas reicher an angenehmen Rückerinnerungen von diesem Orte scheiden konnten.

Unser erster Besuch galt den Offizieren der dort stationirten Vereinigten-Staaten-Dragoner, die uns mit liebenswürdiger, ächt amerikanischer Gastfreundschaft aufnahmen und uns in ihren Baracken manche fröhliche, genussreiche Stunde verschafften. Im fernen Westen werden Bekanntschaften äusserst schnell geschlossen; da giebt es dann ein Fragen, Erzählen und Erklären, dass man glaubt gar kein Ende finden zu können, und bei so lebhafter Unterhaltung die Stunden unmerklich verrinnen. So gelangten wir denn auch schon am ersten Tage, eben durch die schnelle Bekanntschaft unter den Offizieren, zu einer ziemlich genauen Kenntniss der Stadt, ihrer Vorzüge und Mängel, ihrer Bewohner und Bewohnerinnen, so dass wir ohne einen Schritt darnach gethan zu haben, bereits jede der freilich nur wenigen Strassen, jedes Haus der ebenfalls nicht sehr zahlreichen Honoratioren und besonders den Namen jeder hübschen Señorita kannten; dass wir wussten, wo der beste Wein zu haben war, und vor allen Dingen wohin wir uns gegen Abend zu verfügen hatten, wenn wir nach des Tages schwerer Arbeit am Schreib- und Zeichentische, im wilden Fandango die Gelenkigkeit unserer Glieder erproben und in Uebung erhalten wollten. So gingen unter fröhlicher Aufregung die ersten Tage dahin, ohne dass wir der zurückgelegten, oder der noch zurückzulegenden Reise gedachten. Doch auch dieses musste sein Ende nehmen, wenn wir den Instructionen, die Lieutenant WHIPPLE vom Gouvernement in Washington erhalten hatte, und welche jeden Einzelnen unserer Gesellschaft mit betrafen, genau nachkommen wollten. Die Instructionen lauteten folgendermassen:

Kriegsdepartement Washington, 14. Mai 1853.

In der 10. und 12. Abtheilung der militairischen Appropriations-Acte, die am 3. März 1853 vollzogen wurde und die vorschreibt, dass solche Untersuchungen und Vermessungen gemacht werden sollen, wie nöthig gehalten werden, um die geeignetste und vortheilhafteste Richtung einer Eisenbahn vom Mississippi nach dem stillen Ocean zu bestimmen, befiehlt das Kriegsdepartement, dass Untersuchungen und Vermessungen vorgenommen werden sollen, um die Möglichkeit der Ausführung dieses Planes auf der Strecke des Territoriums darzulegen, welches nahe dem 35. Grad nördlicher Breite liegt.

Folgende Instructionen mit Bezug hierauf sind für die Behörden der verschiedenen Zweige des Staatsdienstes ertheilt worden:

1. Premier-Lieutenant A. W. WHIPPLE wird diese Forschungs- und Vermessungsgesellschaft commandiren. Brevet-Seconde-Lieutenant J. C. IVES, vom Ingenieur-Corps, so wie die erforderlichen vom Kriegssecretair als nothwendig befundenen Civilbeamten werden denselben unterstützen.

2. Der General-Adjutant wird die nöthigen Bedeckungsmannschaften zutheilen; Transportmittel der Provisionen und sonstiger Ausrüstung werden durch den General-Quartiermeister gestellt werden. Seconde-Lieutenant D. S. STANLEY von den 2. Dragonern wird als Quartiermeister und Commissair dieser Expedition zugetheilt.

3. Die Offiziere, die als Quartiermeister und Commissaire auf die verschiedenen Militairposten, die auf der vorgeschriebenen Reiseroute liegen, commandirt sind, werden gegen ordnungsmässige Requisitionen, soweit nur immer möglich, die der Expedition nöthigen Vorräthe verabfolgen lassen, für welche von der für die Expedition bestimmten Summe der Kostenpreis gezahlt werden soll.

4. Medicamente werden vom General-Arzte requirirt.

5. Waffen und Munition werden vom Ordonnanz-Departement bezogen.

6. Wenn diese Gesellschaft organisirt ist, wird sie die nöthigen Instrumente und die Ausrüstung anschaffen. Alsdann wird sie mit grösstmöglicher Eile in's Feld ziehen und die benannten Vermessungen und Forschungen beginnen. Die Hauptexpedition wird sich an irgend einem passenden Punkte am Mississippi versammeln und von dort auf der günstigsten Route in westlicher Richtung nach dem Rio Grande ziehen. Von vorläufigen Forschungen, so wie von den aus anderen Quellen geschöpften Nachrichten wird es abhängig sein, an welchem Punkte am Mississippi die projectirte Eisenbahn ihren Anfang nehmen soll, und ob auf vortheilhafte Weise irgend eine, schon von

anderen Staaten oder Compagnien westlich dieses Flusses projectirte Eisenbahn benutzt werden kann.

Die Forschungen werden die Richtung dem oberen Canadian entlang nehmen, den Rio Pecos überschreiten, die Gebirge östlich des Rio del Norte umgehen und an einer passenden Stelle nahe Albuquerque in das Thal dieses Flusses einbiegen.

Durch ausgedehnte Forschungen muss von dort aus gegen Westen der geeignetste Pass für eine Eisenbahn durch die Sierra Madre und die Gebirge westlich der Ländereien der Zuñis und Moquis zum Colorado bestimmt werden. Bei diesen Forschungen kann Fort Defiance zum Depôt für die Vorräthe gemacht, und für die übrige Strecke der Reise können Unterhalt und Transportmittel von dort bezogen werden. Es wird rathsam sein, vom Walkers Pass aus, die geradeste und geeignetste Richtung an den stillen Ocean zu verfolgen, welche wahrscheinlich nach San Pedro, dem Hafen von Los Angelos, oder nach San Diego führen wird.

Lieutenant Whipple wird sogleich einen Offizier mit einer kleinen Abtheilung absenden, der sich ohne Zeitverlust nach Albuquerque in Neu-Mexiko zu verfügen hat, um diesen Ort zu einem Hauptpunkte der astronomischen Beobachtungen der Expedition zu machen, und die Vorbereitungen für die nöthigen Forschungen in den Gebirgsregionen von Neu-Mexiko vor Eintritt des Winters zu beschleunigen. Auf den Strecken der Route, wo keine augenscheinlichen Hindernisse dem Bau einer Eisenbahn entgegentreten, wird eine oberflächliche Recognoscirung genügen. Doch muss diese Arbeit durch zahlreiche, astronomisch bestimmte geographische Punkte zu einer wichtigen gemacht werden. Eine grössere Genauigkeit ist in den Gebirgspässen erforderlich, um die Höhen und Niederungen, von deren Lage Vortheil gezogen werden soll, so wie die Kosten eines Baues annähernd bestimmen zu können.

Auf die Zweige der Wissenschaften, welche sich mehr oder weniger auf die Lösung der Frage über die Anlage der projectirten Eisenbahn beziehen, soll die grösste Aufmerksamkeit verwendet werden, unter diesen auf die geologische Untersuchung der Felsen, des Bodens und auf die Art, wie in dürren Wüsten Wasser angeschafft werden kann, ob in Cisternen oder in artesischen Brunnen; ferner auf die Produkte des Landes, Thiere, Mineralien und Vegetabilien, auf die Bevölkerung und deren Hülfsquellen, auf die Waldungen und andere zum Bau einer Eisenbahn erforderliche Materialien. Die Vertheilung, die Charaktere, die Gebräuche, Traditionen und Sprachen der Indianerstämme sollen studirt, meteorologische und magnetische Beobachtungen angestellt, die hygrometrische und elektrische Beschaffenheit der Atmosphäre beobachtet werden, so wie alle geeigneten Massregeln zu treffen sind, um den Charakter des Landes, durch welches die Expedition zu ziehen hat, zu erkunden.

An oder vor dem ersten Montag des nächsten Februar wird Lieutenant Whipple über die Resultate seiner Forschungen berichten; nach Beendigung der Arbeit im Felde wird die Gesellschaft in Californien entlassen werden. Die dann nicht mehr nothwendigen Soldaten werden dem commandirenden Offizier des Departements übergeben. Lieutenant WHIPPLE mit den Offizieren und Assistenten, die ihm dabei unentbehrlich sind, wird einen ausführlichen Bericht über die Arbeiten der Expedition für den Congress anfertigen.

Die Summe von 40,000 Dollars wird ausgesetzt, um die Ausgaben der Expedition, mit welcher Lieutenant WHIPPLE betraut worden ist, zu bestreiten.

JEFFERSON DAVIS,
Kriegssecretair.

An Lieutenant A. W. WHIPPLE
im topographischen Corps in Washington.

Mit der Ankunft unserer Expedition in Albuquerque war somit die leichtere Hälfte unserer Aufgabe gelöst worden, ohne dass im Wesentlichen von obigen Instructionen abgewichen worden wäre; nur war Lieutenant IVES, der gemäss den Anordnungen des Kriegssecretairs die Reise von der Küste von Texas aus angetreten hatte, noch nicht angelangt. Es fiel also unserem Commando anheim, die astronomischen Beobachtungen anzustellen, so wie die nöthigen Vorbereitungen zur Weiterreise zu treffen. Da uns demgemäss ein längerer Aufenthalt in Albuquerque in Aussicht stand, der unseren Zug- und Reitthieren, die in der letzten Zeit sehr gelitten hatten, am meisten zu Statten kam, so wurde das Lager mit mehr Sorgfalt als gewöhnlich aufgeschlagen, und Jeder suchte sich sein Zelt so bequem und häuslich einzurichten, wie es nur immer die Umstände erlauben wollten. Der Boden, der sich nur 2 bis 3 Fuss über den Spiegel des Rio Grande erhob, war beständig nass und kalt, so dass wir kaum im Stande waren, die Feuchtigkeit von unseren Decken und sonstigen Gegenständen abzuhalten, und zu den verschiedenartigsten Mitteln unsere Zuflucht nehmen mussten, um während des Schlafes so wenig wie möglich in unmittelbare Berührung mit dem ungesunden Boden zu kommen.

Wenige Tage genügten, um ein geregeltes Leben bei unserer ganzen Gesellschaft herzustellen. Jedes einzelne Mitglied beschäftigte sich mit seinen Arbeiten, und zwar mit einem Eifer, als wenn wir uns in den Bureaus in Washington befunden hätten. Karten und Profile der von uns durchforschten Territorien wurden ausgearbeitet und gezeichnet, die astronomischen und meteorologischen Beobachtungen tabellarisch in neue Bücher eingetragen, der Botaniker fand reichliche Beschäftigung in seinem Herbarium, so wie Mr. MARCOU in seiner mineralogischen und geologischen Sammlung. Zu dem Ordnen unserer Arbeiten gesellte sich noch die Aufgabe, Alles gut und sicher zu verpacken, um es von Albuquerque aus mit einer Handelskarawane zurück nach den Vereinigten Staaten schicken zu können. Einestheils geschah dieses, um uns jeder entbehrlichen Last zu entledigen, besonders aber auch um die werthvollen, ja unersetzlichen Arbeiten und Sammlungen auf die schnellste Weise in Sicherheit zu bringen, denn wir konnten nicht vorhersehen, mit welchen Gefahren wir noch würden zu kämpfen haben und ob es uns überhaupt gelingen würde, mehr als das nackte Leben bis an die Küsten der Südsee durchzubringen. So beschäftigte auch ich mich vor allen Dingen damit, meine besonders an Reptilien reichhaltige Sammlung gut zu verpacken, und verwendete dann die übrige Zeit dazu, von meinen Skizzen Duplicate anzufertigen, um durch deren Zurücksendung, bei etwaigen Unglücksfällen dem gänzlichen Verluste derselben vorzubeugen. Dr. Abadie, der Arzt der in Albuquerque stationirten Besatzung, hatte mir auf die freundlichste Weise eine Stube in seiner mexikanischen Wohnung eingeräumt, wo ich den Tag über ungestört bei meinen Zeichnungen sitzen konnte. Angenehm unterbrochen wurde meine Arbeit mitunter durch Mrs. Abadie, die Gattin des Doctors, eine überaus liebenswürdige Amerikanerin, nebst ihren drei rothwangigen Jungen, indem ich ihr zu meinen Zeichnungen Erklärungen geben oder einem und dem anderen ihrer muthwilligen Knaben ein Bildchen zeichnen musste. Nur um so angenehmer wurde mir dadurch der Aufenthalt unter dem gastlichen Dache des Mr. Abadie, und nie fühlte ich dieses mehr, als wenn ich des Abends die reizende Häuslichkeit verliess und zurückkehrte in's Lager zu dem wilden Leben an den flackernden Feuern. Die Ingenieure hatten sich ebenfalls zu ihren Arbeiten kleine Gemächer in der Stadt gemiethet, wo sie den Tag zubrachten.

Unser Lager war nur wenige hundert Schritte von der Stadt selbst entfernt, so dass es durchaus nichts Unbequemes für uns hatte, dass wir zu den verschiedenen Mahlzeiten uns nach unseren Zelten verfügten, und nach kurzem Aufenthalte daselbst wieder zurück nach der Stadt gingen. Ganz entvölkert war indessen unser Lager während des Tages nie, denn Lieutenant Whipple war gewöhnlich mit seinem Secretair in demselben zu finden, wo er damit beschäftigt war, seine Rechnungen, Correspondenzen und Requisitionen zu ordnen. Auch war grösstentheils dort Mr. Stanley, der seine Leute dazu anhielt, die von ihm angekauften Maulthiere zu bändigen und der Heerde einzureihen, denn mit bedeutend verstärkten Kräften sollte die Weiterreise angetreten werden. Ausserdem hämmerten noch Schmiede und Stellmacher an den Hufen der Maulthiere und den schadhaft gewordenen Wagen, so wie einige Soldaten die frei umherliegenden Gegenstände zu bewachen hatten.

Die Abende brachten die meisten Mitglieder unserer Expedition theils im Gasthofe der Stadt, theils in den gastlichen Wohnungen der Offiziere zu, oder strömten, wenn die Kirchenglocke zum Fandango rief, nach der geräumigen Halle hin, wo tanzlustige Mexikanerinnen ihrer harrten. So war denn jede Stunde des Tages der Arbeit und jede müssige Abendstunde der Erholung und dem Vergnügen gewidmet. Tage wurden zu Wochen, und Jeder fing an sich heimisch in dieser Lebensweise zu fühlen, doch war wohl kein Einziger in der Expedition, der nicht gewünscht hätte, dass der lange Aufenthalt endlich sein Ende erreichen möchte.

Wenige Städte in Neu-Mexiko zeichnen sich durch eine schöne Lage aus. In breiten Thälern, die in der Ferne von nackten Felsen begrenzt werden, erheben sich die einstöckigen Häuser der Ansiedelungen, die theilweise von Obstbäumen versteckt werden, welches ausser einigen Alamos*, fast die einzigen Bäume in dortiger Gegend sind. Eine solche Lage hat auch Albuquerque, welches etwa 500 Schritte vom Rio Grande entfernt, dem Wanderer einen unfreundlichen ruinenartigen Anblick gewährt. Nur die Kirche mit den beiden Thürmchen ragt etwas hervor, so dass man aus der Ferne dadurch auf eine bedeutende Ansiedelung schliessen kann. Häuser, Kirche, so wie die Baracken und Ställe der Besatzung sind auf mexikanische Weise von an der Luft getrockneten Steinen (*adobes*) aufgeführt; das Material, aus welchem diese Steine bestehn, ist die Erde des Thales, der, um grössere Festigkeit zu erzielen, Stroh und kleine Steine beigefügt werden. Die Wände und Mauern sind 2 bis 3 Fuss dick und ausser der Thüre nur spärlich mit Lichtöffnungen versehen. Die Wohnungen sind alle zu ebener Erde, oder nur durch eine Lehmanhäufung etwas erhöht; das Innere derselben ist einfach, doch entbehren sie nicht einer gewissen Art von Bequemlichkeit, und man findet besonders bei den mehr begüterten Bewohnern Räumlichkeiten, die durch Sauberkeit und den weissen Kalkanstrich einen angenehmen Eindruck machen. Gedielte Fussböden sind freilich dort unbekannt, bei Reich und Arm kennt man nur dieselbe festgestampfte Tenne, die hin und wieder bei der wohlhabenden Klasse mit Strohmatten und Teppichen belegt wird.

Durch die amerikanische Militairbesatzung hat Albuquerque in neuerer Zeit einige Wichtigkeit erlangt und seit deren Hineinlegung bedeutend an Ausdehnung gewonnen, doch wird es von Santa Fé und El Paso weit überragt, welche Städte seit langer Zeit schon die Haupthandelsplätze dieser westlichen Regionen gewesen sind, während erstere eben nur als eine Tochterstadt von Santa Fé angesehen werden kann.

Die Zahl der Einwohner von Albuquerque mag sich auf 600 bis 800 Seelen belaufen; die meisten derselben treiben Handel oder Viehzucht, doch besteht ein grosser Theil der Bevölkerung aus ziemlich verworfenen Individuen; Spieler, die immer bereit sind, den Soldaten den eben empfangenen Sold abzunehmen, Räuber, die stets auf Gelegenheit warten, um mit Pferden und Maulthieren der Einwohner davon zu reiten, und zur Sicherung ihres Diebstahls selbst den Mord nicht scheuen, treiben sich vielfach umher und werden dem friedlichen Theile der Bevölkerung zur nicht geringen Plage. Den Eingriffen der umherstreifenden Apache- und Navahoe-Indianer ist die Stadt selbst nicht mehr in so hohem Grade ausgesetzt, seit die Militairbesatzung einigen Schutz gewährt, doch ziehen die wilden Horden in der Nachbarschaft umher, eifrig nach Heerden und Gefangenen spähend. Nicht selten ist es der Fall, dass auf solchen Raubzügen eine Rotte dieser Wilden von einem Mexikaner geführt wird, der seinen Antheil am Raube bezieht und sich auf diese schändliche Weise zu bereichern sucht.

Die Nation der Apache-Indianer kann als eine der grössten und am weitesten verzweigten von Neu-Mexiko bezeichnet werden. Sie umfasst zahlreiche Stämme, von

* Spanische Bezeichnung für Cottonwood Tree *Populus angulata*

denen viele kaum dem Namen nach bekannt sind. Den Aussagen der dortigen Ansiedler wie den Nachrichten von Reisenden zufolge reicht das Gebiet der Apache-Indianer vom 103. bis zum 114. Grad westlicher Länge von Greenwich, und von den Grenzen des Utah-Gebietes, dem 38. Grad, bis hinunter zum 30. Grad nördlicher Breite. Sie streifen aber weit über die angegebenen Territorialbestimmungen hinaus, doch ist nicht anzunehmen, dass sie ausserhalb derselben noch Wohnsitze haben, sondern lediglich die Raubgier treibt sie in die Staaten Sonora und Chihuahua. Es mögen auf diesem weiten Terrain allerdings Indianerstämme leben, die nicht mit den Apaches verwandt sind, doch würde darüber nur eine Vergleichung der Sprachen Gewissheit verschaffen.

Der Stamm der Navajoe- oder Navahoe-Indianer, der unbedingt der stärkste westlich der Felsengebirge im eben beschriebenen Gebiete ist, gehört ebenfalls zur Familie der Apaches, und es ist mehr als wahrscheinlich, dass bei genauen Forschungen noch weiter nördlich Indianerstämme als verwandt mit dieser Nation befunden werden*).

Einen gewissen Anstrich von Ritterlichkeit, der die Stämme östlich der Rocky Mountains charakterisirt, vermisst man bei den Eingeborenen westlich derselben fast gänzlich; selbst das Aeussere der Letzteren ist viel weniger ansprechend, und selten nur findet man unter ihnen schöne wohlgebildete Gestalten. Ihre Nahrung besteht fast ausschliesslich aus Pferde- und Maulthierfleisch, mit welchem sie sich in den mexikanischen Ansiedelungen zu versehen wissen.

Die Navahoes sind fast die einzigen Indianer in Neu-Mexiko, die grosse Schafheerden halten und mit diesen ein Nomadenleben führen. Sie verstehen die Wolle zu spinnen und aus derselben buntfarbige, sehr dichte Decken zu weben, deren Güte wohl schwerlich von einer Deckenfabrik der civilisirten Welt übertroffen werden kann. Diese grellfarbigen Decken, mit denen die Navahoes ihre Glieder umhüllen, geben einer Schaar dieser Wilden ein eigenthümliches und nichts weniger als hässliches Ansehen. Im Uebrigen unterscheiden sie sich in ihrem Anzuge nur wenig von ihren Bruderstämmen, nur dass letztere noch schlechter oder gar nicht bekleidet sind. Ein baumwollenes Hemde ist z. B. bei diesen schon ein grosser Luxusartikel. Auf die Verfertigung ihrer hirschledernen Fussbekleidung verwenden die Navahoes viel Sorgfalt und achten besonders darauf, dass die starken Sohlen an den Zehen in einem breiten Schnabel aufwärts stehen. Zu der Mühe, welche sie sich mit dieser Arbeit geben, werden sie gezwungen durch die stachligen Cacteen und dornentragenden Gewächse, die in dortigen Regionen ganze Landstriche dicht bedecken, in welchen sie ohne diese Vorkehrungen kaum einen Schritt zu thun im Stande wären. Auf dem Kopfe tragen sie eine helm-

*) Bartlett's *Personal Narrative* Vol. I., p. 326: *In an essay read before the Ethnological Society by my friend, Professor Wm. W. Turner, he has shown that a close analogy exists between the languages of the Apaches and Athapascans, a tribe on the confines of the Polar Sea.*

artige Lederkappe, die gewöhnlich mit einem Busch kurzer, glänzender Truthahnfedern und einigen Geier- oder Adlerfedern geschmückt ist. Neben Bogen und Pfeilen führen sie noch sehr lange Lanzen, in deren Handhabung sie besonders gewandt sind und mit welchen sie auf ihren flinken Pferden gewiss keine zu verachtenden Gegner sind.

Ganz entgegengesetzt diesen räuberischen Stämmen, vor denen die Ansiedler von Neu-Mexiko immer auf ihrer Hut sein müssen, sind die Pueblo-Indianer (*Los Indios de los pueblos*, Dorfindianer), deren Städte am Rio Grande und in den fruchtbaren Thälern seiner Zuflüsse zerstreut liegen. In freundlichem Verkehr mit allen Nachbarn lebend, dem Ackerbau und der Viehzucht mit Fleiss obliegend, sind diese Menschen als der bessere Theil der ganzen Bevölkerung von Neu-Mexiko anzusehen. Wenn man die patriarchalischen Gebräuche und Sitten dieser Leute beobachtet, ihre terrassenförmigen Städte mit den Ruinen der Casas Grandes am Gila und in Chihuahua vergleicht, so liegt die Vermuthung nur zu nahe, dass diese Pueblo-Indianer in naher Verwandtschaft mit den alten Azteken stehen müssen. Wie weit einer solchen Vermuthung Raum gegeben werden darf, und wie weit sie sich der Wahrheit nähert, würde nur bestimmt werden können, wenn man diese Indianer zum Gegenstande der genauesten Forschungen machte und den Spuren von Norden nach Süden folgte, welche die alten Azteken auf ihrer grossen Wanderung zurückgelassen haben. Diese verschiedenen Indianerstämme, welche vielfach, jedoch unrichtig, kupferfarbig genannt werden, und welche, verschieden von den weiter nördlich lebenden Nationen, eine mehr in's gelbliche spielende, braune Hautfarbe zeigen, sind also ausser den Abkömmlingen der Spanier oder den jetzigen Mexikanern die Bewohner von Neu-Mexiko.

Das Thal des Rio Grande del Norte ist von seiner Mündung bis hinauf nach Taos strichweise dicht angebaut; man findet bei dem grössten Theile der dortigen Bevölkerung die spanische Physiognomie mit der indianischen so sehr verschmolzen, dass es selbst bei den genauesten Nachforschungen schwer halten würde, reines andalusisches Blut zu entdecken. Man möchte fast behaupten, das von Generation zu Generation die indianische Trägheit immer mehr den Sieg über die alte spanische Energie davontrug, und Colonisation so wie Civilisation nur bis zu einem gewissen Grade vorschreiten liess. Die neueren engeren Verbindungen mit den Amerikanern so wie deren Beispiel scheinen indessen die Bevölkerung von Neu-Mexiko zu grösseren Anstrengungen zu veranlassen, und doch hatte schon lange vorher, ehe die ersten Ansiedler in Neu-England landeten, und in Virginien Colonien gegründet wurden, das Christenthum hier seinen Weg in das Herz des amerikanischen Continents gefunden und war selbst den Indianern des jetzigen Neu-Mexiko nicht mehr fremd. Die Steppen, wo der zottige Bison grast, waren von Europäern besucht worden; durch die Engpässe in den Rocky Mountains waren gegen Osten und Westen die fremden Eindringlinge gezogen; der Gila und der Colorado, welche in neuerer Zeit als unbekannte Ströme allgemeines Interesse erregt haben, waren vielfach überschritten worden, und im stillen Ocean hatten die kühnen Spanier schon ihre Missionen und Colonien, die lange dauernden Denkmäler ihrer früheren Grösse, gegründet.

Ueberall in den dortigen Regionen südlich vom 36. Grade nördlicher Breite, wohin besonders die Aufmerksamkeit des Gouvernements der Vereinigten Staaten gerichtet ist, und wohin vielfach wohl ausgerüstete Expeditionen geschickt werden, stossen die Reisenden auf Spuren der frühesten Colonisation durch Europäer, die indessen nur von kurzer Dauer gewesen sein kann, allmälig in Vergessenheit gerieth und deren Wiederentdeckung jetzt allgemeines Interesse erregt. Fast unwillkührlich stellt man beim Anblick der untergegangenen Grösse Vergleiche zwischen der Colonisation durch die Spanier einerseits und derjenigen der Holländer und Engländer andererseits auf. Bei ersteren gingen Missionaire mit dem Kreuze vorauf und ihnen folgte das Banner ihres Heimathlandes, umgeben von trotzigen Kriegern; die Eingeborenen wurden getauft, an geeigneten Stellen wurden Missionen gegründet und die Bevölkerung ward zur Arbeit und zur Erhaltung der neuen Herren, so wie deren Kirche, angehalten. Bis zu diesem Punkte gediehen dergleichen Unternehmungen; Jahrhunderte zogen vorüber, ohne dass ein Fortschritt oder eine Vermehrung der Gemeinden bemerklich gewesen wäre; im Gegentheil, manche Nachkommen der ersten Christen in den mehr abgesonderten Landstrichen von Neu-Mexiko führen ein elendes Dasein, als Spielball der benachbarten Stämme der Eingeborenen, deren Ohren den Lehren des Christenthumes verschlossen blieben.

Die Axt und den Pflug in der Hand, die Büchse auf der Schulter, landeten die holländischen und angelsächsischen Ansiedler an der Küste des Atlantischen Oceans. Die Waldungen wurden gelichtet, der Boden aufgerissen und Saamen hineingestreut; der tausendfältige Ertrag, mit welchem der dankbare Boden den Fleiss der Ansiedler segnete, setzte diese bald in den Stand, an der Stelle ihrer Betplätze unter dem Dache schattiger Bäume Kirchen zu gründen. Immer weiter schritt auf diese Weise die Civilisation auf dem einmal gebrochenen Pfade gegen Westen, vorauf die Axt und die Büchse, im Gefolge derselben Religion, Handel, Gewerbe, Kunst und Wissenschaft.

Der unerschöpfliche Reichthum der Natur, welcher die Colonisation im östlichen Theile des nordamerikanischen Continents so sehr erleichterte und noch erleichtert, ist freilich nicht in so hohem Grade in Neu-Mexiko vorhanden; man stösst daselbst sogar auf fühlbare Mängel, doch bieten die fruchtbaren Thäler des Rio Grande und seiner Zuflüsse, so wie die Gold, Eisen und Kohlen enthaltenden Gebirge Mittel genug, um ganze Völker durch ihre Gaben nicht nur zu erhalten, sondern auch zu bereichern und auf die höchste Stufe der Kultur zu bringen. Dem Rio Grande kann nur der Vortheil der Bewässerung seines Thales abgewonnen werden, denn da seine Tiefe in gar keinem Verhältniss zu seiner Breite steht, so ist an eine Schiffbarmachung desselben wohl kaum jemals zu denken. Seine Breite in der Nähe von Santo Domingo bis hinauf nach Santa Fé, also in seinem oberen Laufe, wechselt zwischen 400 und 800 Fuss, wogegen die Tiefe durchschnittlich kaum 2 bis 3 Fuss erreicht, wenn auch hin und wieder sich tiefere Stellen finden. Dass näher dem Golf von Mexiko der Rio Grande nur wenig an Tiefe zunimmt, geht schon daraus hervor, dass von seiner Mündung bis zu seinen Quellen keine einzige Brücke die beiden Ufer dieses Flusses verbindet. Fast überall können Wagen durch das seichte Bette fahren, doch muss mit Umsicht eine sichere Stelle gewählt werden, um das Einsinken der Räder in den wilden Triebsand zu verhüten; denn das Herausziehen eines Wagens aus demselben gehört mit zu den schwierigsten Arbeiten und kann häufig nur, nachdem derselbe auseinander genommen worden, stückweise geschehen. Das Wasser des Flusses ist trübe und sandig, ausgenommen während der Ueberschwemmungen, die durch das Schmelzen des Schnee's in den Rocky Mountains entstehen.

Diese Ueberschwemmungen stellen sich gewöhnlich, wenn auch nicht alljährlich, im Sommer ein. Bleiben sie aus, so wird das Bette des Rio Grande beinahe ganz trocken, indem der Vorrath, den die Quellen dem Strome liefern, durch Gräben und Canäle *(acequias)* von den Ansiedlern sowohl, wie von den Pueblo-Indianern zur Bewässerung auf die Felder geleitet wird. Die Vortheile, die eine künstliche Bewässerung gegenüber einer natürlichen aber unregelmässigen gewährt, gehen verloren, wenn das Steigen des Flusses im Sommer vergeblich auf sich warten lässt. Freilich ist im Februar und März hinlänglich Wasser vorhanden, um zur Saatzeit den Feldern die nöthige Frische und Fruchtbarkeit zu erhalten, doch nimmt dieser Vorrath schnell ab, wenn den Quellen durch die Schneemassen der Gebirge keine Beihülfe zu Theil wird; die kräftig emporgeschossenen Pflanzen und Stauden vertrocknen dann, noch ehe die Aehren und Saamenkolben ausgebildet sind, weil der dürre Boden ihnen keine Nahrung mehr zu geben vermag. Der Feldbauer sieht in diesen Fällen seine Hoffnung auf eine gesegnete Ernte grösstentheils vernichtet, und obenein sind ihm vergebliche Mühe und Kosten durch das Aufräumen der Canäle erwachsen. Solch gänzliches Fehlschlagen der Ernten gehört aber zu den Seltenheiten, und in günstigen Jahren ist der Ertrag der Felder ein überaus reicher zu nennen. Es wird behauptet, dass von dem Thale des Rio Grande, welches in seiner Breite zwischen ¼ und 4 Meilen schwankt, ein Achtel der Fläche wegen Wassermangels nicht bestellt werden kann, doch viele Tausende, ja Hunderttausende von Ansiedlern noch dazu gehören würden, um die sieben Achtel der so schwach bevölkerten Niederungen dieses Flusses vollständig zu kultiviren. Mais, Weizen und seit einigen Jahren auch Gerste werden hauptsächlich dort gebaut, dagegen sind die Versuche, die Kartoffel einzuführen, sonderbarer Weise bisher misslungen, weshalb man auch selten, und dann nur kleine Felder, mit der Frucht bestellt sieht, deren Heimath doch der amerikanische Continent ist. Zwiebeln, Kürbisse, so wie Melonen gedeihen in Neu-Mexiko ausgezeichnet und erlangen eine unerhörte Grösse; herrliches Obst wird in den Gärten gezogen und besonders der Weinbau mit grösserer Sorgfalt betrieben. Bei El Paso schon erblickt man grosse Weinberge, die von schwellenden

Trauben strotzen, von welchen der bekannte El Paso-Wein gekeltert wird. Die Spanier sollen diese Traube dort eingeführt haben; dass dieselbe so trefflich gedeiht, wie man sagt, steht indessen im Widerspruch mit den Erfahrungen neuerer Jahre, die gelehrt haben, dass besser als die eingeführte europäische, die veredelte amerikanische Rebe gedeiht. Auf sehr einfache Weise pflegen die Bewohner von Neu-Mexiko ihre Weingärten; die Reben werden nämlich nicht an Stangen oder Hecken gezogen, sondern im Herbst dicht am Boden abgeschnitten, so dass im Frühjahre immer wieder neue Schösslinge aus der Wurzel schlagen müssen. Die vorsichtigeren Weinbauer bedecken ihre Reben während des Winters mit Stroh, um sie vor den gefährlichen Nachtfrösten zu sichern. Mit Frühlingsanfang werden die Weingärten unter Wasser gesetzt und so lange unter demselben gehalten, bis der Boden vollständig aufgeweicht ist, was dann in den meisten Fällen für die Dauer des Sommers hinreichend sein muss. Im Juli fangen die ersten Trauben an zu reifen, wogegen die letzten erst gegen das Ende des Octobers geschnitten werden. In grossen Behältern stampfen Männer mit nackten Füssen die geernteten Beeren, pressen dieselben demnächst in Säcken von roher Ochsenhaut, und dieses so einfache Verfahren liefert den trefflichen El Paso-Wein, der einige Aehnlichkeit mit dem Madeira hat.

Während des Aufenthaltes unserer Expedition in Albuquerque hatten wir die beste Zeit und Gelegenheit, dieses und manches Andere über die Provinz Neu-Mexiko zu erfahren, denn die Mexikaner mit ihrer gewohnten Höflichkeit ertheilten uns gern bei jeder Gelegenheit Auskunft und Belehrung über Alles, was ihre Heimath betraf.

Die schlechtesten Elemente der Bevölkerung in Albuquerque waren Individuen fremder Nationen, die auf der Reise nach Californien diesen Ort als ihren Wünschen genügend befunden hatten, oder auch solche, die von vorbeiziehenden Karawanen und Expeditionen als unbrauchbar daselbst entlassen worden waren. So hatte auch Lieutenant Whipple gleich nach unserer Ankunft mehrere unserer Wagenführer abgelohnt, die als untauglich und zu böswillig für eine Expedition wie die unserige befunden wurden. Zwei derselben etablirten sich am anderen Tage schon als Schlächter in Albuquerque, und als von diesen der Eine von den Blattern, einer beständig dort grassirenden Krankheit, befallen wurde, fand es der Andere angemessen, sich mit dem letzten Gelde seines kranken Gefährten und einem unserer besten Maulthiere bei Nacht und Nebel zu entfernen. Zu meinem grössten Leidwesen war es mein Reitthier, welches dem Diebe so besonders zugesagt hatte, was mich übrigens nicht wunderte; denn einestheils war dasselbe sehr schnell, gewandt und ausserordentlich ruhig beim Gewehrfeuer, dann aber auch hatte ich das treue Thier während des Aufenthaltes in Albuquerque mit dem besten Futter, welches zu erlangen war, gepflegt und immer sorgfältiger zur Jagd abgerichtet. Dieses Thier war also mit dem Diebe zugleich verschwunden. Der Alcalde von Albuquerque wurde sogleich von der Sache in Kenntniss gesetzt und selbigen Tages noch Leute nach allen Richtungen zur Verfolgung ausgeschickt, es ward sogar eine hohe Summe auf Ergreifung des Räubers gesetzt, doch das Thier

30*

welches er ritt war zu gut, und der Bösewicht zu schlau und gewandt, als dass wir seiner hätten habhaft werden können. Alle Mühe, die wir uns gaben, das gestohlene Gut wieder zu erlangen, war vergeblich; ich musste mich dazu bequemen, einen neuen Maulesel, welcher mir gestellt wurde, zur Jagd abzurichten, doch hatte ich später noch oftmals Ursache, den Verlust meines treuen Thieres zu bedauern.

Die Kaufleute in Albuquerque hatten als Bürger einer westlichen Grenzstadt alle nur denkbaren Gegenstände, die man im Leben gebraucht oder gebrauchen kann, aufzuweisen. Da waren Kleidungsstücke und Medicamente, getrocknetes Obst und Eisenwaaren, Backwerk und Wäsche, Brantwein und Gebetbücher, Kaffee, und geräucherte Schinken, Decken, Schuhzeug und Hunderte von anderen verschiedenen Gegenständen, die Jedem, der dorthin kam, für gute klingende Münze (Papiergeld wurde nicht angenommen) zu Diensten standen. Hier nun fanden wir willkommene Gelegenheit, die Lücken, die in unseren Habseligkeiten schon entstanden waren, wieder auszufüllen. Um vor allen Dingen auf den Bällen, deren in Albuquerque so viele gegeben wurden, in würdigerer Weise als in Anton Chico erscheinen zu können, wurde mancher Dollar von unserer Gesellschaft in diese Läden getragen und freudig der zehnfache Werth für die augenblicklich gewünschten Sachen bezahlt. Läutete dann am Abend die Glocke der alterthümlichen Kirche, so wussten die tanzlustigen Mitglieder unserer Expedition schon immer, wohin sie sich zu begeben hatten, um im wilden Walzer sich mit den schönen geputzten Mexikanerinnen zu drehen. Doch auch hier schied sich die Bevölkerung in zwei besondere Klassen; auf dem einen Tanzplatz waren die gebildeten Einwohner von Albuquerque zu finden, denen sich die Offiziere der Garnison so wie die Mitglieder unserer Expedition anschlossen; auf dem anderen dagegen befand sich die wilde, rohe Masse die jubelnd, fluchend, tanzend und streitend ihr tolles Wesen trieb. Freilich waren die Bälle für Jeden offen, doch wagten die ersteren sich ebenso wenig unter die tobende Gesellschaft, als diese Gefallen an dem gesetzteren Wesen der ersteren fand. Der alte Fitzwater, in dessen äusserer Erscheinung man sein ganzes ereignissvolles Leben zu lesen vermochte, war einer der eifrigsten Ballbesucher; freilich konnte er mit seinen steifen Gliedern nicht tanzen, aber desto eindringlicher forderte er Tänzer und Tänzerinnen zu neuen Anstrengungen auf und theilte dabei auf launige Weise manches Abenteuer aus seinen jüngeren Jahren mit. Selbst Dr. Bigelow vergass manchmal auf einige Stunden sein Herbarium, um an einem Fandango Theil zu nehmen. Nachdem wir auf diese Weise manchen fröhlichen Abend in der Stadt verbracht hatten, wurde von uns, als den Repräsentanten der Expedition, einstimmig beschlossen, den Offizieren, den Bürgern und besonders den schönen Bürgerinnen einen glänzenden Ball zu geben.

Wir mietheten uns zu diesem Abend das geräumigste Local, welches in der Stadt zu haben war, und liessen darauf Einladungen an alle Diejenigen ergehen, die wir in Albuquerque als einigermassen gebildete Leute kennen gelernt hatten. Was nur irgend an Leckerbissen und feinen Getränken aufzutreiben gewesen war, das hatten wir uns von Santa Fé kommen lassen und weder Mühe noch Kosten gescheut, ein Fest zu veranstalten, wie nur wenige in Albuquerque gefeiert worden waren. Da waren selbst Austern, die in luftdicht verschlossenen Büchsen eine Reise von Tausenden von Meilen zurückgelegt hatten, da fehlte nicht der Champagner, der im anderen Theile der Welt gewachsen, und zwar war Alles in solchem Ueberfluss vorhanden, dass noch eine weit zahlreichere Gesellschaft an den rauschenden, etwas wilden Vergnügungen hätte Theil nehmen können. Unter den Offizieren war besonders hervorragend der General Garland, der sich auf einer Inspectionsreise nach den verschiedenen Militairposten befand, und der zu jener Zeit mit einer Escadron Dragoner, die ihn auf seinen Reisen durch die Wildniss begleitete, sein Lager ebenfalls bei Albuquerque aufgeschlagen hatte. Auch er bewies an diesem Abend, dass eine Reise durch die Steppen angeborenen Humor nicht zu unterdrücken vermag, denn fröhlich und rüstig wie der jüngste Lieutenant mischte er sich unter die Tanzenden. Unsere Damen waren Mexikanerinnen, die grössten theils in weissen Kleidern und mit ihren einfachen, aber gut kleidenden Schmucksachen dem Ball einen förmlichen Glanz verliehen. Um in unserem Vergnügen nicht durch zudringliche Individuen, die der rohen Klasse der dortigen Bevölkerung angehörten, gestört zu werden, hatte Lieutenant JOHNS mehrere Schildwachen an die Eingänge des Tanzlocals gestellt, welche den strengen Befehl erhalten hatten, Niemanden ausser den Geladenen hineinzulassen, und so konnten wir denn, auch von dieser Seite gesichert, unserer fröhlichen Laune freien Spielraum lassen. Der Tag war schon angebrochen, als die Letzten die Halle verliessen und ermüdet ihr Lager suchten.

Dieses war also das Abschiedsfest, welches wir unseren dortigen Freunden und Bekannten gaben. Oftmals am flackernden Lagerfeuer in den hohen Schneeregionen der San Francisco-Gebirge und in den einsamen dürren Wüsten westlich vom Colorado unterhielten wir uns noch über die fröhliche Nacht in Albuquerque, und da war wohl Niemand, der nicht durch die Rückerinnerung fröhlicher gestimmt, irgend etwas von diesem Balle zu erzählen gewusst hätte. Diese und andere Vergnügungen wirkten indessen in keiner Weise hindernd auf die Vorbereitungen zum Aufbruch, die fortwährend in dem Lager unserer Expedition getroffen wurden. Die Leute mussten sich im Gebrauch der Schusswaffen üben; warme dauerhafte Kleider für die kalten Wintermonate wurden angeschafft und immer noch neue Packknechte aus der dortigen mexikanischen Bevölkerung engagirt.

XIX.

Die Führer. — Leroux. — Die drei ältesten Backwoodmen. — Züge aus deren Leben. — Kit Carson. — Ankunft von Lieutenant Ives. — Aufbruch von Albuquerque. — Reise am Rio Grande hinauf. — Die Indianerstadt Isleta und deren Bewohner.

Ein Führer durch Länderstrecken, die nur die harten Sandalen oder der leichte Mokkasin der Eingeborenen und Trapper berührte, ist für Reisende von unbezahlbarem Werthe, aber auch oftmals gar nicht zu erlangen; denn unter den Weissen giebt es nur sehr Wenige, die genugsam solche Regionen kennen, um die Verantwortlichkeit eines Führers zu übernehmen, und die Eingeborenen sind wieder zu wenig mit der Sprache und den Gebräuchen den Weissen vertraut, um zu solchen Zwecken verwendet werden zu können. Von der Umsicht und Erfahrung der Führer hängt nicht nur oftmals der Erfolg der Arbeiten einer ausgesendeten Expedition, sondern auch häufig das Leben der ganzen Gesellschaft ab. Darum trachtet denn auch Jeder, der am Rande gänzlich unbekannter Territorien steht, einen Waldläufer, Trapper oder erfahrenen Indianer für seine Dienste zu gewinnen. Gleich nach Ankunft unserer Expedition am Rio Grande hatte Lieutenant Whipple Erkundigungen nach brauchbaren Führern angestellt, doch lange vergebens. Mancher aus der dortigen Bevölkerung wusste wohl von den wilden Indianerhorden und dem Edelsteine und Gold bergenden Sande in der Nähe des Colorado zu erzählen, auch wurden sogar kleine Säckchen mit schönen Granaten, einzelnen Rubinen und Smaragden aus dem Schuttlande vorgezeigt, doch waren mythische Erzählungen mit den anlangenden Steinchen von Mund zu Mund gegangen, welche von den listigen Navahoe-Indianern selbst herstammten, die Manches von undurchdringlichen Urwildnissen erdichtet hatten, um die Weissen von einer Reise dorthin abzuschrecken.

Die Edelsteine wurden überbracht, um andere, nützlichere Gegenstände dafür einzutauschen. Der Einzige, dessen Nachrichten einigermassen verbürgt schienen, war ein gewisser Aubrey, der mit Schafheerden in Californien gewesen und mehrfach in ernsten Conflict mit den Keulen-Indianern gekommen war. Sehr ermuthigend für den Zweck unserer Reise konnten die Nachrichten alle nicht genannt werden, doch versprachen wir uns in Folge der mancherlei Erzählungen nur um so mehr neue und interessante Erfahrungen, die wir in den westlichen Regionen zu erwerben Gelegenheit finden würden.

So hatte sich auch das abenteuerliche Gerücht verbreitet, dass die Eingeborenen, von denen Einige im Besitze von Feuerwaffen sein sollten, in Ermangelung von Blei mit goldenen Kugeln schössen. Wir bekamen in der That mehrere solcher Kugeln von reinem Golde in der Grösse eines Rehpostens zu Gesicht, doch bewies deren ganzes Aussehen, dass sie aus Goldstaub, wie das meiste Gold in den Wäschen von Californien gewonnen wird, mit Quecksilber amalgamirt bestanden, und durch Druck zusammengeballt waren. Dieses Verfahren konnte indessen nur von professionirten Goldgräbern angewendet worden sein, und die Exemplare, die uns gezeigt wurden, waren, wenn sie aus indianischen Händen kamen, von diesen durch Raub von den Goldgräbern erlangt worden. Je märchenhafter die Gerüchte klangen, um so fester wurden sie von einem grossen Theile unserer Arbeiter und Maulthiertreiber geglaubt und Mancher speculirte in Gedanken schon auf eine wohlgefüllte indianische Kugeltasche.

Zu derselben Zeit, als wir Albuquerque erreichten, war ein gewisser Leroux, ein in den Steppen und Gebirgen ergrauter Canadier, in seine jetzige Heimath, die Stadt Taos, zurückgekehrt, welche einige Tagereisen nördlich von Santa Fé liegt. Er hatte den Capitain Gunnison, der die Expedition commandirte, welche der Parallele vom 38. Grad nördlicher Breite folgen sollte, bis durch die Rocky Mountains begleitet und dann beschlossen, den Winter zu Hause zu verbringen. Der grosse Ruf, den sich Leroux als Trapper, besonders aber als Führer erworben, liess es doppelt wünschenswerth erscheinen, gerade ihn für unsere Expedition zu gewinnen. Lieutenant Whipple schickte ihm deshalb eine Depesche mit den besten Anerbietungen, wenn er uns nach Californien begleiten wolle. Statt der Antwort kam Mr. Leroux selbst um das Nähere zu erfahren, und je nach den Umständen sogleich den Contract abzuschliessen. Einen Theil der Ländereien, durch welche wir zu ziehen beabsichtigten, kannte er allerdings, denn er war zwei Jahre früher mit der von Capitain Sitgreaves commandirten Expedition an den Colorado und diesen Fluss hinunter bis zum Gila gezogen, doch da wir von der uns vorgeschriebenen Richtung, dem 35. Grad nördlicher Breite nicht zu sehr abweichen durften, es aber auch nicht im Plane des Gouvernements der Vereinigten Staaten liegen konnte, denselben Weg zweimal durchforschen zu lassen, so war anzunehmen, dass Leroux mit uns durch Gegenden kommen würde, die ihm selbst unbekannt sein mussten. Nichts desto weniger drang Lieutenant Whipple in ihn, das Engagement anzunehmen, wohl wissend, dass derselbe durch langjährige Gewohnheit auch in unbekannten Gegenden sich bald orientiren, besonders aber bei Zusammenkünften mit den Eingeborenen am leichtesten eine Unterredung würde vermitteln können. Mr. Leroux nahm endlich das Anerbieten an, unsere Expedition für 2400 Dollars nach Californien zu begleiten. Das Vertrauen, welches sich der alte Trapper in dem Zeitraume von einigen 30 Jahren seines Lebens in den Urwildnissen erworben hatte, war so gross, dass wir uns Alle nicht wenig freuten, als wir erfuhren, dass ein festes Uebereinkommen mit ihm abgeschlossen war.

Die drei ältesten lebenden Backwoodmen (hinterwaldkundige Männer) oder Führer sind dem Alter nach, Fitzpatrick, Kit Carson und Leroux. Alle drei sind Greise oder doch dem Greisenalter nahe, und Fitzpatrick hat schon über ein halbes Jahrhundert die Steppen und Wildnisse von Nordamerika durchwandert. Man kann gewiss nicht umhin, diesen Leuten die grösste Achtung und Bewunderung zu zollen, wenn man bedenkt, wie oft seit ihrer ersten Bekanntschaft mit den westlichen Regionen und deren wilden Bewohnern nur ein kleiner Raum zwischen ihrem Schädel und dem Skalpirmesser der Rothhäute gewesen ist; wie oft ihnen der Tod in den schrecklichsten und verschiedenartigsten Gestalten gedroht hat; bald durch Hunger oder durch Durst, bald durch schwere Verwundungen und Krankheiten, bald durch die reissenden Thiere der Wildniss. Wie manchen ihrer Gefährten sahen diese Leute an ihrer Seite fallen oder zu Grunde gehen, und nichts desto weniger haben sie so viele Jahre unter Verhältnissen verlebt, vor denen die Mehrzahl der Menschen zurückschreckt, Verhältnisse, die ihnen aber lieb und werth geworden sind, und fortwährend ihren Körper und ihre Geisteskräfte jung erhalten, wenn auch das Greisenalter bei ihnen schon eingekehrt ist.

Einem Zufalle verdankt es z. B. Fitzpatrick, dass er als ganz junger Mann nicht am Marterpfahl erschossen wurde, und noch heute in voller Rüstigkeit mit dem jüngsten und kräftigsten Wanderer Schritt zu halten vermag. Vor vielen Jahren nämlich, als die weissen Menschen, welche die Rocky Mountains gesehen hatten, noch zu zählen waren, und nur wenige der Prairie-Indianer das Schiessgewehr kannten, jagte Fitzpatrick, der sich etwas von seinen Gefährten getrennt hatte, einsam und allein an einer Stelle in den Felsengebirgen. Das Unglück wollte es, dass er in der Ferne einer Kriegspartei der dortigen Indianer ansichtig wurde, die auch ihn in demselben Moment erblickt hatte und sich sogleich anschickte Jagd auf ihn zu machen. An ein Entrinnen war nicht mehr zu denken, doch machte der junge Jäger den Versuch einer Flucht, um wenigstens so viel wie möglich Zeit zu gewinnen. Aus Erfahrung wusste er, dass diese mit der Feuerwaffe noch nicht vertrauten Wilden mehrmals weisse Jäger ergriffen, und die denselben entrissenen Büchsen aus der Nähe auf deren Brust abgedrückt hatten, um die neue Art Waffen und deren Wirkung genauer kennen zu lernen. Sich hieran erinnernd, zog Fitzpatrick vorsichtig die Kugel aus seiner Büchse und setzte dann seine Flucht fort. Die Indianer folgten seiner Spur und brachten ihn nach kurzer Zeit in ihre Gewalt, worauf sie ihn entwaffneten und an einen Baum schnürten. Ein Krieger, der den Mechanismus des Losdrückens kannte, ergriff das Gewehr, stellte sich auf wenige Schritte vor den Gefesselten hin, zielte auf dessen Brust und gab Feuer. Als die Indianer darauf durch den Pulverdampf nach Fitzpatrick hinblickten, stand er wohlbehalten an seiner Stelle, zog eine Kugel, die er an seinem Körper versteckt gehalten, hervor und warf sie seinen Feinden zu. Dies ging über die Begriffe der abergläubischen

Indianer; vor ihren Augen hatte Fitzpatrick die Kugel in ihrem Fluge aufgehalten, er war unverwundbar, und ein grosser Zauberer, und dem ganzen Stamme drohte nach ihrer Meinung Gefahr, wenn sie ihn nicht schleunigst befreiten. Sie zerschnitten alsbald seine Banden, warfen ihm seine Büchse hin und entfernten sich so rasch wie möglich, dem jungen Jäger anheimstellend, seine Wanderungen fortzusetzen oder sich wieder zu seinen Gefährten zu verfügen. Aehnliche Abenteuer könnten diese drei alten Jäger Hunderte und aber Hunderte beschreiben, und es geschieht auch, wenn sie mit ihren Kameraden in gemüthlicher Unterhaltung vergangener Zeiten gedenken; doch prahlen sie dann nicht mit ihren Erlebnissen, sondern einfach und treu schildern sie die schauderhaftesten Begebenheiten, die ihnen im Laufe der Zeit alltäglich geworden sind und weiter nichts als eine interessante Rückerinnerung hinterlassen haben.

Da ich selbst längere Zeit, durch seltsame Verhältnisse geleitet, das Leben eines Trappers geführt habe, und durch langen Verkehr mit den Pelzjägern des Westens sich mein Interesse für diese kühnen Abenteurer gesteigert hat, so war ich stets darauf bedacht, Näheres über die Erlebnisse des Einen oder des Anderen zu erfahren. Es gelang mir daher häufig, ganze Lebensbeschreibungen zu sammeln, von denen ich hier die des berühmten Kit Carson zu geben die beste Gelegenheit habe.

Carson, der dem Colonel Frémont auf seinen mühseligen Reisen und erfolgreichen Forschungen im fernen Westen stets als treuer Freund und Führer zur Seite gestanden hat, ist der Sohn eines Kentuckiers, der sich als Jäger und in den Kriegen gegen die Indianer einen bedeutenden Ruf erworben hatte. Der junge Kit oder Christopher Carson fand schon als Knabe von 15 Jahren seinen Weg nach Santa Fé und durch Neu-Mexiko nach den Silber- und Kupferbergwerken in Chihuahua, indem er sich Handelskarawanen anschloss, und später als Wagenführer sich verdingte. Mit dem 17. Jahre unternahm er seinen ersten Ausflug als Trapper, indem er in Gesellschaft von andern Pelzjägern den *Rio Colorado of the west* hinauf zog. Der Erfolg, von dem sein erstes Unternehmen dieser Art trotz der vielen ihn umgebenden Gefahren gekrönt wurde, verdoppelte seine Liebe zum Jagdleben. Er kehrte nach Taos zurück, zog mit einer andern Trapper-Expedition an die Quellen des Arkansas und von dort nördlich nach den Rocky Mountains, wo der Missouri und der Columbia River entspringen. In diesen Regionen blieb er 8 Jahre und erwarb sich bald den Ruf eines tüchtigen Fallenstellers, eines ausgezeichneten Schützen und sicheren Führers. Sein Muth, seine Klugheit und Ausdauer waren weit und breit bekannt, so dass bei gefährlichen Unternehmungen und bei Angriffen auf die Indianer er sich immer mit betheiligen musste. So verfolgte er z. B. einmal mit 12 Gefährten die Spuren einer Bande von 60 Crow-Indianern, die einige Pferde der Trapper gestohlen hatten. Er holte dieselben ein und es gelang ihm und seinen Kameraden, sich unbemerkt an die Indianer heranzuschleichen, die in einem verlassenen Fort ein Unterkommen gesucht hatten. Die kleine entschlossene Gesellschaft schnitt die Pferde, die nur 10 Fuss weit vom Fort angebunden waren, los, griff die Indianer an und entkam glücklich mit den wieder erlangten Pferden und einem Crow-Skalp, den ein Carson begleitender Indianer erbeutet hatte. Bei einem anderen Zusammentreffen mit den Indianern erhielt Carson eine Büchsenkugel in die linke Schulter, die den Knochen zerschmetterte, und dieses ist der einzige bedeutende Unfall, der ihn auf seinen gefahrvollen Wegen betroffen hat. Da die Trapper ihr Leben in einem Lande hinbringen, wo nur Gesetze gelten, die Jeder sich selber schafft, so ist es dem Friedfertigsten oft nicht möglich, sich von Streitigkeiten fern zu halten, die häufig unter ihnen ausbrechen und nicht selten ein blutiges Ende nehmen. So hatte auch Carson einst einen Kampf auf Leben und Tod mit einem Franzosen, ebenfalls einem Trapper, zu bestehen. Im Verlaufe einiger Streitigkeiten, die wie gewöhnlich um geringfügige Sachen entstanden waren, äusserte der Franzose, dass er schon manchen Amerikaner besiegt habe, und diese zu weiter nichts gut wären, als gepeitscht zu werden. Carson, der auf diese Weise seine Nationalität angegriffen sah, antwortete ihm, er sei nur ein unbedeutender Amerikaner und der Franzose würde gut thun, mit der Peitsche bei ihm den Anfang zu machen. Einige heftige Worte wurden noch gewechselt, worauf sich Beide bewaffneten und zu ihren Pferden eilten, um durch einen Kampf den so entstandenen Streit auszugleichen. Der Franzose führte eine Büchse, Carson dagegen nur eine Pistole; Beide machten sich schussfertig und ritten mit Gewalt auf einander los. Als die Pferde sich beinahe mit den Köpfen berührten, gab Carson Feuer und zerschmetterte seinem Feinde mit der Kugel den Schädel, noch ehe Jener Zeit gehabt hatte mit seiner Büchse auf ihn zu zielen. Carson rettete diesmal sein Leben durch seine Gewandtheit, denn unfehlbar hätte er sonst in diesem eigenthümlichen Duell von der sicherern Waffe des Franzosen fallen müssen. — Durch einen Zufall wurden Frémont und Carson auf einem Dampfboote mit einander bekannt, als Frémont im Begriffe war, seine erste Expedition nach Californien anzutreten. Carson schloss sich dem damals noch jungen Offizier an, begleitete ihn auf allen seinen späteren Expeditionen, und unter Gefahren und Entbehrungen wurde die Freundschaft zwischen diesen beiden Männern geschlossen, die noch heute warm und innig fortbesteht. Im Jahre 1847, als Carson Washington besuchte, wurde er von dem Präsidenten der Vereinigten Staaten zum Lieutenant in demselben Jägerregiment ernannt, in welchem Frémont als Lieutenant-Colonel diente.

Da wir immer noch nicht die Zeit unseres Aufbruches bestimmen konnten, so kehrte Mr. Leroux nach Taos zu den Seinigen zurück, um noch einige Tage bei denselben zu verweilen, zugleich aber auch sich auf eine längere Abwesenheit von seiner Heimath vorzubereiten, und zur Reise zu rüsten, so dass er auf die erste Nachricht gleich zu uns stossen könne.

Ausser Mr. Leroux engagirte Lieutenant Whipple als zweiten Führer noch einen Mexikaner, der vorgab mehrmals am Colorado gewesen zu sein. Von einer andern Seite wurde uns mitgetheilt, dass derselbe wirklich mit mehreren seiner Landsleute dorthin gezogen sei, um mit den Eingebornen Tauschhandel zu treiben, vielleicht auch bei dieser Gelegenheit einige junge Indianer und Indianerinnen zu erbeuten. Das Unternehmen war indessen fehlgeschlagen, die Mexikaner mussten sich glücklich schätzen, überhaupt mit heiler Haut davon gekommen zu sein, und aus ihren Reisen waren ihnen daher nur Kosten und viele Mühseligkeiten erwachsen. Die auf solchen Streifzügen gewonnenen Erfahrungen konnten indessen vom grössten Nutzen für uns sein, und dadurch, dass der würdige Don Antonio Sarvedro, wie er von dem amerikanischen Theil unserer Expedition genannt wurde, es übernahm, für die Summe von 1200 Dollar mit uns nach Californien zu wandern, gelang es ihm, den ersten Vortheil aus den von ihm früher vielleicht etwas leichtsinnig unternommenen Reisen zu ziehen.

Die Unruhe, die jeder Einzelne unserer Gesellschaft über das Ausbleiben des von Texas heraufkommenden Commandos allmälig zu empfinden begann, wurde endlich in der fünften Woche unseres Aufenthaltes in Albuquerque durch die Ankunft des Lieutenant Ives, des Dr. Kennerly und des Mr. Hugh Campbell gehoben. War die kleine Abtheilung nun auch glücklich mit ihren beiden Wagen und wenigen Leuten zu uns gestossen, so hatte sie doch unterwegs mit mancherlei Schwierigkeiten zu kämpfen gehabt, die theils durch Krankheit der eben genannten Herren selbst, besonders aber dadurch entstanden waren, dass das Commando wegen seiner Schwäche sich nach andern Karawanen hatte richten müssen, unter deren Schutz es den verabredeten Punkt am Rio Grande zu erreichen beabsichtigte. Es waren somit nur noch die letzten Vorbereitungen zu treffen, und unserem Aufbruche stand alsdann nichts weiter im Wege.

Bedeutend verstärkt sollten wir den Rio Grande überschreiten, denn hatte das Personal unserer Expedition mit Einschluss der Militairbedeckung von 25 Mann auf dem ersten Theile der Reise aus 70 Köpfen bestanden, so wurde unsere Gesellschaft nunmehr auf 114 Mann gebracht, das heisst, mit Hinzurechnung einer zweiten Militair-Escorte von 25 Mann, die wir von dem am westlichen Abhange der Felsengebirge gelegenen Fort Defiance zu erwarten hatten, und die in der Nähe von Zuñi zu uns stossen sollte. Die Zahl unserer Maulthiere war ebenfalls verdoppelt worden, so wie eine starke Schafheerde zum Unterhalte der Mannschaften mitgenommen wurde. Nicht ohne Grund wurden vorzugsweise Schafe und Ziegen gewählt; einige Ochsen und Kühe wurden zwar auch angekauft, doch waren diese dazu bestimmt, gleich im Anfange der Reise geschlachtet und an die Mannschaften vertheilt zu werden, um die Schafe für spätere Zeiten aufzusparen; denn einestheils finden Schafe und Ziegen leichter Nahrung in unwirthlichen Wüsten, andererseits aber ist das Rindvieh, wenn es lange über steinigen Boden und scharfe Lava zu schreiten hat, eher dem Erlahmen ausgesetzt.

So waren wir denn endlich so weit gediehen, dass der Tag des Aufbruches bestimmt werden konnte. Unsere Sammlungen und Arbeiten waren einem Kaufmanne zur Beförderung nach Washington übergeben worden. Provisionen, Geräthschaften, Werkzeuge und sonstige Effecten hatten ihren Platz in den Wagen gefunden oder

31*

waren für die Rücken der Packthiere bestimmt worden. Leroux hatte sich eingestellt und sobald das Signal gegeben war, konnten die Zelte abgebrochen werden und demnächst unsere ganze Expedition durch den Rio Grande ziehen.

Gemäss der Anordnung des Lieutenant Whipple wurde unsere Gesellschaft getheilt, indem Lieutenant Ives nebst zwei Astronomen und Dr. Kennerly, deren Gesellschaft auch ich zugetheilt wurde, einen Tag früher aufbrechen und auf dem westlichen Ufer des Rio Grande 20 Meilen weit hinauf bis zur Indianerstadt Isleta ziehen sollte. Nachdem dieser Ort astronomisch bestimmt, zugleich aber auch Untersuchungen angestellt worden, in wie weit die beiden Ufer des Rio Grande an dieser Stelle sich zum Bau einer Brücke eignen würden, sollte die kleine Abtheilung Isleta verlassen und in gerader Linie westwärts ziehen. Einige Meilen vor der Indianerstadt Laguna musste sie dann in die Landstrasse gelangen, die von Albuquerque direct nach Laguna führt; dort sollte sie ihr Lager aufschlagen und den Hauptzug erwarten, der einen Tag später auf dem kürzeren Wege Albuquerque verlassend zu ihr stossen musste.

Unter den herzlichsten Glückwünschen nahmen wir daher von unseren Freunden und Bekannten in Albuquerque Abschied, sagten unseren Kameraden, die noch einen Tag länger verweilen sollten, auf drei Tage Lebewohl, und zogen am Abend des 8. November 1853 durch den Rio Grande. Auf dem westlichen Ufer des Flusses, gegenüber dem Lager der Zurückbleibenden schlugen wir unsere Zelte auf, um am folgenden Morgen in aller Frühe unsere Reise gegen Norden antreten zu können. Der Anfang derselben war nicht sehr ermuthigend, denn von den beiden Wagen, die uns begleiteten, blieb der eine dergestalt im Bette des Flusses stecken, dass es uns nur mit der grössten Mühe und nach Zerbrechung der Deichsel gelang, denselben auf's Trockne zu bringen. Glücklicherweise war das Hauptlager so nahe, dass von demselben aus Schmied und Stellmacher geschickt werden konnten, die in der Nacht den Schaden wieder ausbesserten. Am flackernden Lagerfeuer wurde der erste Unfall indessen schnell vergessen; wenige Schritte von uns eilten die trüben Fluthen des Rio Grande vorüber, von dessen jenseitigem Ufer die fröhlichen Stimmen unserer Kameraden, die Musik und das laute Geräusch des ewigen Fandango's zu uns herüber schallten; in den dunkeln Schatten des Placers, nur an den einzelnen Lichtern erkennbar, lag die Stadt Albuquerque. Wir blickten hinüber nach dem Orte, wo wir ein so fröhliches, ungebundenes Leben geführt hatten; sogar eine Anwandlung von Wehmuth beschlich uns bei dem Gedanken, den Ort nie wieder zu sehen, doch blieb vorherrschend die Freude darüber, uns endlich wieder auf dem Wege zu befinden, der uns an unser Ziel führen musste.

Am 9. November in aller Frühe war unsere kleine Karawane schon wieder in Bewegung und zog auf ebener Strasse im Thale des Rio Grande dahin. Einzelne zerstreute Ansiedelungen oder mehr zusammengedrängt liegende Gehöfte verliehen der Landschaft einige Veränderung, die sonst einen öden wenig ansprechenden Charakter trug. Der Herbst mit seinen zerstörenden Nachtfrösten war über die sonst so grünen

Wiesen hingezogen und hatte der Vegetation eine Färbung zurückgelassen, die sich nur wenig von der der dünenartigen Sandhügel unterschied, welche gewissermassen den Uebergang von dem Thale zum Hochlande bildeten. Bäume oder Sträucher waren nur in Gärten zu sehen, wohin sie fleissige Hände mit Mühe gepflanzt hatten; an den dunkeln Streifen dagegen in den Gebirgen, die sich von allen Seiten erhoben, waren die Cedernwaldungen zu erkennen, welche den Ansiedlern Bau- und Brennholz lieferten. Ueber diese so wenig ansprechende Landschaft wölbte sich der mexikanische Himmel in seiner fast ewigen Klarheit; doch war es kühl und die schräger fallenden Strahlen der Herbstsonne theilten nur noch wenig Wärme mit.

Wir waren alle auf guten Maulthieren beritten; Dr. Kennerly und ich beschlossen daher kleine Umwege zu machen, doch mussten wir bald die Jagd aufgeben, denn im Thale selbst hatten wir fortwährend mit Gräben und Canälen zu kämpfen, und auf den Anhöhen war es der lockere Sand, der den Schritt unserer Thiere hemmte und uns bald veranlasste, uns wieder zu unseren Gefährten auf der Landstrasse zu gesellen. Eine Meile nach der anderen legten wir schnell zurück; wir berührten die Städte Arisco, Pajarito und Padillas, Orte, die eigentlich nur den Namen von Dörfern verdienten, und begegneten auf unserem Wege Menschen aller dortigen Raçen, von verschiedenem Alter und Geschlecht. Der Contraste gab es viele; da galoppirte auf edlem Pferde der prunksüchtige Mexikaner, im gestickten, mit Knöpfen reich besetzten Jäckchen und mit weiten betressten Beinkleidern stolz an uns vorüber, und trug Sorge, dass die Knöpfe und Kettchen an den kolossalen Spornen klingelten, als er gravitätisch seinen Hut mit einem *Buenos dies* zog. Dort kam auf einem bescheidenen, kleinen Esel der friedliche Pueblo-Indianer angetrabt, während des Reitens die Zehen aufwärts haltend, um mit den Füssen nicht in fortwährende Berührung mit Steinen und unebenem Boden zu kommen. Aus den Gärten bei den Gehöften schauten einzelne Mitglieder des weiblichen Geschlechts neugierig zu uns herüber. Das Alter so wie die Gesichtsbildung derselben waren indessen nicht zu erkennen, so sehr hatten sich diese Schönen das Gesicht mit Kalk oder Blut von geschlachtetem Vieh beschmiert. Ob die Bewohnerinnen von Neu-Mexiko diese Gewohnheit von den Indianern angenommen haben, oder solches Verfahren als Schutz gegen die Sonnenstrahlen und zum Bleichen der von Natur etwas dunkleren Haut anwenden, konnten wir nicht erfahren, doch entging es uns nicht, dass selbst die hübschesten Gesichter durch diese eigenthümliche Mode schrecklich entstellt wurden. Dass ihr Aeusseres unter einer Lage derartiger Schminke gerade nicht sehr gewann, schien den eitlen Schönen ebenfalls nicht fremd zu sein, denn Manche derselben verhüllte bei unserer Annäherung ihre Züge in ihre schleierartige Decke (*rebosus*) dergestalt, dass nur aus dichten Falten die schwarzen, feurigen Augen auf uns blitzten. Auch kleinen Karawanen begegneten wir, die mit Packthieren nach Albuquerque zogen, so wie Pueblo-Indianern, die auf plumpen zweirädrigen Karren mit Holzladungen aus dem Gebirge kamen.

In den Nachmittagsstunden erreichten wir Isleta, eine Stadt, die in ihrer Bauart so wie in ihrer Lage viel Aehnlichkeit mit Santo Domingo hat, nur dass in Isleta nahe den zwei- und dreistöckigen Wohnungen der Indianer sich auch einstöckige Häuser einiger daselbst angesiedelter Mexikaner finden. Als wir uns der Stadt näherten, bemerkten wir eine Anzahl Indianer, die eifrig in einem Weingarten beschäftigt waren, mit Hacken und sonstigen Geräthschaften unter lautem Jubel den Boden von saamentragendem Unkraut zu reinigen, während die bequemen Mexikaner vor ihren Thüren lagen und Cigaritos rauchten. Bei Letzteren hielten wir an, um etwas Obst zu kaufen, zogen dann durch die Stadt und schlugen auf der nördlichen Seite derselben nahe dem Flusse unser Lager auf. Wir befanden uns zwischen Feldern, auf welchen die letzten Ueberreste einer gesegneten Ernte zu erblicken waren und in deren losem, wohlkultivirten Boden wir nur mit Mühe die Zeltpflöcke zum Straffhalten der ausgespannten Leinwand befestigen konnten. Kaum standen unsere Zelte, als wir von allen Richtungen von der Stadt her Indianerinnen, die Töpfe mit Milch und Körbe mit Obst auf ihren Köpfen trugen, auf uns zu eilen sahen. Freundlich boten sie uns ihre Waaren zum Kauf an, von welchen wir einen kleinen Vorrath erstanden; freilich kauften wir nur eben so viel, als wir verwenden konnten, doch ergötzten wir uns bis zum Abend an den harmlosen Leuten, die uns friedlich umschwärmten.

Die Nacht war schon vorgerückt, als Trommeln und wildes Singen von der Stadt her zu uns in's Lager schallte und unsere Neugierde rege machte. Das Wetter war kalt aber schön und einladend zu einem Spaziergang, weshalb Mehrere von uns der Richtung zuschritten, von woher wir das laute Treiben vernahmen. Die Strassen waren öde und leer; nur ein einziger Indianer begegnete uns, der an uns vorüberschritt und wie wir vernehmen konnten, einige Schritte von uns entfernt einen Stein zur Erde fallen liess. Es war klar, dass derselbe bei unserer Annäherung als nächste Vertheidigungswaffe einen Stein ergriffen hatte, ein Beweis für uns, dass selbst diese friedlichen Indianer sich in ihren Städten nicht ganz sicher fühlen und zeitweise den Angriffen von Räubern und Vagabunden ausgesetzt sind, obgleich sie nur wenig Werthvolles besitzen, was die Gier indianischer oder gar weisser Räuber rege machen könnte. Wir liessen uns von den Tönen des wilden Concerts auf unserm Wege leiten, doch mussten wir uns, vor dem Hause angekommen, aus welchem uns die Musik entgegenschallte, damit begnügen, durch eine Lichtöffnung in der Mauer des untern Stockwerkes das Schauspiel zu beobachten. Bei der Beleuchtung, die von brennenden Holzscheiten ausging, sass auf der Erde eine Anzahl von Männern, die laut und kräftig die indianische Trommel rührten und mit heulenden Stimmen dazu sangen, während Weiber und Mädchen dazu gedrängt umherknieten und nach dem Takte Mais stampften oder zwischen Steinen zu Mehl rieben. Es war ein eigenthümlicher Anblick, und lange standen wir beobachtend vor dem Hause, weil uns der Eintritt oder vielmehr das Hineinklettern nicht gestattet wurde. Spät kehrten wir in unser kleines Lager zurück, wo wir den Lieutenant Ives noch mit astronomischen Beobachtungen, die der mexikanische klare Himmel fast allnächtlich erlaubte, beschäftigt fanden.

Am folgenden Morgen stiessen zwei Dragoner zu uns, die von der benachbarten Militairstation entsendet waren, um uns als Führer bis zur Zuñi-Strasse zu dienen. Ehe wir uns jedoch wieder in Marsch setzten, nahmen wir sorgfältig die beiden Ufer des Rio Grande, so wie die nächste Umgebung topographisch auf, und sagten dann dem Flusse, vielleicht auf ewig, Lebewohl.

Eine belebte Scene gewährte die kleine Ebene, welche die Stadt Isleta vom Flusse trennt, in den ersten Morgenstunden. Fast die ganze weibliche Bevölkerung war daselbst zu sehen, wie sie halb verhüllt in ihren Decken, grosse Thongefässe auf dem Kopfe tragend, mit leichten Schritten hinunter an den Fluss eilte, um den Wasserbedarf für den Tag in die Wohnungen zu schaffen. Die Männer waren ebenfalls nicht unbeschäftigt; Ackergeräthschaften oder die Axt sah man in ihren Händen, während die Jugend munter um sie herumspielte.

Wir folgten der Strasse, die in westlicher Richtung den Höhen und Gebirgen zuführte. Der Weg war eben und vielfach befahren, denn auf diesem hatten schon seit Bestehen der Stadt Isleta die Indianer ihren Holzbedarf herangeholt, welchen ihnen eine Cedernwaldung, die 12 Meilen weit westlich liegt, lieferte und noch liefert. Oede und unfruchtbar nahm sich bis dahin das hügelige Land aus, dessen Boden fortwährend anstieg.

Dr. Kennerly, der ebenso wie ich Naturalien sammelte, war von nun an fast mein beständiger Gefährte; wir hatten uns in Washington kennen gelernt, und ich hatte dort schon eine besondere Vorliebe für seine offene, ehrliche Persönlichkeit gewonnen. Dadurch, dass wir verschiedene Wege nach Albuquerque eingeschlagen hatten, waren wir für lange Zeit getrennt gewesen, doch hatten wir uns schon vor Antritt unserer Reise darauf gefreut, vereint so interessanten Arbeiten obliegen zu können. Die ersten Tage unseres Zusammenreisens lieferten uns indessen nur eine geringe Ausbeute. Schlangen und sonstige Reptilien hatten sich vor der Annäherung der kalten Herbstnächte in ihre Höhlen zurückgezogen, und an anderen Thieren schien das Land förmlich ausgestorben zu sein. Nur der Wolf, der uns aus der Ferne misstrauisch beobachtete, und Reihen von Gänsen und Kranichen, die gegen Süden zogen, verriethen Leben in der anscheinend schlafenden Natur. Unsere Büchsen ruhten müssig vor uns auf dem Sattel, denn selbst die kleinen Vögel, die mitunter die dürren Steppen beleben, waren verschwunden. Weit voraus dem kleinen Zuge ritten wir also unseres Weges und erzählten von den Reisen, die in den letzten Jahren nach dem fernen Westen unternommen worden waren. Wir gedachten dabei des Mannes, der mit unerschütterlicher Energie unter den schrecklichsten Entbehrungen und Gefahren zuerst von dem höchsten Gipfel der Rocky Mountains das Banner der Vereinigten Staaten wehen liess und die gänzlich unbekannten Regionen zu beiden Seiten des riesenhaften Gebirgszuges mit unermüdlichem Fleisse durchforschte und der, wie Alexander von Humboldt mehrmals in seinen Werken hervorhebt, das grösste, riesenhafteste, barometrische Boden-Nivellement ausgeführt hat, das je unternommen worden ist*). Wir gedachten des Colonel Frémont, der sich zu derselben Zeit ebenfalls mit einer Expedition, die er auf eigene Kosten ausgerüstet hatte, auf dem Landwege nach Californien befand, um auf dieser seiner fünften Reise Arbeiten wieder aufzunehmen, die auf seiner vorhergehenden durch Unglücksfälle unterbrochen worden waren.

Als ich im Jahre 1851 auf derselben Strasse nach den Rocky Mountains zog, auf welcher Colonel Frémont im Jahre 1842 seine erste Expedition unternahm, hatte ich schon die grösste Bewunderung und Verehrung für den kühnen Forscher empfunden. Diese Gefühle wurden gesteigert, als ich auf eben dieser Strasse die Leiden kennen lernte, mit welchen der einsame Reisende in den schneebedeckten Wüsten zu kämpfen hat. Jede Gelegenheit, genauere Nachrichten über Colonel Frémont zu erhalten, war mir daher willkommen, und nicht wenig war ich erfreut, als ich durch Dr. Kennerly Manches erfuhr, was mir dazu diente, die mir von Mr. Leroux und Andern mitgetheilten Bruchstücke aus dem Leben Frémont's in Verbindung zu bringen. Nur besser geordnet, lasse ich daher unsere Unterhaltung als Dr. Kennerly's Erzählung folgen.

*) Alexander von Humboldt, Ansichten der Natur. I. Theil p. 56.

XX.

Colonel Frémont und seine erste und zweite Reise. — Rio Puerco. — Das Felsenthor. — Rio San José. — Ruinen einer Indianerstadt. — Pueblo Laguna. — Covero. — Lavaströme. — Mount Taylor.

Colonel Frémont*) wurde geboren im Jahre 1813; er ist französischer Abkunft, da sein Vater von Frankreich nach Amerika auswanderte und sich dort mit einer Tochter des Landes, einer entfernten Verwandten des Generals Washington verheirathete. Wie bei allen jungen Leuten, die vom Geschick mit nur sehr mässigen Glücksgütern bedacht worden sind, war es auch Frémonts Loos, sich durch eigene Kraft emporzuarbeiten und sich selbst seine Stellung zu erwerben. Mathematik war sein Hauptstudium, und im Jahre 1833 trat er zum ersten Male in die Dienste des Gouvernements der Vereinigten Staaten, indem er zum Lehrer der Mathematik am Bord der Kriegsschaluppe Natchez und dann zum Professor dieser Wissenschaft am Bord der Fregatte Independence ernannt wurde. Das Feld, welches in dieser Carriere vor ihm lag, war indessen seinen Wünschen und Neigungen nicht genügend und er beschloss, seine bedeutenden Kenntnisse auf dem Lande zu verwerthen.

Die Bildung eines neuen Ingenieur-Corps unter dem Befehl des später in der Schlacht von Monterey erschossenen Capitains G. W. William bot ihm die gewünschte Gelegenheit, und bis zum Jahr 1837 war er bei den Vermessungen von Eisenbahnwegen beschäftigt. Es ist möglich, dass während dieser Zeit der junge Frémont die ersten Eindrücke der grossartigen Natur empfing, die ihn fortwährend umgab, Eindrücke deren Einfluss bleibend für sein ganzes Leben war und ihn immer auf's Neue hinaustrieb in die westlichen, wilden Regionen. In den Jahren 1838 und 1839 begleitete er in der Eigenschaft eines ersten Assistenten Herrn Nicollet, welcher im Auftrage des Gouvernements zwei Expeditionen nach den Ländern zwischen dem oberen Mississippi und Missouri führte.

*) Bei der Angabe der genaueren Umstände, so wie der Data in dieser Biographie, habe ich ein Werk zu Hülfe genommen, welches zu der Zeit, als Colonel Frémont von einem grossen Theile der amerikanischen Bevölkerung als Präsidentschafts-Candidat erwählt worden war, von Mr. John Bigelow veröffentlicht und Alexander von Humboldt dedicirt wurde. Das Werk führt den Titel: *Memoir of the life and public services of John Charles Frémont.*

Herr Nicollet, vormals *Astronome adjoint à l'observatoire de Paris*, berühmt wegen seiner ausserordentlichen Fähigkeiten und wissenschaftlichen Forschungen, hatte im Dienste des Gouvernements der Vereinigten Staaten durch seine Arbeiten solche Resultate gewonnen, dass Alexander von Humboldt von ihm sagt: Sein früher Tod beraubte die Wissenschaft einer ihrer schönsten Zierden. Es ist daher wohl anzunehmen, dass das lange Zusammensein mit Herrn Nicollet einen dauernden Einfluss auf die wissenschaftliche Richtung und Ausbildung des Colonel Frémont ausübte, und der später noch fortgesetzte innige Verkehr mit Herrn Nicollet und Herrn Hassler im höchsten Grade belehrend für den jungen, anstrebenden Offizier war. Nachdem er im Jahre 1841 zur Erforschung der Ufer des Des Moines-Flusses ausgeschickt und nach Vollendung seiner Arbeiten noch in demselben Jahre nach Washington zurückgekehrt war, verheirathete er sich daselbst mit der Tochter eines Herrn Benton. Nur kurze Zeit der Ruhe war ihm gegönnt; denn in Anschung der Erfahrungen, die er sich an den Grenzen des fernen Westens gesammelt hatte, wurde ihm der Befehl ertheilt, sich mit brauchbaren Leuten zu versehen, durch die Prairien gegen Westen zu reisen und einen Theil der Rocky Mountains zu durchforschen.

Es war im Jahre 1842 als er seine Instruction erhielt und sich sogleich nach der Grenze des Staates Missouri auf den Weg machte, um dort in einem der Etablissements der Pelzcompagnie seine Vorbereitungen zu treffen. In der Nähe von St. Louis, der gewöhnlichen Station der aus dem Westen zurückkehrenden Trapper, hatte er sich seine Leute, 21 an der Zahl, ausgesucht, grösstentheils Creolen und Canadische *voyageurs*, die im Dienste der Pelzcompagnie schon mit dem Leben in der Wildniss vertraut geworden waren. Carl Preuss, ein Deutscher, schloss sich ihm als Assistent bei den wissenschaftlichen Arbeiten an, so wie Carson als Führer bei dieser Expedition eintrat. Mit dieser Gesellschaft nun unternahm es Frémont, die ihm gestellte Aufgabe zu lösen. Nur hin und wieder von kleinen Hindernissen aufgehalten, die unzertrennlich von solchen Reisen sind, zog Frémont mit seiner Gesellschaft am Platte River hinauf und erreichte Fort Laramie, einen Handelsposten der Pelzcompagnie am Fusse der Felsengebirge, schon am 12. Juli desselben Jahres. Von dort ab wurden die Hindernisse, die sich der Expedition täglich entgegenstellten, ernsterer und schwierigerer Art. So war zum Beispiel die Nachricht im höchsten Grade entmuthigend, dass die Indianer, die mit den Trappern feindlich aneinander gerathen waren und acht der Ihrigen verloren hatten, in Masse sich gerüstet hätten, um die Weissen zu bekriegen.

Frémonts Leute, sogar Kit Carson fanden es nicht gerathen, unter solchen Umständen, ohne vorher ein gewisses Einverständniss mit den Eingeborenen zu Stande gebracht zu haben, mit denselben zusammenzustossen. Durch eigenes Beispiel aber und durch kräftiges Zureden gelang es Frémont, die weniger Beherzten seiner Expedition aufzurichten, und die Vorbereitungen zum schleunigen Aufbruch nahmen ihren Fortgang. In dem Augenblicke als die kleine Gesellschaft von ihren

Bekannten in Fort Laramie Abschied nehmen wollte, drängten sich einige neu angekommene Häuptlinge zu Frémont durch und übergaben ihm ein Schreiben, welches ihnen von einem Pelztauscher eingehändigt worden war, in welchem dieser ihm abrieth, seine Reise in die Gebirge anzutreten, bevor eine Kriegsabtheilung, die in Verfolgung der Weissen begriffen war, zurückgekehrt sei. Auch die Häuptlinge versicherten, dass ihre jungen Leute, die nichts von dem guten Einverständnisse ihres Stammes mit Frémonts Expedition wissen konnten, ihn, wenn sie auf ihn stossen sollten, angreifen würden. Doch Frémont, der keine Zeit zu verlieren hatte, gab nichts desto weniger den Befehl zum Aufbruch und befand sich bald im Gebirge. Mit den Indianern kam er zwar nicht zusammen, doch stiess er auf einen schlimmeren Feind, nämlich den Mangel an Lebensmitteln. Grosse Nässe, so wie unzählige Heuschrecken hatten das dortige Territorium so heimgesucht, dass kein Grashalm zurückgeblieben war, und die Büffel, auf welche sich die Reisenden verlassen mussten, in Folge dessen nach grasreicheren Ebenen gewandert waren. Halbverhungerte Sioux-Indianer, denen er begegnete, riethen ihm umzukehren; doch Frémonts Entschluss, vorzudringen, blieb unerschütterlich; und darauf fussend, dass ihm und seinen Leuten im schlimmsten Falle die Maulthiere als Nahrung würden dienen können, führte er seinen Entschluss aus. Die wichtigste Aufgabe auf dieser Reise war für Frémont die Ersteigung des Wind River Peak in den Rocky Mountains. Es war eine schwierige Arbeit, denn 1800 Fuss über der Basis des Berges begann schon der Schnee, und von dort aus bis zum Gipfel, der, eine mächtige Granitsäule bildend, sich 13,570 Fuss über die Meeresfläche erhob, war er mit seinen Gefährten genöthigt, an Stellen hinaufzuklettern, wo der geringste Fehltritt oder ein Ausgleiten im Schnee die kühnen Reisenden in einen gähnenden Abgrund stürzen musste. Frémont erreichte seinen Zweck; er liess die Streifen und die Sterne des amerikanischen Banners von der Spitze wehen und sandte seine Blicke hinaus in die Ferne, nach der einen Seite weit fort über Seen und Flüsse, nach der andern bis zu den Gebirgen, an denen der Missouri und der Yellowstone ihre Quellen haben.

Nach Erreichung dieses Zieles wendete Frémont sich wieder der Heimath zu, um seinem Gouvernement die Resultate seiner Reise vorzulegen. Auf dieser Heimreise war es, wo Frémont mit einem Theil seiner Begleiter in einem zerbrechlichen Canoe die Fahrt über die Fälle des Platte River machte und beinahe die ganzen Resultate der Reise mit seinem Leben verlor. Den Fluss in dem leichten Fahrzeuge hinuntergleitend gelangte er an eine Stelle, die den Namen Cañon führt, wo sich der Fluss mit aller Gewalt zwischen eng zusammen stehenden Felsen hindurch drängt und wild über Abgründe hinwegstürzt. Die kühnen Bootsleute liessen das Canoe willig der Strömung folgen, indem sie nur das Umschlagen desselben zu verhindern suchten. Ueber drei auf einander folgende Fälle flog das Boot wie ein Pfeil dahin; und zufrieden mit den Leistungen des schwachen Fahrzeuges, glaubten Alle, noch tiefere Fälle und schwierigere Hindernisse in demselben besiegen zu können. Auf eine Strecke breiten und ruhigen

32*

Wassers folgte abermals ein enges Felsenthor, welches mit den hochaufstrebenden Wänden, die sich aneinander lehnten, einem Tunnel zu vergleichen war. Sie steuerten in die Höhle hinein, und kaum in derselben angelangt, war ihnen jede Möglichkeit genommen, wieder umzukehren. Der Sicherheit wegen waren drei der Leute am Ufer zurückgeblieben, die das Boot an einer Leine hielten; doch sobald die Strömung dasselbe erfasst hatte, war ihre vereinte Kraft nicht mehr hinreichend, so dass zwei derselben die Leine fahren liessen, während der Dritte, ein ächter Gebirgsjäger, dieselbe festhielt und sich von der 12 Fuss hohen Wand hinab und kopfüber in den Strom reissen liess. Schwimmend folgte er dem Canoe durch den Tunnel, in welchem die wüthenden Wasser sich an den Felsen zu schäumendem Gischt schlugen, doch der Jäger so wie das Boot hielten glücklich die Mitte des Canals und landeten unversehrt auf der andern Seite des Passes in ruhigem Wasser. Der Jäger hatte sein Leben nur seiner Fertigkeit im Schwimmen zu verdanken. Die Zurückgebliebenen wurden nun wieder in's Canoe genommen, der gewandteste Steuermann musste das Ruder ergreifen, und auf's Neue ging es in den Kampf mit den Fluthen, die donnernd von einer Abstufung auf die andere stürzten und das leichte Boot auf ihre Oberfläche mit hinabrissen; die Felsen schienen vorbeizufliegen, und mit einem Gefühl der Wonne in dem Kampfe mit dem tobenden Elemente begannen die wilden Jäger des Westens ihre Lieder anzustimmen. Die Wogen, wie im Verdruss über die Gleichgültigkeit der Menschen gegen jede Gefahr, ergriffen das Boot und warfen es gleich am Fusse eines Falles gegen einen verborgenen Felsen, dasselbe schlug mit seiner ganzen Ladung um, und zerstreut schwammen Canoe, Menschen und Sachen in den schäumenden Wirbeln. Drei der Leute, die nicht schwimmen konnten, wurden nur mit der grössten Mühe von ihren Gefährten gerettet, und bei dieser Gelegenheit war es, wo nicht nur ein Beispiel von staunenerregender Kaltblütigkeit geliefert, sondern auch bewiesen wurde, wie diese Trapper bis zum letzten Athemzuge Einer für den Andern mit ihrem Leben einstehen. Ein gewisser Descoteaux war auf dem Punkte zu ertrinken, als ein Anderer, Namens Lambert, ihn bei den Haaren ergriff und mit seiner Last schwimmend gegen die Strudel kämpfte. »*Lâche pas, cher frère!*« rief Descoteaux mit erstickender Stimme und stellte jede Bewegung ein, um seinen Kameraden nicht zu hindern. »*Crains pas,*« erwiederte Jener, »*je m'en vais mourir avant que de te lâcher,*« und schleppte seinen Freund an's Ufer. Wenn auch kein Leben bei diesem Unfall verloren ging, sogar das Boot gerettet wurde, so hatte Frémont doch manchen harten Verlust an seinen Arbeiten zu bedauern, obgleich er so glücklich war, seine Journale und wichtigsten Bücher wieder zu erlangen; ausser diesem Unglücksfalle aber legte Frémont den übrigen Theil des Weges glücklich zurück, und stattete am 29. October desselben Jahres dem Gouvernement seinen Bericht über die Expedition ab.

Die Resultate von Frémonts Arbeiten befriedigten in Washington so sehr und waren so unerwartet, dass das Gouvernement ihm sogleich wieder den Befehl ertheilte, ohne Zeitverlust eine neue Expedition zu organisiren, und so lange gegen Westen vorzudringen, bis er in Californien mit dem Capitain Wilkes, der den Auftrag hatte, vom stillen Ocean aus gegen Osten zu ziehen, am Columbia-Fluss zusammentreffen würde.

Mit 39 Mann, unter diesen Fitzpatrick, Kit Carson, Carl Preuss und Mehrere, die ihn auf der ersten Expedition begleitet hatten, trat Frémont am 3. Mai 1843 seine Reise an, die ihn am Kansas-Fluss hinauf zu den Quellen des Arkansas führen sollte, von wo aus er einen Pass durch die Rocky Mountains aufzusuchen beabsichtigte.

Der Hauptzweck dieser Expedition war, eine gute Strasse nach Oregon und Californien zu bestimmen, zugleich aber genaue Nachrichten über die Flüsse, die berührt werden mussten, zu erhalten. Auf dieser Reise entdeckte Frémont den South-Pass, durch welchen nach ihm Tausende und aber Tausende von Emigranten nach dem fruchtbaren Oregon und dem Gold bergenden Californien gezogen sind.

Vorsichtiger noch als das erste Mal rüstete Frémont sich und seine Leute zu dieser Expedition aus; sogar eine kleine Haubitze nahm er mit auf diesen beschwerlichen Weg, doch musste dieselbe, nachdem sie bis durch die Rocky Mountains mitgeführt worden war, im Schnee zurückgelassen werden. Die Expedition verliess die Grenzen des Staates Missouri im Monat Mai, und im November schon war Frémont Gast bei Dr. M. Laughlin, dem Gouverneur der englischen Hudson-Bay-Pelzcompagnie, im Fort Vancouver am Columbia River. Nach kurzem Aufenthalt daselbst trat er seine Rückreise mit 25 Mann und 100 Pferden und Maulthieren an, doch nicht den Weg, auf welchem er gekommen, wählte er, sondern eine mehr südliche Richtung, um zunächst den Tlamath-See, der sich auf dem Tafellande zwischen den Quellen des Fall River und dem Sacramento River befindet, geographisch zu bestimmen, dann einen See, der einige Tagereisen weiter südlich liegen sollte und den Namen S. Mary führte, zu besuchen, und drittens um sich von der Existenz des Flusses Buenaventura zu überzeugen, von dem man vermuthete, dass er durch das grosse Bassin (Utah-Territorium) dem Golf von Californien zufliesse und der sogar auf den alten Karten in dieser Richtung angezeigt war. Nach Vollbringung dieser Arbeit beabsichtigte er sodann über die Rocky Mountains nach den Quellen des Arkansas zu ziehen und von dort die nächste Richtung nach der Heimath einzuschlagen.

Es war am 10. November, als er aufbrach und sich nach kurzer Zeit in tiefem Schnee befand, der seine Reise über die Gebirge bedeutend erschwerte. Als er auf der Ostseite derselben niederstieg, fand er nicht den Buenaventura, wie er es erwartet hatte, sondern eine weite Niederung, die von allen Seiten von zackigen, mit tiefem Schnee bedeckten Gebirgsketten eingeschlossen war.

Lange zog er in südlicher Richtung weiter, bis er sich nach seinen Berechnungen nur 70 Meilen östlich von San Francisco befand und durch die grösste Noth gezwungen wurde, auf seine und seiner Begleiter Rettung zu denken. Kein Einziger der Expedition war jemals in diesen Regionen gewesen, und die Eingeborenen, denen er begegnete, liessen sich weder durch Geschenke noch durch Versprechungen dazu bewegen, ihm als Führer durch die Gebirge zu dienen, die ihn von den Küstenländern Californiens trennten und in welchen der Schnee klafterhoch lag.

Von allen Seiten grinste ihm der Tod in der schrecklichsten Gestalt entgegen, der Tod im Schnee und der Hungertod. Nur ein Weg zur Rettung blieb ihm noch, nämlich der Versuch, über die Gebirge zu gelangen und an deren anderer Seite den Sacramento-Fluss zu erreichen. Er schlug diesen Weg ein und legte ihn mit seinen Leuten zurück, doch unbeschreiblich waren die Leiden, welche die Gesellschaft auf der Strecke von 70 Meilen erdulden musste, zu deren Zurücklegung sie 40 Tage gebrauchte. Die Eingeborenen sogar, mit welchen sie zusammentrafen, schauderten vor dem Gedanken, eine Bahn durch die Schneeanhäufungen in den Gebirgen zu brechen, doch konnte die Expedition nicht bleiben wo sie war, indem ihr dort ein gewisses Ende bevorstand.

Der Hunger wüthete in den Eingeweiden der Leute. Von ihren Thieren durften sie nur solche zu ihrer Nahrung bestimmen, die nicht mehr fortzubringen waren, denn mit jedem Lastthier, welches verloren ging, wurde eine Ladung der so nöthigen Sachen aufgegeben oder ein Reiter auf seine eigenen Füsse angewiesen. Mehrere von Frémonts Leuten verloren vor Hunger und Kälte den Verstand und erzählten im fortwährenden Delirium zum Schrecken ihrer Kameraden von Gegenständen, die sie gar nicht kannten. Eine schreckliche Zeit musste es sein, in welcher selbst Trapper bebten und sogar den Verstand verloren, in welcher Maulthiere und Pferde vor Kälte und Noth starben und die verhungerten Thiere den Menschen zur Nahrung dienen mussten. Doch ohne zu murren folgten die dem Elende preisgegebenen Leute ihrem Commandeur, dem treuen Freunde, Führer und Gefährten.

Nach einer Reise von 40 Tagen unter den namenlosesten Leiden gelangte Frémont endlich zu Capitain Sutters Farm am Sacramento River, wo er mit seinen Leuten gastfreundlich aufgenommen wurde. Von den 67 Maulthieren, mit welchen er die Ueberschreitung des Gebirges unternommen hatte, waren ihm nur 33 geblieben und diese, zu schwach, Lasten zu tragen, mussten von den Leuten, die selbst kaum zu gehen im Stande waren, geführt werden.

Nachdem Frémont und seine Gefährten sich etwas erholt und auf's Neue ausgerüstet hatten, traten sie die Reise am 24. März 1844 wieder an. Frémonts Absicht war nun, den Pass an den Quellen des San Joaquin-Flusses, der sich ungefähr 500 Meilen südlich von Sutters Farm befinden sollte, zu erforschen und von dort aus dann nach den Quellen des Arkansas-Flusses zu ziehen. Dieser Theil der Reise wurde durch die feindlich gesinnten Eingeborenen erschwert, die ihn fortwährend umschwärmten und Einen seiner besten Leute auf grässliche Weise ermordeten.

Am 23. Mai erreichte die Expedition den Utah-See, der durch einen Fluss in directer Verbindung mit dem nördlich gelegenen Salt Lake steht. Auf der Hinreise nach Californien hatte Frémont den Great Salt Lake schon kennen gelernt und in einem Leinwandboote die gefährliche Fahrt nach einer der Inseln unternommen. Acht Monate waren seit der Zeit verflossen, als Frémont, nachdem er in weiten Bogen eine Reise von 3500 Meilen zurückgelegt hatte, sich abermals an den Wassern des grossen Beckens befand und dadurch im Stande war, die südliche Spitze desselben zu bestimmen, so wie er die nördliche schon geographisch bestimmt hatte. Von dort gelangte er ohne weitere Unfälle glücklich in seine Heimath, wo er auf die Empfehlungen des Generals Scott für seine grossen Verdienste vom 2. Lieutenant sogleich zum Capitain befördert wurde. Die Ausarbeitung seines Rapports über die letzte Expedition füllt den Rest des Jahres 1844 aus. Im Frühjahre 1845 rüstete er sich abermals, um eine dritte Expedition zu unternehmen, deren Zweck sein sollte, die Regionen, die als das grosse Bassin bekannt sind, zugleich aber auch die Küstenländer vom Oregon und Californien zu durchforschen. Die Hauptaufgabe sollte indessen bleiben, die vortheilhafteste Richtung einer Landverbindung zwischen den Vereinigten Staaten und der Südsee zu bestimmen.

So strebt der Geist der amerikanischen Bevölkerung immer weiter vorwärts. Kein Project scheint in ihren Augen unausführbar, und kaum ist eine Aufgabe und eine Frage, die Vergrösserung ihrer Nation und ihres Landes betreffend, gelöst, so bildet sie schon neue Pläne, und schreitet ohne Zeitverlust mit aller Kraft und Energie zu deren Ausführung, wobei der ungeheure Reichthum des Landes ihr die Mittel an die Hand giebt.

Im Jahre 1853 schickte das amerikanische Gouvernement Expeditionen aus, um durch dieselben geeignete Wege zu einer Eisenbahn-Verbindung zwischen dem Mississippi und der Südsee aufsuchen zu lassen. Zehn Jahre früher dachte es nur daran, eine einfache Landstrasse zwischen diesen beiden Punkten herzustellen, auf welcher Karawanen eine sichere Verbindung würden aufrecht erhalten können. Selbst der Amerikaner, der die Geschichte seines Heimathlandes vom Jahre 1842 bis zur jetzigen Zeit genau verfolgt, muss staunen über das, was in dem Zeitraum von 10 Jahren geleistet worden ist. In dem grossen Bassin, dem jetzigen Utah-Territorium, welches Frémont unter Gefahren und Entbehrungen durchforschte, erheben sich jetzt die blühenden Ansiedelungen der Mormonen, die fruchtbaren Thäler der Flüsse bevölkernd. Durch den South Pass, den Frémont in den Rocky Mountains entdeckte und bestimmte, sind Hunderttausende von Menschen gezogen, unter deren Händen dann in den paradiesischen Küstenstrichen der Südsee Städte, Kanäle und Eisenbahnen entstanden, und gewiss wird es nicht lange dauern, dass mittelst der Eisenbahn ein Weg durch die Wüste in wenigen Tagen zurückgelegt werden kann, auf welchem man jetzt noch Monate zubringen muss. —

Unter Gesprächen über Gegenstände dieser Art waren wir bis zu der Stelle gekommen, wo die Strasse sich theilte. Ein Weg bog südlich in eine Cedernwaldung ein, welche die Abhänge der Höhe, auf die wir allmälig gelangt waren, bedeckte. Am Fusse derselben dehnte sich ein breites Thal aus, welches auf der andern Seite von hohen Felsen begrenzt wurde und durch dessen Mitte sich ein Flüsschen, der Puerco, schlängelte. Der andere Weg zog sich mehr gegen Norden und schien an einer entfernteren Stelle in dasselbe Thal hinabzuführen. Ohne unsere Gefährten und die Wagen zu erwarten, wählten wir den ersteren, auf welchem uns die dicht stehenden Cedern bald jede Aussicht in die Ferne benahmen. Kaum waren wir in der Waldung, als unser Weg sich vielfach theilte und von anderen durchschnitten wurde, und endlich alle Spuren einer Strasse verschwanden. Die vielen Stümpfe und modernd umherliegenden Zweige liessen uns keinen Zweifel, dass wir die falsche Richtung eingeschlagen hatten, und uns auf dem Holzplatz der Bewohner von Isleta befanden. Wir ritten indessen ganz in's Thal hinab, um dann, demselben in nördlicher Richtung folgend, wieder mit unseren Gefährten zusammenzustossen. Bald waren wir an dem Flüsschen, welches wir zu unserem grössten Leidwesen gänzlich ausgetrocknet fanden. Der Abend rückte immer näher; weithin vermochten wir das Thal zu überblicken, doch keine Spur von unsern Gefährten zeigte sich. Um unsere Thiere nicht durch nutzloses Umherreiten zu ermüden, fassten wir den Entschluss, die Nacht, so gut es gehen wollte, an dem ersten besten Orte zuzubringen und sahen uns daher nach einer Stelle um, wo unsere Thiere etwas Futter würden finden können, denn die Hoffnung auf Wasser hatten wir schon längst aufgegeben. Doch Gras war eben so wenig wie Wasser zu entdecken; das ebene Thal war wie mit trockener Asche überdeckt, und nur dürres Gestrüpp ragte hin und wieder aus dem staubigen Boden hervor. Ein Rabe, den wir uns in Ermangelung von etwas Besserem zu unserem Abendbrod auserkoren, hatte uns an einer Stelle wieder in das Flussbett gelockt, wo Weidengesträuch und einige Cottonwood-Bäume dasselbe einfassten. Hungrig fielen unsere Thiere über die jungen Schösslinge und dünnen Zweige her, uns gleichsam die Stelle zu unserem Nachtlager bezeichnend. Bald brannte vor uns ein tüchtiges Feuer, und wir hatten uns ganz darein ergeben, am folgenden Tage unsere Gefährten aufsuchen zu müssen. Die Dämmerung stellte sich allmälig ein; missmüthig schauten wir bald auf unseren Raben, der schon gerupft dalag, bald in die Ferne hinaus, als zu unserer nicht geringen Freude der eine unserer sechsspännigen Wagen sich aus dem Schatten des Waldes bewegte und langsam die Richtung nach dem Flussbette nahm. Schnell waren unsere Thiere gezäumt, wir wieder im Sattel, und nach einem scharfen Ritt von einer halben Stunde befanden wir uns bei unseren Gefährten, die an einer Stelle den Fluss erreicht hatten, wo noch einige Pfützen trüben Wassers die allernothwendigste Erfrischung boten. Dort erfuhren wir nun, dass den zweiten Wagen wieder ein Unfall betroffen habe und derselbe mit unseren Zelten und Sachen erst später nachfolgen würde. Es kam nach, aber erst nach Mitternacht, als wir Alle umherlagen und im besten Schlafe begriffen waren, nachdem wir die Ruhe unter freiem Himmel dem mühsamen Aufschlagen der Zelte vorgezogen hatten.

Kaum sandte am folgenden Morgen die Sonne ihre ersten Strahlen hinab in das Thal, als wir auch schon wieder so weit gerüstet waren, dass wir unsere Weiterreise antreten konnten. Nicht ganz ohne Mühe überschritten wir den kleinen Fluss und erreichten dann in kurzer Zeit das Ende des Thales, wo wir plötzlich eine ganz andere Naturumgebung fanden. Rauhes felsiges Terrain erschwerte unsere Reise fortwährend; bald waren es Berge von Sandsteingerölle, bald Hügel, in denen Anhäufungen von krystallisirtem spathigem Gyps vorherrschend waren, in welchen die Strahlen der Sonne sich schimmernd brachen. Der wenig befahrene Weg, den wir verfolgten, führte uns gleich in der ersten Morgenstunde an eine steile Hügelkette, deren Ueberschreitung uns viele Schwierigkeiten zu machen drohte. Bei einer Biegung des Weges kurz vor derselben fanden wir indessen, dass uns die Natur hier ein breites Thor geöffnet hatte, durch welches wir auf ebener Strasse zogen, während sich uns zu beiden Seiten die Felsen, wenn auch nicht sehr hoch, doch steil wie Mauern aufthürmten. Die Hügelkette war nämlich durch eine mächtige Sandsteinniederlage gebildet worden, die an dieser Stelle mit dem westlichen Ende durch vulkanische Gewalt aus der Erde getrieben und dann quer durchgebrochen war. Die durch diesen Bruch enstandene Spalte bildet nunmehr das natürliche Thor. Dadurch, dass die horizontal übereinander liegenden Schichten wieder senkrechte Risse zeigten, gewährte das Ganze den Anblick eines grossartigen, aus riesigen Quadern aufgeführten Mauerwerks.

Wie der forschende Reisende oft stumm und staunend erhabene Bauwerke der Natur betrachtet, andächtig des allmächtigen Bildners gedenkt und sich mit frommem Gemüthe vor der Alles umfassenden Macht neigt, so sucht der uncivilisirte Urbewohner der unwirthlichen Wildniss darzulegen, wie auch sein Gemüth den durch eine grossartige Naturumgebung hervorgerufenen Eindrücken unterworfen ist. Von solchen Gefühlen, die ihren Ursprung in dem göttlichen Funken haben, der in die Brust eines jeden menschlichen Wesens gelegt wurde, vermag sich der rohe Wilde keine Rechenschaft abzulegen; aber ohne zu wissen warum, vielleicht auch seines Manitu gedenkend, drängt es ihn, seine noch ungeordneten Ideen in hieroglyphischen Bildern und Zeichen in den harten Felsen einzuschneiden. So trugen auch die glatten Wände des natürlichen Felsenthors vielfache Zeichen, die von vorbeireisenden Indianern in den Sandstein hineingemeisselt oder mit Farbe roh ausgemalt waren.

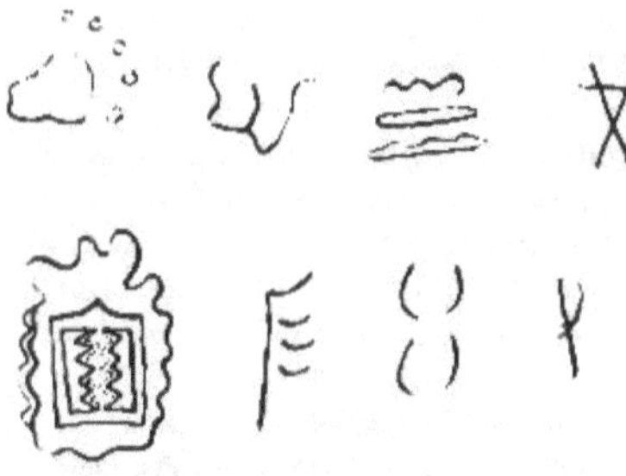

Immer rauher und schwieriger für die Fortsetzung unserer Reise wurde das Terrain, dem jede Vegetation fremd schien. Auf einigen Höhen entdeckten wir auf der Oberfläche des steinigen Bodens wohlerhaltene Stücke von kleinen und grösseren Ammoniten, von welchen wir mitnahmen, was nur zu finden war, um von dem Geologen unserer Expedition, Mr. Marcou, der sich beim Haupttrain befand, Belehrung über die Formation des dortigen Terrains zu erhalten (14). Endlich erreichten wir eine Art Hochebene, wo zwischen verkrüppelten Cedern spärliches Gras wuchs, wodurch wir veranlasst wurden, eine Stunde zu rasten, um unseren Thieren einige Nahrung zu gönnen. Von diesem Punkte aus hatten wir wieder die Aussicht über ein grosses Thal, welches sich weithin gegen Westen ausdehnte, wo es an hohen Felsmassen sein Ende zu erreichen schien. Nach welcher Richtung man auch blickte, überall zeigten sich blaue Gebirgsmassen, die den Horizont begränzten; vor denselben aber steilabschüssige Felsen, die oben abgeflacht und mit dunkeln Cedern bedeckt waren. Nördlich und südlich von uns erstreckten sich von Osten nach Westen in der Entfernung von 5—6 Meilen Felsenketten, die sich allmälig einander näherten und weit vor uns sich zu verbinden schienen; dort nun war die Stelle, wo der Rio San José sich aus dem Gebirge drängte, wo die von Albuquerque kommende Strasse in's Gebirge führte und wo wir gemäss unserer Verabredung mit Lieutenant Whipple und dem Haupttrain zusammentreffen sollten.

Nachdem unsere Thiere sich etwas erholt, wir selbst uns mit kalter Küche gestärkt hatten, traten wir rüstig unsere Weiterreise an und nach kurzem Marsche befanden wir uns da, wo der Weg, welchen wir gekommen waren, die Albuquerque-Strasse berührte. Von diesem Punkte aus mochte die Entfernung nach oben genannter Stadt in gerader Linie 20 Meilen betragen, also einen guten Tagemarsch. — Da Lieutenant Whipple an diesem Tage Albuquerque verlassen hatte, so konnten wir auf eine Vereinigung der ganzen Gesellschaft erst am folgenden Tage rechnen. Es war noch weit bis dahin, wo die Strasse sich dem Rio San José, dessen Lauf wir aus der Ferne zu erkennen vermochten, näherte; und um diese Stelle noch vor Abend zu erreichen, beschleunigten wir den Schritt unserer Thiere. Der trockene Wind, der sich während des Tages immer mehr verstärkt hatte, wurde gegen Abend zum Sturm, der uns Staub und Sand in's Gesicht trieb und unsere Reise nicht zur angenehmsten machte, doch näherten wir uns allmälig der nördlichen Felsenkette, hinter welcher wir etwas Schutz gegen das Wetter fanden, so dass wir mit Musse unsere Aufmerksamkeit den grotesken Felsmassen schenken konnten, die bald als steilaufstrebende Granitwände, bald als wilde mit Gerölle bedeckte und mit Cedern bewachsene Schluchten die herrlichsten Bilder und Scenerien boten. Die Gebirgsketten näherten sich einander immer mehr, so dass zuletzt zwischen denselben nur noch ein Raum von wenigen hundert Schritten blieb, in dessen Mitte sich der San José hinwand.

Die Dämmerung war nicht mehr fern, als wir in dem Passe an einer mit dichtem Grase bewachsenen Wiese unsere Lagerstelle wählten, auf welcher wir den Lieutenant Whipple mit seinem Commando zu erwarten beabsichtigten. Es war ein langer und ermüdender Marsch an diesem Tage gewesen, doppelt ermüdend dadurch, dass wir fortwährend gegen den starken Wind hatten ankämpfen müssen, und so war denn auch bald nach unserer Ankunft die einsame Schildwache, die ihre Aufmerksamkeit zwischen dem Lager und den weidenden Maulthieren theilte, der einzige von unserer kleinen Gesellschaft, der nicht im tiefsten Schlafe lag.

Auf das rauhe stürmische Wetter folgte einer der in Neu-Mexiko so häufig vorkommenden milden klaren Herbsttage, der die schon halb in Winterschlaf versenkte Natur wieder zu neuem Leben zu erwecken schien. Die Plateaus der uns umgebenden Felsmassen schwammen im Sonnenschein, und leise zitterte die erwärmte Atmosphäre zwischen dem Auge und den schattigen Cedern auf den Höhen. Nur wenige Schritte von uns rieselte der Rio San José eilig dem Puerco zu; Gänse und Enten wiegten sich auf seinen klaren Fluthen und schienen dem heimlichen Murmeln des Flüsschens zu lauschen. Unsere Gewehre brachten sehr bald Schrecken und Tod unter die prachtvoll befiederten Wanderer, die, vor dem näher rückenden Winter fliehend, auf ihrer weiten Reise nach dem Süden sich das einladende klare Flüsschen zum Ruhepunkte erwählt hatten. Jagend folgten wir dem Lauf des San José und erbeuteten ausser Schneegänsen einige schön gezeichnete Kreek-Enten, deren Bälge die ersten unserer neu anzulegenden Sammlung wurden. Auch erstiegen wir die südlich von uns gelegene Felsenkette, um die auf deren Plateau befindlichen Ruinen einer Stadt, die wir schon von fern wahrgenommen hatten, näher in Augenschein zu nehmen. Nach den Trümmern, den Grundmauern und noch erhaltenen Wänden zu urtheilen, musste diese Stadt in ihrer Bauart den noch jetzt bewohnten Pueblo's vollkommen geglichen haben, und mithin auch eine Aehnlichkeit mit den Casas Grandes am Gila, in welche man auf den wegnehmbaren Leitern gelangte, vorhanden gewesen sein.*) Es ist wohl anzunehmen, dass diese Ruinen meist von den Vorfahren der jetzigen Bewohner von der um 2 Meilen entfernten Indianerstadt Laguna erbaut und bewohnt wurden; denn vielfach findet man in Neu-Mexiko, nahe den noch bewohnten Pueblos, Ruinen auf den Höhen, die den Namen der nächsten Stadt tragen. Ob nun die damaligen Bewohner dieser Regionen vor einer grossen Wasserfluth (wie manche Sagen lauten) sich auf die Höhen flüchteten und dort anbauten oder vor andringenden Völkerstämmen, welche durch die wandernden Azteken ebenfalls in Bewegung gesetzt worden waren, wird noch lange eine schwer zu lösende Frage bleiben. Die sicheren Traditionen der jetzigen städtebauenden Indianer von Neu-Mexiko reichen nicht so weit hinauf, dass sie von der Zeit sprechen könnten, in welcher diese allgemeine Bewegung unter ihren Vorfahren stattgefunden

*) Bei Gelegenheit der Beschreibung der Ruinen am Colorado Chiquito, die weiter unten folgt, gebe ich eine Beschreibung der *Casas Grandes* am Gila und in Chihuahua, und zugleich auch den Versuch eines Vergleiches zwischen den unter verschiedenen Breitengraden liegenden Ueberresten alter Städte.

hat, denn Alles, was über ein Jahrhundert hinausreicht, erscheint, von ihnen erzählt, schon im Gewande dunkler Sagen. — Lange suchten wir unter den Trümmern nach Gegenständen, die, von den verschollenen Bewohnern herstammend, von Werth für uns gewesen wären, doch fanden wir nur zahlreiche Scherben von Thongefässen, welche Proben von Malerei zeigten, wie sie noch jetzt auf den Hausgeräthschaften der Pueblo-Indianer, dann aber auch auf den Scherben gefunden werden, die massenhaft bei den Casas Grandes zerstreut umherliegen.

Gegen Mittag traf Leroux nebst einigen unserer Kameraden, denen bald Lieutenant Whipple mit der ganzen Expedition nachfolgte, bei uns im Lager ein; sie hielten nur so lange an, um herzliche Begrüssungen mit uns auszutauschen und zogen dann weiter der Stadt Laguna zu, wo sie die Nacht zuzubringen und uns am folgenden Morgen zu erwarten beabsichtigten, um dann, mit uns vereinigt, die Weiterreise anzutreten.

Mit dem Frühesten brachen wir daher am 13. November auf und waren bald in dem sich verengenden Passe, von Felsen und mächtigen Steinblöcken dicht umgeben; selbst die Strasse, die fortwährend bergan führte, wurde durch zusammenhängendes Gestein gebildet, und war an manchen Stellen kaum zugänglich für unsere Wagen. Als wir uns fast in gleicher Höhe mit dem Plateau befanden, auf welchem wir Tags zuvor die Ruinen besucht hatten, senkte sich das Land auf eine kurze Strecke, und vor uns am Abhange eines sanft ansteigenden Hügels erblickten wir die Pueblo Laguna.

Die meisten Indianerstädte in Neu-Mexiko haben ein fast gleiches Aussehen, nur dass durch die Verschiedenheit der Lage und eine mehr ansprechende Naturumgebung das der einen oder der andern etwas gewinnt. So gewährte uns die Stadt, die wir jetzt vor uns sahen, mit ihren grauen Häusern, die terrassenförmig übereinander gebaut waren, nicht nur einen interessanten, sondern auch einen schönen, malerischen Anblick. Das Eigenthümliche derselben wurde gehoben durch die vielen Leitern, die von einem Stockwerk zum andern hinaufführten, so wie durch die indianischen Gestalten, die sich nach allen Richtungen hin bewegten, oder müssig auf den Dächern umherstanden. Einige Amerikaner und Mexikaner begrüssten uns bei unserer Annäherung. Dieselben hatten sich ihre Wohnungen fast zusammenhängend mit der Stadt erbaut und schienen Kaufläden daselbst eingerichtet zu haben; auch erblickten wir einen Missionair, der am vorhergehenden Tage, einem Sonntage, daselbst gepredigt hatte.

In der Stadt angekommen, eilten wir an den San José, der dicht an den Häusern vorüberfloss, hinab, um unsere Flaschen mit gutem, klarem Wasser zu füllen, denn an der Stelle, wo wir übernachteten, hatten wir dieses unterlassen, weil das über Gypslager fliessende Wasser durch aufgelöste Magnesia dort fast untrinkbar war. Bevor wir dann unseren Wagen folgten, die schon in Lieutenant Whipple's Lager angekommen waren und dort des Befehls zur Weiterreise harrten, nahmen wir die Stadt noch in Augenschein, und bei dieser Gelegenheit gelang es meinem Freunde Kennerly, auf dem Begräbnissplatze der Indianer unbeobachtet einen gut erhaltenen Schädel zu erbeuten, den er mir, als wir uns ausserhalb des Bereiches der scharfen indianischen Augen befanden, triumphirend zeigte. Auf dem Begräbnissplatze fiel es uns auf, dass eine Menge von Gebeinen nur spärlich mit Erde bedeckt, und Schädel sowohl wie Knochen anscheinend mittelst schwerer Steine zerschmettert waren, so dass es uns kaum gelang, einen brauchbaren Schädel zu entdecken; auch ist es wohl anzunehmen, dass, wenn die Indianer eine Ahnung von dem Raube gehabt hätten, wir nicht so leichten Kaufs davongekommen wären. Wir gelangten indessen unentdeckt mit unserer Beute in's Lager, wo wir dieselbe schleunigst in einem der Wagen verschwinden liessen.

Ausser den 16 schweren sechs- und achtspännigen Wagen hatten wir noch einige funfzig Packthiere, die mit zum Transport unserer Sachen und Lebensmittel bestimmt waren. Da nun ein grosser Theil der Maulthiere unbekannt mit dieser Art von Arbeit war, so konnte es nicht vermieden werden, dass an den ersten Tagen eine Zögerung bei dem jedesmaligen Aufbruche eintrat. Doch die mexikanischen Packknechte, die im Bändigen und Beladen der Lastthiere unübertrefflich sind, fanden bald Mittel, die störrigsten der Heerde fügsam zu machen und dann die Last auf deren Rücken so sicher zu befestigen, dass es ihnen weder durch Schlagen noch Laufen gelang, sich des wohlvertheilten Gepäckes zu entledigen.

Unsere Expedition, die noch eine Verstärkung von 25 Mann Soldaten mit 60 Maulthieren zu erwarten hatte, war schon zu einer ansehnlichen Stärke gediehen; weithin in die Ebene reichten die vordersten der in langer Reihe einander folgenden Wagen, als die letzten Packknechte mit ihren Thieren den Hügel der Stadt Laguna verliessen.

Der Marsch dieses Tages führte unsere Expedition durch ein weites fruchtbares Thal, welches in allen Richtungen von Kanälen durchschnitten war. In diese, selbst in die kleinsten Gräben, war von den ackerbautreibenden Ansiedlern Wasser geleitet und dadurch das Erdreich in der Nähe derselben vollständig aufgeweicht worden. Die zahllosen Wasservögel, die, angelockt von einem umfangreichen See in der Mitte des Thales, die grösseren und kleineren Wasserspiegel dicht bedeckten, verleiteten Mehrere von uns, die Landstrasse zu verlassen, um möglicher Weise durch eine glückliche Jagd unsere Sammlung zu bereichern. Wir ritten uns indessen dergestalt zwischen Gräben und Kanälen fest, dass es uns förmlich Mühe kostete, über den moorigen Boden hinweg wieder zu unseren Wagen zu stossen. Wir hatten auf unserer Jagd weiter nichts erlangt, als einen Blick auf die Schaaren von wildem Geflügel, welches kreischend und schnatternd auf dem See geschäftig umherschwamm, oder, sich gleichsam zur Wanderung rüstend, mit kräftigem Flügelschlage über dem Thale die Luft durchkreiste. — Ein Blick auf solche Scenen gehört freilich zu den Alltäglichkeiten, doch liegt wiederum etwas Rührendes in dem Treiben der Vögel, wenn sie, dem Instinkte folgend, den ihnen die Natur verliehen, ihre Vorbereitungen zu der weiten Reise treffen. Der Reisende, der selbst seiner Heimath fern auf der Wanderung begriffen ist, beobachtet vielleicht mit mehr Interesse und regerer Theilnahme solche reizende Scenen, in welchen Thiere mit einander zu sprechen und einander zu verstehn scheinen; er erinnert sich ihrer oft und vermag sich jeden Augenblick die lieblichen Bilder aus dem Reiche der Natur zu vergegenwärtigen. Da stehen z. B. nur wenige Schritte vom Wasser entfernt eine Anzahl Schneegänse; aufmerksam scheinen sie den Ermahnungen eines alten erfahrenen Gänserichs zu lauschen, der mit heiserer Stimme über Dieses und Jenes spricht und sie vielleicht auch von der Nähe eines Menschen in Kenntniss setzt. Die ernsteren der Zuhörer stehen regungslos, nur durch kurze Wendungen des Kopfes ihre Theilnahme verrathend, während die jüngeren und eitleren sich putzen und jedes kleine störrische Federchen glatt streichen. Unbeachtet von den Gänsen schreiten hochbeinige Schnepfen und Strandläufer vorüber; sie horchen einige Augenblicke den Rathschlägen des weisen Gänserichs, wenden ihm dann den Rücken zu, breiten ihre spitzen Schwingen aus und eilen pfeilschnell nach dem jenseitigen Ufer des See's hinüber. Auf dem See erblickt man Gruppen der verschiedenartigsten Enten, die sich schnatternd herumstreiten, und als ob sie ihren Zank wollten schlichten lassen, geschäftig zu einer anderen Gesellschaft hinüberschwimmen. Weise Rathschläge müssen dort ertheilt worden sein, denn die Versammlung löst sich auf, um sich, vielleicht im Vorgefühl einer glücklichen Reise, munteren Spielen hinzugeben, in die Fluthen zu tauchen oder die Kraft und Gelenkigkeit der Schwingen durch heftiges Zusammenschlagen derselben zu erproben. Abgesondert von dem geräuschvollen Leben schwimmen dort ernste und ruhige Schwäne; mit gebogenem Halse schauen sie wie sinnend vor sich in die Fluthen, als ob sie in Gedanken schon da wären, wohin sie erst nach einer langen, ermüdenden Reise gelangen können. Wer das fortwährend wechselnde Schauspiel eines regen Thierlebens aufmerksam und nachdenkend betrachtet, in jeder Bewegung, in jedem Zusammentreffen nicht Zufälligkeiten erblickt, sondern weise und sinnige Anordnungen der Natur bewundert, der versteht leicht den frommen Sinn in den Worten Goethe's: »So spricht die Natur zu bekannten, verkannten, unbekannten Sinnen, so spricht sie mit sich selbst und zu uns durch tausend Erscheinungen; dem Aufmerksamen bleibt sie nirgends todt noch stumm.«

Nördlich von uns zog sich eine Bergkette hin, an deren Fuss entlang unsere Strasse führte. In einer Entfernung von 6 Meilen von Laguna bog dieselbe nördlich in einen Gebirgspass ein, an dessen westlichem Ende wir einer mexikanischen Ansiedelung ansichtig wurden. Es war dieses die Stadt Covero, zu deren Anlage eine Quelle Ursache gegeben hat, die in einem starken Strahl aus einer Spalte des Gesteins sprudelt. Als wir durch den Engpass ritten, bemerkten wir Wohnungen, die wie Schwalbennester an den Felswänden umherhingen, indem die Ansiedler theils aus Bequemlichkeit, theils aber auch um den Häusern mehr Festigkeit zu geben jede glatte Felswand und jede regelmässigere Höhlung im Gestein geschickt bei ihren Bauten zu benutzen gewusst hatten. Am Ende des Flusses bildeten die Gebäude, mehr zusammengedrängt liegend, eine kleine Stadt, die uns einen traurigen Anblick von Unsauberkeit und Armuth gewährte, so wie die auf der Strasse sich träge umhertreibende Bevölkerung nur den Eindruck von Leuten machte, die nicht gern mehr arbeiten mögen, als gerade nothwendig ist, um davon existiren und mitunter einen Fandango aufführen zu können.

Auf einem freien Platze inmitten der Stadt richteten wir unsere Zelte auf. Wir hatten dort die Quelle, die vortreffliches Wasser im Ueberfluss spendete, dicht vor uns. Auf dem breiten Sandsteinfelsen, der seine Adern dem Wasser geöffnet hatte, erblickten wir einen merkwürdigen Stein, der, einer mächtigen Urne mit ganz schwachem Fusse ähnlich, über 10 Fuss in die Höhe ragte und durch seine eigenthümliche Gestalt gewiss jedes Vorüberziehenden Bewunderung erregte. Es war dieses nicht etwa ein Felsblock, der von der Höhe losgerissen dorthin gerollt war und dann, dem Einfluss der Atmosphäre und dem Regen nachgebend, diese Form angenommen hatte, sondern diese natürliche Urne erwies sich als ein Theil von derselben Sandsteinniederlage, auf welcher sie ruht; der schwache Fuss, welcher die obere ganze Last trägt, fällt durch seine unregelmässige Bildung noch besonders in's Auge, indem durch seine ganze Ausdehnung eine Höhlung sich zieht, die so gross ist, dass ein Mensch bequem hindurchkriechen kann.

Die Stadt Covero liegt am östlichen Ende einer weiten Ebene, die ebenfalls wieder von Bergen und Felsen eingeschlossen ist. Der Boden derselben ist indessen sandig und unfruchtbar, so dass sie selbst den Heerden der dortigen Bewohner nur geringe Nahrung bietet. Kleine fossile Muscheln und Austerschalen liegen auf derselben umher, doch sind dieselben augenscheinlich von den Gebirgen dorthin gewaschen worden[15].

Durch diese allmälig ansteigende Ebene zogen wir am folgenden Tage, und wenn auch die Formationen der näheren und der in nebliger Ferne liegenden Gebirge Interesse erregten, so wurde die ganze Umgebung doch erst wieder anziehender, als wir nach einem Marsche von 8 Meilen bergab zogen und uns abermals am San José befanden, welcher aus Nordwesten kommend gegen Süden floss und ein schmales Thal bewässerte. Hier stiessen wir auf die ersten Lavaströme, die wie lange schwarze Wälle meilenweit das Land durchkreuzten. Wir befanden uns nunmehr nahe dem Hauptheerde dieser vulkanischen Regionen, nämlich noch einige Tagereisen südlich von **Mount Taylor**[16].

Wenn arbeitende Vulkane eine Gegend beleben, verschönern, und, indem sie majestätisch in derselben emporragen, sie gleichsam zu beherrschen scheinen und wie drohend Rauchsäulen zu den Wolken hinaufsenden, so wirken wiederum die Ueberreste von erloschenen meistentheils unangenehm in einer schönen Naturumgebung. In Gegenden aber, die bei der Schöpfung stiefmütterlich behandelt wurden und die den Namen von unfruchtbaren Wüsten verdienen, haben solche Erscheinungen etwas Gespenstiges; denn es liegt vor dem Wanderer der einst wild tobende, seine Umgebung erschütternde Vulkan wie eine gigantische Leiche da; an Stellen, denen einst donnernd glühende Lavabäche entströmten, vermag der Reisende jetzt seinen Forschungen obzuliegen und nach süssen Quellen zu suchen, die heimlich und unbemerkt durch die kühlen Adern des schwarzen Gesteins ihren Weg an's Tageslicht finden.

Die Stelle, an der wir am 14. November lagerten, entbehrte indessen nicht jeglichen Schmuckes von Vegetation. Freilich hatten die Wiesenstreifen ihr freundliches Grün so wie ihre Blumen verloren und dafür die herbstliche Färbung angenommen, doch waren die Cederngebüsche, welche die niedrigen rauhen Hügel, so wie die Kuppen der breiten Felsen bedeckten, unverändert geblieben von dem verderblichen Reif, der zu dieser Zeit allnächtlich jeden hervorragenden Gegenstand mit kalter Rinde umgab. Zwischen verkrüppelten Cedern lagerten wir also an diesem Abend vor unseren hellloderndn Feuern. Für guten Braten war gesorgt worden, denn wilde Enten hatten wir in grosser Anzahl im Schilfe des nahen Flüsschens und der kleinen überschwemmten Niederungen gefunden und manche derselben erlegt.

Die Hauptunterhaltung an diesem Abend betraf die Pässe durch die Rocky Mountains und besonders den, durch welchen wir im Begriffe standen mit unserer Expedition zu ziehen. Dem Rio San José bis zu seinen Quellen folgend, die sich an der Sierra Madre[*] befinden, hatten wir drei Punkte vor uns, auf welchen wir die letzte Kette der Rocky Mountains überschreiten konnten; nämlich erstens eine Stelle in der Nähe der Zuñi-Strasse oder Camino del Obispo, dann durch die Cañon del Gallo und den Zuñi-Pass und drittens durch den Campbells-Pass auf der Fort Defiance-Strasse. Unsere Expedition sollte den Rio San José verlassen, um dem Camino del Obispo zu folgen, während unser erster Ingenieur Mr. Campbell in Begleitung von Mr. Leroux und einigen Soldaten die gegen Nordwesten führende Fort Defiance-Strasse zu untersuchen hatte und bei Zuñi erst wieder zu uns stossen sollte. Den Pass durch Cañon del Gallo untersuchte unsere Expedition nicht, doch wurde uns derselbe von einigen sachverständigen Mexikanern als bedeutend niedriger denn die Camino del Obispo beschrieben, wobei sie besonders hervorhoben, dass bei der Anlage einer Eisenbahn man dort auch auf viel weniger Hindernisse stossen würde. Ueber den Campbells-Pass brachte Mr. Campbell indessen die günstigsten Nachrichten, so dass bei der Wahl eines der drei Pässe durchaus kein Zweifel obwalten kann und man sich für die Fort Defiance-Strasse entscheiden muss.

[*]) *Sierra Madre* wird dort der Hauptgebirgsrücken der Rocky Mountains genannt, der die theilende Höhe zwischen den dem Golf von Mexiko einerseits und der Südsee andererseits zufliessenden Gewässern bildet.

XXI.

Mr. Campbells Reise nach Fort Defiance. — Wassermangel. — Quelle am Fusse der Sierra Madre. — Uebergang über die Sierra Madre. — Inscription Rock. — Inschriften und Hieroglyphen. — Ruinen auf dem Inscription Rock. — Ueber die Ruinen in Neu-Mexiko und ihren Ursprung. — Ruinen an der Zuñi-Strasse. — Die verödete Stadt. — Das Lager vor Zuñi.

Am 15. November schlug Mr. Campbell also mit seiner Begleitung von unserem Lager aus die Richtung gegen Nordwesten ein, während die Hauptexpedition, nach Zurücklegung von 1 Meile in fast derselben Richtung, gegen Westen bog. Auf dieser ersten kurzen Strecke zogen wir an einem hoch emporragenden Lavastrome hin, bis ein anderer aus Westen kommender Strom sich im rechten Winkel mit dem ersteren vereinigte und uns den Weg zu versperren schien.

Es war ein frischer schöner Herbstmorgen, starker Frost hatte die Strasse erhärtet, und laut klapperten die beschlagenen Hufe unserer Thiere auf dem festen Boden; doch lauter noch, wie wenn Eisen auf Eisen fällt, erklang es, als wir unsere Wagen über die Lavamasse führten, die in einer Breite von 50 bis 100 Fuss und einer Höhe von 10 bis 20 Fuss wie ein mächtiger schwarzer Wall viele Meilen weit gegen Westen reichte.

Seit Jahrhunderten waren Menschen und Thiere an dieser Stelle über den Lavaberg gezogen, doch scharf und spitz ragten noch überall die Unebenheiten des Gesteins hervor, dass selbst die sicheren Maulthiere nur wankend und stolpernd darüber hinzuschreiten vermochten. Auf der andern Seite des Lavastromes dehnte sich eine weite baumlose Ebene vor uns aus, die ringsum wieder von Gebirgen und Felsen eingeschlossen war; gegen Westen schienen sich die Gebirgsmassen zu öffnen, und dorthin, wo hohe Fichten die Stelle der Cederngebüsche einnahmen, führte der vielbefahrene Weg unsere Expedition.

In Gesellschaft des Dr. Kennerly hatte ich am frühen Morgen schon unseren Train verlassen, und wir waren an dem Fusse der nördlichen Felsenkette hingeritten, wo dicht bewaldete Schluchten uns Gelegenheit zur Jagd boten. Unsere Jagdlust wurde indessen nur schlecht befriedigt; denn ausser frischen Spuren der grauen Bären fanden wir nichts, was auf Wild daselbst gedeutet hätte, und um der Bären ansichtig zu werden, hätten wir Tage lang in den wilden Schluchten umherirren und klettern können. Wir begnügten uns daher, Vögel zu schiessen und deren Bälge unserer Sammlung einzuverleiben; auch fossile Muscheln, die auf dem von uns eingeschlagenen Wege umherlagen, erregten vielfach unsere Aufmerksamkeit.

Es war schon hoch Nachmittag, als wir am Ende des Thales mit unseren Gefährten wieder zusammentrafen, daselbst den Vorsprung der nördlich von uns liegenden Felsenkette umgingen und in nordwestlicher Richtung unseren Weg verfolgten. Kiefernwaldungen wechselten nun mit kleinen baumlosen Wiesen ab, und wo die Waldungen sich öffneten, zeigten sich uns immer neue Wälle von schwarzer Lava. Es lag in unserer Absicht, an diesem Tage noch die Quelle am Fusse der Sierra Madre zu erreichen, weshalb die Mexikaner mit den Heerden und Packthieren vorausgeeilt waren. Auf Wasser konnten wir vor diesem Punkte nicht rechnen, und es bequemte sich daher gewiss Jeder gern zu diesem langen Marsche, der an 25 Meilen betrug. Der Zufall vereitelte indessen unsere Pläne. Nur die Heerden und Packthiere erreichten an diesem Abende noch die gehoffte Quelle; der Haupttrain dagegen wurde durch das Zerbrechen eines Wagens genöthigt, in einer grasigen Niederung des Waldes zurückzubleiben und die Nacht ohne Wasser zuzubringen. Wir, die wir alle unsere Sachen auf dem Wagen hatten, blieben ebenfalls zurück und brachten die Zeit bis zum Abend damit hin in den dunklen Schluchten umherzustreifen. Unser Suchen nach Wasser blieb indessen vergebens; trockener, rother Sand lag in den Betten der Giessbäche und keine Spur des Wildes verrieth die Nähe einer Quelle. Die astronomischen Beobachtungen mussten an diesem Abende eingestellt werden, indem die magnetischen Instrumente durch die rings umher aufgethürmten Lavamassen gestört wurden und keine Genauigkeit mehr boten. Es war ein trockenes Mahl, welches in unserem Lager gehalten wurde, denn nur ein ganz kleiner Vorrath von Wasser konnte durch Zusammenbringung des Inhalts aller Flaschen und Schläuche beschafft werden, so dass nicht ein Tropfen zum künftigen Morgen übrig blieb.

Der schadhafte Wagen war während der Nacht wieder hergestellt worden, und so konnten wir am 16. November schon mit dem Frühesten unsere Weiterreise antreten. Als es vollkommen Tag war und die ersten Sonnenstrahlen zwischen den schlanken Tannen hindurchschimmerten, hatten wir schon mehrere Meilen zurückgelegt, und nur noch eine kurze Strecke trennte uns von der ersehnten Quelle. Unsere schon am Abend vorher angelangten Maulthiertreiber hatten an passenden Stellen tüchtige Feuer angezündet, die uns nach einem Ritte in der kalten Morgenluft trefflich zu Statten kamen, so wie das schöne klare Wasser, welches reichlich aus einer Anhäufung von Lava hervorrieselte, vollends den letzten Rest der verdriesslichen Stimmung verscheuchte, welche uns noch als natürliche Folge eines übergrossen Durstes geblieben war. Es war eine ansprechende Umgebung an dieser Quelle; die Berge hielten den kalten Wind, der in den Wipfeln der Tannen sang, von uns ab, mächtige Scheiterhaufen verbreiteten eine angenehme Wärme vor unseren Zelten, und Menschen wie Thiere gaben sich einem Gefühle der Behaglichkeit hin, hervorgerufen durch die Schätze, welche die Natur hier spendete. Eine reiche Ernte für unsere Sammlungen hielten Dr. KENNERLY und ich an dieser Quelle; denn kleine gestreifte Eichhörnchen belebten die Spalten und Ritzen in den Lavamassen und hüpften gewandt von Stein zu Stein, und Schaaren von Vögeln stellten sich während des Tages ein, um zwitschernd und pfeifend in der Nähe des Wassers zu spielen. So reichlich auch die Quelle aus dem Gestein hervorsprudelte, so verlor sie sich doch schon nach kurzem Laufe wieder im sandigen Boden, und da dieses wohl das einzige Wasser auf vielleicht viele Meilen im Umkreise war, so liess es sich leicht erklären, dass so viele lebende Geschöpfe sich in der Nachbarschaft desselben zusammenfanden. Am Nachmittage machten wir noch einen Ausflug in die südlich gelegenen Schluchten, um dem schwarzschwänzigen Hirsche aufzulauern, dessen Spuren sich vielfach in der Nähe unsers Lagers zeigten. Dr. BIGELOW begleitete uns, und als wir uns, einen Berg umgehend, von einander trennten, war leider gerade er der glückliche Jäger, der auf ein Rudel dieses Wildes stiess und aus weiter Ferne schon dasselbe durch einen Schuss verscheuchte. Manche Neckereien musste dafür der leidenschaftliche Jäger sich später von uns gefallen lassen, weil er es so wenig verstand, seinen Jagdeifer im Zaume zu halten.

Wir waren schon längst in's Lager zurückgekehrt, und dunkle Nacht war eingetreten, als Dr. BIGELOW vermisst wurde. Sein Ausbleiben erregte Besorgniss; es wurden hohe Feuer angezündet, Schüsse abgefeuert, und als sich Mehrere von uns auf den Weg machten, um den beliebten alten Herrn aufzusuchen, begegnete er uns nicht weit von unseren Zelten. Er war wirklich durch unsere Schüsse geleitet worden, und ohne vorher abgelegt zu haben, erzählte er vor allen Dingen den Umstehenden, wie glücklich er auf der Jagd gewesen sei, wie er auf die stolzen Hirsche geschossen und sich dann, denselben folgend, verirrt habe.

In aller Frühe setzten wir am 17. November unsere Weiterreise fort, und begannen damit, die vor uns liegende Bergkette, über welche der Weg führte, zu ersteigen. Nach kurzer Zeit und ziemlich angestrengter Arbeit befanden wir uns endlich auf dem Rücken der Sierra Madre, der Wasserscheide zwischen dem Atlantischen und dem stillen Ocean, die an dieser Stelle eine Höhe von 8250 Fuss über dem Meeresspiegel erreicht. Von der Wasserscheide der Rocky Mountains zogen wir gleich wieder abwärts einem weiten Thale zu, in welches hin und wieder Gebirgsketten ausliefen, die theilweise als abgeflachtes Hochland mit horizontalen Lagen und Schichten, theils aber auch als wilde zerrissene Hügel der Landschaft einen überaus schönen Charakter verliehen. Ueberall wo Bäume zwischen Gestein Wurzeln zu schlagen vermochten, erblickte man dunkle Nadelholzwaldungen, und selten nur wurden die schwarzen Waldlinien durch das rothe verdorrte Laub einer vereinzelt stehenden Eiche unterbrochen; in der Ebene

31*

selbst, die sich wellenförmig gegen Westen senkte, zeigte sich nur in den Niederungen spärliches Nadelholz. Unser Weg führte in westlicher Richtung quer durch diese Ebene einer von Süden nach Norden sich hinziehenden Bergkette zu und lief dann am Fusse derselben in nördlicher Richtung weiter. Nach einiger Zeit bog die Bergreihe gegen Westen und als wir den durch diese Biegung gebildeten Winkel umgangen hatten, stand in der Entfernung von 2 Meilen der Inscription Rock wie ein grauer Riese vor uns. Die Form des Felsens liess sich in dieser Entfernung noch nicht genau erkennen, doch hoben sich senkrechte Wände hoch empor, wodurch das natürliche Gebäude einem Obelisken ähnlich wurde.

Die Quelle an dem Felsen war als Ziel für den Marsch dieses Tages bezeichnet worden; da wir nun Alle wünschten, die Ruinen und Inschriften auf demselben, von welchen wir schon gehört hatten, kennen zu lernen, am folgenden Morgen aber schon die Weiterreise anzutreten hatten, so trieben wir unsere Thiere zur Eile an, und Berg auf, Berg ab ging es durch die hügelige Ebene in raschem Schritt über den gefrorenen Boden. Mehrere Stunden noch vor Einbruch der Nacht standen unsere Zelte schon, und wir rüsteten uns, einen Weg, der auf die Felsen hinauf führte, ausfindig zu machen. Von unserem Lager aus, welches sich unmittelbar an der Basis des östlichsten Punktes des Moro (wie der Felsen von den Mexikanern genannt wird) befand, erschien derselbe unersteiglich, denn steil und glatt wie ein künstliches Mauerwerk hoben sich die Felsenwände über 200 Fuss hoch aus dem Boden. Dieser Punkt war gewissermassen der spitze Winkel eines Dreiecks, dessen eine Seite gegen Westen und die andere gegen Südwesten lief. Die südliche Wand wurde in der Entfernung von einigen hundert Schritten von unserem Lager, bis wohin dieselbe eine ganz glatte Fläche bildete, von Einschnitten und unregelmässigen, niedrigen Formationen unterbrochen, während die nördliche auf der Strecke von einer halben Meile fast immer dieselbe Höhe und dieselbe Richtung beibehielt, nur dass hohe Tannen und Cedern die Felsformationen auf dieser Seite theilweise verdeckten.

Die Quelle befand sich auf der Südseite in einer kleinen Schlucht, an der Stelle, wo die glatte Felswand ihr Ende erreichte; sie musste nur spärlichen Zufluss haben, denn das Wasser, welches eine kleine Lache bildete, war kaum hinreichend für unsere Expedition. Eine grosse Tanne stand vereinsamt in dem dunklen Winkel, wo sich das Wasser befand; der übrige Theil der Südseite war von zerstreut stehenden verkrüppelten Cedern bedeckt, die sich bis auf das Felsplateau hinauf zogen und das Malerische der wild romantischen Naturscenerie verschönern halfen. Die Formation des Felsens(17) zeigte grauen Sandstein, der in mächtigen, dicht verbundenen Schichten übereinander lag. Die Schichten neigten sich etwas gegen Westen, wodurch die östliche Spitze zum höchsten Punkte des ganzen Felsens wurde, und wir, um auf denselben zu gelangen, einen passenden Weg nahe dem westlichen Abhange suchen mussten. Ehe wir indessen den Inscription Rock erstiegen, suchten wir die Inschriften auf, von welchen Lieutenant Simpson in seinem *Report to the Secretary of war in the year* 1850 schon gesprochen. Sowohl an der Nord- wie an der Südseite, wo vertikale glatte Felswände den vor denselben Stehenden bequeme Gelegenheit boten, Namen und Inschriften in den nachgiebigen Sandstein zu meisseln, war er mit solchen dicht bedeckt, die, bis auf wenige Ausnahmen in spanischer Sprache und alterthümlichen Charakteren geschrieben, uns die besten Beweise lieferten, wie weit die Spanier vor Jahrhunderten ihre Forschungen und Unternehmungen ausgedehnt haben.

Vor den ehrwürdigen Inschriften stehend, von denen manche halb verwittert und unleserlich geworden sind, versenkt man sich gern in die Erinnerung an vergangene Zeiten. Freilich befinden sich auf dem Erdball unzählige Denkmäler der Vorzeit, bei deren Anblick Bilder der Vergangenheit vor dem Beobachter auftauchen, doch sind diese uns bekannt und wir durch die Geschichte auf dieselben vorbereitet. Tiefer noch ist aber der Eindruck und schneller noch werden die Bilder der Gegenwart durch die Erinnerung an längst entschwundene, fast vergessene Geschlechter verdrängt, wenn man sich lesend und entziffernd auf derselben Stelle befindet, wo vor Jahrhunderten die eisenbekleideten Spanier mühsam schreibend und meisselnd standen, und wenn man der Umgebung ansieht, dass sie seit dieser Zeit unangetastet geblieben ist, und äusserst selten nur ein menschliches Auge auf den alterthümlichen Schriftzügen geruht haben kann.

Die Namen, welche einzelne Gruppen bilden, sind fast alle zu verschiedenen Zeiten dort angeschrieben worden, wie es der Zufall fügte oder wie es den später kommenden Reisenden gefiel, ihre Namen unter ältere Inschriften oder in deren Nachbarschaft zu bringen. So heisst es z. B. an einer Stelle: »Im Jahre 1641, *Bartolome Romelo*« (einige Worte unleserlich). Ferner: »Im Jahre 1716 am 26. Tage des August kamen an dieser Stelle vorbei *Don Feliz Martinez*, Gouverneur und General-Capitain dieses Königreichs, um die Moquis zu unterwerfen und zu verbinden;« (folgen unleserliche Worte) »Am 28. Tage des Septembers im Jahre 1737, kam an dieser Stelle an: *Bachelor Don Juan Ignacio de Arrasain*;« »kam an dieser Stelle vorbei *Diego Belasquez*.« »Am 28. Tage des Septembers des Jahres 1737 erreichte diese Stelle der berühmte Doctor *Don Martin de Liza Cochea*, der Bischof von Durango und brach am 29. nach Zuñi auf.« »*Joseph Dominguez* kam im October an dieser Stelle vorbei und Andere am 28. September mit vieler Vorsicht und einiger Besorgniss.« »*Juan Garica de la Rivas*, Chef Alcalde und der erste Erwählte der Stadt Santa Fé im Jahre 1716 am 26. August.« »Durch die Hand des *Bartolo Fernandez Antonio Fernandez Moro*.« »*Bartolome Narrso*, Gouverneur und General-Capitain der Provinz Neu-Mexiko für unseren Herrn den König, kam an dieser Stelle vorbei auf seiner Rückkehr vom Pueblo de Zuñi am 29. Juli des Jahres 1620, und brachte sie zum Frieden, auf ihr Verlangen, indem sie um die Gunst baten, Unterthanen Sr. Majestät werden zu dürfen, und von Neuem wurden sie gehorsam; welches alles sie aus freiem Willen thaten, es für klug sowohl als christlich haltend, einen so berühmten tapferen Soldaten . . . .« (das Weitere ist verwittert,. »An dieser Stelle zog vorbei mit Depeschen (einige unleserliche Worte) am 16. Tage des April 1606.«

Diese letztere scheint die älteste der Inschriften zu sein, die zu Hunderten die glatten Wände bedecken, und manchen Namen findet man unter diesen, der in der alten Geschichte der Eroberung von Neu-Mexiko eine Rolle gespielt hat.

Lieutenant Simpson, der im Jahre 1850 zuerst diese Inschriften genauer untersuchte und mit vieler Mühe entzifferte, erhielt von dem Secretair der Provinz Neu-Mexiko ein Schreiben mit Bezug auf obige Inschriften, dessen Uebersetzung ich hier gebe, so wie es in Simpson's Report veröffentlicht worden ist.

Der Brief lautet folgendermassen:

»Die Inschriften, welche in den Felsen an der Fischquelle *(Ojo pescado)* nicht weit von der Pueblo de Zuñi hinein gemeisselt sind und von welchen Sie Copien genommen haben, gehören der Epoche an, auf welche sie sich beziehen. Ich habe nur eine unbestimmte Idee über das Vorhandensein derselben, denn, obgleich ich wohl dreimal an der Stelle vorbeigekommen bin, so habe ich doch niemals die Gelegenheit benutzt, um dieselben in Augenschein zu nehmen. Die anderen Zeichen und unverständlichen Charactere sind traditionelle Erinnerungen, mit welchen die Indianer historische Nachrichten ihrer hervorragenden Ereignisse überliefern. Aus diesen Sachen die richtigen Schlüsse zu ziehen ist schwierig, denn manche Indianer wenden bei solchen Nachrichten kleine Zeichen an, die nur von denen, welche mit ihren Ideen vertraut sind, verstanden werden können, indem es nur einfache Andeutungen sind. Die Völker, welche dieses Land vor der Entdeckung durch die Spanier bewohnten, waren abergläubisch und verehrten die Sonne. Es würde mich glücklich machen, Ihnen über die damaligen Zustände recht genaue Mittheilungen zu machen; doch ist es mir nicht vergönnt, weil mir sichere Nachrichten, welche sich auf die Einzelnheiten beziehen, mangeln, und auch Manches nur wenige Jahre nach der Eroberung durch Juan de Oñate, im Jahre 1595 geschah. Alle vor dem Jahre 1689 niedergelegten Nachrichten gingen aber verloren, als die Indianer während ihrer Insurrection gegen die Eroberer, die damals das Land inne hatten, die Archive verbrannten. Im Jahre 1681 erhielt der Gouverneur Antonio de Otermin vom Vicekönig den Befehl zurückzukehren und das Land zu unterwerfen. Er drang in Pueblo de Cochiti ein, stiess auf Widerstand, und da die Streitkräfte, die er mitgebracht hatte, zu schwach waren, wurde er gezwungen, sich noch in demselben Jahre nach El Paso zurückziehen. Im folgenden Jahre machte Cruzat eine Expedition gegen Neu-Mexiko, nahm Besitz von der Hauptstadt und dehnte seine Eroberungen mit etwas mehr Erfolg aus, bis er im folgenden Jahre, als es unmöglich für ihn wurde, sich länger zu halten, ebenfalls nach El Paso zurückkehrte. Im Jahre 1693 drang Curro Diego de Bargas Zapater noch bis Pueblo de Zuñi vor, und kehrte ohne mehr ausgerichtet zu haben nach El Paso zurück. Im Jahre 1695 brachte er den vollständigen Frieden des Landes zu Stande.

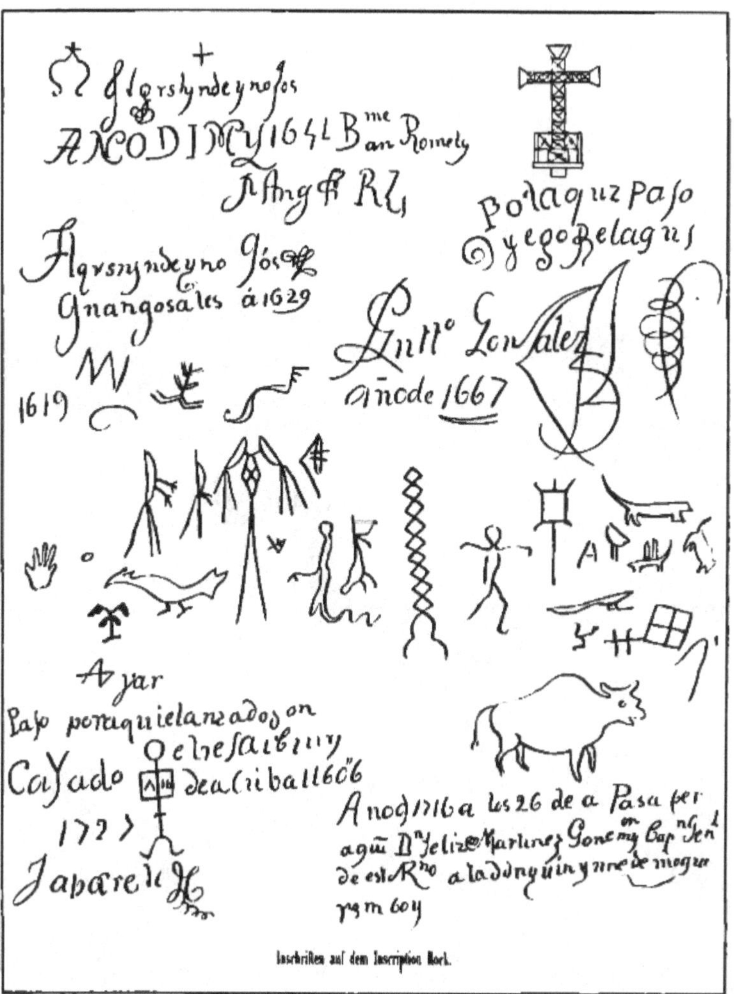

Inschriften auf dem Inscription Rock.

Hier waren später eine Reihe von Gouverneuren, unter diesen Feliz Martinez und Juan Paez Hurtado, über welche genaue Auskunft geschafft werden kann, wenn man bis zu der Zeit der Administration eines jeden in den Registern der alten Archive des Gouvernements zurückgeht und nachforscht.

Die kurze Zeit vor Ihrer Abreise erlaubt mir nicht, genauere Forschungen anzustellen und Ihnen eine historische Verbindung dieser Begebenheiten mitzutheilen. Die Nachricht soll daher von Ihnen nicht als eine solche angesehen werden, welche für Ihre Ansichten allein massgebend sein könnte, indem meine beschränkten Fähigkeiten mich nicht in den Stand setzten, besondere Punkte auf angemessene Weise zu durchforschen, doch mag sie Ihnen gewissermassen als Führer bei Ihren eigenen Forschungen dienen, da die Begebenheiten chronologisch geordnet sind.

Sollten diese Bemerkungen sich Ihnen nützlich erweisen, und ich dann noch eben so leichten Zutritt zu den Archiven haben wie jetzt, so will ich mit Freuden jede Arbeit übernehmen und Ihnen die Resultate derselben zusenden.

Ich bin Señor Ihr gehorsamer Diener

Donaciano Vigil.»

To Lieutenant J. H. Simpson,
Topographical Corps U. S. A.

Dieser Brief, den Lieutenant Simpson auf seine Anfrage erhielt, weist klar genug darauf hin, woher die Inschriften stammen, und auch das Vorhandensein der zu den spanischen Namenszügen sich gesellenden indianischen Hieroglyphen und Bilder erklärt sich leicht daher, dass an der einzigen Quelle auf mehrere Meilen im Umkreise, an welcher vorbei die alte Zuñi-Strasse führt, die Reisenden, Europäer wie Indianer, gern rasteten, und, angelockt durch die glatten Wände von Sandsteinfelsen, ihre Namen oder hieroglyphischen Bilder aufzeichneten.

Noch vor Abend gingen wir an der Südseite des Felsen entlang, wo die sich mehr senkenden Niederlagen das Ersteigen des Inscription Rock erleichterten. Nach öfterem Ausgleiten auf den schrägen Steinflächen gelangten wir endlich auf den höchsten Punkt, von welchem uns eine weite und prachtvolle Aussicht auf die umliegenden Ländereien vergönnt war. Gegen Norden und Osten erblickten wir die Sierra de Zuñi oder Madre, die, mit dunklen Cedern- und Kieferuwaldungen bedeckt, sich von Nordwest gegen Südost hinzog. Gegen Süden war der Horizont von blauen Berggipfeln und Gebirgszügen begrenzt, die über die nahen waldigen Hügel und Tafelländer, welche an den Inscription Rock stiessen, emporragten. Gegen Westen sahen wir die horizontalen Linien, gebildet von Hochland und Tafelfelsen. Unmittelbar um die Felsen herum lagen kleine Prairien, die, von einzelnen Bäumen und Baumgruppen geschmückt, gewiss eine liebliche Abwechselung mit dem nahegelegenen wallartigen Tafelfelsen gebildet hätten, wenn statt der herbstlich grauen Farbe überall ein frisches

Grün vorherrschend gewesen wäre. Was indess noch mehr als die Inschriften und die herrliche Aussicht unsere Aufmerksamkeit fesselte, das waren die verwitterten Ruinen von zwei alten Städten eines verschollenen Volkes, welche die Höhe des Moro krönten.

Das Plateau des Felsens bildete keineswegs eine ununterbrochene Fläche, sondern von Westen her zog sich eine Schlucht bis in die Mitte desselben, wo sie sich erweiterte und eine Art Hof darstellte.

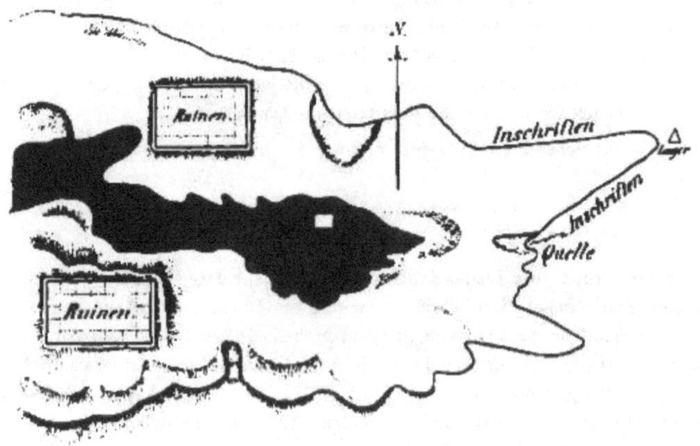

Die Wände der Schlucht waren indessen ebenfalls steil und ohne künstliche Hülfsmittel unersteiglich. Hohe Tannen wuchsen auf dem Boden der Schlucht und des natürlichen Hofes und reckten ihre Gipfel hoch empor, ohne jedoch die Höhe des Felsens, auf welchem wir standen, zu erreichen. Nur ein einzelner Felsblock, der wie ein Pfeiler abgesondert von den Wänden in dem Hofe stand, erhob sich zur gleichen Höhe mit uns. Auf jeder Seite der Schlucht nun, die bis auf eine kurze Strecke den Felsen in zwei Hälften theilte, standen die alten Fundamente und Ueberbleibsel von Bauwerken. Die Ruinen an sich bildeten Rechtecke von 307 Fuss Länge und 206 Fuss Breite, in welchen die Seiten die vier Hauptpunkte waren, indem die Gemächer, wie die Fundamentmauern auswiesen, einen freien Raum in der Mitte lassend, hauptsächlich an den Seitenwänden gelegen haben müssen. Doch auch in dem eingeschlossenen Hofe waren die Spuren von Bauwerken sichtbar. Die Hauptmauern schienen, nach den Ueberresten zu schliessen, sorgfältig von kleinen behauenen Sandsteinen aufgeführt gewesen zu sein, die man durch Lehm verbunden hatte. Wie bei allen Ruinen Neu-Mexiko's lagen auch hier Unmassen von Topfscherben zerstreut umher, und zwar so, dass es auf den ersten Blick auffallen musste, und sich nothwendig der Gedanke aufdrängte, dass in den uralten Städten mehr Töpfe zerschlagen wurden (vielleicht bei Festlichkeiten oder Religionsgebräuchen und Opfern), als die Zufälligkeiten im gewöhnlichen Leben mit sich bringen. Noch die jetzigen Pueblo-Indianer brauchen ähnliche thönerne Hausgeräthe, doch ohne dass man bei ihren Städten solche Scherbenanhäufungen findet.

Scherben aus den Ruinen auf dem Inscription Rock.

Was die längst verschollenen Erbauer dieser nunmehr gänzlich zerfallenen Städte veranlasste, ihre Wohnsitze auf fast unersteiglichen Felsen aufzuschlagen, darüber kann man jetzt nur noch Vermuthungen aufstellen. Vielleicht geschah es, um sich gegen feindliche Ueberfälle leichter schützen zu können, vielleicht aber auch, um in den wasserarmen Gegenden den nothwendigsten Bedarf an Regenwasser auf den Felsenplateaus sammeln und in den Vertiefungen aufbewahren zu können. Allerdings befindet sich am Fusse des Inscription Rock die Quelle, doch wenn dieselbe in den uralten Zeiten, als sie noch von den Bewohnern der hochgelegenen Städte umschwärmt wurde, nicht reichlicher als jetzt floss, dann kann mit Gewissheit angenommen werden, dass die Vertiefungen auf dem Plateau zu damaliger Zeit als natürliche Cisternen benutzt worden sind, so wie es noch heutigen Tages bei den Bewohnern der Pueblo von Acoma und mehrerer anderer Indianerstädte geschieht. Das Aufsammeln des Regenwassers kann aber auch nicht der alleinige Grund zur Ansiedelung auf den Höhen gewesen sein, was durch die Lage der Ruinen bei den Pueblos Laguna und Zuñi erwiesen ist. Diese liegen nämlich ebenfalls auf hohen Felsen, an deren Fusse vorbei aber nie versiegende Bäche fliessen, die das Auffangen des Regenwassers überflüssig machten, wenn es nicht dennoch der blossen Bequemlichkeit wegen geschah. Später zogen die Bewohner der Höhen hinab in die Thäler und gründeten an den Ufern der Flüsse neue Wohnungen, wo ihnen dieselben des Ackerbaues und der von den Spaniern eingeführten Viehzucht wegen geeigneter erschienen. Vergebens sieht man sich indessen von den Trümmern auf dem Inscription Rock nach einem noch bewohnten Pueblo in der Nachbarschaft um; ausgestorben oder ausgewandert sind die Nachkommen der Erbauer dieser verfallenen Städte, und die letzten Spuren derselben mögen schon vor langer Zeit im südlichen Mexiko verwischt worden sein.

Wenn man den Rio Grande del Norte verlassend zwischen dem 34. und 36. Grad nördlicher Breite gegen Westen zieht, so geben die zahlreichen Trümmer und Ruinen, auf welche man in fruchtbaren und wasserreichen Gegenden stösst, zum tiefsten Nachdenken Veranlassung. Wie reich bevölkert müssen diese nun so öden Landstriche gewesen sein, welche jetzt nur noch von räuberischen Apache- und Navahoe-Indianern durchzogen werden. Näher dem Rio Grande und Rio Gila zu erheben sich allerdings noch zwischen den mexikanischen Ansiedelungen und Städten die grauen Pueblos der Indianer; doch ist die Zahl dieser gering im Vergleich mit der Menge der alten Trümmerhaufen. In welchem Verhältniss stehen nun die jetzigen Pueblo-Indianer zu den Azteken und Tolteken, die einst diese Landstriche überschwemmten? Mancher Art sind die Vermuthungen, die darüber ausgesprochen werden, und kaum ein Reisender hat Neu-Mexiko durchstreift, der sich nicht durch das, was er daselbst wahrgenommen, veranlasst gefühlt hätte, seine Ansicht mit denen Anderer, die vor ihm dort gewesen sind, zu vergleichen und seine eigenen Schlüsse zu ziehen. Doch wer vermöchte wohl das tiefe Dunkel, welches über der Geschichte der alten verschwundenen Völkerstämme ruht, zu durchdringen? Nur dem kundigsten Forscher im Gebiete der Natur, auf dem Felde der Völkerkunde ist es vollständig gelungen, hieroglyphische Bilder zu entziffern, und die gewonnenen Resultate mit den noch vorhandenen Trümmern so in Verbindung zu bringen, dass die meisten Lücken in der ältesten Geschichte Mexiko's ausgefüllt werden konnten. Auf diese Weise nun erfahren wir, wie wohlbegründet die Nachrichten von der Wanderung und den drei Haltepunkten der Azteken oder alten Mexikaner sind, die Bartlett in seinem vortrefflichen Werke: *Personal Narrative Vol. III pag.* 283 noch als leere Sagen bezeichnet, darauf fussend, dass keine Aehnlichkeit zwischen der Sprache der alten Mexikaner und der irgend eines weiter nördlich hausenden Indianerstammes existire. Die mühseligen und gründlichen Arbeiten eines grossen Sprachforschers hingegen, des Professors Buschmann über die Grammatik der aztekischen Sprachen beweisen das Gewagte dieses Ausspruchs. Die Verbreitung der aztekischen Ortsnamen vom Innern des mexikanischen Hochlandes, Coahuila, Chihuahua und Michuacan an, bis Guatemala, Nicaragua, Honduras und Costa Rica, die vielen altaztekischen Wörter in dem Sonorischen Sprachstamme wie in der Sprache der Gegenwart auf der Insel Ometepec im grossen See Nicaragua lehren uns die weiteren Wanderungen der alten Bewohner von Anahuac*). Sollten ausser den alten untrüglichen hieroglyphischen Schriften der Kalender führenden Azteken nicht noch andere Zeichen für die Wanderung sprechen? Sollten die Spuren, die sie unterwegs zurückgelassen haben, nicht ebenfalls als Beweise dienen können? Bei den Ruinen, die sich zwischen dem Thale des Rio Grande und der Südsee unter den verschiedenen Parallelen befinden, ist es besonders in's Auge fallend, dass weiter nach Süden die Trümmer der alten Städte von einer grösseren Kultur und Kunstfertigkeit ihrer Erbauer zeugen und nicht so gänzlich zerfallen sind, wie die mehr nördlichen. Unwillkührlich drängt sich dann dem Laien die Frage auf: woher sollten die Ruinen anders stammen, als von den alten wandernden Völkerstämmen, die auf einer Jahrhunderte dauernden Reise auch in der Kultur fortschritten und die daher, wenn sie einen Haltepunkt verlassen hatten und an einer neuen Stelle Wohnsitze gründeten, umsichtig nach den in langen Zeiträumen gesammelten Erfahrungen ihre Bauart verbesserten? Auf diese Weise lässt sich vielleicht der Unterschied zwischen den Trümmerhaufen am kleinen Colorado, den mehr erhaltenen Casas Grandes am Gila, und den kunstvollen Tempeln und Bauwerken in Mexiko erklären. Die Städte der Pueblo-Indianer in Neu-Mexiko sind freilich in mancher Beziehung verschieden von den meisten alten Ruinen, doch herrscht andererseits auch wieder eine grosse Aehnlichkeit hinsichtlich der Fundamente, der terrassenförmig übereinander liegenden Wohnungen und der Anwendung von Leitern, um mittels derselben in das Innere der Gebäude zu gelangen. Die Abweichungen der neueren Bauart von dem uralten Stile sind nur sehr geringe zu nennen im Vergleich mit dem Zeitraum, in welchem dieselben allmälig entstanden. Die thönernen, phantastisch bemalten Hausgeräthe der jetzigen Bewohner der Pueblos geben, wenn sie zerbrochen werden, Scherben, welche von denen, die sich bei den alten Trümmerhaufen finden, gar nicht zu unterscheiden sind; auch das Zähmen von Vögeln, namentlich von Adlern und wilden Truthühnern, eine aus

*) Buschmann über die aztekischen Ortsnamen. Erste Abtheilung 1853. S. 72, 95 und 171. Derselbe über die Lautwanderung aztekischer Wörter in den sonorischen Sprachen 1857. S. 135 und 178.

dem grauen Alterthume überkommene Sitte, herrscht noch bei den Moquis, Zuñis und überhaupt in fast allen Pueblos.

Wenn nun erwiesen ist, dass die Ruinen in Neu-Mexiko von den alten Azteken, Tolteken und Chichimeken herrühren, so kann es fast keinem Zweifel unterliegen, dass die jetzigen Pueblo-Indianer, wenn auch nicht reine Abkömmlinge der eben genannten Völkerstämme, so doch nahe mit denselben verwandt sind; dass aber eine starke Vermischung statt gefunden haben muss. Die Verschiedenheit der Sprachen der jetzigen städtebauenden Indianer unter sich und ebenso von den Sprachen der alten Mexikaner ist freilich nach Bartlett ein Beweis gegen solche Vermuthung, doch es findet sich auf dem amerikanischen Continente öfter, dass Stämme von derselben Raçe, deren Wohnsitze nur durch geringe Zwischenräume von einander getrennt liegen, einander nicht verstehen können. Und so wie die Deutschen, Franzosen, kurz, die Repräsentanten aller Nationen Europas, die nach dem amerikanischen Continente auswandern, die Sprache der Engländer, eines ebenfalls dort eingewanderten Volkes, erlernen und ihre Kinder schon die eigene Muttersprache vergessen, so mögen die bei der Wanderung auf der grossen Strasse zurückgebliebenen Individuen und Stämme sich den daselbst schon hausenden Horden angeschlossen, deren Sprache erlernt und entweder jene zum Städtebauen veranlasst haben, oder selbst zum Nomadenleben gezwungen worden sein, je nachdem das Element der Urbewohner oder das der neu Eingewanderten, durch äussere Verhältnisse, vielleicht auch durch numerisches Uebergewicht bestimmt, Sieger blieb. Daher denn auch die beiden grossen Abtheilungen in der braunrothen Bevölkerung von Neu-Mexiko, die sich so streng von einander scheiden; auf der einen Seite die friedlichen Pueblo-Indianer mit ihren patriarchalischen Sitten und Gebräuchen, auf der andern die nomadisirenden Apaches und ihre räuberischen Bruderstämme. Und so leben denn in allen Indianerstämmen von Neu-Mexiko die Azteken mehr oder weniger fort; vergebens sieht man sich indessen bei ihnen nach der zurückgebogenen Stirne und der grossen Habichtsnase um, welche die Sculpturen und Malereien der alten Azteken und Tolteken charakterisirt. Nur an einer Stelle auf dem nordamerikanischen Continente wird man lebhaft hieran erinnert und zwar nördlich nahe den Rocky Mountains, bei den Flathead- und Chinook-Indianern. Doch ist bei diesen Stämmen die auffallende Gesichtsbildung keine Eigenthümlichkeit, welche eine besondere Raçe bezeichnete, sondern sie wird durch das Zurückpressen des Stirnknochens bei den neugeborenen Kindern künstlich bewirkt. Der Hinterkopf wird durch dieses Verfahren lang und spitz, die Nase ragt weit vor und das Profil gewinnt dadurch einen vogelartigen Ausdruck. Je mehr nun auf diese Weise die natürlichen Züge des Menschen verunstaltet werden, für um so schöner gelten solche Individuen bei ihrem Stamme. Auch unter den Choctaw-Indianern, die jetzt am Arkansas River ihre Ansiedelungen haben, soll nach ihren Traditionen, in welchen vielfach von einer grossen Wanderung die Rede ist, dieser eigenthümliche Gebrauch geherrscht haben. —

Bis die Dämmerung eintrat, blieben wir oben auf dem Felsen, bald uns an der herrlichen Aussicht ergötzend, bald nach Alterthümern unter den Trümmern spähend; doch nichts als bemalte Topfscherben boten sich uns dar, und vergeblich suchten wir nach steinernen Pfeilspitzen und anderen Gegenständen, auf welche der Einfluss der Zeit und der Atmosphäre nicht zerstörend zu wirken vermag. Es dunkelte schon, als wir in unser Lager am Fusse des Moro zurückkehrten: der kalte Wind, der über die Ebene stürmte und heftig an unseren Zelten rüttelte, liess Alle näher um die flackernden Feuer rücken und früher als gewöhnlich erquickenden Schlaf unter wärmenden Decken suchen.

Hell beleuchtete am folgenden Morgen die Sonne den ehrwürdigen Felsen. Es hatte scharf gefroren, und laut klapperten die Hufe der Thiere auf dem Wege, als wir nördlich am Inscription Rock vorbei in westlicher Richtung weiter zogen. Der interessante Punkt versteckte sich bald hinter hohen Tannen und Cedern, und verschwand unseren Augen ganz, als wir über vulkanisches Felsengerölle und schwarze Lava hinab in eine niedriger gelegene Ebene gelangten. War am frühen Morgen die Luft still, so sprang im Laufe des Tages der Wind wieder auf, so dass uns trotz des starken Schrittes, zu welchem wir unsere Maulthiere zwangen, zu frieren begann. Weite Ebenen wechselten an diesem Tage mit hügeligen Landstrichen ab, die bald von niedrigem Cederngestrüpp beschattet, bald von Lavaströmen durchzogen waren. Antilopen umkreisten uns in grosser Menge, doch waren sie zu scheu und wild, als dass unsere Jagd auf sie hätte mit Erfolg gekrönt werden können; wir zogen aber auch auf einer Landstrasse, auf welcher seit Hunderten von Jahren schon die Antilopen den Menschen als gefährlich kennen gelernt hatten.

Vor uns im Westen tauchten wieder neue Gebirgsmassen auf, die uns den Weg zu versperren schienen, und dorthin, wo die Ebene, auf welcher wir reisten, einen spitzen Winkel bildend in die Gebirge hineinreichte, lenkten wir den Schritt unserer Thiere. Die kleinen Cedernwaldungen, die hin und wieder die Einförmigkeit unterbrochen hatten, wurden lichter und nach der Richtung hin, wo wir während der Nacht zu rasten beabsichtigten, verschwanden sie endlich ganz, so dass wir auf den Rath unserer Führer uns veranlasst fühlten, trockenes Brennholz mit Stricken an den Wagen zu befestigen und bis zur Lagerstelle nachzuschleifen; denn die kalten Nächte machten tüchtige Feuer vor den Zelten nicht nur angenehm, sondern sogar nothwendig.

Nach einem Marsch von einigen 20 Meilen erreichten wir die Quellen des Rio del Pescado (Zuñi River) dort Los Ojos del Pescado genannt [18]. Schönes klares Wasser rieselte an verschiedenen Stellen aus Basaltfelsen und vereinigte sich zu einem Bache, der sich gegen Westen durch das Thal hinwand, an dessen südlicher und nördlicher Seite sich hohe Felsmassen und Tafelländer aufthürmten. Wiederum befanden wir uns ganz in der Nähe von den Ueberresten einer alten Ansiedelung oder Stadt, die indessen schon mit Rasen bedeckt und unter einem Grasteppiche verhüllt waren, so dass wir nur noch bei genauerer Untersuchung die Stellen an den Fundamentalmauern und den zahlreichen umherliegenden Scherben zu erkennen vermochten. Gegen Westen, ungefähr 1000 Schritte von unserem Lager erblickten wir ebenfalls Ruinen, doch waren dies ziemlich wohl erhaltene Häuser, die zusammengedrängt liegend eine alterthümliche Stadt bildeten. Sie lagen am Flusse (Rio del Pescado), und da ich wahrnahm, dass am folgenden Tage unser Weg nicht an denselben vorbeiführen würde, so beschloss ich, noch an diesem Abende einen Ausflug dorthin zu machen. Ich folgte daher dem Laufe des Wassers, wo kleine und grosse Enten häufig von mir aufgescheucht wurden, und gelangte endlich an die verlassene Stadt. Sie erhob sich auf dem nördlichen Ufer des Flüsschens selbst, welches hier schon eine bedeutendere Breite erlangt hatte, so dass ich einen alten Steg benutzen musste, den in's Wasser geworfene Steine bildeten, um trockenen Fusses hinüber zu kommen. Endlich befand ich mich in der alten Indianerstadt, die eine ungefähr 200 Schritt lange und 150 Schritt breite Fläche bedeckte. Die Häuser waren zusammenhängend gebaut, zwei Stockwerke hoch und von flachen Steinen aufgeführt, die durch Lehmerde verbunden waren. Die Häuserreihen schlossen einen rechtwinkligen Platz ein, in dessen Mitte sich die Trümmer von einem einzelnen Gebäude befanden. Diese Pueblo schien nicht der ganz alten Zeit anzugehören, denn Dächer und Wände waren noch in einem guten Zustande, sogar Kamine und Feuerplätze waren überall zu erkennen. Ich stieg in mehrere Wohnungen hinab, was trotz des Mangels an Leitern bei der niedrigen, mehrere Fuss in die Erde hinein reichenden Bauart keine Schwierigkeit hatte. Kalt und feucht wehte es mir aus den alten verödeten Räumen entgegen; das Tageslicht, welches durch Risse und Spalten in den Wänden die Gemächer nur theilweise erhellte, erlaubte mir jedoch genauer nach etwa vergessenen oder absichtlich zurückgelassenen Gegenständen zu forschen. Aber Alles war leer, nur etwas Stroh, das sich hin und wieder in einem Winkel fand, deutete darauf hin, dass Hirten dort manchmal ein Obdach suchen und den eingeschlossenen Platz vielleicht als Stall für ihre Heerden benutzen. Fast wehmüthig stimmte mich der Gedanke, dass vielleicht ansteckende Krankheiten diesen Ort entvölkert hatten. Denn Versiegen des Wassers, welches in vielen Fällen das Aufgeben von mexikanischen Ansiedelungen und Städten veranlasst hat, konnte hier nicht die Ursache gewesen sein, da sich der Rio del Pescado krystallklar durch eine fruchtbare Niederung wand, auf welcher weithin die untrüglichsten Merkmale einer früheren Kultur und fleissiger, umsichtiger Bearbeitung zu bemerken waren. Ich konnte die Pfade erkennen, auf welchen einst die Weiber und Mädchen, irdene Gefässe auf den Köpfen tragend, dahin geeilt oder ernste Männer zur Bestellung ihrer Felder entlang gezogen waren. Auf den kleinen Hügeln, die an die Wohnungen stiessen, hatten die greisen Häupter der Stadt vor Zeiten gewiss manche Stunde sich sonnend zugebracht und die Jugend ihre wilden Spiele gespielt. Jetzt war Alles todt und öde. Kein Laut war hörbar in den verlassenen Räumen; nur zwei Wölfe, die bei meiner Annäherung die Ruinen verlassen hatten, schlichen ausserhalb der Gebäude umher. Ich schickte ihnen eine Kugel zu, und die Bestien entfernten sich; Enten aber und Schnepfen, aufgescheucht durch den Knall, erhoben sich vom Bache und flogen schreiend davon; der Schuss verhallte schnell in den öden Strassen, langsamer in den fernen Gebirgen, und Alles war dann wieder unheimlich still wie zuvor. Ich trat den Rückweg in's Lager an und gelangte auf einem Umwege zu Feldern, die noch die Spuren kürzlich abgeernteter Früchte trugen; auch erfuhr ich später, dass die Bewohner von Zuñi alljährlich einige Male nach der verlassenen Stadt ziehen, um auf den fruchtbaren Feldern zu säen und zu ernten. Es ist nicht unmöglich, dass die letzten Bewohner der verlassenen Stadt sich zu den Zuñi-Indianern übergesiedelt haben, und die von ihnen veranlassten alljährlichen Wanderungen und Wallfahrten nach den Gräbern ihrer Vorfahren unter den heutigen Zuñi's als eine Sitte fortbestehen, die auch Vortheil bringt, da die dortigen Felder fruchtbarer sind als die in der unmittelbaren Nähe von Zuñi liegenden.

Das frischeste Herbstwetter begünstigte unseren zeitigen Aufbruch, und unser Weg führte uns dorthin, wo das Thal sich verengte, und die nördlich und südlich von uns hinlaufenden Gebirgsketten sich zu berühren schienen. Die verödete Stadt blieb eine kleine Strecke nördlich von uns liegen, ebenso das Flüsschen, welches einen Bogen gegen Norden beschrieb und dann der Stelle zueilte, wo die beiden Felsenketten sich einander näherten und fast ein Thor bildeten. Als wir den Pass hinter uns hatten öffnete das Land sich wieder: doch war es von dort ab felsig, rauh und mehr oder weniger mit Cedern bewachsen. Die Strasse führte uns durch den Zuñi River, dessen Bett an dieser Stelle sumpfig und daher nur mit Mühe zu überschreiten war. Auf dem nördlichen Ufer wand sich unser Wagenzug zwischen Hügeln hindurch aufwärts, bis wir eine kleine, grasige Ebene erreichten, wo wir zu verweilen beabsichtigten, um unsere nach Fort Defiance gereisten Gefährten mit der von dort zu erwartenden Escorte sich der Expedition anschliessen zu lassen; zugleich wollten wir auch an dieser Stelle, ehe wir den befahrenen Landstrassen auf lange Zeit Lebewohl sagten, die letzte Gelegenheit einer Communication mit den Vereinigten Staaten benutzen, um Berichte und Briefe zu schreiben und zurück zu befördern. Die Stadt Zuñi war freilich noch 3 Meilen von unserem Lager entfernt, doch konnten wir uns mit unseren grossen Maulthier- und Schafheerden nicht näher in die Umgebung der Stadt wagen, wo jede Spur von Gras von dem Vieh der Indianer gewiss längst vertilgt war. Wir schlugen also unsere Zelte nahe der Strasse auf, und hatten nur wenige Schritte bis zu einem Bache, der sich ein tiefes Bett mitten durch einen Hügel gewühlt hatte, wo bei Regengüssen das Wasser, kleine Fälle bildend, über Felsblöcke hinabstürzte. Zur Zeit unserer Ankunft daselbst fanden wir nur die Vertiefungen in den Felsen mit Wasser angefüllt, doch waren diese natürlichen Reservoirs sehr fischreich, ein Zeichen, dass das Wasser an diesen Stellen nicht austrocknete.

XXII.

Die geweihte Quelle. — Besuch von Zuñi-Indianern. — Ausflug in's Gebirge. — Die Bärenquelle. — Rückkehr Mr. Campbell's von Fort Defiance. — Aufbruch vom Lager von Zuñi. — Ruinen des alten Zuñi. — Sagen der Zuñi-Indianer. — Deren Opferstelle. — Pueblo de Zuñi. — Rio Zuñi. — Die indianischen Führer. — José Hatche und José Maria.

Auf Reisen, wie die unsrige, ist es gebräuchlich, dass in jedem neuen Lager vor allen Dingen die nächste Umgebung durchforscht und dabei nach Merkwürdigkeiten gespäht wird. So geschah es auch im Lager vor Zuñi. Kaum angelangt, streiften wir auch schon in der Nachbarschaft umher und entdeckten einige hundert Schritte von unseren Zelten eine Quelle, die einen Teich von 25 Fuss im Durchmesser bildete. So wie der Teich seinen Zufluss aus verborgen liegenden Adern erhielt, so sendete er sein überflüssiges Wasser in einer kleinen Rinne dem nächsten Bache und in diesem dem Zuñi River zu. Sorgfältig war der kleine See, dessen Tiefe über 12 Fuss betrug, von den Indianern mit einer Mauer eingefriedigt worden, wahrscheinlich um dem Andrange des Viehs dadurch vorzubeugen. Die kultivirten Felder, welche die Quelle umgaben, schienen ausschliesslich aus derselben bewässert zu werden, obgleich ein Bach eben so nahe war; denn zahlreiche Urnen und Gefässe, die zum Schöpfen und Tragen des Wassers gedient hatten, standen geordnet auf der Mauer umher. Angelockt durch die eigenthümliche Form dieser Geräthe wollten Einige unserer Gesellschaft die leichteren derselben mitnehmen, doch wurden sie durch die Indianer daran verhindert, die, aus welchem Grunde konnten wir nicht erfahren, die Ordnung an der Quelle nicht gestört haben wollten, was uns auf den Gedanken brachte, dass dieselbe von den Zuñis in irgend einer Weise verehrt werde.

Wir befanden uns, wie oben bemerkt, in einem Thale, dessen östliche Gränze durch Lavahaufen und vulkanische Hügel bestimmt wurde; gegen Süden erblickten wir die Gebirgsketten, zwischen denen wir hingezogen waren, gegen Westen eine Verlängerung dieser Gebirgsketten, die plötzlich mit einer steilen imposanten Felsmasse endigte, auf welcher sich die Trümmer des alten Zuñi befanden; gegen Norden stieg das Thal allmälig zu einer geringen Höhe auf, über welche hinweg die Strasse nach der Indianerstadt führte.

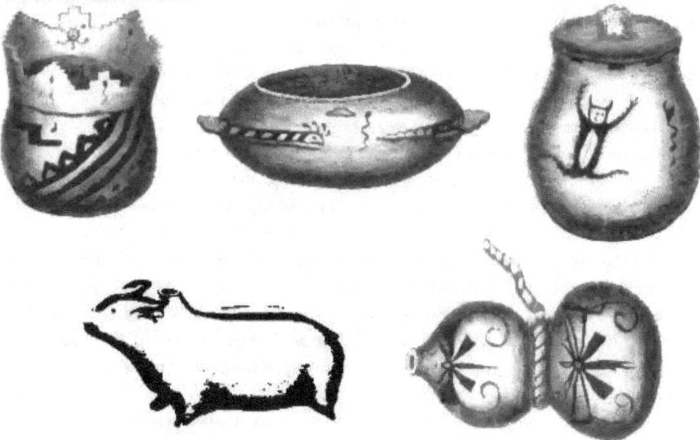

Thönerne Hausgeräthe der Pueblo-Indianer. (Zuñi.)

Die Nachricht von der bevorstehenden Ankunft unserer Expedition musste Zuñi schon früher erreicht haben und wir von den Indianern erwartet worden sein; denn noch ehe vollständige Ordnung in unserem Lager hergestellt war, begann sich dasselbe mit braunen Gestalten zu füllen, so dass sich vor jedem Kochfeuer und vor jedem Zelte einige derselben befanden. Im Aeusseren hatten diese unsere neuen Freunde die grösste Aehnlichkeit mit den Pueblo-Indianern, die wir schon bei früheren Gelegenheiten kennen lernten. Sie zeigten sich sehr neugierig, zu erfahren, was eigentlich Veranlassung zu unserer Expedition gegeben habe. Der Zweck, eine directe Verbindung mit der Südsee herzustellen, schien ihnen sehr einzuleuchten, und es dauerte gar nicht lange, dass Pedro Pino, der Gobernador von Zuñi im Festanzuge mit zweien seiner Häuptlinge erschien, um Bekanntschaft mit uns zu machen und sich näher über die Richtung unserer Reise zu erkundigen. Eine sehr traurige Nachricht überbrachten uns die Indianer, in Folge deren wir verhindert wurden, sie in ihrer Stadt zu besuchen und ihre Gastfreundschaft zu beanspruchen. Die Blattern herrschten nämlich bei ihnen und forderten manches Opfer von der hülflosen Bevölkerung. So theilte uns Pedro Pino mit, dass zwei seiner Neffen an dieser schrecklichen Krankheit gestorben seien, mit dem Bemerken, dass er sehr betrübt sei und alle seine Leute mit ihm; dass sie aber auch zugleich hofften, Derjenige, der ihnen die Krankheit geschickt habe, werde sie auch wieder von ihnen nehmen. Es waren überhaupt freundliche, friedfertige Leute, die uns umschwärmten, und es konnte im ganzen Lager keine Klage darüber geführt werden, dass sie zudringlich geworden wären oder sich irgendwie fremdes Eigenthum angeeignet hätten.

Die wilden Gebirgszüge, die in nicht allzu grosser Entfernung gegen Westen vor uns lagen, liessen in mehreren Mitgliedern unserer Gesellschaft den Wunsch rege werden, die dunklen Schluchten jagend zu durchstreifen und nach grauen Bären zu spüren, welche dieselben nach den Aussagen der Indianer bevölkerten. Ein freundlicher Zuñi bot sich auch alsbald an uns zu begleiten und nach einer von Bären besuchten Stelle zu führen. Der folgende Tag wurde zu diesem Ausfluge bestimmt, und kaum graute der Morgen, als auch Dr. Bigelow, Dr. Kennerly und ich im Sattel sassen und unserem indianischen Führer folgten, der auf einem schönen braunen Hengste ritt.

Das cedernbewaldete Thal, welches bis zum Fusse der ersten Bergkette reichte, war bald überschritten und über Felsengerölle, an steilen Abhängen vorbei ging es dann aufwärts. Der Bergrücken, auf welchem wir uns endlich befanden, stand in Verbindung mit dem hohen Felsplateau, auf dem die Ruinen des alten Zuñi lagen; die Bergkette erreichte mit diesem Felsen ihr Ende, und leicht hätten wir auf bequemere Weise um die Spitze herumreiten können; doch ersparten wir durch Ueberschreitung der Höhen einen bedeutenden Umweg, wenn auch namentlich das Hinabklettern von denselben keineswegs gefahrlos war.

Als wir endlich am Fusse glücklich angelangt waren, befanden wir uns am Rande eines anderen Thales, welches gegen Westen von einer unabsehbaren Felsenkette eingeschlossen war. Diese erstreckte sich gegen Süden, fast parallel mit der hinter uns liegenden Kette und engte, sich derselben nähernd, das Thal allmälig so ein, dass es nur noch eine von Bergströmen hin und wieder durchfurchte Schlucht bildete; diese Bergströme freilich waren zur Zeit unserer Ankunft alle trocken. In diese Schlucht hinein folgten wir also unserem Indianer, der sein Pferd zur Eile anspornte. Vielfach kamen wir an kultivirten Feldern vorbei, auch an leicht gebauten Hütten, die darauf hindeuteten, dass nur zeitweise, vielleicht um die Felder zu bestellen und zur Erntezeit die Bewohner von Zuñi dieses Thal belebten. Die Waldungen, welche die stolz und majestätisch emporstrebenden Felswände bekränzten, zogen sich bei unserem Vorschreiten immer mehr zusammen und begegneten sich endlich in der Mitte der Schlucht, so dass wir zuletzt fast ununterbrochen durch Gehölz ritten und nur mitunter auf kleinen Lichtungen einen Blick auf die hohen phantastischen Felsformationen gewannen. Mehrfach machten wir uns gegenseitig darauf aufmerksam, wie lieblich die Umgebung sein müsse, wenn das Laubholz am Fusse der Berge statt der nackten Zweige frisches Frühlingsgrün zeige, prachtvoll abstechend gegen die dunklen, schattigen Cedernwaldungen auf den Bergen. Ohne anzuhalten waren wir bis um die Mittagszeit der Schlucht gefolgt, als plötzlich der Indianer gegen Westen in eine Nebenschlucht einbog, wo uns bald das dichte Holz am Reiten verhinderte und wir unsere Thiere zurücklassend unsere Reise zu Fuss fortsetzen mussten. Nicht lange waren wir unserem schweigsamen Führer gefolgt, als derselbe, an einer kleinen Quelle anhaltend, uns bedeutete, dass wir an dem Punkte angekommen seien, wo die Bären zu Wasser zu kommen pflegten. Ein einziger Blick genügte uns zu überzeugen, dass unsere Bärenjagd sich nur auf einen langen Spazierritt beschränken würde, und nur mit äusserster Geduld und Aufopferung vieler Mondscheinnächte auf einen guten Erfolg gerechnet werden könne. Uebrigens musste schon mancher Bär an der Quelle seinen Pelz gelassen haben, denn sinnig hatten die Indianer daselbst solche Einrichtungen getroffen, dass es dem lauernden Schützen leicht gelingen konnte, aus sicherem Versteck dem Wasser suchenden Bären eine Kugel durch den Kopf zu senden. Die Quelle bestand nämlich nur aus einer kleinen Höhlung, die zwar Wasser hielt, doch nie so viel, um dasselbe überfliessen zu lassen. Mit Felsblöcken war dann die Vertiefung so zugedeckt, dass nur eine Oeffnung blieb, gross genug, den Bären mit dem Kopf bis zum Wasser hindurchzulassen. Nur einige Schritte von dem Wasser entfernt, auf einer passenden gesicherten Stelle war eine kleine Hütte errichtet worden, die nur eine Oeffnung nach der Quelle zu hatte, durch welche der Jäger in sein Versteck hineinkriechen musste und im entscheidenden Augenblick mit Sicherheit auf das trinkende Thier schiessen konnte. Beabsichtigt nun ein Jäger dort zu lauern, so schliesst er, nachdem er sich von den regelmässigen Besuchen eines Bären überzeugt hat, mit einem grossen Steine die einzige Oeffnung zum Wasser und begiebt sich dann in sein Versteck, welches ihm erlaubt, zusammengekauert die Quelle und die gegenüberliegende Felswand zu beobachten. An dieser Felswand hinunter führt der Pfad der Bären, und auf demselben gewahrt der Schütze leicht die Annäherung eines solchen. Gelangt das durstige Thier dann an die bekannte Stelle und findet den Weg zum Wasser durch einen Stein versperrt, so beginnt es, ohne sich weiter umzusehen, mit den Vordertatzen den Stein hervorzuwälzen und giebt auf diese Weise dem Schützen Gelegenheit, mit Ruhe nach einer Stelle zu spähen, auf welche er die Kugel abschiessen und den Bären auf einen Schuss erlegen kann. — Diese Auseinandersetzung war das Einzige, was wir statt der so viel gerühmten Bärenjagd genossen. Wir kletterten noch den Pfad hinauf, auf welchem seit Jahrhunderten die Bären wie auf einer Treppe hinauf und hinunter gestiegen waren und die Stufen mit ihren unförmigen Tatzen gleichsam polirt hatten und begaben uns dann getrost auf den Heimweg. Als wir nach scharfem Ritte bis dahin gelangt waren, wo die Schlucht sich in das breite Thal öffnete, verschwand die Sonne hinter den Bergen. Der Indianer peitschte sein muthiges Pferd, eilte im Galopp über die Ebene seiner Stadt zu und überliess es uns, bei der eintretenden Dunkelheit entweder den gefährlichen Weg, den wir am Morgen über die Berge zurückgelegt hatten, wieder aufzusuchen oder den weiten Umweg um das Felsplateau zu wählen. Einstimmig erklärten wir uns für das Letztere; denn, war uns auch der Weg unbekannt, so stachen doch die schlossähnlichen Felsenmassen genugsam gegen den nächtlichen ge-

36*

stirnten Himmel ab, um als Wegweiser dienen zu können, während auf dem Bergpfade Abgründe und Gestrüpp in undurchdringlichem Schwarz so ineinander verschwammen, dass wir uns unseren Maulthieren in solcher Gefahr nicht anvertrauen, viel weniger zu Fusse den näheren Weg zurücklegen mochten. In weitem Kreise zogen wir daher um die Felsen. Der Himmel war sternenklar, kalt wehte der Nordwind über die Ebene und machte unsere Glieder fast erstarren; mit unerschütterlicher Ruhe aber trabten unsere Thiere über klingendes Gestein und brachten uns gegen Mitternacht zu unseren glimmenden Lagerfeuern, um welche noch einige Kameraden plaudernd und rauchend sassen und uns scherzend nach fettem Bärenfleisch fragten, statt dessen wir nur erstarrte Glieder und einen mehr als regen Apetit aufzuweisen hatten.

An diesem Tage waren auch Mr. Campbell und die übrigen Mitglieder unserer Expedition, welche den Weg nach Fort Defiance eingeschlagen hatten, wieder zu uns gestossen, doch nicht in der Gesellschaft der von dort zu erwartenden Militair-Escorte, sondern sie überbrachten die Nachricht, dass dieselbe, zurückgehalten durch Vorbereitungen zum Marsch, erst in einigen Tagen aufbrechen und die Richtung nach dem kleinen Colorado einschlagen würde, um an diesem Flusse auf die Spuren unserer Expedition zu stossen und derselben in starken Märschen zu folgen. Ueber die Beschaffenheit der von ihnen eingeschlagenen Strasse und des Campbells-Passes gab Mr. Campbell die befriedigendsten Aufschlüsse. Der Pass liegt ziemlich genau westlich vom Mount Taylor; man gelangt in denselben durch ein schönes breites Thal, welches an der schmalsten Stelle noch immer 3 Meilen breit ist. Die nördliche Seite ist von hohen, rothen Sandsteinfelsen gebildet, welche die verschiedenartigsten Formen zeigen. Die Südseite des Passes bilden die Abhänge der Zuñi-Gebirge. Die Zuñi-Gruppe der Sierra Madre wendet sich in nordwestlicher Richtung von dem Camino del Obispo und endigt in diesem Passe. Der Rio Puerco des Westens entspringt östlich von diesen Gebirgen (also nicht weit von den Hauptquellen des San José), zieht sich um die Spitze derselben herum und fliesst dem Colorado Chiquito zu. So lauteten Mr. Campbells Angaben, die sich auf eine oberflächliche Untersuchung gründeten, die aber hinreichend waren, den Campbells-Pass als den geeignetsten Weg durch die Rocky Mountains erscheinen zu lassen.

Noch ein dritter Tag ging uns im Lager hin, während welcher Zeit wir mit den Zuñi-Indianern unterhandelten, um von ihnen Führer bis an den kleinen Colorado zu erhalten, was um so wünschenswerther für unsere Expedition war, als wir von Zuñi ab nur unwirthliche Wildnisse und Wüsten vor uns hatten, durch welche sich höchstens schmale Indianer- und Wildpfade zogen. Pedro Pino der Gobernador, der stets in Begleitung seiner ersten Krieger José Hatche und José Maria bei uns im Lager eintraf, hatte uns Führer versprochen, doch schien die Ausführung des Versprechens von einer Berathschlagung der Indianer abzuhängen; denn wir konnten noch immer keine bestimmte Nachricht erhalten, weshalb wir am 25. November aufzubrechen beschlossen, um die Ebene(19) in welcher Pueblo de Zuñi liegt, zu überschreiten und an einer Quelle am westlichen Ende derselben vorläufig unser Lager wieder aufzuschlagen. Der Unschlüssigkeit der Indianer lag indessen keine Unfreundlichkeit oder gar feindselige Gesinnung zu Grunde, im Gegentheil, sie waren dem Unternehmen unserer Expedition sehr geneigt und bewiesen solches durch mancherlei Gefälligkeiten und durch die Bereitwilligkeit, mit der sie die über ihr Leben und Treiben so wie über die Beschaffenheit des Landes gestellten Fragen beantworteten. Auch bedurfte es bei Pedro Pino und anderen hervorragenden Persönlichkeiten des Stammes keines grossen Zuredens, sie zu bewegen, im kriegerischen Schmuck bei uns zu erscheinen und sich abzeichnen zu lassen. Es zeigten sich uns in der That schöne, kräftige Gestalten, die durch den phantastischen Anzug und die rothe Malerei im Gesicht Nichts von ihrem Ansehen verloren. Für gewöhnlich war die Tracht dieser Indianer gar nicht von derjenigen der Bewohner anderer Pueblos verschieden und auch hier überall ein Schimmer der von den Spaniern dort eingeführten Gebräuche zu erkennen.

Am 25. November verliessen wir also das Lager vor Zuñi, und begleitet von einer Anzahl Indianer zog unsere Expedition der Pueblo zu, während Mehrere aus unserer Gesellschaft, Lieutenant Whipple an der Spitze, einen Ausflug nach den Ruinen auf dem Felsplateau machten. Ein Indianer war bald gefunden, der uns als Führer begleiten wollte, denn ohne einen solchen würde es schwer für uns gewesen sein, einen Weg an den steil aufstrebenden Wänden hinauf zu finden, die sich an 800 Fuss hoch über ihre Basis erhoben. Der selbst für Maulthiere nicht zugängliche Pfad führte an so wunderlichen Formationen vorbei, wie nur immer von der Atmosphäre und dem Wetter allmälig aus nachgiebigem Gestein gebildet werden können. Bald waren es domartige Kuppeln oder regelmässige Bogen, die wir bewunderten, bald Spalten oder Säulen, welche letztere in ihren äusseren Formen mitunter annähernde Aehnlichkeit mit menschlichen Figuren trugen. Besonders fielen zwei Säulen in's Auge, welche der uns begleitende Indianer als wirklich versteinerte Menschen bezeichnete indem er zugleich das Nähere darüber auf folgende Weise erzählte.

»Als die Zuñis in uralten Zeiten noch auf der Höhe lebten, begannen einstmals die Wasser im Thale zu steigen; immer höher bespülten sie die Felsen, so dass sie die Stadt sammt ihren Bewohnern von denselben fortzuschwemmen drohten. In ihrer Noth nahmen die Zuñi's auf den Rath ihrer weisen Männer einen Jüngling und eine Jungfrau und stürzten sie von dem Felsen hinab in's Wasser. Die Fluthen fingen in Folge dessen gleich an zu schwinden und verliefen sich endlich ganz; die beiden geopferten jungen Leute waren jedoch nicht untergesunken, sondern zwischen Felsen getrieben, wo sie zu Stein wurden.«

Es gehört übrigens nicht viel Einbildungskraft dazu, in den Säulen auf welche sich diese alte Mythe bezieht, eine Aehnlichkeit mit menschlichen Figuren zu entdecken, und eben diese Aehnlichkeit mag auch wohl die erste Veranlassung zu der

Sage gegeben haben. Die Plattform selbst war nicht so öde, als man von unten aus vielleicht vermuthen mochte, sondern Cederngestrüpp wucherte auf dem dürren steinigen Boden und versteckte theilweise die Ruinen, die nur noch in einzelnen Ueberresten von Mauern und alten Fundamenten bestanden. Auch erblickten wir einige Opferstellen oder Altäre, die noch in Gebrauch zu sein schienen. Um dieselben herum steckten in einer gewissen Ordnung in dem Boden zierlich geschnitzte Brettchen, Flechtwerk von Weiden und kleine mit Federn geschmückte Stäbchen, lauter Gegenstände, die auf die eigenthümlichste Art und in den wunderlichsten Figuren ausgearbeitet waren. Haufen alter verwitterter Spielereien von derselben Art lagen umher und deu-

Opferstelle der Zuñi-Indianer.

teten darauf hin, dass Brettchen, Stäbe, so wie Flechtwerk von Zeit zu Zeit von den indianischen Besuchern erneuert werden. Näheres hierüber zu erfahren war uns nicht möglich; nur daran, dass sich der Indianer widersetzte, als einige der umherliegenden Gegenstände als Andenken mit fortgenommen werden sollten, erkannten wir die Wichtigkeit, welche die Zuñis diesen Heiligthümern beilegen. Als wir uns entfernen wollten, zog unser Führer aus einem kleinen Beutel etwas Mehl, hielt dasselbe in der hohlen Hand vor den Mund und blies es, nach der Stelle gewendet, die wir eben verlassen hatten, in die Luft, als wolle er gleichsam den Ort vor Entheiligung bewahren und von dem Athem der Besuchenden reinigen; später gab er vor, dass er dadurch einem Misswachs habe vorbeugen wollen.

Am Zuñi-Flusse, der seine Wasser dem Colorado Chiquito zuführt, erhebt sich auf einer kleinen Anhöhe **Pueblo de Zuñi**, die Indianerstadt. Aehnlich wie Santo Domingo ist Zuñi terrassenförmig erbaut, so dass 3 bis 7 Stockwerke übereinander liegen. Das obere ist jedesmal kleiner als das, auf welchem es sich erhebt, wodurch jede Wohnung einen Vorhof oder eine Gallerie erhält. Die Strassen zwischen den Häusern sind eng und zuweilen durch Ueberbauung der oberen Stockwerke ganz verdeckt. Eine

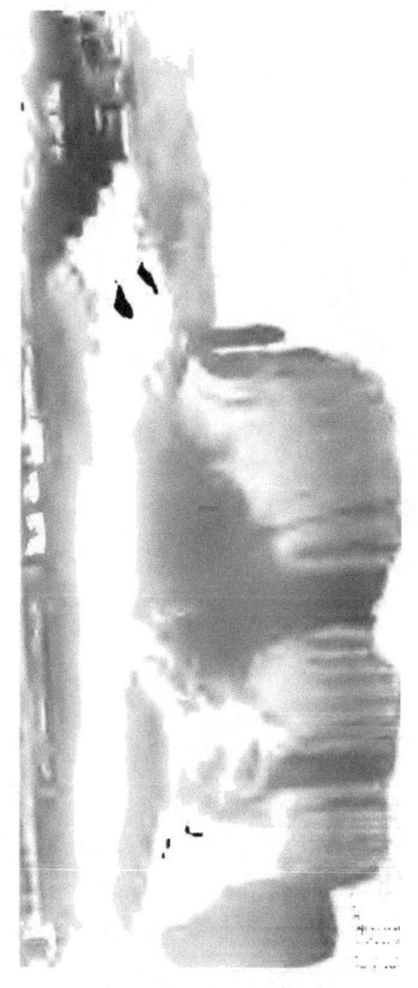

römisch-katholische Kirche befindet sich in der Stadt, die ebenso wie die übrigen Gebäude von Luftziegeln erbaut ist. Das Innere derselben ist sehr einfach, denn nur ein schlechtes Gemälde und einige noch schlechtere Statuen zieren die Wand hinter der Kanzel.

Die Zahl der Einwohner mag sich auf 1800 bis 2000 belaufen; die Blattern haben indessen unter ihnen so grosse Verheerungen angerichtet, dass es schwer ist, die Seelenzahl genau anzugeben. Einzelne Albinos sollen sich unter den Zuñis befinden, doch gelang es Keinem von unserer Expedition, eines solchen ansichtig zu werden; denn obgleich die Blattern schon einige unserer Leute befallen hatten, die wir deshalb in den Wagen mit uns führen mussten, und wir also den Ansteckungsstoff in unserem eigenen Personal hatten, getrauten wir uns doch nicht, die Wohnungen der Indianer zu betreten, aus welchen uns überall die schreckliche Krankheit drohend entgegentrat.

Bei den Zuñi-Indianern tritt die Hinneigung zur Civilisation noch mehr hervor als in irgend einer anderen Pueblo. Sie treiben Schafzucht, halten sich Pferde und Esel und beschäftigen sich in ausgedehnterem Massstabe mit Ackerbau. Als unsere Expedition dort vorbeizog, waren freilich die Ernten schon längst beendigt, doch erblickten wir überall auf der Ebene Felder, wo die Stoppeln von Weizen, Mais, Kürbissen und Melonen von dem Fleisse der Indianer zeugten. Ausser diesen Feldfrüchten ziehen sie in ihren Gärten auch Zwiebeln, Bohnen und spanischen Pfeffer, und besonders letzterer war in grossen Massen guirlandenweise an den Aussenwänden der Häuser zum Trocknen aufgehängt. Doch nicht nur Ackerbau und Viehzucht ist es, womit die Zuñis umzugehen wissen, sondern die Weiber derselben sind auch geschickte Weberinnen und verfertigen, wie die Navahoes, dauerhafte Decken. Das Zerreiben des Getreides zu Mehl ist ebenfalls Arbeit der Weiber und geschieht, indem die Arbeiterin mit einem Steine auf einem anderen schräg stehenden die Körner zermalmt. Auch eine Schmiede befindet sich in der Stadt, in welcher Indianer Hammer und Zange regieren.

Einen interessanten Anblick gewährt diese Pueblo in der Nähe mit ihren Terrassen, den hohen Strassen, den zahlreichen Leitern, den mancherlei Gestalten, die emsig auf denselben umherklettern, und den auf den Mauern umhersitzenden gezähmten Truthühnern und Adlern. Hat man die Stadt aber verlassen und schaut nach derselben zurück, dann ist es ein schönes Bild, welches am südlichen Ende der Ebene ausgebreitet liegt, und vor welchem man gern etwas länger verweilt, um die einzelnen Punkte dem Gedächtnisse fester einzuprägen. Die imposanten Felsenmassen, die fernen blauen Gebirge, die alterthümliche Stadt und vor derselben die Fläche, zu der Zeit entblösst vom reichen Ertrage, die in weitem Kreise zerstreut umherliegenden einsamen Wartthürme, alles dieses nahm sich so malerisch aus und passte so genau zu einander, dass mir die Aussicht, welche ich ½ Meile nördlich von der Stadt zurückblickend genoss, ewig unvergesslich bleiben wird.

Der Rio Zuñi, aus Südost kommend, hat in der Nähe der Stadt eine Breite von ungefähr 200 Fuss; doch war er zur Zeit unserer Anwesenheit daselbst bei dem niedrigen Wasserstande nur ein Bach von kaum 12 Fuss Breite und wenigen Zollen Tiefe. Wir folgten nicht dem Laufe des Flüsschens, welches sich gegen Nordwesten zog, sondern bogen mehr gegen Norden, um an einer niedrigen Felsenkette nahe einer Quelle, welche uns die Indianer zeigten, zu übernachten. Es war ein Marsch von nur 8 Meilen an diesem Tage, und früh am Nachmittage schon erreichten wir die Quelle, die in einer wilden Schlucht aus rothem Sandstein hervorrieselte. Einestheils um nicht vor der uns folgenden Militairbedeckung einen zu grossen Vorsprung zu gewinnen, zugleich aber auch um den Entschluss der Zuñis abzuwarten, die uns Führer versprochen hatten, beschlossen wir noch den folgenden Tag an dieser Quelle zu verweilen. Freilich hatten wir Leroux und den Mexikaner bei uns, doch kam es bei unserer Expedition besonders darauf an, uns noch die Dienste der Eingebornen zu sichern, um uns deren genaue Ortskenntniss in ihren Jagdrevieren, welcher gegenüber die Umsicht des erfahrensten Trappers zurückstehen muss, zu Nutzen zu machen.

Wir hatten nunmehr die Hauptgebirgszüge der Rocky Mountains hinter uns; vor uns schien sich das Land zu öffnen und bequemes Reisen zu versprechen, doch sollten die eigentlichen Schwierigkeiten hier erst ihren Anfang nehmen. So weit das Auge reichte, lagen niedrige Cedernwaldungen vor uns, die, obgleich nicht sehr dicht, doch den Durchzug der Wagen nicht erlaubten, wenn nicht vorher mit der Axt ein Weg hindurchgehauen wurde. Diese Nachrichten hatten uns unsere Führer überbracht, die um das Terrain zu untersuchen vorweg geschickt worden waren. Sehr langsames Vorschreiten stand uns also in Aussicht, wenn nicht die Waldung umgangen werden konnte.

Der Himmel, den wir seit langer Zeit nicht anders als klar und wolkenleer gesehen hatten, wurde um Abend des 25. Novembers trübe; ehe die Nacht weit vorgerückt war, begann Regen, der erst am folgenden Abend wieder gänzlich aufhörte. Ein Ruhetag, der zugleich ein Regentag ist, gehört mit zu den unangenehmsten auf der Reise, denn, fühlt man sich auch behaglich unter dem Dache der schützenden Zelte in der Nähe eines glimmenden Holzkohlenfeuers, so möchte man doch lieber hinaus und in der Nachbarschaft umherstreifen, wenn nicht eben der Regen Einem die Möglichkeit dazu benähme. Dagegen ist Unwetter während des Marsches etwas zu Gewöhnliches, als dass man bei demselben etwas Anderes als das Nasswerden der Waffen und das in Folge dessen nöthige Reinigen derselben bedauert. So ging denn der Tag still hin, und die langweilige Eintönigkeit wurde erst gegen Abend durch eine Deputation von Indianern unterbrochen, die zu uns kamen, um uns die angenehme Mittheilung zu machen, dass am folgenden Morgen in aller Frühe José Hatche und José Maria bei uns eintreffen würden, um uns auf einem Wege durch das Holz zu führen, auf welchem die Wagen bequem würden folgen können, ohne dass vorher die Axt gebraucht werden müsste.

In einer Berathung, die Pedro Pino mit den weisen Männern der Stadt gehalten hatte, war nämlich beschlossen worden, dass die Unternehmungen der Amerikaner auf alle Weise gefördert werden müssten, weil sie darauf ausgingen, geradere und nähere Strassen zwischen den Ansiedlungen der Weissen und den Pueblos herzustellen. Zu diesem Zwecke sollte also José Hatche unsere Expedition auf dem nächsten und besten Wege an den kleinen Colorado führen, während José Maria beauftragt wurde, in Gesellschaft eines anderen Indianers in nordwestlicher Richtung zu den Moqui-Indianern zu ziehen, um von denselben Leute zur Weiterführung vom kleinen Colorado bis nach den San Francisco-Gebirgen anzuwerben.

In Folge dessen rüsteten wir uns am 27. November in aller Frühe zum Aufbruch. Die Indianer hatten nicht auf sich warten lassen; sie begaben sich an die Spitze unseres Zuges, führten uns eine Strecke auf dem Wege, welchen wir gekommen waren, zurück und dann in südwestlicher Richtung an den Rio Zuñi. Dort nun riethen sie uns, die Thiere noch einmal zu tränken und uns selbst ebenfalls mit einem Vorrath von Wasser für den folgenden Tag zu versehen, wo wir erst spät am Abend wieder welches erreichen würden. Es geschah so und nach kurzem Verweilen zogen wir weiter. Wir befanden uns bald in der hügeligen Waldung, und so genau kannten die Indianer das Terrain und so geschickt wussten sie jede kleine Lichtung zu benutzen, dass wir fast gar nicht genöthigt wurden, zur Axt unsere Zuflucht zu nehmen. Ganz verschieden vom vorhergehenden Tage war die Luft wieder klar, in den Morgenstunden wehte ein eisig kalter Wind, der sich indessen gegen Abend legte, worauf klarer Frost folgte.

Unser Lager hatten wir in einem kleinen baumlosen Thale aufgeschlagen; die sanft ansteigenden Hügel, die uns umgaben, waren mit frischen und mit vertrockneten Cedern bedeckt, welche letztere uns das beste Brennholz lieferten. Lange hatten wir nicht eine so schöne Nacht erlebt, vielleicht war es auch die Umgebung, die wie zum Lager geschaffen schien, wodurch wir an diesem Abend so fröhlich gestimmt wurden. Zu grossen Scheiterhaufen war ringsum trockenes Cedernholz aufgethürmt, und angenehme Wärme verbreiteten die hoch auflodernden Flammen.

Bis nach Mitternacht sassen wir plaudernd und unser Pfeifchen rauchend beisammen. Wir sprachen von verschiedenen Pässen in den Rocky Mountains, von denen, die wir jetzt kennen gelernt hatten so wie von den weiter nördlich gelegenen, welche Colonel Frémont entdeckt hatte. Ueberhaupt war Frémont fast ausschliesslich Gegenstand unserer Unterhaltung an diesem Abend, theils weil wir uns unter denselben Längegraden befanden, unter welchen er hauptsächlich seine Thätigkeit und seine Energie entwickelt hatte, dann aber auch, weil wir uns allmälig dem Lande näherten, bei dessen Eroberung Frémont eine so bedeutende Rolle gespielt hatte. Durch Fragen gelang es mir, das Gespräch immer wieder auf Frémont zurück zu bringen, und was ich auf diese Weise als Bruchstücke von dem Einen und dem Andern erfuhr, habe ich nach dem früher erwähnten Werke von John Bigelow geordnet, um es hier im Zusammenhange erzählen zu können.

XXIII.

Colonel Frémonts dritte Reise und seine Kämpfe mit den Eingebornen. — Befreiung Californiens. — Versteinertes Holz. — Der tiefgelegene Salzsee. — Trümmer von uralten Ansiedelungen. — Navahoe Spring. — Navahoe-Indianer. — Erster Anblick der San Francisco Mountains. — Edelsteine in den Ameisenhaufen.

Im Frühling des Jahres 1845 rüstete Colonel Frémont seine dritte Expedition aus, um den günstigsten Weg zu einer Verbindung zwischen den Vereinigten Staaten und den Küstenländern vom Oregon und Californien aufzusuchen, und zugleich Forschungen in dem grossen Becken Utah-Territorium anzustellen. Doch auch für sich selbst beabsichtigte er Californien genau kennen zu lernen, indem es schon damals halb und halb sein Plan war, sich mit seiner Familie an irgend einem blühenden Orte in den Küstenländern der Südsee eine neue Heimath zu gründen. Der Sommer war ihm in den Steppen und in den Rocky Mountains mit der Untersuchung der Quellen grösserer Flüsse hingegangen, so dass er im Anfange des Winters den Great Salt Lake erreichte und am westlichen Ende desselben am Rande einer grossen, wasserlosen Wüste sein Lager aufschlug. So wie diese Ebene jeder Vegetation entbehrte, so schien dieselbe auch von den Eingebornen und den wilden Thieren gemieden zu werden; denn nur einzelne Indianer liessen sich blicken, die so wenig geistig begabt waren, dass sie nicht einmal als Führer benutzt werden konnten.

Es gelang Frémont, die 70 Meilen breite Wüste mit seiner Expedition und seiner Heerde zu überschreiten und am Ende derselben zwischen wilden, dürren Felsen eine rettende Quelle zu entdecken. Hier theilte er seine Expedition in zwei Abtheilungen. Die Hälfte unter dem Befehl eines gewissen Walker, eines berühmten und erfahrenen Trappers, sendete er gegen Süden mit der Anweisung, die Sierra Nevada südlich zu umgehen, während er selbst mit 10 Mann, Weissen und Delaware-Indianern, es unternahm sich in gerader westlicher Richtung seinen Weg durch die Wüsten zu bahnen.

Obgleich der Winter schon weit vorgerückt war und er allen Hindernissen, die in den Gebirgsgegenden möglich sind, begegnete, so war er doch glücklich genug durch die Pässe zu gelangen und Sutters Farm auf der Westseite der Sierra Nevada zu erreichen, ehe noch die Passage durch tiefen Schnee gänzlich gehemmt wurde. Auf

Sutters Farm versah sich Frémont wieder mit neuen Provisionen und brach Mitte December auf, um mit seiner Hauptabtheilung, der Verabredung gemäss, im Thale des San Joaquin zusammenzutreffen.

Nach wenigen Tagen schon befand er sich wieder im Gebirge, wo er fortwährend von feindseligen Indianern umgeben war. An einer Stelle angekommen, wo er die zahlreichen Spuren dieser Wilden als ganz frisch erkannte, schickte er der Sicherheit wegen vier seiner Leute, unter diesen zwei Delawaren, voraus, um das Terrain vor sich recognosciren zu lassen. Des Abends erreichte er eine passende Lagerstelle, wo er die Nacht zu bleiben beabsichtigte. Seine Leute waren eben im Begriff abzusatteln, als aus der Ferne Indianergeheul zu ihnen herüberschallte und sie davon in Kenntniss setzte, dass die vier vorausgeschickten Jäger von den Indianern angegriffen waren. Augenblicklich wurden die Reitthiere wieder aufgezäumt, und vier Mann zur Bewachung im Lager zurücklassend, eilte Frémont mit den übrigen acht Männern in gestrecktem Galopp der Richtung zu, wo sie den Kampf vermutheten.

Noch keine halbe Meile hatte er zurückgelegt, als er mehrere Hundert Indianer erblickte, die von allen Seiten einen kleinen Hügel hinanstürmten, auf dessen Spitze seine vier Jäger, gedeckt durch Buschwerk und Felsblöcke sich vertheidigten. Es war augenscheinlich dass diese unvermuthet auf die Indianer gestossen waren und als erfahrene Trapper von ihren Pferden springend, sich in die kleine natürliche Festung geworfen hatten, von wo aus sie sich nachdrücklich vertheidigen konnten. Die Indianer hatten den kleinen Berg dicht umzingelt und waren eben im Begriff, Hand an die Pferde zu legen, als Frémont mit seinen Reitern erschien. Sein Ruf, als er den Hügel hinauf stürmte, wurde von den Delawaren, die sich zu ihren Pferden stürzten, um sich dieselben nicht entreissen zu lassen, mit wildem Geheul beantwortet, so wie von dem Knall der Büchsen der weissen Jäger, welche einen der vordersten Indianer auf's Korn genommen hatten und kopfüber mit zerschmettertem Schädel den Berg hinunter schickten. Wieder vereinigt, benutzte die Gesellschaft die erste Ueberraschung der Eingeborenen, um sich eiligst auf den Weg nach ihrem Lager zu begeben, wo die vier Zurückgebliebenen ebenfalls angegriffen werden konnten. Die Indianer folgten ihnen nach, hielten sich indessen immer ausserhalb des Bereiches der Büchsen, nur durch Schimpfen und Herausforderungen ihre feindseligen Gesinnungen zu erkennen gebend.

Frémont setzte die Forschungen mit seiner Hauptabtheilung fort und gerieth in wilde Gebirgsregionen, wo er förmlich einschneite. Es gelang ihm und seinen Leuten nur mit genauer Noth, sich zu retten, doch hatte er sein sämmtliches Rindvieh, welches er zur Nahrung mitgenommen hatte, im Gebirge eingebüsst. Er traf endlich mit Walker zusammen und wendete sich dem Thale von San Joaquin zu, wo er seine Leute zurückliess; er selbst schlug die Strasse nach Monterey ein, welches damals noch zu Mexiko gehörte, um sich den Behörden vorzustellen und mit deren Zustimmung seine Begleitung auf's Neue zu ergänzen.

37 *

Ohne das Geringste zu ahnen, zog er seines Weges, als er plötzlich von einem mexikanischen Offizier angehalten wurde, der ihm eine in feindseligen Ausdrücken abgefasste Benachrichtigung von dem in Californien commandirenden General Castro überbrachte, welche für ihn die Weisung enthielt, sich augenblicklich aus dem Lande zu entfernen. Frémont gab die Erklärung, dass er der Aufforderung nicht Folge leisten werde und nicht Willens sei, sich in eine trostlose Wüste zurückzuziehen, die er eben erst verlassen habe. Er begab sich darauf mit seinen Leuten auf einen Berg (*Hawk's peak*), errichtete auf dem Gipfel desselben von gefällten Bäumen eine rohe Befestigung und zog das Banner der Vereinigten Staaten auf. General Castro lagerte mit seiner Streitmacht in der Ebene, so dass Frémont und sein kleines Häufchen entschlossener Bärenjäger fast in jedes Zelt hineinsehen konnten. Ein Angriff erfolgte indessen nicht, sondern nur eine Aufforderung vom General Castro an Colonel Frémont, sich zu ihm zu gesellen, mit ihm vereint das Banner der Unabhängigkeit zu erheben und das mexikanische Joch abzuwerfen.

Frémont hatte jedoch seine feste Stellung schon verlassen und ohne weiter belästigt zu werden, den Weg nach Oregon eingeschlagen, um dort eine neue Route nach den Wah-lah-math-Ansiedelungen und den Regionen nahe der Mündung des Columbia River zu erforschen.

Im Anfang des Mai 1846 befand er sich am Nordende des Tlamath-Sees. Dort nun erreichten ihn zwei Boten des Lieutenant Gillespie von der Marine der Vereinigten Staaten, welcher mit Briefen unter der Bedeckung von 6 tüchtigen Gebirgsjägern an ihn abgesendet worden war. Die Boten beschrieben Frémont die unglückliche Lage, in welcher sich Lieutenant Gillespie mit seinen vier Jägern in der tiefsten Wildniss befand und ersuchten ihn, demselben Hülfe zu senden. Colonel Frémont machte sich selbst mit zehn seiner besten Leute, unter diesen vier Delaware-Indianern, auf den Weg und traf nach einigem vergeblichen Suchen glücklich mit Lieutenant Gillespie zusammen. Während er die ihm zugegangenen Briefe und Instructionen vor einem grossen Feuer las, war ihm die Hälfte der Nacht hingegangen. Alle Leute, von den fast übermenschlichen Anstrengungen erschöpft, waren in tiefen Schlaf gesunken; auch Colonel Frémonts Feuer brannte allmälig niedriger. Es war die zweite Nacht auf allen seinen Reisen, in welcher er, die Mattigkeit der Leute berücksichtigend, keine Wache ausgestellt hatte. Carson und ein gewisser Owens, die neben einander schliefen, wurden plötzlich durch ein eigenthümliches Geräusch geweckt. »Was ist los?« rief Carson einem nicht weit von ihm ruhenden Jäger, Namens Basil zu; doch Basil antwortete nicht, denn der Tomahawk eines Tlamath-Indianers hatte dem Schlafenden den Schädel zerschmettert. Das Stöhnen eines zweiten zum Tode Verwundeten traf darauf Carsons Ohr, der mit lautem Ruf seine Gefährten weckte und augenblicklich auf den Kampfplatz stürzte. Die Delawaren hatten auf das erste Geräusch ihre Waffen ergriffen und sich kühn den angreifenden Eingebornen gegenübergestellt; sie kämpften wie verwundete Bären, besonders einer, der mit einem abgeschossenen Gewehr die Wilden so lange zurückhielt, bis er von zahlreichen Pfeilen durchbohrt, entseelt zu Boden stürzte. Frémont, Carson und noch vier Andere sprangen den Delawaren zu Hülfe, schossen unter die Angreifenden und tödteten glücklicher Weise sogleich den Häuptling derselben. Als die Tlamaths ihr Oberhaupt fallen sahen, geriethen sie in Unordnung und zogen sich schleunigst zurück.

Bis zum hellen Tage blieb Jeder im Lager mit der gespannten Büchse auf der Lauer liegen, um bei einem erneuten Angriff vollständig vorbereitet zu sein, doch wurden sie nicht weiter gestört.

Nachdem die Gesellschaft ihre beiden weissen und den indianischen Gefährten, die bei diesem Kampfe gefallen waren, begraben hatten (der Tlamath-Häuptling blieb, nachdem ihn ein verwundeter Delaware scalpirt hatte, liegen, wo ihn die Kugel hingestreckt), schlug sie den Rückweg nach Californien ein und stiess nach zwei Tagen auf ein grosses Dorf der Tlamath-Indianer, die über hundert Krieger zu stellen vermochten. Carson ritt mit zehn Mann voraus und war von den Wilden entdeckt worden, als es zu spät war, Colonel Frémont mit den übrigen Leuten erst herankommen zu lassen. Es blieb ihm daher weiter nichts übrig, als die erste Ueberraschung zu benutzen und das Dorf anzugreifen. Entschlossen stürzte sich die kleine Abtheilung auf die Indianer, tödtete viele derselben und jagte die übrigen in die Flucht. Weiber und Kinder verschonten die erbitterten Jäger, doch verbrannten sie das ganze Dorf, sogar die Canoes und Fischnetze.

An demselben Tage hätte Carson in einem zweiten Scharmützel beinahe sein Leben eingebüsst. Er war nämlich einige Schritte vorausgaloppirt, als er einen Indianer bemerkte, der einen Pfeil auf seinen Bogen legte, um auf ihn zu schiessen; Carson zielte mit der Büchse auf den Wilden, doch versagte ihm seine Waffe und sicher würde ihm der Pfeil in die Brust geflogen sein, wenn nicht in dem entscheidenden Augenblicke Frémont den Indianer übergeritten und niedergeschlagen hätte.

Unter solchen Gefahren führte Frémont seine Arbeiten in den wilden Regionen aus, als er durch die ihm überbrachten Briefe dazu bestimmt wurde, nicht nach Oregon, sondern zurück nach Californien zu ziehen.

Noch im Mai 1846 gelangte er in das Thal des Sacramento River und fand das ganze Land in Aufregung über drohende Gefahren, die nur durch die schleunigste Hülfe abgewendet werden konnten. Es sollten nämlich die Amerikaner ermordet und deren Ansiedelungen im Thale des Sacramento River zerstört werden. Californien sollte sich unter britischen Schutz begeben und die öffentliche Verwaltung britischen Unterthanen in die Hände geleitet werden. Auf die Bitten der amerikanischen Ansiedler, die Deputation auf Deputation in Frémonts Lager schickten und ihm diese Gefahren ausmalten, und die Nachricht, dass General Castro im Anmarsch sei und dass die Eingebornen zu Mord und Brand verleitet wurden, entschied sich Frémont, an die Spitze der Ansiedler zu treten, sie in dem bevorstehenden Kampfe zu führen und das Land zu retten. Von allen Seiten kamen Amerikaner mit Waffen, Pferden und Munition zu ihm in's Lager und stellten sich freudig unter seinen Befehl.

In dreissig Tagen war das ganze nördliche Californien vom mexikanischen Joch befreit, die Unabhängigkeit erklärt, General Castro auf seiner Flucht nach dem Süden, die amerikanische Bevölkerung gerettet und die Pläne der britischen Partei in Californien zerstört.

Der erste Schritt zur Einverleibung Californiens in die Vereinigten Staaten war geschehen, doch hatte Frémont, der zu jener Zeit nichts von dem Ausbruch eines Krieges zwischen den Vereinigten Staaten und Mexiko wissen konnte, ohne den Befehl seines Gouvernements auf eigene Verantwortlichkeit gehandelt. Nichts desto weniger setzte er seine Operationen ununterbrochen fort, vereinigte sich mit dem Commandeur Stockton und brachte schleunigst die vollständige Unterwerfung Californiens im Januar 1847 zu Ende.

Dadurch dass Frémont von seinem Gouvernement nicht zu solchen Schritten ermächtigt worden war, wenn er freilich auch bei der grossen Entfernung und der schwierigen Communication zwischen Washington und Californien im entscheidenden Augenblicke nicht so schnell die Ermächtigung einholen konnte, und obgleich er durch unvorhergesehene Zufälle und dringende Verhältnisse dazu gezwungen war, als Befreier Californiens aufzutreten, hatte er sich unter seinen Vorgesetzten, die nach ihm dorthin kamen, ja selbst unter seinen Kameraden, Feinde erworben. Vor seinen Vorgesetzten, die ihn mit einem Kriegsgericht bedrohten, verantwortete er sich mit Achtung, aber auch mit Festigkeit, seinen Kameraden, unter diesen Colonel R. R. Mason, mit welchem es bis zu einem Duell auf Doppelflinten kam, trat er als Ehrenmann gegenüber. Die amerikanische Bevölkerung von Californien aber jauchzte ihm als ihrem Befreier entgegen, und wie sehr sie seine Verdienste anerkannte und in wie hohem Grade sie ihm ihr volles Vertrauen schenkte, geht gewiss am besten daraus hervor, dass sie ihn freudig als ihren Gouverneur begrüsste.

Die widrigen Verhältnisse, hervorgerufen theils durch die Zwistigkeiten der commandirenden Land- und See-Offiziere unter sich, theils durch böswillige Gesinnungen gegen ihn selbst, machten Frémont die erste Hälfte des Jahres 1847 in Californien zu einem unangenehmen Zeitraume.

Im Juni desselben Jahres verliess er Californien zusammen mit dem General Kearney und dessen Abtheilung und kehrte auf dem Landwege nach den Vereinigten Staaten zurück, wohin er durch einen Befehl von Washington aus berufen worden war. In der Mitte des Augusts erreichte er Fort Leavenworth am Missouri, wo ihm der Befehl ertheilt wurde, sich als Arrestant nach Washington zu begeben. Er reiste in Folge dessen sogleich den Missouri hinunter und gelangte nach wenigen Tagen nach St. Louis, wo er von den angesehensten Bürgern der Stadt erwartet und zu einem ihm zu Ehren veranstalteten Festmahle eingeladen wurde. Wenn auch gerührt durch die freundliche Aufnahme, glaubte er doch als Arrestant nicht an dergleichen Festlichkeiten Theil nehmen zu dürfen. Er lehnte die Einladung ab und setzte seine Reise mit möglichster Eile fort, bis er am 16. September 1847 in Washington eintraf und sich bei seiner Behörde meldete. Auf seinen Wunsch wurde sogleich ein Kriegsgericht gebildet, dessen Gutachten und Urtheil sein ganzes Thun und Treiben während der letzten zwei Jahre unterworfen werden sollte. Die Beschuldigungen gegen ihn lauteten: 1) auf Meuterei, 2) auf Ungehorsam gegen dienstliche Befehle eines höhern Offiziers, 3) auf Verstoss gegen militairische Ordnung und Disciplin. Die Untersuchung begann am 2. November 1847 und wurde am 31. Januar 1848 geschlossen, worauf Frémont der eben angeführten drei Vergehen schuldig erklärt und in Folge dessen aus dem Dienste entlassen wurde.

Es war dies gewiss der merkwürdigste Prozess, welcher jemals in den Vereinigten Staaten gehalten und dessen Verlauf von jedem einzelnen Bürger mit dem grössten Interesse verfolgt wurde. Die Vergehen, welche Frémont zur Last gelegt wurden, hatten ihren Grund in dem Umstande, dass zwei Generäle, von denen jeder das Obercommando während der ereignissvollen Zeit in Californien zu führen glaubte oder vorgab, ihm zu gleicher Zeit Befehle ertheilt hatten. Deshalb wurde das Urtheil dem Präsidenten Polk vorgelegt und zur Milderung empfohlen. Der Präsident änderte dasselbe dahin, dass Frémont sowohl seiner früheren Verdienste wegen, als auch auf die Empfehlungen der meisten Mitglieder des Gerichts in Diensten zu verbleiben habe. Frémont in dem Bewusstsein, das Urtheil des Kriegsgerichts nicht verdient zu haben und eines Gnadenactes des Präsidenten daher auch nicht zu bedürfen, kam um seinen Abschied ein und erhielt denselben nach einiger Zögerung am 15. Mai 1848.

Mit seinem vierunddreissigsten Jahre hatte also Frémonts Militaircarriere schon ihr Ende erreicht, doch hatte er seinen Namen auf die engste Weise mit der historischen, geographischen, wissenschaftlichen und politischen Entwickelung des nordamerikanischen Continentes verflochten, zu gleicher Zeit aber auch unter seinen Landsleuten eine Popularität gewonnen, die kaum im Verhältniss mit seinem Alter stand. Dieser Umstand so wie die Beweise freundlicher Theilnahme und Verehrung, die ihm von allen Seiten zu Theil wurden, dienten dazu, die bittern Gefühle, welche die letzten Erlebnisse in ihm angeregt hatten, zu mildern, und aufs Neue bildete er Pläne, seine Kenntnisse und Erfahrungen auf die nützlichste und erfolgreichste Weise anzuwenden. Wie sich denken lässt, waren es wiederum die Regionen des fernen Westens, wo er so viel gelernt, so viel erduldet hatte, die ihn unwiderstehlich anzogen.

Während seiner Anwesenheit in Californien war Frémont mit der Idee umgegangen, einen Landstrich, bekannt unter dem Namen Mariposas, anzukaufen. Den Werth dieser Ländereien hatte er auf seiner dritten Expedition genauer kennen gelernt und daher beschlossen, sich auf demselben niederzulassen. Ehe er sich indessen Ruhe gönnte, hatte er sich die Aufgabe gestellt, die Wichtigkeit einer Verbindung der östlichen Staaten mit Californien mittels einer Landstrasse darzulegen und rüstete auf's Neue, dieses Mal aber auf seine eigenen Kosten, eine Expedition aus, an deren Spitze er abermals an den stillen Ocean zu ziehen beabsichtigte, um dort für sich und seine Familie eine neue Heimath zu gründen. Er wählte dieses Mal den Winter zu seiner Reise, indem er sich von allen Hindernissen überzeugen wollte, die in der ungünstigsten Zeit des Jahres bei der Anlage und Erhaltung einer öffentlichen Landstrasse besiegt werden müssten.

Unglaublich ist es, was Frémont und seine braven Jäger auf dieser seiner vierten Expedition zu erdulden gehabt haben; Einen nach dem Andern der treuen Gefährten sah er an seiner Seite zu Grunde gehen, im Kampfe mit den Elementen und mit der grässlichsten Noth, durch welche sie sogar gezwungen wurden, ihren Hunger mit dem Fleische ihrer gestorbenen Kameraden zu stillen. Mr. Leroux befand sich gerade in seiner Heimath Taos, als die letzten Ueberreste der unglücklichen Expedition Zuflucht suchend dort anlangten; und von ihm erfuhr ich bei einer späteren Gelegenheit die näheren Umstände dieser Reise. —

Am folgenden Morgen, dem 28. November, hatte es stark gefroren und gereift, doch wurde der Himmel gleich nach unserem Aufbruch von unserem zweiten Lager westlich von Zuñi, trübe und das Wetter milder. Die Umwege, welchen unser Wagenzug in den Waldungen zu folgen genöthigt war und die damit verbundene Verzögerung kamen uns sehr zu statten, denn wir gewannen dadurch Zeit genug, nach allen Richtungen das Holz zu durchstreifen. Ausser den verschiedenen kleinen Vögeln, die wir für unsere Sammlung erlegten, fanden wir Nichts, was unsere Jagdlust hätte anregen können. Fossile Muscheln lagen an den Abhängen der Hügel umher, so wie Stückchen versteinerten Holzes, die in den grellsten Farben spielend den Boden bedeckten. Als José Hatche, unser Indianer, bemerkte, dass wir einige der interessantesten Exemplare aufsammelten und aufbewahrten, rieth er uns von der Mühe abzustehen, indem wir bald an eine Stelle gelangen würden, wo so schwere Blöcke dieses Steinholzes (wie er es nannte) umherlägen, dass wir sie nicht von der Stelle zu bewegen im Stande wären, und wo wir uns nach Willkühr ganze Wagenladungen davon abschlagen könnten. An die Uebertreibungen der Indianer gewöhnt, schenkten wir seinen Worten nur wenig Glauben, bis wir nach einigen Tagen durch einen wirklichen versteinerten Wald an seine Bemerkung erinnert wurden.

Bis um die Mittagszeit hatten wir fortwährendes Ansteigen des Landes zu bekämpfen, erreichten aber dann eine Stelle, an welcher unser Fortschreiten durch einen rauhen und steilen Abhang gehemmt wurde. Es waren keine Felsen und Gerölle, sondern sandiger Boden, der das hohe Ufer bildete, welches durch Regengüsse in allen

Richtungen aufgerissen und unterwühlt war. Von diesem Punkte aus hatten wir eine weite Aussicht über eine tief unter uns liegende Grasebene, die im Westen und Norden durch kahle Hügel und allmälig ansteigendes Land, im Süden aber durch niedrige Cedern und Tannenwaldungen begrenzt wurde. Einen öden traurigen Charakter trug diese Fläche, denn so weit das Auge reichte, belebte nichts die schauerliche Einsamkeit. Am westlichen Ende der Ebene sollten wir nach den Aussagen des Indianers auf gutes Wasser stossen, wenige Meilen vorher aber noch an einem Teiche mit salzigem Wasser vorbeikommen. Natürlich wünschten wir ersteres zu erreichen, doch war die Entfernung noch zu gross, und dass alle, Arbeiter wie Wagenführer, mit Hacken und Schaufeln einen Weg hinab in das Thal ebenen mussten, auf welchem die Wagen einer nach dem anderen allmälig hinabgelassen werden konnten, war ebenfalls Ursache einer Verzögerung. Nach langem Aufenthalt waren wir endlich in der Ebene versammelt und zogen in gerader Richtung an dem südlichen Waldrande hin. Nichts störte die Einförmigkeit unserer Umgebung, unser Zug wurde länger und länger, je nachdem die ermüdeten Menschen und durstenden Thiere sich durch stärkeres oder schwächeres Ausschreiten von einander trennten.

Die Sonne war schon hinter den Hügeln verschwunden, als die Vordersten des Zuges bei dem salzigen Teiche, der einige Hundert Schritte von dem Holze und zugleich von unserer Richtung entfernt war, anlangten. Ohne unseren Führer würden wir denselben kaum entdeckt haben, denn nicht die geringste Schwellung oder Senkung des Bodens oder üppigere Vegetation verrieth die Nähe des Wassers. Mit einem Krater könnte man wohl diesen merkwürdigen See am besten vergleichen, denn wie ein Trichter gähnte uns der Abgrund an, in dessen Tiefe, trotz der schon eintretenden Dämmerung, ein kleiner Wasserspiegel glänzte. Dieser befand sich in einer sich nach unten verengenden Niederung; denn während die Breite der oberen Oeffnung wohl 200 Fuss betrug, war die Breite des etwa 200 Fuss darunter liegenden Wasserspiegels kaum 60. Ein schmaler Pfad wand sich inwendig in dem runden Trichter an der steilen lehmigen Uferwand herum bis hinunter an's Wasser und bot die einzige Möglichkeit, hinab und wieder hinauf zu steigen, wobei man aber vorsichtig zu Werke gehen musste, um nicht durch Ausgleiten oder Stolpern einen Unfall zu erleiden. Nur in geringer Anzahl konnten unsere Thiere zu gleicher Zeit hinab getrieben werden, indem an einer einzigen Stelle das Wasser für dieselben zugänglich war und sie auch dort schon beim ersten Schritt bis über die Knie in Morast sanken. Annäherungsweise die Tiefe dieses geheimnissvollen See's anzugeben ist nicht möglich, doch dass es noch sehr tief hinabging, bewies die dunkle Farbe des Wassers, in welchem sich einige verkrüppelte, am Ufer stehende Cottonwood-Bäume spiegelten, so wie die langen Binsen, die in der Entfernung weniger Fuss vom Lande nur gerade mit den Spitzen hervorragten. Das Wasser hatte ganz denselben Geschmack wie das östlich der Felsengebirge in den Gypsregionen, und schien deshalb unseren Thieren nur noch angenehmer zu sein. Heerden von schwarzschwänzigen Hirschen und Antilopen zeigten sich noch in der Dämmerung und alarmirten unsere Leute, von welchen sie anfänglich für einen Trupp Navahoe-Indianer gehalten wurden. Das Wild wollte augenscheinlich zu dem See hinab, doch gestört durch unsere Gegenwart zog es weiter gegen Westen.

Der Abend war wieder so frisch und klar wie der vorhergehende, doch fehlte es uns an trockenem Holze, um uns wieder eben so behaglich einrichten zu können; denn das dichte Cederngebüsch bot uns nur grüne, saftige Massen, die am Feuer knisterten und flackerten, ohne die geringste Wärme zu verbreiten. Dieses sowohl als die Ermüdung von dem langen Marsche veranlasste uns, früher als gewöhnlich zu unseren wärmenden Decken unsere Zuflucht zu nehmen, und die Stille, die bald im Lager herrschte, wurde nur durch rauhes Wiehern der Maulthiere und das ferne Geheul Beute suchender Wölfe unterbrochen.

Von dem merkwürdigen See zogen wir am 29. November in mehr nördlicher Richtung weiter. Wir hatten noch keine 6 Meilen zurückgelegt, als wir die angedeuteten Quellen erreichten und auch sogleich Anstalt zum Rasten und Uebernachten trafen. An verschiedenen Stellen quoll hier das Wasser aus dem Boden, ohne jedoch sich in einem Bach zu vereinigen, vielmehr überschwemmte es nur die nächste niedrige Umgebung und verwandelte sie in einen seichten Sumpf, in dessen kleinen Lachen wir reichlich gutes Wasser für uns und unsere Heerden fanden. Die in der Nähe dieser Quelle umherliegenden Topfscherben veranlassten uns, nach weiteren Spuren von den früheren Bewohnern dieser Regionen zu suchen, und so entdeckten wir denn auf einer kleinen Anhöhe die Grundmauern einer alten Ansiedelung oder Stadt. Erst bei näherer Untersuchung erkannten wir die Fundamente, von welchen die Lehmmauern schon seit Jahrhunderten fortgewaschen sein mussten; denn ausser den kaum aus der Erde hervorragenden Steinen waren es nur noch die Scherbenmassen, welche Kunde von der entschwundenen Bevölkerung gaben. Trockenes Heidekraut und Gestrüpp lieferte uns an diesem Tage kaum Brennmaterial genug, um unsere Speisen bereiten zu können, und Mancher von uns sendete am Abend seine Blicke sehnsüchtig nach dem dunklen Cedernwalde hinüber und bedauerte, die Decke fester um die Schultern ziehend, gar sehr den Mangel eines guten Feuers.

Als die Dämmerung am Abende so stark geworden war, dass wir nur noch mit Mühe entferntere Gegenstände zu erkennen vermochten, wurden Alle im Lager durch den Ruf: »Navahoes« alarmirt. Solche waren es in der That, doch nur zwei einzelne Reiter dieses räuberischen Stammes, die sich vorsichtig unserem Lager genähert hatten, um dasselbe zu beobachten. José Hatche und Leroux knüpften alsbald ein Gespräch mit ihnen an und luden sie auf Lieutenant Whipple's Befehl ein, abzusteigen und im Zelte eine Unterredung mit den »von dem grossen Grossvater in Washington abgeschickten weissen Capitanos« zu halten. Doch scheu wichen die beiden Indianer zurück und führten in einiger Entfernung das Gespräch mit José Hatche weiter. Nach ihren Aeusserungen fürchteten sie sich vor José Hatche, indem derselbe aus einer Stadt komme, wo die Blattern herrschten; als sie durch denselben erfuhren, dass auch wir in unserem Lager einige Blatterkranke hatten, wurde ihre Furcht vor Ansteckung noch vergrössert, und schnell entfernten sich die beiden Reiter wieder. Leicht erklärlich ist es, dass die Indianer, die seit ihrer ersten Bekanntschaft mit den Weissen von dieser Seuche auf so schreckenerregende Weise heimgesucht wurden, sich nur mit Beben in die Nachbarschaft solcher Kranken wagen *), und so hatten wir es vielleicht theilweise unseren Patienten zu verdanken, dass wir auf unserer ganzen Reise durch die Reviere der Navahoes nie von denselben belästigt wurden.

Als wir die Quelle, die den Namen Navahoe Spring erhielt, am 30. November verliessen, hatten wir wellenförmiges Land zu überschreiten, welches durch den unfruchtbaren Sand und den fast gänzlichen Mangel an Vegetation nur zu sehr den Namen einer Wüste verdiente. Tiefe Schluchten und trockene Flussbetten durchschnitten vielfach hindernd unsere Strasse, Wälder und Bäume traten immer weiter zurück, entschwanden unseren Augen endlich ganz, und nur ein trostloser Anblick war es, der sich uns nach allen Seiten hin bot. Grade vor uns in bläulicher Ferne erblickten wir die Kuppen eines hohen Gebirges; es waren die San Francisco Mountains, die riesigen ausgebrannten Vulkane, an denen unser Weg vorbeiführen sollte. Doch manche Tagereise war es noch bis dahin, manchen mühevollen Marsch hatten wir noch zurückzulegen und manches Hinderniss zu besiegen, ehe wir an der Quelle (Leroux Spring, nach unserem Führer, der sie früher schon entdeckt hatte, benannt) uns laben konnten, die am Fusse des Hauptberges entspringt.

Bei den Zuñi-Indianern war es uns aufgefallen, dass Viele derselben edle Steine, besonders schöne, grosse Granaten als Schmuck in den Ohren trugen; wir hatten nur erfahren können, dass sie sich dieselben aus der Richtung von Sonnenuntergang her geholt hatten und waren sehr gespannt darauf, den Edelstein bergenden Boden genauer kennen zu lernen. An diesem Tage nun endlich gelangten wir in die Regionen, wo dieselben gleich den uns schon in Albuquerque gezeigten gefunden sein mochten. Eine Menge kleiner, von grossen Ameisen zusammengetragener Hügel bedeckte nämlich die Niederungen; die Hügel an sich bestanden aus lauter kleinen Steinchen, und liessen sich, da die Ameisen sich vor der Kälte tiefer in die Erde zurück-

*) Die Blattern wurden schon, wie man behauptet, zur Zeit der Eroberung Mexikos durch *Ferdinand Cortez* von einem Neger im Gefolge des Generals dorthin gebracht und richteten die furchtbarsten Verwüstungen unter den Azteken an.

Die Blattern-Epidemie, welche im Jahre 1538 in Mexiko viele Eingeborne hinraffte, hat ALEXANDER VON HUMBOLDT bildlich dargestellt gefunden in der Copie von altaztekischen Manuscripten, die einst der Erzbischof *Le Tellier* zu Rheims besass, und die jetzt der Bibliothek zu Paris gehören. (*Codex Telleriano-Remensis. Geroglyficos que usavan los Mexicanos.* Manuscript von 1616. Siehe ALEXANDER VON HUMBOLDT: *Vues des Cordillères et monuments des peuples indigènes de l'Amérique. Planche* 56. *f.* 3.

38*

gezogen hatten, auseinander scharren, ohne dass wir durch dieselben belästigt wurden. Der helle Sonnenschein begünstigte uns bei unserem Suchen, denn wo die Sonnenstrahlen einen edlen Stein trafen, da entlockten sie ihm einen rothen oder grünen Blitz, und wir brauchten dann nur den Granat, Rubin oder Smaragd aufzuheben. Leider mussten grössere Steine die Kräfte der Ameisen überstiegen haben, denn selten fanden wir solche, welche die Grösse einer Erbse überschritten. Es lässt sich aber denken, dass bei der Menge von kleinen Edelsteinen, die wir dort zu sammeln Gelegenheit fanden, der Boden auch grosse und werthvolle Steine von derselben Gattung bergen muss. Die Nothwendigkeit, die uns gebot schnell zu reisen, um am Abend Wasser zu erreichen, liess uns nur wenig Zeit, nach Schätzen zu suchen, und deshalb zurückzubleiben oder gar den Wagenzug aus den Augen zu verlieren, war nicht rathsam, denn wir konnten nicht wissen, ob nicht die Navahoe-Indianer nur auf Gelegenheit warteten, den Einen oder den Andern vom Zuge abzuschneiden, auszuplündern oder vielleicht gar zu erschlagen.

XXIV.

Rio Secco. — Der versteinerte Urwald. — Rio Colorado Chiquito. — Thal des Colorado Chiquito. — Traurige Nachrichten von den Moqui-Indianern. — Chevelon's Fork. — Stampede der Maulthierheerde. — Ankunft des Lieutenant Tittball mit der Escorte. — Ausschickung einer Recognoscirungs-Abtheilung. — Langsames Reisen der Expedition. — Ruinen am Colorado Chiquito. — Die Casas Grandes am Rio Gila, Rio Salinas und in Chihuahua. — Vergleich der Ruinen auf dem 35. Breitengrade mit den Casas Grandes.

Am 2. December wurden wir auf unserer beschwerlichen Reise über den losen sandigen Boden gleich nach unserem Aufbruch aus einem öden Thale, wo wir die Nacht sehr unbequem zugebracht hatten, durch eine breite Schlucht aufgehalten, die das Hinüberbringen der Wagen geradezu unmöglich machte, weshalb sich der Zug gegen Süden wendete und an der Schlucht hinunterzog, die, so weit das Auge reichte, sich von Norden nach Süden erstreckte. Einige Antilopen, die in dieselbe hinabgesprengt waren, hatten meine ganze Jagdlust rege gemacht und in Gesellschaft von Mr. Campbell und Dr. Kennerly unternahm ich es, denselben nachzufolgen. Das Hinabsteigen gehörte indessen nicht zu den leichtesten Aufgaben, denn die aus rothem, mit Gyps untermischtem Sande gebildeten steilen Ufer waren nach allen Richtungen hin ausgewaschen, und da die lose Erde den Hufen unserer Thiere nachgab, so hatten wir eine äusserst beschwerliche Arbeit, bis wir endlich halb gleitend, halb kletternd hinunter gelangten, wo dann der von Regengüssen zerrissene Boden unser Vordringen noch mühsamer machte. Grosse Massen von Wasser müssen sich zu Zeiten durch dieses Thal stürzen, wo bei unserer Ankunft kaum ein schmales trockenes Flussbett zu finden war, in welchem Wasser und zwar bittersalzhaltiges nur an Stellen stand, wo Sandsteinfelsen das Durchsickern unmöglich gemacht hatten. Wir befanden uns in der Schlucht oder dem Thale, welches von den Mexikanern Rio Secco (der trockene Fluss) genannt worden ist, und zwar an einer Stelle, die mit Recht den Namen eines versteinerten Urwaldes verdient [*]).

Als wir nämlich weiter vordrangen, glaubten wir wirkliche angeschwemmte Holzmassen oder auch Waldland vor uns zu haben, auf welchem zum Zwecke der Urbarmachung die Bäume gefällt worden waren. Bäume von jeder Grösse lagen unregelmässig umher und dazwischen sahen wir aufrechtstehende Baumstümpfe, wie stehengebliebene Wurzelenden. Einzelne Bäume hatten mehr als sechzig Fuss Länge bei einer entsprechenden Stärke und waren anscheinend in regelmässige Blöcke zerschnitten, während nicht weit davon Späne und zerbrochene Zweige aufgehäuft lagen. Bei näherer Betrachtung erkannten wir bald die fossilen Bäume, die allmälig von reissenden Wassern blossgewaschen, durch ihre eigene Schwere zerbrochen, und durch diese Quersprünge wunderbar in Glieder von nur 1—3 Fuss Länge zertheilt waren. Wir nahmen das Mass von einigen der grössten Stämme und fanden, dass der stärkste über 5 Fuss im Durchmesser hatte. Manche Bäume waren hohl, manche wie halb verbrannt und grösstentheils von dunkler Farbe, jedoch so, dass sich Rinde, Brandstellen und Risse im Holz so wie die Ringe genau auszeichneten. In einigen Blöcken zeigten sich die schönsten Mischungen von Achat und rothen Jaspisfarben, andere waren wieder dem Einflusse des Wetters und der Atmosphäre erlegen und in kleine bunte Stückchen zerfallen, die so schön waren, dass sie geschliffen und gefasst sich zu Schmucksachen eignen würden; wieder andere hatten die Farbe des Holzes noch nicht verloren und sahen verwitternden Balken von Tannenholz so ähnlich, dass man sich förmlich veranlasst fühlte, durch Berührung von der wirklichen Versteinerung sich zu überzeugen. Stiess man an diese lezteren, so zerfielen sie in lauter kleine Brettchen, die durchaus verwitterten Spähnen ähnlich sahen.

Von allen diesen verschiedenen Sorten fossiler Baumstämme sammelten wir uns kleine Exemplare und bedauerten nur, dass unsere Transportmittel so gering waren und wir uns mit Fragmenten begnügen mussten, die wohl die Verschiedenheit der Versteinerungen zeigten, aber kaum die Dimensionen der Blöcke berechnen liessen. Nach meiner Ankunft in New-York, in den letzten Tagen des April 1854, schickte ich sogleich in einem Berichte eine genaue Beschreibung des verkieselten Urwaldes an die geographische Gesellschaft zu Berlin (*). Vergeblich suchten wir nach Abdrücken von Pflanzen und Blättern; das Einzige, was wir noch ausser den Stämmen und Blöcken fanden, waren die Ueberreste von baumartigen Farrenkräutern, die wir anfangs für abgebrochene Hirschgeweihe hielten. Wir versuchten in südlicher Richtung im Bette des Rio Seco fortzuschreiten, doch mussten wir sehr bald von diesem Vorhaben abstehen, denn zu wild thürmten sich Erd- und Steinmassen immer auf's Neue vor uns auf, oder neue Spalten öffneten sich auf dem von uns eingeschlagenen Wege. Mit Mühe gelangten wir endlich aus dem wilden Thale auf's hohe Ufer und folgten den Spuren unserer Wagen, welche uns nach einem scharfen Ritte von 14 Meilen in's Lager führten. Unsere Zelte waren an einer Stelle aufgeschlagen, wo sich die Möglichkeit eines Hinüberkommens nach der anderen Seite des Rio Seco zeigte, welche Arbeit wir am folgenden Morgen mit frischen Kräften vorzunehmen gedachten.

Wie gewöhnlich war der Abend kalt und doppelt unangenehm, weil es uns an

Der versteinerte Wald im Thale des Rio Seco
Neu Mexico.)

Brennholz fehlte; nicht weit von uns lagen ungeheure Holzmassen*), doch waren diese der Art, dass man ihnen nur mittels des Stahles Funken entlocken konnte.

Tief hinab ging es in der Frühe des 3. Decembers in das trockene Bett des Flusses; es war eine schwierige Aufgabe, doch gelangten wir glücklich hinunter und zogen in demselben eine Strecke weiter. Ueberall in den Nebenschluchten stiessen wir auf grosse Anhäufungen von Versteinerungen, die in so prächtigen Farben spielten, dass wir uns nicht versagen konnten, immer wieder abzusteigen, um bald von einem karminrothen, bald von einem goldgelben oder einem in mehreren Farben prangenden Blocke ein Stückchen abzuschlagen. Als wir an einer passenden Stelle das Bette des Rio Secco verlassen hatten, zogen wir 6 Meilen in südlicher Richtung und befanden uns dann am *Rio Puerco of the west*, der aus Nordost kommend in den Colorado Chiquito mündet. In einiger Entfernung von dem Rio Puerco, wie es die Beschaffenheit des Bodens gerade erlaubte, folgten wir dem Lauf des Flusses eine kurze Strecke und erreichten dann endlich den Colorado Chiquito, dessen Lauf uns längere Zeit die Richtung unserer Reise angeben sollte. Wiederum stiessen wir auf Ueberreste von Ruinen, die indessen kaum noch zu erkennen waren, jedoch deutlich bewiesen, wie dicht bevölkert einstmals diese Gegend gewesen sein muss. Der Colorado Chiquito ist nur ein kleiner Fluss, doch führt er viel Wasser mit bedeutender Schnelligkeit dem Rio Colorado des Westens zu. Er entspringt am nördlichen Abhange der Sierra Mogoyon, und anfänglich gegen Nordost fliessend, nimmt er die kleinen Flüsschen Dry Fork und Burnt Fork auf. Da wo er mit diesen zusammentrifft, wendet er plötzlich seinen Lauf gegen Nordwesten, vereinigt sich mit dem Zuñi River und dem *Puerco of the west* (unter 34° 53' nördlicher Breite und 110° 00' Länge westlich von Greenwich) und behält dann diese Richtung bei, bis er den grossen Colorado erreicht.

Seit langer Zeit hatten wir nun zum ersten Male wieder Cottonwood-Bäume vor uns, die weithin den Lauf des Flusses bezeichneten, indem sie theils die Ufer bedeckten, mitunter aber auch im Thale kleine lichte Waldungen bildeten. Das Thal des Colorado Chiquito schwankte, wie wir in demselben fortzogen, fast fortwährend in seiner Breite, je nachdem die steinigen unfruchtbaren Hügel, welche dasselbe einfassten, einander näher rückten oder weiter zurückblieben. Fruchtbarer, kulturfähiger Boden zog sich zu beiden Seiten des Flusses hin, und immer neue Ruinen, auf welche wir stiessen, liessen uns vermuthen, dass die wandernden Völkerstämme im grauen Alterthume ausgedehnte Ansiedelungen in diesem Thale besessen hatten, wo Alles, was zur Existenz des Menschen nöthig ist, geboten wurde, nämlich schönes, trinkbares Wasser und guter, tragbarer Boden, der, wie es sich aus sicheren Anzeichen ergab, mehrmals

*) Ich wage kein Urtheil darüber auszusprechen, ob diese Holzmassen etwa in einem, durch Erdrevolutionen aufgedeckten Braunkohlenflötz bestehen, wie es in Europa dem Tertiär-Gebirge zugehört.

im Jahre von den Fluthen des Colorado Chiquito überschwemmt wird. Wenn man das Thal verliess, war die Aussicht trostlos und nur sehr wenig versprechend; denn so weit das Auge reichte, sah man dieselbe dürre, steinige, unebene Wüste, auf der nicht das Geringste fortzukommen vermochte; der Boden war sandig und dicht bestreut mit bunten Kieseln, Achat, Jaspis, Chalcedon und unzähligen Stückchen versteinerten Holzes, die nur als solches zu erkennen waren, wenn man die noch nicht glatt gerollten und geschliffenen Bäume im Rio Secco beobachtet hatte. Die Felsen, die hin und wieder aus dem Boden hervorragten, waren grösstentheils grauer Sandstein, dagegen wurde gegen Westen das Einförmige der Aussicht durch die beschneiten Gipfel der San Francisco Mountains und einzelne konische vulkanische Hügel unterbrochen.

Es war im Anfange des Decembers, als wir zum ersten Male am Rio Colorado Chiquito unser Lager aufschlugen. Leider wurde unseren Thieren hier nur eine sehr kärgliche Nahrung geboten; denn das lange Gras im Thale war gelb und verwittert, und an den Abhängen der Hügel, wo sich Büschel des kurzen nahrhaften Grammagrases fanden, waren diese wieder so zerstreut, dass ein Maulthier unmöglich seinen Hunger daselbst stillen konnte. Wir erlebten indessen später noch Tage und Zeiten, in denen wir uns glücklich geschätzt hätten, auch nur solche Weiden zu finden.

Am 5. December gegen Abend trafen die beiden zu den Moquis entsendeten Indianer wieder bei uns ein, doch brachten sie statt der gehofften Führer nur betrübende Nachrichten von dort mit. Die Blattern waren nämlich auf grauenerregende Weise unter diesem Stamme ausgebrochen, so dass, wie José Maria, der Zuñi-Indianer, uns versicherte, ganze Wohnungen ausgestorben seien, die Ueberlebenden die Todten nicht mehr zu beerdigen vermöchten und Wölfe und Coyotas *) sich von dem Fleische der Gestorbenen nährten. Mochte nun auch bedeutende indianische Uebertreibung mit im Spiele sein, so konnte doch Keiner, der solches vernahm, sich der traurigsten Gefühle erwehren. Das Geschick scheint die Urbewohner des amerikanischen Continents in jeder Weise zu verfolgen und mit Recht kann Alles, was sie zu erdulden gehabt haben und noch erdulden müssen, der weissen Bevölkerung zur Last gelegt werden; und wie wenig geschieht wohl, um altes Unrecht an der armen betrogenen Raçe wieder gut zu machen? Das Urtheil aller Reisenden, die in Berührung mit den Pueblo-Indianern gekommen sind, lautet gewiss dahin, dass gerade diese Menschen am meisten die Hülfe der Missionaire verdienten, weil sie von selbst schon so sehr zur Civilisation hinneigen. Sie sind häuslich, fleissig und friedlich; doch entfernt von dem Heerde der Civilisation beschränken sie sich nur darauf, für ihren Unterhalt und einige wenige Bequemlichkeiten zu sorgen. Wohin aber könnten diese halbcivilisirten Stämme durch Hülfe der civilisirten Raçe gebracht werden? Geschickte Handwerker könnten aus ihnen

*) *Coyote* wird in Neu-Mexiko der kleine Prairie-Wolf (*canis latrans*) genannt; abgeleitet von Coijotl, Azteken-Bezeichnung für Wolf.

gemacht und gewissenhafte Lehrer der Jugend gebildet werden; und welche Wohlthat würde es sein, wenn ihnen das Verfahren der Impfung gezeigt und gelehrt würde! Wie würden diese Menschen, wenn sie erst einen gewissen Grad von Bildung erreicht hätten, sich schon selbst forthelfen und von Stufe zu Stufe emporsteigend allmälig in den Rang der civilisirtesten Völker treten! Doch leider genügt es den meisten Missionairen eine Kirche gebaut zu haben, um in ihren Berichten ganze Stämme als wahre Christen aufzuführen. So wie grosse, mächtige Nationen verschwunden und fast verschollen sind, so werden auch die letzten Nachkommen von einstmals berühmten Geschlechtern und Kriegern ihrem Ende entgegengehen, und mit dem Ausdrucke der Zufriedenheit werden die frommen Väter dann sagen: sie sind als Christen gestorben.

Es war dies die letzte Nacht, welche die Zuñi-Indianer bei uns zubrachten; reich beschenkt verliessen sie uns am folgenden Morgen und zogen heimwärts, während wir auf der Strasse nach den San Francisco Mountains, einem vulkanischen Gebirge mit ausgebrannten Kratern (*), weiter zogen. Abwechselnd reisten wir bald im Thale selbst, bald über die kleinen Hügel, je nachdem das Thal eine Krümmung bildete und wir ein Stückchen Weges zu sparen im Stande waren. Die Jagd wurde wieder besser durch die schwarzschwänzigen Hirsche *(Cervus Richardsonii Aud. et Bachmann)* die sich in der Nähe des Wassers aufhielten, auch *Porcupines* (nordamerikanische Stachelschweine, *Cercolabes novae)* sahen wir hin und wieder träge auf den Bäumen umherklettern.

Einestheils um keinen zu grossen Vorsprung vor der uns folgenden Escorte zu gewinnen, dann aber auch, um unsere Reit- und Lastthiere nicht zu sehr anzustrengen, ehe wir die vor uns liegenden winterlichen Regionen im Rücken hatten, zogen wir in nicht allzu grossen Märschen auf der Nordseite des Colorado Chiquito weiter. Seit dem Uebergange über die Wasserscheide der Sierra Madre, die sich 7750 Fuss über die Meeresfläche erhebt, waren wir bis zu der Stelle, wo wir den Colorado Chiquito berührten, bedeutend bergab gegangen und befanden uns daselbst in einer Höhe von 5525 Fuss. Die Länge der Strecke zwischen diesen beiden Punkten betrug 137 englische Meilen, so dass auf jede Meile Entfernung 18 Fuss Senkung kamen. Von der letztgenannten Stelle aber an diesem Flusse hinunter verringerte sich die Senkung bis zu 6 Fuss auf die Meile.

So waren wir denn bis nahe an die Mündung von Chevelon's Fork gelangt, eines Flüsschens, welches, ebenfalls an den Mogoyon Mountains entspringend, in fast nördlicher Richtung dem Colorado Chiquito zueilt. Den Namen verdankt dieser Fluss dem unglücklichen Schicksal eines Trappers, der, von Hunger getrieben, auf dessen Ufern giftige Wurzeln ausgrub, verzehrte und nach wenigen Stunden starb.

Etwas westlich von dieser Mündung war es, wo wir am 6. December unser Lager bezogen hatten. Die vulkanischen Gebirgsmassen der San Francisco Mountains lagen gerade westlich vor uns; eine lange Gebirgskette erstreckte sich von dort aus, so weit das Auge reichte, gegen Süden, selbst südlich von uns war der Horizont von niedrigen Bergrücken und Waldungen begrenzt. Gegen Norden liefen die San Francisco Mountains in wildes rauhes Gebirgsland aus, so dass wir nordwestlich von uns wieder anscheinend ebenes Land erblickten, aus welchem hin und wieder konische Hügel emporragten. Nördlich von uns lag ausgedehnt die flache unabsehbare Wüste. Wir befanden uns in einer solchen Stellung zu den San Francisco-Bergen, dass wir ziemlich gleich weit von der nördlichen, wie von der südlichen Basis der Hauptgipfel waren; umgangen musste das Gebirge werden, nur kam es darauf an ausfindig zu machen, welcher Weg unserem ganzen Unternehmen am meisten entsprechen und die meisten Vortheile, oder vielmehr die wenigsten Hindernisse bei dem etwaigen Bau einer Eisenbahn bieten würde.

Der Colorado Chiquito fliesst allerdings nördlich an dem Gebirge vorbei, und so weit wir diesen Fluss gesehen hatten und noch mit den Augen verfolgen konnten, wäre das Thal ganz geeignet für unseren Zweck gewesen; doch belehrte Leroux uns eines Besseren. Er hatte nämlich im Jahre 1853 eine Expedition unter dem Commando des Capitains Sitgreaves als Führer nach dem grossen Colorado, an diesem Flusse hinunter bis an den Gila und dann nach Californien mitgemacht. Da nun eben diese Expedition jeden Vortheil aus der Lage des Colorado Chiquito-Thales hatte ziehen wollen und demselben bis nördlich an den Gebirgen vorbei gefolgt war, so hatte Leroux hinlänglich Kenntniss davon und wusste uns zu überzeugen, dass es für uns mit unseren Wagen unmöglich sein würde, Capitain Sitgreaves' Strasse zu folgen, indem der Fluss weiter westlich durch so enge tiefe Schluchten stürze und solche Cascaden bilde, dass selbst leere Maulthiere an den gefährlichsten Stellen kaum vorbeizubringen wären. Es blieb uns also die Aufgabe, südlich von den Hauptgebirgen einen Pass zu suchen. Eine Recognoscirungsabtheilung sollte deshalb, um das Terrain zu untersuchen, vorausgeschickt werden, die Expedition aber nach einem Aufenthalt von zwei Tagen langsam am Fluss hinunterziehen, und da wo die Felsen die Weiterreise versperrten, die aus dem Gebirge zurückkehrende Abtheilung erwarten. Ehe dieses Vorhaben indessen in Ausführung gebracht wurde, hielten wir noch einige Ruhetage, welche wir dazu benutzten, Hirsche zu jagen und den Wölfen Fallen zu stellen, da ausser diesen, einigen vereinzelten Bibern *(Castor americanus, Fr. Cuv.)*, die ihren Bau in den Uferbänken des Flusses angelegt hatten, und Stachelschweinen kein Wild im Thale selbst war, während grosse und kleine Hasen und andere kleine Nagethiere auf den benachbarten Höhen zahlreich ihr Wesen trieben.

In der zweiten Nacht ereignete sich ein Unfall, der zwar wieder gut gemacht wurde, aber eben so leicht von den nachtheiligsten Folgen für unsere ganze Expedition hätte sein können. Wir lagen nämlich im ersten Schlafe, als wir durch wildes Durcheinanderrufen der Hüter und donnerndes Gestampfe fliehender Maulthiere geweckt wurden. Im Augenblick erschien unser ganzes Personal wohlbewaffnet auf dem Platze.

vorsichtig den Schein der Feuer vermeidend, indem Jeder der Meinung war, dass wir von Navahoe-Indianern angegriffen und unserer ganzen Maulthierheerde beraubt worden wären. Als wir uns in Gruppen sammelten, um nicht vereinzelt kämpfen zu müssen, sprang Einer unserer Mexikaner, der lange ein Gefangener der Navahoe's gewesen war und deshalb die grimmigste Feindschaft gegen diesen Stamm hegte, zu uns heran, spannte die Sehne auf seinem Bogen, riss ein Dutzend Pfeile mit dem Ruf: »Navahoes«, aus dem Köcher und stürzte nach der Richtung in die Nacht hinaus, wo das immer schwächer werdende Getrappel unserer Heerde deren Entfliehen verkündete. Alle im Lager waren schlagfertig, doch kein Feind zeigte sich, nur aus der Ferne schallte der Ruf unserer Maulthiertreiber zu uns herüber, die der fliehenden Heerde folgten. Einige der nächtlichen Wachtposten kamen endlich zu uns und lösten das Räthsel. Die Wölfe, deren Geheul wir sonst immer aus der Ferne vernommen, hatten sich in dieser Nacht der Heerde so sehr genähert, dass diese von panischem Schrecken ergriffen, in wilder Flucht davon gesprengt war. Die Schreckhaftigkeit der Maulthiere ist in der That so gross, dass sie, wenn sie einmal auf der Flucht sind, blindlings so lange, unbekümmert um Hindernisse, davon stürzen, bis sie durch Erschöpfung in ihrem wilden Laufe aufgehalten werden. So waren wir denn auf diese Weise plötzlich um unsere Thiere gekommen, mit Ausnahme einiger wenigen, die gepflöckt gewesen oder von den Lasso's der Mexikaner noch glücklich erreicht worden waren. Die Hüter und Wachen kehrten Einer nach dem Andern mit der Nachricht zurück, dass es ihnen in der dunklen Nacht gänzlich unmöglich sei, auch nur die Spuren der Flüchtlinge aufzufinden. Wir waren Alle nicht wenig bestürzt, denn wenn auch nicht die Navahoes die Stampede veranlasst hatten, so konnten die Thiere auf ihrer Flucht doch die Aufmerksamkeit einiger dieser umherstreifenden Räuber erregen und waren dann unbedingt für uns verloren. Es gereichte uns gewissermassen zur Beruhigung, dass sie den Rückweg eingeschlagen hatten, auf welchem sie möglicher Weise auf die uns nachfolgenden Soldaten stossen konnten; doch drohte auch wieder die Gefahr, dass sie deren Heerde ebenfalls mit in ihrer Flucht fortreissen konnten.

Als am folgenden Morgen der Tag graute, waren unsere berittenen Mexikaner auf der Fährte, um die verlorenen Thiere wieder aufzusuchen. Einige derselben kehrten schon gegen Mittag mit dem grössten Theil der Flüchtlinge zurück; die übrigen waren aber schon über unsere vorletzte Lagerstelle hinaus, also über 25 Meilen weit fort gewesen und konnten daher nur spät in der Nacht erst wieder bei uns eintreffen. Die Recognoscirungsabtheilung, an deren Spitze Lieutenant Whipple, Lieutenant Johns und Mr. Leroux standen, wurde zwei Tage durch die Stampede aufgehalten, während ursprünglich ihr Aufbruch auf den ersten Morgen nach dem Unfalle angesetzt worden war.

Oft waren wir auf einen vereinzelt stehenden kleinen Berg gestiegen, der sich etwa 1000 Schritte von unserem Lager befand und hatten von dort aus nach allen Richtungen umhergespäht, doch waren die Gebirge noch zu weit entfernt, als dass wir im Stande gewesen wären, Entdeckungen zu machen, die beim Aufsuchen eines Passes hätten von Nutzen sein können. Einzelne Rauchsäulen sahen wir jedoch hin und wieder den dunklen Tannen- und Cedernwaldungen entsteigen, der sicherste Beweis, dass Eingeborne dieselben belebten, und wir bei unserem Vorschreiten mit aller Vorsicht zu Werke gehen mussten.

Am zweiten Tage nach dem Unfalle entstand in den Nachmittagsstunden abermals eine Aufregung im Lager, doch dieses Mal aus erfreulicherer Veranlassung. Lieutenant TITTBALL war nämlich angelangt und mit ihm sein Commando, 25 wild und trotzig aussehende Gestalten, deren Physiognomien und ganzes Aeussere das Gepräge eines langen Lebens in den abgelegenen Territorien trug. Das Commando war mit Packthieren und ausserdem mit so vielen Reitthieren versehen, dass die Hälfte der Mannschaft beritten gemacht werden konnte; die Reise von Fort Defiance hatte daher schnell zurückgelegt werden können, um so mehr als die Abtheilung keine Wagen und Zelte mit sich führte und dadurch zwar mancher Bequemlichkeit entbehrte, aber auch einer grossen Last entledigt war. Herzlich wurden die Angekommenen von uns Allen begrüsst und keine halbe Stunde dauerte es nach ihrer Ankunft, bis sie sich um hellloderude Feuer gelagert hatten und durch ausgelassenen Gesang bewiesen, dass die Mühseligkeiten und Beschwerden eines Lebens in den Wildnissen ihrer Fröhlichkeit keinen Abbruch gethan hatten.

Am folgenden Morgen rüsteten sich die zur Recognoscirung bestimmten, um sich auf einige Tage von ihren Kameraden zu trennen und diese Zeit in Schnee und Eis zu verbringen: denn das weisse Kleid, in welches sich schon seit langer Zeit die Gipfel der San Francisco-Berge gehüllt hatten, war von Tag zu Tag tiefer hinabgesunken, und deutlich konnten wir erkennen, dass in den Waldungen am Fusse dieses Gebirges der Winter sich auch schon eingestellt hatte. Es waren ausser Lieutenant WHIPPLE, Lieutenant JOHNS und Leroux noch der Ingenieur CAMPBELL, der Meteorolog WHITE, 9 Soldaten und einige Packknechte, deren Thiere gesattelt umherstanden. Nach einem tüchtigen Mahle nahmen wir herzlichen Abschied von einander, dann überschritt die kleine Abtheilung den Fluss, ritt an der Südseite desselben gegen Westen und war bald hinter der hervorragenden Hügelreihe unseren Augen entschwunden.

Unser Train blieb nur noch diesen einen Tag auf der Nordseite des Colorado Chiquito, dann brachen wir ebenfalls auf, zogen durch den Fluss und im Thale desselben einige Meilen gegen Westen, wo wir in einer Wiese, die unseren Thieren etwas mehr Nahrung bot, die Zelte aufschlugen. Wir befanden uns beinahe der Stelle gegenüber, wo auf einer kleinen Anhöhe sich wiederum die deutlichsten Spuren einer früheren indianischen Ansiedelung zeigten. Schon von unserem letzten Lager aus hatten wir diese Ruinen besucht und uns genauere Kenntniss derselben verschafft. Etwas abgesondert von den das Thal einfassenden Hügeln erhebt sich im Thale selbst die runde Anhöhe mit den Trümmern, und zwar so, dass dieselbe zur Zeit der Ueberschwemmung des Flusses rund herum von Wasser umgeben sein muss. Es ist wohl kaum zu bezweifeln, dass zur Zeit der Blüthe dieser Stadt ein Graben den Hügel umgab, der in Verbindung mit dem Flusse stand, und dass man daher nur durch Brücken in die Stadt gelangen konnte. Der Umfang des Hügels, mithin auch der der Stadt, war nur klein, vielleicht einige hundert Schritte; zieht man aber in Betracht, dass Gebäude die Anhöhe von ihrer Basis an bedeckten und die Wohnungen wie in den jetzt bewohnten Pueblos terrassenförmig übereinander lagen, so lässt sich vermuthen, dass die Einwohnerzahl keine so ganz geringe war. Es schien uns, als wenn nicht ausschliesslich mit Adobes, sondern auch mit Feldsteinen gebaut worden wäre, denn ausser den Fundamenten lagen noch ganze Haufen roh behauener Steine umher, die zu Mauerwerk verwendet gewesen waren, welches im Laufe der Zeit in sich zusammenstürzte. Auch Spuren von Gewölben glaubten wir noch zu erkennen. Die gewöhnliche Masse von bemalten Topfscherben fehlte nicht, ja wir waren auch so glücklich einige steinerne Pfeilspitzen in dem Schutte zu finden. Mehrere Tagereisen weiter westlich, nahe demselben Flusse, aber noch hinter seinen Fällen, an einer Stelle also, die wir nicht mehr berührten, entdeckte Capitain Sitgreaves andere besser erhaltene Ruinen, und wohl ist es denkbar, dass bis zum Colorado sich noch häufiger die Spuren eines halbcivilisirten Menschenstammes wiederholen. Die von Capitain Sitgreaves in seinem Report beschriebenen Ruinen liegen etwas entfernt vom Flusse auf einem mit Lava bedeckten Plateau und zwar auf den vorragenden Felsspitzen. Es sind Trümmer von Häusern von bedeutendem Umfange, die in manchen Fällen noch drei Stockwerke zeigen. Augenscheinlich sind dies Ueberreste von grossen Ansiedelungen, die in Zwischenräumen von 8 bis 10 Meilen im Thale des Colorado Chiquito zerstreut gelegen haben, und deren Bewohner diesen Landstrich einstmals gewiss zu einem reich bevölkerten machten. Dass in der Nähe der entfernter vom Flusse liegenden Ruinen jetzt kein Wasser gefunden wird, und die natürlichen Reservoirs und Quellen von vulkanischem Staub verstopft und angefüllt wurden, giebt Capitain Sitgreaves als den möglichen Grund für das Verlassen der Ansiedelungen an. Es ist indessen kaum denkbar, dass in der Nähe eines Flusses, der nie trocken wird, Wassermangel eintreten könnte oder ein betriebsames Volk seine Quellen und Wasserbehälter versanden lassen würde. Viel näher liegt der Gedanke, dass eine allgemeine Auswanderung die Verödung der zahlreichen Städte herbeigeführt habe. Und wie natürlich muss man es finden, dass ein Volk seine Wohnsitze in Thälern, deren Grenzen ihm zu enge wurden, verliess, nachdem ihm vielleicht Kunde geworden, dass weiter südlich am Gila und in Chihuahua umfangreichere Thäler und besserer Boden seiner harrten, wo es dann die Casas Grandes gründete, aber nur, um auch diese wieder zu verlassen, nachdem es sich Kenntniss von noch weiter südlich gelegenen paradiesischen Ländern verschafft hatte.

Der Casas Grandes am Rio Gila, Rio Salinas und in Chihuahua ist von jedem

Reisenden gedacht worden, der die eben genannten Regionen durchstreifte, sei es nun von spanischen Missionairen im siebzehnten Jahrhundert, oder von den durch das Gouvernement der Vereinigten Staaten in neuester Zeit dorthin entsendeten Offizieren. Die mancherlei Nachrichten, welche auf diese Weise gesammelt wurden, bieten noch immer den Forschern der alten mexikanischen Geschichte reichen Stoff zu ihren Studien. Es ist in's Auge fallend, wie, je weiter gegen Süden, die Ruinen der entschwundenen Völkerstämme eine grössere Ausbildung und Erfahrung der Erbauer verrathen, zugleich aber auch darauf hindeuten, dass dort auch die alten Ansiedelungen und Städte länger und reicher bevölkert gewesen sein müssen. Eine grosse Aehnlichkeit zwischen den Ruinen auf der von unserer Expedition durchforschten Route und den mehr südlichen Casas Grandes kann nicht geleugnet werden, nur sind erstere leichter gebaut gewesen und befinden sich jetzt in einem Zustande grösseren Verfalls, während unter letzteren noch einzelne hoch emporragen, die mit einem geringen Kosten- und Zeitaufwande wieder herzustellen wären. Eine schöne Beschreibung der Casas Grandes hat uns Bartlett in seinem »*Personal Narrative*« gegeben und in demselben zugleich auf die Nachrichten älterer und neuerer Reisenden hingedeutet. Zuerst erwähnt er der Casas Grandes am Rio Salinas, dessen breites Thal noch deutliche Spuren einer früheren Kultur zeigt, obgleich es jetzt mit Mezquit-Büschen dicht bewachsen ist. Alte Canäle, oftmals von bedeutender Länge, zur Bewässerung der anstossenden Ländereien, so wie auch Gräben (*acequias*) sind daselbst noch zu erkennen, wenn sie auch grösstentheils wieder zugeschwemmt und dicht bewachsen sind. Die Ruinen selbst, die sich aus der Ferne wie rauhe Hügel ausnehmen, befinden sich auf einer Art Hochebene oder Plateau. Sie bestehen aus Ueberresten eines alten Adobe-Gebäudes, welches über 200 Fuss lang und an 80 Fuss breit gewesen ist; die vier Seiten desselben sind nach den vier Himmelsgegenden gerichtet. Theile von erhaltenen Mauern sind nur noch an einzelnen Stellen sichtbar, nämlich auf dem höchsten Punkte an der Südseite, wo nach den Trümmern zu urtheilen, vier Stockwerke über einander gestanden haben, und dann am Nordende der westlichen Seite. Diese Ueberreste von Mauern reichen indessen kaum noch über das wild wuchernde Gesträuch empor. Ein runder Trümmerhaufen, der alles Andere überragt, scheint eine Art von Thurm gewesen zu sein. Die Adobe-Massen sind noch so hart, dass nur mit Mühe Stücke von denselben abgebrochen werden können. An der westlichen Seite sind die Ueberreste einer langen Mauer sichtbar, die sich über das Gebäude hinaus erstreckt haben muss und vielleicht als Einfriedigung gedient hat. Gegen Nordosten, in der Entfernung von 300 bis 400 Fuss vom Hauptgebäude befinden sich die Trümmer einer kreisförmigen Einfriedigung; dieselbe ist indessen zu klein, als dass man sie wirklich für einen alten Hof halten könnte und für einen Brunnen wiederum zu gross; auch ist an einen solchen schon deshalb nicht zu denken, weil in geringer Entfernung ein Canal vorbeigeführt hat. Von der höchsten Spitze dieser Ruinen, welche sich wohl 25 Fuss über die Fläche des Plateaus erheben, sind nach allen Richtungen ähnliche

Trümmerhaufen sichtbar, besonders gegen Osten in der Entfernung von 1 Meile, wo sich eine ganze Reihe derselben in der Richtung von Norden nach Süden erstreckt. Die ganze Ebene ist mit bemalten Scherben besäet, von denen einige so erhalten sind, dass sich das Gefäss, von welchem sie herstammen, noch ziemlich genau in einer Zeichnung wiedergeben lässt. Auch grüne Steine findet man häufig auf der Oberfläche der Erde, wo sie vom Regen frei gewaschen und dann jedesmal von den dort lebenden Eingebornen auf's sorgfältigste gesucht werden. Alle früheren Reisenden, welche diese Regionen durchzogen, von dem Missionair Coronado an, der 1540 den Gila überschritt, bis auf die Forscher jetziger Zeit, haben von diesen Steinen gesprochen. (Hier erwähnt Mr. Bartlett*) der Ruinen am Colorado Chiquito, die ich oben beschrieben habe, von denen ihm Leroux, der damals sein Führer war, erzählt hatte.)

Die Casas Grandes am Gila beschreibt Bartlett auf folgende Weise:

»Nachdem wir den Pfad in östlicher Richtung ungefähr 8 Meilen über das Plateau, welches mit kleinen Mezquit-Bäumen bedeckt war, verfolgt hatten, wendeten wir uns gegen Südost. Nach Zurücklegung 1 Meile erblickten wir das Gebäude, welches sich über einen Wald von Mezquit erhob und welchem wir unseren Besuch zugedacht hatten. Auf der Strecke von 2 oder 3 Meilen, ehe wir dasselbe erreichten, bemerkte ich sowohl eine Menge von Scherben auf unserem Wege, als auch alte Acequias oder Bewässerungscanäle in den Niederungen. Diese Niederungen sind eine Fortsetzung der von den Pimo-Indianern bewohnten, doch ist das Thal hier schmaler und nahe den Ruinen nur 1 Meile breit. Dasselbe ist ebenfalls mit Mezquit-Bäumen von 12 bis 20 Fuss Höhe dicht bedeckt; zwischen den auf dem Plateau stehenden Bäumen streckt die hohe und anmuthige Petahaya**) ihre stachligen Arme wie eben so viele einsame Säulen oder gigantische Kandelaber empor, und die hellfarbigen Mauern des alten Gebäudes bilden einen eigenthümlichen Contrast zu dem dunkelgrünen Laube der Bäume, welche es umgaben.

Die Casas Grandes oder grossen Häuser, auch Casas Montezuma genannt, bestehen aus Gebäuden, die alle auf einer Strecke von 150 Ellen zusammengedrängt liegen.

Das grösste und mithin das Hauptgebäude ist am besten erhalten, denn die vier äusseren, so wie die meisten inneren Wände stehen noch. Ein bedeutendes Stück des oberen Theiles der Mauern ist allmälig losgebröckelt und nach Innen gefallen, wie aus der Masse von Trümmern und Schutt, welcher das erste Stockwerk des Gebäudes anfüllt, hervorgeht. Drei Stockwerke stehen noch jetzt, wie deutlich aus den Stumpfen der in den Mauern zurückgebliebenen Balken oder aus den durch deren Entfernung entstandenen Höhlungen entnommen werden kann; doch denke ich, dass nach den inwendig liegenden Trümmern zu urtheilen noch ein viertes Stockwerk vor-

*) *Personal Narrative* Vol. II., p. 271.

**) Die Beschreibung der Petahaya (*Cereus giganteus*) oder Riesencactus folgt später.

handen gewesen ist. Der Haupttheil oder der Thurm ragt ungefähr 8 bis 10 Fuss über die Aussenwände hinaus, und mag wohl einige Fuss, etwa ein Stockwerk höher gewesen sein. Die Mauern sind an ihrer Basis 4 bis 5 Fuss dick; die genauen Dimensionen konnten nicht bestimmt werden, weil schon so viel fortgebröckelt war. Inwendig sind die Wände senkrecht, während die Aussenseiten in einer gebogenen Linie gegen die Spitze zu ansteigen. Diese Mauern sowohl als die Scheidewände im Innern sind aus grossen viereckigen Lehmblöcken gebaut, die zu diesem Zwecke durch Einpressen des Materials in grosse Kasten von ungefähr 2 Fuss Höhe und 4 Fuss Länge bereitet wurden. Sobald der Lehm genügend erhärtet war, wurden die Kisten weiter geschoben, von Neuem angefüllt und so fort, bis das Gebäude fertig war. Dies ist eine schnelle Art zu bauen, doch scheinen die Mexikaner zu derselben nur bei der Errichtung von Einfriedigungen und Scheidewänden ihre Zuflucht genommen zu haben. Das Material ist die mit Kies gemischte Erde des Thales, welche sich zu einer sehr festen Masse verbindet und in der Sonne getrocknet sehr dauerhaft ist. Es scheint als wenn die Aussenwände rauh beworfen gewesen wären, dagegen sind die inneren Seiten, so wie die Flächen aller inneren Wände glatt bearbeitet. Dies ist mit einer Mischung von Lehmerde bewerkstelligt worden, und die Wände sind noch jetzt so glatt gerieben und polirt, als wenn der Bau eben erst beendigt worden wäre. An der einen Wand sind mit rothen Linien rohe Figuren, aber keine Inschriften gemalt. Nach den verkohlten Stümpfen der Balken, welche im Gemäuer stecken, zu urtheilen, muss das Gebäude durch Feuer zerstört worden sein. Einige Schwellen über den Thüren sind aus mehreren Holzstämmen zusammengesetzt, die von der Rinde entblösst wurden, ohne dass die Spuren eines scharfen Instrumentes sichtbar wären. Die Balken, welche die Böden tragen, waren 4 bis 5 Zoll im Durchmesser, gleich weit von einander entfernt und tief in die Wände hineingelassen worden. Die meisten Gemächer stehen durch Thüren mit einander in Verbindung, ausserdem befinden sich noch runde Oeffnungen in den oberen Theilen der Stuben, um Luft und Licht hinein zu lassen. Der Grundplan des Gebäudes zeigt, dass alle Gemächer lang und schmal, so wie ohne Fenster waren. Die inneren Räumlichkeiten scheinen Vorrathskammern gewesen zu sein, und es ist in der That wahrscheinlich, dass das Ganze eben zu diesem Zwecke erbaut worden ist. Es sind vier Eingänge vorhanden, nämlich in der Mitte von jeder Seite einer, die Thür an der westlichen Seite ist nur 2 Fuss breit und 7 oder 8 Fuss hoch, die anderen dagegen 3 Fuss breit, 5 Fuss hoch und verengen sich nach oben, eine Eigenthümlichkeit, die man bei allen alten Gebäuden in Central-Amerika und Yucatan findet. Ausser diesen Thüren zeigen sich ausserhalb nur noch an der westlichen Seite, Oeffnungen von runder Form. Ueber dem Thorweg, der mit dem dritten Stockwerke im Zusammenhange steht, an der westlichen Front, ist eine Oeffnung oder ein Fenster gewesen, welches nach meiner Meinung viereckig war. In einer Linie mit diesem sind zwei runde Oeffnungen. Die südliche Front ist an verschiedenen Stellen zerfallen und durch grosse Risse stark beschädigt, die von Jahr zu Jahr grösser werden, so dass das Ganze bald zusammenstürzen muss. An der Basis und besonders an den Ecken sind die Mauern bis auf 12—15 Zoll fortgebröckelt, und die Mauern werden nur durch ihre grosse Stärke gehalten. Die Nässe verursacht die Auflösung hier schneller als an anderen Stellen des Gebäudes, und in wenigen Jahren, wenn die Mauern vollständig unterminirt sind, muss das ganze Gebäude einstürzen und bildet dann einen runden Hügel, wie so viele formlose Erhöhungen, die auf den Ebenen sichtbar sind. Wenige Tage Arbeit zur Reparatur der Wände an der Basis verwendet, würden dieses interessante Denkmal so fest wie Fels machen und es in den Stand setzen, noch Jahrhunderten zu trotzen. Wie lange dieses Gebäude schon zerfallende Ruine gewesen, ist nicht bekannt, nur wissen wir, dass es, als es vor einem Jahrhundert von den Missionairen besucht wurde, schon fast in demselben Zustande war, wie jetzt. Sein äusserer Umfang ist 50 Fuss von Norden nach Süden und 40 Fuss von Osten nach Westen. Zu ebener Erde befinden sich 5 Gemächer, von welchen die beiden an der Nord- und Südseite durch die ganze Breite des Gebäudes reichen und eine Fläche von 32 Fuss Länge und 10 Fuss Breite einnehmen. Zwischen diesen befinden sich drei kleine Räumlichkeiten, von welchen die mittlere innerhalb des Thurmes liegt; alle sind oben offen; nirgendwo finden sich an den Wänden die Spuren einer Treppe, weshalb man geschlossen hat, dass die Mittel zum Hinaufsteigen ausserhalb des Gebäudes angebracht waren. Südwestlich von dem Hauptgebäude liegt ein zweites, das ganz zerfallen ist, so dass von den Wänden kaum genug geblieben, um die ursprüngliche Form errathen zu lassen. Nordöstlich von dem Hauptgebäude liegt das dritte, kleiner als die übrigen und so verwittert und zerfallen, dass die Originalform durchaus nicht bestimmt werden kann. Es ist nur von geringem Umfange und mag nichts anderes als ein Wartthurm gewesen sein. Nach allen Richtungen, so weit das Auge reicht, sind Trümmerhaufen von Gebäuden sichtbar; gegen Nordwesten in der Entfernung von ungefähr 200 Ellen, befindet sich eine zirkelförmige gemauerte Einfriedigung von 80 bis 100 Ellen im Umfange, welche eine Oeffnung hat und wahrscheinlich eine Stallung für Vieh* war. Mehrere Meilen im Umkreise ist die Ebene mit zerbrochenen Töpfen und Kornmahlsteinen *(metats)* bestreut. Die Scherben sind roth, weiss, bleifarbig und schwarz; die Figuren auf denselben sind meistens geometrisch und mit Geschmack geformt, im Charakter den Verzierungen ähnlich, die auf den Scherben am Salinas und weiter nördlich gefunden werden.«

---

*) Es können nur Bisons aus den Grassteppen gewesen sein, welche die damalige Bevölkerung sich zu verschaffen gewusst hatte. Auch soll der Bison in früheren Zeiten seine Wanderung bis auf die Westseite der Rocky Mountains ausgedehnt haben. Ueber die Heerden gezähmter Bisons eines indischen Volksstammes im Nordwesten von Mexiko cf. Alexander von Humboldt, Ansichten der Natur, Bd. I, S. 72, und Cosmos Bd. II S. 188. Auch der scharfsinnige Albert Gallatin glaubte an die Wahrscheinlichkeit dieser Zähmung.

Vergleicht man die Abbildung der eben beschriebenen Töpferarbeit mit den Scherben, welche ich selbst von den Ruinen in den Felsengebirgen und am kleinen Colorado mitnahm, so stellt sich ebenfalls diese Aehnlichkeit heraus.

Ferner giebt Bartlett eine Beschreibung der Ruinen der Casas Grandes in Chihuahua*), wovon ich hier einen Auszug folgen lasse.

»Die Aussenwände dieser Casas Grandes können nur noch durch die an den noch stehenden Mauerresten parallel hinlaufenden oder mit denselben rechte Winkel bildenden langen Reihen von Trümmerhaufen erkannt werden, während man hin und wieder eine Ecke der ursprünglichen Mauern oder Stellen, wo diese sich mit den Querwänden verbanden, zu unterscheiden vermag. Anfänglich glaubte ich, dass hier drei besondere Gebäude gestanden hätten, selbst dann noch, als ich meine Zeichnung aufnahm, weil sich daselbst drei grosse, anscheinend abgesonderte Trümmerhaufen befanden, von denen jeder Theile von aufrechtstehenden Wänden zeigte. Bei näherer Untersuchung fand ich jedoch, dass sie durch eine Reihe niedriger Baulichkeiten verbunden gewesen, welche, da sie nur ein Stockwerk hoch waren, einfache Höfe gewesen sein mögen. Vorausgesetzt nun, dass alle Hauptpunkte durch niedriges Mauerwerk oder Corridors verbunden waren, so muss sich das ganze Gebäude von Norden nach Süden zum mindesten 800 Fuss und von Osten nach Westen 250 Fuss weit erstreckt haben. An der Südseite können die Spuren einer regelmässig fortlaufenden Mauer verfolgt werden, während die östliche und westliche Front durch die vorspringenden Wände durchaus unregelmässig sind. Es scheint, dass mehrere Höfe von grösserem oder kleinerem Umfange innerhalb der Einfassung waren. Der Hauptcharakter dieser ausgedehnten Reihe von Gebäuden ist derselbe, wie der der Casas Grandes in der Nähe der Pimo-Dörfer am Gila, und beide Theile sind unzweifelhaft Arbeit desselben Volkes; auch das Material ist dasselbe wie das der Ruinen am Salinas. Wie das Gebäude am Gila, ist auch dieses aus grossen Erdblöcken erbaut, die in derselben Weise übereinander gelegt sind; doch sind aus irgend einer Ursache, wahrscheinlich wegen der geringeren Festigkeit der Adobes, die Mauern im Zustande grösseren Verfalls. Auf keine andere Weise kann dieser Umstand erklärt werden, es sei denn, dass man diesen Ruinen ein grösseres Alter als denen am Gila zuschreibt, was aber gegen die schon ausgesprochenen Meinungen sein würde. Auch kann die grössere Verwitterung dieser Ruinen den häufigeren Regengüssen zugeschrieben werden.

Die Mauern des Gebäudes, wie es jetzt ist, sind sehr zerfallen, und in der That ist die Hälfte ihrer Dicke fortgewaschen; nur durch Nachgraben kann man sich von der ursprünglichen Stärke derselben überzeugen. In den Gila-Gebäuden ist die inwendige Oberfläche der Mauern so unversehrt, als wenn der Maurer erst gestern seine Kelle über dieselben hingestrichen hätte; auch die äussere ist nur wenig verwittert. In diesen

*) *Personal Narrative* Vol. II. p. 352.

Ruinen dagegen ist kein Theil der ursprünglichen Oberfläche mehr sichtbar. Ich suchte darnach, um mich zu überzeugen, ob das Innere oder das Acussere bekleidet gewesen sei, doch konnte dies nur durch Graben bis auf das Fundament entschieden werden. Mehrere Theile der Mauer innerhalb der ganzen Anlagen, besonders eine in der Mitte zwischen dem südlichsten und dem nördlichen Gebäude haben genau solche Fronten wie die am Gila. Die Thüren waren ähnlich angebracht und wurden nach oben enger, so wie dieselben zirkelförmigen Oeffnungen in den oberen Abtheilungen sichtbar sind. Von den Wänden war so viel abgewaschen, dass ich die Löcher, in welchen die Balken gelegen hatten, nicht mehr finden konnte, und ich bin daher nicht im Stande, wie am Gila die Zahl der Stockwerke oder die Art der Balkenlage zu bestimmen. Keine Spur von Balken oder Schwellen konnte mehr entdeckt werden. Viele Thorwege waren noch da, aber die Thürschwellen verschwunden, die Bekleidung fortgebröckelt oder zerfallen*).

Bartlett's Beschreibung der Casas Grandes ist so genau, dass sich leicht ein Vergleich derselben mit den Ruinen am Colorado Chiquito aufstellen lässt. Leider sind letztere schon zu sehr zerfallen und zertrümmert, und bei den meisten nur noch theilweise die Fundamente und Grundmauern sichtbar. Doch auch bei diesen ist schon eine Aehnlichkeit mit den Casas Grandes gar nicht zu leugnen, nur müssen die Gebäude, von denen diese Trümmerhaufen herrühren, einen kleineren Umfang als die am Gila und in Chihuahua gehabt haben. Auch die Dimensionen des Mauerwerks und der Gemächer sind nicht so gross gewesen. Abgesehen davon, dass aus dem eben genannten Grunde die Gebäude am Colorado Chiquito einem schnelleren Untergange unterworfen waren, scheint doch Alles darauf hinzudeuten, dass, wenn die nördlichen und südlichen Ruinen ihr Entstehen demselben Volke verdanken, was nach Allen, was man sieht, nicht bezweifelt werden kann, die nördlichen älter sein müssen, gesammelte Erfahrung aber,

*) *Casas Grandes: Lieutenant Col. W. H. Emory, Notes of a military reconnaissance from Fort Leavenworth in Missouri to San Diego, in California* pag. 81—83. . . . . . Wir sahen links von uns einen grossen Thurm, der das Werk von Menschenhänden zu sein schien. Es waren die Ueberreste eines dreistöckigen Lehmhauses, 60 Fuss im Quadrat mit Oeffnungen für Thüren und Fenster. Die Mauern waren 4 Fuss dick und von 2 Fuss hohen Lehmlagen gebildet. — Es kann kein Zweifel darüber obwalten, dass dieses Gebäude von der Race, die einst diese Territorien so dicht bevölkerte, erbaut worden ist . . . . Ich fragte einen Pimo-Indianer nach dem Ursprung der Ruinen, von welchen wir so viele gesehen hatten; er erzählte, dass Alles was er wisse, sich auf eine Tradition seines Stammes beschränke, dass nämlich in uralten Zeiten eine Frau von unvergleichlicher Schönheit eine grüne Stelle im Gebirge nicht weit von den Casas Grandes bewohnt habe. Alle Männer bewunderten sie und bewarben sich um ihre Hand. Sie nahm die Beweise ihrer Verehrung (Korn, Felle etc.) an, aber gab weder Liebe noch andere Gunstbezeugungen zurück. Ihre Tugend und ihr Entschluss, unverheirathet zu bleiben, standen gleich fest. Nach einiger Zeit stellte sich eine Dürre ein, welche die ganze Welt mit Hunger bedrohte. In seiner Noth wendete sich das Volk an die Frau und sie gab ihnen Korn von ihrem Vorrath, der unerschöpflich schien: ihre Güte war grenzenlos. Als sie eines Tages im Freien lag und schlief, fiel auf ihren Magen ein Regentropfen. In Folge dessen gebar sie einen Sohn, und dieser wurde der Gründer der Race, welche alle diese Häuser baute . . . . . *Casa Montezuma: Emory* pag. 87 u. 127. *Journal of Capt. Johnston* p. 581 ff.

oder auch die Absicht, länger dauernde Wohnsitze zu gründen, die Ursache waren, dass am Gila, am Salinas und in Chihuahua festere, grössere und bequemere Gebäude angelegt wurden*.

---

*) *Report of Lieutenant J. W. Abert of his examination of New Mexico in the years* 1846–1847, pag. 491: Wir sind überrascht von der grossen Aehnlichkeit zwischen den Casas Grandes und den Gebäuden von Acoma und Pueblo de Taos. Wir brauchen keine besseren Beweise für den gemeinsamen Ursprung der Neu-Mexikaner Pueblo-Indianer) und der Azteken, auch spricht Clavigero dafür in folgenden Worten: »Ausser von Torquemada und Betancourt haben wir andere Beweise dafür: (er spricht darüber, dass die Nationen von Anahuac von Norden kamen,); auf einer Reise, welche die Spanier im Jahre 1606 von Neu-Mexiko nach dem Tijon River, 600 Meilen von dieser Provinz gegen Nordwesten machten, fanden sie daselbst grosse Gebäude und trafen mit Indianern zusammen, welche der mexikanischen Sprache mächtig waren.«

Das Wichtigste über die Casas Grandes ist zusammengetragen von Professor Buschmann in seiner reichhaltigen schon früher citirten vortrefflichen Schrift: Ueber die aztekischen Ortnamen 1853, S. 59–67.

XXV.

Die Blattern in der Expedition. — Rückkehr der Recognoscirungs-Abtheilung. — Abschied vom Colorado Chiquito. — Vulkanischer Boden. — Vulkanische Kegel. — Der erste Schneefall. — Die Waldung im San Francisco-Gebirge. — Tiefer Schnee. — Unterirdische Wohnungen der Eingebornen. — Das Weihnachtsfest im Gebirge. — Die vier Hauptgipfel des San Francisco-Gebirges. — Eichhörnchen. — Leroux Spring. — Aussendung einer neuen Recognoscirungs-Abtheilung.

Die erste Nacht auf der Südseite des Colorado Chiquito war hell und klar; starker Frost überzog die Gewässer mit einer Eisrinde, und dicker Reif legte sich auf alle vorragenden Gegenstände. Mehrfach wurden wir auf die unangenehmste Weise in unserer nächtlichen Ruhe gestört. Es waren nämlich neue Erkrankungen an den Blattern vorgekommen, und einer der Patienten, der sich im Delirium befand, irrte ruhelos zwischen den Zelten umher, jeden Augenblick an denselben rüttelnd und deren Bewohner aus dem Schlafe schreckend. Auffallender Weise starb Keiner der 9 Erkrankten, trotzdem die schwersten Fälle im hohen Gebirge vorkamen, wo nur geringer Schutz gegen Schnee und Kälte geboten wurde und an eine Unterbrechung unserer Reise nicht gedacht werden konnte.

Leicht rollten am folgenden Morgen die Wagen über den gefrorenen Boden, die Sonne liess in den Frühstunden den Reif blitzen und funkeln und dann, als sie höher stieg, allmälig verschwinden. Immer weiter nach Westen zogen wir, Meile auf Meile wurde zurückgelegt, die beschneiten San Francisco-Gebirge und ihre Umgebung, die zahlreichen vulkanischen Hügel, die Schluchten und hohen Waldungen waren immer deutlicher zu erkennen. Bald ging es über scharfen, steinigen Boden, die Einfassung des Thales, bald durch das Thal selbst, bald sahen wir den Spiegel des Flusses dicht neben uns, bald nur die Bäume auf seinen Ufern in weiter Ferne, je nachdem der Fluss seine Windungen beschrieb und sich unserem Wege, den wir so gerade wie möglich zu machen suchten, näherte oder von demselben entfernte. Grosse rothschwänzige Bussarde *(Buteo borealis Sws.)* sassen wie sinnend auf den hervorragenden Cottonwood-Bäumen, während unten durch dichtes Gestrüpp die kleinen Rebhühner schlüpften. Nichts störte uns in unserer Reise, bis uns vulkanische Felsen so einengten, dass wir genöthigt waren, den einzigen Weg, der uns blieb, nämlich den Rückweg wieder einzuschlagen.

Immer höher hatten sich nämlich die kahlen Hügel südlich von uns erhoben, so dass wir nach dieser einzigen Richtung, die uns so lange offen gewesen, den Fluss nicht mehr verlassen konnten und 4 Meilen auf der Strasse, auf welcher wir gekommen waren, zurückziehen mussten. An einer Stelle nun, wo eine allmälig ansteigende Schlucht einen Weg gegen Südwest zu eröffnen schien, machten wir Halt und beschlossen daselbst die Rückkehr unserer Recognoscirer zu erwarten.

Wieder wurden wir durch eine nächtliche Flucht der Maulthiere erschreckt. Dieselbe hatte indessen keine weiteren Folgen, indem die Heerde in eine sackähnliche Schlucht geflüchtet war, wo es den Leuten leicht gelang, ihrer wieder habhaft zu werden. Dieses Mal waren nicht die Wölfe Ursache der Entweichung, sondern ein grosses Feuer, welches von unseren Leuten auf der Spitze eines hoch emporragenden Hügels angezündet worden war. Es geschah dies nämlich laut unserer Verabredung mit Lieutenant Whipple, um demselben anzugeben, welche Richtung er mit seiner kleinen Abtheilung einzuschlagen habe, um wieder mit uns zusammenzutreffen. Auch wir sahen uns des Abends nach Feuerzeichen um, doch gewahrten wir nichts, was uns über die Abtheilung und ihren Verbleib Aufschluss gegeben hätte.

In den Nachmittagsstunden des 20. Decembers — so lange hatte uns nämlich die dringendste Nothwendigkeit aufgehalten — brachte einer der Hüter die Nachricht in's Lager, dass unsere Gefährten im Anzuge seien. Wir Alle gingen ihnen entgegen und überzeugten uns schon aus der Ferne, dass Keiner von ihnen fehlte, was uns natürlich sehr erfreute, denn es wäre nichts Aussergewöhnliches gewesen, wenn sie im feindlichen Zusammenstoss mit den wilden Eingebornen des Gebirges Verluste erlitten hätten, und nur zu gut wussten wir durch Leroux, der schon vielfach Abenteuer mit ihnen bestanden hatte, dass diese Wilden sich bis jetzt noch jedem Weissen, auf den sie gestossen waren, feindlich gezeigt hatten. Doch sei es nun, dass die Indianer sich vor der kleinen, aber wohlbewaffneten Macht gescheut hatten, oder dass sie durch den Schnee in wärmere Thäler getrieben waren, genug, unsere Kameraden waren auf keine frischen Spuren der Wilden gestossen. Herzlich wurden die glücklich Zurückgekehrten begrüsst, und die Köche in Bewegung gesetzt, um die schon nothleidenden Freunde so rasch wie möglich durch ein tüchtiges Mahl zu erquicken. Dann aber ging es an ein Fragen und Erzählen; der Eine wollte über die Beschaffenheit des Landes, der Andere über die Jagd oder die Eingebornen Aufschluss haben, der jedoch nur sehr ungenügend ausfiel, denn von den Eingebornen war kein einziges Individuum gesehen worden, und der Boden überall fusshoch mit Schnee bedeckt; nur auf etwas Jagd konnten wir uns Hoffnung machen. Die Quelle aber, genannt Leroux Spring, hatten sie erreicht und bis zu diesem Punkte, wenn auch schwieriges so doch fahrbares Terrain gefunden. Es stand uns also in Aussicht, südlich am Gebirge vorbeizukommen, Leroux Spring mit unserem Wagenzuge zu erreichen, war unsere erste Aufgabe, und von dort aus mussten dann wieder neue Recognoscirungs-Abtheilungen vorausgeschickt werden. Um der aus dem Gebirge zurückgekehrten Abtheilung und besonders deren abgematteten Maulthieren einige Erholung zu gönnen, wurde der 21. December zum Ruhetag bestimmt und am 22. sollte der Colorado Chiquito auf Nimmerwiedersehen verlassen werden.

Von Fort Smith waren wir nunmehr 1182 und vom Rio Grande del Norte 348 Meilen entfernt; wir befanden uns in einer Höhe von 4775 Fuss über dem Meeresspiegel, also 168 Fuss niedriger, als am Rio Grande. Niedriger sollten wir auf der östlichen Seite der San Francisco Mountains nicht mehr kommen; denn sobald wir den Colorado Chiquito verliessen, hatten wir auch sogleich bergan zu steigen. Der Lauf des Flusses, der etwas nach Norden geht und dem wir so lange gefolgt waren, hatte uns in eine solche Stellung zu dem Gebirge gebracht, dass die nördliche Spitze desselben genau westlich von uns lag. Als wir daher am 22. den Fluss verliessen, mussten wir uns stark südlich halten, um die südliche Basis der vier Hauptberge zu erreichen.

Eine trostlosere Umgebung, als die in welcher wir an diesem Tage reisten, ist wohl kaum denkbar. Bergauf und bergab ging es über den scharfen vulkanischen Boden. Die Hufeisen der Thiere und die eisernen Reifen der Wagen liessen bleifarbige Spuren auf dem scharfen, lavaartigen Gestein zurück; es war eine mühselige Reise, um so mehr, als wir ein Ansteigen des Bodens von 47 Fuss auf die englische Meile zu besiegen hatten und ein eisiger Nordwind uns den vulkanischen Staub in die Augen trieb. Mit Wasser hatten wir uns für unseren eigenen Bedarf versehen, denn die erste Quelle, die wir finden sollten, war zwei Tagereisen vom Colorado Chiquito entfernt, und unsere Thiere mussten sich daher so lange ohne Wasser behelfen, was wir um so mehr bedauerten, als die Nahrung, die ihnen geboten wurde, nur die allerdürftigste war und so dünne zerstreut auf dem steinigen Boden stand, dass sie kaum gerechnet werden konnte. Die Stelle zu einem Nachtlager war daher nicht schwer zu wählen; bis gegen Abend zogen wir fort, und schlugen am Fusse eines Lavahaufens, auf welchem etwas Gestrüpp uns Brennmaterial bot, unsere Zelte auf. Der Himmel bewölkte sich am Abend, kalter Wind strich heulend zwischen den kahlen Bergen und Hügeln hindurch, kurz, Alles deutete auf Unwetter und Schnee.

Mit dem Frühesten waren wir am 23. December schon unterwegs, denn einen weiten gewundenen Weg hatten wir an diesem Tage zurückzulegen, um Wasser zu erreichen. Die Kälte war am Morgen noch schneidender geworden; bleifarben hing der Himmel um die weissen Kuppen der hohen Berge. Einzelne Flocken fingen an zu wirbeln, als wir unsere Thiere bestiegen, die Decken dichter um unsere Schultern zogen und den vorangeeilten Wagen nachfolgten.

Nach den ersten Meilen kamen wir an einer Gruppe kleiner, ausgebrannter Vulkane vorbei, deren einziger Schmuck die erkalteten, schwarzen Lavabäche waren, welche sich auf der grauen Färbung der Hügel von weitem deutlich auszeichneten; gegen

Nordwesten erhoben sich immer neue Hügel, die sich gleichsam einer hinter dem anderen zu verbergen schienen. Mit jeder englischen Meile stiegen wir nahe an 50 Fuss und immer dichter spielten die Flocken um uns her, so dass wir fast gar nicht mehr um uns zu schauen vermochten und uns hüten mussten, zu weit von unserem Zuge abzukommen, um nicht die Spuren, die in wenigen Minuten wieder zuschneiten, zu verlieren. Heerden von Gabel-Antilopen begegneten uns; sie schienen die Schneeregionen verlassen zu wollen und eilten munter den Ebenen zu. Unsere Umgebung veränderte sich mit jeder Meile; einzelne Cedern begannen auf der weissen Decke aufzutauchen, sie wurden dichter und dichter, und bildeten, mit Tannen und Kiefern untermischt, Wälder, die an Höhe zunahmen, je weiter wir in denselben vordrangen. Manchen Umweg mussten wir machen, um für Wagen undurchdringliche Dickichte und tief ausgewaschene Felsenschluchten zu vermeiden. Unsere Führer, zu denen nunmehr alle Diejenigen gerechnet wurden, welche dieselbe Reise wenige Tage vorher zurückgelegt hatten, vermochten kaum in dem Schneegestöber die bekannte Richtung aufzufinden. Glücklicher Weise konnte uns der Sturm, der hoch oben im Gebirge tobte, nicht erreichen, und da wir von Berg und Wald geschützt waren, sanken die grossen Flocken wie spielend um uns her.

Obschon wir an den Füssen von der Kälte zu leiden hatten, so ergötzten wir uns doch an dem schönen Naturschauspiel, welches uns umgab, und wohl Allen, die damals an der Expedition Theil nahmen, ist der erste Tagemarsch im tiefsten Winter noch erinnerlich, dieser plötzliche Uebergang von einer öden vulkanischen Wüste in einen stolzen, winterlichen Forst Angesichts himmelanstrebender Berge.

Wie malerisch nahmen sich die wilden Schluchten und Betten der Giessbäche aus, mit ihren beschneiten Felsblöcken und den unter denselben schwarz und düster hervorlugenden Höhlungen und Spalten, in welchen Cedern und Tannen Wurzel geschlagen hatten. Die schlanken Bäume aber auf den Abhängen und im Walde um uns her sahen alle so ruhig aus, sie erlaubten dem fallenden Schnee sich auf ihren mit dunkelgrünen Nadeln dicht besetzten Zweigen niederzulassen, und ohne ihn abzuschütteln neigten sie leise ihre ehrwürdigen Häupter, wenn ein voreiliger Windstoss aus hohem Gebirge auf sie niederschoss, um zwischen ihren starken Stämmen zu ersterben. Die ganze Naturumgebung hatte etwas feierlich Stilles. Der tiefe Schnee dämpfte das Klappern der Hufe und der Wagenräder auf dem festen Gestein, und die Wölfe, die im Forst umherschlichen, liessen nur selten ein abgebrochenes Geheul hören.

Es war noch ein Tag bis Weihnachten; reich behangene Bäume umgaben uns, an denen das Auge sich weiden konnte. Im Gepäck eines Jeden befanden sich noch wohlverwahrte volle Flaschen und sonstige Gegenstände, die dazu beitragen können, das Herz eines Reisenden fröhlich zu stimmen, die wundervolle Zusammenstellung aber von Berg, Wald und Thal war es, die Jeden an den gewaltigen Schöpfer dieser grossartigen Natur erinnerte und eine andächtige Freude in ihm erweckte, welche ihn weich gegen seinen Nächsten und mitleidig gegen die Thiere stimmte; und wer in unserer ganzen Expedition hätte wohl nicht die arme Heerde auf's tiefste bedauert, die allein darauf angewiesen war, unter fusshohem Schnee wenige vertrocknete Grashalme und spärliches Moos hervorzuscharren.

Die mancherlei Umwege, zu denen wir unserer Wagen halber gezwungen wurden und die Hindernisse, welche dieselben mitunter zu halten zwangen, bewirkten, dass wir erst spät die von der Recognoscirungs-Gesellschaft zum Lager ausersehene Stelle erreichten. Dieselbe befand sich nämlich an dem Rande einer Felsenschlucht; wild stürzende Wasser hatten die tief unten liegenden Felsen ausgehöhlt; das in den Spalten von allen Seiten geschützte Wasser war noch nicht gefroren und durch den hineinfallenden Schnee vermehrt worden, so dass die Höhlungen überflossen und das Ganze einer tief liegenden Quelle nicht unähnlich wurde. Nahe bei dieser Schlucht beabsichtigten wir das Weihnachtsfest zu verbringen. Lange bevor die Wagen anlangten, hatte sich unter hohen Tannen eine ganze Gesellschaft von Leuten eingefunden, die emsig damit beschäftigt waren, den Schnee von den Stellen wegzuräumen, wo die Zelte hinkommen sollten. Mächtige Scheiterhaufen wurden errichtet und angezündet, so dass wir in der Nähe der hoch aufschlagenden Flammen uns ganz behaglich zu fühlen begannen. Ein Wagen nach dem anderen langte endlich an; der Schneefall hatte nachgelassen, dagegen die Kälte zugenommen, und sich dieser zu erwehren, gingen Alle munter und frisch an die Arbeit.

Die Wagen wurden an einer passenden Stelle zusammengefahren, die Thiere der Freiheit überlassen, hinunter an's Wasser und von dort nach einer kleinen baumlosen Niederung getrieben, wo noch einige Halme aus dem Schnee hervorragten und spärliches Futter unter demselben verriethen. Bäume wurden gefällt, Schnee geschaufelt, kurz, es verging keine halbe Stunde, und es sah wohnlich in dem neuen Lager aus.

Gruppenweise sass unser ganzes Personal um die Feuer herum, welche bei der hereinbrechenden Nacht heller und grösser erschienen und auf malerische Weise die einzelnen Figuren beleuchteten. Da waren Köche, die sich emsig um ihre zischenden Braten und um brodelnde Kaffeekessel bewegten, halbverhüllte Gestalten, die wie in Gedanken versunken ihr kurzes Pfeifchen rauchten, Andere, die sich lebhaft mit einander unterhielten oder ein fröhliches Lied anstimmten; denn am folgenden Tage war ja der Weihnachtsheiligeabend, und Alle freuten sich darauf.

Längst schon hatte am folgenden Morgen die Sonne einen Blick über die Berge in unser Lager geworfen, als das erste Leben sich in demselben zu regen begann. Die Schildwachen hatten freilich ihre Posten nicht verlassen, doch standen sie ruhig auf ihre Büchsen gelehnt am Feuer und beobachteten auch wohl die Heerde, die von bewaffneten Mexikanern gehütet in der kleinen Ebene im Schnee nach Nahrung scharrte. Die Köche waren die ersten, die sich von einem Feuer nach dem anderen hin zurufend und sich unterhaltend, ihre Dienstgeschäfte vollzogen und dann nach Zubereitung des Frühmahls unsere ganze Gesellschaft weckten.

Es war ein herrlicher Wintertag, kein Lüftchen regte sich, das Wetter war so einladend zu Jagd und Spaziergängen, dass auch bald Einer nach dem Anderen das Lager verliess, die Einen, um nach Wild zu spüren, die Anderen, um eine Anzahl von Höhlen in Augenschein zu nehmen, die nicht weit von uns entdeckt worden waren und die unzweifelhaft seit uralten Zeiten schon den Eingeborenen als Wohnungen gedient hatten.

Das nördliche Ufer der oben erwähnten Schlucht bestand aus einer steilen Lavawand, die beim Erkalten grosse, meist horizontale Risse erhalten hatte, welche weit unter der Oberfläche des Bodens fortliefen. Diese nun hatten den Wilden eine willkommene Gelegenheit geboten, mit geringer Arbeit ein erträgliches Obdach herzustellen. Freilich waren es nur kümmerliche Wohnungen; doch fanden die wilden Tonton- und Yampay-Indianer, die ihre Wohnungen sonst nur aus einigen Stücken Baumrinde aufführen, dieselben gewiss aussergewöhnlich bequem. Der Fussboden in diesen Höhlen war mit festgestampfter Erde bedeckt, so dass die scharfen Lavaspitzen nicht mehr hervorragten, und die unbekleideten Gestalten sich gemächlich und bequem auf demselben hinstrecken konnten. Durch dünne Erdmauern waren die Spalten in kleine Gemächer umgewandelt worden, die theils durch die Wände ganz von einander abgesondert waren, theils aber auch durch kleine Oeffnungen mit einander in Verbindung standen. Die Oeffnungen von einem Gemach in's andere sowohl als auch die, welche in's Freie führten, hatten die Bewohner so weit zugemauert, dass nur je ein Mensch durch dieselben zu kriechen vermochte. In neuerer Zeit schienen diese Höhlen nicht besucht gewesen zu sein, denn wir fanden keine Spuren, die auf einen Aufenthalt der Eingebornen in denselben hätten schliessen lassen; doch sind die dort hausenden Wilden im Besitz von nur so ausserordentlich wenigen Habseligkeiten, und diese sind ihnen so unentbehrlich, dass wohl nicht zu vermuthen ist, sie würden jemals die geringste Kleinigkeit verlieren oder vergessen. Es ist daher anzunehmen, dass nur im Sommer diese Höhlen bewohnt sind und bei Annäherung des Winters, der in diesen hohen Regionen sehr empfindlich ist, die Eingebornen in die Niederungen hinabziehen, wo ihnen die Natur mehr Schutz bietet. Die Eingänge in die unterirdischen Wohnungen befanden sich übrigens an solchen Stellen der Felswand, dass es beim Hinabsteigen zu denselben der grössten Vorsicht von unserer Seite bedurfte, um nicht von dem gefährlichen Pfade, der durch den Schnee noch schlüpfriger gemacht worden war, in die Schlucht hinabzugleiten.

Der Futtermangel so wie die schwere Arbeit, welche durch die harte auf rauhem Terrain zu brechende Bahn noch bedeutend erschwert wurde, zeigten schon vielfach ihre Folgen an unserer Heerde. Die sonst Strapazen so leicht erduldenden Maulthiere konnten so viel Noth nicht ohne Nachtheil ertragen. Jedem musste es auffallen, wie sehr dieselben in den letzten Tagen gelitten hatten, und es wurde daher in diesem Lager zum ersten Male an die Verminderung unseres Gepäckes gedacht. Die Gegenstände also, welche als überflüssig erschienen und am leichtesten zu entbehren waren, wurden hervorgesucht, um zurückgelassen oder zerstört zu werden. Von unserer Munition, die wir in überflüssiger Menge bei uns führten, wurde ein Theil den Mexikanern gegeben, welche mit derselben auf würdige Weise den Weihnachtsabend zu feiern beabsichtigten. Leckerbissen, die in verschlossenen Büchsen bis hierher mitgenommen waren, wurden hervorgesucht, um mit einem Male verzehrt zu werden und zwar einestheils, um die Last der Wagen etwas zu vermindern, zugleich aber auch, um noch einmal ein frohes Fest in der Wildniss zu feiern.

Als wir Albuquerque verliessen, hatten Mehrere unserer Gesellschaft an Weihnachten gedacht und ein Kistchen mit Eiern angeschafft, die, sorgfältig eingepackt, glücklich bis hierher gelangt waren. Andere hatten wieder einen Vorrath von Rum und Wein mitgeführt, und dieses Alles wurde nunmehr bestimmt, die Weihnachtsfeier verherrlichen zu helfen.

Schon am Nachmittage konnte man eine gewisse Geschäftigkeit im Zelte des Lieutenant Jones bemerken. Derselbe hatte nämlich die Bereitung einer Bowle Punsch übernommen und liess also die Eier sorgfältig zu Schaum schlagen. Vor seinem Zelte hing über den Flammen ein grosser Feldkessel, in welchem Wasser brodelte und siedete; ein Eimer stand dabei, der die Bestimmung hatte, die verschiedenen Ingredienzien aufzunehmen, die in ihm zu einem festtäglichen Getränke zusammengemischt werden sollten.

»Alle Herren werden ersucht, sich nach dem Abendbrod vor dem Zelte des Lieutenant Jones einzufinden, zugleich aber auch ihre blechernen Kaffee- oder Trinkbecher mitzubringen!« So lautete die Einladung, die an uns Alle erging. Dass pünktlich Folge geleistet wurde, bedarf wohl keiner Bekräftigung.

Sobald die Nacht sich eingestellt hatte und die Sterne vom tiefblauen Firmamente herab zwischen beschneiten Zweigen hindurch auf uns niederblickten, versammelten wir uns, wie verabredet war, vor Lieutenant Jones' Zelt, wo ein loderndes Feuer angenehme Wärme verbreitete und den nächsten Schnee weggethaut hatte. Lieutenant Jones hatte unterdessen die verschiedenen Bestandtheile in dem Eimer vereinigt, und wohl war für uns Alle, die wir so lange nur auf Wasser beschränkt gewesen waren, dieser Pferdeeimer mit seinem dampfenden Inhalte und dem einladenden Schaum darauf ein lieblicher Anblick. Die Zahl unseres Corps wurde noch verstärkt durch Mr. Leroux und unseren mexikanischen Führer, die ebenfalls zu der Festlichkeit eingeladen waren.

»Vergessen wir auf einige Stunden unsere Strapazen und Entbehrungen, unsere Arbeiten und das Ziel unserer Reise; hier unter dem Dache, welches die Bäume über uns wölben, auf dem Boden, auf welchen uns der liebe Gott den fleckenlosen weissen

11*

Teppich ausgebreitet hat, hier, so ferne von unserer Heimath, wo die Unsrigen zur Zeit wohl am gemüthlichen Kaminfeuer sitzen und bei einem Glase Punsch vielleicht unserer gedenken: hier also lasst uns alle Sorgen in wohlgemischtem Toddy (Eiergrog) ertränken, lasst uns froh und glücklich sein, lasst uns auf das Wohl unserer Lieben trinken und auf unsere glückliche Rückkehr!« So lautete die wohlgefügte Rede, mit welcher Lieutenant Jones seine Gäste empfing. Ohne im geringsten zu zögern, trat Einer nach dem Anderen zu dem Eimer, um seinen Becher hineinzutauchen und ihn schnell mit dem wärmenden Inhalte an die Lippen zu führen. Wir setzten uns dann in weitem Kreise um das Feuer; es wurde geraucht und getrunken; immer lauter und fröhlicher ward die Unterhaltung, Toaste und Scherze folgten auf einander, ein Becher trieb den anderen, das Blut wurde warm, die Herzen leicht, zum lustigen Chor vereinigten alle Anwesenden ihre Stimmen und sangen, dass es in den Schluchten wiederhallte und die im Walde schlafenden Truthühner aus ihrer Ruhe geweckt wurden. Nicht weit von uns hatten die Mexikaner ebenfalls ein Fest auf ihre eigene Weise arrangirt, wozu ihnen die aufgegebene Munition die besten Mittel lieferte. Schuss auf Schuss oder auch wohl ganze Salven krachten bei ihnen, dass durch die Lufterschütterung der Schnee von den gebogenen Zweigen herabfiel. Dazwischen sangen sie die heimathlichen Weisen und geriethen dabei in solche Aufregung, dass sie ein Freudenfeuer anzuzünden beschlossen.

In dichtes Cederngebüsch, dessen Zweige die Erde berührten, warfen sie Brände; die harzreichen Nadeln fingen leicht Feuer, und hinauf schlugen die Flammen bis in die Kronen der Tannen und sendeten Millionen Funken gegen den Himmel. Eine schönere Scene als die, welche uns an diesem Abend umgab, ist wohl kaum denkbar. Die von den brennenden Kiefern- und Tannennadeln des Waldes ausgehende Beleuchtung liess alle Gegenstände in tiefrother Farbe erscheinen, der Schnee schillerte wie mit magischem Lichte übergossen, und über denselben hin erstreckten sich wie von mächtigen Riesen die dunklen Schatten, die von den hohen versengten Tannen ausgingen. Zauberische Reflexe warf das rothe Licht auf die nahen Felsen und Berge so dass der herrliche Anblick die Gemüther berauschte und die wilde Ausgelassenheit, die im ganzen Lager herrschte, verdoppelte. Mexikaner sangen ihre Soli mit einfallendem Chor, den sie durch fortwährendes Schiessen zu verstärken suchten. Die beliebten Negerweisen schallten von den Lagerfeuern des amerikanischen Theiles unserer Expedition in den Wald hinein, und dazwischen riefen die Schildwachen mit lauter Stimme die Stunden ab. An unserem Feuer ging es nicht minder lebhaft zu; auch wir begrüssten jeden neuen vollen Becher mit Gesang. Da die ganze Gesellschaft schon seit langer Zeit der starken Getränke entwöhnt war, und jetzt auf einer Seite der Gluth des zu nahen Scheiterhaufens, auf der anderen dem Anwehen von Luftströmen ausgesetzt war, deren Temperatur bis 16° Fahr. (— 7° Réaumur) herabsank, so zeigte sich nur zu bald die anregende Wirkung der Bowle. Die zunehmende und gar laute Fröhlichkeit kannte weder Grenzen noch Ende. Unser mexikanischer Führer holte zwei von den Leuten seiner Bedienung, von denen der eine Gefangener der Navahoe-Indianer gewesen war, und veranlasste sie, einen Navahoe-Tanz aufzuführen. Unter wildem Jubel stellten diese beiden sich neben einander, und die zusammenstossenden Arme verschränkend, die beiden äusseren auf die Brust legend, sprangen sie taktmässig mit krummen Knieen um das Feuer her. Das Applaudiren veranlasste sie zu noch grösseren Anstrengungen, und so tanzten und sprangen sie fast athemlos singend, bis ihnen der Schweiss über die Wangen lief.

Der alte Leroux schmauchte indessen wohlgefällig sein Pfeifchen; auch sein Gesicht verdankte die starke Röthe nicht der Nähe des Feuers allein; lachend bemerkte er: »Welch' herrliche Gelegenheit wäre es für die Eingebornen, uns heute bei unserem Feste zu überraschen!« Doch wäre die Ueberraschung nicht leicht möglich gewesen, da aufmerksame Schildwachen das Lager fortwährend umkreisten und jeder Einzelne unserer Expedition auch für diesen Abend Waffen an seiner Seite führte, deren Anblick der Scene unter den Bäumen einen noch romantischeren Charakter gab.

Die Nacht rückte unterdessen immer weiter vor, der Vorrath in der mächtigen Bowle neigte sich seinem Ende zu, und lichter wurde die Reihe der um das Feuer Versammelten. Einer nach dem Anderen verschwand hinter den Zeltvorhängen, und tiefe Stille herrschte bald im Lager, wo die Feuer tiefer brannten oder nur noch glimmten. Hohe Flammen spielten allein noch bei den Wachen oder tief im Walde, wenn hin und wieder eine dichte Ceder vom Brande ergriffen aufloderte, doch auch dies nahm bald sein Ende und Dunkelheit umhüllte Berg und Wald.

Der 25. December wurde in aller Stille unter den Bäumen gefeiert. Alles pflegte der Ruhe und gedachte vielleicht der vergangenen Zeiten; sicher aber wanderten die Gedanken Vieler in die ferne Heimath, wo feierliches Glockengeläute zur Andacht mahnte und zur gemeinsamen Gottesverehrung rief. Wir vernahmen freilich nicht den Schall der Glocken; doch wer nicht nur als ein blos vegetirendes Wesen ohne anregendes Naturgefühl auf seine Umgebung blickte, der musste auch hier zur innigsten Andacht aufgefordert werden. Tief im Walde hämmerte der Specht am morschen Baume, lockte der Truthahn, zwitscherten die kleinen Vögel wie in lauterer Dankbarkeit für den schönen sonnigen Tag, für den lieblich blauen Himmel und für den Schutz, den ihnen die dichten Zweige der dunkelgrünen Cedern gegen Schnee und Kälte gewährten; und der Mensch sollte kalt und gefühllos bleiben? Mancher unter uns blickte mit frommen Gefühlen hinüber nach den stolzen Gipfeln der San Francisco-Berge und zollte die innigste Verehrung dem Schöpfer einer so mächtigen und schönen Natur, ohne durch die Worte von Menschen dazu aufgefordert zu werden oder die Werke von Menschenhänden zu vermissen. —

Am 26. December in der Frühe verliessen wir unser Weihnachtslager und schlugen die Richtung nach der südlichen Spitze der San Francisco Mountains ein. Als wir die waldigen Hügel, die uns fast fortwährend umgaben, hinter uns hatten und einer Lichtung nach Westen zu folgten, sahen wir das Gebirge in seiner ganzen Schönheit vor uns liegen. Wir mochten kaum noch 10 Meilen von der Basis der Hauptberge entfernt sein, und konnten somit die Formation der letzteren genau unterscheiden. Es waren vier Hauptgipfel, die mit blendendem Schnee bedeckt, hoch über die anderen emporragten. Es lehnten sich freilich noch zahlreiche Kuppen an dieselben, als wenn sie gleichsam mit ihnen verwachsen oder von ihnen ausgegangen wären; doch halfen diese nur den Charakter der alten Vulkane vervollständigen, der nicht zu verkennen gewesen wäre, selbst wenn wir auch nicht in den letzten Tagen auf vulkanischem Boden gereist und auf die Nähe der Hauptfeuerheerde vorbereitet gewesen wären (23). Tief ausgewühlte Betten der alten Lavaströme bildeten jetzt bewaldete Schluchten, die sich von der ganzen Höhe der Berge bis hinunter zur Basis zogen und an Weite zunahmen, je nachdem kleine Bäche von den Seiten kommend, in dieselben mündeten. Bis über die Hälfte der Berge reichte die Tannen- und Cedernwaldung hinauf; von dort ab wurde sie indessen lichter, bis die Baumvegetation endlich ganz aufhörte und das höchste Drittheil der Berge in fleckenloser Weisse erscheinen liess, auf welcher sich die Unebenheiten und Spalten nur durch leichte Schatten auszeichneten.

Als wir in die Nähe des Fusses der Berge kamen, wendeten wir uns südlich, um dieselben auf diese Weise zu umgehen. Ueber kleine baumlose Ebenen durch hohe Tannenwaldungen führte unser Weg. Heerden von Antilopen und schwarzschwänzigen Hirschen sahen wir vielfach, doch waren sie scheu und wild, und nur selten gelang es uns, einzelner habhaft zu werden. Das prachtvolle Eichhorn, welches in diesen Wäldern einheimisch und erst seit kurzer Zeit bekannt ist, erlegten wir mehrfach. Leider suchten diese reizenden Thiere bei unserer Annäherung sich immer die höchsten Gipfel der hoch aufstrebenden Tannen zu ihrem Zufluchtsort aus, so dass wir dieselben nur mit unseren Büchsen erreichen konnten. Auf diese Weise mussten wir manches Eichhörnchen tödten, ehe wir einige Exemplare erhielten, deren Balg nicht ganz von der Kugel zerrissen war und sich noch zum Ausstopfen eignete. Doch waren die zerschossenen Thiere nicht ganz verloren, denn sie lieferten ein wohlschmeckendes Gericht auf unserem sehr einfach besetzten Tische.

Die Länge dieses Eichhorns (*Sciurus dorsalis s. Abertii*) von der Nasenspitze bis zur äussersten Schwanzspitze beträgt 2 Fuss, wovon 11 Zoll auf den Schwanz kommen. Die Ohren sind breit und fast rund, inwendig wie auswendig behaart, so wie an den Spitzen mit langen Haarbüscheln versehen. Die Hauptfarbe ist dunkelgrau mit Ausnahme eines Streifens auf dem Rücken und dem hinteren Theile der Ohren, welcher schön rothbraun ist. Der Bauch ist weiss, und diese weisse Farbe wird von der grauen des Rückens durch eine schwarze Linie an der Seite getrennt. Der Schwanz ist oben grau mit langen, weissen, weit vorragenden Haaren, unten ist derselbe ganz weiss.

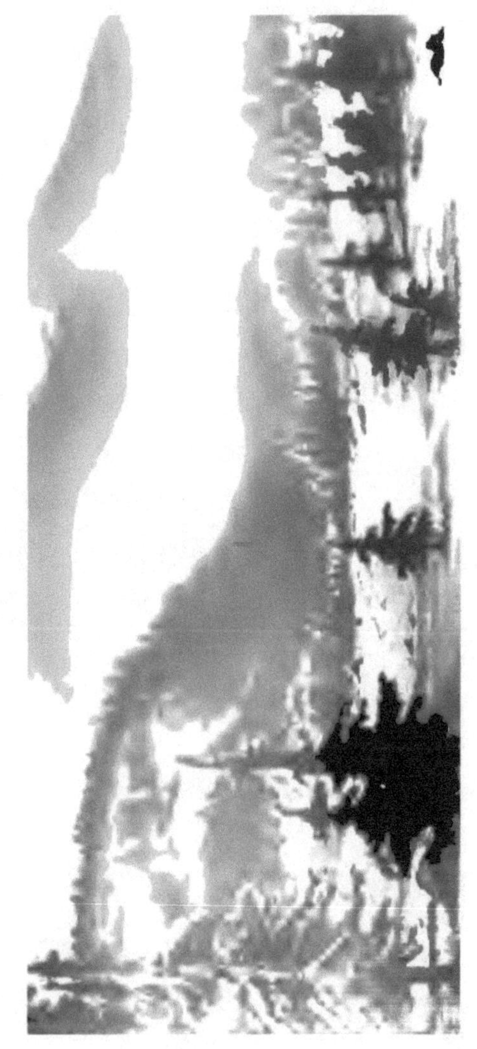

Immer tieferen Schnee fanden wir, je mehr wir uns dem Gebirge näherten und je weiter aufwärts uns der Weg führte. Die Packthiere wurden den Wagen vorausgetrieben, um sie so viel wie möglich eine Bahn in dem mit einer Kruste bedeckten Schnee brechen zu lassen. Die Strecke von kaum 16 Meilen war daher schon ein langer ermüdender Marsch; Wasser vermochten wir an diesem Tage nicht mehr zu erreichen und schlugen deshalb unser Lager in einer hohen Tannenwaldung auf, wo wir unsere Zuflucht zu geschmolzenem Schnee nehmen mussten; auch die Thiere leckten begierig von demselben, wenn sie nach Gras und Moos scharrten. An diesem Abende wurden wir darauf aufmerksam, dass sich unsere Hautfarbe im Gesicht und an den Händen veränderte. Der schwarze Rauch des kienigen, fetten Holzes, welches wir nun schon seit mehreren Tagen brannten, hatte sich als ein schwarzer Russ überall so fest angesetzt, dass wir denselben gar nicht mehr gänzlich zu entfernen vermochten, um so mehr als wir, um das Aufspringen der Haut zu vermeiden, uns vor zu häufigem Waschen hüten mussten.

Am 27. December waren wir schon mit dem Frühesten unterwegs und trafen nach kurzem Ritte bei Lieutenant Tittball ein, der am Abend vorher, in der Hoffnung auf Wasser zu stossen, mit seiner Mannschaft eine Strecke vorausgezogen war. Doch auch er hatte sich mit Schneewasser begnügen müssen, und vereinigt zogen wir nun wieder die gemeinsame Strasse. Nach einem Marsche von wenigen Meilen über unebenes, steiniges Land erreichten wir endlich einen kleinen Bach, der besonders in den Vertiefungen reichlich gutes Wasser hielt. Wir tränkten daselbst unsere Thiere und eilten dann unserem nächsten Ziele, der Leroux-Quelle zu. Der Bach gehörte zu den Quellen des San Francisco-Flusses, der in südlicher Richtung dem Gila zufliesst. Wir befanden uns mithin auf der Wasserscheide zwischen dem Gila und dem grossen Colorado des Westens und hielten uns auf derselben, wie sich später auswies nahe an 200 Meilen, nämlich bis zum Azteken-Pass.

Die steinigen Hügel, die wir hin und wieder zu überschreiten hatten, so wie das dichte Holz, welches wir unserer Wagen halber so viel wie möglich vermeiden mussten, verursachte uns manchen Aufenthalt. Wir gelangten indessen in den Nachmittagsstunden in eine ebene Schlucht, die uns nach kurzer Zeit an ein geräumiges Thal führte; dieses war auf drei Seiten von Waldung, auf der nördlichen aber von den wirklichen San Francisco Mountains begrenzt, von denen zwei, wie ungeheure Colosse ganz sichtbar vor uns lagen, während die beiden anderen Hauptgipfel westlich hinter den ersteren nur mit ihren weissen Kuppen hervorragten. Quer durch das Thal lenkten wir unsere Schritte, einem Winkel zu, der von den Hügeln und dem Sporn der Hauptberge gebildet wurde, und machten nahe Leroux Spring Halt.

Wir hatten nunmehr den höchsten Punkt seit Ueberschreitung der Sierra Madre erreicht und befanden uns an Leroux's Quelle in einer Höhe von 7472 Fuss über dem Meeresspiegel, also nur 278 Fuss niedriger, als auf der Sierra Madre. Von der Basis an gerechnet erhob sich der Hauptberg noch 4673 Fuss, was die Höhe seines Gipfels auf 12,145 Fuss über der Meeresfläche bringt; es fehlten also noch beinahe 2000 Fuss an der Erreichung der Schneelinie, die unter dieser Breite 14,000 Fuss ist. Die zurückgelegte Meilenzahl von Fort Smith bis zu diesem Punkte betrug 1239 und von Albuquerque 405 Meilen.

Wenn Leroux in früheren Zeiten diese Regionen auch durchwanderte, so hatte er damals doch nicht nöthig gehabt, auf das Durchbringen von Wagen Rücksicht zu nehmen; er war immer mit Maulthieren gereist und hatte, auf die Sicherheit dieser Thiere bauend, die geradesten Richtungen eingeschlagen. Doch nun war es anders, weil es eine unserer Hauptaufgaben blieb, die Wagen wenigstens bis an den Colorado des Westens mitzuführen: denn dieselben über den breiten reissenden Strom mit unseren wenigen Mitteln schaffen zu können durften wir nicht hoffen. Bis zu Leroux Spring waren unsere ersten Recognoscirer gekommen, doch nicht über dieselbe hinaus, weshalb ein abermaliges Verweilen der Expedition an dieser Stelle angeordnet wurde, um auf's Neue eine Abtheilung voraus zu senden, die das von uns zu durchreisende Terrain so viel wie möglich untersuchen und durch zurückgesendete Boten dem Wagenzuge die vortheilhafteste Richtung angeben sollte.

Lieutenant Whipple begab sich daher mit seiner Abtheilung am 28. December gegen Mittag wieder auf den Weg. Er war auf 10 Tage mit Lebensmitteln für sich und sein Commando versehen und hatte zugleich einige Leute mehr mitgenommen, um durch das Zurücksenden von Boten seine eigene Abtheilung nicht zu sehr zu schwächen, dann aber auch um immer mehrere Leute zugleich abschicken zu können, wodurch dieselben in den Stand gesetzt wurden, sich in Augenblicken der Gefahr gegenseitig leichter beizustehen. Denn hatten wir auch bis jetzt noch keine frischen Spuren von Eingebornen gefunden, so mussten wir doch fortwährend auf ein unerwartetes Zusammentreffen mit denselben vorbereitet sein.

XXVI.

Aufenthalt der Expedition an Leroux Spring. — Aufbruch derselben. — Mount Sitgreaves. — New Years Spring. — Bill Williams Mountains. — Graue Bären. — Die Eingebornen dortiger Regionen. — Deren Feindseligkeiten gegen Weisse. — Leroux's Erzählungen seiner Abenteuer mit denselben. — Rückkehr der Recognoscirungs-Abtheilung. — Aufbruch und Weiterreise der Expedition. — Lava Creek. — Cedar Creek. — Partridge Creek.

Die Tage, welche wir am Fusse der San Francisco Mountains zubrachten, waren empfindlich kalt, und wären wir durch die Berge selbst nicht so geschützt gewesen, so hätten wir durch den Nordwind bedeutend leiden müssen. Während des Tages machten wir kleine Streifzüge in die nächste Umgebung, doch standen wir sehr bald wieder davon ab, indem ausser den schönen grauen Eichhörnchen sich keine lebenden Wesen, auch nicht die Spuren von Wild zeigten, wodurch die Jagdlust hätte angeregt werden können; übrigens war es auch keine leichte Arbeit, in dem tiefen Schnee zu waten. Mehrere von uns machten einen Versuch, den Berg, der uns am nächsten lag, zu ersteigen, doch mussten wir, nachdem wir etwas über die Hälfte des Weges zurückgelegt hatten, unser Vorhaben aufgeben, denn unsere Gelenke erlahmten förmlich, als wir bei jedem Schritte knietief in den Schnee sanken und noch dazu die Aussicht hatten, zuletzt ganz stecken zu bleiben; so sehr nahmen die Schneemassen zu, als wir aufwärts stiegen. Einen Blick in die Ferne hatten wir erhaschen können; doch liessen beschneite Gebirgsmassen, welche uns von allen Seiten umgaben, uns über Alles, was über 25 Meilen von uns entfernt war, im Unklaren; genau gegen Westen überragte eine blaue Gebirgsmasse das wilde Terrain und wir schlossen, dass dies die Bill Williams-Berge sein müssten. Wie sich später auswies, hatten wir uns nicht getäuscht; das Gebirge war zwar noch 60 Meilen von uns entfernt, doch die Kuppen desselben hatten wir schon in den Lichtungen des Waldes hin und wieder wahrnehmen können.

Matt im höchsten Grade kamen wir gegen Abend wieder im Lager an und begannen sogleich unsere gewöhnlichen Vorbereitungen zu treffen, um während der Nacht die empfindlicher werdende Kälte von uns abzuhalten. Hierhin gehörte besonders, dass wir Lavablöcke, die in allen Grössen zerstreut umherlagen, in's Feuer wälzten und so heiss wie nur möglich werden liessen. Mit hölzernen Hebeln schoben und wälzten wir sie dann in die Zelte, wo eine angenehme Wärme von ihnen ausströmte und dadurch während der Nacht eine behagliche gleichmässige Temperatur in dem eingeschlossenen Raume hergestellt wurde. Auch mit anderen Steinen hatten wir dieses Verfahren versucht, doch fanden wir, dass die glühenden Lavastücke viel langsamer wieder erkalteten, wie es auch länger dauerte, bis sie glühend wurden.

Am Abend des 30. Decembers kehrten schon zwei berittene Mexikaner mit der Weisung von Lieutenant WHIPPLE zurück, dass wir seinen Spuren am anderen Tage folgen sollten. Seiner Anordnung gemäss mit einem kleinen Vorrathe von Wasser versehen, trat also unsere ganze Expedition am 31. December die Weiterreise an. Wir bogen um den Hügel, der gegen Westen das Thal von uns abgrenzte und hatten dann steiniges, schwer zu passirendes Terrain vor uns. Nur klein war an diesem Tage unser Marsch, doch sahen wir am Abend die Bill Williams Mountains schon viel deutlicher; da wir aber eine mehr nördliche Richtung verfolgten, so musste dieses Gebirge südlich von uns liegen bleiben, und es war also nicht anzunehmen, dass wir demselben noch viel näher rücken würden. Wiederum mussten wir uns in diesem Lager mit Schneewasser behelfen, da das von der Quelle mitgenommene kaum am Abend und am folgenden Morgen zum wärmenden Kaffee für uns hinreichte. Spät Abends trafen noch zwei von Lieutenant WHIPPLE zurückgesendete Soldaten ein, die uns die Weisung überbrachten, zwei Tagereisen seinen Spuren zu folgen und an einer Wasserlache, an welcher uns dieselben vorbeiführen würden, seine Rückkehr zu erwarten. Die beiden Soldaten hatten sich schon in aller Frühe an diesem Tage auf den Weg begeben und nicht viel Mühe gehabt, auf dem einmal gebrochenen Pfade in die Nähe unseres Lagers zu gelangen. Es war indessen schon ganz dunkel, als sie unserer Feuer ansichtig wurden, und da sie nicht vermutheten, dass wir schon so weit vorgerückt seien, so hatten sie unsere Wachtfeuer für ein Lager der Eingebornen gehalten und waren vorsichtig in einiger Entfernung um dasselbe herumgeschlichen, bis sie überzeugt wurden, dass wir es seien.

Unser Aufenthalt an dieser Stelle währte also nur die eine Nacht, und rüstig verfolgten wir am folgenden Morgen (1. Januar 1854) die uns vorgeschriebene Strasse. Einige Meilen hatten wir noch durch Tannenwaldungen, über felsige Hügel und durch rauhe Schluchten zurückzulegen, und dann befanden wir uns am Rande einer grossen Ebene, die ringsum von dunklen Waldungen eingeschlossen war und in deren Mitte sich wie eine Oase ein kleiner mit Buschwerk bewachsener Felsenhügel erhob. An diesem Hügel vorbei führte der Pfad, den die Thiere von Lieutenant WHIPPLE's Abtheilung in dem tiefen Schnee gebrochen hatten. Eine bedeutende Senkung des Landes gegen Westen war hier auf der Fläche besonders bemerkbar; freilich befanden wir uns am vorigen Tage schon nicht mehr in gleicher Höhe mit Leroux's Quelle, doch hatte die rauhe Strasse so wie der uns fortwährend umgebende Wald uns jede Aussicht so benommen, dass wir das Senken des Landes nicht wahrnehmen konnten und nur durch die barometrischen Messungen davon in Kenntniss gesetzt wurden. Bei dem Hügel angekommen entdeckten wir die glimmenden Feuer, die Lieutenant WHIPPLE am Tage vorher verlassen, nachdem er daselbst die Nacht zugebracht hatte. Sie waren uns willkommen; es bedurfte nur einigen Schürens, um die Flammen wieder auflodern zu machen und, wie leicht erklärlich, hatte fast Jeder in unserem Zuge ein kleines Gewerbe bei denselben. Der Eine sprach vor, um seine Pfeife in Brand zu setzen, der Andere um die durchnässten Mokkasins zu trocknen oder die erstarrenden Glieder aufzuwärmen; doch viel Zeit nahm sich Keiner, da es bekannt geworden war, dass wir diese Nacht in dem hohen Walde, der noch mehrere Meilen vor uns die Ebene begrenzte, zubringen sollten. Dorthin eilten die Meisten also den Wagen voraus, um bei deren Ankunft eine Stelle von Schnee gereinigt und trockenes Holz zum Feuer herangeschafft zu haben. Eine Hügelreihe vor uns, deren östliche Abhänge nur wenig mit Schnee bedeckt waren, bot an diesem Tage unseren Thieren ein erträgliches Futter, doch wirkte die strenge Kälte so wie die Wunden, welche die Packsättel ihnen gedrückt, und die bei schwerer Arbeit gar nicht wieder heilen konnten, sehr nachtheilig auf dieselben.

Am 2. Januar 1854, nachdem wir eine kurze Strecke durch den Wald zurückgelegt hatten, zogen wir südlich an einem hohen Berge vorbei, dem nach Capitain Sitgreaves der Name Mount Sitgreaves beigelegt wurde. Einige kleinere Hügel umgaben denselben und entzogen uns für eine Zeit lang die Aussicht auf die nordöstlich von uns liegenden San Francisco Mountains. Im Südwesten bot sich uns aber dafür eine volle Aussicht auf die Bill Williams Mountains, ebenfalls eine Gruppe zusammenhängender, mit Cedern und Tannen bewachsener Berge, die als ausgebrannte Vulkane nicht zu verkennen waren. Südlich von uns erstreckte sich eine niedrige Bergkette von Osten nach Westen und schien sich dann in einer Ebene zu verlieren; blickten wir gegen Westen, so glaubten wir eine weite Fläche vor uns zu haben die hin und wieder von kleinen hervorragenden Hügeln und Felsen unterbrochen wurde. In weitester Ferne erkannten wir zwei grosse Gebirgszüge, die mit Schnee bedeckt waren und von Süden nach Norden aneinander hinzulaufen schienen. Das Land vor uns senkte sich bedeutend, die Waldungen verschwanden, einzelne Streifen von Gehölz nahmen deren Stelle ein, und das Auge vermochte weit über Landstriche hinzustreifen, die nicht mehr mit Schnee bedeckt waren. Nicht weit von dem Fusse des Mount Sitgreaves fanden wir das Wasser, welches in einer Art Teich oder Lache bestand, die mit dicker Eisrinde überzogen war. Zahlreiche Spuren von grauen Bären waren im Schnee ringsum abgedrückt, doch schienen diese Spuren schon alt zu sein, was wohl mit dem festen Zufrieren des Wasservorrathes in Verbindung stehen mochte.

Dort nun an dem New Years Spring, von Lieutenant WHIPPLE so benannt, weil er am 1. Januar daran gelagert hatte, schlugen wir unsere Zelte auf und richteten uns so häuslich wie möglich ein, denn erst nach einigen Tagen konnten wir der Ankunft von Lieutenant WHIPPLE und seiner Abtheilung entgegensehen. Wir waren kaum

42*

30 Meilen von Leroux Spring entfernt, doch befanden wir uns schon an 300 Fuss tiefer, und die Basis der Bill Williams Mountains, die vielleicht 20 Meilen von uns in südwestlicher Richtung lagen, hatte eine 200 Fuss tiefere Lage.

Die zahlreichen Fusstapfen von grauen Bären, welche den Wald in allen Richtungen durchkreuzten, gaben uns Veranlassung sie zu verfolgen. Wir jagten in der südlich von uns gelegenen Waldung, wir durchsuchten den Forst auf dem Mount Sitgreaves und den angrenzenden Hügeln. Auch fanden wir Lager von Bären und zwar an manchen Stellen in solcher Unzahl, dass, wären sie anwesend gewesen, wir gewiss auf jedem dritten Morgen Land einem begegnet wären; denn gerade die Abhänge und Schluchten des Mount Sitgreaves schienen der Lieblingsaufenthalt derselben zu sein. Selbst Leroux, der alte Trapper und Jäger, wusste sich nicht zu erinnern, jemals diese Thiere in einer solchen Anzahl auf einem verhältnissmässig kleinen Raum zusammenlebend gesehen zu haben. Doch leider war die ganze Bärengesellschaft nur wenige Tage vor unserer Ankunft ausgewandert. Das Gefrieren des Wassers musste die Ursache davon gewesen sein, denn wir fanden auf dem Eise die Spuren, welche sie bei dem Versuche, dasselbe zu durchbrechen, zurückgelassen hatten. In kleinen Trupps von acht und mehreren hatten sie ihre Reise gegen Süden angetreten; ihre Pfade waren mithin auf dem schimmernden Schnee zu erkennen, denn da sie immer einer hinter dem anderen geschritten waren und sorgfältig jeder seine unförmlichen Tatzen in die Fusstapfen seines Vordermannes gesetzt hatte, so waren dadurch breit ausgetretene Spuren entstanden, in welchen der Schnee, geschmolzen durch die Wärme der fleischigen Fussohlen, wieder zu glattem Eise gefroren war. Ungern schienen sie übrigens diese Gegend verlassen zu haben, die ihnen ihre Lieblingsspeise, die süssen Früchte der Cedern im Ueberfluss bot; doch der Wassermangel hatte sie zu der allgemeinen Wanderung bestimmt, und unsere Bärenjagd beschränkte sich daher einzig darauf, dass wir Tage lang den Spuren folgten und aus den riesenhaften Abdrücken der Tatzen auf die Grösse der Bären schlossen. Jeden Tag, so lange wir uns an der Neujahrsquelle aufhielten, durchsuchten wir die Wälder, bestiegen die nahen Gebirge und kletterten in tiefe Schluchten hinab; doch nur das graue Eichhörnchen belebte die Einsamkeit und floh scheu bei unserer Annäherung in die höchsten Bäume hinauf.

Es giebt wohl kaum menschliche Wesen, die auf einer niedrigeren Stufe stehen, als die Eingebornen zwischen den San Francisco Mountains und dem grossen Colorado des Westens. Es ist mehrfach die Ansicht ausgesprochen werden, dass die meisten derselben zu dem Stamme der Apache's gehören oder vielmehr mit ihnen verwandt sind. Raubgierig, wie diese, sind sie auch nicht weniger scheu und misstrauisch, und noch immer scheiterten die Versuche, die hin und wieder angestellt wurden, in freundlichen Verkehr mit ihnen zu treten. Der Anblick eines Weissen verursacht ihnen Schrecken, doch schleichen sie stets den dort Reisenden nach, um ihre langen Pfeile aus sicherem Versteck auf Menschen und Thiere zu versenden. Wären sie im Besitz werthvoller Gegenstände, die für die Weissen vortheilbringend sein könnten, so möchten wohl schon mehr durchdachte Versuche zur Civilisation dieser Wilden und mit besserem Erfolge gemacht worden sein. So aber bieten diese Menschen nichts als das nackte Elend und unterscheiden sich von den Raubthieren des Waldes nur dadurch, dass sie sich unter einander durch Sprache verständigen können. Ihre Gestalten sind hässlich und verkümmert, wie es nicht anders zu erwarten ist, wenn man bedenkt, welches ihre einzigen Subsistenzmittel sind. Die Beeren der Ceder und die essbaren Nüsse einer Art Tanne *(pinus edulis)*, Grassaame und die Wurzel der mexikanischen Agave sind ihre Hauptnahrungsmittel. Fleisch lieben sie zwar ganz besonders, doch sind sie nur schlechte Jäger, was bei dem Ueberfluss an Wild in ihren Territorien besondere Verwunderung erregen muss; und so wird ihnen Fleisch nur selten zu Theil, es sei denn dass es ihnen gelänge, den Bewohnern von Neu-Mexiko hin und wieder einige Maulthiere zu rauben oder den dort mitunter vorbeireisenden Jagdgesellschaften ein sich etwas von der Heerde entfernendes mit Pfeilen zu verwunden, so dass es zurückbleiben und ihnen überlassen werden muss. Capitain Sitgreaves hatte auf diese Weise mehrmals Verluste erlitten, indem die Eingebornen, die unter dem Namen Cosninos oder Cochnichnos bekannt sind, sich der Heerde zu nähern suchten, um eine Ladung von Pfeilen unter dieselbe zu senden und dann schleunigst zu entfliehen. Bei einer solchen Gelegenheit waren ihm auf einmal drei Maulthiere getödtet worden, und als er darauf seine Soldaten auf die Wilden feuern liess, befanden sich dieselben schon wieder ausser dem Bereich der Schusswaffen, und nur eine starke Blutspur verrieth, dass doch einer der Indianer eine Lehre mit auf den Weg erhalten hatte. War Capitain Sitgreaves, als er diese Territorien durchreiste, fortwährend von diesen wilden Horden belästigt, so konnten wir dagegen ungehindert uns weit von unserem Lager entfernen, ohne auch nur auf frische Spuren zu stossen. Der Grund war der, dass Capitain Sitgreaves drei Monate früher im Jahre als wir die Reise unternahm, also zu einer Zeit, wo die Eingeborenen ihre Ernten in den Wäldern hielten, und Frost und Schnee sie nicht von dort vertrieben hatten.

Mehrmals wurde ich indessen, als ich mich etwas zu weit vom Zuge entfernt hatte, von Leroux gewarnt, auf meiner Hut zu sein und mich nicht mit zu grossem Vertrauen in die Schluchten und Cedernwaldungen zu wagen. Er belegte die Richtigkeit seiner Behauptung, als wir eines Tages neben einander reitend unsere Strasse verfolgten, durch einige Erzählungen von Abenteuern, die er gerade mit diesen Cosnino- und Yampay-Indianern erlebt hatte.

»Es war auf meiner Reise mit Capitain Sitgreaves,« hob er an. »Wir hatten einen starken Marsch zurückgelegt; da wir aber auf Wasser zu stossen hofften, so wollten wir noch einige Stunden weiter ziehen. Die langen Septembertage begünstigten unser Vorhaben; wir hielten deshalb eine kurze Zeit an, theils, um unsere Thiere sich etwas zu erholen, dann aber auch um die vor Mattigkeit Zurückgebliebenen wieder herankommen zu lassen. Vor uns lag eine Hügelreihe, auf welcher zwischen Gerölle und grossen Felsblöcken spärliches Buschwerk Wurzel geschlagen hatte. Um einen Blick über die nächste Umgebung zu gewinnen und mich zu orientiren, vielleicht auch Zeichen von der Nähe des Wassers zu entdecken, stieg ich auf den Hügel. Glücklicherweise hatte ich meine Büchse mitgenommen, denn noch war ich 25 Schritte von dem höchsten Punkte entfernt, als ein ganzer Hagel von Pfeilen auf mich zu sauste. Die Entfernung, welche mich von den verrätherischen Eingebornen trennte, die lustig auf mich schossen, war zu gering, als dass ich hätte ausbiegen und mich vor den Pfeilen decken können. Drei derselben trafen mich, zum Glück aber so, dass ich im Gebrauch meiner Büchse, die ich blitzschnell anlegte, nicht verhindert wurde. Es waren lange Pfeile mit steinernen Spitzen, von denen einer mich von der Seite hinter dem Ohre traf, der andere mir den Oberarm verwundete, der dritte aber auf äusserst schmerzhafte Weise sich über dem Handgelenk mit der Spitze zwischen die beiden Armknochen klemmte. Der Schaft fiel natürlich herunter, doch blieb der Stein fest haften. So wie ich meine Büchse anlegte, waren die Wilden augenblicklich hinter den Felsblöcken verschwunden. Vorsichtig bewegte ich mich darauf rückwärts und rief mit lauter Stimme nach meinen Freunden. Als ich indessen meine Augen wendete, glitten die Indianer wie wilde Katzen von Stein zu Stein; hob ich dann meine Büchse, so verbargen sie sich eben so schnell wieder hinter vorragenden Gegenständen. Mehrmals hätte ich Gelegenheit gehabt, Einem von ihnen den Schädel zu zerschmettern, doch hütete ich mich wohl meinen Schuss abzugeben, wodurch ich mir den Angriff des ganzen Haufens würde zugezogen haben. Lange hätte dieses Versteckspielen indessen nicht mehr dauern können, als auf mein Rufen einige meiner Kameraden zu Hülfe eilten, bei deren Anblick die Wilden schleunigst die Flucht ergriffen. Ich schickte ihnen eine Kugel nach, doch konnte ich mit meiner verwundeten Hand nicht besonders zielen und zerschmetterte einem dieser boshaften Eingebornen den Arm anstatt seines verrätherischen Schädels. Meine Wunden an Kopf und Oberarm heilten sehr bald wieder, hingegen gelang es nur mit der grössten Mühe, die zwischen den beiden Knochen über dem Handgelenk zurückgebliebene Pfeilspitze hervorzuziehen. Für die ganze Dauer der Reise konnte ich meinen Arm nicht mehr gebrauchen, denn die von scharfen Steinen gerissenen Wunden heilen viel schwerer, als die durch eine eiserne Spitze verursachten. — Ein andermal, schon einige Jahre früher,» fuhr Leroux fort, «befand ich mich mit mehreren Kameraden in dieser Gegend, um Biber zu fangen. Wir hatten lange keine Spuren von Indianern gesehen und waren deshalb sorglos geworden. Wir legten uns des Abends zum Schlafen nieder und liessen unsere Maulthiere in unserer Nähe grasen. Als wir so eines Morgens unsere Thiere satteln wollten, waren dieselben zu unserem nicht geringen Schrecken verschwunden. Die Spuren, die sie zurückgelassen hatten, liessen uns nicht im Zweifel darüber, auf welche Weise wir darum gekommen waren. Wären wir den Räubern gleich auf frischer That nachgefolgt, so würden wir schwerlich wieder in den Besitz unseres Eigenthums gekommen sein, wir blieben also noch einen Tag an derselben Stelle und begaben uns dann auf den Weg, immer den Spuren unserer Thiere folgend. Die Indianer, als sie sich am ersten Tage nicht verfolgt sahen, gaben sich nach unserem Beispiel einem Gefühl von Sicherheit hin und widerstanden nicht länger ihrem Appetit auf Maulthierfleisch, wodurch es uns gelang, sie zu überraschen. Trotz der grösseren Schwierigkeiten waren wir doch nur des Nachts gereist und hatten in der Dunkelheit zwar häufig die Spuren verloren, waren aber glücklich genug, immer wieder die alte Richtung aufzufinden. In der Mitte der zweiten Nacht unserer Reise, als wir die Hoffnung schon fast aufgegeben hatten, jemals unsere Thiere wieder zu sehen, erblickten wir vom Gipfel eines Bergrückens in einer Schlucht ein kleines Feuer. Wir Alle waren sogleich davon überzeugt, dass Niemand anders als die Räuber unserer Maulthiere dort lagern konnten und trafen deshalb unsere Vorkehrungen. Von verschiedenen Seiten krochen wir dem Feuer zu und stürzten uns auf ein gegebenes Zeichen mit wildem Geschrei auf die um dasselbe Versammelten. Ohne auch nur einen Gedanken an Widerstand zu zeigen, verschwanden die Indianer in der Dunkelheit. Wir fanden alle unsere Thiere mit Lasso's an die nächsten Bäume gefesselt bis auf eines, dessen Ueberreste zerstreut umherlagen. Auch einen alten Indianer entdeckten wir noch, der sich mühsam vom Feuer fortzuwälzen versuchte. Als wir ihn ergriffen, wurden wir gewahr, dass dieses thierische Geschöpf mit einer solchen Gier Unmassen von Maulthierfleisch verschlungen hatte, dass es sich kaum von der Stelle zu bewegen vermochte und zur Flucht vollständig unfähig war. Wäre es ein junger rüstiger Indianer gewesen, so würden wir ihn ohne weiteres erschossen haben, doch kam uns dieses Geschöpf so vernunftlos, so erbärmlich thierisch vor, dass es förmlich Abscheu in uns erregte und wir dasselbe nur mit einigen Kantschuhhieben auf seinem nackten Rücken bezahlten.«

Dies waren einige von Leroux's Erlebnissen, die er mir mittheilte, um mich vorsichtiger auf meinen Streifzügen zu machen. Sie trafen keine tauben Ohren, doch wird es einem leidenschaftlichen Jäger schwer, sich selbst durch solche Rücksichten auf einer begonnenen Jagd zurückhalten zu lassen. Wären übrigens alle unsere Leute vorsorglicher gewesen, so möchten einige unserer Mexikaner wohl schwerlich ihre Unvorsichtigkeit mit dem Leben gebüsst haben.

Am 7. Januar gegen Abend kehrten endlich Lieutenant Whipple und seine Leute zu uns zurück. Er hatte allerdings das Land vor uns nicht unzugänglich für Wagen gefunden, doch lauteten die Nachrichten über die Beschaffenheit des Bodens nicht sehr günstig. Der Schnee hatte nämlich nach einer kurzen Strecke schon sein Ende erreicht, wodurch ein scharfer, mit Lava bedeckter Boden blossgelegt war, auf welchem unsere Thiere, trotzdem sie beschlagen waren, an ihren Hufen leiden mussten. Mit unserer Schafheerde war es nicht ganz so schlimm, denn es konnten diejenigen, die erlahmten und nicht weiter fortzubringen waren, in jedem neuen Lager geschlachtet und rationenweise vertheilt werden; doch durften wir mit diesen auch nur sehr sparsam umgehen, indem immer mehr Schafe dazu gehörten, die an die Expedition zu vertheilenden Pfunde Fleisch voll zu machen, so sehr verloren sie durch Futtermangel und schlechten Boden an Gewicht. Während unseres Aufenthaltes an der Neujahrsquelle waren die Schmiede fortwährend beschäftigt gewesen, die Hufe der Maulthiere zu untersuchen und wo es nöthig war, neue Eisen aufzulegen. Nach der Rückkehr der Recognoscirungs-Abtheilung wurde dasselbe auch mit deren Thieren vorgenommen und noch ein anderer Tag zu diesem Zwecke verwendet, so dass wir erst am 9. Januar unsere Weiterreise antraten.

So wie sich das Land vor uns senkte und wir Meile auf Meile bergab zurücklegten, nahm auch der Schnee ab, und schon gegen Mittag war derselbe gänzlich um uns her verschwunden. Nur wenig Nadelholz bekränzte die Schluchten und Risse, die in allen Richtungen das Land durchkreuzten. Wie eine weite wellenförmige Ebene dehnte sich dasselbe vor uns aus, doch nur scheinbar, denn überall stiessen wir auf tief ausgewühlte, felsige Spalten, über welche hinweg zu kommen unsere und unserer Thiere Kräfte bis auf's Aeusserste in Anspruch nahm. Diese Schwierigkeiten in Verbindung mit dem so ungünstigen Boden und dem schlechten Futter drohten unsere ganze Heerde aufzureiben, und hier besonders hatten wir Gelegenheit wahrzunehmen, wie sehr auf solchen Reisen die Maulthiere den Vorzug vor den Pferden verdienen, denn bei so viel Arbeit und Mühseligkeit und bei solchem Futtermangel hätte schon das letzte Pferd zu Grunde gehen müssen, während wir jetzt nur genöthigt waren, die schwächsten Maulthiere unbeschwert nebenher laufen zu lassen.

Genau nördlich von den Bill Williams Mountains, in der Entfernung von ungefähr 10 Meilen von deren Basis, brachten wir die Nacht des 9. Januars zu. Die Schlucht, die uns durch ihren grossen Wasservorrath zur Wahl der Lagerstelle bestimmt hatte, nahm eigentlich dort erst ihren Anfang, indem die zur Regenzeit aus nahen Niederungen zusammenfliessenden Wasser sich tief in die Erde hineingewühlt und in ihrem Sturz einen Trichter gebildet hatten, in welchem bei unserer Ankunft reichliches, mit einer Eisrinde überzogenes Wasser stand, während in der ganzen Schlucht, so weit wir derselben nachforschten, sich auch nicht der kleinste Wasserspiegel zeigte. Die steilen Uferwände desselben bestanden fast nur aus schwarzer Lava, während im Bette selbst Lavablöcke angehäuft lagen. Einen passenderen Namen als Lava-Creek hätte diese Schlucht daher nicht erhalten können, und so wurde sie demnach für ewige Zeiten getauft. Auf einer weiten Strecke hatten wir jetzt immer dieselbe Naturumgebung, denselben rauhen Boden, dieselben tiefen Schluchten, dieselben Lavafelder und vulkanischen Hügel. Vereinzelt sahen wir hin und wieder den schwarzschwänzigen Hirsch und die Antilope; häufiger gaben uns Wölfe und Coyotas ihre Anwesenheit zu erkennen, indem sie uns heulend und kläffend umkreisten oder in den spärlichen Cedernwaldungen umherschlichen. Etwas Trostloses lag in dem Charakter der Gegend, die wenig geeignet schien, die

Hoffnungen auf besseres Terrain für unsere Thiere zu heben, doch unveränderlich gab der Viameter die zurückgelegte Meilenzahl an, unermüdlich lagen die Mitglieder unserer Expedition ihren verschiedenen Arbeiten ob, ohne das Ziel der Reise, welches noch so fern vor uns lag, dabei aus den Augen zu verlieren.

Nachdem wir den Lava Creek verlassen hatten, war die nächste Stelle, die einer besonderen Erwähnung verdient, der Cedar Creek, ein ziemlich weites Thal, welches an den Seiten mit Cedern reichlich bewachsen war, weshalb das Flüsschen oder vielmehr der Bach, welcher nur in nassen Jahreszeiten Wasser zu führen schien, diesen Namen erhielt. Vier Meilen vor dem Cedar Creek begann das Land sich plötzlich zu senken und zwar so, dass auf diese Strecke von noch nicht einer deutschen Meile über 700 Fuss Gefälle kamen, was auf eine englische Meile 183 Fuss ausmachte. Doch war dieses Gefälle nicht gleichmässig auf die ganze Strecke vertheilt, sondern oft fanden sich steile Abhänge, an denen wir unsere Wagen mit manchen Schwierigkeiten hinabzubringen hatten, ehe wir in's Thal des Cedar Creek gelangten.

Immer bergab ziehend (41 Fuss auf die Meile) erreichten wir am 11. Januar das felsige trockene Bette eines Flusses, welches in vielen Windungen sich gegen Südwest zog. Anfänglich hielten wir dieses für den Bill Williams-Fluss, der an den Bill Williams Mountains entspringend, dem grossen Colorado zufliesst; doch überzeugten wir uns später, dass wir uns geirrt, und nannten diesen Fluss Partridge Creek, weil zahllose reizende Rebhühner, die sich durch den prächtigen Kopfschmuck auszeichneten, zwischen seinen steilen felsigen Ufern lebten. Es war übrigens für unsere Expedition nicht leicht, sich von der Identität eines Flusses zu überzeugen, von dem man nur die Mündung genau kannte und dessen Quellen man an den Bill Williams Mountains vermuthete. Alles Uebrige, was über diesen Fluss bekannt war, beruhte auf den Erzählungen und dem Zeugniss eines Trappers Bill Williams, der den grossen Colorado hinunter kommend, die Mündung eines Flusses bei den Dörfern der Mohave-Indianer entdeckte, sodann, um Biber zu fangen, diesem Flusse aufwärts folgte und bis in die Nähe des Gebirges gelangte, welches ebenso wie der Fluss unter den westlichen Jägern nach ihm benannt wurde, bis endlich dieser Name seinen Weg auf die neuesten Karten fand. Eine schwierige Aufgabe wird es vorläufig noch bleiben, die genaue geographische Lage der Bill Williams Fork zu bestimmen. Die Ufer des Partridge Creek waren hoch und steil, die angrenzenden Ländereien aber so ungünstig für unsere Reise, dass wir an einer passenden Stelle in das Bette des Flusses hinabzogen und an einer Lache noch nicht aufgetrockneten Wassers unser Lager aufschlugen.

Nur bis hierher war Lieutenant Whipple gekommen, es mussten daher wieder neue Nachforschungen angestellt werden, ob eine Möglichkeit vorhanden sei, dem Bette des Flusses zu folgen, dasselbe aber auch wieder bequem zu verlassen. Letzteres schien wegen der sich hoch aufthürmenden Ufer noch ungewisser als das Erste.

XXVII.

Aufbruch einer Recognoscirungs-Abtheilung. — Rebhühner. — Picacho. — Vulkanisches Terrain. — Nachfolgen des Haupttrains. — Chino Valley. — Misslungener Versuch der Recognoscirungs-Abtheilung, durch's Gebirge zu dringen, und deren Zusammentreffen mit der Expedition am Picacho. — Erneuerter Versuch, einen Pass zu entdecken. — Leroux's Erzählung von Colonel Frémonts vierter Reise. — Untergang von Frémonts Expedition, seine Rettung und Ankunft in Californien.

Wiederum blieb der Wagenzug zurück, als am 12. Januar Lieutenant Whipple mit einer Abtheilung, der ich mich diesmal anschloss, die Weiterreise antrat. Es war beinahe um die Mittagszeit, als wir das Lager verliessen und der Schlucht folgten. Ein kurzer Ritt brachte die Zelte bald aus unseren Augen, und wie in einem Kessel waren wir ringsum von hohen Felsenmauern umgeben. Ein guter Weg konnte das Flussbett nicht genannt werden, wenn auch gut im Vergleich mit den Wegen, die wir in den letzten Tagen kennen gelernt hatten. Verkümmertes Gestrüpp und wenig Gras zeigte sich zwischen rein gewaschenen Steinen und Felsblöcken; die aufrechtstehende breitblätterige Cactus *(Opuntia)* aber erreichte ihre volle Grösse in den trockenen Spalten der felsigen Ufer. Zu Hunderten eilten die kleinen zierlichen Rebhühner (*Callipepla californica Gould*, und *Callipepla squamata*, wenn die Federn der Krone lang und spitz sind) immer vor uns her oder flogen eine Strecke weiter, wenn eine mörderische Ladung Schrot unter sie gesendet wurde. Dieses Rebhuhn, welches ungefähr die Grösse einer zahmen Taube hat, zeichnet sich ausser seinem schönen braun und grauen Gefieder noch besonders durch die 6 bis 8 zwei Zoll langen Federn auf dem Kopfe aus, die, oben breit und unten spitz, dicht zusammen liegen und die Gestalt einer etwas nach vorn gebogenen Keule haben. Wenn diese Vögel auf der Flucht sind oder erschreckt werden, tragen sie den Federbusch nach vorn, dem Schnabel zu hängend, während sonst derselbe etwas schräg nach hinten weist. So schön diese kleinen Hühner aussehen, so wohlschmeckend ist auch ihr Fleisch, und in dem Partridge Creek fanden wir dieselben in solchen Unmassen, dass es uns nicht schwer wurde, mit wenigen Schüssen ein Gericht derselben für uns zu erlegen. Auch den grossen grauen Wolf *(Canis lupus L. var. griseus Richardson)* sahen wir mitunter am Rande der Schlucht hinschleichen.

doch war er scheu und wusste sich immer genau ausserhalb des Bereiches unserer Büchsen zu halten.

So waren wir bis gegen Abend fortgeritten, als wir eine Stelle erreichten, wo die Ufer sich senkten, so, dass wir zu beiden Seiten eine freie Aussicht aus der Schlucht über die nächste Umgebung gewannen. Da Wasser in der Nähe war, und sich uns gegen Westen eine zur Strasse geeignete Ebene zeigte, so trafen wir Anstalt hier zu übernachten. Dichte Cedernbäume, deren Zweige bis auf den Boden hingen, bildeten in dieser Nacht ein vortreffliches Obdach; zu unseren Füssen brannten tüchtige Feuer, während wir mit dem Körper wie unter einem grünen Schirm lagen. Das Wetter in dieser Nacht, allerdings noch kalt, war ein schönes Herbstwetter zu nennen, was wir um so angenehmer empfanden, als wir die winterlichen Regionen der San Francisco und Bill Williams Mountains eben erst verlassen hatten. Genau westlich von uns lag, abgesondert von den sich südlich und nördlich erstreckenden Höhen, in der Entfernung von etwa 20 Meilen ein ausgebrannter Vulkan, der von Leroux in früherer Zeit schon gesehen und von ihm und seinen Begleitern Picacho* benannt worden war, und weiter vorzudringen schien nur in der Richtung südlich vom Picacho möglich zu sein.

Nachdem also am 13. Januar zwei Mann an Lieutenant Stanley mit der Weisung, uns mit der ganzen Expedition bis zu diesem Punkte nachzufolgen, abgeschickt worden waren, verliessen wir den Partridge Creek und gingen in der eben angegebenen Richtung weiter. Das Terrain, abwechselnd kahl oder mit lichter Cedernwaldung bedeckt, war hügelig und uneben, doch stiessen wir nicht auf solche Hindernisse, die das Nachfolgen der Wagen sehr erschwert hätten; nur als wir uns dem Picacho näherten, wurden wir häufig durch tiefe Betten alter Lavaströme aufgehalten, die von dem Vulkane ausgehend das angrenzende Land vielfach durchfurchten. Da wo mehrere Vertiefungen zusammenkamen oder die einst flüssige Lava eine Biegung gemacht hatte, fanden wir indessen immer Gelegenheit, nicht nur mit unseren Packthieren jedesmal den Uebergang zu bewerkstelligen, sondern auch Stellen, an welchen für die nachfolgenden Wagen, wenn sie die nöthige Vorsicht gebrauchten, nichts zu fürchten war. Mehrfach entdeckten wir klare Quellen, die spärlich aus dem schwarzen Gestein sprudelten. Am Nachmittag befanden wir uns endlich nicht weit von der Basis des Picacho so dass dieser Berg nördlich von uns lag. Hier nun wurden wir plötzlich auf unserem Wege durch tiefe Abgründe aufgehalten, an welchen hinunter zu klettern selbst für unbeladene Maulthiere nicht möglich gewesen wäre. Unten in der Tiefe weit gegen Süden und Norden bis dahin, wo in Nebel gehüllte Gebirge den Horizont begrenzten, dehnte sich ein anscheinend ebenes Thal aus. Dass wir in das Thal würden hinabkommen können, sagten uns zur Genüge einige der von dem Picacho auslaufenden und in die

* *Picacho*, ist die spanisch-mexikanische Bezeichnung für jeden abgesondert stehenden spitzen Berg.

Ebene mündenden Schluchten; doch wohin wir uns dann zu wenden hatten, mussten wir erst ausfindig machen, denn vor uns auf der anderen Seite der Ebene in der Entfernung von 10 Meilen lag ein Gebirgszug, der sich so weit das Auge reichte, von Süden nach Norden erstreckte. Das Aussehen des Landes war nicht der Art, dass wir irgendwo auf einen Pass durch das Gebirge hätten schliessen können; es öffnete sich uns allerdings in dem Thale ein unabsehbarer Weg gegen Süden so wie gegen Norden, doch lag es in unserem Plane, den geradesten Weg zu verfolgen und weder südlich an den Gila noch nördlich an den Colorado Chiquito zu ziehen. Die Gebirgskette vor uns senkte sich etwas gegen Norden, und dort sollte deshalb zuerst der Versuch gemacht werden, einen Pass zu finden. An einem Abhange also, wo wir vor dem kalten Westwind etwas geschützt waren, zerstreute Cedern uns Holz zum Brennen und Zweige zu einem erträglichen Obdach boten, und wo uns das Wasser auch nicht allzu fern war, brachten wir die Nacht zu.

Nachdem wir am folgenden Morgen gefrühstückt, machten wir uns fertig, hinab in's Thal zu steigen, doch nicht bevor Lieutenant Whipple abermals zwei Soldaten zurückgeschickt hatte, die den Auftrag erhielten, den ganzen Zug an diese Stelle zu führen. Die beiden Soldaten sollten den Marsch zu Fuss zurücklegen; als sie von uns schieden, gab ihnen Lieutenant Whipple noch einen kleinen Vorrath von Tabak auf den Weg, mit dem Bemerken, sie möchten mit den Indianern, wenn ihnen solche begegneten, die Friedenspfeife rauchen. »Pulver und Blei wollen wir mit ihnen rauchen und den Tabak für uns behalten,« gaben die handfesten Bursche zur Antwort, warfen ihre Musketen auf die Schulter und schritten rüstig gegen Osten. Wir entdeckten bald eine Schlucht, die uns abwärts führte; sie erweiterte sich nach einem Ritte von einer halben Stunde über felsigen Boden, und wir befanden uns dann am Rande des Chino Valley, wie wir dieses Thal tauften. So flach, wie es uns von der Höhe aus erschienen waren, war das Thal nicht, doch konnten die einzelnen Vertiefungen, die von den Gebirgswassern gewühlt worden waren, keine ernstlichen Hindernisse genannt werden. Wir merkten uns also in nordwestlicher Richtung von uns auf den fernen Höhen einen Punkt, auf welchen wir zuritten, ohne genöthigt zu sein, im Wesentlichen von der einmal bestimmten Linie abzuweichen. Ohne anzuhalten oder den Schritt unserer Thiere zu mässigen, und nur gelegentlich nach den uns umschwärmenden Antilopen schiessend, zogen wir bis Nachmittag unseres Weges und befanden uns dann an dem westlichen Ende des Thales, wo runde Hügel und Berge, die fast jeder Vegetation entbehrten, uns den Weg zu versperren schienen. An denselben in nördlicher Richtung hinreitend, erreichten wir eine Schlucht oder vielmehr ein schmales Thal, durch welches sich in vielen Windungen das trockene Bette eines Baches zog. Ohne zu zögern bogen wir sogleich in dasselbe ein und folgten ihm gegen Westen. Dürres Gras und Gestrüpp bedeckte den Boden des Thales, welches sich verengte und erweiterte, je nachdem sich die steilen Hügel oder Felsenreihen einander näherten oder von einander entfernten. Wasser fanden wir nicht, hatten also keinen Grund an einer bestimmten Stelle das Nachtlager aufzuschlagen und ritten daher unverdrossen fort, bis die Dämmerung sich einstellte. Wir entledigten dann die Thiere ihrer Last, breiteten unsere Decken auf dem staubigen Boden aus, sammelten von dem dürren Gestrüpp zu unserem sehr kläglichen Lagerfeuer, und alle Vorbereitungen zur Nacht waren somit getroffen. Vor gänzlichem Dunkelwerden erstiegen wir noch die nächste Hügelreihe, um einen Blick in die Ferne zu werfen, doch war der Anblick dort oben noch trostloser als unten in der Schlucht, denn wie eine wüste Hochebene, die nach allen Richtungen tief gespalten und durchfurcht ist, nahm sich das Terrain aus; einsam ragte hin und wieder ein verkrüppelter Cedernbusch aus einer Kluft hervor; kein Leben regte sich in dieser Einöde und schleunigst stiegen wir wieder hinab in das Lager, um unter unseren Decken den Mangel eines tüchtigen Feuers zu vergessen.

Mehrere Meilen hatten wir am folgenden Morgen noch zu reiten, ehe sich die Schlucht, in der wir uns befanden, erweiterte und in eine andere weniger umfangreiche Ebene mündete. Im Westen war diese ebenfalls von einer waldigen Bergkette begrenzt, auf welcher noch einige Spuren von Schnee zurückgeblieben waren. Unsere kleine Gesellschaft wurde am Rande dieses Thales getheilt, indem die Hälfte derselben mit den Packthieren nordwestlich einer Schlucht, in welcher Schnee lag, zueilen sollte, während die Uebrigen auf dem nächsten Wege dem Gebirge zuzogen, um dasselbe an einem hohen Punkte zu ersteigen und eine Aussicht auf den westlichen Abhang zu gewinnen. Bei Letzteren war Lieutenant Whipple und Leroux, welchen ich mich anschloss.

Wüthend sauste der Wind über die Ebene, so dass die Antilopen, die sich hier wieder zu zeigen begannen, ungehindert um uns herumspielen konnten, denn um mit der Büchse sicher zielen zu können, war der Sturm zu heftig, und die Jagd unterblieb daher ganz. Wir befanden uns bald zwischen wilden Hügeln am Fusse des Gebirgszuges und suchten uns eine passende Stelle, um an demselben hinaufzuklettern. Die Arbeit gehörte nicht zu den leichtesten, schroffe Abhänge und wildes Gerölle waren zu überwinden, doch erreichten wir endlich einen Punkt, von welchem wir weit um uns zu sehen vermochten. Wenig ermuthigend dehnte sich das Land gegen Westen vor uns aus; es war ein Chaos von Felsen, Schluchten und wildem Geröll, und so weit wir selbst mit Ferngläsern die Gegenstände zu unterscheiden vermochten, war es derselbe Charakter einer für unsere Expedition undurchdringlichen Wildniss, auf welche unsere Blicke trafen. Ein kurzer Aufenthalt dort oben genügte, um uns sogleich jeden Gedanken an ein Durchdringen in dieser Richtung aufgeben zu lassen. Wir kehrten daher auf dem Wege, den wir gekommen waren, wieder zurück, hielten uns indessen beim Hinabsteigen etwas mehr nördlich, um mit unseren Gefährten wieder zusammenzutreffen, die bei unserer Ankunft schon damit beschäftigt waren, an hellen Feuern, die hier wieder mit trockenem Cedernholz genährt werden konnten, Schnee zu einem einfachen

Mulde zu schmelzen. Abermals erstiegen wir die nächsten Höhen, um noch einmal in die Ferne zu spähen, doch Nichts zeigte sich uns in der Formation des Landes, was uns zum weiteren Fortschreiten hätte aufmuntern können.

Um den Stamm einer weitverzweigten Ceder reihten wir unsere Lager; die dichten Zweige hielten den Schnee von uns ab, der in geringem Masse während der Nacht fiel, und am folgenden Morgen begaben wir uns gestärkt und rüstig wieder auf den Heimweg nach unserem Hauptlager, welches zu dieser Zeit sich schon am Fusse des Picacho befinden musste. Der Schnee, der während der Nacht gefallen war, verschwand noch ehe wir das nächste Thal durchzogen hatten und uns in der Mündung der bekannten Schlucht befanden. Was wir am vorhergehenden Tage nicht entdeckt hatten, fanden wir an diesem, nämlich eine kleine Wasserlache, die uns in den Stand setzte, unsere Thiere, die bereits seit 48 Stunden nur etwas Schnee hatten lecken können, nothdürftig zu tränken. Wir ritten denselben Weg, den wir gekommen waren, wieder zurück und hatten bald wieder den Picacho mit seinem abgestumpften Gipfel und den erkalteten Lavamassen, die noch an seinen Abhängen hinunter zu fliessen schienen, vor uns. Die Antilopen, welche an den vorhergehenden Tagen das Thal belebten, waren an diesem nicht sichtbar; die ganze Natur schien ausgestorben zu sein; nur an der Stelle, wo wir in's Thal hinabgestiegen waren, bemerkten wir, als wir näher rückten, kleine Rauchwölkchen, die sich emporkräuselten und Punkte, die sich bewegten. Es waren unsere Gefährten, die sich dort häuslich niedergelassen hatten und unserer Ankunft entgegensahen.

Kurz vor Abend trafen wir im Lager ein, wo wir sogleich vernahmen, dass die Expedition schon einen Tag früher als wir vermuthet hatten, hierher gelangt war. Sie hatte nämlich die Ankunft der von Lieutenant Whipple abgesendeten Soldaten nicht erwartet, sondern sogleich die Weiterreise von Partridge Creek aus angetreten. Sei es nun, dass die Boten einen Umweg hatten vermeiden wollen, oder dass der Wagenzug, um eine bequemere Strasse zu finden, einen Umweg genommen, genug, die beiden Soldaten waren an dem Train vorbeigegangen und wurden erst aufmerksam darauf, als sie in der Nähe des Partridge Creek auf Wagenspuren stiessen. Sie mussten sich deshalb am folgenden Morgen mit einem kargen Mahl begnügen, worauf sie dann geduldig den Wagenspuren folgten, die sie gegen Abend wieder glücklich zur Expedition führten.

Der folgende Tag nach unserer Ankunft 17. Januar war wieder ein Ruhetag, an welchem wir uns zu einem neuen Ausfluge in südwestlicher Richtung rüsteten. Der Wind hatte sich so weit gedreht, dass er das Lager, welches auf dem südlichen Abhange eines felsigen Hügels stand, mit aller Gewalt fassen konnte; er war rauh und eisig kalt, so dass wir uns kaum zu erwärmen vermochten und daher beschlossen, nach dem Aufbruch der Recognoscirungs-Abtheilung das Hauptlager hinab in die Schlucht zu verlegen.

Wir befanden uns an diesem Punkte nur noch in der Höhe von 4867 Fuss über dem Meeresspiegel, also 1605 Fuss niedriger als an Leroux's Quelle in den San Francisco Mountains, und hatten 75 Meilen von dort bis hierher zurückgelegt.

Am 18. Januar nahmen wir wiederum Abschied von unseren Gefährten und zogen in südwestlicher Richtung dem Gebirge zu. Unsere Gesellschaft bestand aus denselben Mitgliedern, wie auf der letzten Recognoscirungsreise und war mit einer eben so starken Mannschaft versehen, doch hatte Lieutenant WHIPPLE, um Leute und Zeit zu ersparen, mit den Zurückbleibenden eine Verabredung getroffen, dass, wenn sie an irgend einer Stelle am Fusse des Gebirges einen starken Rauch erblicken würden, sie ohne Zeitverlust mit dem ganzen Zuge aufzubrechen und auf kürzestem Wege nach diesem Punkte hinzueilen hätten. Es sollte nämlich von unserer Seite dann ein aussergewöhnlich grosser Dampf durch nasses Holz erzeugt werden, wenn wir einen Pass entdeckt haben würden. Ein solches Signal musste jedenfalls im Lager wahrgenommen werden, indem die Gegend zwischen demselben und dem Gebirge durchaus eben war. Ein ganzer Tag wurde durch dieses Signalisiren erspart, denn eine Tagereise war die geringste Entfernung, welche uns selbst im günstigsten Falle von einander trennen musste.

Es war nicht mehr ganz früh, als wir das Lager verliessen; wir gelangten bald an das trockene Flussbett, welches sich von Norden nach Süden durch das Chino Valley erstreckte, doch fanden wir den Durchgang durch dasselbe nicht so bequem, wie weiter nördlich, indem die Wasser hier tiefer die Erde durhwühlt hatten. Noch vor Abend waren wir wieder von Cedernwaldung umgeben, in welcher wir, so lange wir noch gut sehen konnten, am Fusse des Gebirges gegen Süden fortritten; wir fanden indessen kein Wasser und schlugen daher in einer Lichtung, wo sich etwas Futter für die Thiere zeigte, unser Nachtlager auf. In dichter Waldung, wo Ueberfluss an trockenem Holze ist, vermisst man selbst bei dem kältesten Wetter nicht die Zelte; es ist im Gegentheil noch bequemer, sich am flackernden Feuer hinzustrecken. Der Eine oder der Andere weiss gewöhnlich Etwas zu erzählen, was den Verhältnissen gerade angemessen ist und Jeden interessirt; man lauscht der Erzählung, auch wohl dem Thierleben im Walde, man raucht sein Pfeifchen Tabak und richtet seinen Blick dabei auf einen Stern, der verstohlen zwischen dunklen Zweigen hindurchblickt.

Ich lag an diesem Abend dicht neben Mr. Leroux und horchte aufmerksam seinen Worten, als er mir von Colonel Frémonts vierter Expedition erzählte, die auf so traurige Weise unterbrochen wurde und deren Ueberreste Mr. Leroux in seiner Heimath Taos hatte ankommen sehen.

Im October 1848 unternahm Frémont seine vierte Expedition *), die ihn an den oberen Rio Grande führen sollte; einestheils, weil diese Richtung nach der Südsee noch nie durchforscht worden war, dann aber auch, weil ihm einzelne Gebirgsjäger versicherten, dass sich dort ein guter Pass durch die Rocky Mountains befinde, von dessen

*) Vgl. die Anmerkung auf Seite 217.

Vorhandensein er sich nunmehr zu überzeugen beabsichtigte. Dieses Mal wurde er nicht vom Gouvernement unterstützt, sondern engagirte auf seine eigenen Kosten 33 seiner alten Reisegefährten, die er bei früheren Gelegenheiten als gediegene Leute kennen gelernt hatte, kaufte 120 der besten Maulthiere und versah sich mit Waffen, Schiessbedarf und Lebensmitteln, um die Reise durch die Steppen und die Territorien der feindlichen Comanche- Kioway-, Apache-, Navahoe- und Utah-Indianer zu unternehmen. Vom Missouri aus folgte er dem Kansas-Flusse aufwärts. Nach Zurücklegung von 400 Meilen traf er mit dem alten Fitzpatrick zusammen, der von Tausenden von Indianern verschiedener Nationen umgeben war, und als Agent der Vereinigten Staaten mit den wilden Steppenbewohnern seine Unterredungen hielt und Uebereinkommen abschloss, um den durch die Prairie reisenden Auswanderern nach Californien Sicherheit und Schutz zu verschaffen. Kurze Zeit verweilte er bei Fitzpatrick und erfuhr daselbst von weissen Jägern sowohl als auch von den Indianern, dass der Schnee schon höher als jemals im Gebirge liege. Er setzte indessen seine Reise fort und erreichte das Städtchen Pueblos am oberen Arkansas gegen das Ende des Novembers. An diesem Orte versah er sich abermals mit Lebensmitteln, so wie mit Mais für seine Maulthiere, um auf alle Fälle in den Gebirgen gesichert zu sein, nahm zugleich noch einen alten Trapper Bill Williams mit, der ihm als Führer durch die nächsten Territorien dienen sollte, und befand sich dann in kurzer Zeit im tiefen Schnee der Gebirge. Nur äusserst langsam und mit der grössten Mühe vermochte die Expedition vorzudringen, indem der Schnee die Pässe schon angefüllt hatte, so dass, um die Strecke von nur wenigen Tagereisen zurückzulegen, ein halber Monat erforderlich war.

Dem Führer Bill Williams, der trotz seines grossen Selbstvertrauens das Land nur wenig zu kennen schien, folgend, gelangte Frémont auf die Nordseite der Rio del Norte-Schlucht, wo sich die wildesten und unersteiglichsten Felsmassen der ganzen Rocky Mountains-Kette befinden. Bill Williams drängte immer weiter, und allmälig näherte sich die Gesellschaft der Wasserscheide zwischen dem Atlantischen und Stillen Ocean, wo die Baumvegetation aufhörte und fortwährend Schneestürme wütheten. Durch einen solchen Schneesturm wurde Frémont von einem Versuch die Wasserscheide zu überschreiten zurückgetrieben, und bei dieser Gelegenheit unterlagen die ersten Thiere der furchtbaren Kälte; doch auch mehreren seiner Leute waren schon Glieder erfroren, und nur mit genauer Noth konnte der Führer dem Tode entrissen werden.

Ein neuer Versuch durchzudringen wurde gemacht, und im Schnee eine Bahn festgestampft, auf welcher der Trupp Fuss für Fuss nachfolgte und fortwährend dem tobenden Schneesturm ausgesetzt war. Ein Thier nach dem anderen erstarrte in der Kälte und musste mit seiner Last zurückgelassen werden. Endlich erreichte Frémont die Höhe und befand sich 12,000 Fuss über dem Meeresspiegel. Dort oben nun, wo der Sturm mit unwiderstehlicher Gewalt über die Kuppen und Bergrücken hinfegte und keinen Schnee liegen liess, war die einzige Stelle, wo die Maulthiere etwas Futter fanden, denn an den Abhängen lag der Schnee mannshoch, und es war voraussichtlich keine Möglichkeit mehr vorhanden, die Thiere zu retten. Wenige Tage genügten und Frémonts stattliche Heerde lag in tiefem Schnee begraben. Ohne Thiere wurde ihm die Aufgabe, sich und seine Leute zu retten, noch schwieriger, um so mehr da dieselben kleinmüthig wurden im Angesicht des grauenvollen Endes, welches ihnen augenscheinlich unabwendbar bevorstand.

In dieser Noth beschloss Frémont an den Rio del Norte zurückzukehren und von dort aus eine Abtheilung nach den Ansiedelungen zu senden, um Lebensmittel und Maulthiere herbeizuschaffen, die genügen würden, ihn mit dem, was ihm noch geblieben war, nach Taos zu schaffen; denn dort lebte sein Freund Kit Carson, der ihn auf dieser Reise nicht begleitet hatte. Er wählte von denen, die sich freiwillig zu der Reise erboten, vier, übergab Einem derselben, einem gewissen King, die Führung der Abtheilung nebst Aufträgen für die Ansiedelungen und prägte ihm besonders ein, dass im Falle die geringste Zögerung eintreten sollte, er sogleich Boten mit Lebensmitteln zurückzusenden habe; denn die Provisionen nach dem Verluste der ganzen Ausrüstung bestanden für jeden Mann in vierzehn kleinen Tagesrationen. King begab sich also mit seinen Kameraden auf den Weg, und Frémont unternahm es, mit seinen Leuten von der Bagage so viel wie möglich hinunter an den Rio del Norte zu schaffen.

Eine traurige Zeit verlebten die Zurückgebliebenen; unaufhörlich fiel Schnee, und immer unerträglicher wurde die Kälte, so dass schon einer von Frémonts Leuten erfror. Sechszehn Tage waren auf diese Weise verflossen, als Frémont beunruhigt, durch das Ausbleiben der Nachrichten von King und gezwungen durch den Mangel an Lebensmitteln sich dafür entschied, selbst den Weg nach den Ansiedelungen anzutreten, da er fast befürchten musste, King und seine Kameraden seien von den Utah- und Apache-Indianern abgeschnitten. Mit vieren seiner Leute, unter diesen Mr. Preuss begab er sich auf die Reise; die fünf Abenteurer trugen ausser ihren Waffen und Decken noch Lebensmittel für zwei oder drei Tage bei sich, während die Zurückbleibenden vielleicht noch für jeden Mann drei Mahlzeiten und ausserdem noch einige Pfund Zucker behielten. Frémonts Absicht war, die Red River-Ansiedelungen, 20 Meilen nördlich von Taos zu erreichen und von dort die schleunigste Hülfe zurückzusenden. Im Lager hinterliess er die Weisung, dass, wenn innerhalb einer gewissen Zeit keine Hülfe erscheinen sollte, welcher Fall nur in Folge seines Unterganges eintreten könne, sich die Mannschaften, ebenfalls Rettung suchend, auf den Weg begeben sollten.

Am zweiten Tage seiner Reise stiess Frémont auf frische Spuren von Indianern, wodurch seine Besorgniss um King und dessen Kameraden noch vergrössert wurde. Da die Spuren in seiner Richtung, nämlich am Rio del Norte hinunter führten, so folgte er denselben nach. Am fünften Tage überraschte er einen Indianer, der hinter seinem Trupp zurückgeblieben war, um aus einer Oeffnung im Eise zu trinken. Er sprach freundlich zu dem Wilden und nannte ihm seinen Namen, worauf dieser sich als den

Sohn eines Häuptlings der Utahs, mit welchen Frémont drei Jahre früher Geschenke ausgetauscht hatte, zu erkennen gab, sich ihm sogleich als Führer anbot, und ihm sogar vier freilich sehr schwache Pferde für kleine Gegenstände, die Frémont bei sich führte, überliess. Er blieb die Nacht bei den Indianern und setzte am folgenden Morgen seine Reise langsam fort. Gegen Abend, nach Zurücklegung von 6 Meilen, sah er vor sich in einem kleinen Gehölz Rauch aufsteigen und in der Hoffnung, dort auf die von King, seit dessen Aufbruch schon 22 Tage vergangen waren, zurückgesendete Hülfe zu stossen, ging er mit seinen vier Gefährten auf denselben zu und fand — Kings Abtheilung, doch ohne King selbst. Er vermochte kaum die drei Gestalten zu erkennen, so sehr waren sie von dem grässlichsten Hunger entstellt worden. Auf sein Fragen nach King erfuhr er, dass derselbe schon vor einiger Zeit der furchtbaren Kälte und dem Hunger erlegen sei und die Uebrigen von den Ueberresten ihres untergegangenen Kameraden ihr Leben gefristet hatten.

Mit Hülfe der von dem Indianer erstandenen Pferde gelang es ihm, die drei Ueberlebenden mit fortzuschleppen und nach zehntägigem Marsche und nach Zurücklegung von 160 Meilen Red River Town zu erreichen. Gleich nach seiner Ankunft ging Frémont, unterstützt von dem unverwüstlichen Godey, einem seiner treuesten Kameraden, der ihm nicht von der Seite gewichen war, an's Werk, Hülfe für die im Gebirge harrenden Leute zu schaffen, und schon am zweiten Abend nach seiner Ankunft begab sich der muthige Godey mit 40 Maulthieren und vier Mexikanern auf den Weg, um seine alten Gefährten zu retten.

Die 22 Mitglieder und Arbeiter der Expedition, die im Schnee zurückgeblieben waren, harrten noch sieben Tage in dem Lager, worauf sie von der furchtbarsten Noth gezwungen aufbrachen und der Richtung, welche Frémont eingeschlagen hatte, folgten. Ein Cosumne-Indianer war der Erste, der vollständig verzweifelte und schon 2 Meilen vom Lager seine Gefährten bat, ihn zu erschiessen, und als ihm dieses verweigert wurde, wieder in's Lager zurückkehrte, um dort zu sterben. 10 Meilen weiter wurde ein gewisser Wise das Opfer der Verzweiflung, er warf seine Büchse und Decke von sich, legte sich in den Schnee und starb. Zwei junge Indianerburschen, ebenfalls der Expedition angehörend, die in einiger Entfernung nachfolgten, hüllten den armen Jäger in seine Decken und begruben ihn im Schnee. Zwei Tage schleppten sich die Uebrigen weiter, als ein Jäger Namens Carver wahnsinnig wurde und im Delirium die verschiedenartigsten und wohlschmeckendsten Gerichte vor sich zu sehen glaubte. Am Morgen des dritten Tages trennte sich dieser von seinen Gefährten und fand im tiefen Schnee bald das Ende seiner Qualen. Noch zwei der unglücklichen Schaar blieben an diesem Tage zurück; einer Verabredung gemäss zündeten die Uebrigen ein tüchtiges Feuer bei ihnen an und wanderten dann weiter, wohl wissend, dass die beiden Jäger, von denen der eine noch schneeblind geworden war, die Nacht nicht mehr überleben konnten.

Die schreckliche Kälte und die furchtbaren Schneeanhäufungen hatten alles Wild aus der dortigen Gegend vertrieben, nur hin und wieder gelang es den Reisenden, einige Vögel, und nur ein einziges Mal einen Hirsch zu erlegen, was bei der schon mehr als halb verhungerten Gesellschaft nicht gerechnet werden konnte. Ein Jäger Haler, der gewissermassen die Führung übernommen hatte und ebenfalls daran zweifelte, dass ein Einziger von ihnen gerettet werden würde, beschloss endlich, die Gesellschaft aufzulösen. Er stellte seinen Gefährten vor, dass sie zu zweien und dreien versuchen müssten, die Ansiedelung zu erreichen, dass sie, wenn zerstreut, eher auf ihnen entgegenkommende Hülfe stossen würden, zugleich aber auch leichter Gelegenheit hätten, etwas Wild zu erlegen; er machte sie darauf aufmerksam, dass er geleistet, was in seinen Kräften gestanden habe und dass, wenn er dazu bestimmt sei, von seinen Kameraden aufgegessen zu werden, seinem Leben wenigstens während des Marsches ein Ende gemacht werden solle.

Es geschah seinen Anordnungen gemäss, und drei Abtheilungen wurden gebildet. Mit Haler zogen noch fünf weisse Jäger und die beiden Indianerburschen. Einer der Weissen blieb indessen bald zurück und war trotz Halers warmer Zureden nicht mehr fortzubringen, sondern versprach am Abend nachzukommen. Sie zogen ohne ihn weiter und trafen das Uebereinkommen, dass, wenn Einer von ihnen vollständig ermattete, nicht auf ihn gewartet werden solle, sondern die Kräftigeren ein Feuer bei demselben anzünden und ihres Weges ziehen sollten. Zwei von den Vieren wurden auf diese Weise noch zurückgelassen, der Letzte nur eine kurze Strecke von der Stelle, wo die beiden vorauseilenden Indianerburschen auf Godey stiessen, wodurch sein Leben noch gerettet wurde; der Andere aber kam im Schnee um. Der von Halers Abtheilung zuerst Zurückgebliebene war zu der anderen Abtheilung gestossen, die aus acht Mann bestand, hatte sich mit einem derselben auf den Weg begeben und mit diesem zusammen im Schnee sein Ende gefunden. Diese letztere Abtheilung hatte beschlossen, liegen zu bleiben, Hülfe zu erwarten, und während der Zeit von dem Fleische ihrer verhungerten Kameraden zu leben oder jedesmal den schwächsten zur Fristung und Erhaltung ihres Lebens zu erschiessen. Von den Beiden, welche die dritte Abtheilung bildeten, war ebenfalls noch Einer umgekommen, während es dem Andern glückte, die Abtheilungen, die sich vor ihm befanden, zu erreichen und mit Godey zusammenzustossen.

Ein so trauriges Loos hatte also Frémonts Expedition betroffen. Zwei Drittheile der Gesellschaft wurden durch den braven Godey gerettet, das andere Drittheil aber, 11 Mann an der Zahl, hatte ein schaudererregendes Ende genommen; sie lagen zerstreut auf der Strasse umher an den Stellen, wo sie verhungert zusammengesunken waren. Frémont hatte bei seinem treuen Freunde Carson in Taos ein Asyl gefunden, wohin ihm die Ueberlebenden seiner Gesellschaft, die theilweise durch den Frost Glieder eingebüsst hatten, nachfolgten.

Frémont befand sich in einer Lage, die das stärkste Gemüth niederdrücken muss;

44*

seine ganze Ausrüstung hatte er verloren, ein Drittheil seiner alten Gefährten hatte ihm der Tod geraubt, ein anderer Theil war verkrüppelt, er selbst mittellos geworden, und dieses im fremden Lande fern seiner Heimath. Seine Energie behielt indessen die Oberhand, und er leistete Unglaubliches. In wenigen Tagen befand er sich wieder an der Spitze einer neu organisirten Expedition, zog dem Gila zu, und dessen Laufe folgend, erreichte er Californien im Frühjahr 1849.

Im Jahre 1847 hatte er sich daselbst einen Landstrich, der unter dem Namen Mariposas bekannt ist, ausersehen, von welchem er nunmehr Vortheile zu ziehen gedachte. Mariposas ist reich an Gold, und die Minen daselbst sollen leichter als an irgend einer anderen Stelle Californiens zu bearbeiten und unerschöpflich sein. Die Minen mit gutem Erfolg ausbeuten zu lassen, war nunmehr Frémonts erster Plan. Er schloss daher einen Contract mit einer Anzahl Mexikaner, die für einen gewissen Antheil am Gewinn Gold gruben, wohingegen Frémont sich verbindlich machte, sie mit Lebensmitteln zu versehen. Auf diese Weise emsig damit beschäftigt, für sich und seine Familie durch wachsenden Reichthum eine gewisse Unabhängigkeit zu begründen, ging ihm plötzlich vom Präsidenten der Vereinigten Staaten, dem General Taylor, die Ernennung zum Commissair bei der mexikanischen Grenzvermessung zu. Diesen Beweis des Vertrauens, der ihm nach früheren Unannehmlichkeiten von der Regierung wurde, wies Frémont nicht von sich, sondern beschloss, die Ernennung anzunehmen, doch wurde er daran verhindert, indem er von den Bewohnern Californiens zum Senator für den Congress in Washington erwählt wurde. Er hatte sein 37. Jahr noch nicht erreicht, als ihm von der californischen Bevölkerung diese schmeichelhafte Bevorzugung zu Theil wurde, und bald darauf trat er seine Reise nach Washington an.

Leroux verweilte bei der Beschreibung der durch den Hunger verursachten Qualen und des durch dieselben herbeigeführten Endes der Gebirgsjäger; denn er hatte fast jeden Einzelnen gekannt, und von Jedem wusste er eine Anekdote oder irgend einen Charakterzug zu erzählen, ohne dabei die Fehler, die unter den Jägern des Westens fast allgemein sind, zu beschönigen. Lange hätte ich noch dem alten Leroux zuhören können, doch mahnte er mich an die nöthige Nachtruhe, warf noch einige Holzscheite in's Feuer, wickelte sich in seine Decken, und bald bewies sein tiefes Athmen, dass er in einen gesunden Schlaf gesunken war. Halb träumend glaubte ich noch immer seine Erzählung zu hören, doch war es nur das murmelnde Geräusch, hervorgerufen durch unsere in der Nähe weidenden Maulthiere, die emsig dürres Gras abrupften; ich hörte noch das unheimliche Lachen des Uhus im Gebirge, das dumpfe Geheul der in den Schluchten umherschleichenden Wölfe und schlief endlich ein.

XXVIII.

Turkey Spring. — Pueblo Creek. — Ruinen am Pueblo Creek. — Vordringen der Recognoscirungs-Abtheilung in südlicher Richtung und deren Rückkehr an den Pueblo Creek. — Quelle des Pueblo Creek und Pass im Azteken-Gebirge. — Die Wasserscheide. — Schneesturm im Gebirge. — Rückkehr der Recognoscirungs-Abtheilung und deren Zusammentreffen mit der Expedition am Pueblo Creek. — Reise der Expedition durch den Azteken-Pass. — Yampay Creek. — Abermalige Trennung der Recognoscirungs-Abtheilung von der Expedition. — Cañon Creek. — Unwegsamkeit des Bodens. — Anwesenheit von Eingebornen in den Schluchten.

Hell leuchtete am folgenden Morgen die Sonne über festgefrornen Boden und bereifte Vegetation, als wir unseren Weg am Fusse des Gebirges fortsetzten. Hinauf und hinab ging es über die Hügel die aneinander stiessen und mit der Bergkette in Verbindung standen. Wir hatten erst wenige Meilen zurückgelegt, als unsere Aufmerksamkeit durch eine Reihe von Cottonwood-Bäumen gefesselt wurde. Bei unserer Annäherung entdeckten wir das trockene Bett eines Baches, der aus dem Gebirge zu kommen schien. Die nach einer Schlucht zu dichter werdenden Weiden liessen uns auf die Nähe von Wasser schliessen und dorthin lenkten wir also den Schritt unserer Thiere. Als wir uns durch das hohe abgestorbene Gras, welches eine Lichtung bedeckte, hinwanden, bemerkten wir plötzlich eine zahlreiche Heerde wilder Truthühner, die durch unseren Zug aufgeschreckt, mit leichten Füssen dem Walde zueilten. Die unter sie abgefeuerten Schüsse hatten den besten Erfolg: es fielen mehrere, worauf die übrigen die Flügel ausbreiteten und davonflogen. Die getödteten Vögel waren in der Nähe des Wassers gefallen, welches auf der Fläche von einigen Morgen aus dem Boden quoll und dieselbe in eine Art Sumpf mit kleinen Wasserspiegeln verwandelte; nur an einer Stelle floss es hell und klar dem eben erwähnten Bette zu, doch verlor es sich in demselben schon wieder nach kurzem Lauf. Die geschossenen Truthühner gaben die beste Veranlassung zur Benennung der Quelle, und Turkey Spring schrieb ein jeder in sein Tagebuch, als er am Abend die Erlebnisse des Tages in dasselbe eintrug. Wir tränkten unsere durstigen Thiere an einer Stelle, wo wenige Tage vor unserer Ankunft Eingeborne gelagert hatten, füllten unsere Lederflaschen und setzten nach kurzem Aufenthalt unsere Reise fort. Durch das Hinaufgehen zum Turkey Spring waren wir tiefer in's Gebirge gerathen, was unser Vordringen bedeutend erschwerte. Die Höhen, die wir zu überschreiten hatten, wurden schroffer, die Schluchten tiefer und dadurch, dass die Bergkette sich mehr gegen Osten bog, wir selbst aber unsere Richtung nicht veränderten, waren wir bald von Bergen umgeben, von denen die östlichen freilich nur Hügel genannt werden konnten. Nicht mehr vulkanisches Terrain umgab uns jetzt, sondern metamorphosirte Gebirgsart *(roches éruptives et métamorphosiques)*. Granitmassen lagen hoch aufgethürmt und schauten wie Schlösser stolz über die dunkle niedrige Waldung hinweg, auch weisse Quarzblöcke mit gelben Adern lagen umher, an den goldhaltigen Quarz in Californien erinnernd. Die ganze Umgebung war überhaupt schön zu nennen und mag auch unsere so lange Reise über trauriges, ödes, vulkanisches Terrain einigen Antheil an diesem Urtheil haben, genug, mit Wohlgefallen ruhte das Auge hier bald auf den hoch aufstrebenden steilen Felsmassen, bald auf dem dunklen Grün der Tannen und Cedern, bald auf den Haufen phantastisch geformter Granitblöcke, bald auf den im Osten fast verschwindenden blauen Gebirgszügen.

Wieder erreichten wir eine Reihe blätterloser Cottonwood-Bäume, doch standen sie dieses Mal nicht auf den Ufern eines trockenen Flussbettes, sondern es erfreute uns ein schnellrieselndes Flüsschen. Dasselbe musste auf einem weiten Wege aus dem Gebirge kommen, und sein Thal konnte daher möglicher Weise der Pass sein, nach welchem wir nun schon so lange suchten. Wir vermochten auch ziemlich weit in das Gebirge hineinzublicken, doch schienen wilde Felsmassen das Flüsschen immer mehr einzuengen und dadurch noch mit mancher Schwierigkeit für das Fortbringen der Wagen zu drohen. Wir hatten indessen nun eine Oeffnung vor uns, zu der wir immer zurückkehren konnten, wenn sich unsere weiteren Forschungen als erfolglos ausweisen sollten. Wir folgten dem Flüsschen, welches bis jetzt noch keinen Namen hatte, aufwärts bis zu einem sanftansteigenden, fast baumlosen Hügel, um von demselben aus eine bessere Aussicht auf die nächste Umgebung zu gewinnen. Auf dem Hügel fanden wir die letzten Ueberreste von uralten Ruinen, nach welchen wir nicht nur den Fluss, sondern auch den ganzen Gebirgszug benannten. Wer hätte es aber wohl vermuthet, dass hier an dieser abgelegenen Stelle sich die Spuren der Azteken wiederholen würden? Doch es war so, wir hatten die Fundamentsteine kleiner Gebäude vor uns, die noch in derselben Ordnung lagen, in welche sie von den Erbauern gebracht worden waren. Die Mauern waren allerdings schon längst verschwunden, und nicht einmal Ueberreste derselben mehr zu erblicken, weshalb wir annahmen, dass die Gebäude aus Adobes bestanden hatten, die sich im Laufe der Zeit auflösten und weggeschwemmt wurden. Die Fundamentsteine lagen in runden und ovalen Kreisen von 15 bis 20 Fuss Durchmesser, als wenn die Mauern, die auf denselben gestanden, Thürme gebildet hätten. Ueber den Ursprung des Mauerwerks konnte kein Zweifel mehr obwalten, als wir die an solchen Stellen gewöhnlichen bemalten Topfscherben fanden. Es lagen indessen nur wenige derselben umher, ein sicherer Beweis, dass nur ein geringer Theil der städtebauenden Nation einst die fruchtbaren Thäler in diesem Gebirge bevölkerte. Die Stelle war übrigens vortrefflich zu einer Ansiedelung geeignet, denn der Pueblo Creek bewässerte ein reizendes kleines Thal, welches sowohl durch seine Lage als auch durch seine Fruchtbarkeit die früheren Bewohner dieser Ruinen zur Anlegung einer Stadt bewogen haben mochte.

Wir setzten durch den Pueblo Creek, dessen Breite dort zwischen 10 und 25 Fuss schwankt, und suchten uns einen Weg auf seinem südlichen Ufer in das Gebirge, welches sich weit hinaus gegen Osten erstreckte, denn es lag in unserem Plane, immer weiter gegen Süden vorzudringen, um auf diese Weise vielleicht auf ein quer durch das Gebirge laufendes Thal oder einen Pass zu stossen. Zu einer Höhe von 200 Fuss mussten wir uns hinaufarbeiten, ehe wir unsere Richtung weiter verfolgen konnten; dann aber hatten wir die Urwildniss wieder vor uns, unangetastet, unverändert, so vielleicht wie sie aus der Hand des Schöpfers hervorgegangen. Es war aber nicht der erhabene Urwald, wie man ihn weit im Osten suchen muss; es war auch nichts Wüstenähnliches, was dieses Gebirge charakterisirte, sondern niedrige Cedern, einzelne Eichen und Tannen standen im wilden Durcheinander zwischen wie zufällig hingeworfenen, phantastisch geformten Felsblöcken und Bauwerken ähnlichen Haufen Gerölle so dass man sich eines bangen Gefühls in dieser unheimlichen Wildniss kaum zu erwehren vermochte. Hierzu kam noch die lautlose Stille, die zwischen diesen Bergen herrschte, welche jeden Hufschlag, jedes laut gesprochene Wort im Echo deutlich wiedergaben. Selbst die Thiere schienen diese Wildniss zu meiden und das liebliche Thal des Pueblo-Flusses vorzuziehen. Nur einem Stinkthiere, *Mephitis mesoleuca Lichtenstein (skunk)* begegneten wir, welches mit verdriesslicher Miene und hoch emporgehaltenem zottigen Schweife Jedem mit der Waffe, die ihm die Natur gegeben, drohte. Doch seines Drohens nicht achtend, tödteten unsere Mexikaner dasselbe aus der Ferne durch Steinwürfe, um nicht durch einen Schuss die Blase mit der durch den Geruch fast betäubenden Flüssigkeit zu zerreissen, in welchem Falle der Balg, der für meine Sammlung bestimmt war, unbrauchbar geworden wäre. Das Vorhaben gelang vollkommen, und wenn mir beim Abbalgen auch fast der Athem ausging, so sicherte ich mir doch ein Exemplar, wie es nicht schöner gefunden werden kann. Dieses Thier war nämlich schwarz und weiss, und zwar so eigenthümlich gezeichnet, dass es aussah, als wäre es ursprünglich ganz weiss gewesen und durch Schwimmen in schwarzer Farbe die untere Hälfte vom Mundwinkel bis zur Schwanzwurzel schwarz gefärbt worden. Die langen schönen Haare, die besonders den Schweif wie eine Fahne zierten, gaben dem Thiere ein noch schöneres Aussehen, und wohl hätte man fragen mögen, warum die Natur einem so reizenden Geschöpfe eine so widrige Waffe gegeben habe.

Immer unwegsamer fanden wir bei unserem Vordringen die Wildniss; tief hinab in öde Schluchten und wieder hinauf an den Abhängen der Berge vorbei zogen wir, bis wir einen alten Indianerpfad zu erkennen glaubten. Auf diesem gelangten wir in eine Schlucht hinab, wo in einem schmalen Bette eine kleine Quelle aus dem Boden rieselte, die sich indessen bald wieder in dem trockenen Boden verlor. Da sich vor uns hohe Berge erhoben und wir nicht hoffen durften, bald wieder auf Wasser zu stossen, so trafen wir unsere Vorkehrungen für die Nacht und stiegen dann noch den nächsten Berg hinauf, um von dort aus in die Ferne zu spähen; doch umgab uns von allen Seiten bergige Wildniss, so dass wir jede Hoffnung auf einen bequemen Pass durch das Gebirge aufgaben und am folgenden Tage an den Pueblo Creek zurückzukehren beschlossen, um, demselben bis zu seinen Quellen folgend, auf alle Fälle westlich durchzudringen. Nicht weit von unserem Lager entdeckten wir eine verlassene Hütte der dortigen Eingebornen, ein erbärmliches Obdach, von welchem wir schon genugsam auf den niedrigen Kulturzustand dieser Wilden schliessen konnten. Sie bestand aus Stücken Baumrinde, die in Zeltform aufrecht aneinander gelehnt waren. Sie mochte 3 Fuss in der Höhe und 4 Fuss im Durchmesser haben, und es war durchaus kein Versuch sichtbar, der gemacht worden wäre, die weiten Oeffnungen zu verstopfen, die zwischen den Rindenstücken Wind und Wetter durchliessen. Es musste eine Sommerwohnung von Tonto-, Cosmino- oder Yampay-Indianern sein, Menschen, die den grössten Theil des Jahres von den Wurzeln der mexikanischen Agave leben, denn wir fanden nahe der Hütte die Ueberreste dieser Pflanze, so wie auch die Stelle, wo die Zubereitung derselben stattgefunden hatte.

Diese Menschen graben nämlich die Wurzel, die in einer dicken Knolle besteht, aus, legen sie zwischen heisse Steine in eine Höhlung im Boden und bedecken sie dann dicht mit Erde. Alles Aetzende oder Giftige, was die Wurzel enthält, wird ihr auf diese Weise entzogen, und eine süssliche, durchaus nicht schlecht schmeckende Masse bleibt zurück. Es wurde später von Einigen unserer Expedition der Versuch gemacht, die auf Kohlen gerösteten Agaven zu geniessen, doch hatte dieses üble Folgen, indem ihnen der Mund auf einige Tage wund wurde.

Auf dergleichen Nahrungsmittel angewiesen, können in diesen Regionen nur wenige Indianer zusammenleben, wenn sie nicht der grössten Noth ausgesetzt sein wollen; auch fanden wir in der That nur die Spuren von kleinen Trupps oder Familien, die weit von einander entfernt in abgelegenen Winkeln ein elendes Dasein fristeten.

Mit dem Frühesten begaben wir uns am folgenden Morgen auf den Rückweg und befanden uns nach einem zweistündigen scharfen Marsche an der Stelle, von welcher wir in das Thal des Pueblo Creek hinabsteigen mussten. Wir eilten, so schnell es uns die etwas schwierige Furth erlauben wollte, nach der anderen Seite des Flüsschens und begannen sogleich ein grosses Signalfeuer anzulegen, um unseren Train zum Aufbruch zu veranlassen. Da derselbe aber zwei Tage bis zu dieser Stelle zu reisen hatte, so schickte Lieutenant Whipple zwei Mexikaner ab, die dem Wagenzuge entgegenreiten und ihn auf den besten Wegen an den Pueblo Creek führen sollten, während wir selbst den Weg in die Schlucht einschlugen. Die vielen Windungen des Flusses, die kleinen Seen oder Sümpfe, so wie die Inselchen, die von demselben gebildet wurden, hielten uns zuerst hin und wieder auf, doch kamen wir bald auf festeren Boden, wo nur die dichten Stellen des Waldes zu vermeiden und weniger Schwierigkeiten beim Durchbringen der Wagen zu besiegen waren. Die Freude darüber war indessen nur von kurzer Dauer; die beiden Gebirgszüge, die mit ihren stolzen und imposanten Felsenpartien an der Mündung der Schlucht weit von einander standen und sogar wilden Pyramiden hinlänglich Raum im Thale zwischen sich gelassen hatten, rückten immer mehr zusammen, und bald gelangten wir bis dahin, wo das Flüsschen seinen Weg zwischen den ineinander greifenden Zacken der Berge hindurch suchen und sich um deren Fuss dicht herumwinden musste. Die Schwierigkeit, die Wagen durchzubringen, schien immer zuzunehmen. Bäume mussten gefällt, Abhänge niedergestochen werden, doch da wir fortwährend im Steigen blieben, so konnten wir hoffen, dass wir bald die Wasserscheide erreichen würden, wo es dann nur darauf ankam, welche Aussichten auf dem westlichen Abhange des Azteken-Gebirges, wie wir diesen Gebirgszug nannten, sich uns bieten würden. Ein Indianerpfad, der an dem Flüsschen hinaufführte, kam uns sehr zu statten. Reiter und Packthiere zogen auf demselben, einer hinter dem anderen, weiter; das Flüsschen wurde immer kleiner und unbedeutender, doch nahm die Zahl der Windungen zu, so dass wir uns bald auf dem einen, bald auf dem anderen Ufer befanden, je nachdem die Eingebornen bei Anlegung des Pfades die zum Gehen bequemsten Stellen ausgesucht hatten.

Nach einem mühseligen Marsche erreichten wir endlich die letzte Quelle des Pueblo Creek. Ein Berg von 200 Fuss Höhe lag vor uns, und an demselben hinauf zog sich das nunmehr trockene Bett des Baches. Der Berg musste die Wasserscheide bilden, und da wir auf der Ostseite desselben Schutz vor dem kalten Nordwestwinde fanden, so beschlossen wir, daselbst zu übernachten und am folgenden Morgen den westlichen Abhang und die angrenzenden Ländereien zu durchforschen. Wir stiegen noch vor dem Dunkelwerden auf die Anhöhe und hatten die grosse Freude, das Land sich gegen Westen abflachen zu sehen. Zackige Gebirgszüge begrenzten freilich in der Ferne den Horizont, ausgebrannte Vulkane in nicht allzu grosser Entfernung vor uns deuteten auf rauhes Terrain, doch war es auch wieder ein grosser Trost für uns, dass nur ein paar hundert Schritte von der Quelle des Pueblo Creek neue Furchen und Spalten uns den Beginn eines Flüsschens zeigten, dessen Bette sich in der Ferne im Westen verlor. Ein Pass durch das Azteken-Gebirge war somit gefunden; nur durch grosse Anstrengungen und harte Arbeit konnten die Wagen durch denselben geschafft werden, doch waren die Hindernisse der Art, dass wir sie mit unseren Kräften beseitigen oder überwinden konnten und lagen mehr in der rauhen Oberfläche, als in der wirklichen Bildung des Terrains; nur der letzte Berg war steil und drohete mit einer schweren Arbeit für unsere Thiere.

Vorläufig mit dieser Aussicht zufrieden, begaben wir uns zurück in das Lager, welches wir uns unter einer Gruppe dichter Cedern eingerichtet hatten. Die Luft war kalt, der Himmel trübe und die Nacht hüllte unsere ganze Umgebung in undurchdringliche Finsterniss ein. Die Feuer, von kienigem Holze genährt, warfen ein rothes Licht auf die nächsten schlanken Tannen, auf die bemoosten Felsen und die zwischen denselben wuchernden verkrüppelten Cedern. Zusammengekauert sassen wir vor unserem Scheiterhaufen und benutzten den hellen Schein der Flammen, um in unsere Journale Tagesbegebenheiten einzutragen, als einige Schneeflocken ihren Weg zwischen den Cedern hindurch fanden und uns auf die frisch beschriebenen Seiten fielen; jetzt erst wurden wir gewahr, dass einzelne Flocken in der Luft wirbelten und spielten, gleichsam sich scheuend, in's Feuer zu sinken. Es war schon spät, der lange Ritt des Tages hatte uns ermüdet, wir wickelten uns dicht in unsere Decken und schliefen bald ein.

Früher als gewöhnlich erwachte ich am anderen Morgen in Folge einer unleidlichen Hitze, die ich empfand; die Decken lagen so schwer auf mir, dass der Schweiss mir aus den Poren drang, und Mangel an frischer Luft ein drückendes Gefühl in meiner Brust verursachte; ich erschrak, glaubte mich erkrankt, stiess die Decken, die ich mir am Abend über den Kopf gezogen, zurück und fand dann sogleich die Erklärung für das unbehagliche Gefühl, welches sich meiner bemächtigt hatte. Lockerer Schnee fiel mir nämlich entgegen und obschon es noch dunkel war, vermochte ich doch leicht zu erkennen, dass wir tief eingeschneit waren. Noch immer sauste der Sturm über uns hin; laut brüllte er in den Schluchten, brach morsche Bäume nieder und rüttelte mit Wuth an kräftigen Stämmen und dichtem Gebüsch; Schnee fiel in dichten Massen und wurde von dem Winde in grosser Menge in unser Versteck getrieben. Unsere ganze Gesellschaft war allmälig munter geworden, doch Keiner wagte sich von der Stelle zu bewegen, denn da der Schnee die Luftöffnung, die Jeder in den Decken gelassen, verstopft und das Gewicht der Decken mehr als verdoppelt hatte, so waren Alle gleich mir selbst erhitzt und fürchteten sich, in zu plötzliche Berührung mit demselben zu kommen. So lagen wir denn still, bis der Tag anbrach. Mit grösster Mühe gelang es uns, das erloschene Feuer wieder zum Brennen zu bringen und an demselben ein kärgliches Mahl herzustellen; doch nur wenig empfanden wir von der wohlthuenden Nähe der Flammen, da der Schnee fortwährend dicht um uns herumwirbelte. Unsere Thiere standen mit abgewendeten Köpfen hinter Felsblöcken und Strauchwerk, auf ihren Rücken lag dicker Schnee, der durch die animalische Wärme schmelzend, als kaltes Wasser an ihren Seiten hinunterlief und sie erkältete, so dass sie vor Frost bebten, und mit gekrümmten Rücken sich nicht von der Stelle zu bewegen wagten.

Lange warteten wir vergebens darauf, dass der Schneesturm etwas nachlassen sollte; der Befehl zum Aufbruch wurde daher ertheilt, die Thiere herangeführt, gesattelt und bepackt und hinauf ging es nach der Höhe, von welcher wir am vorhergehenden Tage einen Blick über die westlich liegenden Territorien geworfen hatten. Oben angelangt, vermochten wir kaum die Augen zu öffnen, mit solcher Gewalt trieb uns der Sturm dichten Schnee entgegen. Von einer Aussicht in die Ferne konnte keine Rede sein, wir mussten uns sogar dicht zusammenhalten, um nicht von einander getrennt zu werden. Mit Mühe trieben wir unsere Thiere die Höhe hinab, dem Wetter entgegen und erreichten das mit Schnee angefüllte Flussbett, welches wir am Tage vorher aus der Ferne wahrgenommen hatten und dem wir nun langsam nachfolgten; lichte Tannenwaldungen umgaben uns zwar zeitweise, doch gewährten sie uns nur wenig Schutz gegen das anhaltend tobende Wetter.

Einige Meilen waren wir auf diese Weise vorgedrungen, als wir auf eine steile Hügelkette stiessen, zwischen welcher hindurch ein breiter Pass führte, der von dem auf dem Azteken-Gebirge entspringenden Bach und dessen ziemlich breitem Thale gebildet wurde. Nachdem wir dieses, wenn auch nur oberflächlich, in Augenschein genommen hatten, kehrten wir auf demselben Wege wieder zurück, doch waren die Spuren, die wir im tiefen Schnee gelassen, schon längst wieder zugetrieben, und eine neue Bahn musste gebrochen werden. Wir fanden indessen einige Erleichterung dadurch, dass wir den Sturm nunmehr im Rücken hatten. Wir zogen wieder über die Wasserscheide der Aztek Mountains an unserem verlassenen Lager vorbei und einige Meilen am Fluss hinunter, wo wir unter dichtem Gesträuch auf seinem Ufer den Schnee entfernten und im Kreise um ein mächtiges Feuer unsere Decken und Büffelpelze zum Lager ausbreiteten. Der Schnee hatte unterdessen zu fallen aufgehört, der Himmel wurde sternenklar, und es stellte sich eine so bitterliche Kälte ein, dass wir uns ihrer kaum zu erwehren vermochten, besonders da wir den grössten Theil unserer Habseligkeiten im Vertrauen auf anhaltend trockenes Wetter bei den Wagen zurückgelassen hatten. Durch Tannenzweige, die wir unter unsere Decken auf den Boden legten und gegen den Wind um uns herum in den Schnee steckten, schafften wir uns zuletzt dennoch ein ganz erträgliches Nachtquartier.

Kälter hatten wir es in den San Francisco-Gebirgen nicht gefunden als am Morgen nach dem Schneefall, obgleich wir uns 1191 Fuss niedriger, oder wie später die barometrischen Messungen ergaben, 6281 Fuss über dem Meeresspiegel befanden. Die Luft war still und klar; dicker Reif hatte sich an die Bäume gesetzt, Millionen kleiner Eiskrystalle funkelten im hellen Sonnenschein, und der Schnee pfiff und knirschte unter den Hufen unserer Thiere, als wir den Azteken-Ruinen wieder zuzogen. Auch die Truthühner schienen zu frieren, denn gleichsam als ob sie sich erwärmen wollten, liefen sie zwischen Felsstücken und Gebüsch hin, und achteten nicht auf die nahenden Jäger, von welchen sie mit Schüssen begrüsst wurden. Etwas unterhalb des Hügels mit den Ruinen entdeckten wir am Ufer des Flusses eine Stelle, welche sich vortrefflich zum Nachtlager eignete; wir beschlossen daher daselbst zu halten und unseren Wagenzug zu erwarten, dessen Ankunft wir schon an demselben Tage entgegensahen. Doch fanden wir uns getäuscht, indem erst am folgenden Vormittage die ersten Vorläufer desselben bei uns erschienen und uns von dem guten Zustande, in welchem sich die Menschen und verhältnissmässig auch die Thiere befanden, benachrichtigten: es dauerte dann auch nicht mehr lange, bis Wagen und Packthiere eintrafen, wo sogleich Anstalten getroffen wurden, das Lager zu beziehen.

Am 23. Januar unternahmen wir es also mit unserer ganzen Expedition, den Azteken-Pass hinaufzumarschiren. Beim Beginn ging Alles nach Wunsch, doch dauerte es leider nicht lange, und alle nur zu entbehrenden Hände mussten mit Aexten, Hacken und Schaufeln die sich immer wieder auf's Neue entgegenstellenden Hindernisse aus dem Wege räumen. Nur äusserst langsam kamen wir vorwärts, und noch waren wir $^1/_2$ Meile von der Wasserscheide entfernt, als Erschöpfung, so wie die hereinbrechende Nacht uns zum Halten nöthigten. Es hatte am Tage etwas gethaut, doch brachte die Nacht wieder Frost und führte somit einen Stillstand in dem Verschwinden des Schnee's herbei.

Am 24. Januar bereiteten wir uns vor, den höchsten Punkt, den wir vor Erreichung der Südsee noch zu berühren hatten, zu überschreiten. Eine schwere Arbeit machte uns dieser letzte Berg, doch ging Alles mit der frischen Kraft, die Jeder am Morgen nach einer ungestörten nächtlichen Ruhe fühlt, an's Werk, und in einigen Stunden rollte der letzte Wagen, ritt der letzte Reiter den westlichen Abhang des Azteken-Gebirges hinunter. Ich konnte mich von diesem Punkte nicht trennen, ohne vorher eine Skizze von der Aussicht entworfen zu haben, die sich mir bot, als ich dorthin schaute, woher wir gekommen waren. Ich vermochte die ganze Länge der Schlucht zu übersehen und nahm noch deutlich die fernen bläulichen Gebirge wahr, die sich weit auf der östlichen Seite des Val de Chino erhoben. In der Tiefe glich die Schlucht von oben gesehen einer dichten, lang gestreckten Tannenwaldung, die zu beiden Seiten von hohen Felsen und Bergen eingefasst war. Der Schnee, der überall lag, liess deutlich Sträuche und Bäume weithin erkennen, welche hier die mit horizontalen Lagen von Gestein durchzogenen und überdeckten Plateaus, dort die grotesk gebildeten imposant emporstrebenden Felsmassen zierten. Es war ein schönes Bild im winterlichen Kleide, doch schöner noch müsste sich dasselbe ausgenommen haben, wenn die blätterlosen Cottonwood-Bäume, die den Pueblo Creek einfassten, im reichen Frühlingsschmuck geprangt und eine lichtgrüne Schlangenlinie in der dunklen Tannenwaldung gebildet hätten. Gegen Westen lag eine ganz andere Naturscene vor mir. Als wir von den San Francisco Mountains aus die Kette des Azteken-Gebirges erblickten, hofften wir vom Gipfel desselben schon den Colorado und sein Thal mit den Augen erreichen zu können, statt dessen aber hatten wir wiederum wildes Gebirgsland vor uns, welches von wüsten Ebenen durchzogen war. Gegen Süden wie gegen Norden erstreckte sich, so weit das Auge reichte, das Gebirge, welches wir eben überschritten hatten; in südwestlicher

Richtung erblickten wir ausgebrannte Vulkane, gegen Norden hohe Plateaus; gerade gegen Westen aber in weitester Ferne zeigten sich mit Schnee bedeckte Gebirgszüge, die von Norden nach Süden an einander hinzulaufen schienen. Es ist wohl kaum denkbar, dass vor uns jemals der Fuss eines Weissen diesen Pass betrat; viele Jahre mögen darüber hingehen, ehe nach uns wieder Weisse ihren Weg durch denselben finden, möglich ist es aber, dass, ehe 10 Jahre vergehen, die Locomotive mit ihrem Schnauben das Echo in diesen wilden Bergen wecken wird. Solche Gedanken beschäftigten mich, als ich die Wasserscheide des Azteken-Gebirges verliess und den vorausgeeilten Wagen langsam nachfolgte.

Die Anstrengungen, zu denen unsere Thiere an diesem Tage gezwungen gewesen, liessen es rathsam erscheinen, uns mit einem nur ganz kurzen Marsche zu begnügen. Wir machten also an der Stelle Halt, bis zu welcher wir zwei Tage früher durchgedrungen waren, um am folgenden Tage in nordwestlicher Richtung über anscheinend ebenes Land unseren Weg fortzusetzen. Das plötzlich eingetretene gelinde Wetter hatte den Schnee fast gänzlich geschmolzen und der Boden, der nur wenig gefroren gewesen, nahm das Wasser willig auf, die Räder der Wagen und die Hufe der Thiere sanken daher tief in den weichen Boden, und mühsam bewegten wir uns am 25. Januar über die wogenförmige Ebene gegen Westen. Ein niedriger Holzstreifen westlich von uns, dem wir uns in schräger Linie näherten, deutete auf eine veränderte Gestaltung des Terrains, und wir befanden uns auch wirklich, als wir denselben erreichten, unvermuthet vor einer förmlichen Abstufung von mehr als hundert Fuss Tiefe, an welcher wir eine Strecke entlang ziehen mussten, ehe wir einen Punkt entdeckten, wo wir an dem steilen Ufer hinab gelangen konnten. Ein Giessbach schien sich hier sein Bett gewühlt zu haben; doch nur sein östliches Ufer war von bedeutender Höhe, während sein westliches sich wenig über das Bett erhob. Auf dem westlichen Ufer zogen wir noch einige Meilen weiter und wurden dann gewahr, dass dieser Bach in einen Fluss mündete, von dessen steilem Felsenufer wir nur ein paar hundert Schritte entfernt unser Lager aufschlugen.

Seit Ueberschreitung des Azteken-Gebirges waren wir schon bedeutend abwärts gereist, und es zeigte sich das Land westlich von uns nunmehr ganz anders als es uns von der Höhe aus erschienen war. Das Senken des Bodens vermochten wir noch weithin deutlich wahrzunehmen, doch war das, was wir aus der Ferne für hügeliges Terrain gehalten, rauhes Gebirgsland, welches durch die zahlreichen, tief ausgewühlten Schluchten nur noch doppelt uneben und schwierig für unser Fortschreiten wurde. Eine neue Recognoscirungs-Abtheilung sollte deshalb wieder vorausziehen, um dasselbe zu durchforschen und eine Fahrstrasse auszukundschaften. Da einiges Leben sich in unserer Umgebung zeigte und Vögel und vierfüssige Thiere, besonders hamsterartige Ratten nicht selten waren, so blieb ich beim Hauptzuge zurück, wo ich mehr Gelegenheit hatte, unsere Sammlung zu bereichern. Lieutenant Whipple trat wieder an die

Spitze einer kleinen Abtheilung Reiter und zog am 26. Januar gegen Westen, nachdem verabredet worden war, dass wie früher durch zurückgesandte Boten uns die Richtung, die wir einzuschlagen hatten, angegeben werden sollte. Die beiden Tage der Ruhe, die wir am Yampay Creek wieder zuzubringen hatten, verwendeten wir zu kleinen Ausflügen in die Umgegend, und so beschlossen unter anderem Dr. Kennerly und ich, das Bette des Yampay Creek, so weit es uns möglich sein sollte, genauer zu untersuchen. Um indessen zu demselben hinab zu gelangen, mussten wir nach der Stelle hinwandern, wo der Bach, an welchem wir lagerten, in den Yampay Creek mündete, indem auf jeder anderen Stelle die schroffen Uferwände des Thales uns nicht den geringsten Haltepunkt weder für die Hände noch für die Füsse boten. Das Bette des Flüsschens war 10 bis 20 Fuss breit und hielt nur noch an den tiefen Stellen Wasser, welches mit einer Eisrinde überzogen war. Laubholz verschiedener Art, jedoch von nur geringer Stärke und grösstentheils verkrüppelt stand auf seinen Ufern und war nahe dem Boden mit Ranken und Gestrüpp dicht durchwachsen. Die Breite des Thales von einer Felswand bis zur anderen betrug etwa 200 Schritte, und auf diesem Raume wand sich der Fluss von der einen zur anderen Seite hinüber. Was unsere Aufmerksamkeit am meisten erregte, das waren die Ufer selbst, die von rothem Sandstein in den wunderlichsten Formen bald als Säulen, bald als Blöcke, Tafeln oder ganze Colonnaden senkrecht emporragten. Zahlreiche Höhlen und Spalten waren überall sichtbar, und als wir in eine derselben hineinkletterten, fanden wir, dass von der Natur hier Gänge und Gemächer gebildet waren, die wie in einem Labyrinthe ineinander liefen und geräumige Wohnungen bildeten. Licht und Luft erhielten fast alle diese Gemächer von oben, so dass ein Indianer sich nie eine bessere Wohnung hätte wünschen können. Wir fanden in der That auch die untrüglichen Spuren, dass Mezcal (gebackene Herzblätter einer Art Agave) essende Eingeborene zu gewissen Jahreszeiten diese unterirdischen Gänge belebten. Obschon die Höhlen nicht weit in die Ufer hineinreichten, so waren wir dennoch so lange in denselben herumgeklettert, dass wir den Rückweg nicht mehr finden konnten. Wir gelangten zwar oft genug an Oeffnungen, die hinaus in's Freie führten, doch vermochten wir aus denselben eben so wenig hinab in's Thal, wie hinauf auf die Ebene zu gelangen, indem die Wände selbst für einen Tonto- oder Yampay-Indianer zu schroff gewesen wären, und bei der Höhe der Oeffnung vom Boden an einen Sprung nicht gedacht werden konnte. Lange waren wir so umhergeirrt, bis es uns endlich möglich wurde, durch eine schornsteinartige ganz enge Oeffnung nach oben auf die Ebene hinauf zu kriechen. Wir gelangten nicht weit vom Lager wieder auf die Oberwelt, hätten also um in's Thal zurückzukehren den weiten Umweg noch einmal machen müssen, was zu weit gewesen wäre, und so blieben denn unsere Forschungen im Thale des Yampay Creek auf eine nur sehr mässige Strecke beschränkt.

Als wir am zweiten Morgen unseres Aufenthaltes am Yampay Creek aus den Zelten traten, überraschte uns 2 Zoll tiefer Schnee, der während der Nacht gefallen war. Sogleich gingen wir aus, um auf demselben nach Wild oder sonstigen lebenden Wesen zu spüren und dieselben bis in ihre Schlupfwinkel zu verfolgen, und kamen bei dieser Gelegenheit in den Besitz einer prachtvoll gezeichneten Ratte (*Dipodomys Ordii*), die sich sowohl durch die schöne gelb und weisse Färbung als auch durch die langen Hinterfüsse und die Backentaschen auszeichnete. Wölfe hatten unser Lager während der Nacht vielfach umschlichen, doch bekamen wir am Tage keinen zu Gesicht; nur unter den reizenden, gekrönten Rebhühnern, von denen wir einige Familien in den nahen Schluchten entdeckten, richteten wir eine starke Verwüstung an. In den Mittagsstunden verschwand die leichte Schneedecke, und Alles hatte wieder die alte graue Farbe angenommen, mit Ausnahme der Cederbüsche, die bald einzeln, bald kleine Wälder bildend, etwas Mannigfaltigkeit in diese Einöde brachten.

Gegen Abend kam endlich Nachricht von Lieutenant Whipple mit der Weisung, am folgenden Tage aufzubrechen und den Boten zugleich als Führer zu benutzen. An der Stelle, wo Dr. Kennerly und ich in den Yampay Creek hinabgestiegen waren, fanden wir auch Gelegenheit, mit unseren Wagen das jenseitige Ufer zu gewinnen, auf welchem wir dann rüstig weiter zogen; die Richtung unserer Reise war an diesem Tage westlich, doch wurden wir durch Schluchten, welche den Boden vielfach durchkreuzten, zu manchem Umwege gezwungen. Um zu der Stelle zu gelangen, die von Lieutenant Whipple als passend zum Lager befunden worden war, mussten wir abermals in ein tiefes, felsiges, sehr bezeichnend Cañon Creek genanntes Flussbett hinabsteigen, aus welchem wieder heraus zu kommen nur durch das Vorspannen von 12 Maulthieren vor jeden Wagen möglich war.

Rauher und wilder als auf der ganzen früheren Reise nahm sich jetzt unsere Umgebung aus; nördlich von uns in der Entfernung von 2 Meilen ragten hohe Felsplateaus empor, die nach dieser Richtung hin jede Art der Reise unmöglich machten. Südlich von uns befanden sich ebenfalls unregelmässige, unzugängliche Gebirge; gegen Westen nur traten die Bergketten etwas weiter zurück und liessen dort wenigstens die Möglichkeit einer Durchfahrt zu hoffen übrig. Das Terrain zwischen diesen Gebirgen war hügelig und uneben und wie ein Netz nach allen Richtungen von Schluchten und den Betten alter Giessbäche durchfurcht.

Nach welcher Richtung wir zu ziehen haben würden, um wieder zum Lieutenant Whipple zu stossen, konnten wir nicht errathen, doch machten wir, um Zeit zu ersparen, den Versuch, auf dem Ufer des Cañon Creek, gegen Süden vorzudringen; wir mussten indessen nach kurzem Marsche wieder nach der Stelle zurückkehren, die wir verlassen hatten, um daselbst weitere Nachrichten von unserer Recognoscirungs-Abtheilung zu erwarten, denn in der von uns eingeschlagenen Richtung konnten wir nicht mit unbeladenen Maulthieren, viel weniger noch mit Wagen durchkommen, so sehr war der Boden nach allen Richtungen gespalten und zerrissen.

Da sich auf dem Sande, der den Boden der meisten Vertiefungen deckte, vielfach Spuren grosser Hasen zeigten, so beschlossen Dr. KENNERLY und ich daselbst zu jagen; aber hier wurden wir durch unsere Maulthiere von der Nähe der Eingeborenen auf so untrügliche Weise in Kenntniss gesetzt, dass wir auf deren Warnung umkehrten und vielleicht dadurch der Gefahr eines Hinterhaltes entgingen, der uns aus jeder Spalte, aus jeder Höhle drohen konnte. Wir hatten nämlich auf einem freien Platze unsere Thiere an Pflöcke gebunden und folgten in entgegengesetzter Richtung einer Schlucht; durch eine Biegung in derselben wurde mir sehr bald die Aussicht auf Dr. KENNERLY, so wie auf unsere Reitthiere entzogen, doch war dieser Umstand nicht im geringsten geeignet, mich in meiner Jagd aufzuhalten oder zu stören. Als ich nun emsig mit auf den Boden gehefteten Blicken die alten Spuren der Hasen von den neuen zu unterscheiden suchte, fand ich plötzlich, dass eine indianische Sandale erst vor wenigen Stunden die auf dem Sande zurückgelassenen Spuren eines Hasen ausgetreten hatte. Ich prallte wie vor einer giftigen Schlange zurück, denn ich wurde sogleich inne, dass ich von Feinden umgeben war, die kein Erbarmen kannten und die mich jeden Augenblick aus den Felsspalten und hinter Felsblöcken hervor mit einem Hagel ihrer gefährlichen Pfeile begrüssen konnten. Behutsam jeden Winkel durchspähend, Büchse und Revolver zum augenblicklichen Gebrauch bereit haltend, trat ich den Rückweg an. Als ich um die Ecke bog, bemerkte ich zu meinem nicht geringen Schrecken, dass Dr. KENNERLY's Maulthier verschwunden war, das meinige aber noch an seiner Stelle stand und durch Schnauben und Emporwerfen des Schweifes seine Unruhe zu erkennen gab. Ich blieb stehen, um mich zu überzeugen, ob nicht in der Nähe meines Thieres die Wilden auf mich lauerten, als ich Dr. KENNERLY's Stimme vernahm, der mir von einem nahen Hügel aus zurief: »Besteigen Sie schnell ihr Thier und kommen Sie!« Ich leistete seinen Worten Folge und befand mich in wenigen Augenblicken auf der Anhöhe, wo Dr. KENNERLY mit seinen schussfertigen Waffen vor sich auf dem Sattel hielt; dann suchten wir so schnell wie möglich die Höhe zu gewinnen, wo uns keine verrätherischen Höhlen und Schluchten mehr umgaben, aus welchen in jedem Augenblick ein Haufen Wilde hervorbrechen konnte.

Als mein Gefährte ebenfalls unsere Reitthiere aus den Augen verloren hatte, war er durch deren Schnauben plötzlich zurückgerufen worden; in der Meinung, dass sie durch einen Wolf oder Panther erschreckt worden seien, trat er zu ihnen und wurde eines Anderen belehrt, als er die Spuren von Indianern bemerkte, die gerade vor seiner Rückkehr hinter überhängenden Felsen verschwunden sein mussten. Er bestieg darauf eiligst sein Thier und ritt auf eine Anhöhe, von wo aus er die Schlucht, in welche ich eingebogen war, übersehen, zugleich aber auch mit der Kugel bequem Jeden erreichen konnte, der sich meinem Maulthier nähern würde. Jedenfalls waren die Wilden dadurch, dass sie uns auf der Hut fanden, zurückgeschreckt worden; denn eine feigere Menschenraçe als die dort lebenden Indianer ist nirgends zu finden. Als wir uns wieder auf der Höhe befanden, schwand unsere Besorgniss gänzlich, denn wir waren zu gut bewaffnet, als dass sich die Eingebornen hätten vor uns blicken lassen. Wir gelangten bald an die Spuren unserer Wagen und fanden zu unserer nicht geringen Verwunderung, dass dieselben wieder nach dem alten Lager zurückgekehrt waren; denn in unserem Jagdeifer hatten wir nicht darauf geachtet, dass unübersteigliche Hindernisse den Zug zur Umkehr zwingen mussten.

Einen kleinen Wolf und einige Vögel, die wir an diesem Morgen erlegten, balgten wir ab, wodurch unsere übrige Zeit bis gegen Abend in Anspruch genommen wurde.

XXIX.

Tonto-Indianer. — Cactus-Pass. — White Cliff Creek. — Big Sandy. — Bill Williams Fork. — Die Riesencactus (Cereus giganteus). — Das Thal der Bill Williams Fork. — Das Biberdorf. — Der Biber.

Wir hatten gerade unsere Mahlzeit beendigt, als ein lautes Kreischen, welches wie Lachen klang, unsere Ohren traf, und gleich darauf einige Mexikaner mit zwei gefangenen Eingebornen aus dem Cederndickicht hervortraten. Die beiden Gefangenen bebten unter den festen Griffen der Mexikaner und liessen sich willenlos an das Wachtfeuer schleppen, wo der hinzugekommene Offizier der Escorte, Lieutenant Jones, sogleich einige Mann zur Bewachung derselben commandirte. Die beiden Wilden waren von den Hütern unserer Maulthiere in einer Höhle entdeckt worden, aus der ihnen ein Ausweg zur Flucht mangelte und konnten daher leicht ergriffen werden; natürlich war ein solches Verfahren nicht in feindlicher oder grausamer Absicht von den commandirenden Offizieren vorgeschrieben worden, sondern einfach um die Gefangenen zu zwingen, uns die in diesen Bergen so versteckten Quellen zu zeigen.

Widerlichere Physiognomien und Gestalten als die der beiden Gefangenen sind wohl kaum denkbar. Es war ein junger und ein älterer Mann, beide etwas unter mittlerer Grösse und von kräftigem Gliederbau; grosse Köpfe, vorstehende Stirn und Backenknochen, dicke Nasen, aufgeworfene Lippen und kleine geschlitzte Augen, mit denen sie scheu und tückisch, wie gefangene Wölfe um sich schauten, zeichneten dieselben aus. Ihr Gesicht war dunkler als ich es jemals bei Indianern gefunden, ihre Haare hingen wild und verworren um das Haupt, doch fehlte ihnen nicht der indianische Zopf, den sie mit einigen Stücken Zeug und Leder umwunden hatten. Der Jüngere war mit zerrissenen Mokkasins, Leggins und einer Art von baumwollenem Jagdhemde bekleidet, während der Aeltere nur Fetzen einer Navahoe-Decke mit Dornen, die er als Stecknadeln zu benutzen gewusst, um seinen Oberkörper befestigt hatte. Seine Beine und Füsse waren durch Nichts gegen die scharfen Steine, Dornen und Cactusstacheln geschützt, es sei denn, dass die dicken Schwielen, die wie Büffelleder seine Schienbeine und Kniee bedeckten, anderweitige Hüllen vertraten. Ihre Waffen bestanden in Bogen von 5 Fuss Länge nebst Rohrpfeilen, die starke 3 Fuss massen und mit zierlich geschlagenen, steinernen Spitzen versehen waren. Sie wurden, um ausgefragt zu werden, in das Zelt des Lieutenant JOHNS gebracht, doch wollten oder konnten sie nicht die ihnen gemachten Zeichen verstehen, und schnatterten und jammerten fortwährend, griffen nach Allem, was ihnen geboten wurde, oder was in ihrer Nähe lag und steckten es in ihren aus geflochtenen Bast-Stricken bestehenden Gürtel. Wenn man diese beiden elenden Gestalten beobachtete, wie sie keinen anderen Ausdruck als den äffischer Neugierde und kein anderes Gefühl als das der Furcht um das eigene Schicksal zeigten, so hätte man fragen mögen: Sind dies wirklich menschliche Wesen, in welchen ein göttlicher Funke glimmt, der nur angefacht zu werden braucht, um sie zu nützlichen Mitgliedern der bürgerlichen Gesellschaft zu machen? Man zweifelt daran und wendet sich mitleidig von solchen Geschöpfen ab.

Nach manchen vergeblichen Versuchen, irgend etwas über die Beschaffenheit des Landes aus den Eingebornen, die sich als Tonto-Indianer auswiesen, herauszubringen, wurden sie an's Wachtfeuer geführt und einem Soldaten und zweien Mexikanern übergeben, die ihre Flucht verhindern sollten, zugleich aber auch die Weisung erhielten, im Falle eines Fluchtversuches nicht auf sie zu schiessen. Der Abend rückte jedoch weiter vor, und die Neugierigen, welche sich um die beiden Wilden versammelt hatten, entfernten sich allmälig, so dass nur die Schildwachen bei denselben zurückblieben. Die Gefangenen, die anscheinend theilnahmlos am Feuer sassen, hatten nicht die geringste Lust zu einem Fluchtversuche verrathen, wahrscheinlich wohl nur um die Wachsamkeit einzuschläfern; denn als die Schildwachen sie einen Moment aus den Augen liessen, erhoben sich beide wie der Blitz unerwartet von der Erde und stürzten dem nahen Gebüsch zu. Der Jüngere war mit einem mächtigen Satze aus dem Bereiche unserer Waffen, während der Aeltere, vielleicht weniger gewandt, in dem Augenblick, als er seinem Gefährten in's Dickicht folgen wollte, wieder ergriffen wurde. Da uns sehr darum zu thun war, diesen Indianer nicht auch noch zu verlieren, so befestigten wir ihm eine lange Kette mittels eines Schlosses am Fusse und hefteten diese durch einen starken Pfahl an den Boden; ein Bayonnet wurde dem Wilden alsdann auf die Brust gesetzt, so dass die scharfe Spitze in die Haut schnitt, und ihm durch unzweideutige Zeichen zu verstehen gegeben, man würde bei einem neuen Fluchtversuche es ihm durch die Brust stossen. Mit einer Art von Neugierde beobachtete er dieses Verfahren, welches nur angewendet wurde, um ihn einzuschüchtern. Durch einzelne Klagelaute gab er zu erkennen, wie unheimlich ihm in unserer Mitte sei, mit ausdruckslosem Gesichte blickte er umher, ass von den ihm dargereichten Speisen, steckte die empfangenen Geschenke zu sich, kauerte sich wie ein Hund vor dem Feuer zusammen und schlief ruhig bis zum nächsten Morgen.

Abermals wurden Versuche angestellt, über die Beschaffenheit des Landes etwas von ihm zu erfahren, doch scheiterten alle Bemühungen an dem starren Eigensinne oder dem wirklichen Stumpfsinne dieses Menschen. Die Ankunft zweier Mexikaner aber, die von Lieutenant WHIPPLE zurückgeschickt waren, um uns zu seinem Lager zu führen, machte der ganzen Scene ein Ende. Der Wilde wurde jetzt sogleich mit einigen kleinen Geschenken entlassen und das Zeichen zum Aufbruch gegeben. Obschon die Mexikaner, um nicht von den Eingebornen überfallen zu werden, den grössten Theil der Nacht gereist waren, so konnte doch darauf nicht Rücksicht genommen werden, sondern sie setzten sich bald nach ihrer Ankunft an die Spitze des Zuges und schlugen die Richtung gegen Westen ein. Zwei Meilen hatten wir noch durch wildes unwegsames Land zu ziehen, worauf wir eine Ebene erreichten, die sich in der Breite von 1 Meile in einem Bogen von 4 Meilen gegen Südwesten erstreckte. Der Weg über diese Fläche war verhältnissmässig gut zu nennen, doch endigte sie vor hohen Felsen und Anhäufungen von Granitgerölle, über welche die Wagen nur mit genauer Noth zu bringen waren. Die Reiter konnten indessen durch eine schmale, treppenartige Schlucht klettern, die in der Regenzeit einen prächtigen Wasserfall bilden musste, indem die sich von den Gebirgen in der Ebene sammelnden Wassermassen nur den einen Ausweg durch diesen engen Felsenpass haben. Die Schlucht mündet in einem Thale, in welchem ein Bach sich durch schmale Wiesen schlängelt, der gerade unten an der Felsentreppe mit reichlichem und gutem Wasser entspringt. Wir brachten die Nacht an dieser Stelle zu, obwohl der Marsch des Tages kaum 6 bis 8 Meilen betragen mochte; da aber unsere Lastthiere schon so heruntergekommen waren, dass einige derselben erschossen und sogar zwei Wagen zurückgelassen werden mussten, so beabsichtigten wir, unsere letzten Kräfte zu Märschen aufzusparen, die schlechterdings nicht abgekürzt werden konnten. Wir hatten ja gutes Wasser und etwas Gras, es war also kein Grund vorhanden, an einer so einladenden Lagerstelle vorbei und auf's Gerathewohl weiter in die Wildniss hinein zu ziehen. Hohes steiniges Land umgab uns von allen Seiten, und es gelang uns, manches interressante Exemplar von Vögeln, welche die Schluchten belebten, zu erlegen.

Am folgenden Tage hatten wir fast fortwährend erträglichen Weg, und wenn wir uns auch beständig zwischen cedernbewaldeten Hügeln befanden, so glückte es uns doch immer ohne Schwierigkeit, von einer Schlucht in die andere zu gelangen. Diese führten alle in dem Masse bergan, dass wir durchschnittlich 61 Fuss auf einer englischen Meile stiegen. Am Nachmittag trafen wir endlich mit Lieutenant WHIPPLE und seiner Recognoscirungs-Abtheilung an einer Stelle zusammen, wo wir von dem Rücken des Gebirges in ein tief unter uns liegendes Thal hinabsteigen sollten. Der Pass, in welchem wir uns befanden, wurde auf den Wunsch des Dr. BIGELOW Cactus-Pass genannt; der alte Herr bestand ausdrücklich darauf, weil er hier wieder auf zahlreiche Cacteen, seine Lieblingspflanzen, stiess, unter deren verschiedenen Species besonders die riesenhafte *Echinocactus Wislizeni* hervorragt, welche in der Gestalt von grossen Tonnen und Fässern auf den Felsen umherstand*. Zu beiden Seiten unseres Lagers ragten

* ALEXANDER VON HUMBOLDT, Ansichten der Natur II, pag. 177. Die Dimensionen der Cacteen

abgesonderte Bergkuppen empor, die noch stellenweise mit Schnee bedeckt waren; wir erstiegen dieselben in der Hoffnung, von dort aus den Colorado zu erblicken, doch nichts zeigte sich uns, als ein tiefes, breites, unebenes Thal, durch dessen Mitte sich ein augenscheinlich trockenes Flussbett zog und auf dessen anderer Seite sich ununterbrochen Gebirgsmassen bis dahin ausdehnten, wo wieder höhere Berge in bläulicher Ferne den Horizont begrenzten. Wir befanden uns bedeutend höher, als das sich gegen Westen ausdehnende Land, denn aus halber Vogelperspective vermochten wir die verschiedenen Gebirgszüge zu erkennen, die sich fast alle von Norden nach Süden neben einander hinzogen (74). Der grosse *Colorado of the west* konnte nicht mehr sehr fern sein, in gerader Richtung vielleicht 3 bis 5 Tagereisen; doch bot die dürre Wildniss vor uns einen so abschreckenden Anblick, sowohl wegen der Unebenheit, als auch wegen Wasser- und Futtermangels, dass der Gedanke, den Colorado in gerader Richtung gegen Westen zu erreichen, sogleich aufgegeben wurde, um so mehr, als die Noth und schwere Arbeit täglich einige unserer Lastthiere hinraffte und wir äusserst haushälterisch mit der letzten Kraft derselben umgehen mussten. Eine neue Reducirung unserer Bagage wurde im Cactus-Passe vorgenommen, wo wir abermals die entbehrlichsten Gegenstände zurückliessen.

Seit wir die San Francisco Mountains verlassen hatten, waren 150 Meilen zurückgelegt, doch deutlich vermochten wir noch ihre in Schnee und Eis gehüllten Gipfel zu erkennen; es war aber das letzte Mal, dass wir zu ihnen hinüberschauten, denn der Weg, der jetzt hinab in's Thal führte, lag vor uns, und zwar so steil, dass beim Hinunterbringen der Wagen alle Hände in Bewegung gesetzt werden mussten, die einen, um Gestein und Gebüsch fortzuräumen oder Risse im Boden zuzuwerfen, die anderen, um mittels angebrachter Taue und Stricke das Umschlagen der Wagen oder, was noch schlimmer gewesen wäre, das Hinabstürzen derselben auf die Thiere zu verhüten.

Es war am 1. Februar, als das Niedersteigen vom Cactus-Passe bewerkstelligt wurde, und diese Arbeit nahm fast den ganzen Tag in Anspruch, da auf die erste Meile 700 und auf die ersten 25 Meilen 1711 Fuss Senkung des Bodens kamen. Als wir am Fusse des Gebirges angelangt waren, bogen wir gleich südlich und zogen an demselben hin, bis wir einen aus dem Gebirge kommenden Bach erreichten, der wegen seiner weissen Felsenufer White Cliff Creek genannt wurde. Dort schlugen wir unser Lager auf, und da nach den letzten schweren Tagen ein Ruhetag nöthig geworden und die Recognoscirungs-Abtheilung einen neuen Vorsprung gewinnen musste, um den nachfolgenden Train besser bei seinem Vorschreiten lenken zu können, so blieb die

einer Gruppe, über welche der Fürst von Salm Dyck zuerst so viel Licht verbreitet hat) bieten die sonderbarsten Gegensätze dar. *Echinocactus Wislizeni* hat bei 4 Fuss Höhe 7 Fuss Umfang und nimmt nach dem *E. ingens Zucc.* und dem *E. platyceras Lem.* doch erst die dritte Stelle in Bezug auf die Grösse ein. (*Wislizenus, Tour to Northern Mexico* 1848 p. 91).

Expedition am White Cliff Creek zurück, während Lieutenant WHIPPLE schon am 2. Februar wieder aufbrach.

Gutes Wasser war das Einzige, was uns im Lager am White Cliff Creek von der Natur geboten wurde, doch auch dieses nur ganz in der Nähe der aus dem Boden sprudelnden Quelle, denn kaum 100 Schritte von derselben entfernt, war das sandige Bett schon wieder trocken und staubig. Das Gebirge, welches sich östlich von uns von Norden nach Süden ausdehnte, schien mineralhaltig zu sein, denn mehrfach wurden Proben von Kupfer und Bleierz von den Leuten gefunden und in's Lager gebracht, so wie im Gebirge selbst Granit und Trappformation abwechselte. Am 3. Februar folgten wir unseren vorausgeeilten Kameraden nach. Wir hatten eine mühselige Reise, denn zogen wir in der Nähe des White Cliff Creek, so hinderten uns fortwährend Haufen von Gerölle oder die vom Wasser gewühlten Vertiefungen im Boden; zogen wir in dem trockenen Bette des Flusses selbst, so hatten die Zugthiere die grösste Mühe, die nur noch wenig beladenen Wagen durch den tiefen Sand zu schleppen, ein Uebelstand, der noch zunahm, als wir die Mündung dieses Creek in den Big Sandy erreichten und in diesem weiterzogen. (Die Mündung des White Cliff Creek in den Big Sandy liegt 35° 03' nördlicher Breite, 113° 16' Länge westlich von Greenwich.) Als wir das südliche Ende des breiten Thales, welches wir vom Cactus-Pass aus übersehen hatten, erreichten, waren wir nur auf das trockene Flussbett angewiesen; denn so wie wir auf unserer linken Seite schon fortwährend Gebirge gehabt hatten, so schlossen nun auch rechts von uns kahle Berge den Big Sandy ein. Bis gegen Abend folgten wir unserer mühseligen Strasse, dann lagerten wir aber dort, wo einige Indianer- und Wildpfade, die in einer Schlucht zusammenführten, auf das Vorhandensein einer Quelle deuteten, auf dem Ufer des Flusses unter wildem Dornengestrüpp. Die Quelle fanden wir leicht, obschon sie sehr abgelegen von unseren Zelten war. Wie bei der letzten Quelle war auch hier nur auf einer ganz kleinen Strecke Wasser auf der Oberfläche des Bodens zu finden und zwar gerade nur so viel, um unsere Heerde, von der höchstens 6 oder 7 zu gleicher gleicher Zeit getränkt werden konnten, einmal zu erquicken. Ohne daher am folgenden Morgen das zeitraubende Tränken noch einmal vorzunehmen, brachen wir zur rechten Zeit auf und zogen in dem vom Felsen eingeschlossenen Flussbette weiter; dieses öffnete sich nach kurzer Zeit in ein weites, gegen Süden von Felsen abgesperrtes Thal. Weiter als bis an den Fuss dieser Felsen brauchten wir indessen die südliche Richtung nicht beizubehalten, denn frisch und klar kam aus dem östlichen Gebirge in eiligem Laufe der Cañon Creek, der Hauptarm der Bill Williams Fork, daher und zeigte uns in seinem Thale einen Weg, welcher uns nach kurzer Zeit an die Bill Williams Fork selbst und von dort an den grossen Colorado führte, und den die Recognoscirer schon eingeschlagen hatten. Wo wir den Cañon Creek zuerst erreichten, schwankte seine Breite zwischen 10 und 20 Fuss; einige Cottonwood-Bäume standen hin und wieder auf seinem Ufer, so wie Mezquit-Büsche und dürres Gestrüpp das Thal theilweise bedeckten. So weit wir dasselbe gegen Südwest übersehen konnten, bildeten abwechselnd Felsen, hohe steinige Berge oder niedrige Hügel, deren Vegetation allein aus vereinzelten Mezquit-Büschen und Cacteen bestand, seine Einfassung. Das schöne, frische Wasser des Flusses war zu einladend, der Durst der Thiere zu gross, als dass wir nicht sogleich angehalten und eine kurze Zeit gerastet hätten. Der Tag war indessen noch nicht weit vorgerückt und wir zogen daher in dem Thale, in welchem wir nur mit geringen Schwierigkeiten zu kämpfen hatten, noch an 5 bis 6 Meilen weiter. Als wir uns dann nach einer bequemen Lagerstelle umsahen, fanden wir uns dadurch in Verlegenheit gesetzt, dass wir statt eines schnellfliessenden Wassers nur ein trockenes Flussbett und Triebsand fanden, was uns zwang, unseren nöthigsten Bedarf an Wasser durch zurückgesendete berittene Boten herbeischaffen zu lassen. Eine milde Frühlingsluft wehte in diesem Thale, und wenn auch noch nicht die Knospen an den Bäumen und Sträuchern sprossten, hatte sie doch überall unter dem Gestrüpp frisches Gras aus dem Boden gelockt, welches von unseren Thieren begierig aufgesucht wurde. Wir befanden uns nur noch 2000 Fuss über dem Meeresspiegel, und mit starkem Gefälle eilte die Bill Williams Fork, an welcher wir uns nun schon befanden, gegen Westen dem Colorado zu. Ein Marsch von wenigen Meilen brachte uns am folgenden Morgen in der Frühe an eine Stelle, wo der Fluss wieder plötzlich aus dem Sande hervorsprudelte, das Thal in seiner ganzen Breite reichlich mit Wasser versah, die Wurzeln der in demselben zerstreut stehenden Cottonwood-Bäume und Weiden netzte und zwischen den Halmen des vertrockneten Rohrs neue grüne Schösslinge hervortrieb. Wir rasteten dort, wo uns so ungewöhnlich viele Annehmlichkeiten geboten wurden, einige Stunden, um dann bis zum späten Abend ununterbrochen unsere Strasse weiterziehen zu können. An diesem Tage hatten wir zum ersten Male den Anblick der Riesencactus (*Cereus giganteus*), die hier erst vereinzelt und in geraden Säulen auf der Einfassung des Thales umherstand; bei unserem Weiterschreiten aber erblickten wir dieselbe häufiger und in anderer Form, grösstentheils als riesenhafte Kandelaber von der ungewöhnlichen Höhe von 36 Fuss, die zwischen Gestein und in Felsspalten Wurzel gefasst hatten und auf den Abhängen der Berge und Felsen einsam und verlassen emporragten.

Cereus giganteus, die Königin der Cacteen, ist in Californien und in Neu-Mexiko unter dem Namen Petahaya bekannt. Schon die Missionaire, die vor mehr denn 100 Jahren den Colorado und Gila bereisten, sprachen von den Früchten der Petahaya, die den dortigen Eingebornen als Nahrungsmittel dienten, und erwähnten damals schon, wie in neuerer Zeit die Pelzjäger gethan, eines merkwürdigen Baumes, der wohl Zweige, aber keine Blätter trage und trotzdem einen bedeutenden Umfang und eine Höhe bis zu 60 Fuss erlange. Wir berührten auf unserer Reise die nördliche Grenze dieser eigenthümlichen Cactusart; von dort ab ist dieselbe südlich weit über den Gila hinaus verbreitet; auch wird sie vielfach im Staate Sonora und dem südlichen Californien gefunden. Die wildesten und unwirthsamsten Regionen scheinen die Heimath dieser Pflanze zu sein, denn zwischen Gestein und in Spalten, wo man bei genauester Untersuchung kaum im Stande ist, ein Stäubchen Erde zu entdecken, haben diese fleischigen Gewächse Wurzel geschlagen und gedeihen bis zu einer überraschenden Grösse. Ihre Form ist verschieden, und gewöhnlich abhängig von dem Alter, welches sie erlangt haben. Die erste Form ist die einer mächtigen Keule, die aufrecht auf dem Boden steht und oben mehr als den doppelten Umfang hat. Bei einer Höhe von 2 bis 6 Fuss ist die eben beschriebene Form am auffallendsten, während der Unterschied der Stärke sich mehr ausgleicht, wenn die Pflanzen höher emporschiessen. Bis zu einer Höhe von 25 Fuss sieht man dieselben als regelmässige Säulen hervorragen, wo sie dann gewöhnlich beginnen, ihre Nebenzweige auszuwerfen. Kugelförmig wachsen diese aus dem Hauptstamme, biegen sich in ihrer Verlängerung nach oben und wachsen dann in gewisser Entfernung parallel mit dem Stamme empor, so dass eine mit mehreren Zweigen versehene Cereus genau das Bild eines riesenhaften Kandelabers zeigt, um so mehr, da die Zweige gewöhnlich symmetrisch an dem Stamme vertheilt sind. Dieser erreicht mitunter eine Stärke von $2\frac{1}{2}$ Fuss Durchmesser, doch ist die gewöhnlichste Dicke nur $1\frac{1}{2}$ Fuss. In der Höhe sind sie sehr verschieden; die höchsten, die wir an der Bill Williams Fork fanden, massen 36 bis 40 Fuss, doch sollen sie weiter südlich am Gila bis zu 60 Fuss hoch werden. Wenn man diese colossale Cactus auf der äussersten Spitze eines überhängenden Felsens erblickt, wo ihr nur eine Fläche von wenigen Quadratzollen zur Stütze dient, so kann man nicht umhin, sich zu verwundern, dass der erste Sturm sie nicht von ihrem luftigen Standpunkte hinabstürzt. Doch erhält sie ihre Kraft, den Stürmen zu trotzen, durch einen Kreis von Rippen, die innerhalb der fleischigen Säule sich bis zur Spitze hinauf erstrecken und die zwar einzeln nur 1 bis $1\frac{1}{2}$ Zoll im Durchmesser haben, doch dicht und fest sind, wie das Holz aller Cacteen*). Nach dem Absterben der Pflanzen fällt das Fleisch allmälig von den Holzfasern ab, und wie das Gerippe eines Riesen stehen letztere noch viele Jahre, ehe sie ein Raub der Verwesung werden. Der Stamm sowohl wie die Zweige sind rund herum gekerbt, so dass die Furchen in regelmässiger Entfernung von einander von der Wurzel bis zur Spitze hinauf reichen; die zwischen denselben stehen gebliebenen Theile laufen in einem spitzen Winkel zu, wodurch die Bildung der äusseren Rinde dieser Cactus eine entfernte Aehnlichkeit mit einer Orgel erhält **). Die scharfen Kanten sind dicht mit

*) Alexander von Humboldt, Ansichten der Natur Bd. II p. 178. Wenn man gewohnt ist, Cactusarten blos in unseren Treibhäusern zu sehen, so erstaunt man über die Dichtigkeit, zu der die Holzfasern in alten Cactusstämmen erhärten. Die Indianer wissen, dass Cactusholz unverweslich und zu Rudern und Thürschwellen vortrefflich zu gebrauchen ist.

**) Alexander von Humboldt, *Essai politique sur le royaume de la Nouvelle Espagne Vol. II* p. 264. — *Au pied des montagnes de la Californie on ne voit que des sables ou une couche pierreuse sur laquelle s'élèvent des Cactus cylindriques (Organos del Tunal) à des hauteurs extraordinaires.*

Cereus giganteus Engelmann

gleich weit von einander entfernten Büscheln von grauen Stacheln besetzt, zwischen welchen dann die hellgrüne Farbe der Pflanze selbst hindurchschimmert. Im Mai oder Juni schmücken grosse weisse Blüthen die Spitzen der Zweige wie des Hauptstammes, und wohlschmeckende Früchte nehmen deren Stelle im Juli und August ein. Diese haben getrocknet im Geschmack grosse Aehnlichkeit mit Feigen; sie werden von den dort lebenden Indianern gesammelt und dienen ihnen zu einer ihrer beliebtesten Speisen; auch bereiten sie daraus durch Zerkochen in irdenen Gefässen eine Art Syrup.

Erregten die kleineren Exemplare des *Cereus giganteus*, deren wir am frühen Morgen ansichtig wurden, unser ganzes Erstaunen, so wurde dieses noch gesteigert, als wir bei unserer Weiterreise diese stattliche Pflanze in ihrer ganzen Pracht sahen. Der Mangel an jeder anderen Vegetation war die Ursache, dass wir weithin jede einzelne dieser Pflanzensäulen wahrnehmen konnten, die, scheinbar symmetrisch geordnet, besonders die Höhen und Abhänge der Berge bedeckten und dadurch einen eigenthümlichen Eindruck hervorriefen. Ein schöner Anblick war es keineswegs, denn wenn auch jeder einzelne Stamm, für sich betrachtet, ein wahrhaft bedeutendes Bild aus dem Pflanzenleben zeigte, so verliehen diese imposanten, schweigsamen Gestalten, die selbst im Orkan unbeweglich und unerschüttert blieben, ihrer Umgebung einen öden und starren Charakter. Wie versteinerte Riesen, die in stummem Schmerze die Arme zu den Wolken emporstreckten, nahmen sich einzelne der wunderlichen Figuren von fernher aus, während andere am Rande von Abgründen wie einsame Schildwachen umherstanden und gleichsam trauernd auf ihre wüste Umgebung oder auf das freundliche Thal der Bill Williams Fork blickten, aus welchen die Schaaren der Vögel sich nicht hinauswagten, am wenigsten, um sich auf den stachligen Armen der Petahaya auszuruhen. Nur zu kranken und schadhaften Cacteen eilten leicht beschwingte Wespen und buntgefiederte Spechte, um in den alten Wunden und Narben dieser Pflanzen ihre Wohnungen aufzuschlagen.

Wieder verlief sich der eigenwillige Fluss vor unseren Augen im Sande, doch erreichten wir noch vor Abend Baumgruppen, die uns während des grössten Theiles des Tages sichtbar gewesen waren, und wo sich der Fluss wieder in aller Fülle in seinem schmalen Bette dahindrängte. An einer Stelle, wo wir vorbei mussten, hatte einer von Lieutenant Whipple's Gefährten eine prächtige Weihe aufgehängt, die er geschossen hatte; wir wurden derselben gleich gewahr, und es gelang mir, den Balg noch zu retten, obgleich die milde Luft ihren schädlichen Einfluss auf denselben auszuüben nicht verfehlt hatte. Neben dem Vogel fanden wir auch noch einen Brief von Lieutenant Whipple, in welchem wir aufgefordert wurden, immer rüstig seinen Spuren zu folgen. Es war auch in der That kein Grund vorhanden, der uns hätte veranlassen können, länger als unumgänglich nothwendig war, stille zu liegen; die Bäume und das Weidengesträuch um uns her trieben freilich Knospen, immer häufiger wurden die frischen Grasplätze, herrliches Wasser war stets in unserer Nähe, doch hatten unsere Thiere schon zu sehr gelitten, als dass sie sich in kurzer Zeit wieder hätten erholen können, und es verging kein Tag, an welchem wir nicht eins oder mehrere derselben erschiessen oder zurücklassen mussten; ein Wagen nach dem anderen wurde aufgegeben, ihre Ladung auf die wunden Rücken unserer armen Thiere vertheilt, und wir durch solche Verhältnisse jeden Augenblick zur grössten Eile gemahnt. Auch von einer anderen Seite drohte uns Noth: unsere Schafheerde wurde immer kleiner, denn 116 Mann bezogen aus derselben täglich ihre Fleischrationen, die nicht verkürzt werden durften, weil die Mehlrationen schon bis zur Hälfte herabgesetzt waren, und auf das Fleisch unserer Maulthiere durften wir nur im äussersten Nothfalle rechnen, um nicht durch Verringerung unserer Transportmittel an der glücklichen Durchbringung unserer Sammlungen und Arbeiten verhindert zu werden. Wild, wodurch wir unsere Lebensmittel hätten merklich vermehren können, fehlte uns fast ganz; Rebhühner umschwärmten uns zwar täglich, auch lieferte das Geflügel, mit dem die breiteren Stellen des Flusses, die angrenzenden Sümpfe und überschwemmten Wiesen bedeckt waren, uns manchen guten Braten, doch konnten dergleichen Aushülfen nicht gerechnet werden, sie waren zu gering im Vergleich mit unserer grossen Gesellschaft, deren Appetit mit der Noth zuzunehmen schien. Bergschafe befanden sich genug in den benachbarten Gebirgen, auch wurden wir hin und wieder eines solchen ansichtig, wie es scheu an den Abhängen hinzuschweben schien, oder, wenn verfolgt, sich kopfüber in einen Abgrund stürzte; doch kamen sie nie in den Bereich unserer Büchsen, und wir können uns nicht rühmen, während unserer ganzen Reise auch nur eines dieser so interessanten Thiere erlegt zu haben. Es waren also genug Gründe vorhanden, die uns bestimmten, wenn auch in kleinen Märschen, so doch unausgesetzt unserem Ziele zuzueilen.

Wie gewöhnlich begünstigte das prächtigste Wetter unseren Aufbruch am 6. Februar. Dichtes Weidengestrüpp umgab uns von allen Seiten, so dass wir im Flusse selbst langsam unsere Strasse verfolgen mussten. Anfangs war der Sand fest, doch je weiter wir zogen, desto unsicherer wurde der Boden; das Thal verengte sich, und hätten wir auch das Flussbette verlassen und uns einen Weg durch wild verworrenes Gestrüpp bahnen wollen, so würden wir doch wenig dadurch gewonnen haben, denn rings umher stand das Thal unter Wasser. Wir überzeugten uns davon, dass dieses eine künstlich hergestellte Ueberschwemmung war, denn wir erreichten bald eine Anzahl von Dämmen, die mit solchem Scharfsinn und solcher Ueberlegung gebaut waren, dass das zuströmende Wasser eine gewisse Höhe nicht übersteigen, zugleich aber auch der Wasserstand in den Teichen nicht abnehmen konnte. Als ich so auf meinem vorsichtig watenden Maulthiere durch's tiefe Wasser ritt und mich über die kunstvollen Anlagen der fleissigen Biber freute (denn in einer Biber-Ansiedelung befanden wir uns), ergötzte ich mich vielfach über die Bemerkungen einiger Soldaten, die in den Wasserbauwerken die Nähe der Ansiedelungen von Menschen zu erkennen glaubten und sich schon am Ziele der halben Rationen wähnten. Es ist übrigens natürlich, dass Derjenige, der noch nie ein Biberdorf gesehen, die Arbeiten dieser klugen Thiere für Werke von Menschenhänden hält; denn auch nicht der geringste Verstoss in der Bauart verräth eine Unkenntniss der Wasserkraft und der nothwendigen Stärke der dem Wasser entgegenzustellenden Mauern. Kein einziger der Dämme ist in der ganzen Breite dem Drucke des gerade entgegenkommenden Wassers ausgesetzt, sondern schräg mit dem Strome und allmälig durch denselben ziehen sich die Bauwerke, die so lange erhöht werden, bis das vor denselben sich ansammelnde Wasser hinreichend tief befunden wird; ganz am Ende des Dammes wird eine Oeffnung gelassen, deren Grösse ebenfalls so genau berechnet ist, dass eben so wenig das überflüssige Wasser über den Damm hinwegrieseln und denselben zerstören, als zu viel hinausfliessen kann, wodurch der zur Anlage der Hütten nothwendige Wasserstand verringert würde. Leider sind die Biber so sehr scheu, dass es nur selten einem Menschen gelingt, sie bei ihrer Arbeit zu beobachten, und daher ist man grösstentheils nur im Stande, in ihren Ansiedelungen durch die dort geschaffenen Werke auf den unermüdlichen Fleiss der Erbauer zu schliessen. So giebt es z. B. in einer Biberrepublik zwei besondere Klassen von Arbeiten, nämlich erstens die zum allgemeinen Besten des ganzen Dorfes nothwendigen Dienstleistungen bei dem Erbauen neuer und bei dem Ausbessern schadhaft gewordener Dämme, und dann die Errichtung der einzelnen Wohnungen oder Hütten, die etagenweise im Wasser aufgeführt werden, so dass das obere Stockwerk die Höhe des Wasserspiegels überragt. An der ersten Art von Arbeit nimmt die ganze Bevölkerung ohne Unterschied des Geschlechts oder Alters Theil, und daher gelingt den vereinten Kräften der ganzen Bevölkerung Manches, was uns beim ersten Anblick unglaublich erscheinen muss. So werden überhängende Bäume, die mehr als einen Fuss im Durchmesser haben geschickt abgenagt, so dass sie niederbrechend in's Wasser stürzen müssen; frische Arbeiter sind dann sogleich zur Hand, um Zweige und Aeste von den Stämmen zu trennen und die Stämme selbst so weit abzunagen, wie sie noch etwa auf dem Ufer festliegen, um sodann den schwimmenden Theil mit Leichtigkeit an den Ort seiner Bestimmung zu flössen. Dort nun befinden sich wieder andere Arbeiter, die mit Zweigen, Schlamm und Erde vorausgeeilt sind, um den treibenden Block sogleich zu befestigen; immer neues Baumaterial wird herbeigeschafft, mit Umsicht übereinander gefügt und befestigt, und bald erhebt sich wie eine Mauer der Damm aus dem Wasser, welchen die klugen Baumeister, an demselben hinaufkriechend, mit ihren breiten Schwänzen wie mit Maurerkellen glätten, wodurch sie ihm nicht nur ein besseres Ansehen, sondern auch mehr Festigkeit geben. Nun erst, nachdem diese öffentliche Arbeit beendigt ist, denken die einzelnen Mitglieder an die zweite Art ihrer Arbeiten, nämlich an die Errichtung ihrer eigenen Hütten, und Jeder, unbekümmert um den Anderen, geht an's Werk, an einer ihm passenden Stelle eine seinen Wünschen und Neigungen entsprechende Wohnung zu gründen, in welcher er nach Bequemlichkeit in einem Gemache oberhalb des Wassers der Ruhe pflegen und bei herannahender Gefahr durch den Boden unbemerkt hinab in's Wasser gleiten kann. Den Stand des Wassers berechnen

47*

die klugen Thiere an ihren Wohnungen; nimmt das Wasser durch Regengüsse oder auf andere Weise zu sehr überhand, so werden bald einige Biber an der Oeffnung des Dammes sein, die zur Entfernung des überflüssigen Wassers bestimmt ist, und dieselbe erweitern, oder wenn lange Trockenheit es erheischen sollte, dieselbe verengen oder nach Umständen auch ganz verstopfen. Auf diese Weise geben die Biber das Bild einer friedlichen, in Allem unter sich einverstandenen, betriebsamen Gemeinde. Der Mensch, der mit unbefangenem Geiste die weisen Gesetze der Natur bewundert und liebevoll die zarten Keime der Pflanzen beobachtet, die einer unwiderstehlichen Kraft gehorchend üppig emporschiessen, Reiz und Anmuth über die Erde verbreitend, findet auch in dem Leben und Treiben der harmlosen Biber, so wie der ganzen Thierwelt eine Hinweisung auf eine Alles lenkende gewaltige Macht, vor der er sich mit frommem Gemüthe demüthig beugt.

Der eigenthümliche Scharfsinn, den die Biber überall verrathen, wo sie gesellschaftlich leben, ist gar nicht mehr in den Thieren zu entdecken, wenn sie abgesondert von einander sind. Sie wohnen alsdann in Höhlen, die sie in die Ufer scharren, und nur planlos dem Instinkte folgend, nagen sie an Bäumen und Holzblöcken. Auch in der Gefangenschaft zeigen sie nur unbeholfene Bewegungen statt der grossen Gewandtheit in der Freiheit, doch gewöhnen sie sich, wenn sie noch jung sind, schnell und leicht an menschliche Gesellschaft. Ich hatte einst lange Gelegenheit, den Biber zu beobachten, als ich auf einer Reise von New Orleans nach Bremen zwei junge Exemplare mit mir führte, die durch ihr zutrauliches Wesen, so wie durch ihre klagenden bettelnden Stimmen, die durchaus den Stimmen kleiner Kinder glichen, mir manche Zerstreuung auf der langen Seefahrt verschafften. Auch wurden sie nicht seekrank, während ein Paar mächtige graue Bären, einige andere reissende Thiere, so wie ein Adler, die sich ebenfalls in meiner Gesellschaft befanden, deutliche Symptome der Seekrankheit, besonders während eines lange anhaltenden Orkans zeigten.

Nachdem wir das Biberdorf hinter uns hatten, verengte sich das Thal des Flusses so sehr und zog sich in so kurzen Windungen dahin, dass wir vielfach genöthigt waren, unseren Weg über die Ausläufer der nächsten Berge zu nehmen. Das Thal erweiterte sich indessen bald wieder in eine Wiese, die zur Hälfte mit hohem Rohr, zur Hälfte mit niedrigem Grase bewachsen, uns eine passende Stelle zum Nachtlager bot. Der Fluss, der sich hier in einem etwas tieferen Bette durch das Thal schlängelte, war nicht sehr breit, doch ziemlich reissend. Verkrüppelte Bäume standen hin und wieder auf seinen Ufern, und unter denselben wenige frische Grashalme, die ersten Verkündiger des herannahenden Frühlings. Auch Spuren von Indianern fanden wir an diesem Tage, nämlich Abdrücke von Sandalen einiger Männer, die an Bill Williams Fork hinunter dem Colorado zugewandert waren; die Spuren mussten schon einige Tage alt sein, und die Eingebornen, von welchen dieselben herrührten, hatten sich anscheinend vor Lieutenant WHIPPLE zurückgezogen. Wir setzten am 7. Februar in gewohnter Ordnung unsere Weiterreise fort, immer dem gewundenen Bette der Bill Williams Fork folgend; nach einigen Meilen rückten die Berge und Felsen näher zusammen und bildeten eine enge Schlucht, durch welche sich uns ein einziger Weg öffnete. Anfänglich waren die Schwierigkeiten leicht zu besiegen, indem fester Boden, wenn auch uneben und felsig, den Füssen Widerstand leistete; es währte indessen nicht lange, so befanden wir uns der Art von Felsen, die sich zu beiden Seiten hoch aufthürmten, eingeengt, dass wir, wenn wir auch gewollt hätten, nicht im Stande gewesen wären, auf dem einmal eingeschlagenen Wege umzukehren. Schilf und Gestrüpp bedeckte manchmal dicht unsere Strasse, und wo dieses uns nicht hindernd im Wege stand, da war es wilder Triebsand, der Wagen und Maulthiere zu verschlingen drohte. Der Boden unter den Hufen unserer Thiere war unsicher, als sie durch das denselben bedeckende Wasser wateten, und immer tiefer schnitten die Räder der einander folgenden Wagen ein, so dass die letzten derselben auf ihren Axen geschleift wurden und zuletzt nicht mehr von der Stelle gebracht werden konnten, weshalb zum Aufschlagen des Lagers geschritten werden musste. Die an diesem Tage zurückgelegte Strecke war nur sehr klein, doch mussten wir uns in die Nothwendigkeit fügen. Lieutenant Tittball nebst seiner Escorte und einer Anzahl Packthiere, die sich mit leichterer Mühe durch die Hindernisse hatten hindurch arbeiten können, mitunter auch im Stande gewesen waren, an den Abhängen der Berge hinzuziehen, hatte einen Vorsprung vor den Wagen gewonnen, als er davon benachrichtigt wurde, dass an ein Weiterreisen an diesem Tage nicht mehr gedacht werden könne. Ich befand mich zu der Zeit gerade in seiner Gesellschaft und zog es vor, von seiner Gastfreundschaft Gebrauch zu machen und nicht auf dem höchst unbequemen Wege zu meinen Zeltkameraden zurückzukehren. Bis zum Abend beschäftigte ich mich daher mit der Jagd auf Vögel, die in grosser Anzahl das Thal und die Abhänge belebten. Besonders erregten die reizenden Kolibris, die wie blitzende Smaragde um die wenigen aufbrechenden Blüthenknospen im Thale summten, meine Aufmerksamkeit und ich war so glücklich, einige Exemplare derselben zu erlangen. Heerden von Rebhühnern belebten die Schluchten und lockten mich weit fort in's Gebirge, wo ich dann einen der höchsten Punkte erstieg, um einen Blick um mich zu werfen. Wie ein Chaos umgaben mich dort oben wilde, zackige Gebirgsmassen, unfreundlich und öde starrte mir von allen Seiten die Natur entgegen, und einsam schaute von den Gipfeln der Berge und Felsen die riesenhafte Petahaya um sich; ich konnte mich eines beängstigenden Gefühls in dieser unwirthsamen Urwildniss kaum erwehren, und behutsam kletterte ich hinab von dem kahlen Bergrücken.

XXX.

Reise im Thale der Bill Williams Fork. — Dr. Bigelow's Ankunft im Lager. — Nachricht von der Recognoscirungs-Abtheilung. — Artillerie Pic. — Vereinigung der ganzen Expedition und Fortsetzung der Reise. — Die Quelle im Gebirge. — Indianische Malereien. — Verminderung des Gepäcks. — Verluste an Wagen und Maulthieren. — Ankunft am Rio Colorado.

Der Tag war schon weit vorgeschritten, als am 8. Februar der Zug, der abermals einen Wagen verloren hatte, zu uns stiess und mit uns vereinigt die Weiterreise antrat. Wieder öffnete sich das Thal zu beiden Seiten, so dass wir weithin über steiniges, wellenförmiges Land zu blicken vermochten; vor uns aber, in der Entfernung von wenigen Meilen erstreckte sich von Norden nach Süden eine Hügelkette von schwarzen Eruptivfelsen, durch welche wir an der Stelle, wo die Bill Williams Fork dieselbe durchbrochen hatte, wie durch ein Thor sehen konnten. Eine kurze Strecke vor diesem Felsenthor, unter Gestrüpp von Mezquit-Büschen, welches so dicht stand, dass wir nur mit Mühe bis an den Fluss durchdrangen, errichteten wir unsere Zelte. Nur sehr kurze Märsche legten wir in dieser Zeit zurück; die Strasse war zu schwierig und zu sehr gewunden; wir hatten daher nur wenige Meilen in gerader Linie von einem Lager bis zum anderen zurückgelegt, obgleich wir mindestens die Hälfte des Tages und gewöhnlich darüber unterwegs waren.

Am 9. Februar zogen wir durch das Felsenthor und fanden auf der anderen Seite desselben ebenfalls eine kleine Ebene, in welcher der Fluss einen grossen Bogen gegen Norden beschrieb; seine Ufer waren hier ziemlich dicht mit Weiden und Cottonwood-Bäumen bewachsen, so dass es Dr. Kennerly und mir, die wir den Lauf des Flusses verfolgten, vielfach gelang, Enten und Schnepfen anzuschleichen und zu erlegen. Auch eine Art von Erdschwalbe trafen wir hier an; diese kreisten in grosser Anzahl über dem Thale, in dessen steilen Lehmufern sie an unerreichbaren Stellen ihre Höhlen tief hineingescharrt hatten. Die Wagen hatten unterdessen die gerade Richtung beibehalten; sie befanden sich bald auf der südlichen, bald auf der nördlichen Seite des Flusses, mitunter auch im Flussbette selbst, je nachdem das Terrain zur Strasse geeignet schien. Wir näherten uns auf diese Weise einer neuen Felsenkette, die uns das weitere

Fortschreiten verwehren zu wollen schien, doch da, wo der Fluss sich seine Bahn gebrochen, entdeckten wir eine ganz enge, äusserst unbequeme Durchfahrt für unsere Expedition.

Wir unternahmen es an diesem Tage nicht mehr, weiter in der wilden Schlucht vorzudringen, sondern nahe dem Wasser, welches hier tiefer war, als wir sonst an der Bill Williams Fork gewohnt waren, errichteten wir unsere Lager. Die klaren, schnell dahineilenden Fluthen waren von unzähligen Forellen belebt, und kaum war dies im Lager kund geworden, als auch eine Menge Angler sich einstellten, die Fisch auf Fisch an's Ufer zogen. Dr. Kennerly und ich nahmen unser kleines Netz zur Hand und wateten, dasselbe nachschleppend, stromaufwärts; unsere Mühe ward auch reich belohnt durch den Fang einer Unmasse von Fischen und einiger sehr interessanter Exemplare von Fröschen, welche letztere in Gesellschaft der kleineren Fische in die Spiritusbehälter wanderten, wogegen die grossen ein äusserst schmackhaftes Gericht auf unserem so sehr bescheiden besetzten Tische bildeten.

Kurz vor dem Dunkelwerden stiessen Dr. Bigelow und einige Mexikaner mit Nachrichten von Lieutenant Whipple zu uns. So weit derselbe auch schon vorgedrungen war, so hatte doch noch nichts die Nähe des Colorado verkündet, und nur durch das Ausgehen der Lebensmittel war er veranlasst worden, die Wagen zu erwarten. Dr. Bigelow und seine Begleiter hatten ihn des Morgens verlassen und waren zurückgeritten, während Lieutenant Whipple in seinem Lager blieb und nur gelegentlich einen kleinen Ausflug in's Gebirge zu machen beabsichtigte. Wir waren also gar nicht so weit von einander entfernt, denn Dr. Bigelow hatte die ganze Entfernung in einem Tage zurücklegen können, doch mussten wir drei Tage mit unseren Wagen reisen, ehe wir an der bezeichneten Stelle ankamen. Dr. Bigelow hatte sich selbst zur Reise angeboten, denn er war durch den Anblick der prachtvollen Cereus und anderer zahlreichen Cacteen, besonders aber der Yucca oder des spanischen Bayonets, so erregt, dass er zu mir zurückeilte, um mir alle diejenigen Exemplare auszusuchen, die er abgezeichnet zu haben wünschte. Er beschäftigte mich auf diese Weise während des grössten Theils der folgenden Tage, und wenn ich dann dem alten Herrn die Skizze eines Skeletts von einer Cereuspflanze entworfen hatte, und wir es verliessen, dann sah ich dem eifrigen Botaniker die Wehmuth an, mit der er sich von so vielen Schätzen trennte, und wie nah es seinem Herzen ging, zu den kleinen Cactuspflänzchen, die er in grosser Anzahl sammelte, nicht auch einige vollausgewachsene Petahayas und Cactodendrons fügen und mitschleppen zu können.

Am 10. Februar des Morgens regnete es ziemlich heftig; es war der erste Regen, den wir seit unserem Abschied von Zuñi erlebten. Er hinderte uns indessen nicht an der Weiterreise, und mühsam bahnten wir uns unseren Weg durch die enge Schlucht. Etwas ebenes Terrain befand sich freilich zu beiden Seiten des Flusses, doch beschrieb dieser, uns gleichsam neckend, bald dicht unter den nördlichen, bald unter den südlichen Abhängen dahin fliessend, so kurze Windungen, dass wir nicht nur fortwährend herabgestürztes Gestein und Gerölle zu vermeiden hatten, sondern auch häufig das wenn gleich schmale, doch ziemlich tiefe Bett des Flusses überschreiten mussten. Wir kamen indessen langsam vorwärts und schlugen in der Nähe eines hohen, abgesondert dastehenden vulkanischen Kegels unser Lager auf. Der Regen hatte schon gegen Mittag innegehalten, und war auch die Nacht noch trübe und dunkel, so folgte doch ein klarer, sonniger Morgen; der ausgebrannte Vulkan, welchem aus einer unbedeutenden Ursache der Name Artillerie Pic beigelegt wurde, erhielt ein majestätisches Aussehen durch die schöne Beleuchtung der aufgehenden Sonne; das röthliche Gestein des südlichen Abhanges schien in purpurnem Feuer zu glühen, während die alten Lavabäche und Spalten in dunklen Schatten dalagen und den prächtigsten Farbencontrast vervollständigten. Etwas später als gewöhnlich begaben wir uns am 11. Februar auf den Weg, der uns südlich am Fusse des Artillerie Pic vorbeiführte. Breiter war das Thal von dem Pic ab, und niedriger die dasselbe einfassenden Hügel und Berge, die mit zahlreichen Cacteen mancher Art, Mezquit-Büschen und einzelnen Yuccas bedeckt waren. Im Thale selbst befand sich nur selten diese Art von Vegetation, doch deutete zerstreut stehendes Laubholz auf das Vorhandensein von fruchtbarem Boden. Grösstentheils bestand der Boden des Thales aus Sand, in welchem das Wasser sich mehr und mehr verlor, bis wir uns zuletzt in einem ganz trockenen Bette befanden. Da, wo das Wasser sich verlief, entdeckten wir am Fusse eines steil aufstrebenden Felsens eine Hütte, oder vielmehr einfache Bedachung von Pfahlwerk, welche Arbeit wir anfänglich den Händen einsamer Biberjäger zuschrieben, doch wurden wir später am Colorado eines Anderen belehrt, als wir die auf ähnliche Weise errichteten Hütten der Mohave-Indianer erblickten. Was hätte auch wohl einen weissen Pelzjäger dazu veranlassen können, an einer Stelle, wo weder Biber noch sonstiges Wild ihm einigen Ersatz in seiner Abgeschiedenheit boten, länger zu verweilen und sogar ein Obdach zu gründen?

Wir erreichten an diesem Tage kein Wasser mehr und lagerten auf einer kleinen Ebene, die so sandig war, dass wir kaum unsere Zelte im Boden zu befestigen vermochten. Wieder langten an diesem Abend Einige von Lieutenant Whipple's Gesellschaft bei uns an, durch welche wir erfuhren, dass derselbe nur wenige Meilen unterhalb auf uns warte. Wir waren deshalb am 12. Februar schon frühzeitig unterwegs und befanden uns nach kurzer Zeit da, wo zwischen dicht stehendem Rohr und Schilf gutes Wasser im Ueberfluss aus dem Boden quoll und einen Bach bildend gegen Westen unter Buschwerk und kleinen Baumgruppen dahineilte. Auf dem Ufer des Flusses trafen wir mit Lieutenant Whipple zusammen, der schon die letzten mitgenommenen Lebensmittel an seine Leute vertheilt hatte, und gleich nach unserer Vereinigung anordnete, dass von dort ab die Expedition nicht mehr getrennt reisen solle. Denn da auf dem nun einmal eingeschlagenen Wege unter jeder Bedingung durchgedrungen werden musste, selbst wenn es den letzten unserer Wagen kosten sollte, so konnte das Recognosciren nicht mehr von so grosser Wichtigkeit für uns sein, besonders da es nur einen einzigen Weg für uns gab, nämlich das Bette der Bill Williams Fork.

Es war ein grosser Uebelstand für uns, dass die Fussbekleidung bei der ganzen Expedition durchweg in den schlechtesten Zustand gerieth, denn der scharfe, steinige Boden, über welchen wir oft wanderten, liess das Leder der Schuhe und Stiefeln nicht lange vorhalten, so dass das Schuhzeug uns förmlich von den Füssen zu fallen begann. Um also den Leuten Zeit zum Ausbessern desselben zu lassen, wurde am 13. Februar Ruhetag gehalten. Von den Häuten der gefallenen oder erschossenen Maulthiere hatten namentlich die Packknechte Stücke mitgenommen, die uns zu statten kamen, indem die Mexikaner, welche mit dieser Art von Arbeit vortrefflich umzugehen wussten, von dem rohen Leder Sohlen unter unsere Mokkasins und Stiefeln näheten, und zwar so, dass die Haare nach aussen kamen; erhielten unsere Füsse dadurch auch ein eigenthümliches plumpes Aussehen, so wurde uns Allen auf diese Weise doch wieder auf einige Tage geholfen, und frischen Muthes setzten wir am 14. Februar unsere Reise im Thale der Bill Williams Fork fort. Vor der Ankunft unserer Expedition hatte Lieutenant WHIPPLE einen Ausflug auf das Hochland des nördlichen Flussufers gemacht, und von einem Pfade geleitet in einer Schlucht eine Quelle entdeckt, die ringsum von indianischen Malereien der verschiedensten Art umgeben war; er forderte mich daher auf, in Begleitung vom Ingenieur CAMPBELL, Dr. BIGELOW und Mr. LEROUX ihm abermals nach der Stelle zu folgen und die eigenthümlichen Malereien copiren zu helfen. Während der Wagenzug also seine Reise im Thale des Flusses fortsetzte, bogen wir nördlich in eine kahle Schlucht, wo wir bald auf dem steinigen Boden die schwachen Merkmale eines indianischen Pfades entdeckten, dem wir nachfolgten. Die uns umgebenden Höhen waren nur unbedeutend, die Schluchten eng und anscheinend allmälig vom Wasser gebildet, so dass das Terrain mehr einer zerrissenen Ebene als gedrängt liegenden Hügeln glich. Aus der ersten Schlucht ritten wir in eine andere und kamen allmälig auf die Höhe, welche uneben und bergig, mit dem festen, kiesigen Boden einer gänzlich ausgestorbenen Wüste geglichen hätte, wenn nicht einige Mezquit-Büsche und die stolz emporragenden Cacteen etwas Veränderung in diese trostlose Naturumgebung gebracht hätten. Bald über kleine Anhöhen, bald durch Risse und Schluchten führte uns der Pfad. Spuren eines neueren Verkehrs waren auf demselben nicht zu entdecken, nur dass wir hin und wieder eine zurückgelassene, lange, dünne Stange fanden, die von den Indianern benutzt worden war, die Früchte von den Gipfeln der Petahaya herunter zu stossen; auch sahen wir einige dieser riesenhaften Cacteen hervorragen, in deren höchsten Spitzen zahlreiche lange Pfeile der dortigen Eingebornen steckten. Diese mochten vielleicht aus Uebermuth oder zum Zeitvertreib dort hinauf und in das Fleisch der Pflanzen hineingeschossen worden sein; da wir aber mehrfach bei plötzlichen Biegungen des Pfades solche untrügliche Spuren vorbeigereister Indianer entdeckten, so kamen wir auf die Vermuthung, dass dieses Verfahren von den verschiedenen Banden wohl dazu angewendet würde, um sich gegenseitig zu benachrichtigen, welche Richtung die vorangezogene Abtheilung eingeschlagen, oder welche die nachfolgende einzuschlagen habe. Das Land vor uns wurde immer bergiger, immer tiefer und rauher die dasselbe durchschneidenden Schluchten. Wir gelangten in eine solche hinab, die anscheinend der Bill Williams Fork zuführte, doch folgten wir derselben nur bis dahin, wo eine aus Nordwest kommende Schlucht in sie mündete. In diese nun bogen wir ein, und allmälig in derselben steigend fanden wir bald kleine Wasserlachen, welche auf die Nähe der Quelle deuteten. Um die Mittagszeit erreichten wir endlich die Quelle, die in einer Erweiterung der Schlucht unter einer überhängenden Felswand versteckt lag. Einzelne starke Gehörne von Bergschafen lagen nahe derselben umher und liessen uns vermuthen, dass die Quelle vielfach von diesen Thieren besucht, aber auch manches derselben den hinter Felsblöcken lauernden indianischen Jägern zur Beute würde. Die Malereien nun, die überall die glatten Stellen der Felswände bedeckten, waren der allerrohesten Art; sie bestanden hauptsächlich in Sternen, Sonnen und Strichen und bildeten Figuren, welchen auch nicht die geringste Aehnlichkeit mit irgend einem Gegenstande unter der Sonne zugeschrieben werden konnte. Einzelne Hände, vorher mit Farbe beschmiert, waren auf die Steine gepresst worden, jedoch die Versuche, das Bildniss eines Menschen wiederzugeben, gänzlich misslungen, und fast gar nichts zu erkennen. Auf der Felswand, an deren Fuss sich der kleine Wasserspiegel befand, war ein grosser bogenförmiger Strich mit weisser und rother Farbe gezogen, der gleichsam das Gebiet der Quelle begrenzte und von den trockenen Felsen trennte. In allen diesen künstlerischen Versuchen fanden wir nur den kindischen Zeitvertreib der dortigen tiefstehenden Wilden, und ich glaube nicht, dass den verschiedenen Zeichen irgend eine Bedeutung zugeschrieben werden kann. Nur kurze Zeit rasteten wir an der Quelle, denn wenn auch gutes Wasser daselbst unseren Thieren geboten wurde, so war doch nicht die geringste Spur von Nahrung für dieselben auf dem steinigen, dürren Boden zu finden. Wir kehrten daher zurück, bogen, an der Schlucht angelangt, die wir auf der Hinreise verlassen hatten, in dieselbe ein und zogen gegen Süden der Bill Williams Fork zu. Oftmals mussten wir die Schlucht, die an manchen Stellen von mächtigen Felsstücken verschüttet war, verlassen und uns nach den Höhen hinaufarbeiten, wo kleines glattes Gestein den Boden so dicht bedeckte und so fest mit demselben verbunden war, dass dadurch eine entfernte Aehnlichkeit mit einem rohen Mosaikfelde entstand. So wie wir nun an der Quelle formlose Bildwerke indianischer Phantasie an den Felswänden gesehen hatten, so fanden wir auf diesem steinigen Boden ähnliche Figuren, die durch Wegscharren der Steinchen hergestellt waren.

Endlich gegen Abend gelangten wir hinab in eine kleine Niederung und am Ende derselben an die Bill Williams Fork. An der Stelle, wo wir den Fluss berührten,

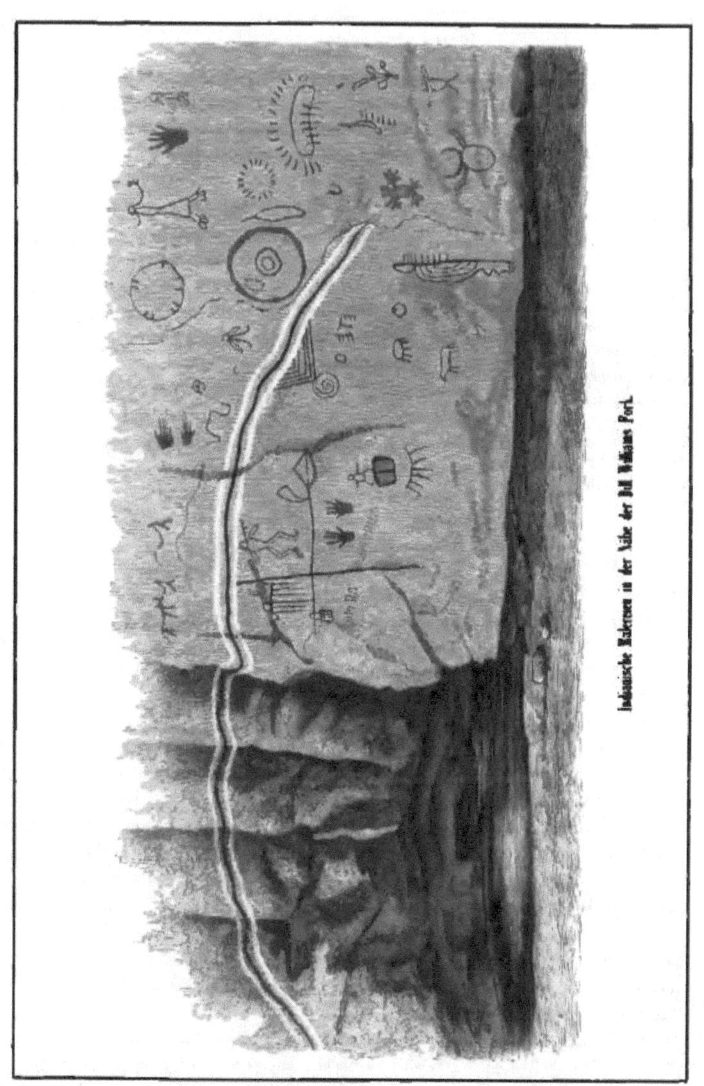

Indianische Malereien in der Nähe der Bill Williams Fork.

verlief sich derselbe im Sande, und da wir die Spuren unserer Expedition daselbst nicht fanden, so wussten wir, dass wir dieselbe weiter oberhalb zu suchen hatten und schlugen deshalb die Richtung gegen Osten ein. Kaum waren wir nach einem Ritt von ½ Meile um einen Felsvorsprung gebogen, als wir die ruhig weidende Maulthierheerde und nicht weit davon hinter Weidengestrüpp an dem dort noch reichlich fliessenden Bache unsere Zelte und den Rauch der Lagerfeuer erblickten.

Am 15. Februar hatten wir nur mit wenigen Hindernissen zu kämpfen, und ein verhältnissmässig guter Weg führte uns über eine Strecke von mehreren Meilen, auf welcher das Wasser unter der Oberfläche des Bodens fortrieselte und dann wieder als kräftiger Fluss sich aus dem Erdreich drängte und zwischen mit einiger Vegetation geschmückten Ufern dahineilte. Oftmals war an solchen Stellen das Thal auch theilweise überschwemmt, wo alsdann Tausende von Vögeln den Wasserspiegel bedeckten und ungestört ihre Spiele trieben; bei der Annäherung unserer Wagen flogen sie kaum auf, und Schuss auf Schuss krachte nach allen Richtungen, fortwährend das Echo in den nahen Felsen und Hügeln wach haltend. Ich war dem Zuge vorausgeeilt und hatte dadurch Gelegenheit, eine reiche Ernte unter den verschiedensten Arten von Enten zu halten, von denen manche im prachtvollsten Gefieder prangten und eine besondere Zierde unserer schönen Sammlung von Vogelbälgen wurden. Die Zahl unserer Wagen betrug nur noch sechs, so weit hatten wir einen nach dem anderen zurücklassen müssen; alle nur irgend entbehrlichen Gegenstände wurden nach und nach weggeworfen; weder Tische noch Stühle waren mehr im Lager zu finden, selbst von unseren Zelten hatten wir nur so viel Leinwand behalten, dass wir uns einen nothdürftigen Schutz gegen fallenden Thau oder Regen verschaffen konnten. Trotz der Verminderung des Gepäckes schwanden die Kräfte unserer Lastthiere dennoch mehr und mehr, so dass wir uns aus Vorsicht nur in ganz kleinen Märschen fortschleppten.

Am 16. Februar begleitete uns eine Strecke lang das fliessende Wasser der Bill Williams Fork, doch zogen wir, nachdem wir 2 Meilen an derselben zurückgelegt hatten, schon wieder auf ganz trockenem, sandigem Boden weiter. Hochauf thürmten sich dort zu beiden Seiten die Felsen, die bald aus Granit, bald aus metamorphosirtem Conglomerat bestanden. Als wir am Nachmittage das Ende der Schlucht vor uns sahen und wie durch ein weit geöffnetes Thor auf eine Ebene zu schauen vermochten, die in der Ferne wieder von blauen Gebirgsmassen begrenzt wurde, glaubten wir schon den Colorado, nach dessen erstem Anblick wir uns so sehr sehnten, erreicht zu haben; doch als wir dorthin gelangten, hatten wir nur eine dürre, unfruchtbare Fläche vor uns und wurden gewahr, dass das trockene Flussbett, in welchem wir während des ganzen Tages fortgezogen waren, eine mehr südliche Richtung nahm, und sich einer dunklen Felsenreihe zu erstreckte. Es mochten noch 3 oder 4 Meilen bis zu diesem Punkte sein, wo wir hoffen durften wieder Wasser zu finden, um so mehr als einzelne Baumgruppen in der Ferne zu erkennen waren. Wir mussten es indessen aufgeben, an diesem Tage noch bis dorthin zu gelangen; unsere armen Thiere waren zu sehr ermattet, dann aber auch brach ein Regenwetter, welches uns während des ganzen Nachmittags gedroht hatte, los, wodurch wir uns doppelt bewogen fühlten, mit unseren Sachen, die auf den Rücken der Lastthiere dem Regen zu sehr ausgesetzt waren, etwas Schutz zu suchen. An diesem Abend wurde uns der Mangel des Wassers besonders fühlbar; denn weil Niemand vermuthet hatte, dass der Fluss so lange unter der Oberfläche des Bodens bleiben würde und weil die Lasten nicht unnöthig vergrössert werden sollten, war nur wenig Wasser in den Trinkflaschen mitgenommen worden. Es regnete fast die ganze Nacht, die uns Allen dadurch auf die unbequemste Weise verging, weil obenein ausser der Mangelhaftigkeit unseres Obdaches es uns noch fast gänzlich an Holz zu einem wärmenden Feuer gebrach. Mit dem Frühesten waren wir daher am folgenden Morgen in Bewegung und eilten in gewohnter Ordnung den Baumgruppen an der Felsenkette zu. Als wir näher kamen, erkannten wir leicht die Schlucht in den vulkanischen Felsen, durch welche sich der Fluss seinen Weg gebahnt hatte; sie war ziemlich dicht mit Cottonwood-Bäumen und Weiden bewachsen, auch fanden wir daselbst Wasser, und zwar so reichlich, dass es den Boden zwischen den Felsen ganz aufgeweicht hatte und dadurch unsere Weiterreise gar sehr erschwerte. Mehrere, darunter ich selbst waren zu Pferde weit in die Schlucht eingedrungen, doch das Unbequeme eines Nachtlagers auf dem moorigen Boden in derselben erkennend, kehrten wir zurück, um unseren Train zum Halten vor derselben zu veranlassen, wo ausser Wasser auch nahrhaftes Gras für die Heerde zu finden war, und auf feuchtem Boden sogar frische Brunnenkresse wucherte, von welcher wir uns seit langer Zeit zum ersten Male wieder ein gutes Gemüse versprachen. Obschon uns diese Pflanze frisch und grün anlachte, wagte doch Niemand dieselbe anzurühren, bevor nicht unser Doctor und Botaniker durch Verspeisen eines solchen Gerichtes den Beweis geliefert hatte, dass es wirklich eine nicht nur unschädliche, sondern auch äusserst zuträgliche Speise zu einer Zeit sei, in welcher man wegen Mangels an vegetabilischen Nahrungsstoffen dem Ausbruch des Skorbuts täglich entgegensehen konnte. Wir liessen uns daher das Gemüse vortrefflich schmecken, wenn auch die Art und Weise der Zubereitung nicht unerheblich gegen die Regeln der Kochkunst verstossen mochte.

Ich hatte hier Gelegenheit, das Vorhandensein vieler grosser, hellgrüner Scorpione zu bemerken, die sich besonders bei uns in unseren Betten zu gefallen schienen, denn mehrfach wurden des Morgens diese widerlichen Thiere beim Zusammenrollen der Decken aus denselben herausgeschüttelt.

Einer der schwersten Tage, die wir auf der Reise an der Bill Williams Fork zubrachten, war der 18. Februar, denn bald hielten uns die kurz auf einander folgenden Windungen des nunmehr tiefen und viel Wasser führenden Flusses, bald die durch das Austreten desselben entstandenen Moorgründe auf, bald bildete das dichte Holz und das verworrene Gestrüpp, bald das fast undurchdringliche Rohr Zeit und Mühe erfordernde

Hindernisse auf unserem Wege. Seltener verursachten uns näher zusammenrückende Felsmassen Aufenthalt; überhaupt wurde, mit Ausnahme einiger weniger Stellen, das nördliche Ufer flacher, während auf dem südlichen sich ungeheure Felsen erhoben, eine fast regelmässige Gestalt annahmen und dem Thale einen eigenthümlichen Reiz verliehen. Langsam zogen wir durch die von unzähligen Wasservögeln bedeckten Moorgründe, langsamer noch über Strecken hin, wo jeder Fuss breit unseres Weges vorher mit der Axt gesäubert werden musste. So gelangten wir denn gegen Abend bis dahin, wo imposante Felsmassen sich wie riesenhafte Wälle steil aufthürmten und hoch über das Thal und die benachbarten Hügelreihen emporragten. Schon während des Tages hatten wir das vielfache Echo bewundert, welches laut und donnernd aus den Schluchten auf jeden Schuss antwortete; doch nun, als wir dicht unter den Felsenmassen lagerten, konnten wir nach Herzenslust die schöne Formation dieses Naturbauwerkes bewundern. Ungeheure Massen von Trappfelsen lagen übereinander geschichtet und ruhten weiter nach unten auf flachen Schichten von Kalkstein, die mit ihrer gelblichweissen Farbe eigenthümlich gegen das andere schwarze Gestein contrastirten.

Den 19. Februar hat gewiss Niemand, der zur Expedition gehörte, vergessen. Seit 4 Wochen hatten wir vergeblich nach dem Colorado, dem grossen Colorado des Westens ausgeschaut; seit 4 Wochen hatten wir uns darauf gefreut, endlich die Vortheile geniessen zu können, welche in dem breiten Thale eines Stromes ersten Ranges geboten werden, und am 20. Februar erst gelangten wir an dieses unser nächstes Ziel. Seit langer Zeit schon daran gewöhnt, von den Höhen aus nichts als die endlose Wildniss zu erblicken, vermutheten wir nicht, dass die Felsenreihe vor uns sich schon auf dem westlichen Ufer des Colorado befände, und um so unerwarteter war es daher für uns, als wir bei einer plötzlichen Biegung des Thales den majestätischen breiten Strom dicht vor uns erblickten. Auf der Strecke von einigen Meilen vor ihrer Mündung bewässert die Bill Williams Fork ein reizendes Thal, in welchem Wiesen, Gehölz und kleine Teiche oder Seen mit einander abwechselten; an rauhen Gebirgsmassen vorbei suchten die klaren Wasser des Flüsschens sich ihren Weg zu den Fluthen des Colorado, der an dieser Stelle sich mit aller Gewalt zwischen grauen Felsen hindurchdrängte. Es war eine wildromantische Naturscene; der breite Strom und die dunklen kahlen Felsen gewährten einen erhabenen Anblick, wenn auch keinen freundlichen; denn da, wo die Vegetation mangelt, glaubt man eine kranke Stelle der Natur vor sich zu haben, man wundert sich, man freut sich, doch ist die Freude anders, wenn man tausendfaches Leben dem Boden entspriessen und denselben mit einem lieblichen Mantel der üppigsten Vegetation bedeckt sieht.

Mit einem kräftigen Hurrah begrüssten die Amerikaner, mit Schüssen die Mexikaner den langersehnten Strom, und obschon wir erst wenige Meilen zurückgelegt hatten, so wurden doch sogleich nach unserer Ankunft Anstalten getroffen, Angesichts des Colorado eine gute Ruhestunde zu halten, und dann stromaufwärts die Reise mit erneuten Kräften fortzusetzen.

An der Mündung der Bill Williams Fork in den Colorado befanden wir uns 34° 17' nördlicher Breite, 114° 06' Länge westlich von Greenwich und 208 Fuss über dem Meeresspiegel; wir waren also seit Ueberschreitung des Azteken-Passes 6073 Fuss abwärts gezogen, die sich auf die Entfernung von 154 Meilen ziemlich unregelmässig vertheilten. Von Fort Smith waren wir nunmehr 1522 Meilen und von Albuquerque 668 Meilen entfernt.

XXXI.

Reise am Colorado hinauf. — Aufgeben der letzten Wagen. — Die Eingebornen im Thale des Colorado. — Die Chimehwhuebes, Cutchanas und Pah-Utahs. — Tauschhandel mit den Eingebornen. — Erzählung von der geheiligten Eiche der Chauchiles-Indianer. — Der Gebirgspfad. — Die Mohave-Indianer.

Wir fanden am Colorado zahlreiche Spuren der Eingebornen, die mit unbedeckten Füssen nach allen Richtungen die Niederung durchkreuzt, aber auch an manchen Stellen längere Zeit mit ihren Familien verweilt hatten, und wir Alle waren darauf gespannt, die Ersten dieser noch so wenig bekannten Nationen kennen zu lernen. Da an ein Ueberschreiten des Stromes hier noch nicht gedacht werden konnte, weil das westliche Ufer, so weit das Auge gegen Norden reichte, eine fortlaufende steile Felsenkette bildete, wir ferner aber auch beabsichtigten, das Thal des Mohave River, der, aus der Nähe des San Bernardino-Gebirges in Californien kommend, sich in den Colorado ergiesst, so viel wie nur möglich zu benutzen; so mussten wir so weit nördlich ziehen, bis sich uns, vielleicht bei den Dörfern der Mohave-Indianer, eine passende Stelle zeigte, wo wir das westliche Ufer des reissenden Stromes würden gewinnen können. Wir brachen deshalb nach kurzer Rast an der Mündung der Bill Williams Fork wieder auf, reisten in dem schmalen, aber ziemlich ebenen Thale des Colorado nordwärts und schlugen nach einem Marsche von 6 Meilen in ganz geringer Entfernung von dem Strome unser Lager auf. Bis hierher hatten wir noch zwei unserer grossen Reisewagen gebracht, es war also dadurch erwiesen, dass überhaupt mit Wagen bis an den Colorado durchgedrungen werden kann. Dieselben aber über den Fluss zu schaffen, wäre für unsere Mittel eine zu zeitraubende Arbeit gewesen, ganz abgesehen davon, dass weiter nördlich vor uns steile, zackige Gebirgsmassen ein Durchbringen der Wagen unmöglich zu machen schienen. Diese mussten also auch zurückgelassen und die auf denselben befindliche Bagage auf die Packsättel und Rücken der Maulthiere vertheilt werden. Als unsere Leute am Nachmittage mit dieser Arbeit beschäftigt waren, bemerkten wir die ersten Eingebornen, die sich vertrauensvoll unserem Lager näherten. Es waren vier junge, sehr grosse, schön gewachsene Leute; den kräftigen Bau und das vollkommenste Ebenmass der Glieder konnten wir um so mehr bewundern, als sie ausser einem schmalen weissen Schurz nicht das Geringste zur Bekleidung an ihrem Körper, selbst nicht an ihren Füssen, trugen. Sie waren vollständig unbewaffnet und da sie auf diese Weise ihre friedfertigen Gesinnungen zu erkennen gaben, so verstand es sich von selbst, dass sie mit grösster Freundlichkeit von uns empfangen wurden. Die Hautfarbe dieser Menschen war dunkelkupferfarbig; das Gesicht hatten sich alle Vier auf gleiche Weise bemalt, nämlich kohlschwarz mit einem rothen Striche, der sich von der Stirne über Nase, Mund und Kinn zog. Dies schien überhaupt eine fast allgemein verbreitete und beliebte Decoration der dortigen Eingebornen zu sein, denn vielfach bemerkte ich an den folgenden Tagen noch diese wahrhaft erschreckende Art von Bemalung. Ihre starken schwarzen Haare trugen sie lang auf den Rücken hinunterhängend, wo sie stumpf abgeschnitten und mittels aufgeweichter Lehmerde in Strähnen oder Stricke gedreht und dann steif zusammengetrocknet waren, ein Gebrauch, den ich später bei allen männlichen Eingebornen im Thale des Colorado bemerkte. Eine dünne Schnur von Bast trugen sie um die Hüften, und durch diese war der Zeugstreifen gezogen, der vorn bis beinahe an die Knie reichte, hinten aber fast bis zur Erde flatterte. Es muss dies eine Art von Abzeichen der dortigen Stämme sein; denn Alle die ich zu bemerken Gelegenheit hatte, legten viel Werth darauf, dass zu jeder Zeit dieser Schweif gesehen würde, was deutlich daraus hervorging, dass einer der jungen Leute, der mit Beinkleidern beschenkt wurde und dieselben mit Hülfe einiger unserer Leuten anzog, augenscheinlich in die grösste Verlegenheit darüber gerieth, dass dieses Abzeichen in Folge dessen nicht mehr sichtbar war; nach einigem Nachdenken riss er daher ein Loch gerade in die Mitte des Kleidungsstückes, und zog mit über seinen Scharfsinn triumphirendem Gesicht den Zeugstreifen durch dasselbe, so dass er durch diese eigenthümliche Verbindung der indianischen mit der europäischen Tracht ein unbeschreiblich komisches Aussehen erhielt. An dem dünnen Gurt hatten unsere Besucher noch Ratten, grosse Eidechsen und Frösche befestigt, die sie sich an unseren Feuern rösten wollten, um sie dann zu verzehren; doch wir tauschten ihnen für Hammelfleisch diese für uns neuen Exemplare ab, und gesellten sie unserer Sammlung bei. An den Spuren der Indianer, die wir hin und wieder auf dem Lehmboden des Thales fanden, hatten wir uns schon über das weite Auseinanderstehen der Zehen gewundert; noch mehr fiel es uns auf, als wir die uns besuchenden Eingebornen beobachteten und sogleich gewahrten, wie eigenthümlich weit auseinander gereckt die fast nagellosen Zehen waren. Wir erklärten uns diese Erscheinung durch die Vermuthung, dass vielleicht das viele Waten im morastigen Erdreich des häufig überschwemmten Thales bei den Kindern schon die Ursache davon sein möchte.

Die vier Indianer hatten sich zur Nacht entfernt, stellten sich am folgenden Morgen aber wieder ein und schienen nicht wenig erstaunt, als sie bemerkten, dass wir unsere Wagen zurückliessen und nur mit einem ganz leichten Wägelchen, an welchem der Viameter befestigt war, unsere Reise fortsetzten. Da die Maulthiere ohne Schwierigkeiten den indianischen Pfaden, die an Abgründen vorbei über Felsen und durch Schluchten führten, zu folgen vermochten, der leichte Wagen aber an den unbequemsten Stellen von unseren Leuten getragen werden konnte, so kamen wir auf dem felsigen, zerrissenen Ufer des Colorado, welches die ebenen Thalgründe häufig unterbrach, verhältnissmässig schnell vorwärts. Ganze Horden von Eingebornen, die theils durch den Fluss zu uns herüber schwammen, theils aus den mit Mezquit-Waldung bedeckten kleinen Ebenen zu uns stiessen, begleiteten uns fortwährend, und immer grösser wurde die Zahl derer, die nun nicht mehr unbewaffnet, wie am ersten Tage, sondern mit Bogen und Pfeilen versehen uns umschwärmten.

Jetzt, da wir die Eingebornen in drei Stämmen, Chimehwhuebes, Cutchanas und Pah-Utahs, die aber in ihrem Aeusseren keine Verschiedenheit zeigten, in so grosser Anzahl beobachteten, konnten wir uns nicht genug über den kräftigen Menschenschlag wundern, wo eine männliche Gestalt unter 6 Fuss Höhe zu den Seltenheiten zu gehören schien. Besonders fiel uns der Unterschied zwischen den im Gebirge, ähnlich den Wölfen lebenden Yampays und Tontos, von denen wir freilich nur wenige Exemplare kennen gelernt hatten, und den von vegetabilischen Stoffen sich nährenden Bewohnern des Colorado-Thales auf, indem erstere nur kleine hässliche Gestalten mit widrigem, tückischem Ausdruck der Physiognomie waren, die anderen dagegen wie lauter Meisterwerke der schöpferischen Natur erschienen. Es war eine Freude, diese riesenhaften Gestalten zu beobachten, wenn sie, ähnlich dem schwarzschwänzigen Hirsch, in mächtigen Sprüngen über hinderndes Gestein oder Gestrüpp hinwegsetzten und an uns vorbei stürmten. Hierzu kam noch der freundliche, fast offene Ausdruck ihrer Augen, den selbst die grässliche Bemalung nicht zu verdrängen vermochte, und die ewig glückliche Stimmung, in der sich diese Wilden zu befinden schienen, denn ihre Scherze und Neckereien unter sich, denen immer wildes ausgelassenes Lachen folgte, nahmen während des ganzen Tages kein Ende, bis sie gegen Abend Alle verschwanden, wahrscheinlich um vor der sich einstellenden Kälte den unbedeckten Körper unter ein schützendes Obdach zu bringen.

Ganz im Gegensatze zu den Männern sind die Weiber der Indianer am Colorado durchgängig klein, untersetzt und so dick, dass ihr Aussehen mitunter an's Komische grenzt. Um die Hüften tragen sie einen Schurz oder vielmehr einen Rock, der von Baststreifen angefertigt ist und zwar so, dass ganze Bündel dieser Streifen mit dem einen Ende am Gürtel dicht und fest mit einander verbunden sind, während das andere Ende derselben bis fast auf die Knie herunterhängt und dort ähnlich langen Fransen gerade abgeschnitten ist. Jede einzelne dieser Frauen gleicht in diesem Anzuge aus der Ferne einer Balletttänzerin, sogar die schaukelnde Schwingung des Rockes beim Gehen fehlt nicht und erinnert an die gezierten Bewegungen auf den Bühnen. Auf der Stirne tragen beide Geschlechter das Haar über den Augenbrauen stumpf abgeschnitten, doch verschieden von den Männern sieht man bei den Weibern das Haar niemals sehr lang und auch nicht in jene oben erwähnten Streifen gedreht. Die etwas breiten Gesichter der letzteren mit ihren schönen schwarzen Augen zeigen ebenfalls den Ausdruck des Frohsinns, und wenn sie auch nicht schön genannt werden können, so entbehren manche Physiognomien wiederum nicht eines gewissen Reizes. Bei ihrer Bemalung gehen sie sorgfältiger zu Werke, als die Männer und tätowiren sich auch mehr als diese, namentlich findet man, dass die meisten ihre Lippen ganz blau gefärbt und das Kinn von einem Mundwinkel bis zum anderen mit blauen Punkten und Linien geschmückt haben. Ihre Säuglinge halten sie bis zu einem gewissen Alter in Baststreifen eingewickelt und tragen dieselben überall mit sich herum.

Am dritten Tage unserer Reise am Colorado hatten wir die erste Gelegenheit, uns von den Cutchanas, die haufenweise in unser Lager strömten, Dies und Jenes einzutauschen. Sie brachten uns Bohnen, Mais, Weizen, feingeriebenes Mehl, Kürbisse und Melonen, für welche wir unsere schlechten Kleidungsstücke oder Streifen von unseren Decken hingaben; auch verschafften wir uns einige von ihren Bogen von 5 Fuss und Pfeile von 3 Fuss Länge. Erstere bestanden aus einfachen gebogenen Stücken zähen Holzes und die Sehne auf demselben aus sorgfältig gedrehtem Thiernerv; die Pfeile dagegen waren aus zwei Stücken zusammengesetzt, aus einem Rohrschaft mit den daran befestigten Federn und einem harten Holzstäbchen, welches im Rohrschaft steckend, an der Spitze mit sauber und künstlich geschlagenen Steinen versehen war. Auf welche Weise die Indianer die härtesten aller Steine in zierliche Pfeilspitzen mit Widerhaken schlagen, ist mir unerklärlich geblieben, um so mehr, als noch keine eisernen Geräthschaften ihren Weg bis zu diesen Leuten gefunden haben. Die Steinspitzen sind mit einer Mischung von Baumharz am Schaft befestigt und zwar so, dass wenn man den Pfeil aus einer Wunde zieht, der Stein sich vom Schaft trennen und im Körper zurückbleiben muss. Ausser dieser Angriffswaffe führen die dortigen Eingebornen noch eine kurze Keule oder vielmehr den aus einem einzigen Stück Holz geschnitzten Hammer oder Schlägel, woher sie in Amerika auch wohl Club- oder Keulen-Indianer genannt werden. Dieser Schlägel ist 1¼ Fuss lang und aus leichtem, aber sehr festem Holz mühsam ausgearbeitet; der obere dicke Theil ist wie der Stiel oder Griff rund und am äussersten Ende mit einer scharfen Kante versehen; der Griff ist am Ende durchbohrt, und von diesem Loch aus schlingt sich ein starker Riemen um die Hand, so dass im Moment des Schlagens die Keule der Hand entgleiten kann, ohne deswegen ganz zu entfliegen. Die Gewalt des Hiebes wird auf diese Weise mehr als verdoppelt, und so unansehnlich diese Waffe an und für sich auch sein mag, so ist sie doch in den Händen der riesenhaften, muthigen Eingebornen gewiss nicht zu verachten. Dass diese aber den Muth eines gereizten Bären besitzen, kann Capitain Sitgreaves, der einige Jahre früher am Colorado eine Strecke hinunter reiste, bezeugen, indem die ihn angreifenden Indianer 20 Minuten lang ohne zurückzuweichen, seinem Musketenfeuer sich aussetzten und 4 Todte ausser denen verloren, welche sie mit fortschleppten. Das Benehmen der Indianer gegen uns konnte nur ein durchaus freundliches genannt werden; ja, sie schienen sogar etwas von den Zwecken unserer Expedition zu verstehen und viel auf eine nähere Verbindung mit den Weissen zu geben. Bei feindlicher Gesinnung hätten sie uns gewiss sehr viel zu schaffen machen, ja vielleicht die ganze Expedition auflösen können, indem sie uns stets zu vielen Hunderten umschwärmten.

Häufig kamen wir auf unserer Wanderung an wohlbestellten Weizenfeldern vorbei, wo wir dann jedesmal eine Anzahl von Indianern fanden, die uns durch Zeichen baten, nicht über ihre Saaten zu ziehen. Natürlich wurde es vermieden, den freundlichen Eingebornen den geringsten Schaden zu verursachen, denn bei den geringen Mitteln, die den armen Leuten zu Gebote stehen, konnten wir uns leicht vorstellen, welche Mühe ihnen die Bestellung eines kleinen Feldes kosten musste. Am 25. Februar erhielten wir zum ersten Male einen geregelten Besuch von Cutchanas, Pah-Utahs und Chimehwhuebes, die uns in zierlich geflochtenen Körben und Schüsseln Mais und Bohnen brachten. Alles wurde ihnen abgetauscht, und auf diese Weise konnten nicht allein wir selbst endlich wieder einmal unseren Hunger vollkommen stillen, sondern auch unsere Maulthiere erhielten kleine Maisrationen, um ihre so sehr geschwundenen Kräfte wieder etwas empor zu bringen. Rothen Flanell, noch so abgetragen und dünn, nahmen diese Indianer am liebsten, wogegen sie mit Verachtung auf die schöne rothe Vermillonfarbe blickten, welche bei den Nationen östlich der Rocky Mountains der gangbarste Handelsartikel ist. Ueberhaupt fanden wir die Eingebornen am Colorado nicht nur in ihren Sitten und Gebräuchen, sondern auch in ihren Neigungen gänzlich verschieden von allen denen, die wir bisher kennen gelernt hatten, und es ist wirklich zu verwundern, dass, wenn in früheren Zeiten spanische Missionaire dort gewesen sind, dennoch die Civilisation bei diesen so sehr zu derselben hinneigenden Menschen nicht Wurzel gefasst hat. In ihrem ganzen Benehmen gegen uns, in ihrem Auftreten und darin, dass sie unsere Absichten zu verstehen und darauf einzugehen schienen, glaubten wir einen Funken zu erkennen, der nur angefacht zu werden brauchte, um die Bevölkerung des Colorado-Thales mindestens auf die Civilisationsstufe der Pueblo-Indianer von Neu-Mexiko zu bringen, ganz abgesehen davon, dass bei jedem ackerbautreibenden Volke die Civilisation leichter Eingang findet als bei Nomadenstämmen. Doch leider wird durch die Gewissenlosigkeit und den Uebermuth der Weissen, wenn dieselben erst in näheren und häufigeren Verkehr mit diesen noch unverdorbenen Wilden gelangen, das aufkeimende Vertrauen erstickt und in bittere Feindschaft verwandelt werden, wie dies schon seit Jahrhunderten bis auf den heutigen Tag unzählige Male geschehen ist. Und der Eingeborne, der sich und seine Rechte mit Füssen getreten sieht, wird, wenn er sich gegen die weisse Raçe auflehnt, wie ein schädliches Thier verfolgt, und der blutige Hader erreicht erst sein Ende, wenn der letzte freie Bewohner der Wildniss hingeopfert ist. Ich führe als Beispiel für diese

Behauptung den mörderischen Krieg der Californier gegen den kriegerischen Stamm der Cauchiles-Indianer an, der im Jahre 1851 geführt wurde und einzig und allein durch die Brutalität eines Viehhändlers hervorgerufen war. Tief in den Mariposa-Gebirgen liegt nämlich ein Landstrich, Four Creeks genannt, der allgemein als das Paradies der Eingebornen bezeichnet wurde. Zahlreiche Quellen entspringen dort am Fusse schneebedeckter Gebirge und bilden Bäche und Flüsschen, die sich bald durch kleereiche, duftende Ebenen schlängeln, bald von riesenhaften weitverzweigten Eichen und himmelanstrebenden Tannen beschattet werden. Dort befand sich ein den Indianern heiliger Baum, eine mächtige Eiche, die mit Recht als die Königin der ganzen Landschaft bezeichnet wurde. Im Schatten dieses Baumes hielten die Eingebornen ihre Rathsversammlungen, verehrten ihren Manitu und begruben daselbst auch ihre grossen Häuptlinge und weisen Männer. Die dort vorbeiziehenden Karawanen der Emigranten hatten lange Zeit die Heiligthümer der Indianer geschont, bis endlich ein Viehhändler mit einer grossen Heerde Rinder dort erschien. Die Indianer kamen diesem Menschen freundlich entgegen und erboten sich sogar, ihm bei der Herstellung einer Einfriedigung für seine Heerde behülflich zu sein. Dem Händler gefiel indessen die geheiligte Eiche so ausnehmend, dass er beschloss, seinen Viehstall um dieselbe herum anzulegen. Den Vorstellungen der Indianer gab er kein Gehör, sondern antwortete ihnen, er habe sich vorgenommen, seine Rinder in der indianischen Kirche schlafen zu lassen und bekräftigte mit einem Schwur, dass ihn nichts an seinem Vorhaben hindern solle. Die Indianer, erbittert über die Entweihung der Gräber ihrer hervorragendsten Krieger, überfielen den Viehhändler, ermordeten ihn und seine Leute und setzten sich in Besitz der Heerde. Der Krieg zwischen den Eingebornen und den Weissen war auf diese Weise erklärt; zahlreiche Opfer sind seitdem auf beiden Seiten schon gefallen und manches Leben wird noch geopfert werden, ehe die durch fluchwürdiges Benehmen einzelner Menschen veranlassten Streitigkeiten vollständig geschlichtet sind. Und wie lange wird es noch dauern, bis ein Grund gefunden oder erfunden wird, um einen Ausrottungskrieg gegen die bis jetzt noch friedlichen Eingebornen im Thale des Colorado beginnen zu können? Die weisse Raçe allein trifft ein gerechter Vorwurf, wenn ganze Völkerstämme von dem Erdball verschwinden, denn alle Unbilden, ja Verbrechen der kupferfarbigen Raçe an ihren Unterdrückern entspringen aus Fehlern, die den wilden, uncivilisirten Menschen eigenthümlich sind, und wer die Fehler der Wilden nach den Gesetzen der Civilisation bestraft, der zeigt, dass er selbst an der Civilisation keinen Theil hat.

Wir setzten am 22. Februar unsere Reise in einiger Entfernung vom Colorado gegen Norden fort und gelangten gegen Mittag an den Fluss selbst, an welchem wir so lange hinauf zogen, bis steile Felsmassen, die weit in's Land hineinreichten, uns den Weg zu versperren schienen. Wir schlugen daselbst unser Lager auf, um über den nunmehr einzuschlagenden Weg zu berathen, denn noch waren wir nicht bis an das eigentliche Dorf der Mohave-Indianer gelangt, obgleich uns schon zahlreiche Gesellschaften derselben besuchten. So weit wir bis hierher den Colorado gesehen, hatten fruchtbare Niederungen, freilich von nur geringem Umfange, mit kahlen Felsmassen und dürrem, steinigem Boden abgewechselt. Die Niederungen nun, auf welchen in Mezquit-Waldungen versteckt die Eingeborenen ihren Unterhalt der Fruchtbarkeit des Bodens entnehmen, scheinen den Indianern Alles zu bieten, was in dem Bereiche ihrer Wünsche liegt, denn ausser den Feldfrüchten, die sie ihrem eigenen Fleisse verdanken, ist es ja auch der Mezquit-Baum*, selbst, der ihnen in Jahren des Misswachses reichliche Aushülfe bietet.

Viele Indianer hatten uns an diesem Tage bis zu unserem neuen Lager begleitet, indem sie fortwährend unser Thun und Treiben neugierig beobachteten und zu allem für sie Ungewöhnlichen laut jubelten und lachten, und da wir auf friedlichem Fusse mit ihnen standen, die harmlosesten Menschen zu sein schienen. Als wir uns mit unseren alten Begleitern unterhielten, wurden wir einer ganzen Schaar Indianer mit Weibern und Kindern ansichtig, die sich von der Felskette her in feierlichem Zuge auf unser Lager zu bewegte. Es war dieses eine Gesellschaft oder Gemeinde der Mohave-Indianer, die sich mit ihren Tauschartikeln bei uns einstellte, um Geschäfte zu treiben. So wenig oder gar nicht bekleidet die einzelnen Mitglieder auch waren, so lässt sich kaum eine buntere Schaar denken als die, welche, geführt von einem Häuptlinge, in langer Reihe unserem Lager zuschritt. Die herkulischen Gestalten der Männer prangten von den langen Haaren bis hinab zu den stumpfen Zehen in weisser, gelber, blauer und rother Farbe, je nachdem sie sich mit Kalk oder farbiger Thonerde beschmiert hatten. Die diamantklaren Augen blitzten aus den bemalten Zügen wie feurige Kohlen, und auf dem Scheitel der Meisten standen einige Geier-, Specht- oder Schwanenfedern aufrecht, wodurch die riesenhaften Gestalten nur noch grösser erschienen. Einzelne hatten als einzige Bekleidung einen Pelzmantel, der aus Streifen von Hasen- und Rattenfellen geflochten war, um die Schultern geworfen; doch Einer überstrahlte die ganze Gesellschaft durch seinen einfachen Putz, auf den er sich nicht wenig einzubilden schien. Es hatte nämlich eine Weste, die von unseren Leuten als unbrauchbar weggeworfen oder vertauscht worden war, ihren Weg bis zu diesem Wilden gefunden und half nun den Anzug vervollständigen, der bis dahin nur aus grässlicher Bemalung

*) Bartlett's *Personal Narrative* Vol. I., p. 75. Der Mezquit-Baum (*Algarobia glandulosa*) gehört zur Familie der Akazien; die Blätter sind zart, das Holz sehr hart und würde, wenn die Bäume nur grösseren Umfang erreichten, sich gewiss ausgezeichnet zu Drechslerarbeiten verwenden lassen. Die langen, schmalen Schoten sind ein Lieblingsfutter der Pferde und Maulesel, und die Bohnen werden von den Eingeborenen zu Mehl gerieben, mit Mais- und Weizenmehl vermischt oder auch allein zu Kuchen verbacken. Der Name *Algarobia*, von de Candolle für eine Section der Gattung *Prosopis* benutzt, ist von George Bentham zu einer Gattung erhoben worden, die zur Tribus *Parkieae* der natürlichen Ordnung *Mimoseae* gehört. *Algarobia glandulosa* wurde von Torrey aufgestellt und in den *Annales of the Lyceum of New-York* Vol. II, p. 192 beschrieben und abgebildet.

Mohave Indianer.
Thal des Rio Colorado des Westens

bestanden hatte. Die Weiber waren alle mit dem eigenthümlichen Rock bekleidet, dessen vordere Hälfte bei den wohlhabenderen aus gedrehten Wollschnüren statt der Baststreifen bestand. Auf den Köpfen trugen sie thönerne Gefässe, aus Bast geflochtene Säcke und wasserdichte Körbe, die mit den Erzeugnissen ihres Fleisses und dem Ertrag ihrer Felder angefüllt waren. Im Lager angekommen, knieten die Weiber reihenweise auf dem Boden nieder. Ihre vollen Körbe stellten sie vor sich hin, worauf die sie begleitenden Männer sich in unserem Lager zerstreuten, unsere Leute zum Handel aufforderten und auch den Abschluss eines Handels, wenn ein solcher zu Stande gekommen war, überwachten. Bis spät in die Nacht hinein dauerte dieses Treiben, worauf die Eingebornen unserer Sicherheit wegen aufgefordert wurden, unser Lager und Wachtfeuer zu verlassen. Eine grosse Anzahl derselben hatte sich übrigens schon bei Zeiten, als die Kühle des Abends sich einzustellen begann, nach ihren Höhlen und Hütten begeben.

Nur einzelne Wilde erschienen am Morgen des 23. Februars in dem Lager, um unseren Aufbruch zu beobachten, und unter diesen einer unserer ersten Bekannten, der alles Zeug, welches ihm von unserer Gesellschaft geschenkt worden war, auf seinen Körper gezogen hatte und eine gesprungene, unbrauchbare Büchse, die ihm ebenfalls überlassen wurde, triumphirend auf seinen Schultern trug. Dieser Wilde, dessen Stolz auf seinen Schmuck grenzenlos war, vertrat gewissermassen die Stelle eines Führers bei unserer Expedition. Wir gelangten unter seiner Leitung schon in aller Frühe an die Felsenkette, vor welcher unser Pfad sich theilte, indem der eine dicht am Flusse die hohen Felswände hinaufführte, während der andere sich in östlicher Richtung um das Gebirge herumzog. Durch einen Zufall wurde an dieser Stelle unsere Expedition getheilt, denn als Lieutenant Whipple, den kleinen Wagen mit dem Viameter berücksichtigend, die ebnere Strasse gegen Osten einschlug, war Lieutenant Tittball mit seinen 25 Mann und den dazu gehörigen Maulthieren in der Meinung, dass ihm der ganze Zug folge, hinter den Felsen dicht am Flusse verschwunden. Der Geologe Mr. Marcou und ich, in der Hoffnung, am Abend oder vielleicht noch früher wieder mit dem Zuge, zu welchem wir eigentlich gehörten, zusammenzustossen, wendeten unsere Thiere und holten Lieutenant Tittball sehr bald ein, der sich langsam mit den vorsichtigen Maulthieren auf dem Pfade fortbewegte, auf welchem nur diese oder Indianer mit sicherem Fusse hinzuschreiten vermochten. Wir bestiegen deshalb an den schwierigsten Stellen und am Rande der Abgründe, wo wir uns vor dem Schwindligwerden nicht ganz sicher fühlten und uns vor dem Ausgleiten fürchteten, unsere Thiere, und führten dieselben hinter uns am Zügel, wenn bessere Stellen unseren gefährlichen Weg unterbrachen. Oftmals wenn wir, die wir an der Spitze des Zuges ritten, wieder festen Fuss in einer Schlucht gefasst hatten und dann zu den Felsen hinaufblickten, von welchen wir herunter gekommen waren, oder die lange Reihe der schwer bepackten Thiere, die sich, immer eins hinter dem anderen, an den Abhängen hinunterwanden, beobachteten, wie

Felsblöcke und Gestein sich unter den Hufen lösten und in die Tiefen hinabrollten, dann kam es uns fast wunderbar vor, dass wir, ohne einen Unfall zu erleiden, wirklich denselben Weg zurückgelegt hatten, und rüstig ging es auf's Neue hinauf, wo uns der geringste Fehltritt der Thiere in schauerliche Abgründe oder in den schäumenden Fluss stürzen musste. Den Colorado hatten wir immer zu unserer linken Seite und konnten ihn stets bis zu seinem westlichen Ufer übersehen, welches ebenfalls aus schwarzen verworrenen Felsen bestand. Auch erreichten wir eine Stelle, wo der Fluss, ohne einen wirklichen Fall zu bilden, wild tobend über Felsmassen stürzte. Es war ein grossartiger Anblick, doch der gänzliche Mangel an Vegetation auf den Höhen sowohl wie auf den kleinen hin und wieder hervorragenden Lehmufern gab dem ganzen Bilde den Charakter einer grossartigen Einöde, einer grauenerregenden Wildniss; selbst die Eingebornen waren aus unserer Nähe verschwunden, gleichsam als scheuten sie sich diese Wüste zu betreten.

Unser beschwerlicher Weg schien gar kein Ende nehmen zu wollen, denn glaubten wir endlich ebenen Boden gewonnen zu haben, so führte nach kurzer Strecke der gewundene Pfad uns wieder an steilen Abhängen hinauf, wo der Schall der auf hartes Gestein fallenden eisenbekleideten Hufe unserer matt schleichenden Maulthiere in der lautlosen Einsamkeit verklang. Die scharfen Bergzacken, die am Morgen vor uns gelegen hatten, liessen wir allmälig hinter uns; wie Thürme und Obelisken ragten in unregelmässigem Durcheinander die Kuppen der Felsen in der klaren Athmosphäre empor, in welcher die kleinsten Linien der bläulichen Gebirgsmassen deutlich erkennbar waren.

Spät am Nachmittage gelangten wir endlich in eine Ebene, welche durch die Niederungen des Colorado gebildet wurde. Wie ein niedriger Wald dehnte sich dieses Thal mit seinen verkrüppelten Bäumen, seinem Strauchwerk und Schilf vor uns aus. Zahlreiche Rauchsäulen erstiegen in allen Richtungen dem Gehölz und bezeichneten die Stellen, wo von Waldung versteckt die einfachen Hütten der Mohave-Indianer lagen. Das Thal des Flusses musste sehr stark bevölkert sein, denn auf beiden Ufern bis in die weiteste Ferne nahmen wir solche Zeichen von der Anwesenheit menschlicher Wesen wahr. Noch waren wir nicht weit in der Ebene fortgeschritten, als auf zwei prächtigen Hengsten ein paar Indianer zu uns herangesprengt kamen. Mehr noch als über die beiden jungen wilden Reiter, die ihre Pferde mit einer härenen Leine lenkten, freuten wir uns über die schönen Thiere selbst, die nicht nur wohlgenährt und gepflegt, sondern auch Muster von schönen Pferden waren. Ausser diesen beiden sahen wir während unseres Aufenthaltes am Colorado nur noch ein einziges Pferd, und diese schienen mehr Heiligthum der ganzen Nation als zu irgend einem besonderen Gebrauche bestimmt zu sein; von Jedem wurden sie gefüttert und gepflegt, woher sich auch ihr wohlgenährtes Aussehen schrieb. Ich gab mir die grösste Mühe, ihnen eins derselben abzukaufen, doch sie lachten meiner nur und überhäuften ihre Pfleglinge mit Liebkosungen. Uebrigens waren die Pferde jung und schienen von klein auf dieser Nation angehört zu haben. Unsere Frage nach einem geeigneten Weideplatze für unsere Thiere verstanden die beiden Burschen sehr wohl, und gaben uns ebenfalls durch Zeichen zu verstehen, dass wir ihnen nur folgen sollten. Sie führten uns auch in der That nach einer grasreichen Wiese, die an die kleine Waldung grenzte, wo wir sogleich Anstalten zu unserem wegen Mangels an Zelten sehr einfachen Nachtlager trafen. Der Freundlichkeit des Lieutenant Tittball verdankten Mr. Marcou und ich einige Decken; denn da wir an diesem Tage nicht mehr darauf rechnen durften, mit Lieutenant Whipple und unserem Gepäck zusammenzukommen, so theilte Lieutenant Tittball sein Lager mit uns, und was uns an wärmenden Decken abging, das mussten tüchtige Feuer ersetzen. Während der Vorbereitungen strömten von allen Seiten die Eingebornen auf uns zu, umringten uns zu Hunderten und mischten sich auch theilweise unter unsere Leute. Unser zu blindes Vertrauen wurde glücklicher Weise nicht von den Indianern getäuscht: denn da wir nur aus 27 Köpfen bestanden, von denen kaum die Hälfte immer im Lager beisammen war, während die Uebrigen die Heerde hüteten oder Holz und Wasser heranschafften, so hätten wir, obgleich wir bis an die Zähne mit Revolvern und langen Messern bewaffnet waren, zuletzt doch unterliegen müssen. Die Eingebornen schienen aber den festen Willen zu haben, in freundlichem Verkehr mit uns zu bleiben, oder, was wahrscheinlicher ist, sie mussten ihren Häuptlingen blinden Gehorsam schuldig sein und von diesen in ihrer Handlungsweise geleitet werden, da es kaum denkbar ist, dass Tausende von Menschen in Uebereinstimmung gehandelt haben würden, ohne dass sich eine Partei gebildet hätte, die, angelockt von unseren Habseligkeiten oder auch von Rachedurst getrieben, da in früheren Zeiten einige der Ihrigen von den Weissen erschossen worden waren, uns hinterlistig angegriffen hätten. So zeigt es sich bei den wildesten Elementen, bei den Menschen im Urzustande, dass die Masse des Volkes gelenkt sein will und sich willig dem Einflusse einzelner, durch Geist und Talent hervorragender Persönlichkeiten fügt, deren Kraft und Ueberlegenheit sie jeden Augenblick anzuerkennen durch eigene Ueberzeugung gezwungen ist. Nur einen Augenblick drohte unser freundlicher Verkehr mit den Wilden einen Stoss zu erleiden, doch stellte sich zur rechten Zeit die Nacht mit ihrer schneidenden Kälte ein, vor der die braunen nackten Gestalten zu ihren Hütten flohen, worauf sie am folgenden Morgen mit abgekühltem Blute wieder bei uns erschienen. Als nämlich Lieutenant Tittball, Mr. Marcou und ich, uns mit einander unterhaltend, neben einer Gruppe dieser schönen Gestalten standen und die prächtig geformten Glieder bewunderten, betrug sich einer der uns zunächst stehenden jungen Leute auf eine etwas unverschämte Weise, was übrigens mehr aus Uebermuth als aus einem anderen Beweggrunde geschah. Lieutenant Tittball, der gerade eine kleine Ruthe in der Hand hielt, gab dem jungen Manne in der Entrüstung einen Hieb über die nackten Schultern; der Indianer lachte dazu und schien den Schlag als einen Scherz hinnehmen zu wollen. Unglücklicher Weise aber hatte ein altes runzliges Weib den ganzen Vorgang beobachtet und gerieth in die fürchterlichste Wuth; mit kreischender Stimme überschüttete sie uns mit einem ganzen Schwall für uns natürlich unverständlicher Worte, die aber nichts anderes als Schmähungen und Verwünschungen sein konnten; andere Weiber gesellten sich zu der alten Hexe und stimmten mit ein, und deutlich konnten wir aus ihren Geberden die Drohung entnehmen, dass ganze Haufen ihrer Krieger kommen würden, um uns von der Erde verschwinden zu lassen. Aufmerksam beobachteten wir indessen die indianischen Krieger, die sich in unserer Nähe befanden, doch nahmen wir an diesen kein Zeichen von bösen Gesinnungen wahr, nur dass sie ernster und zurückhaltender wurden. Allmälig sammelten sich aber auch Männer um die schmähenden Weiber, und um nicht bei einem Ausbruche von Feindseligkeiten zu sehr im Nachtheile zu sein, erhielten unsere Soldaten den Befehl, jeden Eingebornen aus unserem Lager und dessen Nähe zu weisen, zugleich auch die Bayonnete auf die Musketen zu stecken.

Wir befanden uns in der Mitte der Wiese, so dass sich uns kein Indianer auf Pfeilschussweite feindlich nähern konnte, ohne das sichere Ziel für eine Büchse oder Muskete zu werden, welche letztere noch zu den Kugeln mit Rehposten geladen wurden. Das Fortweisen aus unserer Nähe machte einen nochübleren Eindruck auf die gährenden Haufen der Wilden; doch sei es dass sie sich vor unseren Feuerwaffen scheuten oder dass die Kälte des Abends ihnen zu empfindlich auf die nackten Glieder fiel, genug sie entfernten sich bis auf den Letzten, und waren bald auf den verschiedenen Pfaden im nahen Gebüsche verschwunden. Unsere Vorsicht wurde in der Nacht verdoppelt. Schildwachen mussten fortwährend unser Lager und die Heerde umkreisen und durch halbstündiges lautes Rufen ihre Wachsamkeit und die Sicherheit der Umgebung bekunden. So ging die Nacht ohne weitere Störung hin, wir schliefen mit den Waffen in den Händen und um so beruhigter, als uns ein leiser Schlaf schon durch die lange Uebung zur Gewohnheit geworden war und wir selbst schlafend jedes ungewöhnliche Geräusch deutlich vernahmen.

XXXII.

Ruhetag bei den Ansiedelungen der Mohaves. — Spiele der Mohaves. — Das Scheibenschiessen. — Reise durch die Dörfer der Mohaves. — Lager auf dem Ufer des Colorado. — Vorbereitungen zum Uebergang. — Die indianische Mutter. — Uebergang über den Colorado. — Dienstleistungen der Eingebornen.

Mit dem Aufgange der Sonne stellten sich die Eingebornen wieder in grosser Zahl bei uns im Lager ein, doch war von dem unangenehmen Vorfall des vorigen Abends gar nichts zu merken. Alles schien vergessen zu sein, und mit dem ihnen eigenthümlichen Frohsinn balgten und neckten sie sich um uns her, sogar die Männer liebkosten sich unter einander, hielten sich in dem einen Augenblick zärtlich umfasst und spielten sich im nächsten wieder gegenseitig auf die derbste Weise Possen, doch nahm Jeder solche Neckereien stets mit derselben Gutmüthigkeit hin, mit der sie ausgetheilt wurden.

Wenn man dieses Volk in seinem Urzustande so glücklich und zufrieden sah, dann hätte man ihm wohl wünschen mögen, dass die Civilisation mit ihren vielen Gebrechen und Leiden im Gefolge nie ihren Weg in das Thal des Colorado finde, wenn nicht auch zugleich Mitleiden darüber erwacht wäre, dass eine Nation, wohlausgerüstet mit körperlichen und geistigen Kräften, in deren Brust gute und edle Gefühle schlummerten, zugleich auch den Segnungen der Civilisation fremd sei. Wie verdient könnten Missionaire sich um diese rohen Indianerstämme machen, wenn sie von ihren alten Lehrweisen einmal abgingen und anstatt mit Strenge das Christenthum aufzudringen und dadurch gehässig zu machen, dem Beispiele der Yncas von Peru folgten, die bei ihren weiten Eroberungen nie den Sonnendienst mit Zwang einführten. Würden heidnische Gebräuche und Abbildungen Anfangs in der Nähe des Kreuzes geduldet, so würden allmälig bei milder, liebevoller Behandlung die neue Religion und ihre Verkündiger Vertrauen einflössen, der Aberglaube würde gemindert werden und mit frommem, hingebendem Gemüthe würde selbst der rohe Mensch emporblicken zu dem Sitz der Alles umfassenden Kraft, welche Millionen von Welten auf ihre Bahnen lenkt und zugleich über das Leben jener kleinsten, fast unsichtbaren Geschöpfe wacht, die in der Atmosphäre spielend, der Raub des leisesten Athems werden.

50*

Unsere Kameraden mussten sich an diesem Morgen schon in aller Frühe auf den Weg begeben oder auch in unserer Nähe gelagert haben, denn als wir eben darüber sprachen, die Ankunft des Haupttrains an dieser Stelle zu erwarten, bogen die vordersten Reiter von Lieutenant WHIPPLE's Abtheilung in das Thal ein. Nach kurzer Zeit waren wir wieder mit unseren Gefährten vereinigt, die nach Lieutenant WHIPPLE's Anordnung bei uns ihr Lager aufschlugen, um bis zum folgenden Tage, dem 24. Februar, daselbst zu bleiben. Nicht ohne Grund sollte der Aufenthalt bei den Mohaves etwas verlängert werden, denn eines Theils konnte es nur von dem grössten Interesse für uns und die Zwecke unserer Expedition sein, so viel wie nur immer möglich von den bis dahin noch sehr unbekannten Indianerstämmen am Colorado kennen zu lernen, dann aber erhielten auch die Eingebornen dadurch mehr Zeit, von entfernteren Dörfern mit Mais und Lebensmitteln bei uns einzutreffen. Denn da die Indianer keinen Grund haben, an Feldfrüchten mehr als gerade zu ihrem Bedarf nothwendig ist zu bauen, so konnten die von allen Seiten zuströmenden Wilden jedesmal nur in ganz kleinen Quantitäten von ihren Erzeugnissen entbehren und zum Tausch anbieten, und manches Körbchen voll Mais musste auf die ausgebreiteten Decken ausgeleert werden, ehe es so viel wurde, dass unsere ganze Maulthierheerde, obgleich sie schon etwas zusammengeschmolzen war, ein kleines Futter erhielt.

Ein buntes Treiben entstand alsbald um unser Lager, denn in dasselbe hinein wurden nur einige der angesehensten Krieger und Häuptlinge gelassen, indem wir besonders darauf zu achten hatten, dass bei einem etwaigen Ausbruch von Feindseligkeiten unser ganzes Personal beisammen war und wir durchaus freien Spielraum behielten. Zu vielen Hunderten umschwärmten uns also die Mohaves und zwar alle in ihren Festkleidern, denn nur bei festlichen Gelegenheiten konnten sie so verschwenderisch mit ihrer Farbe umgehen und auf so umständliche Weise ihre nackten Glieder anstreichen. Es wäre zu viel, die verschiedenen Costüme beschreiben zu wollen; doch wenn man die Gruppen beobachtete, wie sich in denselben ganz weisse, rothe, blaue und schwarze Gestalten unter einander bewegten, andere wieder von oben bis unten mit bunten Ringen, Linien und Figuren grässlich bemalt umherschritten und mit selbstzufriedener Miene um sich schauten, so glaubte man ein Heer von Dämonen zu erblicken, die, auf ihre langen Bogen gestützt, jeden Augenblick bereit seien, einen wilden höllischen Reigen zu beginnen. Doch munteres Lachen schallte von allen Seiten zu uns herüber und zeugte von dem Wohlgefallen, mit welchem die Wilden unser Treiben beobachteten. Ich war hauptsächlich damit beschäftigt, die hervorragendsten Gestalten zu skizziren und wunderte mich nicht wenig darüber, dass diese Leute nicht nur ruhig zusahen, sondern sich sogar über meine Arbeit freuten, mir sogar Weiber mit ihren kleinen Kindern brachten und aufmerksam zuschauten, wenn ich deren Gestalten und Züge allmälig auf's Papier brachte. Die Mütter achteten dann besonders darauf, dass ich auch alle Linien, die sie mit bunter Farbe auf ihren eigenen Körper wie auf dem ihrer Kleinen gezogen hatten, in der Zeichnung genau wiedergab.

Unter den Männern erblickten wir Mehrere, welche 16 Fuss lange leichte Stangen bei sich führten, über deren Verwendung wir erst in's Klare kamen, als sich die braunen Gestalten immer zu zweien von den Haufen trennten, um ein Spiel zu beginnen, das mir unverständlich blieb, obgleich ich dasselbe lange beobachtete. Die beiden Spieler stellten sich nämlich, die Stangen hoch haltend, neben einander hin; in der Hand des einen befand sich ein aus dünnen Baststricken verfertigter Ring von ungefähr 4 Zoll Durchmesser. Die Stangen senkend stürzten dann beide zugleich nach vorn, und laufend liess der den Ring Tragende diesen seiner Hand entgleiten, so dass derselbe vor beiden hinrollte, worauf sie zugleich die Stangen schleuderten und zwar so, dass eine links und die andere rechts von dem rollenden Ringe niederfiel und derselbe dadurch in seinem Laufe gehemmt wurde. Ohne die Schnelligkeit ihrer Bewegungen zu mässigen, ergriffen sie dann wieder Stangen und Ring und liefen, dasselbe Verfahren beobachtend, genau auf dem Wege, den sie gekommen, zurück, und immer wieder wurde diese Strecke, die 40 Fuss lang sein mochte, durchlaufen, auf's Neue der Ring gerollt und die Stangen geworfen, bis die unermüdlichen Spieler einen festen Pfad auf dem losen Wiesenboden gestampft hatten. Stundenlang setzten sie mit Eifer, ohne nur eine Minute anzuhalten oder ein Wort zu wechseln, dieses seltsame Spiel fort: einige indianische Zuschauer gesellten sich wohl zu ihnen, doch waren diese dann ebenso, wie die Spieler selbst in den Wettstreit vertieft, und gerade sie wollten mir nicht gestatten, näher heranzutreten, um durch aufmerksames Beobachten vielleicht den Sinn des Spieles zu errathen. Durch Zeichen gaben sie mir zu verstehen, dass es sich um äusserst wichtige Angelegenheiten handele, denen meine Gegenwart schaden würde, ja sie drohten sogar, als ich ihrer Weigerung ungeachtet näher trat, mir mit ihren Keulen den Schädel einzuschlagen. Ob nun die Stangen durch den Ring treffen oder genau neben demselben niederfallen müssen, ist mir nicht klar geworden; ich überzeugte mich nur, dass vielfach auf abgesonderten Lichtungen oder am Ufer des Flusses Indianer sich so sehr in dieses Spiel vertieften, wie dies nur immer bei den leidenschaftlichsten Schachspielern möglich ist.

Die Hauptnahrung dieser Eingebornen besteht in gerösteten Kuchen von Mais- und Weizenmehl, welches sie durch Zerreiben der Früchte zwischen zwei Steinen gewinnen; Viele der uns Besuchenden führten solche Kuchen bei sich, die sie im Laufe des Tages mit grossem Appetit verzehrten, doch könnte ich nicht sagen, dass der unserige bei dem Anblicke des schmutzigen Gebäcks, welches sie gewöhnlich an irgend einer passenden Stelle auf ihrem Körper befestigt hatten, gereizt worden wäre. Hingegen von unseren Köchen zubereitet, lieferte das Mehl der Indianer ein gutes Brod, ebenso wie die Bohnen und getrockneten Kürbisscheiben äusserst schmackhafte Gerichte bildeten. Am Nachmittage wurde ein allgemeines Scheibenschiessen mit Revolvern von unserer Gesellschaft angestellt, an welchem sich auch die Indianer mit ihren langen Bogen betheiligten. So wie die Wilden sich über die Wirkung unserer Geschosse wunderten, die jedesmal die Kugel durch ein starkes Brett trieben, so erstaunten wir über die Gewandtheit und Sicherheit, mit der sie ihre Pfeile dem ausgesteckten Ziele zusendeten und uns mit unseren Revolverpistolen sogar übertrafen; wir griffen darauf zu unseren Büchsen, um ihnen zu zeigen, auf welche weite Entfernung wir immer das Leben unserer Feinde in Händen hielten. Die Revolver blieben ihnen aber doch das Wunderbarste von Allem, indem sie durch dieselben veranlasst wurden zu glauben, dass wir es verständen, ohne zu laden, fortwährend zu schiessen; wir liessen sie bei dem Glauben, was um so leichter war, als diese Wilden noch durchaus die Feuerwaffe nicht kannten und nur wussten, dass bei einer früheren Gelegenheit mittels derselben Einige aus ihrer Mitte von den Weissen getödtet worden waren. Der Abend rückte unterdessen heran, und wie früher entfernten sich unsere Gäste oder richtiger gesagt unsere Wirthe, mit dem Untergange der Sonne.

Als am 25. Februar die ersten Indianer wieder bei uns im Lager erschienen, waren wir schon zum Aufbruch gerüstet, um durch die niedrige Waldung an den Colorado zu ziehen und nach einem sich eignenden Uebergangspunkte zu spähen. An dem Gehölz hinaufreitend gelangten wir bald an einen Pfad, der in dasselbe hinein und in nordwestlicher Richtung weiter führte. Immer Einer hinter dem Anderen in langer Reihe auf dem schmalen Pfade reitend, kamen wir bald an kleinen Lichtungen, kultivirten Feldern und den Wohnungen der Indianer vorbei, die nicht in einem Dorfe zusammenhängend, sondern in kleinen Zwischenräumen zerstreut lagen. Die Hütten waren grösstentheils an den Abhängen kleiner Hügel angelegt, indem diese, theilweise ausgehöhlt, die eigentliche Wohnung bildeten. Vor der Thüröffnung befand sich in gleicher Höhe mit dem Hügel oder Erdwalle ein breites Dach, welches auf starken Pfählen ruhte, wodurch eine Art von Corridor hergestellt wurde. Grosse thönerne Gefässe standen unter demselben, die zum Aufbewahren der Mehl- und Kornvorräthe dienten, ausserdem lagen daselbst die noch zum täglichen Gebrauch bestimmten Hausgeräthe umher, die aus zierlich geflochtenen, wasserdichten Körben und Schüsseln so wie ausgehöhlten Kürbisschalen bestanden. In der Nähe jeder Wohnung erblickten wir kleine Baulichkeiten, die ein zu eigenthümliches Aussehen hatten, als dass wir die Bestimmung derselben sogleich hätten errathen können. In einem Kreise von 3 bis 5 Fuss Durchmesser waren nämlich 4 bis 5 Fuss lange Stäbe dicht neben einander aufrecht in den Boden gesteckt und diese mit Weiden durchflochten, wodurch das Ganze einem grossen freistehenden Korbe glich, der oben mit einem dachähnlichen rund herum überragenden Deckel versehen war. Von Weitem hatten diese Geflechte Aehnlichkeit mit chinesischen Häuschen, es waren aber Magazine, welche die betreffenden Eigenthümer bis oben heran mit Mezquit-Schoten und kleinen spiralförmigen Bohnen angefüllt hatten. Diese Saamen gehören indessen nicht zu den gewöhnlichen Nahrungs-

Wohnung der Eingeborenen am Rio Colorado des Westens

mitteln der Mohaves, sondern werden nur von Jahr zu Jahr in den Magazinen aufbewahrt, damit, wenn die Feldfrüchte nicht gedeihen oder gänzlicher Misswachs eintreten sollte, die Bewohner nicht der Noth preisgegeben sind und dann ihre Zuflucht zu diesen Vorräthen nehmen können. Die materielle Beschaffenheit, so wie die vorsichtige Verpackung dieser Früchte ist Ursache, dass dieselben viele Jahre hindurch ohne zu verderben in den Körben bleiben können, denn es vergehen manchmal Jahre, in welchen keine reiche Ernte dieser Art gemacht wird, und die Leute beim besten Willen nicht im Stande sind, ihre Magazine zu füllen und die angebrochenen Vorräthe wieder zu vervollständigen. Diese Sorge für die Zukunft, dieses Vorbereiten auf unvorhergesehene Fälle, auf Misswachs und gänzliches Fehlschlagen der Ernten hatte ich bei keinem der westlich von den Rocky Mountains wohnenden Indianerstämme wahrgenommen; es mag einzig in der Verschiedenheit der Lebensweise dieser Völker liegen und darin dass die wildreichen Territorien der Steppen und angrenzenden Gebirge und Waldungen dergleichen Vorsicht unnütz machen; jedenfalls ist aber bei den am Colorado und Gila lebenden Eingebornen diese Vorsorge mehr als der blosse Instinkt, mit welchem Hamster und Bienen sich Vorräthe anlegen.

Unser Erscheinen in den Ansiedelungen und Dörfern der Wilden rief keine geringe Aufregung hervor, doch war diese fröhlicher, gutmüthiger Art. Die Hügel und Dächer der Hütten waren mit Eingebornen jeglichen Alters und Geschlechts bedeckt, von wo herab sie eine volle Aussicht auf den langen Zug der Fremden geniessen konnten. Unsere langen Bärte, die schon seit einem Jahre ungestört hatten wachsen dürfen und bei den meisten bis auf die Brust herab reichten, erregten besonders bei den Weibern die grösste Spottlust. Schon im Lager hatte Eine oder die Andere es schüchtern gewagt, diesen unseren wilden verworrenen Schmuck zu betasten, um sich von der Echtheit desselben zu überzeugen, doch nun aus der Entfernung gaben sie uns die unzweideutigsten Beweise, dass sie das, worauf wir stolz waren, da wir gewissermassen dadurch die Dauer unserer Reise berechneten, nicht besonders einnehmend fanden. Sobald ein recht bärtiger Geselle an ihnen vorbeiritt, brachen sämmtliche Weiber in lautes Gelächter aus und hielten sich die Hände vor den Mund, als wenn sie unser Aussehen anekle. Das Eigenthümliche bei der ganzen Sache war übrigens, dass ihre eigenen Männer einen starken Haarwuchs im Gesichte hatten, ebenfalls etwas Unerhörtes bei der kupferfarbigen Raçe; doch verstanden sie es, die Haare geschickt auf der Haut mit Steinen abzuschaben, zu sengen oder auszurupfen, denn wenn auch überall der starke Bart bemerklich war, so war er doch möglichst glatt geschoren.

Wir zogen mehrere Meilen durch das vielfach belebte Gehölz, und Schaaren neugieriger Indianer begleiteten uns zu beiden Seiten, indem sie leicht und gewandt wie der Panther in vollem Lauf durch dichtes Gebüsch oder darüber hinweg setzten. Als wir so, uns allmälig dem Flusse nähernd, durch dichtes Weidengesträuch hinzogen und gar nicht um uns zu schauen vermochten, ereignete sich ein Unfall, der uns glücklicher Weise nur ein Maulthier kostete, aber auch eben so leicht das Ende eines Menschen hätte herbeiführen können. Ein Mexikaner, der auf gewöhnliche Weise seine Büchse am Sattel befestigt hatte und nachlässig die Packthiere antrieb, gerieth in das dichte Gesträuch; ein Zweig musste wohl den Hahn der Büchse gefasst und aufgezogen haben, denn dieselbe entlud sich, und die Kugel fuhr dem nächsten Packthiere schräg durch den Leib. Mit einem zweiten Schusse wurde den Leiden des armen Thieres ein Ende gemacht, der Sattel mit dem Gepäck schleunigst auf ein unbeladenes geworfen, und weiter ging es nach gewohnter Weise. Nur wenige Minuten vergingen, und wir sahen Indianer an uns vorüber eilen, die im vollen Sinne des Wortes das erschossene Maulthier in Stücke zerrissen hatten und mit der blutigen Beute ihren Wohnungen zueilten. Es war ein hässlicher Anblick, diese nackten Gestalten mit den noch blutenden Gliedern des Thieres auf den Schultern, wodurch sie selbst von oben bis unten mit Blut besudelt und echten Kannibalen ähnlich wurden. Diese Gier nach Fleisch, die sich so deutlich bei den Eingebornen zeigte, hielten wir für verderblich für unsere Expedition, denn leicht hätten uns viele unserer Thiere, so wie die ganze Schafheerde in dem Dickicht entführt werden können. Ein Comanche- oder Sioux-Indianer würde die schöne Gelegenheit gewiss nicht unbenutzt haben vorübergehen lassen; doch kein Mohave machte auch nur Miene, die Hand nach unserem Eigenthume auszustrecken, im Gegentheil, wo ein Maulthier oder Schaf vom Wege und von der Heerde abstreifte, da war immer eine Rotte Indianer zur Hand, um dieselben heulend und jauchzend wieder heran zu treiben.

Auf Sandbänken unmittelbar am Flusse hielten wir in den Mittagsstunden an, um daselbst zum letzten Male auf der Ostseite des Colorado unser Lager aufzuschlagen. Wir befanden uns gegenüber einer Insel oder Sandbank, die mitten im Flusse hervorragte und uns den Uebergang zu erleichtern versprach. Zu beiden Seiten derselben trieb der reissende Strom in einer Breite von ungefähr 200 Schritten dahin, und wie tief das Wasser in diesen Canälen war, das bewiesen die vielen Wirbel, in welchen es kreiste.

Wir trafen an diesem Abende noch die nöthigen Vorbereitungen, um am folgenden Morgen in aller Frühe mit dem Ueberschreiten des Flusses beginnen zu können. Lieutenant Ives hatte von Texas herauf ein Leinwandboot mitgebracht; dasselbe war stets mit der grössten Sorgfalt verpackt worden und auch glücklich, ohne einen Schaden zu erleiden, bis an seinen Bestimmungsort, den grossen Colorado des Westens gelangt. Es bestand dieses Fahrzeug aus drei langen zusammenhängenden Leinwandsäcken, die inwendig mit Gutta-Percha überzogen waren, so dass sie dadurch vollständig luftdicht wurden. Mittels eines dazu gehörigen Blasebalgs, der durch sinnreich angebrachtes Schraubenwerk mit den Säcken in Verbindung stand, wurden diese nun voll Luft gepumpt, das obere Gestell des kleinen Wagens, welches genau zu den Säcken passte, auf denselben befestigt, so dass die vorderen und hinteren Enden an dem Wagenkasten hinauf gezogen wurden, wodurch das Fahrzeug ganz das Ansehen einer venetianischen Gondel erhielt, zu welcher sogar das Dach nicht fehlte, indem das Gestell des Wagens mit einem solchen versehen war. Das Boot wurde sogleich auf's Wasser gebracht und schwamm nicht nur gerade und regelrecht auf demselben, sondern zeigte auch zu unserer nicht geringen Freude eine überraschend grosse Tragkraft. Auch eine aus demselben Material verfertigte Matratze wurde mit Luft angefüllt, um mittels derselben zuerst einige Leute, so wie die zusammengeknüpften Leinen und Stricke nach der Insel hinüber zu schaffen. Lieutenant TITTBALL war mit seiner Mannschaft etwas weiter stromaufwärts gegangen und liess daselbst von Treibholz ein Floss zusammenfügen, auf welchem er mit seinem Commando nach der Insel hinüber zu steuern gedachte. Noch vor Eintritt der Dämmerung waren diese Vorarbeiten alle beendigt, und wir wendeten daher unsere ganze Aufmerksamkeit den Indianern zu, von denen wieder eine ganze Dorfschaft unter der Führung eines alten Häuptlings herbeigekommen war. Der Häuptling, Me-sik-eh-ho-ta, ein alter ehrwürdig aussehender Mann, mit einem mächtigen Federschmuck auf seinem Haupte und einem dicken Speer in der Hand, schritt seinen Leuten voran, die ihm in gewisser Ordnung, Körbe mit Waaren auf den Köpfen tragend, folgten. Ohne vieles Ceremoniell wurde der Handel gleich eingeleitet, die zu solchen Zwecken mitgenommenen Decken und Kattunstücken zerschnitten und streifenweise, zusammen mit Perlen und Messern für Lebensmittel hingegeben; auch von den Zierrathen der Wilden und von ihren Waffen erstanden wir wieder einige, sogar die mühsam gearbeiteten Röckchen der Frauen fanden unter uns, die wir auch ethnologische Sammlungen zu machen hatten, ihre Liebhaber und wurden von den Indianern willig für eine halbe Decke das Stück hingegeben. Natürlich gab dieser Tausch zu den komischsten Auftritten Anlass, doch machten wir vielfach die Beobachtung, dass diese Urwilden sich züchtiger und sittsamer betrugen, nicht nur als die meisten uns schon bekannten Indianer, sondern auch als manche Weisse, die auf den höchsten Grad von Civilisation Anspruch machen.

Die **Mohaves**, die schon seit einigen Tagen mit uns bekannt waren und Alles, was sie nur irgend erübrigen konnten, an uns vertauscht hatten, sannen immer auf neue Gegenstände, mit welchen sie Geschäfte bei uns würden treiben können und verfielen endlich auf Fische. Die ersten, die sie uns brachten, ein eben so seltenes wie beliebtes Gericht bei unserer ganzen Gesellschaft, wurden natürlich gut bezahlt; kaum war es aber ruchbar geworden, dass wir Fische nicht verschmähten, als auch unser ganzes Lager mit solchen überschwemmt wurde, und deshalb diese Waare plötzlich bedeutend im Preise sank. Die guten Leute schienen sich diesen Umstand gar nicht erklären zu können, da sie vielmehr vermuthet hatten, dass in dem Masse, wie die Zahl der Fische zunehme, auch unser Geschmack an denselben, so wie die zu zahlenden Preise steigen würden. Unter den eingebrachten Fischen zeichnete sich besonders eine Art aus, die hinter dem Kopfe auf dem Rücken einen grossen Höcker trug; von ihr wie von allen anderen Arten fügten wir unserer Sammlung einige Exemplare bei. Als es Abend geworden, blickten wir auf die reissenden Fluthen, die wir zu überschreiten hatten und nach dem jenseitigen Ufer hinüber, wo wir am Abend des folgenden Tages unser Lager aufschlagen sollten; hin und wieder bemerkten wir aus dem Wasser Gruppen schwarzer Köpfe von Indianern hervorragen, die zu ihren Wohnungen auf dem anderen Ufer heimkehrend, mit Weib und Kind, anscheinend mit Leichtigkeit den Strom durchschwammen. Ein rührendes Schauspiel ergötzte mich an diesem Abend besonders: es war eine junge Frau, die sich in unserer Nähe ihres Rockes entledigte, diesen zusammen mit ihrem kleinen Säuglinge in einen flachen, aber festen Korb legte, und mit diesem unter dem Arme und einem kleinen Kinde von etwa vier Jahren an der Hand in die Fluthen stieg, während ihr noch zwei Kinder von 6 bis 8 Jahren folgten. Es war eine reizende Gruppe, diese braune Mutter, die den Säugling in dem Korbe vor sich her schob, das ihr zunächst plätschernde Kleine zugleich unterstützte und sich bisweilen nach ihren beiden ältesten umschaute, die lärmend und spielend in der ihnen durch kleine Wellen bezeichneten Bahn schwammen. Ich blickte ihr nach, wie sie mit den Ihrigen auf der Insel landete, schnell über dieselbe hinwegschritt und auf dem anderen Ende sich wieder in's Wasser begab; ich sah noch, wie sie schwimmend dem dicht bewachsenen Ufer zueilte, daselbst landete und bald hinter bergendem Gebüsch mit ihrer Familie verschwand. Wer nur ein klares, ungetrübtes Auge hat für Heiliges und Edles in der Natur, wer es nur sehen will, der wird selbst in dem Wesen der Urwilden, der Heiden Göttliches entdecken und verehren lernen.

Der schönste Sonnenschein, der klarste Himmel begünstigte am 26. Februar unsere mühevolle Arbeit. Auf der Luftmatratze lang ausgestreckt liegend, war ein Arbeiter, das Ende einer am Ufer von einigen Leuten gehaltenen Leine, mit sich nehmend nach der Insel hinüber gerudert; das einfache Fahrzeug, welches sich nun ebenfalls in der Gewalt des auf der Insel befindlichen Menschen befand, wurde darauf zurückgezogen und ein zweiter und dritter von dem zuerst Angekommenen hinübergeschafft. Die vereinten Kräfte dieser drei waren hinreichend, eine grössere Last nach sich zu ziehen, und es wurde daher der Strick, welcher sich in den Händen der Leute auf der Insel befand, an dem grossen Bote befestigt und dieses von Dreien zugleich bestiegen. Die zweite Leine, die ebenfalls über die ganze Breite dieses Flussarmes reichte, wurde an dem anderen Ende des Bootes befestigt und von den Zurückbleibenden gehalten, um dasselbe jedesmal wieder zurückzuschaffen, dann aber auch um das Fortreissen durch die starke Strömung verhindern zu können. Der erste Versuch glückte vollkommen, er wurde wiederholt, und bald befand sich eine hinreichende Anzahl von Leuten auf der Insel, um die ankommenden Sachen auszuladen und nach dem anderen Ende der Insel hinüberzutragen. Das regelmässige Hinüberschiffen der Sachen, die aus ungefähr 80 bis 100 Maulthierladungen bestanden, nahm nunmehr seinen Anfang. Lieutenant Tittball war unterdessen ebenfalls mit seinem Fahrzeuge flott geworden und trieb mit seinen Leuten langsam der Insel zu, doch war das Wasser nahe derselben so seicht, dass das schwere tiefgehende Floss nicht dicht genug herangebracht werden konnte, und die Leute mit ihren Sachen eine Strecke durch das Wasser zu waten gezwungen waren, wogegen das flachgehende Gutta-Percha-Boot immer nach dem Sande hinaufgezogen werden konnte. Sicherheitsmassregeln waren also getroffen; ein Theil unserer Bedeckung befand sich dort, wo die Sachen eingeschifft wurden, ein anderer Theil mit Gepäck und Waffen auf der Insel, so dass wir auf keiner Seite von den Wilden mit Erfolg hätten angegriffen werden können. Rüstig legten nun alle unsere Leute Hand an's Werk, das Boot flog hinüber und herüber; immer weniger wurden der Sachen am Ufer und immer mehr auf der Insel. So wie nun die Sonne höher stieg und die Atmosphäre erwärmte, strömten die Indianer zu Hunderten von allen Seiten bei uns zusammen; der Fluss wimmelte von Eingebornen, die alle durch denselben schwammen, um die wunderbare Einrichtung der Weissen genauer in Augenschein zu nehmen; auf Flössen, die von Binsen-Bündeln zusammengefügt waren (die einzige Art von Fahrzeug, welche ich bei den Bewohnern des Colorado-Thales bemerkte) kamen sie den Fluss heruntergetrieben, um auf der Insel oder am östlichen Ufer zu landen. Es war ein immerwährend wechselndes Bild, so bunt und dabei so interessant, dass man sich gar nicht satt an diesem fremdartigen Schauspiel sehen konnte. Mit lautem Jubel und ausgelassenem Heulen begrüsste die wilde Rotte jedesmal das ankommende oder abfahrende Boot; allmälig lernten sie den einfachen Mechanismus der Einrichtung kennen und stellten sich in langer Reihe mit an den Strick, um das leere Boot mit Windeseile über das Wasser gleiten zu machen, wobei es übrigens mehrere Male vorkam, dass dasselbe umschlug und auf dem Kopf stehend, das Ufer erreichte. Nur einmal, und zwar in der Nähe des Ufers, schlug das Boot mit der vollen Ladung um, doch ging nur wenig verloren, weil dieselbe durch das Verdeck des Wagens vom Versinken in die Tiefe abgehalten wurde. Als die letzten Sachen nach der Insel geschafft waren und nur noch zum Hinüberbringen der Leute der Dienst des Bootes erheischt wurde, musste sich die ganze Mannschaft vereinigen, um die Maulthiere und Schafheerde in den Fluss zu treiben und sie zum Hinüberschwimmen nach der Insel zu zwingen. Es war keine leichte Arbeit, denn Alles schauderte vor dem breiten Strom und dem kalten Wasser zurück. Nachdem die ganze Maulthierheerde bis dicht an's Wasser getrieben worden, bestiegen Mr. Leroux und einige Mexikaner ihre Thiere und ritten voran in den Strom; mit Gewalt stiessen unsere Leute die vordersten der Heerde in's Wasser, denen dann die anderen, erschreckt durch das gellende Geheul der Indianer, nachfolgten. Der Fluss war tief an dieser Stelle, und bald befanden sich die Thiere in der Strömung, von welcher sie fortgerissen und der Insel zugetrieben wurden, wo sie alle, sogar die schwächsten, glücklich ankamen. Schwerer noch als die Maulthiere waren die Schafe in's Wasser zu bringen, denn kaum waren sie so weit, dass sie sich die Füsse netzten, als die ganze Heerde, wie von panischem Schrecken ergriffen, sich zwischen den Füssen der Leute

51 *

hindurchdrängte und im dichten Gebüsch verschwand. Der Jubel der Wilden schien dadurch auf's Höchste gesteigert zu werden; leichtfüssiger noch als die Schafe stürzte die heulende Bande den Entflohenen nach, und das Dickicht schloss sich auch hinter ihnen. Dass wir auf der Strecke der Reise, die uns bis zum stillen Ocean zurückzulegen blieb, noch einmal Hammelfleisch essen würden, glaubte in dem Augenblicke wohl kein Einziger unserer Expedition, und Mancher tröstete sich wohl schon mit dem Gedanken, er würde sich dafür am Fleische unserer Maulthiere schadlos halten. Wie hätten wir auch denken können, das wir je eins von unseren Schafen, die sich sämmtlich in den Händen der Wilden befanden, wiedersehen würden? Doch wir täuschten uns; denn nach kurzer Zeit erschienen die riesigen braunen Gesellen, Jeder ein Schaf vor sich tragend, wieder auf dem Ufer und stürzten sich mit ihrer Bürde kopfüber in die Fluthen; diejenigen, für die kein Schaf übrig geblieben war, sprangen ebenfalls in den Strom und gesellten sich zu dem lärmenden Zuge, der schwimmend unserer Insel zueilte. Ein solches Fest hatten die Eingebornen gewiss noch nie erlebt; jubelnd umkreisten sie die Heerde, unterstützten die schwächeren Thiere, die der Strom fortzureissen drohte und lenkten diejenigen wieder zu ihr zurück, die von der angegebenen Richtung auszubiegen versuchten, und alles dieses geschah mit den Zeichen der ausgelassensten Freude, wie wenn harmlose Kinder sich muthwillig unter einander tummeln. Triefend kamen sie glücklich ohne ein Stück verloren zu haben mit der Heerde auf der Insel an; ihre Augen leuchteten vor Freude über den unendlichen Spass, den sie mit den ihnen wohl theilweise unbekannten Thieren der Weissen im Wasser gehabt hatten, und schon im Voraus freuten sich die munteren Burschen darauf, die Heerde von der Insel nach dem anderen Ufer hinüberführen zu können. Auch die auf ihren Binsenflössen vorbeitreibenden Indianer gaben uns manch komisches Schauspiel, indem sie sich muthwilliger Weise gegenseitig in's Wasser stiessen oder sich balgend zusammen hineinstürzten; es war ein prächtiger Anblick, diese schönen Gestalten, die im Wasser so gut wie auf dem Lande zu Hause zu sein schienen und mit Leichtigkeit die reissenden Fluthen theilten. Die letzten unserer Leute befanden sich endlich auf der Insel, und ein Theil der Sachen war schon nach dem westlichen Ende derselben hinübergeschafft worden; das Boot wurde daher um die Südseite der Insel herumgefahren und befand sich bald an der Stelle, von welcher auf dieselbe Weise wie am Morgen, ein Strick nach dem jenseitigen Ufer hinübergebracht worden war und wo dann nach kurzer Zeit die auf's Neue hergestellte Fähre wieder nach alter Weise arbeitete.

Gegen Abend befand sich unsere ganze Expedition auf dem westlichen Ufer des Colorado; nur geringe Verluste hatten wir zu beklagen, die auf dem letzten Theil der Ueberfahrt durch kleine Unglücksfälle herbeigeführt worden waren. Im westlichen Canal war aber auch die Strömung viel reissender, als östlich von der Insel, und wir konnten uns überhaupt glücklich schätzen, dass wir noch so hinübergekommen und mehrmals drohende Lebensgefahren abgewendet hatten. So schlug unter anderem einmal das

Boot, in welchem ich mich mit einem jungen Amerikaner, Mr. White, und zwei Dienern befand, mitten in der Strömung um; ich war der Einzige, der schwimmen konnte, weshalb es mir auch nur mit den grössten Anstrengungen gelang, den Mr. White, den die Strömung fortriss, wieder an die Zugleine zu bringen. Die beiden Diener, ein kleiner Mexikaner und ein Deutscher, hatten sich am umgeschlagenen Boote fest gehalten, waren auf dasselbe hinaufgeklettert, und so wurden wir denn alle glücklich an's Land geschleppt. Ehe ich das Boot bestieg, hatte ich meine Büchse an einen der Stützen des Wagengestells festgeschnallt, um bei unvorhergesehenen Fällen die treue Begleiterin auf allen meinen Reisen nicht in den Wellen einzubüssen; und wohl war es ein Glück, dass ich dies gethan, denn schwer bekleidet und bewaffnet wie ich war, hätte ich sie während des Schwimmens jedenfalls müssen fahren lassen. Ausser dass wir zusammen mit der ganzen Ladung nass geworden, hatten wir weiter kein Unglück zu beklagen, und das Nasswerden an sich war schon etwas zu Gewöhnliches bei uns, als dass wir uns daraus viel gemacht hätten. Auch unseren guten Dr. Bigelow hätte fast ein schweres Unglück betroffen; er sass nämlich schon im Boote, als noch Soldaten einstiegen und einige Musketen auf den Boden des Fahrzeugs legten; hierbei mussten sie ungeschickt mit den Waffen umgegangen sein, denn eine derselben entlud sich, so dass der Schuss unter dem sitzenden Doctor hindurchfuhr, Kleidung und Strumpf von seinem Schienbein fortriss und noch einen rothen Fleck auf der Haut zurückliess. Wir Alle freuten uns über die Kaltblütigkeit des Doctors, der ohne eine Miene zu verziehen, nach seinem Fusse griff und als er sich unverwundet fühlte, einfach bemerkte: »Es ist eben so gut, als wenn die Kugel in die Luft geflogen wäre, vorbei ist vorbei, gleichviel, ob dicht oder weit.« Ausserdem dass der Doctor unverletzt geblieben, war es noch ein besonderes Glück, dass die Kugel die Luftsäcke nicht berührt hatte, in welchem Falle unsere Fähre vielleicht ganz unbrauchbar geworden wäre, oder doch gewiss die Wiederherstellung derselben viel Zeit geraubt haben würde. Von den Maulthieren hatten wir keins in den Fluthen verloren, wenn auch einige in Folge der Anstrengungen starben; zwei oder drei Schafe, welche auf der letzten Hälfte der Wasserreise ertranken, waren also die einzigen Opfer, die der wilde Strom von uns gefordert hatte. Drei Schafe und einen Bock schenkte Lieutenant Whipple den Wilden für ihre freundlichen Dienstleistungen, ihnen den Rath ertheilend, dieselben nicht zu verzehren, sondern eine kleine Schafzucht anzulegen. Es ist indessen kaum denkbar, dass die Schafe noch lange nach unserem Abzuge gelebt haben, denn Fleisch ist bei diesen Eingebornen ein zu seltener und zu hoch geschätzter Leckerbissen.

XXXIII.

Ruhetag auf dem westlichen Ufer des Colorado. — Die ältesten Nachrichten über die Eingebornen am Colorado. — Entdeckung seiner Mündung. — Missglückte Versuche den Strom hinaufzusegeln. — Indianische Führer. — Aufbruch vom Colorado. — Die Wüste. — Wassermangel. — Die Quelle im Gebirge.

Den Tag nach der Ueberfahrt, den 27. Februar, brachten wir noch auf derselben Stelle in dem Weidengebüsche zu, wo wir gelandet waren; es gab so viel zu trocknen, wieder herzustellen und Verlorenes zu ersetzen, dass wir erst am 28. Februar an den Aufbruch von dem Colorado denken konnten. In grösserer Anzahl als bisher stellten sich an dem Ruhetage die Eingebornen bei uns ein, und immer mehr Lebensmittel erstanden wir von denselben, so dass wir beruhigter unserer ferneren Reise entgegensehen konnten. Wir benutzten diesen Tag, um einige der nächsten Hütten zu besuchen und das Innere derselben in Augenschein zu nehmen. Nur wenig Gegenstände schmückten die kellerartigen dunklen Gemächer, deren jede Wohnung nur eins aufzuweisen hatte. Aus Binsen und Weiden geflochtene Gefässe, mitunter auch einige aus Thon geformte, standen im bunten Gemisch an den Wänden umher; Haufen von Bast von abgelegten Weiberröcken, so wie Waffen lagen unordentlich durcheinander, während nahe dem durch die Thür fallenden Lichte sich ein breiter Stein befand, auf welchem mittels eines kleineren die Mehlfrüchte zerrieben wurden. In der Mitte der Hütte erkannten wir die Feuerstelle; diese dient in kalten Nächten auch als Lagerstätte, indem die Bewohner dann die Kohlen sorgfältig zur Seite schieben und sich dicht an einander auf dem erwärmten Boden hinkauern. — Ueber die Religion dieser Leute konnten wir nur sehr wenig erfahren, denn die Unterhaltung, die wir mit ihnen führten, geschah einzig durch Zeichen. Wir glauben indessen auf diese Weise verstanden zu haben, dass die Mohave-Indianer ihre Leichen verbrennen und alles Eigenthum der Verstorbenen, selbst die Saatfelder und Hütten von Grund aus zerstören, für welche Behauptung Beweise zu geben uns aber nicht möglich ist. Feuer verschaffen sich diese Leute durch das Reiben eines harten Holzes auf weicherem, doch brauchen sie nur selten zu diesem Mittel ihre Zuflucht zu nehmen, indem in der einen oder anderen Hütte immer glimmende Kohlen zu finden sind. Auf ihren Wanderungen und Reisen tragen sie gewöhnlich in der Hand ein angebranntes halb verkohltes Stück Holz, woher man auch im Thale des Colorado häufig solche weggeworfene, erloschene Brände findet.

Auf den alten Karten von Californien und Neu-Mexiko findet man vielfach die Namen von Indianerstämmen bemerkt, deren Vorhandensein in neuerer Zeit in Zweifel gezogen worden ist. Missionaire, die vor mehr als anderthalb Jahrhunderten den Colorado bereisten, haben uns zuerst die Namen dieser Stämme nebst einer oberflächlichen Angabe der geographischen Lage ihrer Territorien hinterlassen, doch herrschten lange Zeit Zweifel über die Genauigkeit solcher Nachrichten, welchen nur theilweise historischer Werth zuerkannt wurde. Je mehr nun in jetziger Zeit die wieder ziemlich unbekannt gewordenen Länder am Colorado durchforscht werden, desto mehr lernen wir erkennen, wie genau die alten spanischen Mönche in ihren Angaben gewesen sind. Ueber diesen Gegenstand sprechend, erwähnt Bartlett in seinem vortrefflichen Werke: *Personal Narrative*, Vol. II, pag. 178, der Geniguech-, Chemeguaba-, Gumbuicariri- und Timbabachi-Indianer als solcher Stämme, von deren Existenz wir Nichts wissen. Auf unserer Reise kamen wir am Colorado mit den Chimehwhuebes zusammen, welche ohne Zweifel die oben erwähnten Chemeguabas sind. Es ist also anzunehmen, dass allmälig auch die übrigen bisher nur dem Namen nach bekannten Stämme höher aufwärts am Colorado oder den angrenzenden Ländereien gefunden werden müssen. Pater Kino, der im Jahre 1700 am Colorado reiste, erwähnt der Quiquimas, Coupas Baiopas und Cutganes*). Von diesen Stämmen fanden wir die Cutganes oder Cutchanas als die ersten Eingebornen, die uns am Colorado begrüssten. Von den Mohaves spricht Bartlett als von einer grossen Nation, die aus lauter athletischen Kriegern bestehend 150 Meilen oberhalb der Mündung des Gila in den Colorado leben sollte; auch diese Angabe fanden wir genau; doch war die unsere nicht die erste geordnete Expedition, die mit diesen Eingebornen in Verkehr getreten ist, denn ausser einigen Pelzjägern, vor deren Besuch wohl kein Winkelchen in den westlichen Regionen sicher ist, war 2 Jahre vor uns Capitain Sitgreaves mit einer kleinen Expedition dort. Freilich wurde ihm, wie schon oben beschrieben, kein freundlicher Empfang zu Theil, wenn auch sein energisches Auftreten den Eingebornen Achtung und Furcht vor den Waffen der Weissen einflösste.

Eine der ältesten Beschreibungen der Eingebornen am untern Colorado und Gila ist wohl die von Fernando Alarchon, der im Jahre 1540 auf Befehl des Vicekönigs von Neu-Spanien, Antonio de Mendoça, den Meerbusen von Californien erforschte, bei dieser Gelegenheit die Mündung des Colorado entdeckte und unter den grössten Mühseligkeiten eine Strecke weit in diesen Fluss hineinfuhr. Er erwähnt der Eingebornen als mächtiger, schöngebauter Menschen, die als Waffen Bogen und Pfeile, so wie hölzerne

*) Venegas *California* Uebersetzung von J. Ch. Adelung. II. Theil, pag. 23.

am Feuer gehärtete Aexte führten. Er beschreibt ferner ihre Mahlsteine und irdenen Gefässe, so wie den Mais und Miquiqui (wahrscheinlich Mezquit-Bohnen). Nach seinem Zeugniss verehrten sie die Sonne und verbrannten ihre Leichen*). Padre Gonzago, der im Jahre 1746 am Colorado hinaufreiste, beschrieb die Kleidung der Frauen der dortigen Eingebornen: »Ihre Kleidung besteht aus drei Stücken, wovon zwei einen Rock um die Hüften ausmachen und das dritte eine Art von Mantel. Diese Stücke sind nicht gewebt, sondern die Fäden sind oben befestigt und fallen der Länge nach am Körper in Form dicker Fransen herunter. Die Weiber der nördlichen Gegenden sind anders und mit weniger Kosten gekleidet, indem sie nur vom Gürtel bis an die Kniee bedeckt sind**).

Lieutenant Whipple, der mit Mr. Bartlett zusammen den Gila bereiste, beschreibt die an der Mündung des Gila lebenden Yuma-Indianer auf folgende Weise: »Als wir den Colorado erreichten, trafen wir mit Santiago, einem der Häuptlinge, zusammen, der uns in das Dorf seines Stammes führte, wo wir von einer grossen Anzahl von Eingebornen begrüsst wurden. Die Weiber sind meistens wohlbeleibt, und ihre Kleidung besteht aus einem Fransenrock, der aus Baststreifen verfertigt, rund um die Hüften befestigt ist und lose bis auf die Mitte der Lenden hängt. Die Männer sind gross, muskulös und wohlgebildet. Der Ausdruck ihres Gesichtes ist gefällig und durch Verstand belebt. Ihre Krieger tragen einen weissen Schurz, und das Haar derselben, welches in gedrehten Streifen auf die Mitte des Rückens herabfällt, ist mit Adlerfedern geschmückt. Sie sind ausgezeichnete Reiter und führen Bogen und Lanze mit unnachahmlicher Gewandtheit. Während wir uns dort aufhielten, waren die Indianer sehr zutraulich und brachten uns Gras, Bohnen und Melonen.«

Aus dieser Beschreibung ist mit Ausnahme des weiterhin erwähnten Reichthums an Pferden eine Aehnlichkeit der Yumas mit den Mohaves oder vielmehr den meisten am Colorado lebenden Stämmen gar nicht zu verkennen. Ob nun eine Verwandtschaft unter denselben besteht, wird sich bald aus einem Vergleich der verschiedenen Sprachen darlegen lassen, wenn die Vocabularien, die auf Befehl der die Wissenschaften auf alle Weise fördernden Regierung der Vereinigten Staaten von den dort reisenden Offizieren vollständig gesammelt werden, der Oeffentlichkeit übergeben worden sind.

Von der Mündung der Bill Williams Fork aus waren wir 34 Meilen am Colorado hinaufgezogen, wo wir dann den Uebergang über den Fluss bewerkstelligt hatten. Auf dieser Strecke waren wir um 160 Fuss gestiegen und befanden uns in einer Höhe von 368 Fuss über dem Meeresspiegel. So weit wir nun das Thal des so stattlichen Flusses kennen gelernt, eignete es sich freilich zur Kultur, doch entsprach es bei weitem nicht den Anforderungen weisser Ansiedler; denn abgesehen davon, dass der Colorado schwer-

*) Hakluyts *Voyages*. Vol. III, pag 128—132.
**) Venegas *California*. Uebersetzt von J. Ch. Adelung. I. Theil, pag. 57, 58.

lich jemals weit hinauf mit Dampfbooten wird befahren werden können und sich deshalb nicht die Colonisation, wie auf den Flüssen des östlichen Theiles des nordamerikanischen Continents bis in das Herz des Landes ihren Weg suchen kann, fehlt es an hinreichendem Terrain, um Ackerbau und Viehzucht im grösseren Masstabe zu betreiben; auch mangelt es an Waldungen, welche die Colonisation so sehr erleichtern. Der Rio Grande ist ebenfalls nicht weit hinauf und wahrscheinlich noch weniger als der Colorado schiffbar und auch seine Ufer bekränzen nur spärliche Waldungen, doch unermesslich fruchtbare Landstriche ziehen sich zu beiden Seiten dieses Flusses von seiner Mündung bis zu seinen Quellen hinauf, wo ganze Völker dem Ackerbau und der Viehzucht leben können. Hätte der Colorado den Ansiedlern irgendwie besondere Vortheile gewährt, so würden die ersten spanischen Missionaire, welche die Territorien dieses Stromes so lange Zeit durchforschten, gewiss dafür gesorgt haben, dass wie am Rio Grande Colonien und Städte in den Thälern gegründet worden wären. Sie standen indessen von dem Versuche ab und hinterliessen uns und unserer Zeit blos die Beschreibung der von ihnen besuchten Länder, und nur in der Nähe des Gila finden sich noch die letzten Ueberreste einer alten spanischen Mission. Wenn dereinst ein Schienenweg quer durch das Thal des Rio Colorado gelegt sein wird, dann werden sich Liebhaber genug zu den kleinen Ebenen finden und alle Mängel, die jetzt noch gescheut werden, von selbst wegfallen oder mit Leichtigkeit beseitigt werden können; man wird die Reise durch die dürren Wüsten, welche sich zu beiden Seiten des Colorado weithin erstrecken, ohne Mühe in kürzester Frist zurücklegen, und die dann kultivirten Thäler dieses Stromes werden eine willkommene Station für den Touristen und den reisenden Geschäftsmann bilden. Auf die Beschiffung des Colorado kann nur wenig gerechnet werden, doch jetzt mittels leichter Dampfböte eher als früher, wo alle Versuche, mit Segelschiffen hinaufzufahren, misslangen. Das Haupthinderniss, in die Mündung dieses Stromes einzudringen, bietet die Fluth, die sich mit fast unüberwindlicher Gewalt in den Fluss hinein und wieder hinaus drängt, und welche fast alle, die den Golf von Californien untersuchten und den Colorado kennen lernen wollten, von ihrem Vorhaben zurückhielt. So ist es jetzt noch und so war es vor 300 Jahren, als die kühnen Spanier den Meerbusen von Californien erforschen liessen, um sich darüber Gewissheit zu verschaffen, ob Californien, von welchem man hauptsächlich nur die Halbinsel und die Küstenstriche kannte, ganz von Neu-Spanien durch die Verlängerung des Meerbusens getrennt sei, oder mit dem Festlande zusammenhänge. Erst im Jahre 1700 wurde der Pater Kino davon überzeugt, dass Californien mit dem festen Lande von Amerika zusammenhänge und nur durch den Fluss Colorado von demselben getrennt werde. Er machte diese Entdeckung bekannt, wofür ihm der Commandant in Sonora im Namen des Königs dankte, dessen Beispiel die Superioren seines Ordens folgten*). Wir wissen von

*) Venegas *California*. Uebersetzung von J. Ch. Adelung, II. Theil, pag. 19.

einem im Jahre 1540 auf Befehl des Antonio de Mendoça, Vicekönigs von Neu-Spanien gemachten Versuch, als Fernando Alarchon die Mündung des Colorado entdeckte. Er beschreibt die Gefahren, welchen die Schiffe dort ausgesetzt waren, wie dieselben nur mit genauer Noth aus schlimmer Lage gerettet wurden, und wie er dann den Versuch machte, in Böten den Fluss zu befahren. Funfzehn und einen halben Tag liess er die Böte stromaufwärts schleppen und durchzog in dieser Zeit eine Strecke, auf welcher er bei seiner Rückkehr zu den Schiffen nur zwei und einen halben Tag gebrauchte*.

Im Jahre 1746 machte Padre Gonsago, als er ebenfalls auf einer Forschungsreise die Mündung des Colorado erreichte, einen neuen Versuch, in dieselbe hineinzufahren. Er gab es aber auf, weil die Strömung zu stark war, und ihm Stricke und Leinen fehlten, um die Böte vom Lande aus gegen den Strom zu schleppen. In neuerer Zeit, noch ehe Californien zu den Vereinigten Staaten gehörte, wurde die Mündung des Colorado von einem Mr. Hardy, einem englischen Seelieutenant, untersucht; seine Angaben wurden später richtig befunden bis auf den Irrthum, den er beging, die Mündung des Gila in den Colorado nur 10 Meilen oberhalb der Mündung des Colorado in den Meerbusen von Californien zu verlegen, die sich doch nach späteren Forschungen mehr als 100 Meilen oberhalb befindet. So weit wir den Colorado gesehen, ist er tief und reissend und gewiss mit Dampfböten zu befahren, wenn durch die Fälle, welche wir bei den Nadelfelsen erblickten, oder an denselben vorbei, ein hinreichend tiefer Canal führt; doch schwierigerer Art mögen die Hindernisse sein, die unterhalb der Mündung der Bill Williams Fork, wo sich der Colorado durch enge Schluchten zwängt, der Schiffbarmachung sich entgegenstellen.

Am 28. Februar also verliessen wir den Uebergangspunkt, um an dem Ufer des Colorado hinaufziehend, die Mündung des Mohave River zu erreichen. Da dieser Fluss fast die ganze Strecke vom stillen Ocean bis zum Colorado durchfliesst, so glaubten wir in dem Bette desselben oder in seinem Thale eine gute Strasse für den Rest unserer Reise zu finden. Die freundlichen Mohaves, mit denen wir immer mehr eine Verständigung anbahnten, hatten uns zwei ihrer Krieger beigegeben, die uns bis an die fliessenden Wasser des Mohave River begleiten sollten; denn aus ihren Zeichen und Beschreibungen entnahmen wir, dass viele Tagereisen vom Colorado der Fluss sich im Sande verliere und unter der Oberfläche der Erde sich dem Colorado zugeselle. In wie weit diese Angaben begründet seien und sich als wahr erwiesen, konnte nicht genau ermittelt werden, indem es nicht unmöglich ist, dass bei Fortsetzung unserer Reise am Colorado hinauf wir vielleicht endlich auf das wenn auch trockene Bett des Mohave River gestossen wären. Die weite Entfernung aber, in welcher wir später erst wirklich zu dem fliessenden Wasser des Mohave River gelangten, bestätigte vollkommen einen Theil der Angaben der Indianer, so dass wir uns veranlasst fühlten, auch

* Hakluyt's *Voyages*. Vol. III, pag. 436.

den übrigen Aussagen, von deren Richtigkeit wir uns nicht überzeugen konnten, Glauben beizumessen.

Geführt von den Eingebornen blieben wir nicht in der unmittelbaren Nähe des Colorado, sondern wandten uns gleich aus dem dichten Gebüsch, welches uns von allen Seiten umgab, 4 bis 5 Meilen gegen Norden, wo wir unter hohen Bäumen, die zerstreut umherstanden, nur wenig Schritte von einem in Verbindung mit dem Flusse stehenden See unser Lager aufschlugen. Nicht weit von unseren Zelten befanden sich Wohnungen der Eingebornen, welche letztere natürlicher Weise den Tag bei uns zubrachten und uns gegen Abend, als sie gemüthlich an unserem Feuer kauerten, manche Unterhaltung gewährten. An diesem Tage bemerkte ich mehrere Männer, die ihre langen Haare nicht auf die gewöhnliche Weise auf den Rücken hinab hängen liessen, sondern sie mit angefeuchteter Lehmerde klebrig gemacht und dann turbanartig um den Kopf gewunden hatten. Mr. Leroux theilte mir später mit, dass dieses die einfache Methode sei, wie die Indianer sich vom Ungeziefer reinigten. Durch den Verlust der Zelte war eine Aenderung in unserem Lagerleben eingetreten, so dass ich allabendlich mit Lieutenant Tittball zusammen unter einem kleinen Stückchen ausgespannter Leinwand meine Decken ausbreitete; seine Soldaten unterhielten während der Nacht ein tüchtiges Feuer in unserer Nähe, an welchem wir des Abends lange aufsassen, so dass wir erzählend unsere Pfeifchen Tabak rauchten und die Zelte gar nicht vermissten. — Mehrere Eingeborne, unter diesen zwei allerliebste Schwestern von ungefähr 15 bis 16 Jahren hatten sich am letzten Abend, den wir am Colorado verlebten, zu uns gesellt, und wir gaben uns von beiden Seiten die grösste Mühe, uns durch Zeichen mit einander zu unterhalten. Von unseren Schuljahren her wussten wir, Lieutenant Tittball sowohl wie ich, noch manche Taschenspielerkunststückchen und zeigten diese den Indianern, wodurch wir die grösste Verwunderung und lautes Jubeln bei den harmlosen Leuten erregten. Unbegreiflich schien es ihnen z. B., dass wir eine entzwei geschnittene Schnur mit der Zunge wieder so zusammen knüpften, dass nur an der nassen Stelle zu erkennen war, wo dieselbe getrennt gewesen sein sollte, während in der That sie doch nur auf dem einen Ende ein Stückchen verloren hatte. Erst nach mehrmaliger Wiederholung bemerkten die Indianer, wie die Schnur immer kürzer wurde. Auch die bekannten Kunstgriffe mit einem Ringe und einer Schnur machten ihnen Freude, doch setzte Lieutenant Tittball dem indianischen Feste die Krone auf, als er auf einen seiner Vorderzähne wies, der mittels einer Feder im Gebiss gehalten wurde; er ahmte dann die Geberden eines heftigen Schluckens und Hinunterwürgens nach, worauf er den Mund öffnend, eine weite Zahnlücke zeigte. Das war zu viel für das Fassungsvermögen der Indianer: stumm vor Erstaunen blickten sie auf den Mund des Lieutenant Tittball, wo der eine Zahn fehlte, den er nach ihrer Meinung hinuntergeschluckt hatte. Dieser nun mit der Hand am Halse hinauf und über den Mund fahrend, setzte den Zahn unbemerkt wieder ein, worauf er den Wilden

52*

ein wieder vollständiges Gebiss zeigte. Erschreckt durch solch übernatürliches Verfahren riefen die vor uns Sitzenden alle im Lager befindlichen Indianer zusammen und baten darauf Lieutenant TITTBALL die unglaubliche Zauberei noch einmal vorzunehmen. Wieder und immer wieder verschaffte er den Wilden diesen Genuss; jedes Einzelnen Auge haftete aufmerksam an seinem Munde, bis endlich ein Krieger vor ihn hintrat und ihm durch deutliche Zeichen zu verstehen gab, er möge das Kunststück nun endlich auch einmal an einem der anderen Zähne versuchen. Natürlich war dieses eine Unmöglichkeit, was den Glauben der Indianer an unsere übernatürliche Kraft bedeutend zu erschüttern schien. Bis spät in die Nacht hinein unterhielten wir uns an dem flackernden Feuer mit unserem Besuch, und als dieser sich endlich von uns trennte, gelang es uns noch im letzten Augenblick, für einige von unseren Kleidungsstücken abgeschnittene blanke Knöpfe die reizenden Muschelhalsketten, welche den beiden niedlichen indianischen Schönen auf ihre sammetweichen braunen Schultern herabhingen, zu erstehen. Wir hatten jeder von ihnen zwei blanke Dollarstücke und etwas kleines Geld, den letzten Rest unseres beweglichen Vermögens dafür geboten, doch zogen sie einige alte blankgescheuerte Knöpfe vor, weil diese, mit kleinen Haken versehen daran befestigt werden konnten, wogegen das Geld auf keine Weise an ihrem Schmucke anzubringen war.

In aller Frühe waren am 1. März unsere Führer, zwei riesenhafte Krieger, im Lager und mahnten zum Aufbruch, da es sehr weit bis zu der Stelle sei, an welcher wir Wasser finden sollten. Wir waren bald bereit und wendeten uns aus dem Thale des Colorado gerade gegen Westen, wo das kahle, unfruchtbare Land stark ansteigend vor uns lag. Viele Indianer gaben uns an diesem Tage das Geleit und trieben sich lärmend bei unserem Zuge umher, während unsere Führer, die sich dicke Sandalen unter ihre Füsse befestigt hatten, mit welchen sie, ohne belästigt zu werden, über den scharfen, steinigen Boden hinzuschreiten vermochten, die Spitze unserer Expedition bildeten. Wir zogen südlich an einer rauhen Gebirgskette vorüber, die sich weithin nach Norden erstreckte; ein trockenes Flussbett, welches wir für den Mohave River hielten, kam uns eine Zeit lang sehr zu statten, indem wir in demselben unsere Reise fortsetzten und nicht so oft wie auf der Höhe von Spalten und Rissen im Boden aufgehalten wurden. Als wir uns westlich von den Gebirgen befanden, bog das Flussbett gegen Norden, wogegen wir die westliche Richtung noch auf eine kurze Strecke beibehielten und von den Indianern an dem Abhange eines kleinen grünen Hügels an eine gute, klare, freilich nur in geringem Masse spendende Quelle geführt wurden. Wir hatten kaum 6 Meilen zurückgelegt; wir erfrischten uns daher nur in Eile durch einen Trunk aus der Quelle und setzten dann unsere Reise in nordwestlicher Richtung fort. Der Gebirgszug, den wir südlich umgangen hatten, schob sich, als wir weiter ritten, zwischen uns und den Colorado, und bald war die letzte Baumgruppe, die das Thal des stolzen Flusses bezeichnete, hinter zackigen Felsmassen verschwunden. Im Westen erstreckte sich eine ähnliche Bergkette parallel mit der östlich von uns liegenden von Süden nach Norden, und in schräger Richtung durch die zwischen den beiden Gebirgsketten sich weithin gegen Norden ausdehnende Ebene führten uns die Indianer. Oede und ausgestorben lag das Land vor uns, kahl und dürre ragten in der Ferne die zackigen Gipfel der Gebirge empor; trockener Wind fegte über die sandige, steinige Fläche, die kaum eine Spur von Vegetation zeigte. In langer Reihe folgte unsere ganze Expedition den beiden stattlichen Mohaves, die schweigend und ohne sich umzuschauen mit langen Schritten dahin eilten. Das Terrain war eben, doch keineswegs ohne Hindernisse, denn von Westen nach Osten durchschnitten Furchen und Spalten, die von Regengüssen allmälig gewühlt worden waren, vielfach unsere Strasse. Wir befanden uns am Rande der breiten, wasserlosen Wüste, die sich vom Gila bis weit gegen Norden über die Mündung des Colorado Chiquito hinaus in der durchschnittlichen Breite von mehr als 100 Meilen erstreckt. Einen Theil derselben hatten wir schon auf der Ostseite des Colorado durchreist, waren aber in dem Thale der Bill Williams Fork weniger davon gewahr geworden; doch nun, da wir auf derselben waren, starrte uns das wüste Land mit seiner Einförmigkeit, mit seiner schreckenerregenden Dürre von allen Seiten entgegen. Nur zwei oder drei Indianer schritten noch ausser den Führern neben unserem Zuge hin, die übrigen waren an der Quelle wieder umgekehrt, gleichsam als scheuten sie sich vor den Wüsteneien, die selbst von den Wölfen und Füchsen gemieden wurden. Diese Wüste ist indessen den Mohave-Indianern keineswegs unbekannt, denn ehe wir die Weiterreise von ihren Dörfern aus antraten, machten sie uns durch Zeichen, die gar nicht missverstanden werden konnten, klar, dass wir auf der ganzen Strecke bis zu dem fliessenden Wasser des Mohave River nur vier Quellen mit sehr wenig Wasser finden würden, wobei sie uns riethen, so schnell wie nur immer möglich zu reisen. Wie sich später auswies, waren die bezeichneten Quellen so versteckt im Gebirge, dass wir sicher, wenn wir wirklich in deren Nähe gelangt wären, ohne unseren Führer an denselben vorbei und einem gewissen Untergange entgegen gezogen wären. Die Indianer, die uns so sicher führten, leisteten uns auf diese Weise Dienste, die von unberechenbarem Vortheile für die ganze Expedition waren, und ohne dieselben hätten wir wohl kaum diesen Weg, der uns in nächster Richtung an die Südsee führte, einschlagen können.

Als wir uns der westlichen Felsenkette näherten, wurde die Einöde zuweilen durch eine einsame Yucca unterbrochen, die ihre nackten Zweige mit den Blätterkronen emporreckte und sich so recht traurig und trübe auf dem kahlen Boden ausnahm. Die Indianer beabsichtigten, uns an diesem Tage noch an eine Quelle im Gebirge zu führen; doch hatten sie die Kräfte unserer Thiere überschätzt, die, ermattet, kaum noch von der Stelle zu bringen waren, denn 22 Meilen hatten wir seit dem frühen Morgen zurückgelegt und waren während dieser Zeit um 1500 Fuss gestiegen. Die Sonne neigte sich den westlichen Bergen zu, als unsere Führer auf einen noch 5 Meilen entfernten Vorsprung zeigten, den wir zu umgehen hatten, um an die versprochene Quelle zu gelangen; gern wären wir noch weiter gereist, doch den Zustand unserer Thiere berücksichtigend, beschloss Lieutenant WHIPPLE an Ort und Stelle liegen zu bleiben und am folgenden Morgen der wasserhaltigen Schlucht zuzueilen. Wir nährten an diesem Abend unser Lagerfeuer mit den abgestorbenen Stämmen zerstreut umherliegender Yuccas, die brennend einen eigenthümlichen öligen Geruch, aber wenig Wärme verbreiteten. Unsere Lager waren hart und unbequem, denn auf dem steinigen Boden fand sich kaum ein ebenes Plätzchen, das gross genug gewesen wäre, um den Körper auf demselben ausstrecken zu können; überall ragten scharfe Steine hervor, deren unangenehmer Wirkung auf die ruhenden Glieder durch die wenigen Decken, die wir behalten hatten, nicht vorgebeugt werden konnte. Mit Freuden begrüssten wir daher die aufgehende Sonne, doch mitleidig blickten wir nach unseren Thieren hinüber, die des vergeblichen Suchens nach Nahrung müde, traurig umherstanden. Wir beeilten uns so schnell wie möglich wieder auf den Weg zu kommen und die Quelle, die nach den Aussagen unserer indianischen Führer nicht mehr sehr weit entfernt sein konnte, zu erreichen. Die drei Mohaves, die uns bis hierher das Geleit gegeben hatten, nahmen an diesem Tage Abschied von uns und kehrten, anscheinend zufrieden gestellt mit der Behandlung, die den beiden Führern bei uns zu Theil wurde, zu den Ihrigen heim, um sie, wie es schien, über das Geschick der beiden uns begleitenden Indianer zu beruhigen. Es war nämlich Niemandem entgangen, dass die Bevölkerung am Colorado mit einer Art von Besorgniss die beiden Führer fortgelassen hatte, und dass wahrscheinlich, um uns zu beobachten, die übrigen Indianer so weit gefolgt waren.

Am Fusse des Gebirges hin setzten wir also in nördlicher Richtung unsere Reise fort; häufig wurden wir durch die aus demselben kommenden Betten von Giessbächen aufgehalten, deren Ufer so felsig und oftmals so steil waren, dass wir weit an denselben hinaufreiten mussten, um eine Stelle, die sich zum Durchgang eignete, zu entdecken. Nach einem Marsche von 2 bis 3 Stunden gelangten wir in eine besonders tiefe Schlucht, in welcher unsere Führer, statt aus derselben hinaus zu klettern, sich dem Gebirge zuwendeten, während unser ganzer Zug ihnen nachfolgte. Langsam nur vermochten wir mit unseren Thieren zwischen dem losen Gestein hinzureiten, langsamer noch folgte das Wägelchen mit dem Viameter, welches über ganze Strecken hinweg getragen werden musste. Da, wo die Berge sich uns zu beiden Seiten aufzuthürmen begannen, entdeckten wir die ersten Spuren von Wasser. Es war eine Fläche von wenigen Morgen, durch welche uns ein kleiner Bach entgegenrieselte, der am Ende des kleinen Thales im Sande verschwand. Ueppiges Rohr musste auf dieser Stelle gewuchert haben, denn oben auf den Ufern sahen wir vielfach Haufen desselben, die augenscheinlich den dort zeitweise hausenden Indianern als Lager gedient hatten. In der Niederung selbst war das Rohr weggebrannt worden; einzelne grüne Schösslinge drängten sich schon wieder aus feuchtem Boden zwischen schwarzer Asche hindurch und verkündeten die Annäherung des Frühlings.

Wir glaubten schon den zum Lager bestimmten Punkt erreicht zu haben, doch führten uns die Indianer immer tiefer in's Gebirge, bis wir ein kleines Thal berührten, welches zu jener Zeit mit seiner abgestorbenen Vegetation, die aus Gras und etwas Buschwerk bestand, freilich keine besonderen Schönheiten zeigte, aber versteckt inmitten hoch aufstrebender nackter Felsen, umgeben von der trostlosen ungastlichen Wüste gewiss im Frühjahre, und selbst im heissen Sommer dem Wanderer, der zufällig auf dasselbe stösst, wie ein liebliches Wunder der Schöpfung entgegenlächeln muss. Alles deutete darauf hin, dass die Eingebornen in günstigen Jahreszeiten dieses Thal vielfach belebten; es befanden sich daselbst kleine kultivirte Mais- und Weizenfelder, zahlreiche Schalen von Schildkröten lagen umher und bewiesen deutlich, dass diese Thiere eine gesuchte Speise der dortigen Eingebornen seien. Die Art indessen, wie sie dieselben zubereiten, ist nicht weniger grausam, als in der civilisirten Welt, wo das zuckende Fleisch pfundweise von den noch lebenden Thieren abgeschnitten und verkauft wird. Nach dem verbrannten Aeusseren der Schalen zu schliessen konnte kein Zweifel darüber obwalten, dass diese Wilden die lebenden Schildkröten auf dem Rücken in glühende Kohlen legen und das Thier in seiner eigenen Schale rösten. Ueberall, wo wir auf Wasser stiessen, fanden wir auch die Ueberreste von Schildkröten; doch gelang es uns nicht, einer einzigen noch lebenden habhaft zu werden, gewiss der beste Beweis, wie sehr denselben von den Eingebornen nachgestellt wird. Recht behaglich fühlten wir uns auf dem Ufer des reichlich fliessenden Baches, um so mehr, als auch unsere Thiere etwas Gras im Thale selbst und an den Abhängen der nächsten Felsen fanden. Die Sonne schien angenehm und warm; trockener Wind, der uns am vorhergehenden Tage belästigte, konnte seinen Weg nicht bis zu uns hinab finden, und weicher Sand, auf dem wir unsere Decken ausbreiteten, war willkommen für unsere Glieder, die während der vorigen Nacht auf dem scharfen Gestein wund und steif geworden waren.

XXXIV.

Theilung der Expedition; Wassermangel. — Wustes Gebirgsland. — Die Sandsteppe. — Der ausgetrocknete Salzsee. — Untrinkbares Wasser. — Warnung vor den Eingebornen. — Vereinigung der Expedition. — Ankunft am fliessenden Wasser des Mohave River. — Reise im Thale des Mohave River. — Räubereien der Pah-Utahs. — Ermordung eines Packknechtes. — Verfolgung der Wilden. — Zerstörung des Lagers der Wilden.

Am 2. März verliessen wir das Thal und die freundliche Quelle wieder, folgten der Schlucht immer tiefer in's Gebirge und erreichten deren Ende vor einem steilen Bergrücken. Langsam kletterte unsere Expedition aufwärts, bis wir am Gipfel der Höhe anlangten, auf welcher wir durch eine weite Aussicht, die sich uns gegen Westen darbot, überrascht wurden. Eine Ebene, leblos und öde, lag vor uns ausgebreitet, selbst die gegen Westen gedrängter stehenden Yuccas vermochten nicht die Einförmigkeit wesentlich zu unterbrechen; was indessen die ganze Naturscene hob, das waren die fern im Westen aufsteigenden Felsenketten und die hinter diesen uns entgegenschimmernden hohen Gebirgskuppen, welche wir für die südliche Spitze der Sierra Nevada hielten. Von dem Bergrücken stiegen wir hinab in die Ebene, wo wir eine verhältnissmässig gute Strasse fanden, und unseren Führern folgend, in südöstlicher Richtung weiter zogen. Wieder mussten wir in der dürren Wüste übernachten und uns mit dem kleinen mitgenommenen Wasservorrathe behelfen, doch konnten wir uns mit dem Gedanken trösten, dass wir unserem Ziele um 20 Meilen näher gerückt waren.

Am 3. März gelangten wir nach einem kurzen Marsche über hügliges, aber ebenfalls unfruchtbares, wüstes Land an die zweite Quelle, die uns von den Indianern versprochen war. Sie befand sich in einer Schlucht, die von Granitgerölle und Felsblöcken gebildet wurde, und rieselte nur sehr spärlich aus den Spalten des Gesteins. Ehe wir zum Tränken der Thiere schreiten konnten, mussten die Adern der Quelle mehr blossgelegt und eine Vertiefung, in welcher sich dann das Wasser sammeln konnte, vor derselben gegraben werden; dann erst konnten wir die Thiere einzeln oder zu zweien an dieselbe bringen, wodurch der übrige Theil des Tages in Anspruch genommen wurde.

Nach den letzten scharfen Märschen schien ein Ruhetag für unsere Thiere fast unerlässlich, es wurde also beschlossen, den 4. März gemeinsam an der Quelle zu verbringen, besonders auch da eine andere Anordnung für unsere Reise von nun ab begonnen und die dazu nöthigen Vorkehrungen getroffen werden mussten. Die Indianer hatten uns nämlich auf scharfsinnige Weise darauf aufmerksam gemacht, dass die nächste Quelle, die wir erreichen würden, nur eine kleine Wasserhöhle sei, an welcher eine so grosse Anzahl von Menschen und Thieren, wie sie unsere Expedition aufzuweisen hatte, nicht zu gleicher Zeit ihren Durst stillen könne, sondern höchstens der dritte Theil derselben. Diese Mittheilung wurde natürlich nicht unberücksichtigt gelassen, und die Expedition deshalb in drei ziemlich gleich starke Abtheilungen getheilt, von denen die erste am 5. aufbrechen sollte, die zweite in der Frühe und die dritte in der Nacht des 6. März. Auf diese Weise konnten wir hoffen, dass die jedesmal 16 bis 20 Stunden später bei der erwähnten kleinen Quelle eintreffende Abtheilung dieselbe wieder gefüllt finden würde, und um dieses eher zu ermöglichen, erhielt die erste den Auftrag, die Quelle zu reinigen und die Höhle vor derselben zu vergrössern. Ich schloss mich der zuerst aufbrechenden Gesellschaft an. Wir nahmen in aller Frühe Abschied von unseren Gefährten und folgten dem einen unserer Führer, der wie gewöhnlich, schweigsam voranschritt. Der andere Indianer blieb zurück, um das zweite Commando zu begleiten. In der äusseren Erscheinung dieser beiden Indianer war seit der Zeit, wo sie ihre Heimath verlassen, eine bedeutende und nicht eben vortheilhafte Veränderung vorgegangen; als schöne musculöse nackte Gestalten hatten sie sich am Tage unserer Abreise vom Colorado zu uns gesellt, doch nunmehr waren ihre kräftigen Glieder unter einem Haufen von Kleidungsstücken und Decken nicht mehr zu erkennen, denn fast Jeder, der nur noch irgend Etwas von seinen Sachen entbehren konnte, hatte es mit Freuden den beiden Führern hingegeben, die Alles, was ihnen zu Theil wurde, mit stoischer Ruhe auf ihren Körper zogen und dadurch nicht wenig einem wandelnden Kleiderladen glichen. Wir reisten am Morgen des ersten Tages fast fortwährend durch wilde Schluchten, die hin und wieder mit vereinzelten Cedern und Yuccas bewachsen waren; in einigen derselben fanden wir sogar noch die Ueberreste eines früheren Schneefalles. Am Nachmittage führte unser Weg durch ein weites kesselförmiges Thal, welches ringsum von Gebirgsmassen eingeschlossen war und einen recht entmuthigenden Anblick gewährte. Wir glaubten in diesem Thale das trockene Bette eines Flusses zu erkennen, doch war in der unregelmässigen Bildung des sich hebenden und senkenden Thales nicht genau zu bestimmen, nach welcher Richtung hin sich bei vorkommenden Regengüssen das Wasser verlaufe. Ohne nur irgendwo zu halten oder zu rasten setzten wir unsere Reise bis gegen Abend fort, sattelten unsere Maulthiere ab und bereiteten unser Nachtlager, wo wir uns gerade befanden, nämlich 1 Meile vor einer aufstrebenden Felsenkette.

Am folgenden Morgen führte uns der Indianer in gerader Richtung an den ersten Berg und zeigte uns in einer kleinen Schlucht die verborgene Quelle; auch hier fanden wir die Schildkrötenschalen und sonstige Spuren von Indianern, doch keineswegs bestellte Aecker, denn selbst dicht bei der Quelle war der Boden so unfruchtbar und steinig, dass nicht das Geringste auf demselben gedeihen konnte. Es war genau so wie uns die Indianer vorhergesagt hatten: der Wasservorrath, der sich in einer tonnenähnlichen Vertiefung im Boden befand, reichte nur gerade so weit, dass unsere Thiere nothdürftig getränkt werden konnten; wir sorgten aber dafür, dass die Quelle gereinigt wurde, und nachdem wir uns überzeugt hatten, dass frisches Wasser zulief, begaben wir uns wieder auf den Weg. Nur noch wenige Meilen zogen wir in dem vor uns liegenden Hochlande weiter, als der Boden, der so lange im Steigen gewesen war, sich plötzlich vor uns senkte und dadurch eine weite Aussicht über das vor uns liegende wüste Gebirgsland eröffnete. Nach unserer Vermuthung musste sich der Mohave River oder vielmehr sein Bette in einem weiten Bogen nordwestlich von uns herum- und dann gegen Osten ziehen. Nach den trockenen Betten der Giessbäche zu urtheilen, in denen das Regenwasser seinen Weg gegen Osten dem Colorado oder gegen Nordwest dem Mohave River zu gesucht hatte, befanden wir uns auf der Wasserscheide zwischen diesen beiden Flüssen; zugleich war dieses aber auch der höchste Punkt, den wir auf dem letzten Theile unserer Reise berührten. Die ganze Entfernung von Fort Smith bis hierher betrug 1647, vom Albuquerque 813 und vom Rio Colorado des Westens 97 Meilen. Da wo wir den Colorado verliessen, befanden wir uns 368 Fuss über dem Meeresspiegel, auf der eben bezeichneten Wasserscheide dagegen, die unter 35° 11' nördlicher Breite und 113° 21' westlicher Länge von Greenwich liegt, 5262 Fuss hoch, waren also auf den letzten 97 Meilen unserer Reise 4894 Fuss gestiegen. Die Senkung des Landes von dort aus gegen Westen war so stark, dass wir bis zum Mittage des folgenden Tages uns nach Zurücklegung jeder einzelnen Meile durchschnittlich um 101 Fuss niedriger befanden.

Es war ein alter Pfad, auf welchem der Indianer uns führte, ein Zeichen, dass selbst in dieser Wüste menschliche Wesen zu wandern pflegten, ja sogar lebten und wohnten, denn wir erblickten auf unserem Wege einen kleinen Aschenhaufen, unter welchem noch einige Kohlen glimmten und um den herum im Sande die Spuren von Männern, Weibern und Kindern abgedrückt waren. Ich wüsste nicht, wie ich die trostlose Wildniss, welche wir in diesen Tagen durchreisten, angemessen beschreiben könnte. Fortwährend zogen wir bergab, bald allmälig, dem Lauf felsiger Schluchten folgend, bald an schaurigen Abgründen uns hinwindend oder an steilen Abhängen hinunterkletternd, wo uns bei jedem Schritte loses Gestein nachrollte. Es war ein schrecklich ermüdender Marsch, was ich um so mehr empfand, als ich mein Maulthier, um es zu schonen, frei, nur mit dem Sattel und den von den Indianern eingetauschten Gegenständen beladen, mit den Heerden hatte laufen lassen. Der Indianer schien indessen Muskeln und Sehnen zu besitzen, die unempfindlich gegen Anstrengungen waren, denn ohne nur seine Gangart, die in einem langen wiegenden Schritte bestand, zu ändern, verfolgte er anscheinend gleichgültig seine Strasse. Die Gebirgszüge, über welche wir von der Höhe aus hinweggesehen hatten, thürmten sich immer höher zu beiden Seiten auf, je tiefer wir hinabgeführt wurden, so dass wir uns gegen Abend in einem Felsenkessel befanden und in demselben einer sich allmälig erweiternden Schlucht folgten. Nach einer kurzen Biegung derselben hielten wir plötzlich unvermuthet am Rande eines weiten sich von Süden nach Norden erstreckenden Thales. Doch welcher Art war dieses Thal! Hatten wir auf den Höhen die felsige Wüste kennen gelernt, so lag nunmehr eine Sandsteppe in ihrer ganzen schreckenerregenden Wirklichkeit vor uns. Die Breite derselben von dem Punkte aus, wo wir uns befanden, bis zu den Felsen, welche die Ebene uns gegenüber begrenzten, mochte wohl 20 Meilen betragen. In der Mitte des Thales zog sich von Süden herauf gegen Norden eine Reihe von vulkanischen Felsen und Sanddünen, die gerade westlich von uns ihr Ende erreichten und gewiss keinen freundlicheren Anblick boten, als der trockene Sand, der sie von allen Seiten umgab. Durch diese Wüste, erklärte uns der Indianer, müssten wir ziehen, um auf Wasser zu stossen und er zeigte uns, in welcher Richtung es sich befand. Wir sahen, wie die untergehende Sonne, uns gleichsam ermuthigend, sich in den Wellen eines See's oder Flusses spiegelte und feuerähnliche Strahlen von demselben ausgehen liess. Wir erblickten einen weissen Streifen, der sich wie ein Schneefeld am Ende des Thales hinzog, doch war es noch weit, sehr weit bis dahin, und da Ruhe den Menschen und Thieren nöthiger als Nahrung war, so streckten wir uns auf dem Sande hin, um den folgenden Tag zu erwarten.

Am 7. März in aller Frühe schon begaben wir uns auf den Weg, der durch den losen Sand, in welchem unsere schwerbeladenen Thiere bei jedem Schritte bis über die Hufe einsanken, zu einem der beschwerlichsten wurde, um so mehr, als die Sonne mit voller Kraft den Boden erwärmte, und kein kühlender Luftzug die Atmosphäre erfrischte. Als wir bei den vulkanischen Hügeln (²³) und Sanddünen vorbeikamen, sahen wir hin und wieder feine Grashalme aus dem Boden hervorragen, wodurch wir veranlasst wurden, der Thiere wegen eine kurze Zeit zu halten. Von diesem Punkte nun hatten wir eine Aussicht über den zweiten Theil des sandigen Thales, welches wie ein weites Schneefeld vor uns lag. Im Anfange glaubten wir, dass die Luftspiegelung uns Alles weiss erscheinen liesse, doch erkannten wir bald, dass wir uns am Rande eines umfangreichen Seebettes befanden, in welchem jeder Tropfen Wasser aufgetrocknet war. Als eine weisse fingerdicke Kruste war indessen das Salz, mit welchem das Wasser vermischt gewesen, zurückgeblieben und lag nun auf loser Erde, so dass wir bis über die Knöchel durchbrachen, und dadurch, dass wir hinter einander herschritten oder ritten, ein tiefer Pfad entstand. Wir zogen in südwestlicher Richtung durch die weisse Ebene, die von uns Soda Lake [*]) genannt wurde. Ungefähr in der Mitte des Seebettes trat ich aus der Reihe, die ich an mir vorüberziehen liess, um mit Musse nach allen Seiten hinzublicken und den Anblick dieser eigenthümlichen Scenerie dem Gedächtniss recht einzuprägen, da sie zu einförmig war, als dass sie sich zu einem Bilde geeignet hätte. Gegen Osten, Süden und Westen war das Ende des See's abzusehen, denn gelbe Sandstreifen zogen sich zwischen der weissen Fläche und den angrenzenden Felsenreihen hin; gegen Norden aber war die Aussicht so interessant, so ganz verschieden von allem was ich früher gesehen, dass ich mich lange nicht von dem Anblick zu trennen vermochte. Durch ein weites Thor, welches von den näher zusammenrückenden Felsen gebildet wurde, sah ich in weiter Ferne den See sich mit dem Horizont verbinden; wie Obelisken ragten hin und wieder abgesonderte Felsmassen empor, Inseln bildend in dem trockenen Salzsee. Ob ich das Ende des See's überblickte oder ob derselbe sich noch weit gegen Norden erstreckte, konnte ich nicht errathen, denn da die Basis der Felseninselchen eben so abgerundet war wie deren Gipfel, und die Atmosphäre über dem See leise zitterte, so konnte ich nicht im Zweifel darüber sein, dass eine merkwürdige Strahlenbrechung die Gegenstände in veränderter Gestalt erscheinen liess: doch so lange ich diese Gegend zu überschauen vermochte, was bis zum Vormittag des folgenden Tages möglich war, hatte ich immer dasselbe Phänomen vor Augen.

Wir erreichten in den Nachmittagsstunden das Ende des Soda Lake, doch befanden wir uns daselbst kaum erst in der Mitte des Thales, welches sich noch weithin gegen Süden verlängerte. Dort nun, wo der Sandboden wieder etwas zu steigen begann, deutete unser Indianer auf die Erde und gab uns zu verstehen, dass viel Wasser in derselben sei. Wir erblickten auch in der That einige Vertiefungen, die krystallklares Wasser enthielten; wir bückten uns zu demselben nieder, um unseren peinigenden Durst mit dem einladenden Trank zu löschen, doch kaum berührten die Lippen den kleinen Wasserspiegel, als Jeder erschreckt zurückfuhr vor dem widerlich bitteren Geschmack. Es war ein wenigstens für Menschen untrinkbares Wasser, auf welches wir gleichwohl ganz allein angewiesen waren, denn der kleine Vorrath, den wir mit uns geführt hatten, war schon am frühen Morgen ausgegangen, und wir daher genöthigt, unsere Speisen mit dem widerlich schmeckenden Wasser zuzubereiten. Wir gruben an verschiedenen Stellen neue Vertiefungen, in welchen sich bald Wasser ansammelte, doch war nur wenig oder gar kein Unterschied in der Beschaffenheit desselben zu bemerken und selbst unsere Maulthiere wendeten sich mehrmals ab, ehe sie sich entschliessen konnten davon zu trinken. Nachdem sie indessen gekostet, begann das Salz in ihrem Inneren zu wirken, und ihr Durst wurde immer stärker, so dass sie sich gar nicht weit von den Lachen entfernen mochten, sondern immer wieder zurückkehrten, um auf's Neue von dem bitteren, aber dennoch für den ersten Augenblick kühlenden Wasser zu schlürfen.

Uns Allen war es aufgefallen, dass wir, seitdem wir den Colorado verlassen hatten, ausser einigen gehörnten Eidechsen auf kein einziges, lebendes Wesen gestossen waren; nur einen todten Kolibri hatte ich gefunden, der mit ausgebreiteten Schwingen und gänzlich von der Luft ausgetrocknet auf dem Sande lag, als sei er im Fluge vom Tode ereilt worden. Ich hob das reizende Thierchen auf und legte es später in einen Brief, den ich von Californien nach Europa sendete. Der gänzliche Mangel an Thieren jeglicher Art in diesen Regionen, die auf so stiefmütterliche Weise von der Natur bedacht wurden, konnte uns nicht überraschen; eher noch die Spuren von Eingebornen, die in verschiedenen Richtungen über die Sandebene geeilt waren, und uns vielleicht aus nicht allzu grosser Entfernung beobachteten, wo sie sich alsdann im Sande eingescharrt (eine Gewohnheit der dortigen Eingebornen, wenn sie unbemerkt bleiben wollen), um ähnlich den Wölfen, über das eine oder das andere zurückbleibende Maulthier herfallen, dasselbe zerreissen und verschlingen zu können, und die deshalb sich scheuten, offen in unserem Lager, wenn auch nur bettelnd, zu erscheinen. Wovon die dortigen Eingebornen, die unsere Mohave-Indianer mit Verachtung **Pah-Utahs** nannten, leben, blieb uns lange ein Räthsel, bis unser Führer uns mittheilte, dass diese Menschen ihr elendes Dasein mit Grassaamen, Wurzeln, Schlangen, Fröschen und Eidechsen fristen. Der brave Indianer rieth uns übrigens, auf unserer Hut zu sein, indem die Pah-Utahs sich sonst während der Nacht nähern und mit Pfeilen einige unserer Maulthiere tödten würden. Nach der Beschreibung, welche uns die Mohaves ferner gaben, müssen diese Wilden eine Art von Menschen sein, die sich in ihrem Wesen nur wenig von den Thieren unterscheiden; scheu wie diese und raubgierig zugleich umschwärmten sie uns später fortwährend, und fügten uns manchen Schaden zu, ohne dass wir im Stande gewesen wären, auch nur einen derselben zu erblicken. Die Warnung, welche uns unser Führer an den Salzquellen ertheilte, blieb nicht unbeachtet; und da unsere Gesellschaft nur aus einigen dreissig Mann bestand, theilten wir, um gegen einen nächtlichen Ueberfall gesichert zu sein, unser ganzes Personal in vier Ablösungen, von denen eine beständig auf dem Posten bleiben musste. Da sich nun kein Einziger der Pflicht entzog, so waren wir immer von einer starken und gut bewaffneten Wache umgeben. Es mochte gegen Mitternacht sein, als die Aufmerksamkeit der Posten auf fernes, aber sich näherndes Pferdegetrappel gelenkt wurde. Da die Eingebornen der dortigen Regionen keine Pferde besitzen und das Geräusch auf der von uns zurückgelegten Strasse vernehmbar war, so konnte es nur eine der uns nachfolgenden Abtheilungen sein, obgleich wir dieselbe nicht sobald erwarteten. Es war so, wie wir vermuthet hatten. Lieutenant Whipple mit seiner Abtheilung ritt in unser Lager ein; keinerlei Unfall hatte ihn, seine Gesellschaft oder seine Heerde betroffen. Auch Lieutenant Tittball mit seiner Mannschaft langte an, doch blieb derselbe nicht bei uns, sondern setzte seine Reise in der von den Indianern ihm bezeichneten Richtung fort. Ich hatte mein Maulthier bei Lieutenant Whipples Packtrain zurückgelassen und war während der drei Tage unserer Trennung mit dem Indianer immer vorauf gezogen, doch muss ich gestehen, dass es mir keine geringe Freude gewährte, als ich gleich nach Ankunft der Heerde hinlief und in der hellen Nacht meines Maulthieres ansichtig wurde, welches anscheinend rüstiger als je, auf dem mit Salz überzogenen Rasen einherschritt und mit regem Appetit dichte Grasbüschel abrupfte. Viel beruhigter legte ich mich darauf wieder zum Schlafen nieder, denn wenn ich auch an Mühseligkeiten jeder Art gewöhnt war, so wäre es mir doch unangenehm gewesen, noch einen Marsch zu Fusse zu machen, nachdem ich in drei Tagen nahe an 70 Meilen über wildes Terrain und noch dazu in dünnen indianischen Mokkasins zurückgelegt hatte, aus welchen meine Füsse schon überall eine Aussicht in's Freie gewannen. Abermals hatte ich es bei dieser Gelegenheit empfunden, wie viel leichter man in den indianischen Halbstiefeln, als in unserem eigenen, schweren Schuhzeug wandert, vorausgesetzt, dass die Füsse schon etwas von ihrer Empfindlichkeit verloren haben und beim Gehen über scharfes Gestein nicht mehr so sehr leiden. Ich hatte wie die meisten Mitglieder der Expedition schon seit längerer Zeit keinen Schuh oder Stiefel mehr aufzuweisen, da die letzten Reste derselben uns von den Füssen gefallen waren. Wir halfen uns indessen so gut wir konnten mit Lederstücken, die wir uns von den Mexikanern in Halbstiefeln oder kurze Strümpfe zusammennähen liessen, zu welchen die gefallenen und erschossenen Maulthiere Sohlen hergeben mussten; hätte jedoch unsere Reise noch viel länger gedauert, so wären wir zuletzt wie die Indianer auf einfache Sandalen beschränkt gewesen.

Vereint brachen wir am 8. März von den Salzquellen auf und zogen in südlicher Richtung der Stelle zu, wo die zu beiden Seiten hinlaufenden Felsenreihen zusammenfliessen und eine enge Schlucht bildeten. Es war noch ein starker Marsch durch tiefen Sand bis zur Mündung der Schlucht, wo wir zu unserer unaussprechlichen Freude an den Mohave River gelangten, der als ein klares Flüsschen über glatt gewaschenes Gestein rieselte. Ohne an etwas Anderes als an den peinigenden Durst zu denken, eilte Jeder so wie er dort ankam an den Fluss, um nach Herzenslust von dem schönen klaren Wasser zu trinken, und Viele, damit noch nicht zufrieden, entkleideten sich und erfrischten ihren Körper in dem freilich kalten Wasser durch ein Bad. Nahe der Stelle, wo Lieutenant Tittball sich gelagert hatte, blieben auch wir; Tittball aber, dessen Lebensmittel ebenfalls zu Ende gingen, war in Gewaltmärschen vorausgeeilt und wir bekamen ihn nicht mehr vor unserer Rückkehr nach Washington zu sehen, denn da er die fliessenden Wasser des Mohave River erreicht hatte, brauchte er nicht mehr besorgt zu sein, sich zu verirren, weil er in dem Flussthale fortziehend, endlich zu den Ansiedelungen im San Bernardino-Thale und der San Diego-Strasse gelangen musste. Der Mohave River, der an der Stelle wo wir lagerten reichlich Wasser führte und dessen Lauf wir noch eine kleine Strecke weit mit den Augen verfolgen konnten, muss schon vor dem Soda Lake im Sande verschwinden; welches aber von den vielen trockenen Flussbetten, die wir theils berührten, theils nur aus der Ferne wahrnahmen, der eigentliche Mohave River ist, kann wohl nur bei genauer Forschung angegeben oder in der Regenzeit erkannt werden, wenn die im Soda Lake sich ansammelnden Wassermassen nach irgend einer Richtung einen Ausweg suchen. Gänzlich fliesst das Wasser aus dem Soda Lake wohl niemals ab, denn die auf seinem trockenen Bette zurückbleibende Salzkruste deutet darauf hin, dass in dürren Jahreszeiten das Wasser theils in den Boden eindringt theils vertrocknet.

Ehe wir am 9. März unsere Weiterreise antraten, wurden wir abermals von unseren Führern vor den bösen Pah-Utahs gewarnt, die nach ihrer Aussage die Höhlen und Klüfte der Felsen zu beiden Seiten des Mohave River belebten. Wir sahen auch vielfach frische Spuren, doch da die Wilden selbst sich nicht blicken liessen, und vor unserer Expedition zu fliehen schienen, so wurden unsere Leute sorglos, wodurch wir denn auch eine traurige Lehre erhielten.

Vor der Schlucht, aus welcher uns der Mohave River entgegenrieselte, wurde unsere Expedition getrennt, indem der Wagen mit dem Viameter, den bei denselben beschäftigten jungen Leuten und einer hinlänglichen Bedeckungsmannschaft den bequemeren Weg durch das schmale Thal des Flusses einschlug, während Reiter und Packthiere eine Biegung des Flusses abschneidend, einem Pfade, der über das Gebirge führte, folgten, um weiter oberhalb am Flusse wieder mit ersteren zusammenzutreffen. Dr. Kennealy und ich, etwas Jagd an dem Wasser vermuthend, hatten uns zu dem Wagen gesellt und waren schnell von steilen Felsen umgeben, die den Fluss bald einengten, bald aber auch, weiter zurücktretend, ihm mehr Spielraum zu seinen Windungen liessen. Auf beiden Seiten des Flüsschens, welches in seiner Breite zwischen 5 und 16 Fuss schwankte, blieb indessen hinlänglich Raum, auf welchem der leichte Wagen, von vier Maulthieren gezogen, bequem fortgebracht werden konnte. Einige Enten gaben uns Gelegenheit zur Jagd, und so ritten wir dahin, uns freuend über jedes grüne Grasplätzchen, das sich uns zeigte und wohlthuend die Augen berührte, die seit so langer Zeit auf Nichts als auf sandigen Steppen und dürren Gebirgen geruht hatten. Bei unserem Fortschreiten fanden wir das Anfangs spärlich wuchernde Rohr und Schilf immer dichter, so dass wir bei der Biegung, an deren Ende wir wieder mit unseren Gefährten zusammentreffen sollten, Mühe hatten, uns durchzuwinden. Wir erreichten indessen den Felsenpfad noch, ehe die Vordersten des Zuges, der nach unserem Aufbruche noch im Lager verweilt hatte, auf demselben herniederstiegen. Nur langsam setzten wir daher unsere Reise fort, zeitweise rastend, bis endlich die beiden Mohave-Indianer als Vorläufer des Zuges bei uns eintrafen. Wie sehr unsere Maulthiere auf der Reise durch die Wüste gelitten hatten, zeigte sich jetzt erst; denn immer mehr derselben ermüdeten und mussten ihrer Last entledigt, langsam von den Packknechten nachgetrieben werden. Jeder einzelne der Letzteren erhielt indessen den Befehl, niemals die Waffen aus den Händen zu legen, weil wir immer häufiger auf Spuren stiessen, aus welchen wir leicht ersehen konnten, dass die Eingebornen uns umschwärmten und vielleicht gar aus den hohen Felsspalten, selbst verdeckt und ungesehen auf uns niederschauten, um die günstige Gelegenheit zu erspähen und alles Zurückbleibende, seien es Leute oder Thiere, abzuschneiden.

Eine kurze Strecke zog unsere ganze Expedition vereinigt in dem immer breiter wendenden Thale fort und als die Mohaves in eine Schlucht einbogen, um auf Felsenpfaden wieder eine Krümmung des Flusses abzuschneiden, trennten wir uns abermals, wie am Morgen, mit dem kleinen Wagen von dem Hauptzuge und folgten dem Thale. Der Fluss beschrieb indessen so kurze Windungen und seine Ufer waren so dicht mit Rohr, Schilf und Buschwerk bedeckt, dass wir uns bald auf der einen, bald auf der anderen Seite an den Abhängen der Berge unseren Weg bahnen mussten. Nur auf die Entfernung von 1 bis 2 Meilen blieben wir in dem sandigen Bette selbst, weil auf dieser Strecke das Wasser unter der Oberfläche des Bodens fortrieselte. Da das rechte Ufer des Thales eine schmale Ebene bildete und sich etwas senkte, so arbeiteten wir uns zu demselben hinauf, sparten, auf demselben eine gerade Richtung beibehaltend, einen bedeutenden Umweg, den der Fluss machte, und berührten diesen erst gegen Abend wieder an einer Stelle, wo er sich durch eine grasige Wiese schlängelte. Der Hauptzug, der im Gebirge einige Stunden gerastet hatte, traf erst nach uns ein, wo wir dann gemeinschaftlich unser Lager bezogen. Wir waren in gemüthlicher Unterhaltung vor unseren Feuern versammelt, als der Majordomo des Quartiermeisters zu uns herantrat und rapportirte, dass ein Packknecht, der mit drei abgematteten Thieren zurückgeblieben war, vermisst würde. Die Nachforschungen unter den Mexikanern ergaben, dass Mehrere von ihnen an dem Vermissten vorbeigezogen seien, der am Ufer des Flusses gesessen und die drei Thiere ruhig habe grasen lassen; auf die Warnung eines seiner Landsleute, er möge die Büchse, die er nachlässiger Weise auf dem Rücken eines Packthieres befestigt hatte, herunternehmen und bei sich behalten, hatte der unbesonnene Mensch geantwortet, die Furcht vor den Indianern sei nur eine eingebildete, man möge seine Büchse nur mitnehmen, er würde mit den leeren Maulthieren schon nachfolgen. Als Mr. Leroux von dem Stand der Dinge in Kenntniss gesetzt wurde, äusserte er ganz einfach: »Wenn der Bursche nicht von den Indianern erschlagen wäre, würde er schon längst hier sein und wenn er nicht zu bequem gewesen wäre, seine Büchse bei sich zu behalten, so würde er nicht erschlagen worden sein. Ich kenne diese Sorte von Indianern, wo sie nur eine Büchse sehen, wagen sie sich nicht heran; nach dem Mexikaner oder den vermissten Thieren zu forschen, ist ganz vergebliche Mühe; der Bursche kann nicht wieder lebendig gemacht werden.« Wir Alle sahen das Richtige von Leroux's Worten ein, doch wurden am folgenden Morgen vier bewaffnete Mexikaner zurückgeschickt, um wo möglich die Spuren des Vermissten, der sich auch verirrt haben konnte, aufzufinden.

Die vier Mexikaner waren schon in aller Frühe aufgebrochen, und ihre Rückkehr sollte von der ganzen Expedition erwartet werden, denn Jeder im Lager war gespannt auf die Nachrichten, welche sie mitbringen würden. Es war um die Mittagszeit, als wir fern in der rohrbewachsenen Schlucht dichten Rauch aufsteigen sahen, der sich in schwarzen Wolken dahin wälzte. Wir Alle hielten dieses für ein Nothzeichen der Zurückgesendeten, denn Niemand anders als diese konnten den Brand an das dichtstehende Rohr und Schilf gelegt haben. Es dauerte nicht 10 Minuten, so waren ungefähr ein Dutzend der Unsrigen beritten und eilten auf dem Gebirgspfade der verhängnissvollen Stelle zu; zufälliger Weise ritt ich neben Leroux, der während des Galoppirens noch eine zweite Kugel in seine Büchse schob und dabei sagte: »Es ist Alles vergebens; der Mexikaner ist todt, die Maulthiere ebenfalls, die Indianer aber sitzen dort oben auf den Felsenzacken, beobachten uns, wie wir unsere Thiere müde reiten und verlachen uns. Wenn wir die Indianer überraschen wollen, so müssen wir ihnen schon während der Nacht nahe zu kommen suchen, und wir können ja auch weiter Nichts thun als höchstens ein paar derselben im Lager todtschiessen.« — In kurzer Zeit hatten wir die Schlucht erreicht, durch welche der Mohave River fliesst. Das Erste, was wir bemerkten, war eins der vermissten Maulthiere, welches mit Pfeilen erschossen, am Fusse eines Felsens lag, dann die Spuren der beiden anderen, die nach dem Gebirge gerichtet und bald nicht mehr auf dem mit Kies bedeckten Boden zu erkennen waren. Das Rohr war unterdessen auf einer ganzen Strecke niedergebrannt; vorsichtig suchten wir daher auf dem schwarzen Aschenfelde nach den Ueberresten des Mexikaners, den wir nunmehr sicher für getödtet halten mussten. Wir fanden eine Stelle, wo Haufen von gebleichten Pferdegebeinen uns den Ort bezeichneten, an welchem die Wilden dieser Regionen vielleicht mehrfach ihre Feste gefeiert hatten, wenn es ihnen gelungen war, auf der nicht mehr sehr weit entfernten Emigrantenstrasse, die von den San Bernardino-Ansiedelungen nach dem Utah-See führt, den reisenden Mormonen Pferde zu rauben; doch Spuren, die uns über das Schicksal des Mexikaners hätten Aufschluss geben können, entdeckten wir nicht weiter und mussten daher bei hereinbrechender Nacht, ohne etwas ausgerichtet zu haben, wieder zurückkehren. Die vier Mexikaner waren schon vor uns angelangt, auch sie hatten keinen der Eingebornen erblickt und das Rohr nur angezündet, um leichter nach den Ueberresten ihres Kameraden, von dessen Ende sie überzeugt waren, spüren zu können, dann aber auch, um die etwa im dichten Gestrüpp verborgenen verrätherischen Wilden herauszutreiben.

Unzufrieden über diesen schlechten Erfolg begaben wir uns am folgenden Morgen, als Lieutenant Whipple mit der einen Hälfte der Expedition vorauszog, um uns eine Tagereise weiter zu erwarten, 9 an der Zahl, unter diesen Lieutenant Ives, Dr. Kennerly, Lieutenant Stanley und ich, noch einmal zu Fuss auf den Weg, um die Wilden bis in ihre Schlupfwinkel zu verfolgen und wenigstens durch ein paar gut angebrachte Schüsse die hinterlistige Ermordung eines unserer Leute an den Mördern zu rächen. Wir gingen deshalb zuerst zu dem erschossenen Maulthiere, nahmen daselbst die Spuren der beiden geraubten auf und folgten denselben in's Gebirge. Es war dies eine schwierige Aufgabe auf dem felsigen Boden, wo wir nur durch umgestossene oder von der Stelle gerückte Steinchen bei unserer Verfolgung geleitet werden konnten. Bergauf, bergab ging es in dieser wahrhaft schauerlichen Wüste, doch verloren wir nie die rechte Spur, in deren Beibehaltung uns besonders ein alter Mexikaner, derselbe, der früher die beiden Tonto-Indianer gefangen hatte, behülflich war. In einer Felsenschlucht, wo eins der matten Thiere wohl nicht mehr im Stande gewesen war, das steile Ufer hinaufzuklettern, hatten die Wilden dasselbe getödtet, in Stücke zerschnitten, und so mit fortgeschleppt. Wir fanden daselbst nur einen glatt abgenagten Beinknochen und den Inhalt der Eingeweide; selbst das Blut schienen diese Kannibalen getrunken oder auf irgend eine Weise aufgefangen und mitgeführt zu haben. Die Richtigkeit unseres Weges war durch diese Zeichen bewiesen, und rüstig, jedoch jedes Geräusch so viel wie möglich vermeidend, folgten wir daher dem alten Pfade.

Wir gelangten endlich in eine enge Schlucht, welche um einen, von drei Seiten abgesondert liegenden, spitzzulaufenden Felsen herum führte. Dass wir dem indianischen Lager nahe waren, wussten wir wohl, doch hatten wir keine Ahnung, dass sich dasselbe auf der anderen Seite des Felsens befand. Als wir nämlich um denselben herumbogen, erblickten wir in einer Vertiefung den Rauch eines kleinen Feuers, welches die Indianer in derselben Minute verlassen hatten, denn es war ihnen nicht Zeit genug geblieben, ihre Bogen und Pfeile mitzunehmen. Schnell vertheilten wir uns und liefen die nächsten Höhen hinan, um noch möglicher Weise einen Schuss auf die Flüchtlinge anbringen zu können, doch nichts erblickten wir als die trostlosen nackten Felsen, die uns von allen Seiten entgegenstarrten. Das verlassene Lager nun glich im vollen Sinne des Wortes einer scheusslichen Mördergrube. Ein kleines Feuer, welches mit trockenem Gestrüpp genährt worden war, glimmte unter der Asche, und auf dieser lagen die Eingeweide der Thiere, die mit Blut angefüllt waren. Die abgeschnittenen Köpfe und die von den Wilden angefressenen Glieder der beiden Maulthiere lagen zerstreut umher und halfen das Ekelhafte der ganzen Scene vervollständigen. Unter den blutigen Ueberresten erblickten wir Waffen und Geräthe, letztere meisterhaft aus Weiden geflochten, wild durcheinander geworfen, und etwas abgesondert von diesen Gegenständen lagen die Mütze und die Beinkleider des ermordeten Mexikaners. Der arme Mensch musste einen schrecklichen Tod erlitten haben, denn die blutigen Beinkleider waren an sieben verschiedenen Stellen von Pfeilen durchlöchert: das Opfer hatte also vor seinen Mördern hinlaufen müssen und war allmälig von unten herauf mit Pfeilen erschossen worden, und leicht war es denkbar, dass sein Blut mit dem der Maulthiere in dem widrigen Behälter vereinigt war. Lange suchten wir nach der Leiche des Erschlagenen, um ihm wenigstens ein Begräbniss zu Theil werden zu lassen, doch vergebens hatten wir zu diesem Zwecke Schaufeln mitgenommen: wir fanden nichts, gar nichts weiter von dem unglücklichen Menschen, der eine Frau und 5 unerwachsene Kinder in Neu-Mexiko zurückgelassen hatte, die nunmehr vergebens auf die Rückkehr ihres Gatten und Vaters harrten. Als ich den Felsen, an dessen Fusse sich das Lager befand, erstieg, wurde es mir klar, wie die Wilden kurz vor unserer Ankunft hatten entfliehen können. Nahe dem Gipfel des Felsens, von welchem man eine weite Aussicht über die angrenzenden Ländereien hatte, befand sich eine Art von Abstufung oder Höhle, die von der Natur gebildet worden war; auf dieser Stelle nun hatten mehrere der Kannibalen gelegen und bei ihrem blutigen Mahle mitunter einen Blick vor sich hinab in die Schlucht werfen können. Der übermässige Genuss des Fleisches hatte sie vielleicht daran gehindert, sich rechtzeitig mit ihren Habseligkeiten davon zu machen, wodurch uns das Eigenthum der Bande, die wohl aus 12 bis 16 Mitgliedern bestand, in die Hände fiel. Die Waffen, so wie einige der zierlich geflochtenen Gefässe behielten wir für uns zurück, alles Uebrige aber warfen wir mit den Ueberresten der Maulthiere in einem Haufen auf der glimmenden Asche zusammen, fügten zu diesem alles nur brennbare Gestrüpp, das in der Nachbarschaft aufzutreiben war und verbrannten sodann die gesammten Habseligkeiten dieser wilden raubgierigen Höhlenbewohner.

Das traurige Geschick des armen Mexikaners ging uns allen sehr zu Herzen, und wir konnten nicht umhin, uns die grässlichen Martern und die Todesangst auszumalen, die der arme Mensch in den Händen seiner unbarmherzigen Mörder auszustehen gehabt hatte. Gern hätten wir das wilde Gesindel für seine Hinterlist und Tücke gezüchtigt, wäre nicht wenigstens auf sechs Tage Proviant nothwendig gewesen, um unausgesetzt im Gebirge herumstreifen zu können. Die Lebensmittel unserer ganzen Expedition reichten aber kaum noch für die Dauer einer Woche hin, und sehr sparsam musste überhaupt mit denselben umgegangen werden, wenn wir noch ohne vorher Noth zu leiden die Ansiedelungen am Fusse der südlichen Spitze der Sierra Nevada erreichen wollten, deren Gipfel uns schon in westlicher Richtung entgegenschimmerten. Gegen Mittag kehrten wir wieder heim in unser Lager, welches am frühen Morgen schon von Lieutenant Whipple und einem Theil der Expedition verlassen war, während Lieutenant Johns verabredeter Weise auf unsere Rückkehr wartete. Nach einigen Stunden der Erholung von dem anstrengenden Marsche des Vormittags durch die 6 Meilen entfernten wilden Schluchten und Felsenthäler bestiegen wir gegen Abend unsere Thiere und schlugen den Weg ein, auf welchem die anderen Abtheilungen voran gezogen waren. Spät in der Nacht trafen wir bei Lieutenant Whipple ein, dessen Lagerfeuer uns schon lange weithin durch die Nacht entgegengeschimmert hatten. Wir fanden die ganze Gesellschaft noch wach und unserer Ankunft harrend, denn es war nicht ein Einziger, der sich nicht für das Schicksal des erschlagenen Mexikaners interessirt und sein schreckliches Ende bedauert hätte. Leider konnten wir nur bestätigen, was allgemein geahnt worden war.

Wir befanden uns nunmehr ganz in der Nähe der Emigrantenstrasse, in Californien unter dem Namen *»Spanish trail«* bekannt. Ebenes Land durch welches sich der Mohave River schlängelte, lag vor uns, die San Bernardino-Berge, an deren Fusse unsere Strasse vorbeiführte, waren deutlich mit ihren stolzen Gipfeln zu erkennen; wir bedurften daher unserer beiden indianischen Führer, die uns so treu auf einem mehr als 150 Meilen langen Wege durch die Wildniss geführt hatten, nicht weiter und liessen sie wieder zurückkehren in ihr geliebtes Thal zu den Ihrigen, die ihrer vielleicht schon

54*

lange harrten und zu welchen zu gelangen sie noch einmal die weite Wüste durcheilen mussten. Doch was uns sehnsüchtig nach den blauen Gipfeln der Sierra Nevada hinüberschauen machte und der hinter derselben beginnenden Civilisation freudig gedenken liess, das bewog die Indianer, ihre Blicke gegen Osten zu wenden. Aehnliche Gefühle regten sich in der Brust der eingeborenen Kinder der Wildniss und in dem Herzen der einer vorgeschrittenen Civilisation angehörenden Weltbürger: es war die unzerstörbare Liebe zur Heimath, zum Vaterlande!

XXXV.

Rückkehr der beiden Mohave-Führer in ihre Heimath. — Die Emigrantenstrasse. — Zusammentreffen mit reisenden Mormonen. — Nachrichten von der Ermordung des Capitain Gunnison und seiner Offiziere durch die Utah-Indianer. — Abschied vom Mohave River. — Das San Bernardino-Gebirge. — Der Cajon-Pass. — Regensturm im Gebirge. — Entlassen der Arbeiter. — Erster Anblick des Küstenstriches von Californien. — Die Mormonen und deren Geschichte.

Reich beschenkt wurden unsere indianischen Freunde, als sie von uns schieden; auch bot ihnen Lieutenant Whipple zwei gute Maulthiere an als Anerkennung für die von ihnen geleisteten Dienste, damit sie auf bequemere Weise mit ihren Geschenken in ihre Heimath gelangen könnten; sie schlugen indessen die Thiere aus und baten dafür um Decken, die ihnen mit Freuden verabreicht wurden. Sie gaben uns nämlich zu verstehen, dass auch sie vor den bösen Pah-Utahs auf ihrer Hut sein müssten und deshalb Gebirgspfade einschlagen wollten, auf denen ein Maulthier nicht würde gehen können, wo es aber leichter für sie sei, den wilden Bewohnern der Wüste unbemerkt zu bleiben. Wir wünschten den beiden Indianern von Herzen Glück zu ihrer Reise, als sie uns die braunen Hände zum Abschiede reichten, ein Gebrauch, den sie von uns erst gelernt hatten, worauf sie am Mohave River hinunter schritten, und bergendes Gebüsch sie bald unseren Augen entzog. Auch wir brachen auf, zogen die Ebene an der Nordseite des Flusses hinauf und gelangten nach einem Marsche von 3 Meilen auf die vielfach befahrene Emigrantenstrasse, welche von den Ansiedelungen im San Bernardino-Thal nach dem Asyl der Mormonen am grossen Salzsee führt.

Der Tag war angenehm und warm; wir rasteten gegen Mittag einige Stunden, gingen dann durch den Fluss, der hier eine bedeutende Breite hat, setzten bis zum Abend ununterbrochen unsere Reise auf dem südlichen Ufer fort und übernachteten im dichtbewachsenen Thale. Eine Strecke von 45 Meilen lang blieben wir am Mohave River, wo wir der breiten, ziemlich bequemen Strasse folgten, die schon seit einer Reihe von Jahren bereist worden ist. Die Ufer des Flusses boten uns auf dieser Strecke einen ungewohnten Anblick; hohe Bäume wechselten mit Weidenwaldungen ab, die häufig weite Strecken einnahmen oder mitunter einem schilfartigen Grase Raum gelassen hatten. Der Fluss selbst schwankte in seiner Breite zwischen 5 und 30 Fuss, doch kamen wir auch an Stellen vorbei, wo er sich seinen Weg unter der Oberfläche des Bodens suchte und nur ein trockenes Bett zeigte. Ueberall in dem Thale, welches durchgehends von unfruchtbaren hügeligen Ländereien eingefasst war, erblickten wir die Spuren eines äusserst regen Verkehrs, der zu gewissen Zeiten des Jahres diese Strasse beleben muss. Gefällte Bäume, Brandstellen, wo lustige Lagerfeuer geflackert hatten, Schädel und Knochen der Thiere, die von den Emigranten geschlachtet worden, Ueberreste zerbrochener Wagen waren fast immerwährend auf den kleinen Lichtungen zu sehen. Auch der Schädel eines Menschen lag auf dem Wege, mit seinen hohlen Augen wie nach uns herüberstarrend. Wie mancher Vorbeireisende mochte den vielleicht von den Wölfen ausgescharrten Schädel mit dem Fusse angestossen und vor sich hin gerollt haben! Auch von unseren Leuten gingen einige der rohesten hinüber und trieben dieses Spiel mit ihm, ich aber stieg bei ihm ab und untersuchte ihn, da ich glaubte, unsere Sammlung durch einen indianischen Schädel bereichern zu können; doch er hatte einem Weissen angehört, wahrscheinlich einem Auswanderer, der mit kühnen Hoffnungen und hochfliegenden Plänen die beschwerliche Reise vom stillen Ocean aus angetreten und nach wenigen Tagereisen schon sein Ende in der Wildniss gefunden hatte. War es der Schädel eines armen Arbeiters oder eines reichen Speculanten, eines mittellosen Familienvaters, der diesen Weg eingeschlagen hatte, um für seine in der Heimath zurückgebliebene Familie Brod zu schaffen, oder eines neugierigen Reisenden, dessen Angehörige im Ueberfluss und Wohlleben die Tage dahingehen liessen? Es war der letzte Ueberrest eines Verschollenen, der den Wanderer der Wüste mahnte, jeden Augenblick zur letzten Reise bereit zu sein. Weit fort schleuderte ich den Schädel, der zum Spielzeug der Thiere und Menschen geworden war, weit fort in's dichte Gebüsch, wo es ihm vergönnt sein mag, ungesehen und unberührt allmälig zu verwittern und in Staub zu zerfallen. — Ich war bald wieder in Gesellschaft meiner laut scherzenden fröhlichen Kameraden und trieb wie diese mein Thier zur Eile an, um so bald wie möglich die weiss schäumende Brandung der Südsee vom Hafen von San Pedro aus zu erblicken.

Am 12. März begegneten wir zum ersten Male, seit wir den Rio Grande verlassen hatten, einigen Reitern die eine Heerde mit Waaren beladener Thiere vor sich hertrieben. Es waren vier Mormonen, kräftige rüstige Leute, die auf ihre guten Waffen und ihr gutes Glück bauend, einem fernen Ziel, der grossen Mormonenstadt am Salzsee zuzogen. Wenn sich in den wilden Regionen des fernen Westens Reisende begegnen, begrüssen sie sich freundlich, fragen sich gegenseitig aus und theilen einander eine kurze Beschreibung ihrer Reise und Tagesneuigkeiten, so weit ihnen dieselben bekannt sind, mit, ehe sie von einander scheidend sich gegenseitig Glück zur Weiterreise wünschen. Auch mit den Mormonen pflogen wir eine kurze Unterhaltung, in welcher wir ihnen die Dauer unserer Reise angaben. »Wenn Sie so lange ausser Verbindung mit den Vereinigten Staaten gewesen sind,« sagte Einer derselben, »so wissen Sie wahrscheinlich nicht, dass der Capitain Gunnison, der die Expedition nördlich von Ihnen commandirte, mit einem Theile seiner Offiziere von den Indianern erschlagen worden ist?« Natürlich war diese Nachricht eben so traurig wie neu für uns; aber leider verhielt es sich so, wie der Mormone uns erzählte. Auf dem Gebiete der Utah-Indianer hatte Capitain Gunnison beabsichtigt, sich mit einigen seiner Offiziere auf 2 oder 3 Tage von seiner Expedition zu trennen, um eine andere Richtung der Strasse zu untersuchen und hatte noch 4 Soldaten mitgenommen, so dass mit dem Koch und dem Diener die kleine Gesellschaft aus 12 Mann bestand. Um besser gegen Kälte und rauhen Wind geschützt zu sein, hatten die Reisenden, die schon viele Meilen von dem Hauptzuge entfernt waren, hinter einem Rohrdickicht ihre Zelte aufgeschlagen. Die Nacht verging ihnen ohne alle Störung, und am frühen Morgen schon sassen Alle um ihr Frühstück und liessen es sich wohl schmecken. Herr Kern, ein Deutscher, der als Zeichner der Expedition engagirt war, hatte sein Frühmahl zuerst beendigt und stand auf, sich im Gefühle der Behaglichkeit reckend und dehnend. Plötzlich krachte ein Schuss aus dem Dickicht, Herr Kern fasste mit der Hand nach seiner Brust und stürzte lautlos zusammen. Der Schuss war das Signal zum allgemeinen Angriff eines indianischen Hinterhalts, wildes Geheul erfüllte die Luft, und aus dem Dickicht stürzte eine Bande der Utah-Indianer, die auf drohende Weise ihre Waffen schwangen. Beim ersten Schuss war Capitain Gunnison aufgesprungen und hatte, ein Missverständniss vermuthend, den Indianern Friedenszeichen geben wollen, indem er seine beiden unbewaffneten Hände empor hielt. In dieser Stellung nun, die nur wenige Augenblicke dauerte, war er das Ziel für die indianischen Pfeile geworden, welche ihn dicht bedeckten und tödtlich verwundet zu Boden warfen. Mehrere der Weissen lagen zu der Zeit schon getödtet oder verwundet umher, und immer neue mordgierige Wilde stürzten aus dem Dickicht hervor. — So lauteten die Nachrichten von einem Augenzeugen, der als Koch zur Zeit des Ueberfalles in seiner etwas abgelegenen Küche beschäftigt war und sich dadurch, dass er sich auf ein nahestehendes Pferd warf und die Flucht ergriff, rettete. Ebenso entgingen drei Soldaten und ein Sergeant dem drohenden Tode; der Eine von diesen verdankte sein Leben nur einem ausserordentlichen Zufall. Derselbe hatte nämlich, als er das Kriegsgeheul vernahm, den Hahn seiner Muskete gespannt und war im Begriff, mit dem Gewehr in der Hand aus dem Zelte zu treten, als plötzlich ein Indianer vor ihm stand, der, den Bogen in der linken Faust, mit der rechten den befiederten Pfeil an's Ohr zog. Der Soldat, den Finger an dem Drücker des Schlosses, gab Feuer ohne anzulegen, was in dem entscheidenden Augenblicke zu zeitraubend gewesen wäre, und der Indianer stürzte mit zerschmettertem Schädel zu Boden. Nur einen Blick warf der mit genauer Noth dem Tode Entgangene auf die Mordscene und die zehnfach überlegene Anzahl der Wilden, schwang sich dann ebenfalls auf ein Pferd, sprengte seinen Kameraden nach und brachte mit diesen zugleich dem Haupttrain die Nachricht, dass

Capitain Gunnison nebst sechs seiner Gesellschaft gefallen sei. Lieutenant Beckwith von der Artillerie der Vereinigten Staaten, der die Escorte befehligte und dem nunmehr das Commando der ganzen Expedition zugefallen war, ging sogleich mit einer Abtheilung nach der verhängnissvollen Stelle zurück und fand, wie sich nicht anders erwarten liess, nur die grässlich verstümmelten Leichen der sieben Ermordeten. Nicht nur die Kopfhaut war den Erschlagenen abgezogen, sondern auch die Schnurrbärte theilweise mit der Lippe aus dem Gesichte geschnitten worden. Alle, die nicht beim ersten Angriff gefallen waren, mussten bis zum letzten Augenblicke mit dem Muthe der Verzweiflung gekämpft haben, so dass selbst die Indianer auf ihre eigenthümliche Art ihnen die letzte Ehre erwiesen, nämlich das tapfere Herz aus der Brust geschnitten und den starken Arm von dem Körper getrennt und mitgenommen hatten. Lieutenant Beckwith und seiner Abtheilung fehlten die Mittel, die Leichen zu bestatten: sie schützten dieselben aber durch Steinhaufen und Zweige gegen den Angriff der Wölfe und nahmen dann Abschied von dem traurigen Orte, wo sie ihren braven Commandeur und so viele ihrer guten Kameraden verloren hatten. Am Salzsee bei den Niederlassungen der Mormonen angekommen, machten sie die traurige Begebenheit bekannt, nach deren Kundwerdung der Gouverneur Young sogleich eine Abtheilung seiner Leute abschickte, die den Gefallenen ein gebührendes Begräbniss zu Theil werden liessen. Auch gelang es dem Gouverneur, die Papiere des Capitain Gunnison, die von den Indianern geraubt waren und wichtige, die Reise betreffende Notizen enthielten, wieder zu erlangen, so dass es Lieutenant Beckwith, der die Expedition weiter führte, möglich wurde, einen vollständigen Rapport über den ganzen Verlauf der Reise auszuarbeiten. Dies waren die Nachrichten, die wir von den Mormonen erhielten und deren Wahrheit uns in Pueblo de los Angeles bestätigt wurde.

Am 13. März erreichten wir endlich die Stelle, an welcher wir den Mohave River verlassen mussten, um in westlicher Richtung den San Bernardino-Bergen zuzueilen. Es war gegen Mittag, als wir den Fluss, der dort über 100 Schritte breit ist, hinter uns liessen und auf seinem nördlichen Ufer lagerten, um nach einigen Stunden die 35 Meilen lange Reise über die Ebene[77]) anzutreten, welche uns von den San Bernardino-Bergen trennte. Nachdem unsere Thiere sich an frischem grünem Grase, welches zwischen schwarzen verbrannten Stoppeln hervorkeimte, zur Genüge gütlich gethan, zogen wir nach der Ebene hinauf. Der Weg war gut, doch vermochten wir nicht, wie wir es uns vorgenommen, in einem Marsch über dieselbe hinüber zu kommen, indem immer mehr unserer Thiere vollständig ermüdeten, so dass wir noch vor Mitternacht unter zerstreut stehenden Cedern und Yuccas uns hinwarfen, um die zurückgebliebene Heerde zu erwarten und am folgenden Morgen durch den Cajon-Pass zu ziehen, der nur noch einige Meilen von uns entfernt war. Lieutenant Jones mit seiner Mannschaft trennte sich nun ebenfalls von uns, um sein Commando nach San Diego zu führen, zugleich aber auch vorauseilend uns von den Ansiedelungen aus Lebensmittel zurückzusenden, da wir kaum noch für einen Tag mit halben Rationen versehen waren.

In aller Frühe des 14. März begaben wir uns schon auf den Weg und folgten der Strasse, die uns nach kurzem Marsch auf die Höhe des Cajon-Passes brachte, von wo aus wir zu den Küstenländern der Südsee hinabzusteigen hatten. Vom Soda Lake, wo wir uns 1116 Fuss über dem Meeresspiegel befanden, bis zur Höhe des Cajon-Passes hatten wir 110 Meilen zurückgelegt und waren auf dieser Strecke 3554 Fuss gestiegen, befanden uns demnach 4670 Fuss über der Meeresfläche. Von Fort Smith waren wir 1798 und von dem Uebergangspunkte des grossen Colorado 242 Meilen entfernt.

Die stolz emporragenden San Bernardino-Berge blieben zu unserer Rechten liegen, als wir uns an den steilen Bergabhängen hinunter wanden, wo uns gleich bei den ersten Schritten eine andere Vegetation als oben auf der unfruchtbaren Ebene entgegenlachte. Bäume und Sträucher, die im Begriffe waren, Knospen zu treiben, wucherten überall, wo nur etwas Erde ihren Wurzeln Nahrung bot. Den in schönem Grün prangenden Strauch, der in Californien oft Meilen weit Strecken bedeckt, sahen wir hier zum ersten Mal, so wie die prächtige Tanne *(Abies Douglasii)*, die mit ihren lang herabhängenden Zweigen und den dunkelfarbigen Nadeln eine melancholisch-schöne Erscheinung war. Immer tiefer abwärts zogen wir, bis wir uns in dem trockenen Bette eines Giessbaches befanden, dessen Richtung wir abwärts folgten. Mächtige Felsmassen (*) von Sandsteinconglomerat thürmten sich zu beiden Seiten von uns auf und wechselten mit einzelnen runden Hügeln und Bergen ab, die mit grünem Strauchwerk dicht bewachsen waren. Gegen Mittag erreichten wir endlich das fliessende Wasser, welches in dem Cajon-Pass entspringt und den San Bernardino Creek bildend, der Südsee zueilt. Wir rasteten daselbst einige Stunden und setzten dann unsere Reise in der wilden, vielfach gewundenen Schlucht fort. Als wir gegen Abend auf einer kleinen Erweiterung anlangten, trafen wir mit einem Mormonen zusammen, der mit einer ganzen Fuhre Lebensmittel uns entgegengekommen war. Lieutenant Johns, der die Ansiedelungen schon am frühen Morgen berührt hatte, war die Ursache, dass die Leute, einestheils um uns zu helfen, dann aber auch des Gewinnes wegen, mit lauter uns willkommenen Gegenständen herbei kamen. Augenblicklich machten wir Anstalt, unser sehr ärmliches Lager aufzuschlagen und uns dann von den Schätzen des Händlers für baare Münze Etwas auszusuchen. Tabak war das Erste, wonach wir fragten, denn manchen Tag hatten unsere Pfeifchen kalt in der Jagdtasche zugebracht; und von dem Mormonen, der selbst ein Freund des Rauchens zu sein schien, war er nicht vergessen worden. Auch einen tüchtigen Mehlvorrath kaufte ihm Lieutenant Whipple ab und liess denselben sogleich unter unsere Gesellschaft vertheilen. Branntwein führte der Geschäftsmann gleichfalls bei sich, doch wurde ihm streng angerathen, denselben nicht zu verkaufen, indem sich unter unseren Leuten Viele befanden, die nicht Mass zu halten verstanden und im Rausch des Spiritus und der Freude über die glückliche Ankunft in Californien zu leicht zu Excessen geneigt gewesen wären. Trotz des Versprechens, welches uns der Lieferant gab, fanden sich doch nach Verlauf kurzer Zeit vielfach Betrunkene im Lager, die dann auch auf unangenehme Weise Unordnungen hervorriefen, so dass Einer derselben, und zwar gerade mein Diener, um ihm den Gebrauch des Verstandes wieder zu verschaffen, mit den Händen in einen heruntergebogenen Baum gehängt werden musste, so dass in Folge der Schwungkraft des zähen Stammes der Uebelthäter nur mit den Fussspitzen den Boden berührte.

Das schöne trockene Wetter, welches uns während der letzten Zeit unserer Reise so sehr begünstigt hatte, änderte sich in dieser Nacht; es begann zu regnen, so dass wir nach Verlauf von einigen Stunden durchnässt unter unseren Decken lagen, die Lagerfeuer erloschen, und wir vor Kälte zitterten und bebten und sehnlichst den Tag herbei wünschten. Dieser erschien endlich, doch kein besseres Wetter; unaufhörlich goss der Regen auf uns hernieder; der kleine Bach, der an unserem Lager vorbeirieselte, war in einen wilden Bergstrom verwandelt worden, der die von den Gebirgen niederstürzenden Wasser aufnahm und brausend in seinem Felsenbette weiter führte. An Weiterreisen konnten wir an diesem Tage nicht denken und weil wir nunmehr ganz bequem allein mit unseren mexikanischen Packknechten unsere Reise beendigen konnten, die übrigen Arbeiter und Wagenführer der Expedition aber jeden Tag bedeutendes Geld kosteten, so zahlte Lieutenant Whipple Letztere an diesem Tage aus und entliess sie. Nun erst erkannten wir so recht, was für eine Classe von Leuten im Dienste der Expedition gewesen war. Auf der Reise hatten sich freilich Alle als treue und unverzagte Arbeiter ausgewiesen, doch jetzt, nachdem sie ihre eigenen Herren geworden waren, liessen sie den wilden Leidenschaften freien Lauf, und eine tollere Gesellschaft ist wohl niemals aus dem Cajon-Pass gezogen, als ein Theil unserer entlassenen Arbeiter. Bill Spaniard, der Halb-Indianer, der wegen Mordes angeklagt gewesen war, war noch bei Weitem der Ruhigste; ernst und gesetzt trat er zu seinen früheren Vorgesetzten, dankte für die ihm zu Theil gewordene gute Behandlung, drückte die Hände, die ihm hin und wieder dargereicht wurden und wanderte dann seines Weges durch Regen und Sturm. Einen alten Mann, der ebenfalls als Wagenführer bei uns engagirt gewesen war, sah ich später auf der Reise von Pueblo de los Angeles nach San Francisco wieder, und war nicht wenig verwundert über die Veränderung, die in jeder Beziehung mit ihm vorgegangen war. Er hatte die Gelegenheit benutzt, mit unserer Expedition nach Californien zu kommen, wo er seiner Aussage gemäss Kinder hatte, die er besuchen wollte. Er war Methodist und sollte sogar Prediger gewesen sein. Während der Reise wurde er von dem ganzen Personal unserer Expedition nur immer der alte Mann genannt, obgleich er fast täglich auseinandersetzte, dass sein Name Churrot sei. Ein bescheidnerer und genügsamerer Mensch kann kaum gedacht werden, als der alte Mann Charrot; seiner Liebe zum Frieden hatte er manche Arbeit zu verdanken, die er zu leisten nicht nöthig gehabt hätte, indem sie ihm von dem brutaleren Theil seiner Mitarbeiter zugeschoben wurde. Nichts vermochte ihn aus seinem Gleichmuth zu bringen, als höchstens wenn er auf die Religion seiner Sekte zu sprechen kam, und seinen Worten nicht die gewünschte Aufmerksamkeit geschenkt wurde, wie es übrigens in seiner rohen Umgebung nicht anders zu erwarten war. Jedem, der ihm am Morgen begegnete, wünschte er auf die verbindlichste Weise einen guten Tag, der ihm von dem besseren Theile unserer Expedition mit einem eben so freundlichen Grusse erwiedert, von dem ungebildeteren aber mit einem unpassenden Scherz beantwortet wurde, den der geduldige alte Mann ruhig hinnahm. — »Guten Morgen Mr. Murphy,« hörte ich ihn einst zu einem der brutalsten Arbeiter sagen. — »*D—m your Goodmorning*, wenn es so schlechtes Wetter ist, wie heute,« antwortete ihm Jener auf rauhe Weise. — »O,« antwortete der alte Mann, »ich nahm mir nur die Freiheit, Ihnen einen guten Morgen zu wünschen und nach ihrem Befinden zu fragen; nehmen Sie es nur nicht übel.« Als ich später auf dem Dampfboot Frémont den alten Mann, der nunmehr Mr. Charrot geworden war, wieder sah, vermochte ich ihn kaum zu erkennen. In seinem Benehmen zeigte er eine gewisse Sicherheit und ein unbeschreibliches Unabhängigkeitsgefühl, welches ganz gut zu seinem ehrbaren schwarzen Anzug passte. »Die Zeiten haben sich geändert,« redete er mich an, »ich bin nicht mehr der alte Mann, der Wagenführer, der sich Befehle ertheilen lassen muss, ich zeige mich jetzt als das, was ich eigentlich bin, nämlich als ein Gentleman. Ich habe auf der Reise meine Rolle ganz zu meiner eigenen Zufriedenheit gespielt und stehe Ihnen jetzt in jeder Unterhaltung zu Diensten. Wählen Sie irgend ein Thema, sei es Geologie, Theologie, Botanik, Astronomie, Geschichte oder Mineralogie, Sie werden überall keinen unwissenden Mann in mir finden.« Obgleich mir die Ordnung, in welcher Mr. Charrot die verschiedenen Wissenschaften unter einander warf, ein Lächeln entlockte, und mich etwas an seiner grossen Gelehrtheit zweifeln liess, so konnte ich doch nicht umhin, mich zu wundern, dass der schlichte, genügsame Mann auf unserer Reise nur eine angenommene, freilich ganz kluge Rolle gespielt hatte, und nun nicht mehr die geringste Probe der früheren anspruchslosen Bescheidenheit in ihm zu entdecken war. »Es thut mir leid«, erwiederte ich ihm, »dass es mir an hinlänglicher wissenschaftlicher Ausbildung gebricht, um mich Ihren umfassenden Kenntnissen gegenüber auf unbefangene Weise in den eben von ihnen aufgezählten Zweigen unterhalten zu können.« — »Sie sind noch jung,« antwortete Mr. Charrot mit einem gewissen Bedauern, »doch sollten Sie gelehrte Unterhaltungen nicht von sich weisen, sondern denselben nachjagen, um dadurch zu lernen,« worauf er sich mit triumphirendem Gesichte von mir wendete und nach dem anderen Ende des Dampfbootes schritt. — Also auch solche Leute befanden sich unter den Arbeitern, die im Cajon-Pass von Lieutenant Whipple entlassen wurden.

Unser längeres Verweilen in dem Engpasse hatte noch einen besonderen Grund; da nämlich bei etwaiger Anlage einer Eisenbahn durch diesen Pass ein Tunnel von 3 bis 4 Meilen gebaut werden müsste, so beabsichtigte Lieutenant Whipple mit uns und dem Reste unserer Leute an der Ostseite der Sierra Nevada hinauf zu ziehen und das Tulare-Thal zu untersuchen, um den dortigen Pass mit dem Cajon-Pass vergleichen zu können. Lieutenant Jones hatte deshalb den Auftrag erhalten, sich in San Diego zu erkundigen, ob das Tulare-Thal in neuester Zeit von amerikanischen Offizieren durchforscht worden sei, und uns die Nachricht darüber umgehend zukommen zu lassen. Pünktlich theilte er uns durch einen Expressen mit, dass Lieutenant Williamson schon diese Arbeit vollendet habe und dadurch eine Forschung von unserer Seite unnöthig geworden sei, weshalb denn auch unser Aufbruch nach Pueblo de los Angeles auf den folgenden Tag angesetzt wurde.

Es regnete unaufhörlich den ganzen 16. März, ebenso während der darauf folgenden Nacht, und als wir am 17. unsere durchnässten Sachen auf die Maulthiere luden, goss der Regen noch immer in Strömen vom Himmel. 2 Meilen lang hatten wir noch hohe Berge zu beiden Seiten unserer Strasse, die sich fortwährend senkte. Der Pass erweiterte sich indessen mehr und bildete ein kleines Thal, durch welches der von Regen angeschwollene Bernardino Creek dahin brauste. Am Ende des Passes theilte sich die Strasse, indem ein Weg gerade aus gegen Westen nach den Ansiedelungen der Mormonen und nach San Diego führte, während der andere am Gebirge entlang gegen Norden lief. Den letzteren hatten wir einzuschlagen, und nachdem wir noch zwischen einigen bewaldeten Hügeln hindurch gezogen waren, befanden wir uns plötzlich an dem Rande der herrlichen Ebenen, welche die Küstenländer Californiens charakterisiren. Es ist mir nicht möglich den Eindruck zu beschreiben, den die im frischesten Grün prangenden Wiesen und die in denselben sich erhebenden eben so grünen Hügel, die einzelnen Baumgruppen und die in der Ferne sichtbaren Ranchos (Meierhöfe) auf uns machten. Sei es nun, dass wir eben erst die graue Wildniss verlassen hatten, dass hoch oben im Gebirge der Schneesturm wüthete, oder dass das Frühlingsgrün, welches die californischen Küstenländer schmückt, lieblicher als anderes ist: genug ich glaubte nie etwas Schöneres gesehen zu haben. Der Himmel war trübe, die Gipfel der nahen Gebirge in einen undurchdringlichen Schleier gehüllt, unaufhörlich stürzte der Regen auf uns nieder, doch so nass auch die Decken um unsere Schultern hingen, so war uns unter denselben doch unaussprechlich wohl. Fröhliches Leben lachte uns aus jedem Keime, aus jeder aufspringenden Knospe entgegen. Alles schien sich in der milden Luft an dem fruchtbaren Frühlingsregen zu laben und kräftig emporzurichten, und wir sollten unmuthig werden da, wo die Natur ein stilles Fest zu feiern schien? Wir schüttelten das Wasser von unseren triefenden Decken und zogen die Strasse dahin, uns manchmal umschauend nach den Hügeln, hinter welchen Rauchsäulen emporstiegen und uns die Ansiedelungen der Mormonen verriethen.

Die Mormonen*), die in neuester Zeit so sehr die Aufmerksamkeit der ganzen civilisirten Welt auf sich gezogen haben, sind eine Sekte, deren eigenthümliche Einrichtungen gewiss eine besondere Erwähnung und Beschreibung verdienen. Ihre gegenwärtige Hauptstadt und ihre Hauptansiedelungen befinden sich im Thale des grossen Salzsee's. Dieser liegt ziemlich in der Mitte zwischen den Ländern des Mississippi und Californien, westlich von den Staaten, wo die Menschen durch Betriebsamkeit und Geschäftssinn erreichen, was auf der anderen Seite auf gierige Weise dem goldhaltigen Boden entnommen wird. Die Thäler am grossen Salzsee sind ganz abgesondert von bewohnbaren Landstrichen; gegen Norden und Süden erstrecken sich unabsehbare wüste Regionen. Gegen Osten dehnt sich wie eine lange Scheidewand die Kette der Felsengebirge aus, während im Westen Sandsteppen mit dürren Gebirgszügen abwechseln und eine feste Mauer bilden, wie die Rocky Mountains auf der anderen Seite. Das Land der Mormonen wird auch das grosse Becken *(great basin)* genannt, da aus dieser Region jenseits der Rocky Mountains das Wasser nicht abfliesst. Dieses grosse Becken ist das Hochland (4000 Fuss über dem Meeresspiegel) zwischen der Sierra Nevada und der Wahsatch-Gebirgskette. Es besteht eigentlich aus einer Wüste mit einigen fruchtbaren Streifen an dem Fusse der Höhen. Grösstentheils ist das Gebiet gebirgig, indem Bergketten von 2 bis 3000 Fuss Höhe, meist mit den Rocky Mountains parallel laufend, das Land durchziehen; in dem östlichen Theile des nach jeder Richtung etwa 500 Meilen breiten Landes haben sich die Mormonen angesiedelt. Man kann nicht sagen, dass dieses Volk in seinen jetzigen Territorien sehr von der Natur begünstigt wäre, indem nur spärlich gutes Wasser dort vorhanden ist, das Holz fast ganz mangelt, und gute Weiden nur an den Abhängen der Gebirge und in den Niederungen zu finden sind. Doch die Thäler an den Flüssen, die kultivirt werden können, sind sehr fruchtbar, und es ist kaum anzunehmen, dass für's Erste das Land mit so vielen Bewohnern bevölkert werden wird, als es ernähren kann.

Der Glaube dieser Sekte nun, die mit so ungeheuren Anstrengungen und Opfern darauf hinarbeitet, ihre Religion über den ganzen Erdball zu verbreiten, ist begründet auf der unerschütterlichen Ueberzeugung, dass alle christlichen Sekten auf Wegen wandeln, die nicht zum Himmelreiche führen und dass dieses nur den Anhängern der

*) Ich gebe hier eine kurze Beschreibung des Mormonenthumes, zusammengestellt aus Notizen, welche ich dem Report vom Capitain Howard Stansbury, vom Jahre 1852 und der Abhandlung des von den Indianern später erschlagenen Capitain Gunnison über das Mormonenthum, ebenfalls aus dem Jahre 1852, entnommen, und mit meinen eigenen im Jahre 1852 unter den Mormonen am oberen Missouri gesammelten Erfahrungen in Verbindung gebracht habe. Absichtlich vermeide ich es, die neuesten Vorgänge am Salzsee, so wie die politische Stellung der Mormonen gegenüber den Vereinigten Staaten zu berühren, indem es schwierig ist, bei den sich häufig widersprechenden und wegen der grossen Entfernung wenig begründeten Nachrichten sich ein klares Bild zu schaffen. So viel ist indessen erwiesen, dass das Gouvernement der Vereinigten Staaten gegen diese eigenthümliche Sekte mit grösster Nachsicht und gewohnter Liberalität verfährt.

»Melchisedek-Priesterschaft« zu Theil werden könne. Diese wurde nach der Versicherung der Mormonen vor achtzehnhundert Jahren von der Erde entfernt, seit welcher Zeit keine wirklich wahre Religion existirt hat, bis im Jahre 1826 dem Gründer des Mormonenthums, Joseph Smith, ein Engel erschien, und ihn in der Wahrheit unterrichtete, indem er ihn an eine Stelle führte, wo eine steinerne Kiste vergraben lag. In dieser befanden sich goldene Tafeln, auf welchen in der von ihm so benannten reformirten ägyptischen Sprache Gesetze geschrieben standen. Der Engel nahm eine Anzahl der religiösen Anweisungen aus der Kiste und übergab sie Joseph Smith, ertheilte ihm aber auch zugleich die Kraft, das, was auf den Tafeln eingegraben war, zu lesen und zu verstehen. Joseph Smith übersetzte nun die wunderbare Schrift und veröffentlichte sie unter dem Namen: »Das Buch Mormon.« Er wurde dann auf göttlichem Wege der Melchisedek-Priesterschaft einverleibt und erhielt die Fähigkeit, alle Sprachen zu verstehen. Er und seine Gefährten wurden ebenso als Apostel eingesetzt, um das Evangelium zu predigen und unter den Völkern die »Kirche Jesu Christi der neuen Heiligen *(the latter day saints)*« zu gründen. Im Jahre 1830 wurde diese Kirche zuerst organisirt, indem sechs Mitglieder zusammentraten, deren Nachfolger und Schüler in kurzer Zeit zu einer Gesellschaft von vielen Tausenden anwuchsen. — Die Mormonen erklären, dass die Bibel der Protestanten göttlichen Ursprungs sei, doch versichern sie zugleich, es sei so viel in derselben verändert und verdorben worden, dass eine neue Uebersetzung nöthig gewesen, welche ihr Prophet ausführte. Von dem Buch Mormon glaubten sie ebenfalls, es komme von Gott und sei ebenso, wie die heilige Schrift, massgebend für das Bekenntniss. Sie glauben streng an Wunder und dass die Aeltesten der Kirche Kranke durch Auflegen der Hände zu heilen im Stande seien. Die Art ihres Gottesdienstes ist ähnlich dem der Protestanten, indem gepredigt und gesungen wird. Eine Musikbande befindet sich hinter den Sängern, begleitet die Lieder und spielt zu Anfang und zum Schluss des Gottesdienstes.

Die häuslichen Einrichtungen der Mormonen sind unendlich weit verschieden von denen jeder anderen christlichen Sekte, und dies bewirkt vor Allem das System der »geistigen Ehe« *(spiritual wife system)*. Als man die Mormonen aus Illinois vertrieb, wurde Vielweiberei als eine der Hauptklagen gegen sie angeführt, damals indessen streng von ihnen abgestritten. Doch ist es längst erwiesen, und es wird jetzt auch kein Geheimniss mehr daraus gemacht, dass Polygamie bei ihnen herrscht. Selbst die Prediger erklären öffentlich von der Kanzel, dass es ihnen frei stände, sich 1000 Weiber zu nehmen, wenn es ihnen beliebte, und sie fordern Jeden auf, aus der Bibel das Gegentheil zu beweisen. Joseph Smiths Ansichten über die Polygamie sind wahrscheinlich nie veröffentlicht worden, doch machte er seinen Anhängern bekannt, er habe, so wie diejenigen, die er für würdig hielte, ähnlich den alten Heiligen, David, Salomon und Jacob den Vorzug, so viele Weiber zu nehmen, wie sie zu erhalten im Stande wären, um ein heiliges Haus für den Dienst des Herrn zu gründen. Sie geben zu, dass in dem

Buche Mormon vorgeschrieben ist, jeder Mann solle ein Weib und jede Frau nur einen Mann haben; da nun das Wort »nur« bei den Frauen allein angewendet ist, so bleibt dem Mann natürlich die Vielweiberei gestattet, und sie erklären, dass die Principien dieser Einrichtung durchaus rein und heilig seien. Sie behaupten sogar, dass Jesus Christus drei Frauen gehabt habe, nämlich Maria, Martha und die andere Maria, die er liebte und dass er alle auf der Hochzeit zu Kana geheirathet habe *). Wenn ein verheiratheter Mann sich eine zweite Gehülfin zu nehmen wünscht, so muss er sich, nachdem er mit dem Mädchen und deren Eltern einig geworden, auch noch die Erlaubniss des Oberherrn oder Präsidenten einholen. Die Frau wird ihm alsdann feierlich »angesiegelt *(sealed)*« und steht fortan in jeder Beziehung in demselben Rang mit der ersten Frau ihres Gatten. Solche Ehe halten die Mormonen für eine durchaus tugendhafte und ehrenvolle, und alle nachfolgenden Gattinnen behalten dieselbe Stellung in der Gesellschaft, als wenn sie die zuerst Erwählte wären. Ueberhaupt erklären die Mormonen solche Ehebündnisse für fester und bindender, als die aller anderen Religionen und Sekten, um so mehr, als nach ihrem Dafürhalten das künftige Leben sowohl hinsichtlich des Mannes als der Frau in enger Beziehung mit den ehelichen Verhältnissen in dieser Welt steht; denn ihre Kirche lehrt, dass ein Weib ohne einen Gatten eben so wenig zu den himmlischen Freuden gelangen kann, als ein Mann, der nicht im Besitze von wenigstens einer Frau ist, und der Grad der Seligkeit des Letzteren hängt mit von der Zahl der Frauen ab, die ihm auf Erden angehört haben. — Jeder Gedanke an Sinnlichkeit, als Grund zu solchen Bündnissen, wird streng verworfen, indem das Hauptaugenmerk Aller ist, so schnell wie möglich eine heilige Generation zu gründen, die das Königreich des Herrn auf Erden bauen soll.

Da das Oberhaupt oder der Präsident der Kirche allein die Macht hat, solche Ehen zu gestatten oder auch wieder aufzulösen, so lässt es sich leicht denken, welchen ungeheuren Einfluss diese Macht dem geben muss, der sie in Händen hält, und welche Umsicht und Weisheit von dem erfordert wird, der als vertrauter Rathgeber der Familien, als kirchliches und politisches Oberhaupt der Gemeinde gegenübersteht. Jede unverheirathete Frau hat ferner ein Recht, im Falle sie vernachlässigt oder vergessen wird, zu ihrem Seelenheil einen Gatten zu fordern; der Präsident muss in diesem Falle auf die eine oder andere Weise für sie sorgen und hat sogar das Recht, jeden beliebigen Mann, den er für passend erachtet, zu der Heirath zu zwingen, so wie jeder Mann verpflichtet ist, die Seele einer Frau, die ihm angeboten wird, durch eine Heirath zu retten. Mancherlei sind die Eigenthümlichkeiten des Mormonenthumes; doch beabsichtige ich nicht, hier eine theologische Abhandlung über die verschiedenen religiösen Ansichten und Gebräuche zu schreiben, ich versuche nur, diejenigen Punkte hervorzu-

*) *The Mormons or latter day saints in the valley of the great Salt Lake*, by J. W. Gunnison, pag. 68.

heben, die so gänzlich im Widerspruche mit allem stehen, was man jetzt von der christlichen Religion kennt.

Was nun die weltliche Stellung der Mormonen betrifft, sollte man denken, dass in einem Hausstande, in welchem sich bis zu dreissig Frauen befinden, fortwährend Hader und Zank herrschen müsste; doch ganz im Gegentheil waltet in den meisten Häusern Friede, Eintracht und schwesterliche Zuneigung unter den Gefährtinnen, und im geselligen Verkehre der verschiedenen Familien herrscht eine Fröhlichkeit, die an Ausgelassenheit grenzt. Manchem jungen Mädchen mag es indessen einige Ueberwindung kosten, vielleicht die zwei und dreissigste Frau eines Mannes zu werden, so wie es in mancher jungen Frau, die so lange die einzige Gefährtin ihres Gatten war, traurige Gefühle erwecken muss, wenn sie von Zeit zu Zeit von einer neuen Hochzeit ihres Gemahls in Kenntniss gesetzt wird.

Der Eifer der Mormonen, ihre Sekte zu vergrössern, hat schon alle Länder mit ihren Missionairen angefüllt, und von allen Seiten strömen Bekehrte und Bekenner der neuen Religion dem Salzsee zu, «wo die Quelle der Wahrheit von den Lippen der Propheten Gottes fliesst, und nur die Heiligen die wahre Freiheit geniessen können.» Ein bedeutender, fortwährend wachsender Fond ist von den Mormonen angelegt worden und unter dem Namen: «immerwährender Auswanderungs-Fond» nur dazu bestimmt, den nach dem Salzsee Wandernden die Reise und später die Ansiedelung zu erleichtern. Von allen Welttheilen fliessen Beiträge in diese Kassen, indem gelehrt wird, dass das Unterstützen armer Brüder so gut ist, wie die Taufe nach Ablegung aller Sünden. Und so scheinen denn die Ansiedelungen der Mormonen im fernen Westen zu blühen und sich immer mehr auszubreiten. Wie lange das Utah-Territorium, welches unter vielen Mängeln auch der Landplage der Heuschrecken ausgesetzt ist, das Asyl der Mormonen bleiben wird, kann erst die Zeit lehren. Was an der eigenthümlichen Religion zu billigen oder zu verdammen ist, werden die Theologen aller Sekten gewiss längst entschieden haben; der Laie aber, der ein andächtiger Verehrer der Natur und ihrer weisen Gesetze ist, missbilligt Alles, was gegen diese verstösst und bildet sich seine eigenen Ansichten über jede Religion, die neben ihrem eigenen Glauben keinen anderen als seligmachend anerkennt.

Die Geschichte des Mormonenthums seit seiner Gründung bis zur jetzigen Zeit ist mit wenigen Worten erzählt. In den Jahren 1831 bis 1832 wurde im Staate Missouri nicht weit von der Stadt Independence von den Mormonen unter der Leitung des Joseph Smith die Stelle zum neuen Jerusalem ausgewählt und die Stadt Zion gegründet. Hier nun, an den äussersten Grenzen der Civilisation glaubten sie ungestört wohnen und die in ihrer Nachbarschaft lebenden damals noch sehr wenigen Ansiedler leicht bekehren zu können. Zwei Jahre verbrachten sie dort in Frieden, als die Bevölkerung der Provinz Jackson sich zusammenrottete und die Mormonen vertrieb, die ihre Zuflucht in der Provinz Clay suchten, doch nur um von dort nach Caldwell im Staate Missouri verdrängt zu werden. Die Zahl der Mormonen nahm indessen mit jedem Tage zu, so dass sie sich bald stark genug glaubten, sich ferneren Unterdrückungen widersetzen zu können. Als sie abermals verjagt wurden, wobei es schon zu ernstlichen Kämpfen kam, zogen sie nach Illinois und fanden dort am Ufer des Mississippi eine vorläufige Ruhe. Sie gründeten daselbst die Stadt Nauvoo und erbauten einen prachtvollen Tempel. Bei der Eigenthümlichkeit ihrer Religion war es vorherzusehen, dass sie nicht lange mit ihren Nachbarn in Frieden würden leben können und im Jahre 1841 bis 42 gab die Vielweiberei, deren Existenz damals erst ruchbar geworden war, den ersten Anstoss zu Anfeindungen. Immer neue Verbrechen, vom Diebstahl bis zum Mord, wurden (ob mit Recht oder Unrecht, ist nicht erwiesen) den Mormonen zur Last gelegt, bis endlich die Feindseligkeiten wieder ausbrachen, und damit endigten, dass der Prophet Joseph und sein Bruder Hyrum erschossen und Nauvoo niedergebrannt wurde. Brigham Young wurde darauf von den Mormonen zum Präsidenten gewählt, und unter seiner Führung zogen sie an den oberen Missouri, 20 Meilen oberhalb der Mündung des Platte River, wo sie sich dann abermals ansiedelten, zugleich aber ihre besten Jäger ausschickten, um das Land in allen Richtungen durchforschen zu lassen. Im Jahre 1847 begaben sich 143 ihrer Männer vom Missouri aus auf den Weg gegen Westen; ihnen folgte in kleinen Abtheilungen die ganze Gemeinde nach, und so erreichten sie denn endlich nach einer mühevollen Fahrt den grossen Salzsee, wo sie ihr Reich zu gründen beschlossen. Das Land wurde eingesegnet, der Plan zu einer Stadt entworfen und bald entstanden unter den Händen der Mormonen, obgleich sie durch Hungersnoth und Krankheit vielfach heimgesucht wurden, blühende Ansiedelungen, die sich um so schneller hoben, als Tausende und aber Tausende von Bekehrten den ersten Ansiedlern nachfolgten und bald ein Reich bilden halfen, über welches Brigham Young unter dem Namen eines Gouverneurs des Utah-Territoriums herrscht.

Um den neuen Bekennern und Anhängern ihres Glaubens den Weg nach dem Salzsee zu erleichtern, haben die Mormonen kleine Ansiedelungen am San Bernardino-Fluss gegründet. Die Emigranten können nunmehr, anstatt die mühevolle Reise durch die Prairien und die Rocky Mountains zurückzulegen, über Panama nach San Diego gehen, von wo aus sie nur eine kurze Strecke bis zu ihren Glaubensgenossen am San Bernardino-Gebirge haben, die sie dann mit Rath und Mitteln zu ihrer weiteren Reise nach dem grossen Salzsee unterstützen. So suchen die Mormonen auch nach aussen zu wirken, während sie zugleich ihre inneren bürgerlichen und staatlichen Verhältnisse ordnen und Gesetze schaffen, die mit ihren Ansichten im Einklang stehen. Schulen und Universitäten werden gegründet, Fabriken jeder Art erbaut, Ackerbau und Viehzucht im grossen Massstabe betrieben und ganz darauf hin gearbeitet, die Mormonen unabhängig von dem Verkehre mit anderen Völkern zu machen, obgleich sie sich Amerikaner nennen, und das Gouvernement von Washington anerkennen.

Ihre Regierungsform ist die einer Republik mit einer freien liberalen Constitution und ihr Criminalcodex ihrer eigenthümlichen Stellung und ihren Ansichten angemessen.

Dies ist ein oberflächliches Bild von der Geschichte und der Einrichtungen der Mormonen, deren Ansiedelungen wir in der Ferne wahrnahmen, als wir unsere Strasse im San Bernardino-Thale verfolgten.

XXXVI.

Die californischen Rancheros. — Gewandtheit der californischen Reiter. — Lager am San Gabriel Creek. — Die Mission San Gabriel. — Ueber das Missionswesen in Californien. — Ankunft der Expedition in Pueblo de los Angeles. — Verkauf der Maulthiere und der Reiseutensilien. — Abenteuerliche Fahrt nach dem Hafen von San Pedro. — Ankunft an der Südsee.

Weit vor uns konnten wir auf einer Anschwellung der Ebene ein weiss schimmerndes Gebäude durch den fallenden Regen hindurch erkennen, in dessen Nähe wir die Nacht zuzubringen beschlossen. Oftmals wurden wir auf unserem Wege von Bächen aufgehalten, die, aus dem Gebirge kommend, wild schäumend dem Ocean zueilten, und zwar mit einer solchen Gewalt, dass unsere Thiere beim Durchwaten kaum derselben zu widerstehen vermochten und nur mit Mühe sich am jenseitigen Ufer hinaufarbeiteten. Meile auf Meile legten wir zurück; manche prächtige Viehheerde lagerte zu beiden Seiten unseres Weges, von der Wohlhabenheit der dortigen Grundbesitzer zeugend und die grüne Landschaft freundlich belebend. Ehe wir noch das auf dem Hügel liegende weisse Gebäude erreichten, kamen wir an einem Weinberge und bald darauf an niedrigen Hütten vorbei. Ein stark angeschwollener Giessbach trennte uns von dem Hügel und so beschlossen wir, da der Abend sich schon einstellte, in der Nähe des ersten Gebäudes zu übernachten. In der Hoffnung, unter einem gastlichen Dache Schutz gegen das Wetter zu finden, hatten wir uns getäuscht; denn einestheils widerte uns das unsaubere Innere des Hauses an, dann aber auch schienen die ebenso unsauberen Bewohner desselben gar nicht geneigt uns aufzunehmen. In diesem schönen Lande, wo wir nur auf den üppigsten Wohlstand zu stossen glaubten, war uns eine solche Erscheinung unerwartet genug, doch als wir später die näheren Verhältnisse kennen lernten, wunderten wir uns nicht weiter über diesen Mangel an Gastfreundschaft. Der Weinberg gehörte nämlich einem entfernt lebenden Californier, der, um denselben nicht ohne Aufsicht zu lassen, die jetzigen Bewohner, die in bitterer Armuth lebten, in die roh gezimmerte Hütte gelegt hatte. Ausserdem befanden sich noch drei oder vier indianische Hütten in der Nähe, die sich wie ebenso viele kleine Heuschober ausnahmen. Die in denselben lebenden Indianer nannten sich Kawias und waren eine kleine unan-

56*

sehnliche Raçe von Menschen, die in den wenigen zerrissenen Kleidungsstücken ein wahres Bild des Elendes zeigten. Diese Indianer schienen eine Art von Leibeigenen zu sein, die für wenige und sehr schlechte Lebensmittel verpflichtet waren, den nahen Weinberg zu bestellen und sonstige Arbeiten für seinen Besitzer auszuführen. Unsere wirklich kümmerlichen Lager breiteten wir also auf dem vom Regen aufgeweichten Boden aus, selbst eines guten Feuers konnten wir uns nicht erfreuen, indem die Indianer kein Stückchen trockenen Holzes in der Nähe hatten liegen lassen, und wenn uns nicht der Giessbach einige dürre Bäume und Zweige aus dem Gebirge zugeführt hätte, so würden wir Schwierigkeiten gefunden haben, uns ein einfaches Abendbrod zu verschaffen. Es hatte unterdessen zu regnen aufgehört und wenn uns auch am folgenden Morgen nicht klares Wetter begünstigte, so war die Luft doch trocken, so dass wir unsere nassen Decken und übrigen Sachen zum Trocknen ausbreiten konnten. Den ganzen Tag verwendeten wir hierzu und erfreuten uns am Abend wieder eines vollkommen trockenen, bequemen Lagers. — Mr. Leroux, der vor Jahren diese Gegend besuchte, hatte uns am vorhergehenden Tage schon mitgetheilt, dass nicht weit von unserer Strasse eine Señorita wohne, die lange ein Gegenstand seiner besonderen Verehrung gewesen sei, und dass er beabsichtige, ihr einen Besuch abzustatten, um sich zu überzeugen, ob sie schon sehr gealtert habe. Seinen Vorsatz führte er aus und ritt am 18. März in aller Frühe von uns, mit dem Versprechen, am folgenden Tage wieder zu uns zu stossen. Er hielt Wort; denn wenige Meilen waren wir erst am nächsten Morgen von unserer Lagerstelle entfernt, als Leroux quer über die Wiesen kommend, sich wieder zu uns gesellte und uns mit fröhlichem Gesichte zurief: »Ich muss mich doch nicht sehr verändert haben, denn sie erkannte mich auf den ersten Blick wieder. So ist es aber mit diesen alten Jägern und Trappern des Westens: sie legen Tausende von Meilen durch die öden Wüsten zurück, und erreichen sie dann nach mühevoller Reise die Ansiedelungen, gleichviel unter welchem Breiten- und Längengrade, so sind sie fast immer in früherer Zeit schon dort gewesen, und eilen dann hierhin und dorthin, um alte Bekannte aufzusuchen, ein Stündchen mit ihnen zu verplaudern und vielleicht auf ewig wieder von ihnen Abschied zu nehmen.« Heller klarer Sonnenschein ruhte an diesem Tage auf der grasigen Ebene und Nebelwolken verhüllten halb die weissen Kuppen der nahen Gebirge. Immer zahlreicher wurden die Heerden, welche die sammetweiche Fläche belebten und sich gemächlich auf dem Rasen dehnten oder in dichten Massen einherschritten. In der Ferne erblickten wir von Bäumen umgeben die Gehöfte, auf welchen die freien californischen Ansiedler residiren. Menschen sahen wir nur wenige; einzelne Reiter, die unseren Zug von Ferne wahrgenommen hatten, kamen mitunter auf ihren muthigen Rossen herangesprengt, um ihre Neugierde zu befriedigen, und wir wussten dann nicht, ob wir uns mehr über die prachtvollen starken Pferde oder über die anmuthig im schweren aber bequemen spanischen Sattel sitzenden bärtigen Californier freuen sollten, in deren Zügen der andalusische Typus nicht zu verkennen war. Anzug und Zaumzeug verriethen bei den meisten mehr als blosse Wohlhabenheit, und, sich ihrer Unabhängigkeit sichtlich bewusst, sprengten sie auf ihren stolzen Rennern dahin. — Seit der Zeit, dass Californien wirklich zum Goldlande geworden, hat sich auch der Vermögenszustand der dortigen **Rancheros** (Ackerbau und Viehzucht treibender Landbewohner) die oft einen Flächenraum von vielen Quadratmeilen ihr Eigenthum nennen, bedeutend gehoben und ist bei vielen zum unermesslichen Reichthum herangewachsen. Sie fanden nämlich in dem Markte von San Francisco die Stelle, wo sie ihre zahllosen Heerden verwerthen und in Gold umsetzen konnten, während in früheren Jahren die Häute des Rindviehes der einzige Artikel war, der ihnen Vortheil brachte. Es landeten auch zu damaliger Zeit in den benachbarten Häfen nur Schiffe, die für die mitgebrachten Waaren Ladungen von Häuten mit zurücknahmen. Leroux erzählte uns, dass, als er früher dort reiste, es Jedem erlaubt war, so viele Ochsen zu tödten, wie er Lust hatte, um sich mit Fleischproviant zu versehen, doch verstand es sich dabei von selbst, dass jedesmal die Haut des geschlachteten Thieres dem Eigenthümer hingebracht werden musste. Jetzt ist es freilich anders; wollte sich Jemand herausnehmen einen Stier zu tödten, so würde er bald die Mündung einer Pistole oder die blanke Klinge eines Bowiemessers nebst einer freundschaftlichen Aufforderung, das getödtete Stück Vieh mit einem sehr guten Preise zu bezahlen, zu sehen bekommen. Da kein Zaun, keine Einfriedigung die verschiedenen Besitzungen von einander scheidet und das Vieh wild unter einander läuft, so sollte man denken, dass das Sondern der Heerden verschiedener Herren zu manchem Streit Veranlassung geben müsste; doch ist dieses nicht der Fall, denn es wird wohlweislich dafür gesorgt, dass jedes Thier, Pferd, Maulesel oder Rind das Brandzeichen seines Herren trägt. Mehrere Male im Jahre schickt der Ranchero seine Arrieros (mit Lassos versehene Reiter) aus, um seine Heerden revidiren und die neu hinzugekommenen Stücke brennen oder zeichnen zu lassen. Von diesen Leuten, deren Gewandtheit im Reiten so wie im Werfen des Lassos an's Unglaubliche grenzt, genügen zwei, um den wildesten Stier oder das unbändigste Pferd zu Boden zu werfen und zu fesseln. Es versteht sich von selbst, dass die Arrieros die besten Pferde erhalten, welche noch ganz besonders zu ihrem Dienste abgerichtet sind. Auf diesen nun reiten sie dem einzufangenden Thiere nach; der Eine sucht auf die rechte Seite desselben zu gelangen, während der Andere etwas weiter zurück auf der linken Seite folgt. Beide bleiben ungefähr 25 bis 30 Fuss von dem Thiere entfernt, behalten einander fortwährend im Auge und lassen mit der rechten Hand die lange Leine, an deren Ende sich eine Schlinge befindet, über dem Kopfe kreisen. In dem Augenblicke, in welchem der Reiter zur Rechten dem fliehenden Pferde oder Rinde die Schlinge um den Kopf wirft, legt sich die Schleife des Anderen um den linken Hinterfuss des Flüchtlings, worauf Beide nach entgegengesetzten Richtungen treiben und ihr Opfer augenblicklich zum Stehen bringen oder zu Boden werfen. Die Leinen sind am Sattelknopf befestigt und da die Sättel so construirt sind, dass sie nicht auf die Seite gerissen werden können, die wohl dressirten Pferde aber mauerfest stehen und sich mit ihrer ganzen Schwere auf die Seite lehnen, so dass die Leine immer straff gespannt bleibt, so können die Reiter ruhig absteigen, zu dem gefesselten Thiere hingehen und mit ihm beginnen, was ihnen beliebt. Oftmals sah ich mit Bewunderung auf diese Leute und glaubte meinen Augen nicht trauen zu dürfen, wenn ich sie mit erstaunlicher Sicherheit im vollen Laufe den Lasso um den Fuss eines Pferdes werfen sah. Man kann sich indessen erklären, auf welche Weise die Californier eine solche Gewandtheit erlangen, wenn man auf den Höfen die kleinen Knaben beobachtet, wie sie mit Leinen, die ihren Kräften angemessen sind, sich im Hühnerfangen üben. Die Sicherheit jener Leute ist so gross, dass sie sich sogar nicht scheuen, wenn ihrer Mehrere beisammen sind, den riesenhaften californischen wilden Gebirgsbären anzugreifen. Schlinge auf Schlinge schleudern sie dann auf den grimmigen Feind ein; so wie er nur seine unförmliche Tatze vom Boden hebt, sitzt dieselbe auch schon in einer Schleife, die sich unzerreissbar fest zusammenschnürt, und ehe der Bär zur Besinnung gekommen, befindet er sich fest in einen Knäuel zusammengeballt auf einem Wagen, um entweder an Liebhaber verkauft oder zum Kampfe mit einem wilden Stier mit zugespitzten Hörnern verwendet zu werden. Letzteres ist ein Schauspiel, welches in Californien an der Tagesordnung ist, und den Unternehmern desselben gewöhnlich viel Geld einbringt; denn die Californier sind einestheils besondere Liebhaber von dergleichen grausamen Spielen, dann aber auch von dem saftigen Bärenfleisch selbst, welches, wenn der Bär unterliegt, dadurch nicht im Geringsten an Werth verliert.

Wir rasteten um Mittag einige Stunden, liessen uns unser einfaches Mahl am sonnigen Abhange eines grünen Hügels vortrefflich schmecken und setzten dann unsere Reise wieder fort. Immer häufiger wurden abgesonderte Ansiedelungen und zusammenhängende Dörfer in der Ferne sichtbar, und zahlreicher die prachtvollen Heerden, welche die blumigen Wiesen belebten. Nur selten wurde die grasige Ebene von Cactusfeldern unterbrochen, wo dann die dicht zusammengedrängt wuchernden Pflanzen weite Flächen bedeckten, in welchen Wölfe und Luchse verstohlen in ihren Pfaden schlichen, denen kein Mensch zu folgen vermochte. Bis lange nach Sonnenuntergang reisten wir an diesem Tage und hielten dann an einem kleinen Flusse, dem San Gabriel Creek an, den wir zu überschreiten hatten. Einige Gebäude lagen dicht an der Strasse, doch waren die Bewohner derselben schon zur Ruhe gegangen oder schienen sich vielmehr um unsere Gegenwart nicht zu kümmern. Durch einzelne Vorbeireisende hatten wir erfahren, dass wir am folgenden Tage das Ziel unserer Reise erreichen würden; es ist daher leicht erklärlich, dass eine fröhliche Unruhe sich unser Aller bemächtigte und wir kaum den Anbruch des Tages erwarten konnten.

Das schönste Frühlingswetter begünstigte uns an diesem letzten Tage unserer Reise. Wir zogen schon in aller Frühe durch den Fluss und befanden uns dann auf der Strecke von einigen Meilen fortwährend zwischen Ansiedelungen, Gärten und bebauten

Feldern. Am Ende der Dorfschaft lag wieder die schöne grüne Fläche vor uns, die im Westen in der Entfernung von 4 Meilen von einer langen Hügelreihe begrenzt wurde. Wir ritten in gerader Richtung über die Ebene und liessen die Mission San Gabriel zu unserer Rechten liegen.

Diese ist ein sehr umfangreiches Gebäude, welches durch die vielen Fenster, den weissen Anstrich und die um dasselbe angelegten Gärten, durch Mauern und kleinere Baulichkeiten von dem früheren ausserordentlichen Wohlstande der Missionaire zeugt. Sie hat eine schöne, zugleich aber auch vortheilhafte Lage in dem fruchtbaren Thale, durch welches zahlreiche Quellen rieseln, und wo die Abhänge des benachbarten Gebirges ihr einen unerschöpflichen Reichthum an Holz bieten. Unter solchen Umständen ist es leicht erklärlich, dass die Mission San Gabriel so aufblühte und unglaubliche Schätze anhäufte. Authentischen Nachrichten zufolge sollen in einem Jahre von der Mission 50,000 Rinder mit ihrem Brandzeichen versehen, 3000 Fässer Wein und über 250,000 Scheffel Korn gewonnen worden sein. Sie liess ferner im nahen Walde eine Brigantine bauen, stückweise nach dem Hafen von San Pedro bringen und dort von Stapel laufen. 5000 Indianer gehörten damals zur Mission und waren beständig um dieselbe versammelt. Dieselben sollen mässige nüchterne Menschen gewesen sein, die für ihre Dienstleistungen von den frommen Vätern erhalten und gekleidet wurden und sich überhaupt in einem Zustand des Glückes befanden, wie es nach den Begriffen eines Indianers nur immer möglich ist. Sie bildeten gewissermassen eine grosse Familie, deren gesellschaftliche, religiöse und politische Häupter die Missionaire waren. Hierdurch begann die so niedrigstehende Raçe der californischen Eingebornen die ersten Grundsätze eines civilisirten Lebens kennen und schätzen zu lernen; sie gewöhnten sich an die Gebräuche der Weissen, sie schlossen Ehen, die in der Kirche eingesegnet wurden; die jungen Mädchen, wenn sie ein gewisses Alter erreicht hatten, wurden von der übrigen Bevölkerung getrennt, in weiblichen Handarbeiten unterrichtet, und erst als verheirathete Frauen durften sie sich wieder unter die übrige Bevölkerung mischen. Wenn man gegenwärtig die dortigen Indianer in ihrem gesunkenen Zustande beobachtet, wie die branntweingierigen Männer durch Dieberei ihr Leben zu fristen suchen und die Weiber wieder zu Sklavinnen der Männer herabgewürdigt worden sind, so kann man nicht umhin zu wünschen, dass die Mission sich noch in dem alten blühenden Zustande befinden möchte, anstatt dass jetzt ihre Mauern und Dächer allmälig in Trümmer zerfallen, und nur ein Theil derselben zum Aufenthalt einiger dort wohnender katholischer Geistlicher dient.

Die Missionen Californiens, deren erste um die Mitte des vorigen Jahrhunderts gegründet wurde und deren Zahl bis zum Jahre 1800 bis auf sechszehn angewachsen war, befanden sich in der vollsten Blüthe nur während eines kurzen Zeitraums von ungefähr 30 Jahren. Alle früheren Jahre waren für die Gründer derselben sowohl als für deren Arbeiten eine Zeit fortwährenden Kampfes mit den Verhältnissen des Landes und dem geringen Kulturzustande der Eingebornen, wenn auch hin und wieder die älteren Missionen an Ausdehnung gewannen, und Ueberfluss und Behaglichkeit in ihren Mauern einzog, deren Segen die ganze Umgebung wohlthätig empfand. Im vollen Genuss der Früchte, zu welchen die energischen Missionaire Padre Kino, Salvatierra und Ugarte mit heldenmüthiger Aufopferung den Saamen streuten, blieben die californischen Missionen vom Ende des vorigen Jahrhunderts bis zum Jahre 1833, während welcher Zeit noch drei neue gegründet wurden. Jede Mission bildete damals gewissermassen ein kleines Reich, in welchem die frommen Väter streng, aber friedlich regierten, die wilden Eingeborenen des Landes allmälig zu ihren Unterthanen machten, und dadurch immer fester an sich ketteten, dass sie dieselben gewöhnten, sich leiten zu lassen, ihnen aber zugleich die Schätze zu Gute kommen liessen, welche sie selbst durch gute Haushaltung, besonders aber durch kluge Verwendung und Eintheilung der ihnen zu Gebote stehenden und immer noch wachsenden Kräfte nothwendiger Weise anhäufen mussten. Dass üppiges Wohlleben bei den frommen Vätern einzog, war eine natürliche Folge ihrer glücklichen Stellung, doch betrat nie ein Wanderer ihre Schwelle, der nicht mit der grössten Gastfreundschaft aufgenommen und bewirthet worden wäre, und dem es beim Abschiede nicht frei gestanden hätte, für sein ermüdetes Reitpferd ein anderes aus den in den Ebenen grasenden Heerden auszusuchen. Der Einfluss der Missionaire musste durch solches Verfahren natürlich zunehmen, so dass zuletzt der Handel des ganzen Landes mit anderen Nationen in ihre Hände überging und ihnen dadurch immer mehr Mittel erwuchsen, ihren Reichthum und ihr Ansehen zu vergrössern.

Im Jahre 1833 erhielt das Missionswesen Californiens den ersten Stoss, als das Gouvernement von Mexiko, eifersüchtig auf den grossen Einfluss der Geistlichen, die Missionen secularisiren und zu Staatseigenthum erklären liess. Durch ein Gesetz verloren alsdann die frommen Väter ihre weltliche Macht und das Verwaltungsrecht der umfangreichen Besitzthümer und behielten nur die Erlaubniss, als einfache Geistliche für das Seelenheil ihrer früheren Unterthanen zu sorgen, für welche Mühe sie von der Regierung besoldet wurden. Durch dieses Verfahren hatte das blühende Missionswesen Californiens plötzlich sein Ende erreicht; die Missionaire, nicht mehr Herren der von ihnen selbst getroffenen Einrichtungen, kümmerten sich von da ab nicht mehr um die Verwaltung derselben, und die Indianer, die dadurch ihre geduldigen Lehrer und deren, je nach Ermessen, strenge oder freundliche Aufmunterung verloren, verfielen bald wieder in ihre alten, aus dem Müssiggange entspringenden Fehler. Diese bilden jetzt den gesunkensten Theil der Bewohner Californiens und führen als solche ein elendes Dasein, theils als Räuber im Gebirge, theils als freiwillige träge Leibeigene der Rancheros. Als Californien den Vereinigten Staaten beitrat, ging das frühere Eigenthum der Missionen natürlich als Staatseigenthum in die Hände des amerikanischen Gouvernements über.

Einen traurigen Anblick gewähren die meisten einst so stolzen californischen Missionen, die jetzt vereinsamt und verödet dastehen. Ihre Mauern zerfallen in Trümmer, ihre Dächer stürzen ein, ihre Ställe sind leer, Unkraut wuchert wild verworren zwischen den Obstbäumen der einstmals wohlgepflegten Gärten, und lange wird es nicht mehr dauern, bis die Wogen des unaufhaltsam um sich greifenden Geschäftslebens in Californien über den Ruinen der alten Missionen zusammenschlagen und deren letzte Spuren verwischen werden.

Ehe wir die Hügelkette erreichten, zwischen welcher hindurch unser Weg führte, gelangten wir an einen umfangreichen See, an dessen Ufer sich eben einige neue Einwanderer niedergelassen hatten; es erhoben sich nämlich daselbst statt der Blockhäuser in holzreichen Gegenden weisse Zelte, so wie kleine Gärten, die mittels langer Streifen von Segelleinwand eingefriedigt waren, um die eben bestellten Anpflanzungen gegen den Andrang des in der Nähe weidenden Viehes zu schützen. Auf der Westseite der Hügel dehnte sich wieder die weite grüne Ebene vor uns aus, ohne indessen wie auf der Ostseite durch Hügel und Berge begrenzt zu werden. Der Weg war fest und gut, und die immer wachsende Anzahl der uns Begegnenden liess uns über die Nähe der Stadt keinen Zweifel mehr, obgleich wir nach keiner Richtung hin ein Anzeichen derselben gewahrten. Es war gegen Mittag, als der Weg und die Ebene sich plötzlich steil vor uns senkten und die reizend gelegene Stadt Pueblo de los Angeles vor uns lag. Mit einem lauten Hurrah wurde vom ganzen Personal das Ziel unserer Reise begrüsst und oben auf der Höhe, wo das Land wie ein schönes Bild ausgebreitet vor uns lag, schlugen wir zum letzten Male auf dieser Reise unser Lager auf. Wohl Mancher von unserer Gesellschaft, der in die belebten Strassen hinabblickte und überall die Zeichen einer vorgeschrittenen Civilisation bemerkte, mochte sein Aeusseres prüfen und beinahe etwas beschämt darüber sein, sich in einem solchen Aufzuge in das Leben und Treiben einer Stadt mischen zu müssen; doch war uns auch wieder ein Gefühl des Stolzes nicht fern, wenn wir unsere ganze Expedition betrachteten, wie die langbärtigen gebräunten Leute und die hagern, dahinschleichenden Thiere die Merkmale einer langen äusserst beschwerlichen Reise an sich trugen.

Elf Monate hatten wir ununterbrochen auf der Reise durch die Wildnisse zugebracht. Die dem civilisirten Leben eigenthümlichen Kleidungsstücke waren zu lauter Fetzen gerissen oder durch lederne Anzüge ersetzt worden, die freilich nicht so zerlöchert, aber doch vom Rauche der Lagerfeuer ganz geschwärzt waren. Die Füsse hatten die Meisten mit Lederstücken oder Mokkasins bedeckt, und nur selten war ein bis auf's Aeusserste abgetragener Stiefel zu erblicken; die runden Filzhüte hatten alle möglichen phantastischen Formen angenommen und klebten förmlich auf den wirren Haaren, die bei Vielen lang auf die Schultern herab gewachsen waren. Doch so wild und abschreckend unsere ganze Gesellschaft sich auch ausnehmen mochte, so glänzten doch die breiten Messer, die langen Büchsen und schweren Revolver, als wenn sie eben erst aus dem Zeughause gekommen wären und bewiesen dadurch deutlich, welchen Werth Jeder während der Reise auf seine Waffen gelegt hatte.

Am 20. März, also gleich nach unserer Ankunft, ging Lieutenant Whipple in die Stadt hinab, um sich mit den Ortsbehörden in Verbindung zu setzen, Erkundigungen einzuziehen und zu unserer Weiterreise von Pueblo de los Angeles die nöthigen Vorkehrungen zu treffen. Allwöchentlich landete in dem noch 25 Meilen entfernten Hafen von San Pedro ein Dampfboot, welches zwischen San Diego und San Francisco eine regelmässige Verbindung herstellte und auf seiner Fahrt die bedeutendsten Punkte an der Küste berührte. Am 24. März wurde ein von San Diego heraufkommendes Dampfboot in San Pedro erwartet; da sich dasselbe dort nur wenige Stunden aufhielt, so mussten wir uns mit dem Verkauf unserer Thiere beeilen, wenn wir überhaupt mit dieser Gelegenheit nach San Francisco kommen wollten. Es wurde deshalb in der Stadt selbst so wie in deren Umgegend schleunigst bekannt gemacht, dass am 23. März Auction über unsere sämmtlichen Maulthiere, deren Sättel und Zaumzeug, kurz über alle Sachen, die wir nicht mit uns führen konnten, abgehalten werden sollte. Die Zeit, die uns bis dahin blieb, benutzten wir, um unsere Sammlungen und Arbeiten zu ordnen und zu verpacken, doch wendeten wir auch Geld und Zeit darauf, unser Aeusseres wieder so herzustellen, dass wir uns unter civilisirten Menschen sehen lassen konnten und verbrachten zugleich manche Stunde in den Gasthöfen, wo wir unseren Körper nach den vielen Entbehrungen der Reise nach Herzenslust pflegten.

Die Stadt Los Angeles ist von Ländereien umgeben, die an Fruchtbarkeit nicht leicht übertroffen werden können. Die Zahl der Einwohner wechselt zwischen 2000 und 3000, je nachdem die zu ungünstigen Jahreszeiten von Francisco fortziehenden Menschen daselbst landen, oder nach dem Districte der Goldminen zurückkehren. In dem weiten wohlkultivirten Thale des kleinen Flüsschens Rio de los Angeles, an welchem die Stadt liegt, befinden sich zahlreiche Haciendas und Ranchos, die, von Frucht-, Obst- und Weingärten umgeben, dem Lande einen lieblichen Charakter verleihen. Der Wein wird dort auf die einfachste Art gekeltert, doch, nach dem Geschmack zu urtheilen, den er trotz der rohen Behandlung hat, muss ein ausgezeichneter Wein gewonnen werden können. Obschon Los Angeles seit der Entdeckung der Goldlager in Californien viel von seiner Bedeutung verloren hat, so war doch diese Stadt, die jetzt mehr den amerikanischen als den mexikanischen Charakter trägt, für uns, die wir eben die Wildniss verlassen hatten, ein wahres Eldorado, und dennoch fanden wir daselbst nur schmutzige Strassen und Häuser, denen es anzusehen war, dass ihre Besitzer nur wenig oder gar nichts auf das Aeussere derselben gaben.

Die Ankunft unserer Expedition, so wie das Project, eine Eisenbahn in Los Angeles münden zu lassen, schien das besondere Wohlgefallen der dortigen Besitzer zu erregen; mehr aber noch der Umstand, dass wir genöthigt waren uns ganz auf's Neue zu equipiren und unsere nunmehr für uns unbrauchbar gewordenen Reise-Utensilien so wie die Heerde zu jedem Preise zu verkaufen.

Am 23. März in aller Frühe schon waren Sachen, so wie Maulthiere (unser letztes Schaf hatten wir schon längst verzehrt), nach der Stadt geschafft worden, und Menschen aller Nationen hatten sich zusammengefunden, um Geschäfte zu treiben. Ein tüchtiger Mann, der es verstand, die Waaren in spanischer und englischer Sprache anzupreisen, war engagirt worden, um das Geschäft der Versteigerung zu leiten und den jedesmaligen Zuschlag zu ertheilen. Lange Zeit sah ich dem Treiben zu, wie unsere treuen Reisegefährten, die uns und unsere Sachen glücklich bis hierher getragen hatten, nun einzeln oder zu zweien und dreien losgeschlagen wurden. Sie befanden sich zwar nicht in einem solchen Zustande, dass sie die Kauflust der Leute noch hätten anregen können, doch wurden sie zu verhältnissmässig sehr hohen Preisen verkauft, indem man allgemein annahm, dass ein schlechtes Thier die Reise vom Arcansas schwerlich würde zurückgelegt haben, und die werthlosesten unterwegs längst zu Grunde gegangen seien. Zwei unserer jungen Leute, Mr. Sherburne und Mr. White, so wie Mr. Leroux und einige unserer mexikanischen Packknechte befanden sich ebenfalls unter den Bietenden. Auf die beiden zuerst genannten Herren hatte nämlich das schöne grüne Land, in welchem Wohlstand zu herrschen schien, einen solchen Eindruck gemacht, dass sie sich daselbst niederzulassen gedachten und auf die Rückreise nach Washington in unserer Gesellschaft verzichteten. Als ächte Amerikaner setzten sie sich leicht über die Unbequemlichkeiten hinweg, mit denen sie als angehende Rancheros in dem fremden Lande zu kämpfen haben mussten und gedachten nur der Früchte, die ihnen ein energisches Verfolgen ihrer Pläne tragen musste. Sie kauften also nicht nur Maulthiere und einzelne zu denselben gehörige Gegenstände, sondern auch das einzige uns gebliebene Zelt, so wie einige Küchengeräthschaften, worin für den Anfang ihre ganze Häuslichkeit bestehen sollte. Mr. Leroux beabsichtigte, als ächter Trapper den Weg, den er gekommen war, in Begleitung der ebenfalls heimkehrenden Mexikaner zurückzulegen; hartnäckig wies er unsere Aufforderung, mit uns die Seereise zu machen, von sich, indem er einfach sagte: »So lange ich auf dem Lande reisen kann, gehe ich nicht zur See; auf dem Lande weiss ich Bescheid, auf dem Wasser aber nicht.« Also auch er wie die Mexikaner kauften noch manches Thier, theils um auf bequeme Weise den langen Weg zurückzulegen, theils aber auch um mit denselben noch vortheilbringende Geschäfte treiben zu können. Gegen Mittag des 23. März besassen wir nichts mehr als unsere wohlverpackten Sammlungen, Instrumente und Journale, kurz, alle Resultate unserer Arbeiten.

Das letzte Thier war verkauft, der letzte Mexikaner abgelohnt, als wir die Nachricht erhielten, dass das zu erwartende Schraubendampfboot nicht am Abend, sondern am frühen Morgen des 24. März im Hafen von San Pedro eintreffen würde. An längeres Säumen war nun nicht mehr zu denken; schleunigst wurde durch das Post-

57*

amt in Los Angeles ein Wagen herbeigeschafft, auf welchen wir unsere sämmtlichen Sachen packten und vorweg nach San Pedro schickten, während wir selbst, durch manche kleine Umstände aufgehalten, erst gegen Abend aufzubrechen vermochten.

Noch einmal waren wir, mit Ausnahme der Offiziere, die nach San Diego gegangen waren, in der dem Postamte nahe gelegenen Trinkstube versammelt. Auch unseren guten Doctor BIGELOW vermissten wir; derselbe hatte es als ein eifriger Katholik nicht über's Herz bringen können, Los Angeles zu verlassen, ohne die 8 Meilen entfernte Mission San Gabriel besucht zu haben. Er war daher in Begleitung eines kleinen Mexikanerburschen am 22. März dorthin aufgebrochen: da er nun durch einen zurückgesendeten Boten von der früheren Ankunft des Dampfbootes vielleicht zu spät Nachricht erhalten konnte, so hatten wir uns schon Alle darein ergeben, ohne ihn nach San Francisco hinaufreisen zu müssen.

Zu der Freude, jetzt wieder in die Heimath zurückzukehren, gesellte sich auch etwas Wehmuth, als wir zum letzten Male mit den Zurückbleibenden anstiessen und ihnen Glück und guten Erfolg zu ihrem Entschlusse wünschten. Auch ihnen wurde der Abschied schwer, schwerer noch als uns; denn waren wir erst fort, so befand sich kein Freund mehr in ihrer Nähe, kein Freund, der herzlichen Antheil an ihrem Ergehen genommen hätte. Doch der den Amerikanern eigene Unternehmungsgeist, fortwährendes Sinnen und Trachten, sich eine mehr als unabhängige Stellung in der Gesellschaft zu erringen, gestatten wehmüthigen Gefühlen über eine Trennung nicht lange Raum in ihrer Brust und es kommt ihnen zu natürlich vor, dass Menschen, ihrem Berufe folgend, nicht immer beisammen bleiben können. Mr. Leroux reichte uns Allen mit einem herzlichen Glückwunsch zur Reise die Hand, doch wie ein Mann, der gewohnt ist, in den Steppen Bekannte zu finden, mit denselben zusammen zu reisen, Entbehrungen und Strapazen zu theilen und dann von ihnen auf ewig Abschied zu nehmen.

Ein grosser Postwagen, der uns Alle zugleich aufnehmen konnte, mit vier tüchtigen californischen Pferden bespannt, hielt endlich vor der Thüre. Unser Viameter wurde an einem Hinterrade des Wagens befestigt, um seinen letzten Dienst auf dieser Reise zu thun, nämlich uns die genaue Entfernung der Stadt Pueblo de los Angeles vom Hafen von San Pedro anzugeben. Der Hafen sollte, nach den Aussagen dortiger Bewohner, 25 Meilen entfernt sein, und da es, als wir in den Wagen stiegen, beinahe Abend war, so konnten wir darauf rechnen, die halbe Nacht auf der Strasse zubringen zu müssen. — Nur wenig sahen wir von der Landstrecke, über welche wir hinreisten; wir konnten nur noch bemerken, dass zu beiden Seiten des Weges sich hin und wieder kleine Seen befanden, die mit unzähligen Wasservögeln der mannichfaltigsten Art bedeckt waren, während hochbeinige Sumpfvögel dicht gedrängt am Ufer standen. Beim Einbruch der Nacht, die pechschwarz unsere Strasse verhüllte, begann es zu regnen und zwar mit solcher Gewalt, dass wir kaum im Stande waren, uns in dem schlecht verschlossenen Wagen trocken zu erhalten. So lange der Weg gut war, zogen die Pferde im Trabe ihre schwere Last weiter, doch merkten wir nur zu bald, dass wir den schlimmsten Theil unserer Strasse noch zu besiegen hatten. Der Wagen fing an zu schwanken und zu gleiten, so dass wir uns jeden Augenblick ausserhalb des Weges glaubten; auf unsere Fragen antwortete der Kutscher mit Sicherheit, dass er diese Landstrasse zu oft befahren habe, als dass an ein Verirren gedacht werden könne. Wir beruhigten uns natürlich mit der Versicherung, denn was hätte in der undurchdringlichen Finsterniss ein Zweifeln oder Untersuchen für Vortheil bringen sollen? Langsam schleppten die Pferde den Wagen durch aufgeweichten Boden, langsamer noch ging uns die Zeit dahin, bis endlich die verdriessliche Stimmung, in welcher sich Jeder von uns befand und die daraus erfolgende Stille eine unangenehme Unterbrechung durch das gänzliche Halten des Fuhrwerks erhielt. — »Ich bin vom Wege abgekommen,« rief uns der Fuhrmann zu, »doch weiss ich genau, wo wir sind; ich muss aber, um wieder in die rechte Strasse zu gelangen, über den Berg fahren, der sich gerade vor uns befindet!« Wir schauten hinaus, doch sahen wir weder Berg noch sonst Etwas, selbst die Pferde vor dem Wagen vermochten wir nicht in der Finsterniss zu erkennen, nur rechts von uns sahen wir in der Ferne ein Licht schimmern. — »Sie müssen Alle aussteigen,« fuhr der Kutscher fort, »wenn die Pferde den Wagen über den Berg schleppen sollen, oder wir sind genöthigt, die ganze Nacht hier halten zu bleiben. Gehen Sie indessen gerade auf das Licht zu, welches Sie dort in dem Hause erblicken und fragen Sie die Leute, in welcher Richtung Sie gehen müssen, um an den Weg zu gelangen; ich werde durch Rufen und Knallen mit der Peitsche mich schon bemerklich machen. Sie mögen immerhin einen Augenblick in dem Hause verweilen, denn ich habe einen weiten Umweg zu nehmen, um wieder mit Ihnen zusammenzutreffen.« — Mit diesen Worten trieb er seine Pferde an und überliess es uns, die wir ganz willig ausgestiegen waren, uns nach dem Hause und von dort wieder nach der Strasse hinzusuchen. »Nehmen Sie sich in Acht,« rief uns der Kutscher noch zu, »dass Sie nicht in die ausgegrabenen Löcher fallen, die sich gerade in der von Ihnen einzuschlagenden Richtung befinden, und lassen Sie sich nicht von den Hunden des Señor .... zerreissen!« Was sollten wir nun anfangen? Da standen wir bis über die Knöchel in aufgeweichter Erde, wodurch allein schon uns die Lust verging, dem Wagen auf seinem Wege zu folgen; in der Richtung nach dem Lichte zu gähnten uns in unserer Einbildung bei jedem Schritte tiefe Abgründe entgegen. Diese waren übrigens das Einzige, was uns Besorgniss einflösste, denn für die uns etwa anfallenden Hunde hatten wir ja unsere Revolver in Bereitschaft. Wir schritten indessen auf das Licht zu und, sei es nun, dass der Wagenführer sich einen schlechten Spass mit uns erlaubt, oder dass wir eine glückliche Richtung eingeschlagen hatten, genug, weder Wasserhöhlen noch Hunde belästigten uns, desto mehr aber der niederströmende Regen und der aufgeweichte Boden, in welchem wir fast stecken blieben. Wie seufzten wir Alle nach unseren sicheren Maulthieren. Wir gedachten des ersten Tages unserer Reise, an welchem wir nicht weit vom Fort Smith vom Gewitter überfallen und gänzlich durchnässt wurden; dies war freilich die letzte Nacht, doch hatten wir kaum eine unangenehmere auf der ganzen Reise erlebt. Wir klagten über unser Missgeschick und dass die eben in Los Angeles angeschafften Kleidungsstücke, besonders die zierlichen Glanzlederschuhe so hingeopfert wurden und wir genöthigt waren, mit nasser Haut und nassen Füssen an Bord des Dampfers zu gehen. Wir erreichten endlich das Haus, öffneten die Thür, hinter welcher das Licht brannte und befanden uns in einer Art von Vorhalle in der Gegenwart zweier Männer, die unseren nächtlichen Besuch keineswegs sehr freundlich aufnahmen und sogar geneigt schienen, uns für Räuber zu halten; uns als solche für die gemachte Störung zu behandeln, mochten sie weniger rathsam finden, indem wir ihnen wohl zu viele waren. Wir brachten unser Anliegen vor und theilten ihnen auch mit, wer wir seien und zu welchem Zwecke wir eigentlich hier wären; doch rief das nicht die geringste Veränderung in ihren verdriesslichen Gesichtern hervor, nur dass sich der Eine von ihnen herbei liess, uns einen Neger mit einer Laterne mitzugeben, der uns bis zur Strasse leuchtete.

Wir erreichten glücklich unser Fuhrwerk, stiegen ein und fühlten bald die Wirkung von durchnässten Kleidern und Schuhzeug. Zu unserer Freude wurde jedoch der Weg wieder besser, so dass wir im raschen Trabe uns unserem Ziele näherten. Tief in der Nacht hielten wir endlich vor einigen schwach erleuchteten Gebäuden. »San Pedro, Gentlemen,« rief uns der Kutscher zu, worauf wir uns eiligst von unseren Sitzen erhoben und aus dem Wagen kletterten. Dichte Finsterniss umgab uns fortwährend, nur dass aus einer geöffneten Thüre und einigen Fenstern schwache Lichtstreifen fielen, nicht weit von uns hörten wir unheimliches Rauschen und Brausen; es war die Brandung des Meeres, welches in gemessenem Takte Woge auf Woge gegen das Ufer schleuderte. Wir befanden uns am Ziele, der stille Ocean war erreicht.

Nach vieler Mühe gelang es uns, einer Laterne habhaft zu werden, bei deren Scheine wir den Viameter, der merkwürdiger Weise nicht verloren gegangen war, von dem Rade entfernten und uns dann nach dem nächsten Hause begaben, aus dessen Thüren uns das Gesumme vieler Stimmen entgegendrang. Wir traten in eine geräumige Halle, in welcher lange Tische mit den Ueberresten gehaltener Mahlzeiten den meisten Raum einnahmen; Gruppen von Menschen, unter welchen wir sogleich viele unserer entlassenen Arbeiter erkannten, standen oder sassen, sich unterhaltend umher, auf die Bänke hatten sich ebenfalls Einige hingestreckt, die durch lautes Schnarchen ihren wirklichen oder blos verstellten Schlaf zu erkennen gaben. Wir fanden an dem einen Tische noch Platz genug, um uns gemeinschaftlich niederlassen zu können, und hier wurde uns nach mehrfachem vergeblichem Rufen und Bestellen endlich ein sehr frugales Mahl verabreicht. Trotz der unangenehmen Umgebung, in der wir uns befanden, liessen wir uns das Abendbrod vortrefflich schmecken und suchten dann in den anderen

Räumlichkeiten nach einem Plätzchen, auf welchem wir uns für den Rest der Nacht würden hinstrecken können. Nur Zweien von uns gelang es, in der Stube des Wirthes eine Art von Bett zu erhalten, wir Uebrigen mussten uns glücklich schätzen, in dem einfachen und sehr engen Geschäftslocale, wo ein Ofen etwas Wärme verbreitete, auf Stühlen, Bänken und der blossen Erde ein Unterkommen zu finden. Der gänzliche Mangel an Decken und Gegenständen, auf welchen wir hätten mit dem Kopfe ruhen können, machte diese Nacht zu einer unleidlichen; an Schlaf war nicht zu denken, und gleich den Meisten der Passagiere lagen wir da, ungeduldig den Anbruch des Tages erwartend.

XXXVII.

Das Dampfboot Frémont. — Reise auf demselben nach San Francisco. — Golden Gate. — Capitain Sutter. — Der Hafen von San Francisco. — Die Stadt San Francisco und das Leben daselbst. — Die Markthäuser. — Die Spielhäuser. — Die Chinesen. — Die Goldminen.

Am 23. März 1854 hatten wir also unser Ziel erreicht, unsere Aufgabe vollendet und sollten nunmehr auf dem kürzesten Wege nach Washington zurückkehren, dort die auf der Reise gesammelten Notizen ausarbeiten und Lieutenant Whipple baldmöglichst in den Stand setzen, seinen vollständigen Report nebst seinem Gutachten über die von uns durchforschte Strasse dem Congress vorzulegen. In San Pedro befanden wir uns unter 33° 43' nördlicher Breite und 118° 16' Länge westlich von Greenwich. Zurückgelegt hatten wir während der ganzen Reise 1892 englische Meilen, eine Entfernung, die in gerader Linie 1360 Meilen betragen würde. Eine viel grössere Meilenzahl mussten wir zurücklegen, um nach Washington zu gelangen; nur wie im Fluge sollten wir uns an den Küsten Californiens hinauf nach der Weltstadt des Westens, nach San Francisco, begeben, dann einzelne bedeutende Punkte an der Südsee berührend, der heissen Zone zueilen, die Landenge von Panama überschreiten, durch den Golf von Mexiko an der Ostküste der Vereinigten Staaten hinauf, auf dem schnaubenden Dampfer den weisschäumenden Atlantischen Ocean durchfliegen und in New-York, der östlichen Weltstadt des nordamerikanischen Continents, landen. Mit der Erreichung der Südsee-Küste konnten wir also, wie ich eben bemerkte, unsere Arbeiten im Felde als beendigt betrachten.

Auch der im Anfange dieses Werkes ausgesprochenen Absicht, die Reise unserer Expedition nach dem stillen Ocean zu beschreiben, hätte ich hiermit genügt, um so mehr, als unsere officiellen Tagebücher nur bis zum 23. März, der Ankunft in San Pedro, reichen. Doch wie ich zurückdenke an die Heimreise, die für uns, nach Lösung unserer schweren Aufgabe, ein fortwährendes Fest war; wie ich in Gedanken mir die unter Menschenhänden entstandenen Werke der ältesten und neuesten Zeit ausmale, die ich auf der Heimreise zu bewundern vielfach Gelegenheit hatte; wie ich in der Erinnerung klar und deutlich die Bilder einer verschwenderischen Schöpfung und ihrer

Meisterwerke vor mir sehe, von denen der Mensch sich trennt, um einen unauslöschlichen Eindruck für's ganze Leben mitzunehmen, wie dieses Alles vor mich tritt und mich daran erinnert, dass mit jedem Tage mehr Vergangenheit sich zwischen das Jetzt und mein Reiseleben drängt, dann ist es mir, als müsste ich immer und immer wieder im Geiste die von mir besuchten und durchzogenen Räume durcheilen, wohl bekannte Punkte und Gegenstände freundlich begrüssen und immer fester noch die schönen Bilder meinem Gedächtnisse einprägen, um so liebliche Rückerinnerungen in jugendlicher Frische zu erhalten und in meine Schilderungen Leben, Wahrheit und etwas von dem eigenen Enthusiasmus hineinflechten zu können. Nicht als Tagebuch lasse ich daher die Beschreibung meiner Heimreise folgen, sondern als Bilder, gesammelt in dem schätzebergenden Californien und auf der palmenbeschatteten Landenge des alterthümlichen Panama, auf dem ewigen Weltmeere und in dem ewig wechselnden Treiben einer rastlos durcheinander wogenden Bevölkerung.

Gleich nach Anbruch des Tages versammelte sich am 24. März am Strande bei San Pedro eine grosse Gesellschaft, die bald ihre Blicke hinunter auf die leichte Brandung, bald hinauf auf's hohe Meer richtete, wo wie ein Punkt das Dampfboot Frémont sich am Horizonte zeigte.

Der Hafen von San Pedro verdient eigentlich nicht den Namen eines solchen, indem er nur aus einer offenen Einbuchtung des Meeres besteht, die zwischen den beiden am weitesten in's Meer ragenden Punkten 12 bis 15 Meilen in der Breite hat. Nur gegen Ost- und Nordwinde sind die dort ankernden Schiffe gesichert, wogegen dieselben bei Südstürmen ihre Zuflucht hinter der 12 Meilen entfernten Insel Catalina suchen müssen. Nur zwei Gebäude, die zugleich als Wohnungen, Gasthöfe und Waarenlager benutzt werden, befinden sich an diesem Hafen; gewöhnlich halten Schiffe daselbst, um sich mit Wasser zu versehen und zugleich Rindfleisch aufzukaufen, welches sie an dieser Stelle billiger als in anderen mehr besuchten Häfen erhalten.

Eine Viertelmeile von dem Strande warf das Dampfboot Frémont Anker und sendete alsbald seine Boote, die uns mit unseren Sachen an Bord schaffen sollten. Als wir noch mit dem Einschiffen beschäftigt waren, nahmen wir in der Richtung von Los Angeles zwei Reiter wahr, die ihre Pferde zur grössten Eile antrieben und augenscheinlich vor Abfahrt des Frémont den Landungsplatz zu erreichen beabsichtigten. Unsere Freude war unbeschreiblich, als wir unseren Doctor Bigelow erkannten, der noch rechtzeitig genug auf der Mission Nachricht von der Ankunft des Dampfbootes erhalten hatte, um, begleitet von einem Führer, durch einen nächtlichen scharfen Ritt sich wieder zu uns gesellen zu können. Das Einschiffen selbst dauerte etwa 1 bis $1^1/_2$ Stunden, worauf der Schraubendampfer seine Anker lichtete und dem Norden zusteuerte. Wir hatten fast fortwährend Land in Sicht, und wer nicht von der Seekrankheit befallen war, konnte vom Bord des Schiffes aus etwas von dem Charakter der californischen Küstenstriche kennen lernen, die sich bald grün und hügelig, bald als nackte Felsen aus dem Meere erhoben. Drei Tage waren wir auf dieser ersten Seefahrt unterwegs und berührten auf derselben nur die Stadt Monterey, wo wir einige Passagiere, frisches Fleisch und Fische einnahmen.

Monterey hat eine liebliche Lage an dem Abhange sanft ansteigender Hügel, hinter welchen sich die Küstengebirge erheben. Wie bei San Pedro befindet sich auch bei Monterey eine offene Seite, und zwar nach Nordwesten, von welcher die im Hafen ankernden Schiffe nicht gegen Stürme geschützt sind. Gegen Südwest gewährt der in's Meer hineinragende Point Pinos dem ankommenden Schiffe Schutz. Man sieht in der Stadt Häuser, die von Adobes fest und geräumig aufgeführt sind; diese sind zweistöckig und gehören augenscheinlich der älteren Zeit an; die neuen Gebäude sind von Holz erbaut und geben mit ihrem weissen Anstrich dem Orte ein überaus freundliches Aussehen. Abgesondert von der Stadt gegen Osten erhebt sich auf einer Ebene eine alte Kirche, die sich im Zustande des Verfalls befindet; ein kleiner See liegt nicht weit von derselben, welcher, in früherer Zeit mit dem Meere in Verbindung stehend, allmälig durch eine wachsende Sandbank von demselben getrennt sein soll. Die Besatzung des alten Presidio oder der Garnison, die eine etwas erhöhte Lage hat, besteht jetzt aus Militair der Vereinigten Staaten.

Das Dampfboot hielt nur so lange an, als eben nöthig war, um verschiedene Geschäfte zu ordnen, worauf es seine Reise gegen Norden fortsetzte. Unter den an Bord gekommenen Passagieren befand sich Einer, der die Beweise an sich trug, welchen unglücklichen Zufällen die Ansiedler Californiens zuweilen ausgesetzt sind. Es war nämlich ein junger Mann, dessen Kopf mit einem Tuche verbunden war und die untrüglichsten Spuren zeigte, dass eine Verwundung die Ursache dieser Hülle sei. Dr. Bigelow, der ein ungemeines Interesse an Allem zeigte, was in sein Fach schlug, verstand es, auf geschickte Weise Näheres über die Geschichte des jungen Mannes herauszubringen, und was noch mehr war, er veranlasste denselben, uns die grässliche Wunde zu zeigen, die ihm erst vor vierzehn Tagen durch ein unglückliches Missverständniss von seinem Freunde beigebracht worden war, und wunderbar war es, dass ihn dieselbe nicht augenblicklich getödtet hatte. Eine Pistolenkugel war ihm nämlich unter dem rechten Ohr in den Kopf gedrungen und aus dem linken Auge wieder herausgefahren. Nur wenige Tage hatte er an dieser Verwundung darniedergelegen und war jetzt wieder auf dem Wege nach San Francisco, um zusammen mit seinen Gefährten ihrer alten Beschäftigung, dem Viehhandel, obzuliegen. Eine Heerde Rinder zwischen sich treibend, waren diese beiden Händler am frühen Morgen, noch ehe die Dämmerung ihnen zu ihrer Beschäftigung hinlängliches Licht gewährte, aus ihrem Nachtlager, nicht weit von Monterey, aufgebrochen und zogen langsam ihre Strasse. Plötzlich entstand an der einen Seite der Heerde wilde Unordnung und lautes Getöse; mehrmals rief der Nachtreibende dem vor dem Zuge Reitenden zu, erhielt jedoch keine Antwort; sei es nun, dass in der Dunkelheit ihm alle Gegenstände in veränderter Gestalt erschienen, oder dass seine aufgeregte Phantasie die Ursache davon war, genug, er glaubte einen Gebirgsbären zu erblicken, der die Heerde angriff. Ohne sich zu besinnen riss er seinen Revolver aus dem Gürtel, zielte auf den vermeintlichen Bären und gab Feuer. — Auf den lauten Schrei, den sein Kamerad ausstiess, stürzte er nach der Stelle hin, wo er ihn denn in seinem Blute liegend fand. Hülfe musste er bald gefunden haben, denn es wäre sonst unmöglich gewesen, dass der junge Mann diese grässliche Verwundung, die ihm ein Auge raubte, überlebt hätte.

Am 27. März näherten wir uns dem Hafen von San Francisco. Ehe wir noch die mächtigen Felsenmauern zu unterscheiden vermochten, durch welche das Ufer in das weite Becken führte, erkannten wir die Nähe der Weltstadt an der Menge von Segeln, die nach allen Richtungen hin den Ocean bedeckten. Wir fuhren in nicht allzu grosser Entfernung vom Strande nordwärts; thurmähnliche Felsen ragten hin und wieder aus dem Meere hoch empor, und da das Fahrwasser nach den Aussagen der Seeleute nur in der Nähe des Strandes durch unsichtbare Klippen gefährlich wurde, so konnte das Dampfboot, ohne von seiner Richtung abzuweichen, dicht an den sichtbaren Felsmassen hinlaufen. Ein eigenthümliches Schauspiel erwartete uns an den Felseninseln; diese waren nämlich mit Seekühen, Seelöwen und Robben mancher Art dicht bedeckt, die mit neugierigen Augen den heranschwimmenden grossen Ruhestörer beobachteten. Ein von einem der Passagiere abgefeuerter Schuss brachte indessen schnell Leben in die regungslos daliegenden Fleisch- und Fettmassen, denn mit Aufbietung aller ihrer Kräfte humpelten die unförmlichen Thiere, immer eins hinter dem anderen, einer überragenden Stelle zu, von welcher sie sich kopfüber in's Meer hinabstürzten und in den Wellen verschwanden. Es lag etwas Komisches in den unbeholfenen Bewegungen der erschreckten Gesellschaft, deren einzelne Mitglieder von der Grösse eines Ochsen bis hinab zu der eines kleinen Hundes über einander purzelten und bei dem jedesmaligen Sturz in's Wasser den weissen Schaum hoch aufspritzen machten. Bis dicht an das Felsenthor wiederholte sich dieses Schauspiel, welchem wir mit immer neuem Interesse zuschauten. Doch auch nach anderen Seiten wurde unsere Aufmerksamkeit gelenkt; da waren riesenhafte Fische, die spielend ihre unförmlichen Köpfe über das Wasser hoben und allmälig wieder untertauchten; Tausende und aber Tausende von Vögeln der mannigfaltigsten Art wiegten sich auf den Wellen oder hoben sich wie Wolken in die Lüfte, die von dem wilden fröhlichen Kreischen, Schnattern und Schreien förmlich zitterten, und diese zahllosen Thiere, welche, als seien sie seit dem Schöpfungstage unberührt und ungestört geblieben, in den Lüften, auf den Wellen und in der Tiefe dicht gedrängt sich regten, befanden sich nur wenige Meilen von der geräuschvollen Weltstadt, vor dem Felsenthore des Hafens von San Francisco.

Der ganze Erdball mit seiner ewig wechselnden Oberfläche, mit Allem, was über derselben und in ihrem Schoosse lebt, wurde für den Menschen geschaffen; doch wem es vergönnt ist, die Wunder der Natur aufzusuchen und in dem Anschauen derselben

58*

zu schwelgen, der findet oftmals Punkte, von denen er sich sagen muss, dass sie von der Natur liebreich bevorzugt und geschmückt wurden, um den Menschen daselbst durch die Schönheit der Umgebung und die mit derselben zugleich gebotenen Vortheile gleichsam mehr als anderswo zu fesseln. Dieser Gedanke kann nicht fern bleiben, wenn man zwischen hochaufstrebenden Felsen in der breiten sicheren Strasse, die den Namen Golden Gate (Goldenes Thor) führt, auf dem eilenden Dampfboote dahin fährt, plötzlich in das schöne weite Becken des Hafens von San Francisco eintritt und sogleich, auf den sich in weiten Bogen hinziehenden Ufern die Spuren eines regen Verkehrs, einer wunderbaren, schnell wachsenden Kultur bemerkt. Da wo vor 10 Jahren der rauhe Jäger des Westens der Otter seine Fallen stellte, den Riesenhirsch und den grauen Bären jagte, erheben sich jetzt Städte, die auf unglaubliche Weise an Ausdehnung gewinnen und Proben der Kultur von allen Ländern der Erde aufzuweisen haben.

Fast unwillkürlich gedenkt man des Capitain Sutter, auf dessen Besitzung vor so wenigen Jahren das Gold entdeckt wurde, welches den ersten Grund zu dem schnellen Aufschwunge Californiens gab, und doch befindet sich Capitain Sutter selbst, dessen Name mit der neuesten Geschichte Californiens in so enger Verbindung steht, nach dortigen Begriffen in mässigen Vermögensumständen, obgleich er einer der reichsten Leute Amerikas hätte sein können. Capitain Sutter, ein geborener Schweizer, befand sich als Offizier in der Schweizergarde, als die Julirevolution unter der Regierung Karls des Zehnten ausbrach. Er wanderte in Folge derselben nach den Vereinigten Staaten aus und lebte mehrere Jahre im Staate Missouri. Von dort aus ging er zu Lande nach Oregon, wo er sich niederzulassen gedachte. Dort nun traf er mit einigen Leuten zusammen, die ihm das damals noch unbekannte Californien und besonders das Thal des Sacramento River als so schön und unermesslich reich schilderten, dass er sogleich beschloss, daselbst seine Heimath zu gründen. Da indessen zu damaliger Zeit noch keine andere directe Verbindung zwischen Oregon und Californien als höchstens zu Lande auf einem langen und mühseligen Wege bestand, so benutzte Sutter eine Gelegenheit, um nach den Sandwich-Inseln zu kommen, von wo aus er nach Mexiko ging. Von dort aus fand er es leichter, mit Schiffsgelegenheit nach Monterey und in den Hafen von San Francisco zu gelangen. Es war im Jahre 1839, als er dort nach einer zwölfmonatlichen Reise eintraf, wo er nur einige wenige Ansiedelungen fand. Er hatte die Absicht, im Inneren des Landes unter den wilden Eingebornen eine Niederlassung zu gründen; zwar wurde ihm vielfach von dem gefährlichen Unternehmen abgerathen, doch führte er seinen Vorsatz aus und begab sich mit mehreren entschlossenen Leuten in einem kleinen Boote auf die Reise. Nach manchem vergeblichen Suchen entdeckte er endlich die Mündung des Sacramento River und folgte dann diesem Flusse stromaufwärts, bis er eine Stelle fand, die seinen Wünschen entsprach. Dort baute er ein starkes Fort, um sich gegen die Angriffe der Eingebornen vertheidigen zu können, während er befreundete Indianer zu seinen Diensten verwendete. So lebte er denn glücklich und zufrieden auf seinen Ländereien, die ihm von der mexikanischen Regierung als Eigenthum zugesprochen wurden, von welcher er zugleich die Stellung und den Titel eines Militair-Commandanten der Grenze erhielt. Nach der Entdeckung der Goldlager wurde er indessen vielfach das Opfer nichtswürdiger Speculanten, die seine Gutmüthigkeit und seinen Namen missbrauchten und ihn zu Unternehmungen verleiteten, in welchen er seine Ländereien bis auf geringe Ueberbleibsel verlor, die indessen bei dem unglaublich schnell steigenden Werthe des Grundbesitzes noch hinreichend sind, ihm ein sorgenfreies Leben zu sichern. Er hat nunmehr das Alter von einigen sechszig Jahren erreicht und lebt in einer gewissen Zurückgezogenheit auf seinem Gütchen Hock's Farm, wo er sich der Achtung aller Derer erfreut, die ihn kennen, und gewiss sind nur Wenige in Californien, denen der Name des Capitain Sutter unbekannt wäre.

Am Ende der Golden Gate, wo der eigentliche Hafen beginnt, ragt auf der südlichen Seite ein hoher abgeflachter Felsen weit in die Strasse hinein. Eine geeignetere Stelle zur Anlage von Befestigungen kann nicht leicht gedacht werden und das amerikanische Gouvernement hat auch in der That eine starke Fortification auf diesem Plateau angelegt, welche zur Zeit, als ich dort vorbeireiste, eben im Bau begriffen war. Die Einfahrt des Hafens wird von diesem Punkte aus vollständig beherrscht, so dass selbst das kleinste Fahrzeug nicht ungestraft unter den Kanonen vorbeifahren kann. So wie man um Fort Point, welchen Namen die Befestigung trägt, herumbiegt, sieht man zur Rechten hinter einem Walde von Masten, von welchen die Flaggen aller Nationen herabwehen, den grossen Stapelplatz des Westens, die Stadt San Francisco amphitheatralisch sich erheben und die sanft ansteigenden Hügel bis oben hinauf bedecken. Der Frémont fuhr langsam bis beinahe vorbei an der Stadt, gleichsam an den in's Wasser hineingebauten Werften nach einer unbesetzten Stelle suchend, da die grössten Kauffahrteischiffe dicht gedrängt neben einander lagen. Wie in New-York, Liverpool oder New-Orleans herrschte auch hier geschäftige Bewegung unter den Schiffen selbst; einzelne wurden hinein, andere wieder hinaus bugsirt, hier sah man ein Verdeck dicht angefüllt mit europäischen Auswanderern; dort einen Ostindienfahrer, auf welchem mit runden Filzmützen und langen Zöpfen viele Hunderte von Chinesen standen. Hier verliess ein Flussdampfboot mit Passagieren die Landungsbrücke, um die golddurstigen Menschen den Sacramento River hinauf zu bringen; dort landete ein aus dem Minendistricte zurückkehrendes Fahrzeug Menschen und Schätze. Es war ein Schwirren und Durcheinandertreiben, und doch schien eine gewisse Ordnung überall zu herrschen, die aufrecht erhalten wurde durch den natürlichen Wunsch eines Jeden, so wenig als möglich Zeit zu vergeuden. Etwas weiter abwärts, so dass die Schifffahrt nicht gehemmt wurde, lagen wie Leichen von mächtigen Riesen eine Anzahl abgetakelter Schiffsrümpfe. Es waren dieses die ersten Schiffe, die dort nach Entdeckung der Goldlager landeten und deren Bemannung, angelockt von den im Inneren des Landes verborgenen Schätzen, heimlich ihren Dienst verlassen hatte. Da keine Hand sich fand, das Steuer zu lenken und die Segel auszulassen, so mussten die zum Theil noch sehr guten Schiffe ruhig vor ihren Ankern liegen bleiben und einstweilen zu Speichern und Lagerböden dienen. Nach einigem Hin- und Herfahren gelang es endlich dem Frémont, eine Stelle an der Landungsbrücke zu erreichen, wo sich sogleich Kärrner, Fuhrleute mit eleganten Kutschen und Agenten der verschiedenen Gasthöfe einstellten und mit lautem Rufen und Schreien ihre Dienste anboten. Wegen der Menge von Sachen, die wir mit uns führten, konnten wir erst ganz zuletzt das Boot verlassen und begaben uns dann Alle zusammen nach einem Gasthofe, wo wir gute Stuben und Betten erhielten, aber darauf angewiesen waren, ausserhalb zu speisen.

San Francisco, die Stadt, die durch ihren wunderbar schnellen Aufschwung in dem Zeitraume von wenigen Jahren die ganze Welt in Erstaunen gesetzt hat, ist jetzt der bedeutendste Ort an der Westküste des amerikanischen Continents, und gewiss ist die Zeit nicht allzu fern, in welcher sie eine der ersten Handelsstädte auf dem ganzen Erdball sein wird. Ihre glückliche Lage an der Mündung der Hauptflüsse Californiens trägt dazu bei, dass von dort aus der Verkehr mit Leichtigkeit bis in's Innere des Landes getrieben werden kann; dazu kommt vor allen Dingen der ungeheure Hafen, in den die Schiffe so leicht gelangen können und wo sie Schutz vor jedem Sturme finden. Die Stadt selbst bietet ein förmliches Chaos der verschiedenartigsten Gebäude, Bretterhütten, Zelte und palastartige Waaren- und Wohnhäuser bilden die regelmässigen, aber noch ungepflasterten Strassen, und immer neue und grossartigere Bauten werden unternommen, seit Steinbrüche und Ziegelöfen in der Nähe der Stadt eröffnet worden sind. In den Strassen ist ein fortwährendes Gewirr; Menschenknäuel, Repräsentanten aller Nationen enthaltend, wogen durch einander; Wagen, Karren und Kutschen suchen einander auszuweichen. Producte aus allen Enden der Welt werden hin und her geschafft. Alles, was dort eingeführt wird, findet seine Liebhaber; mit den unscheinbarsten Gegenständen werden Geschäfte getrieben, und für die unbedeutendsten wie für die kostbarsten Sachen sind dort Käufer und Gold in Fülle. Denn es giebt keine Speculation, die zu gross für einen Californier wäre; zu jedem Unternehmen ist er bereit, und gewiss zu manchem, welches in anderen Theilen der Welt für thöricht, ja für unmöglich gehalten würde.

Wenn man plötzlich nach einer Seereise, auf welcher man mit aller Ruhe seinen Gedanken nachhängen konnte, in die Strassen von San Francisco versetzt wird, so vermag man sich einer gewissen Befangenheit gar nicht zu erwehren. Es ist nicht allein das wilde Treiben, das schwindlig zu machen droht, sondern auch die Umgebung, die aus so vielen verschiedenartigen Elementen zusammengesetzt ist. Man befindet sich im Gedränge zwischen Amerikanern aller Gattungen und Europäern jeder Nation; man erblickt Californier in ihren Serapes, Mexikaner mit ihren betressten Calcineros, und

Chilianer mit ihren Sombreros, man erkennt den Kanaken vom Hawai, den Chinesen mit dem langen Zopf, und Goldgräber, deren Physiognomien unter der gebräunten Haut und dem verwirrten Bart kaum mehr herauszufinden sind, und alle diese Menschen stürzen und eilen durch einander, jeder seiner eigenen Geschäfte gedenkend und keiner sich um den anderen kümmernd. Man ist endlich froh, dem Getümmel zu entrinnen und in einem Gasthofe ein Unterkommen zu finden, wo man es versucht, durch gute nächtliche Ruhe sich für den folgenden Morgen zu einem Spaziergang durch die Strassen vorzubereiten.

Schon mit dem Frühesten beginnt in den Strassen von San Francisco ein reges Leben, denn die Zeit ist dort zu kostbar, als dass auch nur ein geringer Theil derselben unbenutzt gelassen würde. Die ersten Arbeiter, die sich blicken lassen, sind gewöhnlich die Stiefelputzer, die in allen Strassen, besonders aber an den Ecken, neben ihren bequemen Stühlen stehen, auf deren Lehne die neuesten Zeitungsnummern hängen. Sie brauchen nicht lange auf Arbeit zu warten, denn der Eine oder der Andere der Vorübergehenden fühlt doch mitunter das Bedürfniss, seinen Stiefeln etwas Schwärze zukommen zu lassen und setzt sich in solchem Falle, ohne Worte zu verlieren, auf den Stuhl, legt die Füsse auf einen vor demselben angebrachten Block und liest so lange in der ihm dargereichten Zeitung, bis er die Worte vernimmt: »Fertig, Herr!« worauf er dann $1/4$ Dollar zahlt, — die geringste Münze, die man zur Zeit meiner Anwesenheit in Californien zu kennen schien — und sich entfernt, einem Anderen seinen Platz überlassend. So hat denn der Stiefelputzer während des grössten Theils des Tages seine Arbeit und seinen Verdienst, indem der augenblicklich leere Stuhl gar zu oft Ursache ist, dass ein Vorübergehender die günstige Gelegenheit, die sich ihm so bald nicht wieder darbietet, benutzt, nach vielleicht sehr langer Zeit zum ersten Male wieder seine Stiefeln gebürstet zu sehen. Die Leute, die auf den Märkten Einkäufe zu besorgen haben, verwenden dazu ebenfalls gewöhnlich die Morgenstunden, und wohl ist es für den, der von keinen Geschäften abgehalten wird, ein Genuss, die Markthäuser zu besuchen, um sich zu überzeugen, welche prachtvollen Früchte und Gartengewächse Californien jetzt schon liefert, und wie das saftigste und fetteste Fleisch, das wohl in der Welt zu finden ist, dort massenhaft zum Kauf angeboten wird. — Auf den Fischmärkten könnte man stundenlang vor den verschiedenen Fässern und Tischen stehen und das Merkwürdigste an Essbarem, was der Ocean und die Flüsse Californiens bieten, bewundern. Neue Formen, neue Arten aus dem Reiche der Fische fesseln die Aufmerksamkeit; centnerschwere Schildkröten, riesenhafte Hummer, beide durch träge Bewegung Leben verrathend, locken die Käufer an. Erreicht man dann den Wildmarkt, so glaubt man in ein zoologisches Museum zu treten, so mannigfaltig sind die Gruppen, in welchen die jagdbaren Thiere des Landes dort unter einander liegen. Da sieht man den Elkhirsch mit riesenhaftem Geweihe und die schöngezeichnete Gabelantilope; dort hängt an einem starken Fleischerhaken der wilde Gebirgsbär mit geöffnetem blutigem Rachen aber trüben gebrochenen Augen, und um ihn herum zahlreiche Hasen, Kaninchen und Eichhörnchen. Das Vogelwild liegt in grossen Haufen durcheinander oder hängt in langen Reihen über den Tischen, so dass es einem Naturalienliebhaber nicht schwer wird, sich ein ganzes Cabinet mit den prächtigsten und seltensten Vögeln anzufüllen, besonders da nur der Fleischwerth und nicht die Art jedes Vogels bezahlt wird, dieser freilich aber auch nach californischen Preisen. Von den Märkten aus, auf welchen man einigen chinesischen Köchen begegnet ist, benutzt man diese als Wegweiser, um in das Stadtviertel der Kinder des himmlischen Reiches zu gelangen und diese eigenthümliche Menschenraçe, ihr Treiben und Wirken, so wie ihre Häuslichkeit genau kennen zu lernen. Auch in den Hauptstrassen findet man einige Läden, die reichen und vornehmen Chinesen angehören, doch haben Läden sowohl wie Bewohner schon sehr viel von ihrem nationalen Charakter verloren, und man eilt deshalb nach den Strassen, die von niedrigen Häusern gebildet werden, und wo auf grossen Brettern in Zeichen, die für die meisten Menschen unverständlich sind, die Namen der Verkäufer und der feilgehaltenen Waaren angeschrieben stehen. Viele haben zugleich eine Uebersetzung in englischer und spanischer Sprache neben ihren Schildern angebracht, doch ist man der Verlegenheit dadurch immer noch nicht ganz überhoben, indem man beim besten Willen nicht im Stande ist, die merkwürdig buchstabirten Namen auszusprechen.

Ehe man sich etwas an chinesische Physiognomien gewöhnt hat, glaubt man fast immer einem und demselben Sohne des himmlischen Reiches zu begegnen, so ähnlich sieht Einer dem Anderen; da erblickt man dieselbe Grösse und Gesichtsfarbe, dieselbe kurze Nase, vorstehenden Unterkiefer, aufgeworfene Lippen und geschlitzte Augen, kurz denselben Ausdruck in den nichtssagenden hässlichen Zügen, die selbst durch das Alter nicht auffallend verändert werden, und in welchen man erst durch längere Uebung einen Unterschied zu entdecken vermag. Die Gegenstände nun endlich aufzählen zu wollen, die in einem chinesischen Laden ausgeboten werden, wäre zu viel, um so mehr, als die Kunstfertigkeit dieser Raçe im Sticken, Schnitzen und Auftragen prächtiger Farben überall hinlänglich bekannt ist und sich grossen Ruf erworben hat. Es bleibt mir nur zu bemerken, dass in San Francisco allein bei den Chinesen etwas von dem geforderten Preise abgedungen wird, während bei anderen Geschäftsleuten der Käufer, wenn er einen geforderten Preis für zu hoch hält, weiter nicht handelt, wohl wissend, dass es vergebliche Mühe sein würde, und schon ein anderer Käufer sich finden wird; übrigens werden die Preise schon immer durch die Concurrenz einigermassen in den Schranken der Vernunft gehalten. Die Chinesen dagegen sind mit dem geringsten Verdienste zufrieden, und da sie nur sehr niedrig in der Achtung der Californier stehen und deshalb keinen Schutz gegen eine harte Bedrückung finden, so ist es ihnen nur vergönnt dort Geschäfte zu treiben und Gold zu graben, wo die Weissen nicht mehr ihre Rechnung finden und den Boden schon ausgebeutet haben. Theilweise arbeiten diese armen Leute für geringen Tagelohn bei ihren Unterdrückern, und bei dem Mangel an Waschfrauen ist deren Arbeit gänzlich in die Hände der Chinesen übergegangen, welche sie pünktlich, billig und stets zur Zufriedenheit Aller ausführen. Dass die Chinesen bei ihrer Charakterlosigkeit in vieler Beziehung die Verachtung, die ihnen zu Theil wird, verdienen, kann nicht geleugnet werden, doch leider erfährt diese Classe der californischen Bevölkerung die meisten Unbilden gerade von solchen Individuen, die auf der tiefsten Stufe des Verbrechens stehen und das Eldorado des Westens in so grosser Anzahl überfluthen, weil sie dort bei den noch jungen Gesetzen leichter ihren verbrecherischen Leidenschaften ungestraft freien Lauf lassen können.

Wohl Jeder, der San Francisco besucht hat, erwähnt der Spielhäuser und der gesetzlosen Bande von Spielern, die dort ihr Wesen treibt. Auch ich habe diese Spielhäuser besucht und stundenlang vor den Goldhaufen gestanden, die fortwährend ihre Besitzer wechselten, um endlich in die Hände der privilegirten Diebe, wie man jeden professionirten Spieler nennen kann, überzugehen. Am Abend mit mehreren Kameraden langsam durch die Strassen wandernd, hin und wieder in hellerleuchteten Restaurationen einsprechend, gelangte ich an ein grosses Gebäude, durch dessen offene Thüren ich in geräumigen Sälen eine gedrängte Menschenmasse erblickte, die bei den Klängen eines wohlbesetzten Orchesters, welches die sentimentalsten Symphonien spielte, mit ernsten Dingen beschäftigt schien. Ich trat ein, und nach einiger Mühe gelang es mir so weit durchzudringen, dass ich lange Reihen von grünen Tischen wahrnehmen konnte, an welchen jedes nur denkbare Hazard in grösstem Massstabe gespielt wurde. Ich wendete meine Aufmerksamkeit natürlich den verschiedenen Bankhaltern zu, die für eine ungeheure Summe, welche sie als Miethe für das Local bezahlten, das Recht hatten, ungestraft Andere um ihr Geld zu betrügen. Die Gemeinheit war in den Physiognomien dieser Leute ausgeprägt, die ruhig Karten und Würfel auf geschickte Weise unter dem Schutze der vor ihnen auf dem Tische liegenden Revolverpistolen handhabten; auch eine Dame erblickte ich, die fast ganz versteckt unter massiven werthvollen Schmucksachen, mit geübter Hand ihren Goldhaufen vergrösserte und hin und wieder Blicke des Einverständnisses mit einigen Männern in ihrer Nähe wechselte, die augenscheinlich ihre Genossen waren. Mit Abscheu wendete ich mich hiervon ab und beobachtete eine Zeit lang die unglücklichen Menschen, die von ihren Leidenschaften unaufhaltsam getrieben, ihre kaum erworbenen Schätze, mit welchen sie sich eine mehr als behagliche Existenz hätten gründen können, in die Spielhölle getragen hatten, um ihren ganzen Erwerb an dem grünen Tische zu verlieren. »Zwanzig Unzen!« »Hundert Unzen!« »Zweihundert Unzen!« hörte ich nach allen Richtungen rufen, als ich mich langsam der Thüre näherte; bei derselben angekommen, wurde ich fast übergelaufen von einem Menschen, der ohne Hut, mit beiden Händen in den Haaren auf die Strasse stürzte; mit Bedauern blickte ich ihm nach, als er im Dunkel verschwand und wanderte dem chinesischen Stadtviertel zu, um auch dort die Spielhäuser kennen zu lernen. Ich hatte nicht nöthig, Erkundigungen über diese einzuziehen, denn schon von Weitem drangen die Töne eines eigenthümlichen Concerts zu mir und liessen mich nicht im Zweifel über die Richtung, die ich einzuschlagen hatte, um die Spielhöllen, eine nach der anderen, in Augenschein zu nehmen. Ich trat in die erste ein und war fast überrascht von der Unansehnlichkeit, ich möchte sagen Aermlichkeit des Gemaches, und doch lagen auf dem Tische, der ringsum mit einer Leiste eingefasst war, grosse Geldsummen. Ernst und vertieft standen die kleinen Gestalten umher, die in ihren weiten Jacken und kurzen Beinkleidern, den genähten Strümpfen, den colossalen, dabei aber fein gestickten Schuhen und den langen Zöpfen nichts weniger als anmuthig aussahen; die kleinen Augen funkelten, und misstrauisch verfolgten sie den Verlauf des Spieles. Dieses selbst war mir unverständlich; ich sah nur, dass mitten auf dem Tische ein Haufen Zahlpfennige lag, die mit einem Gefäss bedeckt waren, dass Einer der Spieler mit der Hand unter dasselbe fasste und eine Anzahl der Marken hervorschob, die er mit einem langen, spitzen Stäbchen zu zählen begann. Nach Zählung derselben wurde Geld in Umlauf gesetzt, und das Spiel begann von Neuem, so dass es mir fast schien, als handle es sich bei der ganzen Sache nur um »Paar oder Unpaar«. Lange hielt ich es in diesen Spielhallen nicht aus, denn das ohrenzerreissende Concert der Musikanten, die mit langen Bogen zweisaitige Violinen und Cellos bearbeiteten, dazu mit kleinen Hämmern auf Trommeln und hölzerne Becken schlugen und den markerschütternden Lärm der Gongs*) und ihre eigenen kreischenden Stimmen hören liessen, trieb mich aus dieser Gesellschaft fort nach dem Schauspielhause, wo ich mich bis nach Mitternacht an Gesang, Musik und Tanz ergötzte, wozu Frankreich mit seine besten Kräfte geliefert hatte.

Nach einem flüchtigen Umherschauen in San Francisco besucht gewiss jeder Reisende gern einmal den Minendistrict im Innern des Landes, um sich von der Wahrheit der mährchenhaft klingenden Nachrichten zu überzeugen, die ihn in seiner Heimath, wo auch immer dieselbe liegen mag, schon längst erreichten. Freilich lernt er dort nur die verschiedenen Weisen kennen, auf welche das kostbare Metall von Sand und Gestein getrennt wird, doch von dem unermesslichen Reichthum selbst sieht er nur sehr wenig, indem Derjenige, dem das Glück lächelt, seine Schätze vorsichtig vor neidischen Augen zu verbergen sucht und der glücklichste Goldjäger den Frager mit endlosen Klagen über das undankbare Geschäft des Goldgrabens überhäuft. Gar Viele giebt es freilich, die gänzlich enttäuscht Hacke und Schaufel von sich werfen und es bitter bereuen, von allzu kühnen Hoffnungen getrieben, eine so weite Reise unternommen zu haben; es fehlen ihnen die Mittel zur Heimreise, und von der bittersten Noth gezwungen, verdingen sie sich oder unternehmen auch auf eigene Hand irgend eine beliebige leichtere Arbeit. Manche dieser Letzteren unterliegen den ungewohnten schweren Anstrengungen und den klimatischen Krankheiten; Andere glücklichere dagegen erreichen durch kluge

*) Grosse Kupferplatte, die mit einem wattirten Hammer geschlagen wird.

Anwendung ihrer Fähigkeiten und Kräfte das, was sie in den Minen vergebens suchten, und in dem Masse, wie ihr Reichthum wächst, nimmt auch ihr Golddurst wieder zu und verliert sich die Sehnsucht nach der Heimath. Die Gruben nun, welche von den muthlos Gewordenen verlassen wurden, nehmen Andere, die vielleicht mit weniger Hoffnungen anlangten, in Besitz und entdecken oft nach Entfernung weniger Schaufeln von Erde reiche Goldadern, die sich nur wenige Zoll weit von den Händen ihrer verzagenden Vorgänger befanden, und fördern, vom Glück geleitet, Schätze auf Schätze aus dem dunklen Schoosse der Erde. Dies sind Zufälle, wie sie in den Goldminen fast täglich vorkommen, und die sich so lange wiederholen werden, als Californien das Eldorado des Westens bleibt, und Jahrhunderte mögen noch darüber hingehen, ehe die unermesslichen Goldlager so weit erschöpft sind, dass die Gruben und Minen als nicht mehr ergiebig genug verlassen werden. — Wenn man die Goldregionen durchwandert und Tausende von Leuten beobachtet, die mit gebräunten und bärtigen Gesichtern, alle in demselben groben Costüm eines Arbeiters, Hacke, Schaufel und Waschpfanne mit Geschicklichkeit handhaben, so drängt sich fast unwillkührlich die Frage auf, in welcher Sphäre wohl diese, von allen Enden der Welt zusammengewürfelten Menschen gelebt haben. Könnte man dann Jeden plötzlich in der Stellung und in dem Kleide sehen, wofür er sich ausgebildet hat und erzogen ist, so würde man sich gewiss mehr noch über die eigenthümlichen Contraste als über die zu Tage geförderten Schätze wundern; man würde Kaufleute, Handwerker, Matrosen, Geistliche, Schauspieler, Studenten, Offiziere, kurz, alle Stände reichlich vertreten finden, die gemeinsam mit Dieben und Mördern Flüsse ableiten, Felsen sprengen, Berge umkehren und die Erde durchwühlen, um in Besitz dessen zu gelangen, wonach mit nur wenigen Ausnahmen die ganze Menschheit strebt.

Unter so verschiedenartigen Elementen Gesetze einzuführen, die jedem Einzelnen zusagen, mag gewiss eine der schwierigsten Aufgaben sein; und doch macht sich gerade hier der Mangel einer obrigkeitlichen Ordnung am schnellsten fühlbar. Dieses erkennend haben denn auch die Bewohner und Bearbeiter der verschiedenen Minendistricte unter sich Gesetze geschaffen, die zwar von furchtbarer Strenge sind, aber doch das Leben und Eigenthum Derer schützen, die darauf angewiesen sind, beides ihren Mitbürgern blindlings anzuvertrauen. Freilich kommen Diebstahl und Mord noch häufig genug vor, doch die fast jedesmalige Ergreifung der Verbrecher und die darauf folgende schnelle Ausführung des Lynch-Urtheils, bei welcher der Uebelthäter gepeitscht oder an dem nächsten Baum aufgehängt wird, dienen als Warnung; und trotz der stets zunehmenden Bevölkerung werden dergleichen Fälle seltener, wozu auch beiträgt, dass die Regierung von Californien täglich besser organisirt wird. Und so ist es denn allmälig so weit gekommen, dass einfache Zelte oder aus Baumrinde und Brettern zusammengefügte Hütten mehr als ein festverschlossenes Gewölbe vor unbefugten Eindringlingen gesichert sind und das Vorhandensein von Geräthschaften in einer Goldgrube hinreicht, jeden Anderen ausser dem Eigenthümer von der Bearbeitung derselben abzuhalten. —

Wem es nun zu eng wird in dem dichten Gewühl schnell wachsender Städte, wer betäubt wird durch das Getöse eines ewig regen Weltverkehrs, in der Gesellschaft von Menschen, die für Alles, ausser für das Gold, abgestumpft sind, für dessen Erlangung sie gierig Gesundheit und Leben hinopfern: der findet tausendfachen Ersatz in dem milden Klima des Landes, auf dem fruchtbaren Boden, mit welchem die Ströme eingefasst sind, in deren Wellen sich wiederum riesenhafte Eichen und Tannen spiegeln. Seine geringste Mühe wird die unerschöpfliche Zeugungskraft des Bodens reichlich belohnen; und während der sieche Goldgräber misstrauisch und furchtsam über seinen Schätzen wacht, beobachtet der Ackerbauer die zarten Keime seiner Pfleglinge, der Pflanzen, die ihm so vielfältigen Segen versprechen, oder wandert hinaus zu seinen Heerden, die auf üppigen Weiden gedeihen und seinen Wohlstand vermehren helfen.

XXXVIII.

Die Riesenbäume. — Einschiffung auf dem Dampfboot Oregon. — Reise auf der Südsee. — Der Hafen und die Stadt Acapulco. — Fünf Stunden in Acapulco. — Landung in Panama. — Die Stadt Panama. — Ritt nach der Eisenbahnstation. — Ankunft in Aspinwall. — Einschiffung auf dem Dampfboot Illinois. — Ankunft in New-York und Washington.

Californien ist das Land der Wunder, und jeder Reisende, der dorthin kommt, wird etwas seinen Neigungen Entsprechendes finden, dem er mehr als anderen Gegenständen seine Aufmerksamkeit zuwendet. Auch der Verehrer der still wirkenden heiligen Natur, der sich heimisch fühlt in dem unendlichen Reiche der Pflanzenwelt, und der gewohnt ist, in dem Staube der Blüthen, in der Entwickelung und dem Leben der Gewächse weise Gesetze zu erkennen und gerührt zu bewundern, findet in dem Goldlande eine Stelle, auf welcher er wie auf geweihtem Boden wandelt und blickt entzückt hinauf zu den Gipfeln von Bäumen, die als lebende Zeugen vergangener Jahrtausende unerschüttert ihre stolzen Kronen emporheben, und an ihre unwandelbare treue Pflegerin erinnern, wie Aegyptens Pyramiden als todte Denkmäler der Vorzeit Achtung vor ihren Erbauern einflössen.

Ungefähr 30 Meilen nördlich von Sonora im Calaveras-Bezirk gelangt man an den Fluss Stanislas. Einem Zuflusse desselben, der sich murmelnd durch ein tiefes bewaldetes Bett schlängelt, aufwärts folgend, gelangt man an das Mammuthbaumthal, welches 1500 Fuss über dem Meeresspiegel liegt. In diesem Thale, welches seinen Namen von den in demselben emporragenden Bäumen erhalten hat, befindet man sich Angesichts der Riesen im Reiche der Vegetation. Das Erstaunen, wenn man aus der Ferne die geraden thurmähnlichen Coniferen wahrnimmt, die eine hohe Tannenwaldung weit überragen, wird noch gesteigert, wenn man näher tretend die ungeheuren Dimensionen der einzelnen Bäume erkennt, die auf einem Raume von 50 Morgen zerstreut stehen, und eine Familie von 90 Mitgliedern bilden, von welchen das schwächste nicht unter 15 Fuss im Durchmesser hat. Man traut kaum seinen Augen, wenn man aufblickt zu den Kronen, die auf den kräftig gewachsenen colossalen Stämmen meist erst in der Höhe von 150 bis 200 Fuss beginnen. Man weiss nicht, ist es der mächtige Umfang der grauen, mit Moosflechten behangenen Stämme, ist es die unglaubliche Höhe oder der schöne gerade Wuchs, worüber man mehr erstaunen soll, und lange währt es, ehe man seine Gedanken so weit gesammelt hat, um mit Ruhe und Ueberlegung die speciellere Beschaffenheit dieser Bäume untersuchen zu können. Es sind Coniferen, die zu dem Geschlecht der Sequoia (ENDL.) gehören*), und manche Namen sind ihnen von den verschiedenen Botanikern, welche dieselben gesehen und beschrieben, beigelegt worden**). Die meisten haben abgestumpfte Gipfel, indem dieselben durch Stürme oder den im Winter schwer auf ihnen lastenden Schnee schon frühzeitig geknickt oder gebrochen wurden. Andere sind wieder an ihrer Basis durch die Feuer der Indianer beschädigt und noch andere haben der Axt der weissen Bevölkerung erliegen müssen, die rastlos in der Natur nach Gegenständen spürt, von welchen auf die eine oder die andere Weise Vortheil gezogen werden kann. So ist ein Stamm bis zu der Höhe von 50 Fuss seiner Rinde beraubt worden, die von ihrem Eigenthümer nunmehr in der Welt herumgeführt und ausgestellt wird. Eine Spiraltreppe wurde später in denselben Stamm gehauen, auf welcher die Besucher gegen Bezahlung zu einer bedeutenden Höhe hinaufsteigen können. Der Eigenthümer dieses Landstriches, der den Reisenden zugleich als Führer dient, hat jedem Baume einen Namen beigelegt, je nachdem dieser selbst, seine Stellung oder auch besondere Umstände der Phantasie dabei zu Hülfe kamen. So führte der Baum der umgehauen wurde, den Namen *Big Tree* (der dicke Baum). Derselbe hatte 96 Fuss Umfang, also 32 Fuss Durchmesser und 300 Fuss Höhe; denselben zu fällen, kostete 5 Mann eine Arbeit von 25 Tagen, und nur durch Bohren von Löchern, die dann durch die Axt mit einander verbunden wurden, gelang es, den colossalen Stamm aus dem Gleichgewicht zu bringen. Der stehen gebliebene Stumpf wurde darauf geebnet und bietet jetzt eine Fläche, auf welcher 16 Paare, ohne einander zu hindern, bequem walzen können. Nach Zählung der Ringe ergab es sich, dass dieser Baum ein Alter von 3000 Jahren erreicht hat. *Miner's Cabin* (Bergmannshütte) ist nach einer Höhlung im Stamme so genannt worden; er hat 80 Fuss Umfang und 300 Fuss Höhe. *Three Sisters* (drei Schwestern) sind drei Bäume, die derselben Wurzel entsprossen zu sein scheinen. Der mittelste hat erst in der Höhe von 200 Fuss die ersten Zweige. Ihr Umfang ist fast gleich, nämlich 92 Fuss bei 300 Fuss Höhe. Ferner sind noch da *Old Bachelor* (alter Junggeselle); *Hermit* (Eremit), *Husband and Wife* (Mann und Frau), die sich alle nur

---

*) ALEXANDER VON HUMBOLDT, Ansichten der Natur, Vol. II, pag. 107. Die riesenhaftesten Formen sind aus den Geschlechtern Pinus, Sequoia (ENDL.), Araucaria und Dacrydium; ich nenne nur diejenigen Arten, deren Höhe 200 Fuss nicht blos erreicht, sondern sogar oft übertrifft.

**) Aus einem Briefe des Herrn Dr. KLOTZSCH: Für den in Californien in der Grafschaft Calaveras wachsenden Mammuthbaum muss der von LINDLEY in der *Gardener's Chronicle* für December 1853, No. 52, pag. 820 und 823 gegebene Name (*Wellingtonia gigantea*), weil er der älteste systematische Name ist, der eine Charakteristik enthält, beibehalten werden. Als Synonyme gehören hierher der von einem Nordamerikaner, Dr. C. F. WINSLOW, vorgeschlagene Name *Washingtonia Californica* und *Sequoia Wellingtoniana* von BERTHOLD SEEMANN.

Wellingtonia gigantea Lindley

wenig in Umfang und Höhe unterscheiden. Hervorragender ist die *Family Group* (Familiengruppe), aus dem Vater, der Mutter und 24 Kindern bestehend. Der Vater ist schon vor Jahren umgefallen, hat im Fall einen anderen Baum gestossen und ist in der Länge von 300 Fuss abgebrochen, hat aber dort noch 40 Fuss Umfang, während an der Basis der Umfang 110 Fuss und die ganze Länge des Stammes 450 Fuss beträgt. Die Mutter hat 91 Fuss Umfang und 327 Fuss Höhe. Ferner liegt dort ein hohler Stamm, der in der Länge von 75 Fuss abgebrochen ist; derselbe führt den Namen *Horsebackride* (Pferderitt), weil man bequem von dem einen Ende bis zum anderen durch die untere abgebrochene Hälfte reiten kann. Dort ist auch *Uncle Tom's Cabin* (Onkel Toms Hütte), ein Stamm von 300 Fuss Höhe und 90 Fuss Umfang, mit einer Höhlung an der Basis, in welcher 25 Mann bequem Platz haben. Der Eingang zu diesem Raume ist $2^1/_2$ Fuss breit und 10 Fuss hoch, und gewiss haben die wenigsten Goldgräber so geräumige Wohnungen, wie dieser Baum sie darbietet*).

Dies ist eine kurze Beschreibung der Riesen Californiens, welche zugleich die grössten Bäume der Welt sind. Wer dorthin kommt und sieht, wie schon einige derselben vor der Zerstörungswuth der Menschen gefallen sind, den muss es wehmüthig stimmen zu denken, dass diese prachtvollen lebenden Denkmäler, welche sich die Natur gleichsam selbst setzte und sorgsam pflegte, in dem Zeitraume von Jahrtausenden sich noch nicht das Recht erworben haben, unangetastet auf kommende Jahrhunderte überzugehen und Generation auf Generation bewundernd um sich versammelt zu sehen. —

»Das Dampfboot Oregon wird am 2. April den Hafen verlassen, um mit Passagieren nach Panama zu gehen!« sagte Lieutenant Whipple eines Tages zu uns; »die Herren, welche diese Gelegenheit benutzen wollen, um nach Washington zu reisen, mögen mir rechtzeitig Mittheilung darüber machen, damit ich ihnen Plätze in der Cajüte sichere.« Sechs von unserer Gesellschaft, darunter ich selbst, entschieden sich sogleich für die Reise im »Oregon«, wogegen Lieutenant Whipple, Mr. Garner, Dr. Bigelow und Mr. Marcou noch einige Tage in Californien zu bleiben beabsichtigten.

Wir rüsteten uns demgemäss zur bestimmten Stunde und begaben uns mit unseren sämmtlichen Sachen hinunter zu den Werften, wo der »Oregon« dampfend und stöhnend an einer Landungsbrücke lag und unter dem gewöhnlichen Gewirre und Getöse Passagiere und Güter einnahm. Wohl dem, der bei solchen Gelegenheiten zeitig genug an Bord kommt, um sich eines Stuhles bemächtigen und auf diese Weise fern von dem Gedränge ungestört das bunte Treiben bei der Einschiffung beobachten zu können. Kurze Zeit vor der Abfahrt entstand eine Bewegung unter den Leuten, und vielfach vernahm man die Worte: »der Schatz kommt.« Ich gewahrte auch in der That in der Richtung von der Stadt her, deren letzte Strassen schon weit in den Hafen hin-

*) Namen und Dimensionen nach einem Artikel in der Zeitung: *Californian farmer* von Thomas Banister.

einreichen, einen von starken Pferden gezogenen verschlossenen zweiräderigen Karren, der von Leuten umgeben war, welche eine Bahn vor demselben in dem Gedränge öffneten und die Menge aus der Nähe zurückhielten. Diese Sicherheitsmassregeln konnten nicht weiter überraschen, wenn man in Betracht zog, dass wenige Wochen vorher an der Verladungsstelle ein schwerer Wagen durch die Brücke gebrochen war. Bei der Untersuchung stellte es sich heraus, dass die Balken von unten so weit durchgesägt waren, dass eine schwere Last dieselben durchbrechend hinab in's Wasser stürzen musste. Diese List war augenscheinlich von Dieben ersonnen und für den Goldwagen berechnet worden, um in der ersten Verwirrung einige der kleinen Kisten zu erbeuten und an passenden Stellen zu versenken. Der Plan war indessen fehlgeschlagen und hatte nur grössere Vorsicht bei späteren Transporten zur Folge. Der Karren mit den Schätzen hielt neben dem Räderkasten, wo die Laufplanke auf's Schiff führte. Der Verkehr wurde für kurze Zeit gehemmt, der Wagenkasten aufgeschlagen, und eine Anzahl von Leuten begann die anderthalb Millionen Dollar in Goldstaub in die untersten Räume des Schiffes hinab zu tragen, wo sie hinter schweren Riegeln und Eisenstangen verschwanden. Das Gold war an Bord, die zur Abfahrt bestimmte Stunde hatte geschlagen, die Kanonen wurden gelöst, die Taue eingezogen, und langsam begannen die gewaltigen Räder das Wasser zu schlagen. Bald befand sich der »Oregon« ausserhalb der dicht gedrängt liegenden Schiffe, abermals donnerten die Kanonen einen Scheidegruss nach San Francisco hinüber, der von den auf der Landungsbrücke Zurückgebliebenen mit einem dreifachen Hurrah beantwortet wurde, und leicht glitt der Coloss der Golden Gate zu und wiegte sich nach kurzer Zeit auf den mächtigen Wogen des stillen Oceans.

Der »Oregon« führte 900 Passagiere, deren grösster Theil einen Besuch in der Heimath abzustatten und dann wieder nach Californien zurückzukehren beabsichtigte; doch befanden sich auch Californien-Müde unter denselben, von denen Einige sogar die Kosten der Rückreise an Bord des Schiffes abarbeiteten. Dass diese übermässige Anzahl von Menschen (die Räumlichkeiten waren nur für 500 Personen eingerichtet) viele Zeit brauchte, um sich zurecht zu finden, ist leicht erklärlich, denn Jeder hegte den natürlichen Wunsch, noch in einer der bequemen Kojen ein Unterkommen zu finden; doch war beinahe die Hälfte der Passagiere genöthigt, auf Bänken, Tischen und vor Allem auf dem blankgescheuerten Verdeck die Nächte zuzubringen. Es dauerte daher auch lange, ehe sich ein geselliges Verhältniss einstellte, welches sonst auf langen Seereisen sich schnell unter den Passagieren bildet. Ich war glücklich genug, mit drei gebildeten Deutschen, die nach Erwerbung eines ansehnlichen Vermögens Europa einen Besuch abzustatten gedachten, bekannt zu werden, und ausser dem Genusse, nach einem Jahre mich endlich einmal wieder in meiner Muttersprache unterhalten zu können, erwuchsen mir aus dieser Bekanntschaft um so mehr fröhliche Stunden, als Mehrere von meinen alten Kameraden sich zu uns gesellten und den Kreis sorgloser ausgelassener junger Leute vervollständigen halfen. So glich denn meine Reise auf der Südsee einer langen Vergnügungsfahrt, einem immerwährenden Feste. Das herrlichste Frühlingswetter begünstigte uns, und wie wir alle 24 Stunden dem Aequator um 250 englische Meilen näher rückten, verschwanden auch die warmen Kleidungsstücke, und in leichten, dem tropischen Klima mehr angemessenen Anzügen lagen die Passagiere träge auf dem Verdecke umher und haschten gierig nach jedem Lüftchen, welches leise über dasselbe hinwehte.

Am 9. April befanden wir uns in nur ganz geringer Entfernung von der Küste, als Einer der Steuerleute in den Nachmittagsstunden auf die rauhen Gebirgsmassen hinwies und zu uns sagte: »Dort liegt der Hafen von Acapulco.« Wir schauten hin, doch vermochten wir nur die Flaggenstange auf einem Berge und etwas weiter südlich eine ganz geringe Einbuchtung zu erkennen. Der »Oregon« wendete indessen sein Bugspriet derselben zu und bald dampfte er in einer Strasse, die in weitem Bogen nach Norden führte; hinter uns entschwand das Meer unseren Blicken, doch vor uns öffnete sich wie ein Binnensee mit romantischen Ufern das ringsum von hohen Felsen eingeschlossene Becken des Hafens von Acapulco.

Dieser Hafen wird mit Recht nicht nur als einer der schönsten, sondern auch vermöge seiner Lage als einer der besten der Erde bezeichnet. Er ist durch hohe Gebirge von allen Seiten vollständig geschützt, und nur auf einem Umwege führt eine Strasse, in welcher aber Schiffe von grösstem Tiefgang ohne Gefahr dicht am Ufer unter steil aufstrebenden Felsen hinlaufen können, in ihn hinein. Acapulco hat indessen schon viel von seiner früheren Wichtigkeit verloren, welche es durch seinen Handel mit China und Ostindien erlangte, und gewinnt jetzt nur dadurch wieder, dass es als Mittelstation der zwischen Panama und San Francisco laufenden Dampfboote angesehen wird. Selbst Reisende lieben es nicht, lange in dem glühenden Felsenkessel zu verweilen, in welchen kein die Atmosphäre reinigender Wind seinen Weg zu finden vermag, wo tödtliche Krankheiten mancher Art sich erzeugen, und starke Erdbeben jeden Augenblick drohen. Ein überaus lieblicher Anblick bietet sich aber dar, wenn das Dampfboot, den wogenden Ocean verlassend, aus der Strasse in das weite spiegelglatte Becken tritt, welches ringsum von Felsenreihen malerisch eingefasst ist, deren Fuss von dem kaum merklichen Wellenschlage der Fluth leicht berührt wird. Nur gegen Norden zieht sich ein schmaler Streifen zwischen den Bergen und dem Strande hin, auf welchem die von Cocosnussbäumen und anderen Palmen beschattete Stadt angelegt ist. Auf dem östlichen Ende derselben erhebt sich eine kleine Befestigung, welche die Einfahrt des Hafens vollkommen beherrscht; sie besteht aus Mauern und Gräben, doch ist Alles in schlechtem Zustande, und besonders haben die Bauwerke durch die dort häufigen Erdbeben bedeutend gelitten. Quer durch den Hafen, an der Fortification und an der Stadt vorüber eilte der »Oregon«, legte sich an einige ausgediente Schiffe, welche in Verbindung mit einem hohen Gerüste die Stelle eines Steinkohlenmagazins vertraten, und sogleich begannen die Arbeiter Brennmaterial für den übrigen Theil der Reise in die unteren Räume zu schaffen. Die Nachricht von der Annäherung des Dampfbootes musste schon längst, noch vor dem wirklichen Erscheinen desselben im Hafen, in der Stadt kund geworden sein, denn noch waren die Taue und Ketten nicht befestigt, als Fischerböte von jeder Grösse, deren Ruderer mit lauten Stimmen die Passagiere zu einem Ausflug an's Ufer aufforderten, sich herandrängten. Fünf Stunden Zeit gewährte uns der Capitain, welche denn auch von dem bei Weitem grössten Theile der Reisenden bis auf die letzte Minute zu Spaziergängen auf festem Boden bestimmt wurde. Kaum war daher dieses Uebereinkommen getroffen, als Alles sich nach den Leitern drängte und in kurzer Zeit ruderten zahlreiche schwerbelastete Böte der Stadt zu, und die Passagiere lustwandelten zu Hunderten durch die Strassen, auf welchen sich der grösste Theil der Einwohner eingefunden hatte. War nun der Sonntag Nachmittag die Ursache davon, oder die Aussicht auf die Landung der Californier und auf den damit verbundenen Gewinn, genug, die ganze Stadt bildete einen Markt, auf welchem sich Bude an Bude reihte. Da waren Tische mit Limonaden, Muscheln, Backwerk und Cigarritos, und hinter denselben standen in ihren leichten weissen baumwollenen Kleidungsstücken und Strohhüten Menschen jeglichen Alters und Geschlechts, die lärmend ihre Waaren anpriesen. Von Allem wurde gekauft; doch was am meisten anlockte, das waren die Unmassen der herrlichsten Südfrüchte, die für ein Geringes feilgeboten wurden. Die drückende Hitze in Acapulco, wohin von keiner Seite der kühlende Luftzug dringen kann, liess uns die erquickenden Getränke, die gelben Ananas, die lichtgrünen Bananen nur um so lieblicher erscheinen, und ganze Ladungen derselben wurden gekauft und hinüber nach dem Dampfboot geschafft.

So flogen unmerklich die Stunden dahin. Der Abend stellte sich allmälig ein. Licht schimmerte durch die geöffneten Fenster und Thüren der einstöckigen Häuser, und bunte Papierlaternen erleuchteten die Buden. Immer dichter wurde das Gedränge, als die Einwohner die Räume, welche ihnen während des Tages Schatten gewährt hatten, verliessen, um sich durch einen Spaziergang in der frischen Abendluft zu erholen, doch vermisste ich gänzlich die vornehme Klasse der Damen, was wohl seinen Grund in einer natürlichen Scheu derselben vor der Rohheit eines grossen Theils der zurückkehrenden Californier haben mochte. — Ein Abenteuer eigenthümlicher Art hatte ich mit den Kindern, die bei unserem Landen haufenweise zu uns heranströmten und uns Hände voll der schönsten Seemuscheln, weisser Korallen und sonstiger Seegewächse entgegenhielten: Ich fragte Mehrere nach dem Preise, um ihnen von den Sachen abzukaufen, doch erhielt ich stets die kaum verständliche Antwort: »*I present;*« ich wunderte mich natürlich über die grosse Freigebigkeit, doch nahm ich die schönen Muscheln, die mir förmlich aufgedrungen wurden, mit dem freundlichsten Dank an und füllte mir allmälig ein ganzes Tuch mit denselben. Als ich endlich wegen Mangels an Raum nichts mehr zu lassen wusste und deshalb einige Geschenke zurückwies, kamen alle Kinder, die mich so freigebig bedacht hatten, hinter mir her und forderten ein Gegengeschenk von mir, und zwar auf so dringende und lärmende Weise, dass ich, um Aufsehen zu vermeiden, jedes besonders mit einem Geldstück abfinden musste. Zum Zurücknehmen der Muscheln aber konnte ich keinen Einzigen der kleinen Taugenichtse zwingen, indem sie sehr richtig bemerkten, dass es unmöglich sei, die untereinander gemischten Gegenstände so von einander zu trennen, dass Jeder wieder zu dem Seinigen gelange. Ich machte also gute Miene zum bösen Spiele, doch glaube ich, dass ich wohl doppelt so viel Kinder mit Fünfcentstücken beschenkte, als mir Muscheln angeboten hatten, wodurch mir die kleine Sammlung, die ich bequem für einen Vierteldollar hätte kaufen können, auf anderthalb Dollar zu stehen kamen. An Bord zurückgekehrt, erzählte ich diese Begebenheit meinen Gefährten; anstatt aber ausgelacht zu werden, wie ich erwartete, hörte ich von Jedem unter ihnen ganz dieselbe Geschichte, die auch ihm mit der hoffnungsvollen Jugend in Acapulco begegnet war, und Einer fügte sogar noch hinzu, dass, als er die kleinen Vagabunden habe züchtigen wollen, er einige Bowiemesser der in der Nähe weilenden Männer zu sehen bekommen habe.

Bis spät in die Nacht hinein durchstreiften wir die belebten Strassen, weilten bald vor einer Bude, bald vor einem Spieltisch, wo Karten und Würfel kreisten, und gingen dann hinab an den Strand, um uns durch ein Bad in den spiegelglatten Fluthen zu erfrischen, doch hielten wir uns, eingedenk der Haifische, die wir am Tage im Hafen wahrgenommen, nur ganz in der Nähe des Ufers. Noch im Bade wurden wir durch einen Kanonenschuss zur Eile gemahnt und befanden uns auch in Folge dessen nach wenigen Minuten am Landungsplatze der Böte, wo wir uns durch eine dichte Menschenmasse drängen und stossen mussten, bis wir endlich noch Raum in einem bis zum Umschlagen angefüllten Boote fanden. Zwei halbnackte braune Gestalten schoben das Fahrzeug vom Ufer, sprangen gewandt hinein, und leise glitten wir vor den kaum hörbaren Ruderschlägen dem »Oregon« zu, der wie ein schwarzes Ungeheuer gegen den nächtlich erleuchteten Himmel abstach. Reges Leben tönte von der Stadt zu uns herüber; Lichter flimmerten am Strande; in den glatten Fluthen spiegelten sich die undeutlichen Umrisse der nahen Berge und der Palmen, und phosphorisch leuchteten die Streifen des bewegten Wassers, welche hinter den eilenden Böten zurückblieben. Es war eine der herrlichen verlockenden Nächte, wie sie in den Tropen so gewöhnlich sind, und lange noch sass ich auf dem Verdeck, versunken in Gedanken und mich ergötzend an der malerischen Umgebung, welche durch die nächtlichen Schatten etwas geheimnissvoll Feenartiges erhielt. Als ich am folgenden Morgen aus meiner Koje trat, brachen sich die Wogen an dem scharfen Bug des »Oregon«, der unermüdlich gegen Süden eilte, und nur fern im Osten erkannte ich die blauen Linien der zackigen Küstengebirge.

Sechs Tage noch dauerte die Fahrt auf dem stillen Ocean, sechs Tage, die uns ganz gleichförmig vergingen. In den Cajüten derselbe ewige Lärm des Tafeldeckens, auf dem Deck dasselbe langsame Verrinnen der Stunden inmitten einer träge umhersitzenden oder lagernden Gesellschaft. Nur gegen Abend begann das fröhliche Leben unter den verschiedenen Gruppen, die sich allmälig zusammengefunden hatten. Gesang und Scherz in den verschiedensten Sprachen und Dialekten schallte aus allen Räumen; in den Winkeln erblickte man Eimer mit Eis und auf ihnen die saftigen Bananen, die würzigen Ananas, den edlen Rheinwein und den perlenden Champagner; wer hätte wohl in solcher Gesellschaft nicht fröhlich sein wollen! Weit hinaus über Bord flogen die leeren Flaschen und neue wohlgepfropfte nahmen die kühlen Stellen in den Eisbehältern ein; lauter und herzlicher schallten die heimathlichen Weisen, begleitet von dem ununterbrochenen Aechzen und Stöhnen der Maschinen.

In der Nacht des 15. April warf der »Oregon« vor Panama Anker, worauf die Passagiere angewiesen wurden sich bereit zu halten, um das Dampfboot sogleich verlassen zu können. In der Entfernung von $1\frac{1}{2}$ englischen Meile (näher können schwere Schiffe nicht heran) erkannten wir die dunklen Umrisse des Landes und erblickten hin und wieder matte Lichtschimmer, die auf den Wellen zu schwimmen schienen. Da die Einwohner von Panama schon längst auf die Ankunft des Dampfbootes vorbereitet waren, und durch einen Kanonenschuss Kenntniss vom Fallen der Anker erhalten hatten, so dauerte es nur kurze Zeit, bis zahlreiche Böte zu uns stiessen und gleich darauf nahm das regelmässige Ausschiffen seinen Anfang. Passagiergüter, Fracht, so wie die Goldsendung befanden sich bald auf dem Lande und nach allen Richtungen durcheilten die Reisenden die dunklen Strassen der alterthümlichen Stadt. Ich landete mit einigen Reisegefährten in einem der ersten Böte, welche das Land erreichten; es war zur Zeit der höchsten Fluth, weshalb wir noch eine Strecke durch seichtes Wasser auf scharfem steinigem Boden waten mussten, ehe wir uns wirklich auf dem Trockenen befanden. Unsere Versuche, noch in irgend einem Gasthofe ein Unterkommen für den übrigen Theil der Nacht zu finden, scheiterten gänzlich, denn das auf dem Atlantischen Ocean in derselben Linie mit dem »Oregon« fahrende Dampfboot »Illinois« war schon einige Tage früher in Aspinwall auf der Ostseite der Landenge angelangt, und Panama in Folge dessen mit Hunderten von Passagieren angefüllt, die auf Gelegenheit nach Californien harrten. So trafen wir alle nicht verschlossenen Häuser so überfüllt, dass wir es vorzogen, in den Strassen zu lustwandeln und auf dem breiten Wall, der in's Meer hinausreicht, den Anbruch des Tages zu erwarten.

Trotz des Wogens und Treibens, trotz der aus allen Weltgegenden dort zusammengewürfelten Menschenmassen, welche zeitweise Panama überfluthen, hat die Stadt noch nichts von ihrem alterthümlich-ehrwürdigen Charakter verloren, und selbst das wilde Getöse der hin- und herreisenden Völker ist nicht im Stande, die Gedanken gänzlich zu unterdrücken, die sich uns Angesichts der Denkmäler gefallener Grösse aufdrängen. Die Ruinen alter in geschmackvollem Stile aufgeführter oder theilweise noch unvollendeter Kirchen und grosser Gebäude zeugen von der Wichtigkeit, die einstmals diesem Orte beigelegt wurde; tropische Schlingpflanzen verbergen halb die kühnen-

Bauten; Palmen wuchern auf den einsamen Höfen; und in den Spalten der zerfallenden Mauern haben Bananenbäume Wurzeln geschlagen und beschatten mit ihren dichten Kronen die leeren Bogenfenster und Oeffnungen in dem grauen Mauerwerk. Ich konnte mich nicht satt sehen an den herrlichen Gruppen und Bildern, die sich vor mir aneinander reihten und bedauerte nur, so bald diesen interessanten Punkt verlassen zu müssen.

Ermüdet gelangten wir endlich auf den breiten Wall, dessen Grundsteine der stille Ocean während der Fluth bespülte. Wir gingen auf und ab, blickten hinüber nach den Inseln, die sich im Westen von uns erhoben, und nach der Küste des Festlandes, welches die nördlichste Spitze von Südamerika bildet; wir bewunderten die mächtigen Broncekanonen, welche noch immer die ihnen vor langer Zeit angewiesenen Stellen einnahmen und lagerten uns endlich auf dem grünen Rasen, um einige Stunden der Ruhe zu pflegen.

Es mochte 5 Uhr sein, als wir von der Stadt her wirres Getöse vernahmen, und daran erinnert wurden, dass auch wir nicht versäumen durften, einiger Maulthiere habhaft zu werden; um noch an diesem Tage die 30 Meilen entfernte Eisenbahnstation zu erreichen, wenn wir überhaupt noch mit dem »Illinois« die Reise nach New-York unternehmen wollten. Nachdem wir uns durch ein Bad im Ocean erfrischt, begaben wir uns nach dem Hause, in welchem die Dampfschiffcompagnie Güter und Passagiere über den Isthmus expedirt. Die Strassen wimmelten von Maulthieren, die von dunkelbraunen Mestizen mit ächten Mörderphysiognomien für den Preis von 10 bis 30 Dollar zum Ritt nach der Eisenbahnstation an die Reisenden vermiethet wurden. Unserer Sachen wegen, welche wir alle einem Agenten übergaben, mussten wir etwas zögern, woher es uns nur noch mit genauer Noth gelang Reitthiere zu erhalten, die fast alle wie durch Zauber mit den Hunderten von Passagieren verschwunden waren. Nachdem wir auf den Rath einiger dort wohnender Amerikaner unsere Waffen vorher untersucht, begaben wir uns gegen 10 Uhr auf den Weg und befanden uns bald ausserhalb der Stadt zwischen kleinen Plantagen, die in tropischer Ueppigkeit prangten, und zwischen dicht verschlungenen Waldungen, in deren oberen Regionen Papageien und Affen ihr lärmendes Wesen trieben. Einer uralten schlecht gepflasterten Strasse folgend, die so schmal war, dass wir oftmals kaum den uns immerwährend begegnenden Maulthieren auszuweichen vermochten, gelangten wir allmälig auf die Höhe. Die Sonne brannte senkrecht auf unseren Scheitel, so dass selbst auf den Höhen die Hitze unerträglich wurde und wir jede kleine mit Palmenwedeln gedeckte Hütte, in welcher uns gegen gute Bezahlung kühlende Limonade geboten wurde, freudig begrüssten. Vielfach begegneten uns auch Eingeborne, lauter schwarzbraune, colossale, halbnackte Gestalten, die, der Neger- und der kupferfarbigen Raçe entsprossen, durch ihr grobes, brutales Wesen und die zwei Fuss langen, breiten Messer, welche sie gewöhnlich unter dem Arme trugen, uns deutlich machten, warum uns gerathen worden war auf unserer Hut zu sein, und da wir nur eine kleine Gesellschaft bildeten, die Waffen zum augenblicklichen Gebrauche bereit zu halten. Spät Abends, als unser Weg durch die über uns dachförmig ineinander verwachsenen Bäume in pechschwarze Finsterniss gehüllt war, und wir es nur der Sicherheit der Thiere verdankten, dass wir nicht durch die uns begegnenden Eingebornen in tiefe Abgründe hinabgestürzt wurden, erreichten wir endlich die Station, wo einige grosse aus Brettern und Balken zusammengefügte Häuser zur Aufnahme der Fremden bestimmt waren. Wir stiegen von unseren Thieren, überliessen dieselben, nach dortigem Gebrauch, gesattelt und gezäumt der Freiheit und begaben uns in eine Halle, wo Menschen in dichtem Gedränge durcheinander wogten. Da ich auch Tische mit Speisen wahrnahm, so wie in einer Ecke einen langen Schenktisch, hinter welchem ein Neger präsidirte, fragte ich sogleich, ob ich Abendbrod und ein Nachtlager erhalten könne, worauf mir der Neger zur Antwort gab, dass mir beides zu Theil werden solle, doch möchte ich mir vor allen Dingen drei Marken kaufen, so lange noch welche zu haben seien, es würde mir alsdann eine bei der Abendmahlzeit, eine zweite im Bett und die dritte beim Frühstück abgefordert werden. Nach einigem Hin- und Herreden folgte ich dem Beispiel der übrigen Reisenden und löste mir die Marken für den mässigen Preis von einem Dollar für's Stück. Als ich darauf den ersten Bissen der ganz gut zubereiteten Speise zum Munde führte, stellte sich ein Mestize bei mir ein, der mir die erwähnte Karte abnahm, ohne welche ich natürlich von der Tafel gewiesen worden wäre. Nach Tische begab ich mich auf den Boden, um mich nach einem Nachtlager umzusehen; es befanden sich daselbst allerdings Hunderte von Betten, doch hatte jedes einzelne schon zwei Inhaber, die friedlich neben einander lagen und gewiss nicht gesonnen waren, sich durch irgend etwas auf der Welt ungestraft in ihrer Ruhe stören zu lassen. Mich widerten die Betten, so wie die dicke ungesunde Luft in dem eingeschlossenen Raume an; ich stieg hinunter, streckte mich vor der Thüre auf eine Bank und verfiel bald in einen gesunden Schlaf. Lange hatte ich indessen noch nicht gelegen, als ich an der Schulter gefasst und heftig gerüttelt wurde. Bei meinem Erwachen erblickte ich sogleich den bekannten riesenhaften Neger, der ruhig vor mir stand und die Karte für das Nachtlager verlangte. Ich wusste im ersten Augenblick nicht, ob es Scherz oder Ernst sei, und sagte demselben, er möge mir nur die Karte im Bette abfordern; er erwiederte indessen, dass ich auf seiner Bank und unter seinem Dache schlafe, was gewiss mehr als einen Dollar werth sei. Ich sah das Thörichte eines Streites mit diesen Leuten ein, übergab die Marke und liess zugleich einige scherzhafte Bemerkungen fallen über die bequeme Einrichtung, von den Gästen Geld zu verdienen. Beides nahm der Neger freundlich von mir an, und ungestört schlief ich dann auf meiner Bank, bis mich am folgenden Morgen die ersten Sonnenstrahlen weckten.

Trotz der interessanten Umgebung einer üppigen tropischen Vegetation unterbrochen von kleinen Lichtungen und niedlichen, mit Palmenwedeln gedeckten Hütten, an welchen ich mich nicht wenig ergötzte, schlichen die Stunden mir doch nur langsam dahin, denn eines Theils war ich in Unruhe wegen meines Gepäckes, welches noch immer nicht angekommen war, dann aber befand ich mich in Ungewissheit über die Abfahrt des »Illinois« und wusste nicht, ob ich genöthigt sein würde, noch vier Wochen auf der an Fiebern und Räubern reichen Landenge zu verweilen. Doch das Glück war mir hold, denn noch vor Untergang der Sonne befand ich mich nach einer mehrstündigen Fahrt auf einer schlechten Eisenbahn in Aspinwall und löste mir zusammen mit meinen Gefährten sogleich Billets zur Reise auf dem »Illinois«.

Auf unsere Fragen, wann das Dampfboot die Anker lichte, erhielten wir den Bescheid: »Morgen früh.« Wir begaben uns daher nach dem besten Gasthofe, um uns nach den letzten unbequemen Tagen etwas zu erholen, lösten uns abermals drei Marken und gingen dann fröhlich und guter Dinge in den Speisesaal. Noch sassen wir in gemüthlicher Unterhaltung beisammen, als ein Kanonenschuss zu uns herüber donnerte; wir wurden aufmerksam, doch liess uns ein zweiter Schuss nicht mehr im Zweifel, dass der »Illinois« sich eines Anderen besonnen habe und noch an demselben Abende sich auf den Weg zu begeben gedenke. Es war keine Zeit zu verlieren, wir stürzten zu unseren Sachen, und nach einer Stunde im wirrsten Gedränge befanden wir uns endlich an Bord des Dampfbootes mit den beiden Marken in der Tasche, welche wir als Andenken an Aspinwall und seine industriellen Gastwirthe nach New-York mitnahmen.

Von einer glücklichen Seereise ist nur sehr wenig zu erzählen. Ich sah die blauen Küsten von Cuba und den Bahama-Inseln und landete nach einer neuntägigen Fahrt am 28. April in New-York. Nur zwei Tage verweilte ich daselbst, worauf ich nach Washington reiste, und nach wenigen Wochen in den Bureaux mit Lieutenant Whipple und meinen alten Reisegefährten wieder zusammentraf.

XXXIX.

Bericht des Kriegsministers der Vereinigten Staaten, Mr. Jefferson Davis über die von der Expedition durchforschte Route. — Schluss des Werkes.

Ich befand mich schon wieder einige Zeit in Europa, als mir Lieutenant Whipple, der unterdessen zum Capitain ernannt worden war, unter anderen Brochüren auch eine Abhandlung des Kriegsministers der Vereinigten Staaten, des Herrn Jefferson Davis zuschickte, in welcher derselbe dem Congress einen kurzgefassten Bericht der verschiedenen Eisenbahnrichtungen nach der Südsee vorgelegt hatte. Ich lasse hier die Uebersetzung dessen folgen, was über die von unserer Expedition erforschte Route gesagt ist:

Route nahe dem 35° nördlicher Breite. Die Hauptlinien, welche die Richtung dieser Route bestimmten, deren Erforschung von Lieutenant A. W. Whipple, vom Corps der topographischen Ingenieure, geleitet wurde, sind die westlichen und östlichen Verlängerungen der sich einander nähernden Zuflüsse des Mississippi, des Rio Grande und des grossen Colorado des Westens. Es scheint als wenn dort auf mehr Regen als in den Regionen nördlich und südlich von dieser Richtung und in Folge dessen auch auf einen grösseren Vorrath von Brenn- und Bauholz gerechnet werden könne.

Die Strasse, die bei Fort Smith am Arkansas River, ungefähr 270 Meilen von Memphis am Mississippi beginnt, kann bis zu den Antelope Hills, eine Strecke von 400 Meilen, entweder den Thälern des Arkansas und des Canadian folgen, oder vielleicht auch einer kürzeren Linie, aber über ungünstigeren Boden südlich vom Canadian. Diese letztere Route hat indessen wieder zwei besondere Zweige, entweder dem Thale des Washita oder der Wasserscheide zwischen diesem Fluss und dem Canadian folgend. Von den Antelope Hills führt die Strasse bis zur Mündung des Tucumcari Creek im Thale des Canadian, an dessen rechtem Ufer entlang, eine Strecke von ungefähr 250 Meilen; dann im Thale des Tucumcari Creek oder des Pajarito Creek aufwärts nach der Wasserscheide zwischen dem Canadian und dem Pecos, bis zu einer Höhe von 5543 Fuss, und alsdann hinab in das Thal des letzteren. Die Strasse folgt darauf diesem Thale, bis sie durch Benutzung eines Zuflusses das hohe Tafelland oder Becken östlich der Rocky Mountains erreicht, welches sich 7000 Fuss über dem Meeresspiegel erhebt. Sie führt dann durch das hohe Salinas-Bassin, welches 30 Meilen breit, und dessen niedrigste Erhebung 6471 Fuss über dem Meeresspiegel ist, und erreicht die Wasserscheide in den Felsengebirgen in einer Höhe von 7000 Fuss. Von diesem Punkte zieht sie sich durch den San Pedro-Pass hinunter nach Albuquerque oder Isleta am Rio Grande, oder auch durch das Thal des Galisteo River nördlich vom Sandia-Gebirge nach derselben Stelle. Einer dritten Route ist Erwähnung gethan, welche im Thale des Pecos hinauf, von dort an einen Zufluss des Galisteo und dann ebenfalls an den Rio Grande führt. Isleta am Rio Grande ist 854 Meilen von Fort Smith entfernt und erhebt sich 4945 Fuss über die Meeresfläche. Die Strasse, über die Höhe führend, welche den Rio Grande vom Puerco trennt, folgt alsdann dem Thale eines Nebenflusses des letzteren, nämlich des San José, bis zu einer seiner Quellen in einem Pass in der Sierra Madre, genannt Camino del Obispo. Auf dem Gipfel (Höhe 8250 Fuss) ist ein Tunnel von 3/4 Meilen Länge in einer Erhebung von nicht weniger als 8000 Fuss nöthig, von wo alsdann das Niedersteigen an den Zuñi River in der Nähe von Pueblo de Zuñi bewerkstelligt wird. Die Strasse führt weiter über hügeligen Boden bei der Navahoe-Quelle an den Puerco des Westens. Eine andere Route über die Sierra Madre, ungefähr 20 Meilen weiter nördlich wurde von Mr. CAMPBELL untersucht, und anscheinend bei Weitem geeigneter gefunden. Das Profil derselben ist indessen nicht durch zuverlässige Instrumente bestimmt worden; die Erhebung des höchsten Punktes über dem Meeresspiegel beträgt 7750 Fuss. Der Puerco des Westens entspringt in diesem Pass, und die Route folgt dem Thale dieses Flüsschens (sich mit der anderen Linie bei dem Navahoe Spring vereinigend) bis zu seiner Mündung in den Colorado Chiquito, und führt alsdann durch das Thal des letzteren an den Fuss der südöstlichen Abhänge des San Francisco-Gebirges bis zu einer Höhe von 4775 Fuss hinauf; Entfernung von Fort Smith 1182 und vom Uebergangspunkte am Rio Grande 328 Meilen. Von hier nun führt die Route hinauf nach der Wasserscheide zwischen den Wassern des Gila im Süden und denen des Colorado des Westens im Norden, und auf derselben ungefähr 200 Meilen weiter zum Azteken-Pass, dessen Höhe 6281 Fuss und Entfernung vom Fort Smith 1350 Meilen beträgt. Der höchste Punkt auf diesem fortlaufenden Rücken, Leroux's Spring, am Fusse der San Francisco-Berge, hat 7472 Fuss. Das Hinuntergehen vom Azteken-Pass an den Rio Colorado des Westens wird bewerkstelligt durch Beschreibung eines Bogens gegen Norden, an den Nebenflüssen des Colorado entlang, von welchen der bedeutendste und letzte Bill William's Fork ist, dessen Mündung in den Colorado 1522 Meilen von Fort Smith und in der Höhe von 208 Fuss über dem Meeresspiegel liegt. Die Strasse führt alsdann 34 Meilen aufwärts am Colorado hinauf und verlässt denselben bei den Needles, um einem Thale zu folgen, welches irrthümlicher Weise für den Mohave River gehalten wird. Es wies sich aber als das zu jener Zeit trockene Bett eines Flusses aus, dessen Quellen sich an dem hohen Rücken befinden, welcher wahrscheinlich das grosse Bassin von den Wassern des Colorado scheidet. Nachdem die Höhe (5262 Fuss über der Meeresfläche) erreicht ist, geht es mit einer durchschnittlichen Senkung von 100 Fuss auf die Meile auf einer Strecke von 41 Meilen (die schroffste Senkung auf der ganzen Route) hinab an den Soda Lake, der in gewissen Jahreszeiten das Wasser des Mohave River aufnimmt und 1117 Fuss hoch liegt. Das Hinaufgehen von dem Soda-See zu dem Gipfel des Cajon-Passes in der Sierra Nevada (4198 Fuss) geschieht, indem die Richtung des Mohave-Thales verfolgt wird. Der Gipfel dieses Passes ist 1796 Meilen von Fort Smith und 242 vom Uebergangspunkte des Colorado entfernt. Hier nun wird ein Tunnel von $2^1/_2$ bis $3^1/_{10}$ Meilen Länge durch weissen Conglomerat-Sandstein erfordert. Gegen Westen führt die Strasse abwärts mit einer Senkung von 100 Fuss auf die Meile, welches die durchschnittliche Senkung einer Strecke von 22 Meilen bis in's Thal von Los Angeles ist, wenn nämlich der zerrissene Charakter der Berge bei einer genaueren Untersuchung die Verminderung der Senkung gestattet, welche zwischen 90 und 171 Fuss auf die Meile schwankt. Von dort zum Hafen von San Pedro ist das Terrain durchaus günstig.

Die Haupteigenschaften dieser Route in Vergleich mit anderen sind, dass dieselbe durch mehr kulturfähige Ländereien führt; dass bis zum Colorado ein grösserer Wasservorrath dieselbe begünstigt, und sich häufiger ausgedehnte Waldungen zwischen dem Rio Grande und dem Colorado befinden. Diese beiden letzten Eigenschaften überwiegen eine vierte ungünstige, nämlich die grosse Anzahl der Steigungen und Senkungen. Nahe dem Meridian des 90. Grades ist der Uebergang von fruchtbarem Boden zu solchem, der der Kultur unfähig ist, vollständig, ausgenommen die Thäler der Flüsse, welche mehr oder weniger fruchtbar sind. Einige Theile des oberen Thales des Canadian und des Pecos, der Thäler des Rio Grande, des Zuñi, des Colorado Chiquito, des San Francisco, des Colorado des Westens und ihrer Zuflüsse haben einen fruchtbaren Boden, der aber im Allgemeinen künstlicher Bewässerung bedarf, um tragfähig zu bleiben. Der Theil der südwestlichen Spitze des grossen Bassins, über welchen diese Route führt und über welchen sich die Forschungen des Lieutenant Williamson ebenfalls erstreckten, ist sehr fruchtbar, und das Wüstenähnliche rührt dort nur von dem Mangel an Regen her. Gewöhnlich haben unkultivirbare Ebenen Ueberfluss an nahrhaftem Grase, obgleich auch umfangreiche Strecken vorhanden sind, wo wenig oder gar keins gefunden wird. Es kann angenommen werden, dass die Route mit guten Bausteinen hinlänglich versehen ist, seit es bekannt geworden, dass Sandstein, der sich zum Brückenbau eignet, in der gewöhnlich weichen Trias-Formation vorhanden ist, welche sich vom Delaware-Berge am Canadian bis zu den Felsengebirgen über eine Entfernung von 600 Meilen erstreckt. Waldungen, welche Holz zu Schwellen und Brettern zum Gebrauch für Eisenbahnen liefern, befinden sich fortwährend auf der Route östlich vom 97. Grade der Länge; in oder nahe dem Thale des Pecos; in den Rocky Mountains und der Sierra Madre; in den Mogoyon-Gebirgen (südlich von der Strasse), in welchen der Colorado Chiquito und einige seiner Zuflüsse entspringen; an den Abhängen der San Francisco-Berge, von dort aus auf einer Strecke von mehr als 120 Meilen, und in der Sierra Nevada. Die Entfernungen, welche diese Punkte trennen, betragen 540, 100 und 150 Meilen. Von der Sierra Madre zu den San Francisco-Bergen sind 250 Meilen; von hier aus auf der Strecke von 120 Meilen kann der Holzvorrath als ununterbrochen bezeichnet werden; von dort bis zur Sierra Nevada sind wieder 420 Meilen. Wenn der Bau der Eisenbahn von beiden Enden begonnen wird, so beträgt die grösste Entfernung, über welche Schwellen, Bretter etc. auf derselben geschafft werden müssen, 400 und 500 Meilen. In dieser Hinsicht ist daher die Route im Vergleich mit anderen begünstigt zu nennen. Dieselben Localitäten liefern ebenfalls Brennmaterial, wozu noch kommt, dass die Kohlenlager des Delaware-Berges den östlichen Theil der Route, wo Holz nur spärlich benutzt werden kann, mit Brennmaterial versehen. Es heisst, dass an verschiedenen Stellen in den Rocky Mountains, östlich und westlich vom Rio Grande nahe dieser Route, sich Kohlenlager befinden, doch fehlen genauere verbürgte Nachrichten darüber, ob dieselben in genügender Stärke vorhanden sind, um mit Erfolg bearbeitet werden zu können. Die Bahn auf der Strecke von 450 Meilen östlich der Sierra Nevada muss von den Häfen der Südsee aus mit Brennmaterial versehen werden. Auf Strecken dieser, so wie auf allen anderen Routen ist gar kein Brennmaterial, selbst nicht genug für die Arbeiten vorhanden. Die grösste Entfernung, auf welcher dieser gänzliche Mangel an Holz herrscht, ist zwischen dem Colorado und dem Mohave River, eine Strecke von 115 Meilen. Die genaue Entfernung, auf welcher in gewissen Jahreszeiten kein Wasser gefunden wird, ist nicht bestimmt. Zwischen dem 100. Längengrade und der Südsee sind ganz wasserlose Strecken, wo aber ohne Zweifel, nach der geologischen Beschaffenheit zu schliessen, hinlänglicher Vorrath durch gewöhnliche Brunnen, artesische Bohrungen oder Reservoirs erhalten werden kann. Die grösseren Vorräthe an Holz und Wasser westlich vom Rio Grande werden vertheuert durch die hohe Lage und die Unebenheit des Bodens. Im Galisteo-Pass in den Rocky Mountains und den Pässen in der Sierra Madre, welche eher weite Oeffnungen und Thäler als Gebirgspässe genannt werden können, ist vom Schnee kein Hinderniss zu fürchten, selbst wenn derselbe in bis jetzt dort noch unerhörten Massen fallen sollte; auf dem übrigen Theile der Route droht von dieser Seite gar keine Gefahr. Die Summe der Steigungen von San Pedro bis Fort Smith beträgt 24,641 Fuss, die der Senkungen 21,171 Fuss.

Die allgemeine Bildung des Landes zeigt mehrfach Linien, die bei näherer Untersuchung die Anlage einer Strasse durch Verminderung der Steigungen und Senkungen bedeutend erleichtern und Verkürzung der Distanzen ermöglichen; die Gesellschaft war indessen nicht im Stande, dieselben zu durchforschen. Die steilsten Grade, welche wahrscheinlich auf der Strasse von Fort Smith nach San Pedro nicht vermieden werden können, kommen denen auf der Baltimore und Ohio-Eisenbahn nicht gleich. Die Beschreibung der topographischen Beschaffenheit der Route ist nicht hinlänglich genau.

61*

um uns in den Stand zu setzen, ein klares Bild über die Schwierigkeiten des Landes, welche zu überwinden sind, so wie über die wahrscheinlichen Kosten der Anlegung einer Eisenbahnstrasse zu erhalten. Lieutenant WHIPPLE vergleicht die verschiedenen Theile der Route mit Eisenbahnen, die schon fertig sind, mit welchen sie ähnliche Beschaffenheit und ähnliche Schwierigkeiten haben. 480 Meilen sind mit der Hudson River-Eisenbahn verglichen worden, 151 mit der Worcester und Albany-Eisenbahn *(Western Railroad)* und 374 mit der Baltimore und Ohio-Bahn, wonach also 1005 Meilen als den theuersten in den Vereinigten Staaten gebauten Eisenbahnen ähnlich bezeichnet worden sind. Der Eindruck aber, welchen die Beschreibung der Route hervorruft, veranlasst zu der Ansicht, dass das Terrain günstiger ist, als die Vergleichung des Lieutenant WHIPPLE vermuthen lässt. Nimmt man nun auch an, dass die Vergleiche correct sind, so ergiebt diese Schätzung für die Route von Fort Smith nach San Pedro die Summe 169,210,265 Dollar. Diese Berechnung ist, wie oben bemerkt, zu hoch angeschlagen, doch sind die näheren Umstände, wodurch eine Verminderung eintreten kann, dem Departement noch nicht mitgetheilt worden.

Sollte es wünschenswerth erscheinen, San Francisco durch die Tulares- und San Joaquin-Thäler zu erreichen, so müsste die Strasse den Mohave River 30 Meilen vor dem Cajon-Pass verlassen (Entfernung von Fort Smith 1768 Meilen, Höhe ungefähr 2555 Fuss), sich über die südwestliche Spitze des grossen Bassins nach dem Tah-ee-chay-pah-Pass ziehen, und dessen Mündung in der Höhe von 3300 Fuss und in der Entfernung von 60 Meilen erreichen. Von diesem Punkte aus fällt die Route mit der des 32. Grades nördlicher Breite zusammen. Die Summe der Steigungen von San Francisco bis nach Fort Smith auf der Route durch den Tah-ee-chay-pah-Pass beträgt 25,570, die der Senkungen 25,100 Fuss.

Die Untersuchung dieser Route durch Lieutenant WHIPPLE und seine Berichte über dieselbe verdienen die grösste Anerkennung, sowohl wegen der Vollständigkeit der Arbeit in allen ihren einzelnen Theilen, als auch durch die vollkommenen und genauen Beobachtungen, welche er zur Bestimmung der Längen und Breiten anstellte, und durch die weite Ausdehnung wissenschaftlicher Forschungen in allen Nebenzweigen, welche in Beziehung mit der Aufgabe standen, zu deren Lösung seine Expedition bestimmt war.

JEFFERSON DAVIS,
Kriegssecretair der Vereinigten Staaten.

Dies ist der fragmentarische Bericht, in welchem in gedrängter Kürze eine Uebersicht der in diesem Werke beschriebenen Expedition geboten ist, und die hier als die beste Erläuterung zu der beiliegenden Karte dient.

Einige Jahre sind schon verflossen, seit ich von dieser Expedition in meine Heimath zurückgekehrt bin; doch vermag ich derselben nicht zu gedenken, ohne mich lebhaft und dankbar meines verehrten Freundes, des Capitains WHIPPLE, zu erinnern, unter dessen Commando ich eine so interressante Reise zurücklegte, auf welcher ich so viel sah und lernte. Wie Capitain WHIPPLE seine Aufgabe löste, sagen am besten die anerkennenden Worte des Herrn Jefferson Davis; ich enthalte mich daher eines weiteren Urtheils und füge nur hinzu, dass ich gern und mit Enthusiasmus von dieser Expedition spreche. Für die liebenswürdige Freundlichkeit aber, mit welcher Capitain WHIPPLE mir während unseres langen Zusammenseins stets begegnete, für die rücksichtsvolle Behandlung, die mir von ihm als meinem Commandeur zu Theil wurde und für die aufrichtige Freundschaft, welche er, wie deutlich aus seinen zahlreichen Briefen an mich hervorgeht, mir noch immer bewahrt, sage ich ihm hier meinen innigsten, herzlichsten Dank, und ich hege noch immer die Hoffnung, auf einer ähnlichen Expedition wieder mit meinem braven Commandeur zusammenzutreffen. Ob ich jemals wieder dem Einen oder dem Anderen meiner alten Gefährten begegnen werde, ist sehr ungewiss, denn unser fröhliches Corps ist nach allen Himmelsgegenden zerstreut: Dr. BIGELOW, mein verehrter lieber Freund, lebt glücklich im Kreise seiner Familie in Ohio und benutzt seine müssigen Stunden, um botanisirend das Land zu durchstreifen; die Offiziere von der Armee befinden sich zur Zeit wohl auf irgend einem Fort im fernen Westen oder in Florida, so wie die Civilbeamten der Expedition ihrer verschiedenartigen Laufbahn in Minesota, Californien, Oregon, Virginien, vielleicht auch wieder in Washington oder gar in Europa, folgen. Doch wo sie auch immer sein mögen, ich bewahre ihnen stets ein warmes Andenken und die aufrichtige Freundschaft, welche in guten und schlechten Zeiten auf der Reise vom Atlantischen Ocean nach den Küsten der Südsee geschlossen wurde.

Und nun, am Schlusse meines Reisewerkes, vermag ich mich eines wehmüthigen Gefühles kaum zu erwehren: ich spänne gerne den Faden meiner Erzählungen und Berichte noch weit, weit hinaus, verweilte so gern noch länger bei der Beschreibung der blumenreichen Grasebenen und dicht verschlungenen Urwälder, wie ich sie jetzt in Gedanken deutlich vor mir sehe; ich möchte mit den Farben der Wirklichkeit die erhabenen Bilder einer friedlich lächelnden Natur und die Scenen aus dem Kampfe wild aufgeregter Elemente schmücken; — doch meine Kräfte reichen nicht aus und nur mit Zagen sende ich ein Werk in die Welt hinaus, dessen Ausführung so weit hinter meinen Wünschen zurückgeblieben ist und welches in jeder Beziehung so sehr der Nachsicht bedarf.

Ich war mit der Durchsicht der letzten Seiten meines Manuscriptes beschäftigt, als mir ein Brief des in diesem Werke mehrmals genannten Lieutenant Ives zuging, der mit folgenden Worten beginnt: »Mr. Möllhausen! Ich bin durch den Kriegsminister aufgefordert, Ihnen mitzutheilen, dass Sie zum Assistenten einer Expedition ernannt worden sind, welche unter meinem Commando zur Vermessung und Erforschung des Colorado-Flusses geführt werden soll. Sie werden daher in dem Dampfboote, welches ungefähr am 20. September 1857 von New-York nach San Francisco abgeht, sich einschiffen und, sollten Sie dort keine besonderen Instructionen vorfinden, mit dem nächsten Dampfboote nach San Diego, gehen und sich bei mir melden. Erlauben Sie mir, Ihnen das Vergnügen auszudrücken, welches ich über die Erneuerung unseres Verkehres empfinde etc.« Ich werde also, wenn dieses Buch der Oeffentlichkeit übergeben wird, wieder an den Küsten der Südsee sein und neuen Stoff zu ferneren Arbeiten sammeln. — Diese Erfüllung meiner Wünsche verdanke ich jedoch keineswegs meinen eigenen Bemühungen und Anstrengungen, sondern dem endlosen Wohlwollen des edlen Mannes, von welchem einer der höchstgestellten Amerikaner im Einklange mit der ganzen Nation sagt: »Wie heilig ist mir jedes Wort von Alexander von Humboldt!«

ANMERKUNGEN.

1. [S. 6.] Westlich vom Mississippi und vor Erreichung der Felsengebirge findet man in den Ebenen und Prairien der südlichen Regionen fünf abgesonderte Gruppen, die ziemlich weit von einander entfernt sind, und aus Granit, Quarz und talkigem Schiefer *(schistes talqueux)* gebildet sind. Diese Massen haben nichts mit dem Ozark-Gebirge gemein, und obgleich drei von diesen in denselben Regionen liegen, kreuzen sie die Bruchlinien *(lignes de brisements)* dieses Bergsystemes, dessen Richtung durchaus verschieden ist und welches einer anderen Verlegungsepoche angehört. Die nördlichste dieser Massen befindet sich in dem südwestlichsten Theile des Staates Missouri, bei Potosi und Perryville, wo ein Theil derselben unter dem Namen »Eisenberg« *(Iron Mount)* bekannt ist. Drei dieser abgesonderten Gruppen liegen auf einer ebenfalls von Osten nach Westen laufenden Linie. Die erste in der Nähe von Little Rock erstreckt sich bis zum Hot Spring und Sulphur Spring im Staate Arkansas; die zweite von geringem Umfang liegt in den Ländern der Chickasaw-Indianer, östlich vom Fort Washita; die dritte endlich, welche durch ihre Ausdehnung und ihre Erhebung über dem Meeresspiegel (einige Gipfel übersteigen 3000 Fuss) die bedeutendste ist, ist bekannt unter dem Namen der Witchita-Gebirge. Dieses letztere Gebirge nimmt die Ländereien zwischen dem Nordarme des rothen Flusses und dem False Washita-Flusse ein, und dient den Choctaw- und Comanche-Indianern als Grenze. Da es sich in der Mitte der Prairie erhebt, so bildet es eine ausgezeichnete Landmarke für die Reisenden, welche diese weiten Oeden durchziehen. Die fünfte dieser Granitmassen und zu gleicher Zeit die südlichste, ist durch Mr. Ferdinand Roemer bezeichnet worden, der in Texas zwischen den Flüssen Llano und San Saba, nicht weit von Fredericksburg auf dieselbe gestossen ist.

(Jul. Marcou: *Résumé explicatif d'une carte géolog. des États Unis etc.* pag. 107.)

Alle Anmerkungen über die geologische Bildung der in diesem Buche beschriebenen Territorien von Mr. Jules Marcou sind wiederzufinden in dem *Report of Captain* Whipple, indem dieser einen vollständigen Bericht des Mr. Marcou, der als Geologe der Expedition angehörte, seinem Report beigefügt hat.

2. [S. 6.] Doctor Shumard in Fort Smith hat den Kohlenkalk *(calcaire carbonifère)* in der Grafschaft Washington, Staat Arkansas, bezeichnet und beschrieben. Es ist ein blauer oder dunkelgrauer Kalkstein, der eine grosse Anzahl von Fossilien enthält, welche alle die untere Kohlenformation des Mississippi-Thales charakterisiren. Es ist wahrscheinlich, dass diese Formation noch an mehreren Punkten von Arkansas gefunden werden wird. Ich habe sie bei Shawnee Town wiedererkannt, in den westlichen Prairien, wo sie den Delaware Mount bildet, indem sie sich auf dem rechten Ufer des Canadian-Flusses erhebt. Die Fossilien, die ich auf dem Delaware-Berge sammelte, sind:

ein neuer Productus, abgebildet von M. HALL in dem Rapport des Capitain STANSBURY, unter dem falschen Namen Orthis Umbraculum; dann ein wirklicher Orthis, ebenfalls neu und mit zahlreichen Röhren von Crinoïden *(tiges des Crinoïdes)*.

(MARCOU a. a. O., pag. 39. — RANDOLPH B. MARCY: *Report of the Red River of Louisiana.* Append. D. pag. 166 u. 179.)

3. [S. 28.] Endlich findet sich im Westen ein unermessliches Steinkohlenlager, welches sich, ohne eine Unterbrechung in seiner Ausdehnung, von oberhalb des Forts Moines *(Iowa)* bis hinunter zum Fort Belknap und dem Rio Colorado in Texas hinzieht. Dieses mächtige Steinkohlenlager ist nur an sehr wenigen Stellen mit Sorgfalt untersucht worden. Alles was man über dasselbe mit einiger Gewissheit kennt, ist die Ununterbrochenheit seiner Ausdehnung und seine Grenzen, was sich auf die Beobachtungen gründet, die in verschiedenen Theilen durch die Herren NICOLET, D. D. OWEN, Dr. H. KING, Dr. SHUMARD und mich gemacht worden sind. Die obere Kohlenbildung oder das Steinkohlenterrain des Beckens westlich vom Mississippi, bezeichnet mit dem Namen *far west coal field*, begreift zwei grosse Abtheilungen: die untere, welche durchaus aus schwarzem mergeligem Schiefer und Betten von Steinkohlen zusammengesetzt ist und die obere Abtheilung, die von rothem Sandstein durch mächtige Lager in sehr regelmässigen Schichten gebildet ist, in welchen man noch einige Ueberreste von fossilen Pflanzen findet. — Die Steinkohlenbetten sind hier weniger zahlreich als in dem Steinkohlenbecken des Golfs St. Laurent, und es sind kaum fünf oder sechs vorhanden, die mit Vortheil ausgebeutet werden können. Ausser der Steinkohle findet man auch in dieser unteren Abtheilung des Steinkohlen-Terrains Eisenerz im Ueberfluss, besonders in den Staaten Arkansas und Texas, so wie einige Anhäufungen von Gyps. Das Terrain des oberen Kohlenkalks *(carbonifère supérieur)* dieser Regionen übersteigt nicht die Mächtigkeit von 2 bis 3000 Fuss.

(MARCOU a. a. O., pag. 49. — MARCY a. a. O. Append. D. pag. 166.)

4. [S. 62.] Der mit blossen Augen sehr deutlich erkennbare Komet wurde zum ersten Mal am 19. August 1853 von unseren Astronomen im Lager beim Schwarzen Biber in den Abendstunden wahrgenommen, und längere Zeit hindurch allabendlich beobachtet. — Ueber ihn giebt in einem Briefe an Herrn ALEXANDER VON HUMBOLDT, der Adjunct Herr BRUHNS, von der königlichen Sternwarte in Berlin, folgende Nachrichten. »Dieser Komet ist der, den Dr. KLINKERFUES in Göttingen am 10. Juni 1853 entdeckte, dessen Bahn hier zuerst aus drei Beobachtungen berechnet wurde und dessen Sichtbarkeit mit blossen Augen in den astronomischen Nachrichten No. 864 und 869 (Band 36 und 37) vorhergesagt ist. Es ist dies der grosse Komet, von dem JULIUS SCHMIDT unter seinem Olmützer Himmel so schöne Tagbeobachtungen (in etwa 10° Entfernung von der Sonne) machte. Ich habe denselben hier zuerst am 8. August mit blossen Augen wahrgenommen. Besonders hell war er Ende August und Anfang September, als er sein Perihel erreichte. Mehrere Abende zeigte er sich am Westhimmel mit einem 5 Grad langen Schweife und ist dieser Schweif bis zu 12 Grad Länge in den mehr begünstigten Gegenden Süd-Europas gesehen worden. Auf der südlichen Halbkugel und besonders am Kap der guten Hoffnung ist er mit Fernröhren noch bis Anfang Januar 1854 beobachtet worden.«

5. [S. 67.] Man findet auf den Lagen des Terrains der Kohlenbildung *(terrain carbonifère)* eine Reihe geschichteter Felsen aufgesetzt; sie bestehen hauptsächlich aus Sandstein und rother Thonerde, eine Mächtigkeit *(développement)* von 5 bis 6000 Fuss erreichend. In Folge ihrer eingeschichteten Lage zwischen der Kohlenformation und dem jurassischen Terrain gehören sie der Epoche des Buntsandsteins *(nouveau grès rouge)* an. Das Uebereinanderliegen und die Uebereinstimmung der Schichtungen zwischen dem Kohlenterrain und dem neuen rothen Sandstein habe ich in Tegeras, Antonitto und San Pedro erwiesen, ebenso in der Sierra de Sandia *(Rocky Mountains)* in Pueblo de Pecos und bei Santa Fé, auf den beiden Flussgebieten der Sierra Madre, bei Aqua Fria, ebenso auf verschiedenen Punkten der Ausläufe der Sierra de Mogoyon. Endlich habe ich auch sehr deutlich erkannt, dass auf dem ganzen westlichen Abhange des Delaware Berges, am Topofki Creek hinauf, auf den Ufern des Canadian, die Lagen des Buntsandsteins der Permischen Formation in nicht übereinstimmender Schichtung auf der unteren Kohlenbildung oder Bergkalk über einander liegen *(carbonifère inférieur ou calcaire de montagne)*, welcher vor der Bildung des *new red sandstone* stark verrückt und gehoben worden ist. — — — Der neue rothe amerikanische Sandstein zerfällt in vier Stufen *(étages)* oder Abtheilungen, wenigstens an den Orten, wo ich denselben beobachtet habe. — — — Die unterste oder erste Etage besteht aus einem Magnesia- oder Dolomithaltigen Kalkstein, der sehr regelmässig in Lagen von 4 Zoll bis zu 1 Fuss Dicke geschichtet ist. Mehrere Lagen schliessen eine ziemlich bedeutende Anzahl von Fossilien ein, die alle sehr schlecht erhalten und fest mit dem Felsen verbunden sind; ich habe indessen einen *Nautilus*, *Pterocerus* und Röhren von Encriniten erkannt. Diese Formation hat durch ihre stratigraphische Stellung viel Aehnlichkeit mit unserem Zechstein, dem oberen Theil des Permischen Systems, mit dem *Magnesian Limestone* Englands. Ich bin nur zwischen dem Rio Colorado Chiquito und der Sierra Blanca oder Mogoyon auf dieselbe gestossen, wo sie ein Vorgebirge dieser Sierra in einer Breite von 5 bis 6 Meilen und in einer Dicke von etwa 1000 Fuss bildet.

Die zweite Stufe ist von Thonerde gebildet, die an der Basis blau und roth ist, das Roth wird vorherrschend in dem Masse als man höher steigt, bis es zur Zinnoberfarbe wird; dann von rothem Sandstein mit grünen Flecken, von sehr bröckliger Verbindung, in fester oder schieferartiger Schichtung, der mit Thonerde durchzogen ist, welche er schliesslich ganz ersetzt; doch ist in diesem letzten Falle auch der rothe Sandstein etwas bröcklig. Häufiger besteht derselbe aus sehr feinen Körnern, während einige Lagen in verschiedenen Regionen ziemlich grosskörnig sind, und dann in ein wirkliches Conglomerat übergehen. Ich habe in dieser Stufe, welche eine durchschnittliche Höhe von 2 bis 3000 Fuss erreicht, keine Fossilien gefunden. Die Leichtigkeit, mit welcher der rothe Sandstein sich durch den Einfluss der Atmosphäre auflöst, ist Ursache, dass in den Regionen, wo sich die zweite Stufe befindet, das Phänomen mächtiger abgesonderter Blöcke auftritt, welche die Gestalt von Säulen, riesenhaften Kegeln, Trümmern alter Bauwerke haben; die Umgebung von Rock Mary auf dem rechten Ufer des Canadian bietet hiervon zahlreiche Beispiele. Diese zweite Etage bedeckt eine weite Fläche der grossen westlichen Prairien, besonders an den Grenzen des grossen Steinkohlenbassins des Far West. Indem ich dem 35. Grad nördlicher Breite folgte, habe ich gefunden, dass sie die gesammten Ländereien vom Topofki Creek bis zum Rock Mary bildet, so wie sie auch auf verschiedenen Punkten der Felsengebirge, der Sierra Madre und auf den Ufern des Rio Colorado Chiquito zu Tage tritt. (Marcou a. a. O., pag. 55.)

6. [S. 67.] Ueber die *Cross Timbers*, s. Marcy a. a. O., pag. 54.

7. [S. 96.] Die dritte Stufe ist hauptsächlich aus Lagen von rother Thonerde gebildet, welche sehr oft unermessliche Anhäufungen von weissem Gyps einschliessen, der formlos von chrystallisirten Gypsadern durchfurcht ist, mit dazwischenliegenden Bänken Magnesia- oder Dolomithaltigen Kalksteins; oft findet man auch daselbst Bergsalz oder salzhaltige Thonerde auf dem Gyps niedergelegt. Die mittlere Höhe der Lagen dieser dritten grossen Abtheilung ist ungefähr 1500 Fuss. Fossilien sind daselbst sehr selten und beschränken sich auf Fragmente versteinerten Holzes. An einem der kleinen Zuflüsse des False Washita, nahe den Antelope Hills habe ich einen wirklichen versteinerten Baum gefunden, an welchem die am Stamme hängenden Zweige noch erhalten waren, und welche polirt Sectionen zeigen, die die grösste Aehnlichkeit mit denen des *Pinites fleuratii (?)* haben, welche Doctor Mougeot als in dem *new red sandstone* des Thales von Ajol in den Vogesen vorkommend beschrieben hat. Auf meiner Strasse, dem 35. Grade nördlicher Breite war ich von der Nähe des Rock Mary bis zur Arroyo Bonito oder Shady Creek beständig auf dieser Stufe, und es waren auf dieser Strecke 20 Lieues gänzlich von Gyps eingenommen. Doctor G. Shumard in seinen Forschungen, in Verbindung mit der Expedition des Capitain Marcy zur Untersuchung der Quellen des Red River von Louisiana, hat dieses Gypslager von den westlichen Abhängen des Witchita-Gebirges bis zum Fusse des Llano Estacado, in einer Breite von 40 Lieues überschritten. Dann hat Capitain Pope auf seiner Forschungsreise von El Paso nach Preston diese Gypsanhäufungen an den Quellen des

Rio Colorado von Texas und am Rio Brazos gefunden. Da man weiss, dass am Arkansas, nahe der Stelle, wo die Strasse der zwischen Santa Fé und Independence reisenden Kaufleute diesen Fluss berührt, Gyps vorhanden ist, so sieht man, dass in den grossen Prairien des Westens sich ein Gypslager von 36° bis 32° nördlicher Breite erstreckt, und zwar in einer Breite, die zwischen 15 und 40 Lieues schwankt. Wahrscheinlich wird es sich erweisen, dass diese Gypsanhäufungen sich noch weiter nördlich als bis zum 38. Grade nördlicher Breite hinziehen. Diese Stufe bedeckt, wie ich schon bemerkte, einen grossen Theil der Prairien; dann findet man sie mit einer prächtigen Entwickelung von Gyps und Dolomit in den Felsengebirgen wieder (San Antonio, Pecos, in den Salinen von Grand Quavira, Pueblo de Laguna, dann am Pueblo Creek nicht weit von El Paso und in den Sierras de Jemes, de San Juan und Madre. Westlich von Zuñi ist die Stufe weniger stark als in anderen Regionen, und der Gyps findet sich daselbst nur in kleinen sehr unbeträchtlichen Massen und fehlt sogar häufig ganz.

(Marcou a. a. O., pag. 57.)

8. [S. 90.] Diese Gypsregion ist ausführlich beschrieben von Marcy: *Exploration etc.*, pag. 168, 172, 174.

9. [S. 144.] Die oberste oder vierte Stufe zerfällt in zwei Hauptgruppen. Die untere Gruppe ist von dicken Lagen weisslich-grauen Sandsteins gebildet, der oft rosa und roth ist; die obere Gruppe besteht in Lagen kalkiger, sandiger Thonerde *(d'assises d'argile calcareo-sableuse)*, welche Streifen von sehr lebhaften Farben zeigt, als violett, roth, gelb und weiss, mit einem Wort, bunter Thonerde *(d'argile irisée)*. Diese vierte Stufe zeigt eine auffallende Aehnlichkeit mit den *marnes irisées* Frankreichs, dem Keuper Deutschlands oder den *variegated marls* von England; mit der jedesmaligen Ausnahme der amarantgelben Farbe, welche ich in Europa niemals wahrgenommen habe; sonst würde ich, anstatt zu denken, ich sei in den Einöden der Prairien und der Felsengebirge, mich nach einigen Punkten des Jura oder des Neckarthales in Schwaben versetzt glauben können. Der Sandstein dieser Stufe ist sehr entwickelt, etwas undeutlich geschichtet und sehr dicht. Seine Mächtigkeit ist 1000 Fuss, dagegen der Keuper oder bunte Mergel *(marnes irisées)* nur 500 Fuss hat; was im Ganzen 1500 Fuss für die oberste Stufe des neuen rothen amerikanischen Sandsteins macht. Der bunte Mergel, als Felsen von sehr geringer Festigkeit, ist fast überall durch Abwaschungen *(denudations)* entfernt worden, und nur selten kann man denselben anderswo wahrnehmen als da, wo er von jurassischem Terrain bedeckt ist. Die Massen des Sandsteins dagegen haben den Abwaschungen grossen Widerstand geleistet, und man findet sie in grossen zusammenhängenden Flächen; sie bilden oft bizarre Formen, welche man mit Ruinen von Tempeln, natürlichen Befestigungen, Gräbern von Titanen und Riesen verglichen hat. Auf dem 35. Grade nördlicher Breite krönt dieser Sandstein alle Höhen der Plateaus oder Mesas auf dem rechten und linken Ufer des Canadian, von den Antelope Hills bis zum Llano Estacado, wo er den Fuss desselben bildet; ferner dehnt er sich auf dem Boden des Thales vom Rocky Dell Creek und Plaza Larga bis nach Anton Chico und Cañon Blanco in Neu-Mexiko aus.

(Marcou a. a. O., pag. 58.)

10. [S. 152.] Eine unmerkliche Abdachung führt von den Prairien an den Fuss des Llano, dann folgt ein steiler Abhang, der zwischen 300 und 450 Fuss schwankt, welchen man ersteigen muss, um sich auf dem Plateau zu befinden. Während des Aufsteigens bemerkt man augenblicklich, dass die rothen und bunten Felsen, welchen man während mehrerer auf einander folgenden Wochen der Reise in den Prairien begegnet ist, anderen von verschiedener Farbe und Zusammensetzung Platz gemacht haben, und dass die Straten dieses ewigen *nouveau grès rouge*, dessen Ende man gar nicht zu erreichen glaubte, mit Lagen eines viel neueren Terrains bedeckt sind, welche in übereinstimmender Schichtung auf der vierten Stufe über einander liegen. — — —

Ich werde die Juraformation, das jurassische Terrain des Llano Estacado so beschreiben, wie es sich mir in meinen Untersuchungen gezeigt hat, indem ich die sich auf dasselbe beziehenden Notizen meinem Reisetagebuche entnehme. Im September 1853 war ich auf dem Llano Estacado an einer Stelle auf der Strasse von Fort Smith nach Santa Fé, die unter dem Namen Encampment Creek bekannt ist; hier ist der Durchschnitt, welchen ich auf dem linken Ufer des Flüsschens beobachtet: Zuerst bildet Keuper oder bunter Mergel *(marnes irisées)* den Boden des Baches, und erhebt sich bis mitten zur Höhe der Schluchten; dann hat man einen kalkig-sandigen *(calcareo-sableux)* Sandstein von gelblicher Farbe, der auf dem Buntsandstein *(new red sandstone)* ruht, und zahlreiche Einschlüsse von kohlensaurem Kalk von der Grösse einer Haselnuss enthält, in einer Schichtenstärke von 30 Fuss; auf demselben befindet sich eine Lage Conglomerat mit einem kalkigen sehr harten Bindemittel von rosenrother Farbe und 2 Fuss Stärke. Diesem folgt ein Lager von weissem, sehr hartem Kalkstein mit muschligem Bruch. Endlich kommt ein etwas grauer Kalkstein, der öfter sehr weiss, zerbrechlich, halboolitisch und etwas kreidig ist und manches Analoge mit den weissen korallischen Rogensteinen aus der Umgebung von Porrentruy hat. Dieser letzte Kalkstein, dessen Stratum eine Stärke von 15 oder 20 Fuss hat, bedeckt das Llano und bildet durch seine Auflösung den Boden, denn auf diesem hohen Plateau finden sich keine Spuren eines alluvianischen Terrains. Ich habe durchaus keine Fossilien in dem Terrain des Encampment Creek gefunden, weshalb ich auch keinen Schluss auf sein relatives Alter habe ziehen können, wenn nicht diesen, dass es viel neuer als der amerikanische Keuper ist. Nachdem wir über die Plaza Larga gezogen waren, welche gänzlich von Sandstein und rother Thonerde der vierten Stufe des Bundsandsteins *(new red sandstone)* gebildet ist, erreichten wir den Fuss des Berges, welchen wir wegen seiner Form den *Pyramid Mount*, Pyramidenberg genannt haben. Die nördliche Seite, an welcher wir angelangt waren, ist durchaus senkrecht abgestürzt; alle Schichten des Berges sind daselbst blossgelegt, so dass man sich keinen besseren geologischen Durchschnitt wünschen kann. — — — Die steile Höhe, da wo die Flöze zu Tage bloss liegen, beträgt 500 Fuss. Hier ist die Section wie sie sich zeigt.

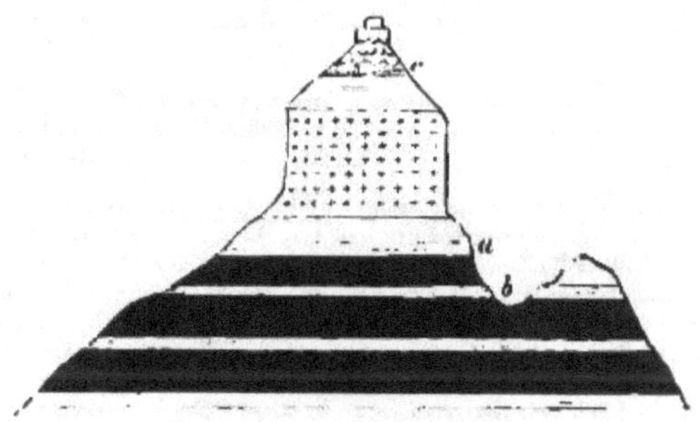

a. Couche des marnes irisées en contact avec le terrain jurassique.
b. Alternance de marnes calcaréo-argileuses de couleurs irisées.
c. Couche à *Gryphaea dilatata* et à *Ostrea Marshii.*

Von der Basis bis zur Hälfte der Höhe, die ersten 200 Fuss, sind aus Straten von buntem Mergel mit rothen, grünen und weissen Streifen gebildet, und gewähren in der That einen Anblick wie der obere Theil des Keupers der Steinbrüche von Boisset bei Salins. Eine Lage von blaugrauer Thonerde von 1 Fuss Stärke bildet die letzte Schicht auf dem neuen rothen Sandstein und ist in unmittelbarer Berührung mit einem weissen Sandstein, der sehr feinkörnig ist, eine Stärke von 8 Fuss hat und schon einer neueren Formation angehört, deren Alter ich zu bestimmen gesucht habe. Darüber hat man ein mächtiges Lager von 80 Fuss Höhe von sehr hartem und feinkörnigem Sandstein von hellgelber Farbe, welcher durch die Spaltung vollständig senkrecht wie eine Mauer geschnitten ist. Lager von weissem Sandstein haben sich darüber hingelegt; sie sind sehr dünn, nicht hart, und sehr dem Einflusse der Atmosphäre unterworfen; auch findet man am Fusse jeder Schicht kleine Sandhaufen, welche durch deren Zerbröckeln entstanden sind; ihre Stärke ist 25 Fuss. Dann kommt Thonerde von blauer Farbe mit einem Anfluge von grau, von schieferartiger Zusammensetzung und 30 Fuss Höhe. In dieser blauen Thonerde, 6 Zoll von dem weissen Sandstein habe ich das Lager der Gryphaea gefunden, zerrollt und unkenntlich, wie ich sie am vorhergehenden Tage im Bette der Bäche angetroffen. Die Exemplare der Gryphaeen, welche ich beim Ersteigen der Höhe gesammelt hatte, überraschten mich durch ihre Form, die der Gryphaea dilatata von Oxford und den Vaches Noires in der Normandie ganz ähnlich ist. — — — Etwas später fand ich in demselben Lager mit der Gryphaea vereinigt eine Schale der Ostrea Marshii in einem ausgezeichneten Zustande der Erhaltung. — — Diese Entdeckung von jurassischen Fossilien brachte endlich meine Zweifel über das Alter des Llano Estacado zu einem Ende: ich bin in Nordamerika auf das wirkliche jurassische Terrain gestossen. — — — — Beendigen wir den Durchschnitt des Pyramid Mount. Ueber dem blauen Oxford-Mergel befinden sich Lagen eines sandigen Kalksteins von dunkelgelber Farbe, sehr hart, und mit einem Bruch der glänzend und spiegelnd *(miroitant)*, wie beim gelben Kalkstein des unteren Rogensteines *(oolite inferieur)* des Jura; jede dieser Lagen hat eine Stärke von 5 bis 6 Fuss, und sie reichen bis zum Gipfel des Berges, wo die alleroberste Schicht aus einem kieselartigen, weissen, sehr festen Kalkstein besteht. — — Also sind die ganzen Höhen des ungeheuren Llano Estacado von dem jurassischen Terrain gebildet, mit Ausnahme des Bodens zweier mächtigen Schichten, welche von Herrn Kendall in seinem Werk, betitelt: *Narrative of the Texan Santa Fé Expedition*, bezeichnet worden sind. — — — — — — — — In Norden des Llano Estacado sieht man die Gipfel der abgesonderten konischen Berge vom jurassischen Terrain gebildet, wie unter anderen die Höhen des grossen und des kleinen Tucumcari, wirkliche Verlängerungen des Llano Estacado, welche sich zwischen den Flüssen Canadian, Cimaron, Purgatoire und oberen Arkansas hinziehen.

(Marcou a. a. O., pag. 63—65.)

11. [S. 205.] In den Gebirgen des alten Placer und des neuen Placer bei Santa Fé in Neu-Mexiko bearbeitet man Quarzgänge, welche Gold in hinlänglicher Quantität enthalten, um die Kosten der Arbeit zu decken.

(Marcou a. a. O., pag. 111.)

12. [S. 212.] Der erste Vulkan, auf welchen ich auf meinen Forschungen in den Felsengebirgen gestossen bin, liegt zwischen Galisteo und Peña Blaca; er führt den Namen Cerrito, erstreckt sich in das Thal des Rio Grande del Norte, und liegt wie eine Art Verbindungsmittel zwischen den Sierras von Santa Fé, de Jemez, de Sandia und den Placers. Dieser alte Vulkan ist nicht sehr hoch, die verschiedenen Kegel, von welchen er gebildet wird, erheben sich nicht höher als 800 bis 1000 Fuss über das Plateau, auf welchem er aufsteigt. Seine Laven erstrecken sich über die gesammten Ländereien zwischen Galisteo, Cieneguilla, Nanle und den Pueblos von Cochiti und San Felipe. Der Rancho von Cerrito liegt sogar mitten im Krater. Der Rio Grande und der Rio Bajado oder Cieneguilla haben ihre gegenwärtigen Betten, in den Laven des Vulkans eingefurcht, und in den Sectionen, welche mittels Durchschnitte zu Tage gebracht werden, sieht man, dass die Ströme der basaltischen Lava den Drift wieder bedeckt, und an manchen Stellen sogar in Marmor *(brèche)* oder vulkanisches Conglomerat verwandelt haben.

(Marcou a. a. O., pag. 113—115. — Um die Geographie und Geologie von Neu-Mexiko haben sich neben Herrn Marcou sehr verdient gemacht: Emory, Wislizenus, Dr. French, Marcy, Capitain Sitgreaves und Bartlett.)

13. [S. 220.] Das Sandia-Gebirge ist eine östliche Kette der Rocky Mountains.

(Marcou a. a. O., pag. 5.)

14. [S. 256.] Vergl. Marcou a. a. O., pag. 56—57.

15. [S. 261.] Vom Rio Puerco bis zur Sierra Madre führte unser Weg fortwährend über Trias und jurassische Formationen, welche in diesen Regionen häufig mit unermesslichen Lavaströmen bedeckt sind, die ihren Ursprung in dem alten ausgebrannten Vulkan, Mount Taylor haben, der in

einiger Entfernung gegen Norden sichtbar ist. Diese Lavaströme, welche sich über die Niederungen der Thäler ausbreiten, sind durchaus den Strömen noch arbeitender Vulkane ähnlich, entbehren wie diese jeder Vegetation und geben dem Lande, wo sie gefunden werden, ein dürres trostloses Aussehen. Die Mexikaner nennen sehr richtig solche Regionen *mal pais*. —

Nahe dem Culminationspunkte der Sierra Madre wird die Trias durch Kohlenkalk ersetzt; dann, auf eine Strecke von 12 Meilen, bestehen die Felsen aus eruptivem Granit, Gneis und Glimmerschiefer. An der westlichen Seite der Sierra Madre erscheinen wieder der Kohlenkalk, die Lagen der Trias und endlich der weisse und gelbe Jura-Sandstein mit den Lavaströmen in den Thälern.

(MARCOU: *Résumé of a geological reconnaissance, extending from Napoleon at the junction of the Arkansas with the Mississippi, to the Pueblo de los Angeles in California.* Doc. 129. pag. 46.)

16. [S. 261.] Der Mount Taylor, der auch unter dem Namen Sierra de Ciboletta oder Sierra de Matoya in den dortigen Ländern bekannt ist, erreicht eine Höhe von 10,000 Fuss über dem Meeresspiegel. Er liegt nicht weit von der Sierra Madre und zeigt einen gänzlich abgesonderten Kegel, dessen blauen Gipfel wir an offenen Stellen des Landes weithin zu erkennen vermochten. Zahlreiche Lavaströme gehen nach allen Seiten von diesem grossen erloschenen Vulkane aus; mehrere dieser Ströme haben eine Länge von 10 bis 15 Lieues. In der Sierra Madre, da, wo die Strasse nach Pueblo de Zuñi über dieselbe führt, befinden sich ebenfalls mehrere vulkanische Kegel, und man erblickt gegen Süden in der Entfernung von ungefähr 15 Lieues einen grossen vulkanischen Kegel mit 2 oder 3 Nebenkegeln. (MARCOU: *Résumé explicat. etc.*, pag. 111.)

Anmerk. des Verfassers. In einer kleinen Gebirgssammlung, die Lieutenant WHIPPLE auf meine Bitte freundlichst an Herrn von HUMBOLDT schickte, fanden sich Trachyte aus der Umgegend von Mount Taylor und Cieneguilla. Nach sorgfältiger Untersuchung war die charakteristische Zusammensetzung dieser Trachyte vom westlichen Abfall der Rocky Mountains: Oligoclas und Hornblende, also ganz gleich den Trachyten von Toluca, dem Vulkan von Orizaba und der Insel Aegina.

17. [S. 266.] Der Inscription Rock und das ganze Hochland, welches sich beinahe bis nach Zuñi erstreckt, ist von Felsen der Juraformation gebildet. — Diese Formation ist aber nicht dem Llano Estacado allein eigen, sondern dieselbe bildet sowohl die Gipfel der Plateaus, die man gegen Norden in der Richtung nach dem Canadian River zwischen dem Canadian und den Raton Mountains erblickt, als auch die meisten der Höhen, die sich vom Rio Pecos bis an den Fuss der Sierra de Sandia erstrecken. Bei unseren Forschungen fanden wir dieselben auch auf der westlichen Seite des Rio Puerco, wo diese Formation von Lavaströmen durchschnitten fast die ganze Strasse zwischen Covero und der Sierra Madre ausfüllt, und endlich zwischen dem Inscription Rock und Pueblo de Zuñi sich herzieht, wo sie wieder Plateaus bildet, welche sich in der Richtung nach Fort Defiance und Cañon de Chelly ausdehnen. (MARCOU: *Résumé of a geolog. reconnaissance etc.*)

18. [S. 275.] An einigen Stellen, als bei El Ojo Pescado nahe Zuñi und in der Nachbarschaft des Fort Defiance bei Cañon Chaca befinden sich in der Lehmerde Betten von Kohlenschiefer, doch nur 3 oder 4 Zoll dick, so dass sie wahrscheinlich nicht reich genug sind, um mit Erfolg bearbeitet werden zu können. (MARCOU a. a. O.)

19. [S. 283.] Das Thal, in dem Pueblo de Zuñi liegt, wie das des gleichnamigen Flusses, besteht aus Felsen und Gebirgsarten der Trias-Formation, die hier wie in der Prairie von Sandstein und rothem Lehm mit Dolomit und Gyps gebildet sind. (MARCOU a. a. O., Doc. 129. pag. 46.)

20. [S. 299.] Man findet vielfach im vierten Absatz, in den Schichten des Buntsandsteins der deutschen Geologen, zahlreiche Stücke versteinerten Holzes und sogar häufig ganze Bäume; so bin ich auf der Westseite der Sierra Madre zwischen Zuñi und dem Colorado Chiquito auf einen wirklichen versteinerten Wald (*véritable forêt silicifiée*) gestossen, mit Bäumen von einer Länge von 30 bis 40 Fuss, die in Stümpfen von 6 bis 10 Fuss Länge zerbrochen waren und einen Durchmesser von 3 bis 4 Fuss hatten. Das Zellengewebe war fast gänzlich verschwunden und das Holz durch einen sehr dichten Kiesel von den prächtigsten Farben ersetzt worden, welcher die schönsten Stücke zu Juwelier-Arbeiten bietet. Die Indianer dieser Regionen bedienen sich dieser Steine als Schmuck, so wie sie auch Pfeilspitzen aus denselben verfertigen. Diese Bäume, von denen einige aufrecht stehend im Sande eingeschlossen sind, gehören fast alle zur Familie der Coniferen, einige zu den baumartigen Farrenkräutern und den Calamodendrons.

(MARCOU: *Résumé explicat. etc.*, pag. 53.)

21. [S. 300.] **Ueber die von Möllhausen mitgebrachten Fragmente des Holzes aus dem versteinerten Walde, von dem Herrn Geh. Medicinalrath Göppert, Director des botanischen Gartens zu Breslau.** Zu den grossartigen Lagern versteinerter Stämme, welche bis jetzt insbesondere in jüngeren Formationen entdeckt worden sind, wie nach BURKHARD, EHRENBERG, RUSSEGGER u. A. in verschiedenen Gegenden der Libyschen und Aegyptischen Wüste, zu Pondichery nach SCHMID, auf Java nach JUNGHUHN (die ich in der fossilen Flora Java's beschrieb), kommt nun auch der merkwürdige, von Herrn MÖLLHAUSEN in Neu-Mexiko entdeckte versteinerte Wald, aus welchem ich durch die gütige Vermittelung von ALEXANDER VON HUMBOLDT Gelegenheit hatte, einige Exemplare zu untersuchen. Herr MÖLLHAUSEN beobachtete zunächst, dass viele der dort befindlichen zerbrochenen Stämme fast durchweg in Bruchstücke und Glieder mit horizontalen Flächen zerfallen waren, welches höchst eigenthümliche Verhalten des versteinerten Holzes auch von mir besonders in dem aus der Steinkohlenformation wahrgenommen worden ist, ohne dass ich im Stande wäre, über dieses Phänomen eine einigermassen genügende Erklärung zu geben. In grösstem Massstabe sah ich dies in der von mir erst vor einigen Wochen beobachteten, grossartigsten Niederlage versteinerter Stämme zu Radowenz in Böhmen und früher schon bei Untersuchungen fossiler Hölzer. Verhältnissmässig schwache, auf der Mitte versteinerter Stämme angebrachte Hammerschläge reichten hin, um grosse Exemplare in Stücke mit horizontalen Flächen zu zertheilen. Während in der Regel die versteinerten Hölzer der oben genannten Fundorte, so weit sie gegenwärtig untersucht sind, fast durchweg aus Dikotyledonen bestehen (und nur ausnahmsweise Coniferen enthalten), gehören die sechs verschiedenen, von Herrn MÖLLHAUSEN mir mitgetheilten Specimina sämmtlich zu den Coniferen und zwar zu den Abietineen, welche, hierin ähnlich denen der Steinkohlenformation, zum Theil auch gar keine concentrischen Holzkreise oder nur höchst undeutliche unterscheiden lassen. Ein Exemplar derselben ward bereits von mir genauer untersucht und als zu der Araucarien-Form gehörend bestimmt, so wie auch mit Rücksicht auf die bereits beschriebenen Arten nachstehend diagnosticirt und zu Ehren des Entdeckers*) genannt. Das Versteinerungsmaterial ist durchweg Kieselmasse, theils hornsteinartig, theils Chalcedon, selbst Jaspis mehr oder minder durch Eisenoxyd roth gefärbt, oft auffallend ähnlich den schönen Hölzern, welche der Permischen (Kupferschiefer-) Formation Sachsens zur Zierde gereichen.

Die Originale liegen im Mineralien-Cabinet der Universität Berlin.

H. R. GÖPPERT.

22. [S. 303.] Zwischen dem Rio Grande und dem Rio Pecos ist der Sandstein, der die weisse Kreide vertritt, mit Strömen von Basalt bedeckt; ich habe mich nicht überzeugen können, ob diese Ströme vom Cerrito oder vom Mount Taylor herrührten, einem ausgebrannten Vulkan von grösserer Bedeutung als der erstere, der westlicher von der Strasse von Albuquerque nach Fort Defiance liegt. Die Strasse von Albuquerque nach Zuñi durchschneidet mehrere Lavabäche und anderen folgt sie, deren Anblick dem gleicht, welcher mit Schlacken und Bimstein bedeckt, der Aetna und Teneriffa darbieten; in den Thälern durch welche sie sich schlängeln, liegen sie in einer Ausdehnung von 20 bis 25 Lieues, und sind von den Mexikanern mit dem Namen *mal pais* bezeichnet worden. Der westlichste Lavastrom endigt eine Viertelmeile vor Pueblo de Zuñi.

(MARCOU a. a. O.)

23. [S. 324.] Von dem hohen Plateau, welches Zuñi vom Colorado Chiquito trennt, erblickt man genau gegen Westen in der Entfernung von mehr als 10 Lieues die Gipfel eines mächtigen Ge-

*) *Araucarites Möllhausianus.*

birges. Diese Bergkette, die bei den Trappern unter dem Namen Sierra de San Francisco bekannt ist, befindet sich unter 35° nördlicher Breite und 111° 50′ Länge westlich von Greenwich. Sie nimmt die Widerlagen der Sierra Mogoyon ein, und wird von einer Reihe grosser ausgebrannter Vulkane gebildet, welche sich bis 113° 30′ Länge ausdehnen. In dieser Region befinden sich zahlreiche prachtvolle Krater, denen ich keine Namen zu geben vermag, da sie sonst noch unbekannt sind, mit Ausnahme zweier, welche von Capitain Sitgreaves auf seiner Forschungsreise nach dem Colorado als San Francisco- und Bill Williams-Berge bezeichnet worden sind. Diese vulkanische Region bedeckt den Raum zwischen den Linien der Eruptiv-Felsen der Sierra Mogoyon und den hohen Plateaus oder Mesas, die von den Sedimentschichten (Flözen) des Kohlenkalksteins und dem neuen rothen Sandstein *(new red sandstone* der englischen Geognosten) gebildet sind, indem sie sich bald über die einen, bald in die anderen dieser sedimentären und eruptiven Formationen verbreiten, und in einer Linie zu liegen scheinen, welche sich von Westen nach Osten zieht und einen Streifen bildet, in welchem sich die Vulkane der Sierra Madre, des Mount Taylor und Cerrito befinden. Auf dem rechten Ufer des Colorado Chiquito, vor den Fällen dieses Flusses erblickt man auf den Mesas eine Gruppe von 8 oder 10 Basalt-Hügeln, welche augenscheinlich zu dem grossen Vulkan San Francisco gehören. Der grosse Krater des San Francisco-Berges befindet sich hinter Leroux's Quelle, und der höchste Punkt von dem, was vom Hauptgipfel geblieben ist, erhebt sich 12,500 Fuss über dem Meeresspiegel und 4700 Fuss über Leroux's Quelle. Diese gesammten Ländereien sind mit vulkanischen Felsen überdeckt, als Diorit, Grünstein, Basalt, Trachyt, Obsidian und Lava; man stösst oft auf vulkanische Asche, die mehrere Fuss hoch liegt, und man erblickt endlich Lavaströme, welche sich hauptsächlich gegen Süden ausdehnen, indem sie den Thälern der Zuflüsse des San Francisco-Flusses und der Bill Williams Fork folgen. Das Studium dieser Region alter Vulkane würde von grösstem Interesse sein, aber unglücklicher Weise ist das Land fast unzugänglich wegen seiner Lage und wegen der dort hausenden feindlichgesinnten Indianer. Als ich im Monat Januar 1854 dort vorbeikam, war Alles mit Schnee bedeckt und der Thermometer fiel jede Nacht bis auf 20 oder 25 Grad (des hunderttheiligen Thermometer) unter Null. (Marcou a. a. O.)

24. [S. 363.] Vom Cactus-Pass bis zur Vereinigung der Bill Williams-Fork mit dem grossen Colorado kommen wir nach einander über drei oder vier Gebirgsketten, die sich von Norden nach Süden erstrecken und die Kette des Mogoyon-Systems durchschneiden. Diese Gebirge, welche zum System der Sierra Nevada gehören und die wir Cerbat-Gebirge nannten, sind gänzlich von eruptiven und metamorphosirten Felsen gebildet, mit einigen Lagen von Conglomerat und rothem Lehm der tertiären Epoche. An der Bill Williams Fork entlang erkannte ich mehrfach Adern silberhaltigen Bleierzes, eine Anzeige, dass Silber in diesen Gebirgen nicht selten ist.

(Marcou: *Résumé of a geolog. reconnaissance etc.*)

25. [S. 417.] Mehrere kleine ausgebrannte vulkanische Kegel fand ich, nachdem wir den Colorado überschritten hatten. Man konnte fünf oder sechs derselben in dem Thale aufzählen, welches in Verbindung mit dem Soda Lake steht, in dem sich der Mohave River verliert und endigt.

(Marcou: *Résumé explicat. etc.* pag. 115.)

26. [S. 417.] Der Mohave River, welcher am Fusse der San Bernardino-Berge entspringt und gegen Osten fliesst, verliert sich in einem Salzsee *(Soda Lake)*, anstatt sich in den Colorado zu ergiessen, wie man lange geglaubt hat. Dieser Salz- oder Soda-See, der mehr als 4 Lieues im Quadrat hat, ist ein See ohne Wasser, wenigstens scheinbar. Von Ferne erblickt man ein grosses Becken von blendender Weisse, und wenn man sich nähert, findet man krause, schwammige Salzrinden, welche einen schwarzen Schlamm, wirklichen Humus, bedecken. Wenn man in diesem Boden gräbt, so stösst man in der Tiefe von 6 Zoll auf Wasser, welches bedeutend mit Kochsalz geschwängert und gänzlich untrinkbar ist. Das Wasser des Mohave River ist durchaus nicht salzig oder brackisch an irgend einer Stelle, welche er durchfliesst; nur an den äussersten Enden wird durch Concentrirung und Ausdünstung, eine Folge des Mangels an Strömung, das Wasser salzig. Viele Quellen in der californischen Wüste verschwinden nach einem Laufe von wenigen Fussen und sind daher immer mehr oder weniger brackisch, mit Salzkrusten an ihrem Rande. Wenn ihr Lauf einige 100 Meter erreicht, sind sie nur da brackisch, wo sie sich verlieren. Diese Quellen und Flüsse der Wüste bilden eigenthümliche Niederlagen, welche man *Formations fluviatiles salées* nennen könnte.

(MARCOU a. a. O., pag. 47.)

27. [S. 430.] Von dem Punkte, wo wir den Mohave River verliessen, bis zum Cajon-Pass befindet sich ein Plateau, welches von einem weissen Sandstein-Conglomerat in ungeordneter Stratification gebildet und von der Sierra Nevada ausgehend ist. Dieser Sandstein ist augenscheinlich tertiär. (MARCOU: *Résumé of a geolog. reconnaissance etc.* Doc. 129. pag. 48.)

28. [S. 431.] Im Cajon-Pass fand ich Syenit, Trapp und Serpentine. — Die Eruptivfelsen, welche fast das ganze Land zwischen Cactus-Pass und Cajon-Pass einnehmen, liefern ausgezeichnetes Material zum Bau von Brücken, Strassen und Häusern; ebenso findet sich daselbst schöner Marmor, rother Porphyr, und man könnte hoffen, dass dort einst reiche Silber- und Goldminen entdeckt werden. (MARCOU a. a. O., Doc. 129. pag. 48.)

Erläuterungen zu der Karte

zu Möllhausen's Tagebuch einer Reise vom Mississippi nach den Küsten der Südsee.

Die eilige Abreise des Herrn Möllhausen nach Amerika, um sich der wissenschaftlichen Expedition zur Untersuchung des Rio Colorado unter dem Befehle des Lieutenant Ives anzuschliessen, verhinderte jede Rücksprache über die seinem Werke beizugebende Karte. Nur im Besitz einer sehr flüchtigen Routen-Skizze bearbeiteten wir unsere Karte nach den unten angegebenen Materialien. Durch die gütige Vermittelung des Dr. F. Flügel, Consuls der Vereinigten Staaten, erhielten wir am Schluss des Jahres 1857 aus Washington sehr brauchbares Material, das uns als Hauptunterlage zur Herstellung der Karte diente. Da der innere Werth einer Karte durch die Darlegung des in ihr verarbeiteten Materials erhöht wird, so sei uns hier eine kurze Angabe desselben gestattet.

Die östliche Hälfte der Karte, den Rio Bravo oder Rio del Norte theilweise mit eingeschlossen, so wie einige Zuflüsse des Colorado in ihren Quellgebieten, stützen sich auf eine vortreffliche Karte vom Capitain G. K. Warren: *Map of the Territory of the United States from the Mississippi to the Pacific Ocean ordered by the Hon.* Jeff'n Davis, *Secretary of War to accompany the Reports of the explorations for a Railroad Route. Compiled from authorized explorations and other reliable data by Lieutenant* G. K. Warren, *Topl. Engrs.* 1854 – 57. Masstab 1 : 3,000,000. Diese aus zwei Blättern bestehende Karte ist mit ausserordentlichem Fleisse gearbeitet, ja wir möchten fast sagen mit zu vielem Fleisse, denn einige Theile der Karte sind für ihren Masstab zu detaillirt gehalten und grenzen trotz des schönen Stiches doch an's Unklare. Durch eine grössere Verallgemeinerung der Terrainformen würde mehr Klarheit und Uebersichtlichkeit erzielt worden sein. Dennoch ist die Arbeit eine sehr zu lobende und es ist erfreulich, zu sehen, wie hier amerikanischer und deutscher Fleiss zusammen gewirkt haben. Der Stich ist von einem Deutschen, der schon viele Jahre in Amerika lebt, Namens Selmar Siebert. — Zu Californien benutzten wir die »Karte des Staates Californien« nach den officiellen Karten des *State Surveyor, General* W. M. Eddy *(approved and declared to be the official Map of the State of California by an act of the legislature, passed March* 25th 1853) mit Berichtigungen der Küste etc., gezeichnet von H. Kiepert. Berlin, D. Reimer. Masstab von 1 : 3,000,000. Der obere Lauf des Rio Gila wurde mit Benutzung von Petermann's Karte »das Gadsden-Gebiet oder Arizona« in Mittheilungen aus Justus Perthes's Geographischen Anstalt, Heft IX und X 1857 gezeichnet, doch glauben wir, dass das Flussgebiet des Gila vom 111. Grad 30 Minuten östlich von Greenwich um einige Minuten östlicher zu rücken ist. Die vorliegenden Materialien liessen uns über diesen Punkt nicht ganz zur Gewissheit kommen. Das Grenzgebiet von Arizona und Mexiko, so wie der untere Lauf des Rio Gila von Pimo Village bis zu seiner Mündung in den Rio Colorado, wurde nach den Boundary Maps No. 3 und 4 gezeichnet. Der Titel dieser Karten ist: *Boundary between the United States and Mexico agreed upon by the Joint Commission under the Treaties of Guadalupe Hidalgo; and December* 30th 1853. *Surveyed in* 1849 *and* 1854—55. *By Major* W. H. Emory, John B. Weller und Andere. *Published by authority of Honorable* J. Thompson, *Secretary of the Interior:* Masstab 1 : 600,000. Beide Karten waren, während wir die unsrige bearbeiteten, im Stich, doch erhielten wir durch die Güte der Herren Professoren J. Henry und F. Baird in Washington extra Abzüge, um sie für unser Kartenblatt benutzen zu können, wofür wir diesen Herren zu grossem Danke verpflichtet sind. Die fertigen Karten gingen uns leider erst nach dem Schluss der Arbeit zu. Die Colorado-Wüste entlehnten wir der *Geological Map of the coast Country between San Diego and the Colorado River* in dem *Report of the coast Survey* 1855.

Ferner wurde benutzt: *Map of the Territory of New Mexico compiled by* Jno. G. Parke, *assisted by* Richard H. Kern 1851. — *Report and Map of the route from Fort Smith, Arkansas to Santa Fé, New Mexico, made by Lieutenant* Simpson. — *Reports of Explorations and Surveys, to ascertain the most practicable and economical Route for a Railroad from the Mississippi River to the Pacific Ocean. Made under the Direction of the Secretary of War, in* 1853—54 und *Profiles of Routes proposed for a Pacific Railroad compiled to accompany the Report of the* Hon. Jefferson Davis, *Secr. of War. By Lieutenant* G. K. Warren *and* H. L. Abbot. — *Report of an Expedition down the Zuñi and Colorado Rivers. By Captain* L. Sitgreaves, *accompanied by a Map. Reconnaissance of the Zuñi, Little Colorado and Colorado Rivers. Made in* 1851 *under the Direction of Colonel* J. J. Abert. L. Sitgreaves *assisted by Lieutnant* J. G. Parke *and* M. Kern 1852.

Folgende astronomische Punkte wurden auf der Karte eingetragen:

ASTRONOMISCHE POSITIONEN.

Ort	Latitude nördl.			Longitude westl. v. Greenwich			Autorität.
Arkansas.							
Little Rock	34°	40′		92°	12′		H. Lange's Atlas von Nordamerika.
Fort Smith	35	23		94	25		G. K. Warren & H. L. Abbots Rail Road Prof.
Texas.							
Guadalupe-Pass	31	50		104	50		G. K. Warren & H. L. Abbots Rail Road Prof.
San Elezario	31	35	13″	106	16	15″	H. W. Emory.
Frontera	31	48	11	106	33	04	" "
Preston (Red River)	33	50		96	21		
Neu-Mexiko.							
Albuquerque	35	6		106	39	30	G. K. Warren's Rail Road Rast Map.
Isleta	34	53		106	39		" " "
Doña Ana (Kirche)	32	23	13	106	45	32	Boundary Map No. 2.
Pueblo of Zuñi	35	01	10				L. Sitgreaves.
Mündung des Puerco of the West	34	53		110	00		G. K. Warren & H. L. Abbots Rail Road Prof.
Mündung des White Cliff Creek	35	03		113	38		" " "
Mündung des Bill William's Fork	34	17		114	05		" " "
Mündung des Gila River	32	43	31	114	33	04	A. W. Whipple.
Mündung des Gila River	32	43	32	114	36	09	Boundary Map No. 4.
Mündung des Rio Salinas	33	22	56	112	15	45	" "
Santa Fé	35	41	6	106	2	30	Wislizenus, A Tour to Northern Mexico.
Gadsden-Gebiet.							
Quitobaquita	31	56	26	112	52	25	Boundary Map No. 4.
Aribaca	31	35	02	111	14	12	Boundary Map No. 2.
Hamori	31	28	40	111	11	04	" "
Tucson (Kirche)	32	13	51	110	52	55	" "
Los Nogales	31	21	00	110	51	03	" "
Station in der Nähe von Tomocacori	31	31	42	110	56	57	" "
San Bernardino Springs (Quelle)	31	19	40				" "
San Luis Springs	31	20	33				" "
Copper Mines	32	47	53	108	03	[illegible]	" "
Pimas Villages	33	07		111	41		G. K. Warren & H. L. Abbot's Rail Road Prof.
Chihuahua.							
Espia	31	20	56				Boundary Map No. 2.
Janos	30	52	00				" "
Corralitos	30	12	25				" "
El Paso	31	44	16	106	29	5	W. H. Emory.
El Paso	31	45	50				A. Wislizenus.
Sonora.							
Santa Cruz (Kirche	31	13	22	110	30	21	Boundary Map No. 2.
Grenzpunkte zwischen Mexiko und dem Gadsden-Gebiet.							
Im Rio del Norte	31	47	00	108	31	21	W. H. Emory.
	31	47	00	108	13	24,44	Boundary Map No. 2.
	31	20	00	108	13	24,44	" " "
	31	20	00	111	00	00	" " "
Am Rio Colorado	32	29	44,44	114	48	44,44	" " No. 4.
California.							
San Francisco	37	48		122	23		Annual Report of Smithsonian Inst. 56.
" " Signal Hill	37	47	41	122	21	50	H. Lange's Atlas von Nordamerika.
" " Near the Presidio	37	47	6	122	26	8	U. S. Coast Survey 1855.
San Luis Obispo	35	10	6	120	43	5	" "
San Pedro	33	43		118	16		G. K. Warren & H. L. Abbot's Rail Road Prof.
3 Meilen nördl. v. S. Pedro	33	46	0	118	16	0	U. S. Coast Survey 1855.
San Diego	32	42	0	117	13	3	" "
Fort Yuma	32	44		114	37		G. K. Warren & H. L. Abbot's Rail Road Prof.
Los Angeles							

Die Bestimmungen von Boundary Map 2 und 4 sind von W. H. Emory, Don Fr. Jimenez, Lieutenant Whipple, J. H. Clark und Michler.

Die colorirte Linie bezeichnet annähernd die Route der Whipple'schen Expedition, welcher Herr Möllhausen angehörte.

Leipzig, im Januar 1858. H. Lange.

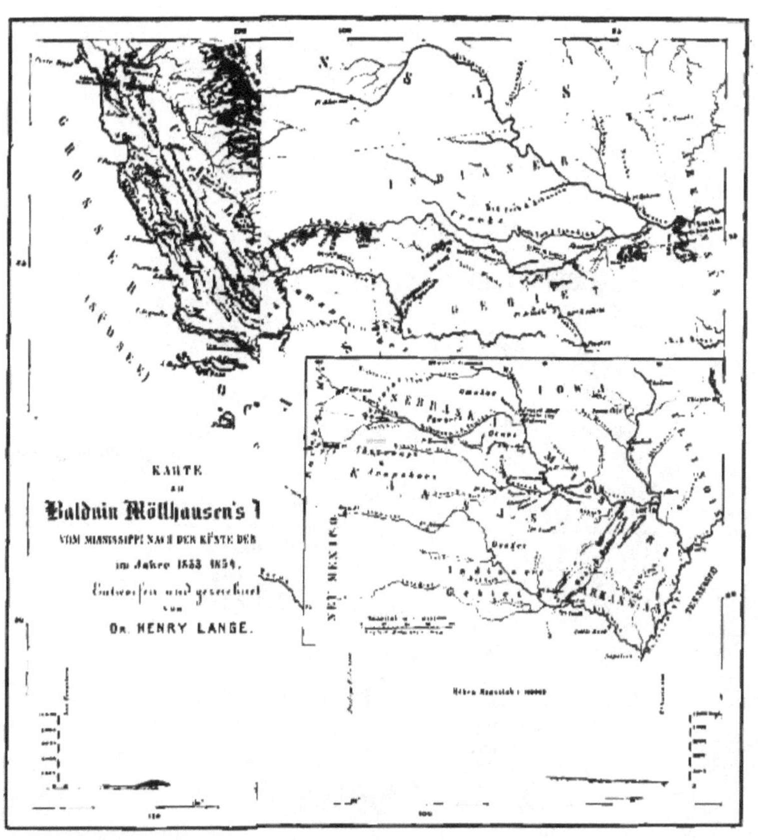

KARTE
zu
Balduin Möllhausen's
VOM MISSISSIPPI NACH DER KÜSTE DER
im Jahre 1853 1854.
Entworfen und gezeichnet
von
Dr. HENRY LANGE.
NEBRASKA
IOWA

Zeitfracht Medien GmbH
Ferdinand-Jühlke-Straße 7
99095 Erfurt, Deutschland
produktsicherheit@kolibri360.de